NOVO CÓDIGO DE PROCESSO CIVIL

Comparativo entre o Projeto do Novo CPC e o CPC de 1973

Organizadores

Jefferson Carús Guedes
Felipe Camilo Dall'Alba
Guilherme Beux Nassif Azem
Liliane Maria Busato Batista

Equipe de Colaboradores

Niuza Gomes Barbosa de Lima
Daniela Barbosa de Lima
Carina Lentz Dutra

Prefácio
Ministro Dias Toffoli

NOVO CÓDIGO DE PROCESSO CIVIL

COMPARATIVO ENTRE O PROJETO DO NOVO CPC E O CPC DE 1973

Belo Horizonte

2010

© 2010 Editora Fórum Ltda.

É proibida a reprodução total ou parcial desta obra, por qualquer meio eletrônico, inclusive por processos xerográficos, sem autorização expressa do Editor.

Conselho Editorial

Adilson Abreu Dallari
André Ramos Tavares
Carlos Ayres Britto
Carlos Mário da Silva Velloso
Carlos Pinto Coelho Motta
Cármen Lúcia Antunes Rocha
Clovis Beznos
Cristiana Fortini
Diogo de Figueiredo Moreira Neto
Egon Bockmann Moreira
Emerson Gabardo
Fabrício Motta
Fernando Rossi
Flávio Henrique Unes Pereira

Floriano de Azevedo Marques Neto
Gustavo Justino de Oliveira
Jorge Ulisses Jacoby Fernandes
José Nilo de Castro
Juarez Freitas
Lúcia Valle Figueiredo (*in memoriam*)
Luciano Ferraz
Lúcio Delfino
Márcio Cammarosano
Maria Sylvia Zanella Di Pietro
Oswaldo Othon de Pontes Saraiva Filho
Paulo Modesto
Romeu Felipe Bacellar Filho
Sérgio Guerra

Luís Cláudio Rodrigues Ferreira
Presidente e Editor

Coordenação editorial: Olga M. A. Sousa
Revisão e indexação: Equipe Fórum
Capa, projeto gráfico e formatação: Walter Santos

Av. Afonso Pena, 2770 – 15º/16º andares – Funcionários – CEP 30130-007
Belo Horizonte – Minas Gerais – Tel.: (31) 2121.4900 / 2121.4949
www.editoraforum.com.br – editoraforum@editoraforum.com.br

N945   Novo Código de Processo Civil: comparativo entre o projeto do novo CPC e o CPC de 1973 / Organizadores: Jefferson Carús Guedes; Felipe Camilo Dall'Alba; Guilherme Beux Nassif Azem; Liliane Maria Busato Batista; prefácio de Dias Toffoli. Belo Horizonte: Fórum, 2010.

396 p.
ISBN 978-85-7700-368-6

1. Código de Processo Civil. I. Guedes, Jefferson Carús. II. Dall'Alba, Felipe Camilo. III. Azem, Guilherme Beux Nassif. IV. Batista, Liliane Maria Busato. V. Toffoli, Dias. VI. Lima, Niuza Gomes Barbosa de. VII. Lima, Daniela Barbosa de. VIII. Dutra, Carina Lentz.

CDD: 341.46
CDU: 347.9(81)

Informação bibliográfica deste livro, conforme a NBR 6023:2002 da Associação Brasileira de Normas Técnicas (ABNT):

GUEDES, Jefferson Carús *et al.* (Org.). *Novo Código de Processo Civil*: comparativo entre o projeto do novo CPC e o CPC de 1973. Belo Horizonte: Fórum, 2010. 396 p. ISBN 978-85-7700-368-6.

Agradecimentos

Agradecemos à sensibilidade do Ministro Luís Inácio Lucena Adams, por instituir *Grupo de Trabalho* no âmbito da Advocacia-Geral da União, para examinar o Anteprojeto do Novo Código de Processo Civil apresentado pela Comissão de Juristas e acompanhar os trabalhos parlamentares durante a tramitação do Projeto no Congresso Nacional.

Grupo de Trabalho da AGU: Clovis Juarez Kemmerich, Eduardo Watanabe, Elaine Guadanucci Llaguno, Fernando José Sakayo de Oliveira, Flávia Martins Affonso, Hermes Bezerra de Brito Júnior, Iolaine Kisner Teixeira, Isabel Cecília de Oliveira Bezerra, João Batista Figueiredo, Leandro de Motta Oliveira, Lorreta Paz Sampaio, Luana Vargas Macedo, Manoel de Souza Mendes Junior, Marcus Vinícius Drumond Rezende, Paulo Gustavo Medeiros Carvalho, Rachel Nogueira de Oliveira, Renato Vasconcelos Maia, Rodrigo Pereira Martins Ribeiro, Sueli Aparecida Dias de Medeiros, Vinícius Campos Silva.

Agradecemos à Escola da AGU, especialmente à Coordenadora-Geral, Juliana Sahione Mayrink Neiva, e ao Diretor do Centro de Altos Estudos da PGFN, Gustavo Caldas Guimarães de Campos.

Sumário

Prefácio
Ministro Dias Toffoli 9

Um Novo Código do Processo Civil
Senador José Sarney 11

Apresentação do Anteprojeto do Novo Código de Processo Civil
Ministro Luiz Fux 12

Exposição de Motivos 15

Prefácio

Avizinha-se, no presente momento, a edição de um novo Código de Processo Civil, cujo projeto decorre de obra de uma Comissão de Juristas, instituída pelo Ato nº 379/2009, do presidente do Senado Federal, José Sarney. Como assentado pelo ilustre senador e ex-presidente da República: o Senado "tem tido a sensibilidade de atuar em estreita colaboração com o Judiciário, seja no âmbito do Pacto Republicano (...) seja propondo um conjunto de leis que tornam mais efetivos vários aspectos pontuais da aplicação da justiça."

Esta colaboração entre os Poderes do Estado se observou no Projeto de Código de Processo Penal, cuja comissão foi presidida pelo Ministro Hamilton Carvalhido, e se observará na Comissão sob a nossa presidência, que proporá a nova legislação eleitoral.

A Comissão de Juristas encarregada de apresentar o Anteprojeto do novo CPC foi presidida pelo Ministro e professor Luiz Fux, do Superior Tribunal de Justiça, e integrada por expoentes da Magistratura e das Funções Essenciais à Justiça. Após intenso trabalho entregou ao Presidente José Sarney o resultado, permitindo o início de outra fase, também importante, de apreciação no Senado Federal.

O diploma, agora em tramitação no Parlamento, virá a substituir o Código de 1973, oriundo da pena de Alfredo Buzaid — hoje, em verdade, já superado por sucessivas reformas que lhe retiraram o caráter sistêmico.

O processo civil contemporâneo, permeado por valores constitucionais e comprometido com uma efetiva e justa pacificação social, exige dos operadores do direito constante estudo e acompanhamento das alterações legislativas e jurisprudenciais. Estar atualizado é verdadeira obrigação para magistrados, membros do Ministério Público, advogados públicos e privados, defensores públicos e estudantes de Direito.

As proposições da Comissão de Juristas passarão pelo exame inicial dos Senadores e, depois, dos Deputados Federais, sob o influxo de sugestões da advocacia, da magistratura, do Ministério Público, dos cientistas e professores do Direito e de todas as forças sociais interessadas na modernização da legislação processual e no progresso do país. Seja por meio das emendas parlamentares ou pela sugestão direta em audiências públicas, essas instituições ou demais forças políticas da sociedade influenciarão legitimamente o processo parlamentar.

Por isso, revela-se extremamente oportuna a edição da obra que tenho a honra de apresentar. Trata-se de estudo comparativo entre o Código ainda vigente e aquele que o sucederá. A consulta aos textos, facilitada por instrumentos que destacam as inovações e as supressões, demonstra os avanços pretendidos com a reforma e auxilia o leitor na compreensão dos pontos que sofrerão alteração.

Os organizadores possuem alta qualificação para a tarefa. São, todos, professores titulados na área do Direito Processual Civil, além de Advogados Públicos Federais, o que lhes confere sólida formação técnica e correlata vivência prática da ciência processual.

Estão de parabéns, portanto, Jefferson Carús Guedes, Felipe Camilo Dall'Alba, Guilherme Beux Nassif Azem e Liliane Busato Batista, pelo trabalho realizado, bem como a Editora Fórum, que oportunizam à comunidade jurídica e aos interessados em geral ferramenta extremamente útil para a compreensão do futuro de nosso processo civil.

Ministro Dias Toffoli
Supremo Tribunal Federal.

Um Novo Código do Processo Civil

A harmonia entre os Poderes, princípio pétreo de nossa Constituição, em sua melhor acepção, significa uma estreita colaboração entre Legislativo, Judiciário e Executivo. O Senado Federal tem tido a sensibilidade de atuar em estreita colaboração com o Judiciário, seja no âmbito do Pacto Republicano — iniciativa entre os três poderes para tomar medidas que agilizem a ação da Justiça —, seja propondo um conjunto de leis que tornam mais efetivos vários aspectos pontuais da aplicação da justiça.

O Senado Federal, sempre atuando junto com o Judiciário, achou que chegara o momento de reformas mais profundas no processo judiciário, há muito reclamadas pela sociedade e especialmente pelos agentes do Direito, magistrados e advogados. Assim, avançamos na reforma do Código do Processo Penal, que está em processo de votação, e iniciamos a preparação de um anteprojeto de reforma do Código do Processo Civil. São passos fundamentais para a celeridade do Poder Judiciário, que atingem o cerne dos problemas processuais, e que possibilitarão uma Justiça mais rápida e, naturalmente, mais efetiva.

A Comissão de Juristas encarregada de elaborar o anteprojeto de novo Código do Processo Civil, nomeada no final do mês de setembro de 2009 e presidida com brilho pelo Ministro Luiz Fux, do Superior Tribunal de Justiça, trabalhou arduamente para atender aos anseios dos cidadãos no sentido de garantir um novo Código de Processo Civil que privilegie a simplicidade da linguagem e da ação processual, a celeridade do processo e a efetividade do resultado da ação, além do estímulo à inovação e à modernização de procedimentos, garantindo o respeito ao devido processo legal.

Preparado com grande transparência e da maneira mais participativa possível — com a realização das audiências públicas nas cinco regiões de nosso País — o trabalho que a Comissão de Juristas nos apresenta será agora submetido aos ritos do processo legislativo. Contamos que sua tramitação no Senado Federal, e, mais tarde, na Câmara dos Deputados, se dê em pouco tempo, para que esse trabalho possa chegar logo ao cotidiano da população brasileira.

O Senado Federal e eu pessoalmente somos reconhecidos a todos os Membros da Comissão de Juristas — o eminente Ministro Luiz Fux, do Superior Tribunal de Justiça, a Doutora Teresa Wambier e os Doutores Adroaldo Fabrício, Benedito Pereira Filho, Bruno Dantas, Elpídio Nunes, Humberto Theodoro Junior, Jansen Almeida, José Miguel Medina, José Roberto Bedaque, Marcus Vinicius Coelho e Paulo Cezar Carneiro — bem como aos funcionários da Casa que os auxiliaram, pela dedicação e pela qualidade do trabalho realizado.

José Sarney
Presidente do Senado Federal.

Apresentação do Anteprojeto do Novo Código de Processo Civil

Exmo. Senhor Presidente do Senado Senador José Sarney.

Queridos membros da Comissão composta pelos juristas Teresa Arruda Alvim Wambier (Relatora), Adroaldo Furtado Fabrício, Humberto Theodoro Junior, Paulo Cezar Pinheiro Carneiro, José Roberto dos Santos Bedaque Almeida, José Miguel Garcia Medina, Bruno Dantas, Jansen Fialho de Almeida, Benedito Cerezzo Pereira Filho, Marcus Vinicius Furtado Coelho e Elpídio Donizetti Nunes, sem os quais não se teria lavrado esse ideário

William Shakespeare, dramaturgo inglês, legou-nos a lição de que o tempo é muito lento para os que esperam e muito rápido para os que têm medo.

Os antigos juristas romanos, por sua vez, porfiavam a impossibilidade de o direito isolar-se do ambiente em que vigora, proclamando, por todos, Rudolf Jhering no seu *L'espirit du Droit Romain*, que o método imobilizador do direito desaparecera nas trevas do passado.

Essas lições antigas, tão atuais, inspiraram a criação de uma Comissão de Juristas para que, 37 anos depois do Código de 1973, se incumbisse de erigir um novel ordenamento, compatível com as necessidades e as exigências da vida hodierna.

É que aqui e alhures não se calam as vozes contra a morosidade da justiça. O vaticínio tornou-se imediato: "justiça retardada é justiça denegada" e com esse estigma arrastou-se o Poder Judiciário, conduzindo o seu desprestígio a índices alarmantes de insatisfação aos olhos do povo.

Esse o desafio da comissão: resgatar a crença no judiciário e tornar realidade a promessa constitucional de uma justiça pronta e célere.

Como vencer o volume de ações e recursos gerado por uma litigiosidade desenfreada, máxime num país cujo ideário da nação abre as portas do judiciário para a cidadania ao dispor-se a analisar toda lesão ou ameaça a direito?

Como desincumbir-se da prestação da justiça em um prazo razoável diante de um processo prenhe de solenidades e recursos?

Como prestar justiça célere numa parte desse mundo de Deus, onde de cada cinco habitantes um litiga judicialmente?

Kelsen, o jurista de Viena, de há muito exaurido de perseguir o valor justiça, concluiu não ser importante saber de imediato a resposta, senão, não parar de questionar.

O impulso para alcançar um ideal e que estimula os homens, são os sonhos, e esses não inventam, passam dos dias para a noite e é deles que devemos viver, não importando onde estejam as soluções.

No vaticano, há um afresco sobre a justiça, no qual Platão aponta para os céus e Aristóteles para a terra. Utopia ou realidade? "Justiça"; esse valor que levou à cruz o senhor das idéias e das palavras, e que ainda é o sonho a ser alcançado, assim como o era o desejo dos antigos em alcançar as estrelas; fator decisivo para o desenvolvimento da humanidade.

O tempo não nos fez medrar e de pronto a Comissão enfrentou a tormentosa questão da morosidade judicial.

Queremos justiça!!! Prestem-na com presteza; dizem os cidadãos.

Sob o ecoar dessas exigências decantadas pelas declarações universais dos direitos fundamentais do homem, e pelas aspirações das ruas, lançou-se a comissão nesse singular desafio, ciente de que todo o poder emana do povo, inclusive o poder dos juízes, e em nome de nossa gente é exercido.

A metodologia utilizada pela comissão visou a um só tempo vencer o problema e legitimar a sua solução.

Para esse desígnio, a primeira etapa foi a de detectar as barreiras para a prestação de uma justiça rápida; a segunda, legitimar democraticamente as soluções.

No afã de atingir esse escopo deparamo-nos com o excesso de formalismos processuais, e com um volume imoderado de ações e de recursos. Mergulhamos com profundidade em todos os problemas, ora erigindo soluções genuínas, ora criando outras oriundas de sistemas judiciais de alhures, optando por instrumentos eficazes, consagrados nas famílias da *civil law e da common law*, sempre prudentes com os males das inovações abruptas mas cientes em não incorrer no mimetismo que se compraz em repetir, ousando sem medo.

A legitimação democrática adveio do desprendimento com que ouvimos o povo, a comunidade jurídica e a comunidade científica. O volume das comunicações fala por si só: foram 13 mil acessos à página da Comissão, audiências públicas por todo o Brasil nas quais recebemos duzentas e sessenta sugestões e a manifestação da Academia, aí compreendidos todos os segmentos judiciais; da Associação Nacional dos Magistrados à Ordem dos Advogados do Brasil, perpassando por institutos científicos e faculdades de direito, as quais formularam duzentas proposições, a maior parte encartada no anteprojeto.

Em suma: a sociedade brasileira falou e foi ouvida.

O desvanecimento que hoje nos invade é o de que sonhamos junto com a nação brasileira, ousamos por amor ao futuro de nosso país e laboramos com empenho, alegrias e sofrimentos, numa luta incansável em prol da nossa pátria.

Era mesmo a hora de mudar: os novos tempos reclamam um novo processo, como proclamava Cesare Vivante : *Altro tempo, Altro Diritto*.

O Brasil clama por um processo mais ágil, capaz de dotar o país de um instrumento que possa enfrentar de forma célere, sensível e efetiva, as misérias e as aberrações que passam pela Ponte da Justiça.

Missão cumprida, Senhor Presidente. Receba esse anteprojeto sob a magia da oração em forma de poesia, daquele que valia por uma literatura; o saudoso e insuperável Fernando Pessoa:

É o tempo da travessia
E se não ousarmos fazê-la
teremos ficado... para sempre...
À margem de nós mesmos.

Que Deus permita-nos propiciar com esse novo Código a felicidade que o povo brasileiro merece.

Ministro Luiz Fux
Presidente da Comissão de Juristas encarregada da elaboração do Anteprojeto do Novo Código de Processo Civil.

Brasília, 8 de junho de 2010.

Excelentíssimo Senhor Presidente do Senado Federal, Senador José Sarney.

Honrados pela nobre designação com que fomos distinguidos, submetemos à elevada apreciação de Vossa Excelência o Anteprojeto de Código de Processo Civil.

EXPOSIÇÃO DE MOTIVOS

Um sistema processual civil que não proporcione à sociedade o reconhecimento e a realização[1] dos direitos, ameaçados ou violados, que têm cada um dos jurisdicionados, não se harmoniza com as garantias constitucionais[2] de um Estado Democrático de Direito.[3]

Sendo ineficiente o sistema processual, todo o ordenamento jurídico passa a carecer de real efetividade. De fato, as normas de direito material se transformam em pura ilusão, sem a garantia de sua correlata realização, no mundo empírico, por meio do processo.[4]

Não há fórmulas mágicas. O Código vigente, de 1973, operou satisfatoriamente durante duas décadas. A partir dos anos noventa, entretanto, sucessivas reformas, a grande maioria delas lideradas pelos Ministros Athos Gusmão Carneiro e Sálvio de Figueiredo Teixeira, introduziram no Código revogado significativas alterações, com o objetivo de adaptar as normas processuais a mudanças na sociedade e ao funcionamento das instituições.

---

[1] Essencial que se faça menção a *efetiva* satisfação, pois, a partir da dita terceira fase metodológica do direito processual civil, o processo passou a ser visto como instrumento, que deve ser idôneo para o reconhecimento e a adequada concretização de direitos.

[2] Isto é, aquelas que regem, eminentemente, as relações das partes entre si, entre elas e o juiz e, também, entre elas e terceiros, de que são exemplos a imparcialidade do juiz, o contraditório, a demanda, como ensinam CAPPELLETTI e VIGORITI (I diritti costituzionali delle parti nel processo civile italiano. *Rivista di diritto processuale*, II serie, v. 26, p. 604-650, Padova, Cedam, 1971, p. 605).

[3] Os princípios e garantias processuais inseridos no ordenamento constitucional, por conta desse movimento de "constitucionalização do processo", não se limitam, no dizer de LUIGI PAOLO COMOGLIO, a "reforçar do exterior uma mera 'reserva legislativa' para a regulamentação desse método [em referência ao processo como método institucional de resolução de conflitos sociais], mas impõem a esse último, e à sua disciplina, algumas condições mínimas de legalidade e retidão, cuja eficácia é potencialmente operante em qualquer fase (ou momento nevrálgico) do processo" (Giurisdizione e processo nel quadro delle garanzie costituzionali. *Studi in onore di Luigi Montesano*, v. II, p. 87-127, Padova, Cedam, 1997, p. 92).

[4] É o que explica, com a clareza que lhe é peculiar, BARBOSA MOREIRA: "Querer que o processo seja efetivo é querer que desempenhe com eficiência o papel que lhe compete na economia do ordenamento jurídico. Visto que esse papel é instrumental em relação ao direito substantivo, também se costuma falar da instrumentalidade do processo. Uma noção conecta-se com a outra e por assim dizer a implica. Qualquer instrumento será bom na medida em que sirva de modo prestimoso à consecução dos fins da obra a que se ordena; em outras palavras, na medida em que seja efetivo. Vale dizer: será efetivo o processo que constitua instrumento eficiente de realização do direito material" (Por um processo socialmente efetivo. *Revista de Processo*. São Paulo, v. 27, n. 105, p. 183-190, jan./mar. 2002, p. 181).

A expressiva maioria dessas alterações, como, por exemplo, em 1994, a inclusão no sistema do instituto da *antecipação de tutela*; em 1995, a alteração do regime do *agravo*; e, mais recentemente, as leis que alteraram a execução, foram bem recebidas pela comunidade jurídica e geraram resultados positivos, no plano da operatividade do sistema.

O enfraquecimento da coesão entre as normas processuais foi uma conseqüência natural do método consistente em se incluírem, aos poucos, alterações no CPC, comprometendo a sua forma sistemática. A complexidade resultante desse processo confunde-se, até certo ponto, com essa desorganização, comprometendo a celeridade e gerando questões evitáveis (= pontos que geram polêmica e atraem atenção dos magistrados) que subtraem indevidamente a atenção do operador do direito.

Nessa dimensão, a preocupação em se preservar a forma sistemática das normas processuais, longe de ser meramente acadêmica, atende, sobretudo, a uma necessidade de caráter pragmático: obter-se um grau mais intenso de funcionalidade.

Sem prejuízo da manutenção e do aperfeiçoamento dos institutos introduzidos no sistema pelas reformas ocorridas nos anos de 1992 até hoje, criou-se um Código novo, que não significa, todavia, uma ruptura com o passado, mas um passo à frente. Assim, além de conservados os institutos cujos resultados foram positivos, incluíram-se no sistema outros tantos que visam a atribuir-lhe alto grau de eficiência.

Há mudanças necessárias, porque reclamadas pela comunidade jurídica, e correspondentes a queixas recorrentes dos jurisdicionados e dos operadores do Direito, ouvidas em todo país. Na elaboração deste Anteprojeto de Código de Processo Civil, essa foi uma das linhas principais de trabalho: resolver *problemas*. Deixar de ver o processo como teoria descomprometida de sua natureza fundamental de *método de resolução de conflitos*, por meio do qual se realizam *valores constitucionais*.[5]

Assim, e por isso, um dos métodos de trabalho da Comissão foi o de resolver problemas, sobre cuja existência há praticamente unanimidade na comunidade jurídica. Isso ocorreu, por exemplo, no que diz respeito à complexidade do sistema recursal existente na lei revogada. Se o sistema recursal, que havia no Código revogado em sua versão originária, era consideravelmente mais simples que o anterior, depois das sucessivas reformas pontuais que ocorreram, se tornou, inegavelmente, muito mais complexo.

Não se deixou de lado, é claro, a necessidade de se construir um Código coerente e harmônico *interna corporis*, mas não se cultivou a obsessão em elaborar uma obra magistral, estética e tecnicamente perfeita, em detrimento de sua funcionalidade.

De fato, essa é uma preocupação presente, mas que já não ocupa o primeiro lugar na postura intelectual do processualista contemporâneo.

---

[5] SÁLVIO DE FIGUEIREDO TEIXEIRA, em texto emblemático sobre a nova ordem trazida pela Constituição Federal de 1988, disse, acertadamente, que, apesar de suas vicissitudes, "nenhum texto constitucional valorizou tanto a 'Justiça', tomada aqui a palavra não no seu conceito clássico de 'vontade constante e perpétua de dar a cada um o que é seu', mas como conjunto de instituições voltadas para a realização da paz social" (O aprimoramento do processo civil como garantia da cidadania. In: FIGUEIREDO TEIXEIRA, Sálvio. *As garantias do cidadão na Justiça*. São Paulo: Saraiva, 1993. p. 79-92, p. 80).

A coerência substancial há de ser vista como objetivo fundamental, todavia, e mantida em termos absolutos, no que tange à Constituição Federal da República. Afinal, é na lei ordinária e em outras normas de escalão inferior que se explicita a promessa de realização dos valores encampados pelos princípios constitucionais.

O novo Código de Processo Civil tem o potencial de gerar um processo mais célere, mais justo,[6] porque mais rente às necessidades sociais[7] e muito menos complexo.[8]

A simplificação do sistema, além de proporcionar-lhe coesão mais visível, permite ao juiz centrar sua atenção, de modo mais intenso, no mérito da causa.

Com evidente redução da complexidade inerente ao processo de criação de um novo Código de Processo Civil, poder-se-ia dizer que os trabalhos da Comissão se orientaram precipuamente por cinco objetivos: 1) estabelecer expressa e implicitamente verdadeira sintonia fina com a Constituição Federal; 2) criar condições para que o juiz possa proferir decisão de forma mais rente à realidade fática subjacente à causa; 3) simplificar, resolvendo problemas e reduzindo a complexidade de subsistemas, como, por exemplo, o recursal; 4) dar todo o rendimento possível a cada processo em si mesmo considerado; e, 5) finalmente, sendo talvez este último objetivo parcialmente alcançado pela realização daqueles mencionados antes, imprimir maior grau de organicidade ao sistema, dando-lhe, assim, mais coesão.

Esta Exposição de Motivos obedece à ordem dos objetivos acima alistados.

1) A necessidade de que fique evidente a *harmonia da lei ordinária em relação à CONSTITUIÇÃO FEDERAL DA REPÚBLICA*[9] fez com que se incluíssem no Código, expressamente, *princípios constitucionais*, na sua versão processual. Por outro lado, muitas *regras* foram concebidas, dando concreção a princípios constitucionais, como, por exemplo, as que prevêem um procedimento, com *contraditório* e produção de provas, prévio à decisão que desconsidera da pessoa jurídica, em sua versão tradicional, ou "às avessas".[10]

Está expressamente formulada a regra no sentido de que o fato de o juiz estar diante de matéria de ordem pública não dispensa a obediência ao princípio do *contraditório*.

---

[6] Atentando para a advertência, acertada, de que não o processo, além de produzir um resultado justo, precisa ser justo em si mesmo, e portanto, na sua realização, devem ser observados aqueles *standards* previstos na Constituição Federal, que constituem desdobramento da garantia do *due process of law* (DINAMARCO, Cândido. *Instituições de direito processual civil*, v. 1. 6. ed. São Paulo: Malheiros, 2009).

[7] Lembrando, com BARBOSA MOREIRA, que "não se promove uma sociedade mais justa, ao menos primariamente, por obra do aparelho judicial. É todo o edifício, desde as fundações, que para tanto precisa ser revisto e reformado. Pelo prisma jurídico, a tarefa básica inscreve-se no plano do *direito material*" (*Por um processo socialmente efetivo*, p. 181).

[8] Trata-se, portanto, de mais um passo decisivo para afastar os obstáculos para o acesso à Justiça, a que comumente se alude, isto é, a duração do processo, seu alto custo e a excessiva formalidade.

[9] Hoje, costuma-se dizer que o processo civil *constitucionalizou-se*. Fala-se em modelo constitucional do processo, expressão inspirada na obra de Italo Andolina e Giuseppe Vignera, *Il modello costituzionale del processo civile italiano: corso di lezioni* (Turim, Giapicchelli, 1990). O processo há de ser examinado, estudado e compreendido à luz da Constituição e de foa a dar o maior rendimento possível aos seus princípios fundamentais.

[10] O Novo CPC prevê expressamente que, antecedida de contraditório e produção de provas, haja decisão sobre a desconsideração da pessoa jurídica, com o redirecionamento da ação, na dimensão de sua patrimonialidade, e também sobre a consideração dita inversa, nos casos em que se abusa da sociedade, para usá-la indevidamente com o fito de camuflar o patrimônio pessoal do sócio. Essa alteração está de acordo com o pensamento que, entre nós, ganhou projeção ímpar na obra de J. LAMARTINE CORRÊA DE OLIVEIRA. Com efeito, há três décadas, o brilhante civilista já advertia ser essencial o predomínio da realidade sobre a aparência, quando "em verdade [é] uma outra pessoa que está a agir, utilizando a pessoa jurídica como escudo, e se é essa utilização da pessoa jurídica, fora de sua função, que está tornando possível o resultado contrário à lei, ao contrato, ou às coordenadas axiológicas" (*A dupla crise da pessoa jurídica*. São Paulo: Saraiva, 1979, p. 613).

Como regra, o depósito da quantia relativa às multas, cuja função processual seja levar ao cumprimento da obrigação *in natura*, ou da ordem judicial, deve ser feito logo que estas incidem.

Não podem, todavia, ser levantadas, a não ser quando haja trânsito em julgado ou quando esteja pendente agravo de decisão denegatória de seguimento a recurso especial ou extraordinário.

Trata-se de uma forma de tornar o processo mais eficiente e efetivo, o que significa, indubitavelmente, aproximá-lo da Constituição Federal, em cujas entrelinhas se lê que o processo deve assegurar o cumprimento da lei material.

Prestigiando o princípio constitucional da *publicidade* das decisões, previu-se a regra inafastável de que à data de julgamento de todo recurso deve-se dar publicidade (= todos os recursos devem constar em pauta), para que as partes tenham oportunidade de tomar providências que entendam necessárias ou, pura e simplesmente, possam assistir ao julgamento.

Levou-se em conta o princípio da *razoável duração do processo*.[11] Afinal a ausência de celeridade, sob certo ângulo,[12] é ausência de justiça. A simplificação do sistema recursal, de que trataremos separadamente, leva a um processo mais ágil.

Criou-se o incidente de julgamento conjunto de demandas repetitivas, a que adiante se fará referência.

Por enquanto, é oportuno ressaltar que levam a um processo *mais célere* as medidas cujo objetivo seja o julgamento conjunto de demandas que gravitam em torno da mesma questão de direito, por dois ângulos: *a*) o relativo àqueles processos, em si mesmos considerados, que, serão decididos conjuntamente; *b*) no que concerne à atenuação do excesso de carga de trabalho do Poder Judiciário — já que o tempo usado para decidir aqueles processos poderá ser mais eficazmente aproveitado em todos os outros, em cujo trâmite serão evidentemente menores os ditos "tempos mortos" (= períodos em que nada acontece no processo).

Por outro lado, haver, indefinidamente, *posicionamentos diferentes* e incompatíveis, nos Tribunais, a respeito da *mesma norma jurídica*, leva a que jurisdicionados que estejam em situações idênticas, tenham de submeter-se a regras de conduta diferentes, ditadas por decisões judiciais emanadas de tribunais diversos.

Esse fenômeno fragmenta o sistema, gera intranqüilidade e, por vezes, verdadeira perplexidade na sociedade.

Prestigiou-se, seguindo-se direção já abertamente seguida pelo ordenamento jurídico brasileiro, expressado na criação da Súmula Vinculante do Supremo Tribunal Federal (STF) e do regime de julgamento conjunto de recursos especiais

---

[11] Que, antes de ser expressamente incorporado à Constituição Federal em vigor (art. 5º, inciso LXXVIII), já havia sido contemplado em outros instrumentos normativos estrangeiros (veja-se, por exemplo, o art. 111, da Constituição da Itália) e convenções internacionais (Convenção Européia e Pacto de San Jose da Costa Rica). Trata-se, portanto, de tendência mundial.

[12] Afinal, a celeridade não é um valor que deva ser perseguido a qualquer custo. "Para muita gente, na matéria, a rapidez constitui o valor por excelência, quiçá o único. Seria fácil invocar aqui um rol de citações de autores famosos, apostados em estigmatizar a morosidade processual. Não deixam de ter razão, sem que isso implique — nem mesmo, quero crer, no pensamento desses próprios autores — hierarquização rígida que não reconheça como imprescindível, aqui e ali, ceder o passo a outros valores. Se uma justiça lenta demais é decerto uma justiça má, daí não se segue que uma justiça muito rápida seja necessariamente uma justiça boa. O que todos devemos querer é que a prestação jurisdicional venha ser melhor do que é. Se para torná-la melhor é preciso acelerá-la, muito bem: não, contudo, a qualquer preço" (BARBOSA MOREIRA, José Carlos. O futuro da justiça: alguns mitos. *Revista de Processo*, v. 102, p. 228-237, abr.-jun. 2001, p. 232).

e extraordinários repetitivos (que foi mantido e aperfeiçoado) tendência a criar estímulos para que a jurisprudência se uniformize, à luz do que venham a decidir tribunais superiores e até de segundo grau, e se estabilize.

Essa é a função e a razão de ser dos tribunais superiores: proferir decisões que *moldem* o ordenamento jurídico, objetivamente considerado. A função paradigmática que devem desempenhar é inerente ao sistema.

Por isso é que esses princípios foram expressamente formulados. Veja-se, por exemplo, o que diz o novo Código, no Livro IV: "A jurisprudência do STF e dos Tribunais Superiores deve nortear as decisões de todos os Tribunais e Juízos singulares do país, de modo a concretizar plenamente os princípios da legalidade e da isonomia".

Evidentemente, porém, para que tenha eficácia a recomendação no sentido de que seja a jurisprudência do STF e dos Tribunais superiores, efetivamente, norte para os demais órgãos integrantes do Poder Judiciário, é necessário que aqueles Tribunais mantenham jurisprudência razoavelmente estável.

A segurança jurídica fica comprometida com a brusca e integral alteração do entendimento dos tribunais sobre questões de direito.[13]

Encampou-se, por isso, expressamente princípio no sentido de que, uma vez firmada jurisprudência em certo sentido, esta deve, como norma, ser mantida, salvo se houver relevantes razões recomendando sua alteração.

Trata-se, na verdade, de um outro viés do princípio da segurança jurídica,[14] que recomendaria que a jurisprudência, uma vez pacificada ou sumulada, tendesse a ser mais estável.[15]

De fato, a alteração do entendimento a respeito de uma tese jurídica ou do sentido de um texto de lei pode levar ao legítimo desejo de que as situações anteriormente decididas, com base no entendimento superado, sejam redecididas à luz da nova compreensão. Isto porque a alteração da jurisprudência, diferentemente da alteração da lei, produz efeitos equivalentes aos *ex tunc*. Desde que, é claro, não haja regra em sentido inverso.

Diz, expressa e explicitamente, o novo Código que: "A mudança de entendimento sedimentado observará a necessidade de fundamentação adequada e específica, considerando o imperativo de estabilidade das relações jurídicas";

E, ainda, com o objetivo de prestigiar a segurança jurídica, formulou-se o seguinte princípio: "Na hipótese de alteração da jurisprudência dominante do

---

[13] Os ingleses dizem que os jurisdicionados não podem ser tratados "como cães, que só descobrem que algo é proibido quando o bastão toca seus focinhos" (BENTHAM citado por R. C. CAENEGEM, Judges, Legislators & Professors, p. 161).

[14] "O homem necessita de segurança para conduzir, planificar e conformar autônoma e responsavelmente a sua vida. Por isso, desde cedo se consideravam os princípios da segurança jurídica e da proteção à confiança como elementos constitutivos do Estado de Direito. Esses dois princípios — segurança jurídica e proteção da confiança — andam estreitamente associados, a ponto de alguns autores considerarem o princípio da confiança como um subprincípio ou como uma dimensão específica da segurança jurídica. Em geral, considera-se que a segurança jurídica está conexionada com elementos objetivos da ordem jurídica — garantia de estabilidade jurídica, segurança de orientação e realização do direito — enquanto a proteção da confiança se prende mais com os componentes subjetivos da segurança, designadamente a calculabilidade e previsibilidade dos indivíduos em relação aos efeitos dos actos". (JOSÉ JOAQUIM GOMES CANOTILHO. Direito constitucional e teoria da constituição. Almedina, Coimbra, 2000, p. 256).

[15] Os alemães usam a expressão princípio da "proteção", acima referida por Canotilho. (ROBERT ALEXY e RALF DREIER, Precedent in the Federal Republic of Germany, *in* Interpreting Precedents, A Comparative Study, Coordenação NEIL MACCORMICK e ROBERT SUMMERS, Dartmouth Publishing Company, p. 19).

STF e dos Tribunais superiores, ou oriunda de julgamentos de casos repetitivos, pode haver *modulação* dos efeitos da alteração no interesse social e no da segurança jurídica" (grifos nossos).

Esse princípio tem relevantes consequências práticas, como, por exemplo, a não rescindibilidade de sentenças transitadas em julgado baseadas na orientação abandonada pelo Tribunal. Também em nome da segurança jurídica, reduziu-se para um ano, como regra geral, o prazo decadencial dentro do qual pode ser proposta a ação rescisória.

Mas talvez as alterações mais expressivas do sistema processual ligadas ao objetivo de harmonizá-lo com o espírito da Constituição Federal, sejam as que dizem respeito a regras que induzem à uniformidade e à estabilidade da jurisprudência.

O novo Código prestigia o princípio da segurança jurídica, obviamente de índole constitucional, pois que se hospeda nas dobras do Estado Democrático de Direito e visa a proteger e a preservar as justas expectativas das pessoas.

Todas as normas jurídicas devem tender a dar efetividade às garantias constitucionais, tornando "segura" a vida dos jurisdicionados, de modo a que estes sejam poupados de "surpresas", podendo sempre prever, em alto grau, as consequências jurídicas de sua conduta.

Se, por um lado, o princípio do livre convencimento motivado é garantia de julgamentos independentes e justos, e neste sentido mereceu ser prestigiado pelo novo Código, por outro, compreendido em seu mais estendido alcance, acaba por conduzir a distorções do princípio da legalidade e à própria idéia, antes mencionada, de Estado Democrático de Direito. A dispersão excessiva da jurisprudência produz intranqüilidade social e descrédito do Poder Judiciário.

Se todos têm que agir em conformidade com a lei, ter-se-ia, *ipso facto*, respeitada a isonomia. Essa relação de causalidade, todavia, fica comprometida como decorrência do desvirtuamento da liberdade que tem o juiz de decidir com base em seu entendimento sobre o sentido real da norma.

A tendência à diminuição[16] do número[17] de recursos que devem ser apreciados pelos Tribunais de segundo grau e superiores é resultado inexorável da jurisprudência mais uniforme e estável.

Proporcionar legislativamente melhores condições para operacionalizar formas de uniformização do entendimento dos Tribunais brasileiros acerca de teses

---

[16] Comentando os principais vetores da reforma sofrida no processo civil alemão na última década, BARBOSA MOREIRA alude ao problema causado pelo excesso de recursos no processo civil: "Pôr na primeira instância o centro de gravidade do processo é diretriz política muito prestigiada em tempos modernos, e numerosas iniciativas reformadoras levam-na em conta. A rigor, o ideal seria que os litígios fossem resolvidos em termos finais mediante um único julgamento. Razões conhecidas induzem as leis processuais a abrirem a porta a reexames. A multiplicação desmedida dos meios tendentes a propiciá-los, entretanto, acarreta o prolongamento indesejável do feito, aumenta-lhe o custo, favorece a chicana e, em muitos casos, gera para os tribunais superiores excessiva carga de trabalho. Convém, pois, envidar esforços para que as partes se dêem por satisfeitas com a sentença e se abstenham de impugná-la" (Breve notícia sobre a reforma do processo civil alemão. *Revista de Processo*. São Paulo, v. 28, n. 111, p. 103-112, jul./set. 2003, p. 105).

[17] O número de recursos previstos na legislação processual civil é objeto de reflexão e crítica, há muitos anos, na doutrina brasileira. EGAS MONIZ DE ARAGÃO, por exemplo, em emblemático trabalho sobre o tema, já indagou de forma contundente: "há demasiados recursos no ordenamento jurídico brasileiro? Deve-se restringir seu cabimento? São eles responsáveis pela morosidade no funcionamento do Poder Judiciário?" Respondendo tais indagações, o autor conclui que há três recursos que "atendem aos interesses da brevidade e certeza, interesses que devem ser ponderados — como na fórmula da composição dos medicamentos — para dar adequado remédio às necessidades do processo judicial": a apelação, o agravo e o extraordinário, isto é, recurso especial e recurso extraordinário (Demasiados recursos?. *Revista de Processo*. São Paulo, v. 31, n. 136, p. 9-31, jun. 2006, p. 18).

jurídicas é concretizar, na vida da sociedade brasileira, o princípio constitucional da isonomia.

Criaram-se figuras, no novo CPC, para evitar a dispersão[18] excessiva da jurisprudência. Com isso, haverá condições de se atenuar o assoberbamento de trabalho no Poder Judiciário, sem comprometer a qualidade da prestação jurisdicional.

Dentre esses instrumentos, está a complementação e o reforço da eficiência do regime de julgamento de recursos repetitivos, que agora abrange a possibilidade de suspensão do procedimento das demais ações, tanto no juízo de primeiro grau, quanto dos demais recursos extraordinários ou especiais, que estejam tramitando nos tribunais superiores, aguardando julgamento, desatreladamente dos afetados.

Com os mesmos objetivos, criou-se, com inspiração no direito alemão,[19] o já referido incidente de Resolução de Demandas Repetitivas, que consiste na identificação de processos que contenham a mesma questão de direito, que estejam ainda no primeiro grau de jurisdição, para decisão conjunta.[20]

O incidente de resolução de demandas repetitivas é admissível quando identificada, em primeiro grau, controvérsia com potencial de gerar multiplicação expressiva de demandas e o correlato risco da coexistência de decisões conflitantes.

É instaurado perante o Tribunal local, por iniciativa do juiz, do MP, das partes, da Defensoria Pública ou pelo próprio Relator. O juízo de admissibilidade e de mérito caberão ao tribunal pleno ou ao órgão especial, onde houver, e a extensão da eficácia da decisão acerca da tese jurídica limita-se à área de competência territorial do tribunal, salvo decisão em contrário do STF ou dos Tribunais superiores, pleiteada pelas partes, interessados, MP ou Defensoria Pública. Há a possibilidade de intervenção de *amici curiae*.

O incidente deve ser julgado no prazo de seis meses, tendo preferência sobre os demais feitos, salvo os que envolvam réu preso ou pedido de *habeas corpus*.

O recurso especial e o recurso extraordinário, eventualmente interpostos da decisão do incidente, têm efeito suspensivo e se considera presumida a repercussão geral, de questão constitucional eventualmente discutida.

---

[18] A preocupação com essa possibilidade não é recente. ALFREDO BUZAID já aludia a ela, advertindo que há uma grande diferença entre as decisões adaptadas ao contexto histórico em que proferidas e aquelas que prestigiam interpretações contraditórias da mesma disposição legal, apesar de iguais as situações concretas em que proferidas. Nesse sentido: "Na verdade, não repugna ao jurista que os tribunais, num louvável esforço de adaptação, sujeitem a mesma regra a entendimento diverso, desde que se alterem as condições econômicas, políticas e sociais; mas repugna-lhe que sobre a mesma regra jurídica dêem os tribunais interpretação diversa e até contraditória, quando as condições em que ela foi editada continuam as mesmas. O dissídio resultante de tal exegese debilita a autoridade do Poder Judiciário, ao mesmo passo que causa profunda decepção às partes que postulam perante os tribunais" (Uniformização de Jurisprudência. *Revista da Associação dos Juízes do Rio Grande do Sul*, 34/139, jul. 1985).

[19] No direito alemão a figura se chama *Musterverfahren* e gera decisão que serve de modelo (= *Muster*) para a resolução de uma quantidade expressiva de processos em que as partes estejam na mesma situação, não se tratando necessariamente, do mesmo autor nem do mesmo réu. (RALF-THOMAS WITTMANN. Il "contenzioso di massa" in Germania, *in* GIORGETTI ALESSANDRO e VALERIO VALLEFUOCO, Il Contenzioso di massa in Italia, in Europa e nel mondo, Milão, Giuffrè, 2008, p. 178)

[20] Tais medidas refletem, sem dúvida, a tendência de coletivização do processo, assim explicada por RODOLFO DE CAMARGO MANCUSO: "Desde o último quartel do século passado, foi tomando vulto o fenômeno da 'coletivização' dos conflitos, à medida que, paralelamente, se foi reconhecendo a inaptidão do processo civil clássico para instrumentalizar essas megacontrovérsias, próprias de uma conflitiva sociedade de massas. Isso explica a proliferação de ações de cunho coletivo, tanto na Constituição Federal (arts. 5º, XXI; LXX, 'b'; LXXIII; 129, III) como na legislação processual extravagante, empolgando segmentos sociais de largo espectro: consumidores, infância e juventude; deficientes físicos; investidores no mercado de capitais; idosos; torcedores de modalidades desportivas; etc. Logo se tornou evidente (e premente) a necessidade da oferta de novos instrumentos capazes de recepcionar esses conflitos assim potencializado, seja em função do número expressivo (ou mesmo indeterminado) dos sujeitos concernentes, seja em função da indivisibilidade do objeto litigioso, que o torna insuscetível de partição e fruição por um titular exclusivo" (*A resolução de conflitos e a função judicial no Contemporâneo Estado de Direito*. São Paulo: Revista dos Tribunais, 2009, p. 379-380).

Enfim, não observada a tese firmada, caberá reclamação ao tribunal competente.

As hipóteses de cabimento dos embargos de divergência agora se baseiam exclusivamente na existência de *teses contrapostas*, não importando o veículo que as tenha levado ao Supremo Tribunal Federal ou ao Superior Tribunal de Justiça. Assim, são possíveis de confronto teses contidas em recursos e ações, sejam as decisões de mérito ou relativas ao juízo de admissibilidade.

Está-se, aqui, diante de poderoso instrumento, agora tornado ainda mais eficiente, cuja finalidade é a de uniformizar a jurisprudência dos Tribunais superiores, *interna corporis*.

Sem que a jurisprudência desses Tribunais esteja internamente uniformizada, é posto abaixo o edifício cuja base é o respeito aos precedentes dos Tribunais superiores.

2) Pretendeu-se converter o processo em instrumento incluído no *contexto social* em que produzirá efeito o seu resultado. Deu-se ênfase à possibilidade de as partes porem fim ao conflito pela via da mediação ou da conciliação.[21] Entendeu-se que a *satisfação efetiva* das partes pode dar-se de modo mais intenso se a solução é por elas criada e não imposta pelo juiz.

Como regra, deve realizar-se audiência em que, ainda antes de ser apresentada contestação, se tentará fazer com que autor e réu cheguem a acordo. Dessa audiência, poderão participar conciliador e mediador e o réu deve comparecer, sob pena de se qualificar sua ausência injustificada como ato atentatório à dignidade da justiça. Não se chegando a acordo, terá início o prazo para a contestação.

Por outro lado, e ainda levando em conta a qualidade da satisfação das partes com a solução dada ao litígio, previu-se a possibilidade da presença do *amicus curiae*, cuja manifestação, com certeza tem aptidão de proporcionar ao juiz condições de proferir decisão mais próxima às reais necessidades das partes e mais rente à realidade do país.[22]

Criou-se regra no sentido de que a intervenção pode ser pleiteada pelo *amicus curiae* ou solicitada de ofício, como decorrência das peculiaridades da causa, em todos os graus de jurisdição.

Entendeu-se que os requisitos que impõem a manifestação do *amicus curiae* no processo, se existem, estarão presentes desde o primeiro grau de jurisdição, não se justificando que a possibilidade de sua intervenção ocorra só nos Tribunais

---

[21] A criação de condições para realização da transação é uma das tendências observadas no movimento de reforma que inspirou o processo civil alemão. Com efeito, explica BARBOSA MOREIRA que "já anteriormente, por força de uma lei de 1999, os órgãos legislativos dos 'Lander' tinham sido autorizados, sob determinadas circunstâncias, a exigirem, como requisito de admissibilidade da ação, que se realizasse prévia tentativa de conciliação extrajudicial. Doravante, nos termos do art. 278, deve o tribunal, em princípio, levar a efeito a tentativa, ordenando o comparecimento pessoal de ambas as partes. O órgão judicial discutirá com elas a situação, poderá formular-lhes perguntas e fazer-lhes observações. Os litigantes serão ouvidos pessoalmente e terá cada qual a oportunidade de expor sua versão do litígio..." (*Breves notícias sobre a reforma do processo civil alemão*, p. 106).

[22] Predomina na doutrina a opinião de que a origem do *amicus curiae* está na Inglaterra, no processo penal, embora haja autores que afirmem haver figura assemelhada já no direito romano (CÁSSIO SCARPINELLA BUENO, *Amicus curiae no processo civil brasileiro*, Ed. Saraiva, 2006, p. 88). Historicamente, sempre atuou ao lado do juiz, e sempre foi a discricionariedade deste que determinou a intervenção desta figura, fixando os limites de sua atuação. Do direito inglês, migrou para o direito americano, em que é, atualmente, figura de relevo digno de nota (CÁSSIO SCARPINELLA BUENO, ob. cit., p. 94 e seguintes).

Superiores. Evidentemente, todas as decisões devem ter a qualidade que possa proporcionar a presença do *amicus curiae*, não só a última delas.

Com objetivo semelhante, permite-se no novo CPC que os Tribunais Superiores apreciem o mérito de alguns recursos que veiculam questões relevantes, cuja solução é necessária para o aprimoramento do Direito, ainda que não estejam preenchidos requisitos de admissibilidade considerados menos importantes. Trata-se de regra afeiçoada à processualística contemporânea, que privilegia o conteúdo em detrimento da forma, em consonância com o princípio da instrumentalidade.

3) Com a finalidade de *simplificação*, criou-se,[23] v.g., a possibilidade de o réu formular pedido independentemente do expediente formal da reconvenção, que desapareceu. Extinguiram-se muitos incidentes: passa a ser matéria alegável em preliminar de contestação a incorreção do valor da causa e a indevida concessão do benefício da justiça gratuita, bem como as duas espécies de incompetência. Não há mais a ação declaratória incidental nem a ação declaratória incidental de falsidade de documento, bem como o incidente de exibição de documentos. As formas de intervenção de terceiro foram modificadas e parcialmente fundidas: criou-se um só instituto, que abrange as hipóteses de denunciação da lide e de chamamento ao processo. Deve ser utilizado quando o chamado puder ser réu em ação regressiva; quando um dos devedores solidários saldar a dívida, aos demais; quando houver obrigação, por lei ou por contrato, de reparar ou garantir a reparação de dano, àquele que tem essa obrigação. A sentença dirá se terá havido a hipótese de ação regressiva, ou decidirá quanto à obrigação comum. Muitos[24] procedimentos especiais[25] foram extintos. Foram mantidos a ação de consignação em pagamento, a ação de prestação de contas, a ação de divisão e demarcação de terras particulares, inventário e partilha, embargos de terceiro, habilitação, restauração de autos, homologação de penhor legal e ações possessórias.

Extinguiram-se também as ações cautelares nominadas. Adotou-se a regra no sentido de que basta à parte a demonstração do *fumus boni iuris* e do perigo de ineficácia da prestação jurisdicional para que a providência pleiteada deva

---

[23] Tal possibilidade, rigorosamente, já existia no CPC de 1973, especificamente no procedimento comum sumário (art. 278, parágrafo 1º) e em alguns procedimentos especiais disciplinados no Livro IV, como, por exemplo, as ações possessórias (art. 922), daí porque se afirmava, em relação a estes, que uma de suas características peculiares era, justamente, a natureza dúplice da ação. Contudo, no Novo Código, o que era excepcional se tornará regra geral, em evidente benefício da economia processual e da idéia de efetividade da tutela jurisdicional.

[24] EGAS MONIZ DE ARAGÃO, comentando a transição do Código de 1939 para o Código de 1973, já chamava a atenção para a necessidade de refletir sobre o grande número de procedimentos especiais que havia no primeiro e foi mantido, no segundo diploma. Nesse sentido: "Ninguém jamais se preocupou em investigar se é necessário ou dispensável, se é conveniente ou inconveniente oferecer aos litigantes essa pletora de procedimentos especiais; ninguém jamais se preocupou em verificar se a existência desses inúmeros procedimentos constitui obstáculo à 'efetividade do processo', valor tão decantado na atualidade; ninguém jamais se preocupou em pesquisar se a existência de tais e tantos procedimentos constitui estorvo ao bom andamento dos trabalhos forenses e se a sua substituição por outros e novos meios de resolver os mesmos problemas poderá trazer melhores resultados. Diante desse quadro é de indagar: será possível atingir os resultados verdadeiramente aspirados pela revisão do Código sem remodelar o sistema no que tange aos procedimentos especiais?" (Reforma processual: 10 anos. *Revista do Instituto dos Advogados do Paraná*. Curitiba, n. 33, p. 201-215, dez. 2004, p. 205).

[25] Ainda na vigência do Código de 1973, já não se podia afirmar que a maior parte desses procedimentos era efetivamente especial. As características que, no passado, serviram para lhes qualificar desse modo, após as inúmeras alterações promovidas pela atividade de reforma da legislação processual, deixaram de lhes ser exclusivas. Vários aspectos que, antes, somente se viam nos procedimentos ditos especiais, passaram, com o tempo, a se observar também no procedimento comum. Exemplo disso é o sincretismo processual, que passou a marcar o procedimento comum desde que admitida a concessão de tutela de urgência em favor do autor, nos termos do art. 273.

ser deferida. Disciplina-se também a tutela sumária que visa a proteger o direito evidente, independentemente de *periculum in mora*.

O Novo CPC agora deixa clara a possibilidade de concessão de tutela de urgência e de tutela à evidência. Considerou-se conveniente esclarecer de forma expressa que a resposta do Poder Judiciário deve ser rápida não só em situações em que a urgência decorre do risco de eficácia do processo e do eventual perecimento do próprio direito. Também em hipóteses em que as alegações da parte se revelam de juridicidade ostensiva deve a tutela ser antecipadamente (total ou parcialmente) concedida, independentemente de *periculum in mora*, por não haver razão relevante para a espera, até porque, via de regra, a demora do processo gera agravamento do dano.

Ambas essas espécies de tutela vêm disciplinadas na Parte Geral, tendo também desaparecido o livro das Ações Cautelares.

A tutela de urgência e da evidência podem ser requeridas *antes* ou *no curso* do procedimento em que se pleiteia a providência principal.

Não tendo havido resistência à liminar concedida, o juiz, depois da efetivação da medida, extinguirá o processo, conservando-se a eficácia da medida concedida, sem que a situação fique protegida pela coisa julgada.

Impugnada a medida, o pedido principal deve ser apresentado *nos mesmos autos* em que tiver sido formulado o pedido de urgência.

As opções procedimentais acima descritas exemplificam sobremaneira a concessão da tutela cautelar ou antecipatória, do ponto de vista procedimental.

Além de a incompetência, absoluta e relativa, poderem ser levantadas pelo réu em preliminar de contestação, o que também significa uma maior simplificação do sistema, a incompetência absoluta não é, no Novo CPC, hipótese de cabimento de ação rescisória.

Cria-se a faculdade de o advogado promover, pelo correio, a intimação do advogado da outra parte. Também as testemunhas devem comparecer espontaneamente, sendo excepcionalmente intimadas por carta com aviso de recebimento.

A extinção do procedimento especial "ação de usucapião" levou à criação do procedimento edital, como forma de comunicação dos atos processuais, por meio do qual, em ações deste tipo, devem-se provocar todos os interessados a intervir, se houver interesse.

O prazo para todos os recursos, com exceção dos embargos de declaração, foi uniformizado: quinze dias.

O recurso de apelação continua sendo interposto no 1º grau de jurisdição, tendo-lhe sido, todavia, retirado o juízo de admissibilidade, que é exercido apenas no 2º grau de jurisdição. Com isso, suprime-se um novo foco desnecessário de recorribilidade.

Na execução, se eliminou a distinção entre praça e leilão, assim como a necessidade de duas hastas públicas. Desde a primeira, pode o bem ser alienado por valor inferior ao da avaliação, desde que não se trate de preço vil.

Foram extintos os embargos à arrematação, tornando-se a ação anulatória o único meio de que o interessado pode valer-se para impugná-la.

Bastante simplificado foi o sistema recursal. Essa simplificação, todavia, em momento algum significou restrição ao direito de defesa. Em vez disso deu, de acordo com o objetivo tratado no item seguinte, maior rendimento a cada processo individualmente considerado.

Desapareceu o agravo retido, tendo, correlatamente, alterado-se o regime das preclusões.[26] Todas as decisões anteriores à sentença podem ser impugnadas na apelação. Ressalte-se que, na verdade, o que se modificou, nesse particular, foi exclusivamente o momento da impugnação, pois essas decisões, de que se recorria, no sistema anterior, por meio de agravo retido, só eram mesmo alteradas ou mantidas quando o agravo era julgado, como preliminar de apelação. Com o novo regime, o momento de julgamento será o mesmo; não o da impugnação.

O agravo de instrumento ficou mantido para as hipóteses de concessão, ou não, de tutela de urgência; para as interlocutórias de mérito, para as interlocutórias proferidas na execução (e no cumprimento de sentença) e para todos os demais casos a respeito dos quais houver previsão legal expressa.

Previu-se a sustentação oral em agravo de instrumento de decisão de mérito, procurando-se, com isso, alcançar resultado do processo mais rente à realidade dos fatos.

Uma das grandes alterações havidas no sistema recursal foi a supressão dos embargos infringentes.[27] Há muito, doutrina da melhor qualidade vem propugnando pela necessidade de que sejam extintos.[28] Em contrapartida a essa extinção, o relator terá o dever de declarar o voto vencido, sendo este considerado como parte integrante do acórdão, inclusive para fins de prequestionamento.

Significativas foram as alterações, no que tange aos recursos para o STJ e para o STF. O Novo Código contém regra expressa, que leva ao aproveitamento do processo, de forma plena, devendo ser decididas todas as razões que podem levar ao provimento ou ao improvimento do recurso. Sendo, por exemplo, o recurso extraordinário provido para acolher uma causa de pedir, ou *a*) examinam-se todas as outras, ou, *b*) remetem-se os autos para o Tribunal de segundo grau, para que decida as demais, ou, *c*) remetem-se os autos para o primeiro grau, caso haja necessidade de produção de provas, para a decisão das demais; e, pode-se também, *d*) remeter os autos ao STJ, caso as causas de pedir restantes constituam-se em questões de direito federal.

Com os mesmos objetivos, consistentes em simplificar o processo, dando-lhe, simultaneamente, o maior rendimento possível, criou-se a regra de que não há mais extinção do processo, por decisão de inadmissão de recurso, caso o tribunal

---

[26] Essa alteração contempla uma das duas soluções que a doutrina processualista colocava em relação ao problema da recorribilidade das decisões interlocutórias. Nesse sentido: "Duas teses podem ser adotadas com vistas ao controle das decisões proferidas pelo juiz no decorrer do processo em primeira instância: ou, a) não se proporciona recurso algum e os litigantes poderão impugná-las somente com o recurso cabível contra o julgamento final, normalmente a apelação, caso estes em que não incidirá preclusão sobre tais questões, ou, b) é proporcionado recurso contra as decisões interlocutórias (tanto faz que o recurso suba incontinente ao órgão superior ou permaneça retido nos autos do processo) e ficarão preclusas as questões nelas solucionadas caso o interessado não recorra" (ARAGÃO, E. M. *Reforma processual*: 10 anos, p. 210-211).
[27] Essa trajetória, como lembra BARBOSA MOREIRA, foi, no curso das décadas, *"complexa e sinuosa"* (Novas vicissitudes dos embargos infringentes, *Revista de Processo*. São Paulo, v. 28, n. 109, p. 113-123, jul-ago. 2004, p. 113).
[28] Nesse sentido, "A existência de um voto vencido não basta por si só para justificar a criação de tal recurso; porque, por tal razão, se devia admitir um segundo recurso de embargos toda vez que houvesse mais de um voto vencido; desta forma poderia arrastar-se a verificação por largo tempo, vindo o ideal de justiça a ser sacrificado pelo desejo de aperfeiçoar a decisão" (ALFREDO BUZAID, Ensaio para uma revisão do sistema de recursos no Código de Processo Civil. *Estudos de direito*. São Paulo: Saraiva, 1972, v. 1, p. 111).

destinatário entenda que a competência seria de outro tribunal. Há, isto sim, em todas as instâncias, inclusive no plano de STJ e STF, *a remessa dos autos ao tribunal competente*.

Há dispositivo expresso determinando que, se os embargos de declaração são interpostos com o objetivo de prequestionar a matéria objeto do recurso principal, e não são admitidos, considera-se o prequestionamento como havido, salvo, é claro, se se tratar de recurso que pretenda a inclusão, no acórdão, da descrição de fatos.

Vê-se, pois, que as alterações do sistema recursal a que se está, aqui, aludindo, proporcionaram simplificação e levaram a efeito um outro objetivo, de que abaixo se tratará: obter-se o maior rendimento possível de cada processo.

4) O novo sistema permite que cada processo *tenha maior rendimento possível*. Assim, e por isso, estendeu-se a autoridade da coisa julgada às questões prejudiciais.

Com o objetivo de se dar maior *rendimento* a cada processo, individualmente considerado, e, atendendo a críticas tradicionais da doutrina,[29] deixou, a possibilidade jurídica do pedido, de ser condição da ação. A sentença que, à luz da lei revogada seria de carência da ação, à luz do Novo CPC é de improcedência e resolve definitivamente a controvérsia.

Criaram-se mecanismos para que, sendo a ação proposta com base em várias causas de pedir e sendo só uma levada em conta na decisão do 1º e do 2º grau, repetindo-se as decisões de procedência, caso o tribunal superior inverta a situação, retorne o processo ao 2º grau, para que as demais sejam apreciadas, até que, afinal, sejam todas decididas e seja, *efetivamente, posto fim à controvérsia*.

O mesmo ocorre se se tratar de ação julgada improcedente em 1º e em 2º grau, como resultado de acolhimento de uma razão de defesa, quando haja mais de uma.

Também visando a essa finalidade, o novo Código de Processo Civil criou, inspirado no sistema italiano[30] e francês,[31] a estabilização de tutela, a que já se referiu no item anterior, que permite a manutenção da eficácia da medida de urgência, ou antecipatória de tutela, até que seja eventualmente impugnada pela parte contrária.

As partes podem, até a sentença, modificar pedido e causa de pedir, desde que não haja ofensa ao contraditório. De cada processo, por esse método, se obtém tudo o que seja possível.

Na mesma linha, tem o juiz o poder de adaptar o procedimento às peculiaridades da causa.[32]

---

[29] CÂNDIDO DINAMARCO lembra que o próprio LIEBMAN, após formular tal condição da ação em aula inaugural em Turim, renunciou a ela depois que *"a lei italiana passou a admitir o divórcio, sendo este o exemplo mais expressivo de impossibilidade jurídica que vinha sendo utilizado em seus escritos"* (Instituições de direito processual civil. v. II, 6. ed. São Paulo: Malheiros, 2009, p. 309).

[30] Tratam da matéria, por exemplo, COMOGLIO, Luigi; FERRI, Corrado; TARUFFO, Michele. *Lezioni sul processo civile*. 4. ed. Bologna: Il Mulino, 2006. t. I e II; PICARDI, Nicola. *Codice di procedura civile*. 4. ed. Milão: Giuffrè, 2008. t. II; GIOLA, Valerio de; RASCHELLÀ, Anna Maria. *I provvedimento d'urgenza ex art. 700 Cod. Proc. Civ.* 2. ed. Experta, 2006.

[31] É conhecida a figura do *référé* francês, que consiste numa forma sumária de prestação de tutela, que gera decisão provisória, não depende necessariamente de um processo principal, não transita em julgado, mas pode prolongar a sua eficácia no tempo. Vejam-se arts. 488 e 489 do *Nouveau Code de Procédure Civile* francês.

[32] No processo civil inglês, há regra expressa a respeito dos *"case management powers"*. CPR 1.4. Na doutrina, v. NEIL ANDREWS, O moderno processo civil, São Paulo, Ed. RT, 2009, item 3.14, p. 74. Nestas regras de gestão de processos, inspirou-se a Comissão autora do Anteprojeto.

Com a mesma finalidade, criou-se a regra, a que já se referiu, no sentido de que, entendendo o Superior Tribunal de Justiça que a questão veiculada no recurso especial seja constitucional, deve remeter o recurso do Supremo Tribunal Federal; do mesmo modo, deve o Supremo Tribunal Federal remeter o recurso ao Superior Tribunal de Justiça, se considerar que não se trata de ofensa direta à Constituição Federal, por decisão irrecorrível.

5) A Comissão trabalhou sempre tendo como *pano de fundo* um objetivo genérico, que foi de imprimir organicidade às regras do processo civil brasileiro, dando maior coesão ao sistema.

O Novo CPC conta, agora, com uma Parte Geral,[33] atendendo às críticas de parte ponderável da doutrina brasileira. Neste Livro I, são mencionados princípios constitucionais de especial importância para todo o processo civil, bem como regras gerais, que dizem respeito a todos os demais Livros. A Parte Geral desempenha o papel de chamar para si a solução de questões difíceis relativas às demais partes do Código, já que contém regras e princípios gerais a respeito do funcionamento do sistema.

O conteúdo da Parte Geral (Livro I) consiste no seguinte: princípios e garantias fundamentais do processo civil; aplicabilidade das normas processuais; limites da jurisdição brasileira; competência interna; normas de cooperação internacional e nacional; partes; litisconsórcio; procuradores; juiz e auxiliares da justiça; Ministério Público; atos processuais; provas; tutela de urgência e tutela da evidência; formação, suspensão e extinção do processo. O Livro II, diz respeito ao processo de conhecimento, incluindo cumprimento de sentença e procedimentos especiais, contenciosos ou não. O Livro III trata do processo de execução, e o Livro IV disciplina os processos nos Tribunais e os meios de impugnação das decisões judiciais. Por fim, há as disposições finais e transitórias.

O objetivo de organizar internamente as regras e harmonizá-las entre si foi o que inspirou, por exemplo, a reunião das hipóteses em que os Tribunais ou juízes podem voltar atrás, mesmo depois de terem proferido decisão de mérito: havendo embargos de declaração, erro material, sendo proferida decisão pelo STF ou pelo STJ com base nos artigos 543-B e 543-C do Código anterior.

Organizaram-se em dois dispositivos as causas que levam à extinção do processo, por indeferimento da inicial, sem ou com julgamento de mérito, incluindo-se neste grupo o que constava do art. 285-A do Código anterior.

Unificou-se o critério relativo ao fenômeno que gera a prevenção: o despacho que ordena a citação. A ação, por seu turno, considera-se proposta assim que protocolada a inicial.

Tendo desaparecido o Livro do Processo Cautelar e as cautelares em espécie, acabaram sobrando medidas que, em consonância com parte expressiva da doutrina brasileira, embora estivessem formalmente inseridas no Livro III, de cautelares, nada tinham. Foram, então, realocadas, junto aos procedimentos especiais.

---

[33] Para EGAS MONIZ DE ARAGÃO, a ausência de uma parte geral, no Código de 1973, ao tempo em que promulgado, era compatível com a ausência de sistematização, no plano doutrinário, de uma teoria geral do processo. E advertiu o autor: *"não se recomendaria que o legislador precedesse aos doutrinadores, aconselhando a prudência que se aguarde o desenvolvimento do assunto por estes para, colhendo-lhes os frutos, atuar aquele"* (*Comentários ao Código de Processo Civil*: v. II. 7. Ed. Rio de Janeiro: Forense, 1991, p. 8). O profundo amadurecimento do tema que hoje se observa na doutrina processualista brasileiro justifica, nessa oportunidade, a sistematização da teoria geral do processo, no novo CPC.

Criou-se um livro novo, a que já se fez menção, para os processos nos Tribunais, que abrange os meios de impugnação às decisões judiciais — recursos e ações impugnativas autônomas — e institutos como, por exemplo, a homologação de sentença estrangeira.

Também com o objetivo de desfazer "nós" do sistema, deixaram-se claras as hipóteses de cabimento de ação rescisória e de ação anulatória, eliminando-se dúvidas, com soluções como, por exemplo, a de deixar sentenças homologatórias como categoria de pronunciamento impugnável pela ação anulatória, ainda que se trate de decisão de mérito, isto é, que homologa transação, reconhecimento jurídico do pedido ou renúncia à pretensão.

Com clareza e com base em doutrina autorizada,[34] disciplinou-se o litisconsórcio, separando-se, com a nitidez possível, o necessário do unitário.

Inverteram-se os termos *sucessão* e *substituição*, acolhendo-se crítica antiga e correta da doutrina.[35]

Nos momentos adequados, utilizou-se a expressão *convenção de arbitragem*, que abrange a cláusula arbitral e o compromisso arbitral, imprimindo-se, assim, o mesmo regime jurídico a ambos os fenômenos.[36]

Em conclusão, como se frisou no início desta exposição de motivos, elaborar-se um Código novo não significa "deitar abaixo as instituições do Código vigente, substituindo-as por outras, inteiramente novas".[37]

Nas alterações das leis, com exceção daquelas feitas imediatamente após períodos históricos que se pretendem deixar definitivamente para trás, não se deve fazer "taboa rasa" das conquistas alcançadas. Razão alguma há para que não se conserve ou aproveite o que há de bom no sistema que se pretende reformar.

Assim procedeu a Comissão de Juristas que reformou o sistema processual: criou saudável equilíbrio entre conservação e inovação, sem que tenha havido drástica ruptura com o presente ou com o passado.

Foram criados institutos inspirados no direito estrangeiro, como se mencionou ao longo desta Exposição de Motivos, já que, a época em que vivemos é de interpenetração das civilizações. O Novo CPC é fruto de reflexões da Comissão que o elaborou, que culminaram em escolhas racionais de caminhos considerados adequados, à luz dos cinco critérios acima referidos, à obtenção de uma sentença que resolva o conflito, com respeito aos direitos fundamentais e no menor tempo possível, realizando o interesse público da atuação da lei material.

---

[34] CÂNDIDO DINAMARCO, por exemplo, sob a égide do Código de 1973, teceu críticas à redação do art. 47, por entender que "esse mal redigido dispositivo dá a impressão, absolutamente falsa, de que o litisconsórcio unitário seria modalidade do necessário" (*Instituições de direito processual civil*, v. II, p. 359). No entanto, explica, com inequívoca clareza, o processualista: "Os dois conceitos não se confundem mas se colocam em relação de gênero a espécie. A unitariedade não é espécie da necessariedade. Diz respeito ao 'regime de tratamento' dos litisconsortes, enquanto esta é a exigência de 'formação' do litisconsórcio".

[35] "O Código de Processo Civil dá a falsa idéia de que a troca de um sujeito pelo outro na condição de parte seja um fenômeno de substituição processual: o vocábulo 'substituição' e a forma verbal 'substituindo' são empregadas na rubrica em que se situa o art. 48 e em seu §1º. Essa impressão é falsa porque 'substituição processual' é a participação de um sujeito no processo, como autor ou réu, sem ser titular do interesse em conflito (art. 6º). Essa locução não expressa um movimento de entrada e saída. Tal movimento é, em direito, 'sucessão' — no caso, sucessão processual" (DINAMARCO, C. *Instituições de direito processual civil*, v. II, p. 281).

[36] Sobre o tema da arbitragem, veja-se: CARMONA, Carlos Alberto. Arbitragem e Processo um comentário à lei nº 9.307/96. 3. ed. São Paulo: Atlas, 2009.

[37] ALFREDO BUZAID, Exposição de motivos, Lei 5.869, de 11 de janeiro de 1973.

Em suma, para a elaboração do Novo CPC, identificaram-se os avanços incorporados ao sistema processual preexistente, que deveriam ser conservados.

Estes foram organizados e se deram alguns passos à frente, para deixar expressa a adequação das novas regras à Constituição Federal da República, com um sistema mais coeso, mais ágil e capaz de gerar um processo civil mais célere e mais justo.

A Comissão

Composição da Comissão

Presidente
Luiz Fux

Relatora-Geral
Teresa Arruda Alvim Wambier

Membros
Adroaldo Furtado Fabrício
Benedito Cerezzo Pereira Filho
Bruno Dantas
Elpídio Donizetti Nunes
Humberto Theodoro Junior
Jansen Fialho de Almeida
José Miguel Garcia Medina
José Roberto dos Santos Bedaque
Marcus Vinicius Furtado Coelho
Paulo Cezar Pinheiro Carneiro

Secretários da Comissão
Verônica Maia Baraviera[38]
Gláucio Ribeiro de Pinho[39]

Equipe de Assessoramento à Comissão
Alex Alves Tavares, Advogado – *Anderson de Oliveira Noronha*, Advogado – *Helena Celeste R. L. Vieira*, Assessora de Pesquisa – *Ilana Trombka*, Assessora de Imprensa – *Thalisson de Albuquerque Campos*, Advogado – *Dominique Pinto de Britto, Rafaella Cristina Araújo Oliveira* e *Raianne Tavares Rocha*, Estagiárias.

Equipe de Redação Final
Fábio Augusto Santana Hage, Consultor Legislativo – *Andreza Rios de Carvalho, Ângela de Almeida Martins, Breno de Lima Andrade, Eduardo dos Santos Ribeiro, Emílio Moura Leite da Silveira, Maria Rita Galvão Lobo, Sebastião Araújo Andrade* e *Wesley Dutra de Andrade* – Analistas de Processo Legislativo.

---

[38] Designada através do Ato 503/2009, da Presidência do Senado Federal.
[39] Designado através do Ato 167/2010, da Presidência do Senado Federal.

Sumário

Procedimentos para Consulta 37

Comparativo entre o Projeto do Novo CPC e o CPC de 1973

Livro I – Parte Geral 41
Título I – Princípios e Garantias, Normas Processuais, Jurisdição e Ação 41
   Capítulo I – Dos Princípios e das Garantias Fundamentais do Processo Civil 41
   Capítulo II – Das Normas Processuais e sua Aplicação 42
   Capítulo III – Da Jurisdição 42
   Capítulo IV – Da Ação 42
Título II – Limites da Jurisdição Brasileira e Cooperação Internacional 43
   Capítulo I – Dos Limites da Jurisdição Nacional 43
   Capítulo II – Da Cooperação Internacional 44
Título III – Da Competência Interna 44
   Capítulo I – Da Competência 44
      Seção I – Disposições Gerais 44
      Seção II – Da Competência em Razão do Valor e da Matéria 45
      Seção III – Da Competência Funcional 45
      Seção IV – Da Competência Territorial 45
      Seção V – Das Modificações da Competência 47
      Seção VI – Da Incompetência 48
   Capítulo II – Da Cooperação Nacional 49
Título IV – Das Partes e dos Procuradores 50
   Capítulo I – Da Capacidade Processual 50
   Capítulo II – Do Incidente de Desconsideração da Personalidade Jurídica 52
   Capítulo III – Dos Deveres das Partes e dos seus Procuradores 52
      Seção I – Dos Deveres 52
      Seção II – Da Responsabilidade das Partes por Dano Processual 53
      Seção III – Das Despesas, dos Honorários Advocatícios e das Multas 54
      Seção IV – Da Gratuidade de Justiça 58
   Capítulo IV – Dos Procuradores 58
      Seção I – Disposições Gerais 58
      Seção II – Da Defensoria Pública 59
      Seção III – Da Advocacia Pública 60
   Capítulo V – Da Sucessão das Partes e dos Procuradores 60
Título V – Do Litisconsórcio 61
Título VI – Do Juiz e dos Auxiliares da Justiça 62

- Capítulo I – Dos Poderes, dos Deveres e da Responsabilidade do Juiz 62
- Capítulo II – Dos Impedimentos e da Suspeição 64
- Capítulo III – Dos Auxiliares da Justiça 66
  - Seção I – Do Serventuário e do Oficial de Justiça 66
  - Seção II – Do Perito 68
  - Seção III – Do Depositário e do Administrador 68
  - Seção IV – Do Intérprete 69
  - Seção V – Dos Conciliadores e dos Mediadores Judiciais 69
- Título VII – Do Ministério Público 72
- Título VIII – Dos Atos Processuais 73
  - Capítulo I – Da Forma dos Atos Processuais 73
    - Seção I – Dos Atos em Geral 73
    - Seção II – Dos Atos da Parte 74
    - Seção III – Dos Pronunciamentos do Juiz 74
    - Seção IV – Dos Atos do Escrivão 75
  - Capítulo II – Do Tempo e do Lugar dos Atos Processuais 76
    - Seção I – Do Tempo 76
    - Seção II – Do Lugar 77
  - Capítulo III – Dos Prazos 77
    - Seção I – Disposições Gerais 77
    - Seção II – Da Verificação dos Prazos e das Penalidades 80
  - Capítulo IV – Das Comunicações dos Atos 81
    - Seção I – Disposições Gerais 81
    - Seção II – Da Citação 81
    - Seção III – Das Cartas 86
    - Seção IV – Das Intimações 88
    - Seção V – Do Procedimento Edital 91
  - Capítulo V – Das Nulidades 91
  - Capítulo VI – Da Distribuição e do Registro 92
  - Capítulo VII – Do Valor da Causa 93
- Título IX – Das Provas 94
  - Capítulo I – Das Disposições Gerais 94
  - Capítulo II – Da Produção Antecipada de Provas 96
  - Capítulo III – Da Justificação 97
  - Capítulo IV – Da Exibição 98
- Título X – Tutela de Urgência e Tutela da Evidência 98
  - Capítulo I – Disposições Gerais 98
    - Seção I – Das Disposições Comuns 98
    - Seção II – Da Tutela de Urgência Cautelar e Satisfativa 99
    - Seção III – Da Tutela da Evidência 100
  - Capítulo II – Do Procedimento 100
    - Seção I – Das Medidas Requeridas em Caráter Antecedente 100
    - Seção II – Das Medidas Requeridas em Caráter Incidental 102
- Título XI – Formação, Suspensão e Extinção do Processo 102

Capítulo I – Da Formação do Processo 102
Capítulo II – Da Suspensão do Processo 103
Capítulo III – Da Extinção do Processo..104
Livro II – Do Processo de Conhecimento 104
Título I – Do Procedimento Comum 104
Capítulo I – Das Disposições Gerais 104
Capítulo II – Da Petição Inicial..104
Seção I – Dos Requisitos da Petição Inicial...104
Seção II – Do Pedido 105
Seção III – Do Indeferimento da Petição Inicial..107
Capítulo III – Da Rejeição Liminar da Demanda 107
Capítulo IV – Da Citação e da Formação do Processo..108
Capítulo V – Da Intervenção de Terceiros...108
Seção I – Do *Amicus Curiae*..108
Seção II – Da Assistência 108
Seção III – Do Chamamento 109
Capítulo VI – Da Audiência de Conciliação..110
Capítulo VII – Da Contestação 111
Capítulo VIII – Da Revelia 113
Capítulo IX – Das Providências Preliminares e do Saneamento.............................113
Seção I – Da Não Incidência dos Efeitos da Revelia...113
Seção II – Do Fato Impeditivo, Modificativo ou Extintivo do Direito do Autor.................114
Seção III – Das Alegações do Réu 114
Capítulo X – Do Julgamento Conforme o Estado do Processo...............................114
Seção I – Da Extinção do Processo..114
Seção II – Do Julgamento Antecipado da Lide 114
Seção III – Do Saneamento do Processo..115
Capítulo XI – Da Audiência de Instrução e Julgamento 115
Capítulo XII – Das Provas 117
Seção I – Do Depoimento Pessoal..117
Seção II – Da Confissão 118
Seção III – Da Exibição de Documento ou Coisa..119
Seção IV – Da Prova Documental..121
Subseção I – Da Força Probante dos Documentos 121
Subseção II – Da Arguição de Falsidade...125
Subseção III – Da Produção da Prova Documental...126
Seção V – Dos Documentos Eletrônicos..126
Seção VI – Da Prova Testemunhal 127
Subseção I – Da Admissibilidade e do Valor da Prova Testemunhal 127
Subseção II – Da Produção da Prova Testemunhal...129
Seção VII – Da Prova Pericial..132
Seção VIII – Da Inspeção Judicial 135
Capítulo XIII – Da Sentença e da Coisa Julgada...136
Seção I – Disposições Gerais..136

Seção II – Dos Requisitos e dos Efeitos da Sentença 138
Seção III – Da Remessa Necessária 139
Seção IV – Do Julgamento das Ações que tenham por Objeto o Cumprimento
das Obrigações de Fazer, de Não Fazer e de Entregar Coisa 140
Seção V – Da Coisa Julgada 141
Título II – Do Cumprimento da Sentença 142
Capítulo I – Das Disposições Gerais 142
Capítulo II – Da Obrigação de Pagar Quantia Certa 144
Seção I – Do Cumprimento da Obrigação de Indenizar Decorrente de
Ato Ilícito 147
Seção II – Do Cumprimento da Obrigação de Prestar Alimentos 147
Seção III – Do Cumprimento de Obrigação de Pagar Quantia Certa pela
Fazenda Pública 148
Seção IV – Do Cumprimento de Obrigação de Fazer e de Não Fazer 149
Capítulo III – Do Cumprimento de Obrigação de Entregar Coisa 150
Título III – Dos Procedimentos Especiais 151
Capítulo I – Da Ação de Consignação em Pagamento 151
Capítulo II – Da Ação de Prestação de Contas 153
Capítulo III – Da Ação de Divisão e da Demarcação de Terras Particulares 154
Seção I – Disposições Gerais 154
Seção II – Da Demarcação 155
Seção III – Da Divisão 157
Capítulo IV – Do Inventário e da Partilha 159
Seção I – Disposições Gerais 159
Seção II – Da Legitimidade para Requerer o Inventário 160
Seção III – Do Inventariante e das Primeiras Declarações 160
Seção IV – Das Citações e das Impugnações 163
Seção V – Da Avaliação e do Cálculo do Imposto 165
Seção VI – Das Colações 166
Seção VII – Do Pagamento das Dívidas 167
Seção VIII – Da Partilha 168
Seção IX – Do Arrolamento 170
Seção X – Das Disposições Comuns a todas as Seções deste Capítulo 172
Capítulo V – Dos Embargos de Terceiro 173
Capítulo VI – Da Habilitação 174
Capítulo VII – Da Restauração de Autos 175
Capítulo VIII – Da Homologação do Penhor Legal 176
Capítulo IX – Das Ações Possessórias 177
Seção I – Disposições Gerais 177
Seção II – Da Manutenção e da Reintegração de Posse 178
Seção III – Do Interdito Proibitório 179
Capítulo X – Dos Procedimentos não Contenciosos 179
Seção I – Disposições Gerais 179
Seção II – Das Notificações e Interpelações 180

Seção III – Das Alienações Judiciais 180

Seção IV – Da Separação e do Divórcio Consensuais e da Alteração do Regime
de Bens do Matrimônio..181

Seção V – Dos Testamentos e Codicilos 182

Seção VI – Da Herança Jacente 183

Seção VII – Dos Bens dos Ausentes 186

Seção VIII – Das Coisas Vagas..186

Seção IX – Da Interdição e Curatela dos Interditos...187

Seção X – Das Disposições Comuns à Tutela e à Curatela 188

Seção XI – Da Organização e da Fiscalização das Fundações 189

Seção XII– Da Posse em Nome do Nascituro 190

Livro III – Do Processo de Execução..191

Título I – Da Execução em Geral..191

Capítulo I – Disposições Gerais e Dever de Colaboração 191

Capítulo II – Das Partes..192

Capítulo III – Da Competência...193

Capítulo IV – Dos Requisitos Necessários para Realizar qualquer Execução 194

Seção I – Do Título Executivo...194

Seção II – Da Exigibilidade da Obrigação 195

Capítulo V – Da Responsabilidade Patrimonial 196

Título II– Das Diversas Espécies de Execução 197

Capítulo I – Das Disposições Gerais 197

Capítulo II – Da Execução para a Entrega de Coisa 200

Seção I – Da Entrega de Coisa Certa 200

Seção II – Da Entrega de Coisa Incerta 201

Capítulo III – Da Execução das Obrigações de Fazer e de Não Fazer...............................201

Seção I – Da Obrigação de Fazer...201

Seção II – Da Obrigação de Não Fazer 202

Seção III – Disposições Comuns..203

Capítulo IV – Da Execução por Quantia Certa contra Devedor Solvente.........................203

Seção I – Disposições Gerais..203

Seção II – Da Citação do Devedor e do Arresto..203

Seção III – Da Penhora, do Depósito e da Avaliação..205

Subseção I – Do Objeto da Penhora...205

Subseção II – Da Documentação da Penhora, de seu Registro e do Depósito..................207

Subseção III – Do Lugar de Realização da Penhora 209

Subseção IV – Das Modificações da Penhora..210

Subseção V – Da Penhora de Dinheiro em Depósito ou em Aplicação Financeira 212

Subseção VI – Da Penhora de Créditos..214

Subseção VII – Da Penhora das Quotas ou Ações de Sociedades Personificadas 215

Subseção VIII -- Da Penhora de Empresa, de Outros Estabelecimentos e
de Semoventes...215

Subseção IX – Da Penhora de Percentual de Faturamento de Empresa 216

Subseção X – Da Penhora de Frutos e Rendimentos de Coisa Móvel ou Imóvel 217

Subseção XI – Da Avaliação 217
Seção IV – Da Expropriação de Bens 219
Subseção I – Da Adjudicação 219
Subseção II – Da Alienação 220
Seção V – Da Satisfação do Crédito 227
Capítulo V – Da Execução contra a Fazenda Pública 229
Título III – Dos Embargos do Devedor 229
Título IV – Da Suspensão e da Extinção do Processo de Execução 232
Capítulo I – Da Suspensão 232
Capítulo II – Da Extinção 233
Livro IV – Dos Processos nos Tribunais e dos Meios de Impugnação das Decisões Judiciais 234
Título I – Dos Processos nos Tribunais 234
Capítulo I – Disposições Gerais 234
Capítulo II – Da Ordem dos Processos no Tribunal 234
Capítulo III – Da Declaração de Inconstitucionalidade 238
Capítulo IV – Do Conflito de Competência 239
Capítulo V – Da Homologação de Sentença Estrangeira ou de Sentença Arbitral 240
Capítulo VI – Da Ação Rescisória e da Ação Anulatória 242
Seção I – Da Ação Rescisória 242
Seção II – Da Ação Anulatória 244
Capítulo VII – Do Incidente de Resolução de Demandas Repetitivas 244
Título II – Dos Recursos 247
Capítulo I – Das Disposições Gerais 247
Capítulo II – Da Apelação 250
Capítulo III – Do Agravo de Instrumento 251
Capítulo IV – Do Agravo Interno 252
Capítulo V – Dos Embargos de Declaração 253
Capítulo VI – Dos Recursos para o Supremo Tribunal Federal e para o Superior Tribunal de Justiça 254
Seção I – Do Recurso Ordinário 254
Seção II – Do Recurso Extraordinário e do Recurso Especial 254
Subseção I – Disposições Gerais 254
Subseção II – Do Julgamento dos Recursos Extraordinário e Especial Repetitivos 258
Seção III – Dos Embargos de Divergência 260
Livro V – Das Disposições Finais e Transitórias 260

Procedimentos para Consulta 263

CPC de 1973 (Texto Integral com marcações) 265

Índice Remissivo 365

Procedimentos para Consulta

Comparativo entre o Projeto do Novo CPC e o CPC de 1973

O Projeto do Novo CPC está disposto na íntegra na *Coluna Esquerda*.

O texto preservado em **preto** no Projeto na *Coluna Esquerda* – *Projeto do Novo CPC* – corresponde a manutenção do texto do CPC de 1973, com expressões preservadas.

As Notas Remissivas em **preto** referem-se a dispositivos do CPC de 1973.

As Notas Remissivas em **vermelho** referem-se a outros dispositivos do *Projeto do Novo CPC*.

O texto em vermelho na *Coluna Esquerda* – *Projeto do Novo CPC* – corresponde a inovação, de conteúdo ou de forma.

O CPC de 1973 está disposto parcialmente na *Coluna Direita*.

Os termos **sublinhados** na *Coluna Direita*, CPC de 1973, possuem correspondência parcial no *Projeto do Novo CPC*.

Os termos **tachados (riscados)** no CPC de 1973, *Coluna Direita*, foram suprimidos no *Projeto do Novo CPC*, **não** possuem correspondência.

As Notas Remissivas em **vermelho** referem-se a dispositivos do *Projeto do Novo CPC*.

Os quadros vazios indicam que o CPC não possui qualquer correspondência com o *Projeto do Novo CPC*.

As Notas Remissivas em **preto** referem-se a dispositivos do *CPC de 1973*.

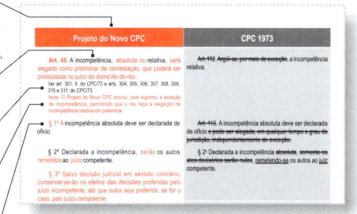

Comparativo entre o Projeto do Novo CPC
e o CPC de 1973

Projeto do Novo CPC	CPC 1973
Livro I **PARTE GERAL** **TÍTULO I** **PRINCÍPIOS E GARANTIAS, NORMAS PROCESSUAIS, JURISDIÇÃO E AÇÃO** **Capítulo I** **DOS PRINCÍPIOS E DAS GARANTIAS FUNDAMENTAIS DO PROCESSO CIVIL** **Art. 1º** O processo civil será ordenado, disciplinado e interpretado conforme os valores e os princípios fundamentais estabelecidos na Constituição da República Federativa do Brasil, observando-se as disposições deste Código. **Art. 2º** O processo começa por iniciativa da parte, nos casos e nas formas legais, salvo exceções previstas em lei, e se desenvolve por impulso oficial. Ver arts. 2º e 128 do CPC/73. **Art. 3º** Não se excluirá da apreciação jurisdicional ameaça ou lesão a direito, ressalvados os litígios voluntariamente submetidos à solução arbitral, na forma da lei. Ver art. 5º, XXXV, da CF/88. **Art. 4º** As partes têm direito de obter em prazo razoável a solução integral da lide, incluída a atividade satisfativa. Ver art. 5º, LXXVIII, da CF/88. **Art. 5º** As partes têm direito de participar ativamente do processo, cooperando entre si e com o juiz e fornecendo-lhe subsídios para que profira decisões, realize atos executivos ou determine a prática de medidas de urgência. **Art. 6º** Ao aplicar a lei, o juiz atenderá aos fins sociais a que ela se dirige e às exigências do bem comum, observando sempre os princípios da dignidade da pessoa humana, da razoabilidade, da legalidade, da impessoalidade, da moralidade, da publicidade e da eficiência. Ver art. 37 da CF/88 e art. 5º da LICC. **Art. 7º** É assegurada às partes paridade de tratamento em relação ao exercício de direitos e faculdades processuais, aos meios de defesa, aos ônus, aos deveres e à aplicação de sanções processuais, competindo ao juiz velar pelo efetivo contraditório em casos de hipossuficiência técnica. Ver art. 5º, "caput", da CF/88 e art. 125, I, do CPC/73. **Art. 8º** As partes têm o dever de contribuir para a rápida solução da lide, colaborando com o juiz para a identificação das questões de fato e de direito e abstendo-se de provocar incidentes desnecessários e procrastinatórios. **Art. 9º** Não se proferirá sentença ou decisão contra uma das partes sem que esta seja previamente ouvida, salvo se se tratar de medida de urgência ou concedida a fim de evitar o perecimento de direito. Ver art. 5º, LIV e LV, da CF/88.	**Livro I** ~~DO PROCESSO DE CONHECIMENTO~~ **TÍTULO I** ~~DA~~ **JURISDIÇÃO E** ~~DA~~ **AÇÃO** **Capítulo I** ~~DA JURISDIÇÃO~~ ~~Art. 262.~~ O processo ~~civil~~ começa por iniciativa da parte, **mas** se desenvolve por impulso oficial.

Projeto do Novo CPC	CPC 1973
Art. 10. O juiz não pode decidir, em grau algum de jurisdição, com base em fundamento a respeito do qual não se tenha dado às partes oportunidade de se manifestar, ainda que se trate de matéria sobre a qual tenha que decidir de ofício. Ver art. 5°, LIV e LV, da CF/88. **Art. 11.** Todos os julgamentos dos órgãos do Poder Judiciário serão públicos, e fundamentadas todas as decisões, sob pena de nulidade. Parágrafo único. Nas hipóteses previstas neste Código e nas demais leis, pode ser autorizada somente a presença das partes ou de seus advogados. Ver art. 5°, IX, da CF/88 e art. 155 do CPC/73.	
Capítulo II **DAS NORMAS PROCESSUAIS E DA SUA APLICAÇÃO** **Art. 12.** A jurisdição civil será regida unicamente pelas normas processuais brasileiras, ressalvadas as disposições específicas previstas em tratados ou convenções internacionais de que o Brasil seja signatário. **Art. 13.** A norma processual não retroagirá e será aplicável imediatamente aos processos em curso, respeitados os atos processuais praticados e as situações jurídicas consolidadas sob a vigência da lei revogada. **Art. 14.** Na ausência de normas que regulem processos penais, eleitorais, administrativos ou trabalhistas, as disposições deste Código lhes serão aplicadas supletivamente.	
Capítulo III **DA JURISDIÇÃO** **Art. 15.** A jurisdição civil é exercida pelos juízes em todo o território nacional, conforme as disposições deste Código.	**CAPÍTULO I** **DA JURISDIÇÃO** ~~Art. 1º~~ A jurisdição civil, ~~contenciosa e voluntária~~, é exercida pelos juízes, em todo o território nacional, conforme as disposições que este Código ~~estabelece~~.
Capítulo IV **DA AÇÃO** **Art. 16.** Para propor a ação é necessário ter interesse e legitimidade.	**CAPÍTULO II** **DA AÇÃO** ~~Art. 3º~~ Para propor ~~ou contestar~~ ação é necessário ter interesse e legitimidade. Ver art. 267, VI do CPC/73 e art. 295, II e III do CPC/73.
Art. 17. Ninguém poderá pleitear direito alheio em nome próprio, salvo quando autorizado por lei.	~~Art. 6º~~ Ninguém poderá pleitear, em nome próprio, direito alheio, salvo quando autorizado por lei.

Projeto do Novo CPC	CPC 1973
Art. 18. O interesse do autor pode limitar-se à declaração: I - da existência ou da inexistência de relação jurídica; II - da autenticidade ou da falsidade de documento. Parágrafo único. É admissível a ação declaratória ainda que tenha ocorrido a violação do direito. **Art. 19.** Se, no curso do processo, se tornar litigiosa relação jurídica de cuja existência ou inexistência depender o julgamento da lide, o juiz, assegurado o contraditório, a declarará por sentença, com força de coisa julgada.	Art. 4º O interesse do autor pode limitar-se à declaração: I - da existência ou da inexistência de relação jurídica; II - da autenticidade ou falsidade de documento. Parágrafo único. É admissível a ação declaratória, ainda que tenha ocorrido a violação do direito. Art. 5º Se, no curso do processo, se tornar litigiosa relação jurídica de cuja existência ou inexistência depender o julgamento da lide, qualquer das partes poderá requerer que o juiz a declare por sentença. Ver art. 325 do CPC/73.

TÍTULO II
LIMITES DA JURISDIÇÃO BRASILEIRA E COOPERAÇÃO INTERNACIONAL

Capítulo I
DOS LIMITES DA JURISDIÇÃO NACIONAL

	CAPÍTULO II DA COMPETÊNCIA INTERNACIONAL
Art. 20. Cabe à autoridade judiciária brasileira processar e julgar as ações em que: I - o réu, qualquer que seja a sua nacionalidade, estiver domiciliado no Brasil; II - no Brasil tiver de ser cumprida a obrigação; III - o fundamento seja fato ocorrido ou ato praticado no Brasil. Parágrafo único. Para o fim do disposto no inciso I, considera-se domiciliada no Brasil a pessoa jurídica estrangeira que aqui tiver agência, filial ou sucursal. **Art. 21.** Também caberá à autoridade judiciária brasileira processar e julgar as ações: I - de alimentos, quando: a) o credor tiver seu domicílio ou sua residência no Brasil; b) o réu mantiver vínculos pessoais no Brasil, tais como posse de bens, recebimento de renda ou obtenção de benefícios econômicos. II - decorrentes de relações de consumo, quando o consumidor tiver domicílio ou residência no Brasil; III - em que as partes, expressa ou tacitamente, se submeterem à jurisdição nacional. **Art. 22.** Cabe à autoridade judiciária brasileira, com exclusão de qualquer outra:	Art. 88. É competente a autoridade judiciária brasileira quando: I - o réu, qualquer que seja a sua nacionalidade, estiver domiciliado no Brasil; II - no Brasil tiver de ser cumprida a obrigação; III - a ação se originar de fato ocorrido ou de ato praticado no Brasil. Parágrafo único. Para o fim do disposto no nº I, reputa-se domiciliada no Brasil a pessoa jurídica estrangeira que aqui tiver agência, filial ou sucursal. Art. 89. Compete à autoridade judiciária brasileira, com exclusão de qualquer outra:

Projeto do Novo CPC	CPC 1973
I - conhecer de ações relativas a imóveis situados no Brasil; II - em matéria de sucessão hereditária, proceder a inventário e partilha de bens situados no Brasil, ainda que o autor da herança seja de nacionalidade estrangeira ou tenha domicílio fora do território nacional. **Art. 23.** A ação proposta perante tribunal estrangeiro não induz litispendência e não obsta a que a autoridade judiciária brasileira conheça da mesma causa e das que lhe são conexas, ressalvadas as disposições em contrário de tratados internacionais e acordos bilaterais em vigor no Brasil. Parágrafo único. A pendência da causa perante a jurisdição brasileira não impede a homologação de sentença judicial ou arbitral estrangeira. **Art. 24.** Não cabem à autoridade judiciária brasileira o processamento e o julgamento das ações quando houver cláusula de eleição de foro exclusivo estrangeiro, arguida pelo réu na contestação. Parágrafo único. Não se aplica o disposto no caput às hipóteses de competência internacional exclusiva previstas neste Capítulo. **Capítulo II** **DA COOPERAÇÃO INTERNACIONAL** **Art. 25.** Os pedidos de cooperação jurídica internacional para obtenção de provas no Brasil, quando tiverem de ser atendidos em conformidade com decisão de autoridade estrangeira, seguirão o procedimento de carta rogatória. Ver art. 201, do CPC/73. **Art. 26.** Quando a obtenção de prova não decorrer de cumprimento de decisão de autoridade estrangeira e puder ser integralmente submetida à autoridade judiciária brasileira, o pedido seguirá o procedimento de auxílio direto. **TÍTULO III** **DA COMPETÊNCIA INTERNA** **Capítulo I** **DA COMPETÊNCIA** **Seção I** **Disposições gerais** **Art. 27.** As causas cíveis serão processadas e decididas pelos órgãos jurisdicionais nos limites de sua competência, ressalvada às partes a faculdade de instituir juízo arbitral, na forma da lei.	I - conhecer de ações relativas a imóveis situados no Brasil; II - proceder a inventário e partilha de bens, situados no Brasil, ainda que o autor da herança seja estrangeiro e tenha ~~residido~~ fora do território nacional. ~~Art. 90.~~ A ação intentada perante tribunal estrangeiro não induz litispendência, nem obsta a que a autoridade judiciária brasileira conheça da mesma causa e das que lhe são conexas. **Título IV** ~~DOS ÓRGÃOS JUDICIÁRIOS E DOS AUXILIARES DA JUSTIÇA~~ **Capítulo I** **DA COMPETÊNCIA** ~~Art. 86.~~ As causas cíveis serão processadas e decididas, ~~ou simplesmente decididas,~~ pelos órgãos jurisdicionais, nos limites de sua competência, ressalvada às partes a faculdade de instituírem juízo arbitral.

Projeto do Novo CPC	CPC 1973
Art. 28. Determina-se a competência no momento em que a ação é proposta, sendo irrelevantes as modificações do estado de fato ou de direito ocorridas posteriormente, salvo quando suprimirem o órgão judiciário ou alterarem a competência absoluta. Parágrafo único. Para evitar perecimento de direito, as medidas urgentes poderão ser concedidas por juízo incompetente.	Art. 87. Determina-se a competência no momento em que a ação é proposta. São irrelevantes as modificações do estado de fato ou de direito ocorridas posteriormente, salvo quando suprimirem o órgão judiciário ou alterarem a competência em razão da matéria ou da hierarquia.
	CAPÍTULO III DA COMPETÊNCIA INTERNA
Seção II **Da competência em razão do valor e da matéria**	**Seção I** **Da Competência em Razão do Valor e da Matéria**
Art. 29. A competência em razão do valor e da matéria é regida pelas normas de organização judiciária, ressalvados os casos expressos neste Código.	Art. 91. Regem a competência em razão do valor e da matéria as normas de organização judiciária, ressalvados os casos expressos neste Código.
Seção III **Da competência funcional**	**Seção II** **Da Competência Funcional**
Art. 30. A competência funcional dos juízos e tribunais é regida pelas normas da Constituição da República e de organização judiciária, assim como, no que couber, pelas normas das Constituições dos Estados. Parágrafo único. É do órgão especial, onde houver, ou do tribunal pleno a competência para decidir incidente de resolução de demandas repetitivas. **Art. 31.** Correndo o processo perante outro juízo, os autos serão remetidos ao juízo federal competente, se nele intervier a União ou suas autarquias, empresas públicas e fundações de direito público, na condição de autoras, rés ou assistentes, exceto: Ver art. 109, I, da CF/88. I - os processos de insolvência; II - as causas de falência e de acidentes de trabalho; III - as causas sujeitas à Justiça Eleitoral e à Justiça do Trabalho; IV - os casos previstos em lei.	Art. 93. Regem a competência dos tribunais as normas da Constituição da República e de organização judiciária. A competência funcional dos juízes de primeiro grau é disciplinada neste Código.
Seção IV **Da competência territorial**	**Seção III** **Da Competência Territorial**
Art. 32. A ação fundada em direito pessoal ou em direito real sobre bens móveis será proposta, em regra, no foro do domicílio do réu. § 1º Tendo mais de um domicílio, o réu será demandado no foro de qualquer deles.	Art. 94. A ação fundada em direito pessoal e a ação fundada em direito real sobre bens móveis serão propostas, em regra, no foro do domicílio do réu. § 1º Tendo mais de um domicílio, o réu será demandado no foro de qualquer deles.

Projeto do Novo CPC	CPC 1973
§ 2º Sendo incerto ou desconhecido o domicílio do réu, ele será demandado onde for encontrado ou no foro do domicílio do autor. § 3º Quando o réu não tiver domicílio nem residência no Brasil, a ação será proposta no foro do domicílio do autor. Se este também residir fora do Brasil, a ação será proposta em qualquer foro. § 4º Havendo dois ou mais réus com diferentes domicílios, serão demandados no foro de qualquer deles, à escolha do autor.	§ 2º Sendo incerto ou desconhecido o domicílio do réu, ele será demandado onde for encontrado ou no foro do domicílio do autor. § 3º Quando o réu não tiver domicílio nem residência no Brasil, a ação será proposta no foro do domicílio do autor. Se este também residir fora do Brasil, a ação será proposta em qualquer foro. § 4º Havendo dois ou mais réus, com diferentes domicílios, serão demandados no foro de qualquer deles, à escolha do autor.
Art. 33. Nas ações fundadas em direito real sobre imóveis é competente o foro da situação da coisa. Parágrafo único. O autor pode, entretanto, optar pelo foro do domicílio ou pelo foro de eleição, se o litígio não recair sobre direito de propriedade, de vizinhança, de servidão, de posse, de divisão e de demarcação de terras e nunciação de obra nova. Ver art. 95 do CPC/73, desmembrado.	Art. 95. Nas ações fundadas em direito real sobre imóveis é competente o foro da situação da coisa. Pode o autor, entretanto, optar pelo foro do domicílio ou de eleição, não recaindo o litígio sobre direito de propriedade, vizinhança, servidão, posse, divisão e demarcação de terras e nunciação de obra nova.
Art. 34. O foro do domicílio do autor da herança, no Brasil, é o competente para o inventário, a partilha, a arrecadação, o cumprimento de disposições de última vontade e todas as ações em que o espólio for réu, ainda que o óbito tenha ocorrido no estrangeiro. Parágrafo único. É, porém, competente o foro: I - da situação dos bens, se o autor da herança não possuía domicílio certo; II - do lugar em que ocorreu o óbito, se o autor da herança não tinha domicílio certo e possuía bens em lugares diferentes.	Art. 96. O foro do domicílio do autor da herança, no Brasil, é o competente para o inventário, a partilha, a arrecadação, o cumprimento de disposições de última vontade e todas as ações em que o espólio for réu, ainda que o óbito tenha ocorrido no estrangeiro. Parágrafo único. É, porém, competente o foro: I - da situação dos bens, se o autor da herança não possuía domicílio certo; II - do lugar em que ocorreu o óbito se o autor da herança não tinha domicílio certo e possuía bens em lugares diferentes.
Art. 35. As ações em que o ausente for réu correm no foro de seu último domicílio, que é também o competente para a arrecadação, o inventário, a partilha e o cumprimento de disposições testamentárias.	Art. 97. As ações em que o ausente for réu correm no foro de seu último domicílio, que é também o competente para a arrecadação, o inventário, a partilha e o cumprimento de disposições testamentárias.
Art. 36. A ação em que o incapaz for réu se processará no foro do domicílio de seu representante.	Art. 98. A ação em que o incapaz for réu se processará no foro do domicílio de seu representante.
Art. 37. As causas em que a União for autora serão movidas no domicílio do réu; sendo ré a União, poderá a ação ser movida no domicílio do autor, onde ocorreu o ato ou o fato que deu origem à demanda, onde esteja situada a coisa ou no Distrito Federal. Ver art. 109, §§ 1º e 2º, da CF/88.	

Projeto do Novo CPC	CPC 1973
Art. 38. É competente o foro: I - do último domicílio do casal, para a ação de separação dos cônjuges e a conversão desta em divórcio e para a anulação de casamento; II - do domicílio ou da residência do alimentando, para a ação em que se pedem alimentos; III - do lugar: a) onde está a sede, para a ação em que for ré a pessoa jurídica; b) onde se acha a agência ou sucursal, quanto às obrigações que a pessoa jurídica contraiu; c) onde exerce a sua atividade principal, para a ação em que for ré a sociedade sem personalidade jurídica; d) onde a obrigação deve ser satisfeita, para a ação em que se lhe exigir o cumprimento; IV - do lugar do ato ou do fato: a) para a ação de reparação de dano; b) para a ação em que for réu o administrador ou o gestor de negócios alheios. Parágrafo único. Nas ações de reparação do dano sofrido em razão de delito ou acidente de veículos, será competente o foro do domicílio do autor ou do local do fato.	~~Art. 100~~. É competente o foro: I - ~~da residência da mulher~~, para a ação de separação dos cônjuges e a conversão desta em divórcio, e para a anulação de casamento; II - do domicílio ou da residência do alimentando, para a ação em que se pedem alimentos; [...] ~~IV~~ - do lugar: a) onde está a sede, para a ação em que for ré a pessoa jurídica; b) onde se acha a agência ou sucursal, quanto às obrigações que ela contraiu; c) onde exerce a sua atividade principal, para a ação em que for ré a sociedade, que carece de personalidade jurídica; d) onde a obrigação deve ser satisfeita, para a ação em que se lhe exigir o cumprimento; ~~V~~ - do lugar do ato ou fato: a) para a ação de reparação do dano; b) para a ação em que for réu o administrador ou gestor de negócios alheios. Parágrafo único. Nas ações de reparação do dano sofrido em razão de delito ou acidente de veículos, será competente o foro do domicílio do autor ou do local do fato.
Seção V Das modificações da competência	**Seção ~~IV~~** Das Modificações da Competência
Art. 39. A competência relativa poderá modificar-se pela conexão ou pela continência, observado o disposto nesta Seção.	~~Art. 102~~. A competência, em razão do valor e do território, poderá modificar-se pela conexão ou continência, observado o disposto nos artigos seguintes.
Art. 40. Consideram-se conexas duas ou mais ações, quando, decididas separadamente, gerarem risco de decisões contraditórias. Parágrafo único. Aplica-se o disposto no caput à execução de título extrajudicial e à ação de conhecimento relativas ao mesmo débito.	~~Art. 103~~. Reputam-se conexas duas ou mais ações, quando ~~lhes for comum o objeto ou a causa de pedir~~.
Art. 41. Dá-se a continência entre duas ou mais ações, sempre que houver identidade quanto às partes e à causa de pedir, mas o objeto de uma, por ser mais amplo, abrange o das outras.	~~Art. 104~~. Dá-se a continência entre duas ou mais ações sempre que há identidade quanto às partes e à causa de pedir, mas o objeto de uma, por ser mais amplo, abrange o das outras.

Projeto do Novo CPC	CPC 1973
Art. 42. Quando houver continência e a ação continente tiver sido proposta anteriormente, o processo relativo à ação contida será extinto sem resolução de mérito; caso contrário, as ações serão necessariamente reunidas.	
Art. 43. A reunião das ações propostas em separado se fará no juízo prevento onde serão decididas simultaneamente.	~~Art. 105. Havendo conexão ou continência, o juiz, de ofício ou a requerimento de qualquer das partes, pode ordenar~~ a reunião de ações propostas em separado, <u>a fim de que sejam decididas simultaneamente.</u>
Art. 44. O despacho que ordenar a citação torna prevento o juízo. Ver art. 219, "caput", do CPC/73.	~~Art. 106. Correndo em separado ações conexas perante juízes que têm a mesma competência territorial, considera-se~~ prevento ~~aquele que despachou em primeiro lugar~~.
Art. 45. Se o imóvel se achar situado em mais de um Estado, comarca <u>ou seção judiciária, o foro será determinado pela prevenção</u>, estendendo-se a competência sobre a totalidade do imóvel.	~~Art. 107.~~ Se o imóvel se achar situado em mais de um Estado ou comarca, <u>determinar-se-á o foro pela prevenção</u>, estendendo-se a competência sobre a totalidade do imóvel.
Art. 46. A ação acessória será proposta <u>no juízo</u> competente para a ação principal. Ver art. 800, do CPC/73.	~~Art. 108.~~ A ação acessória será proposta <u>perante o juiz</u> competente para a ação principal.
Art. 47. Se o conhecimento da lide depender necessariamente da verificação da existência de fato delituoso, <u>o juiz pode</u> mandar <u>suspender o</u> processo até que se pronuncie a justiça criminal.	~~Art. 110.~~ Se o conhecimento da lide depender necessariamente da verificação da existência de fato delituoso, <u>pode o juiz</u> mandar <u>sobrestar no andamento do</u> processo até que se pronuncie a justiça criminal.
Parágrafo único. Se a ação penal não for exercida dentro de <u>um mês contado</u> da intimação do despacho de <u>suspensão</u>, cessará o efeito deste, <u>incumbindo ao</u> juiz cível <u>examinar incidentalmente</u> a questão prejudicial.	Parágrafo único. Se a ação penal não for exercida dentro de ~~30~~ (trinta) dias, <u>contados</u> da intimação do despacho de <u>sobrestamento</u>, cessará o efeito deste, <u>decidindo</u> o juiz cível a questão prejudicial.
Art. 48. A competência em razão da matéria e da <u>função</u> é inderrogável por convenção das partes; mas estas podem modificar a competência em razão do valor e do território, elegendo foro onde serão propostas as ações oriundas de direitos e obrigações.	~~Art. 111.~~ A competência em razão da matéria e da <u>hierarquia</u> é inderrogável por convenção das partes; mas estas podem modificar a competência em razão do valor e do território, elegendo foro onde serão propostas as ações oriundas de direitos e obrigações.
§ 1º O acordo, porém, só produz efeito quando constar de contrato escrito e aludir expressamente a determinado negócio jurídico.	§ 1º O acordo, porém, só produz efeito~~,~~ quando constar de contrato escrito e aludir expressamente a determinado negócio jurídico.
§ 2º O foro contratual obriga os herdeiros e sucessores das partes.	§ 2º O foro contratual obriga os herdeiros e sucessores das partes.
Seção VI **Da incompetência**	**Seção ~~V~~** **Da ~~Declaração de~~ Incompetência**

Projeto do Novo CPC	CPC 1973
Art. 49. A incompetência, absoluta ou relativa, será alegada como preliminar de contestação, que poderá ser protocolada no juízo do domicílio do réu. Ver art. 301, II, do CPC/73 e arts. 304, 305, 306, 307, 308, 309, 310 e 311, do CPC/73. Nota: O Projeto do Novo CPC inovou, pois suprimiu a exceção de incompetência, permitindo que o réu faça a alegação de incompetência relativa em preliminar.	~~Art. 112. Argúi-se, por meio de exceção,~~ a incompetência relativa.
§ 1º A incompetência absoluta deve ser declarada de ofício.	~~Art. 113.~~ A incompetência absoluta deve ser declarada de ofício ~~e pode ser alegada, em qualquer tempo e grau de jurisdição, independentemente de exceção.~~
§ 2º Declarada a incompetência, serão os autos remetidos ao juízo competente.	§ 2º Declarada a incompetência ~~absoluta, somente os atos decisórios serão nulos~~, remetendo-se os autos ao juiz competente.
§ 3º Salvo decisão judicial em sentido contrário, conservar-se-ão os efeitos das decisões proferidas pelo juízo incompetente, até que outra seja proferida, se for o caso, pelo juízo competente.	
Art. 50. Prorrogar-se-á a competência relativa, se o réu não a alegar em preliminar de contestação.	~~Art. 114.~~ Prorrogar-se-á a competência ~~se dela o juiz não declinar na forma do parágrafo único do art. 112 desta Lei~~ ou o réu não opuser exceção declinatória nos casos e prazos legais.
Art. 51. Há conflito de competência quando: I - dois ou mais juízes se declaram competentes; II - dois ou mais juízes se consideram incompetentes, atribuindo um ao outro a competência; III - entre dois ou mais juízes surge controvérsia acerca da reunião ou da separação de processos. Parágrafo único. O juiz que não acolher a competência declinada terá, necessariamente, que suscitar o conflito, salvo se a atribuir a um outro juízo.	~~Art. 115.~~ Há conflito de competência: I - ~~quando~~ dois ou mais juízes se declaram competentes; II - ~~quando~~ dois ou mais juízes se consideram incompetentes; III - ~~quando~~ entre dois ou mais juízes surge controvérsia acerca da reunião ou separação de processos.

Capítulo II
DA COOPERAÇÃO NACIONAL

Art. 52. Ao Poder Judiciário, estadual ou federal, especializado ou comum, de primeiro ou segundo grau, assim como a todos os tribunais superiores, por meio de seus magistrados e servidores, cabe o dever de recíproca cooperação, a fim de que o processo alcance a desejada efetividade.
Ver art. 201, do CPC/73.

Art. 53. Os juízos poderão formular um ao outro pedido de cooperação para a prática de qualquer ato processual.

Projeto do Novo CPC	CPC 1973
Art. 54. Os pedidos de cooperação jurisdicional devem ser prontamente atendidos, prescindem de forma específica e podem ser executados como: I - auxílio direto; II - reunião ou apensamento de processo; III - prestação de informações; IV - atos concertados entre os juízes cooperantes. Parágrafo único. As cartas de ordem e precatórias seguirão o regime previsto neste Código.	
TÍTULO IV **DAS PARTES E DOS PROCURADORES** Capítulo I DA CAPACIDADE PROCESSUAL	**TÍTULO II** **DAS PARTES E DOS PROCURADORES** CAPÍTULO I DA CAPACIDADE PROCESSUAL
Art. 55. Toda pessoa que se acha no exercício dos seus direitos tem capacidade para estar em juízo.	~~Art. 7º~~ Toda pessoa que se acha no exercício dos seus direitos tem capacidade para estar em juízo.
Art. 56. Os incapazes serão representados ou assistidos por seus pais, tutores ou curadores, na forma da lei.	~~Art. 8º~~ Os incapazes serão representados ou assistidos por seus pais, tutores ou curadores, na forma da lei ~~civil~~.
Art. 57. O juiz nomeará curador especial: I - ao incapaz, se não tiver representante legal ou se os interesses deste colidirem com os daquele; II - ao réu preso, bem como ao revel citado por edital ou com hora certa. Parágrafo único. Nas comarcas ou nas seções judiciárias onde houver representante judicial de incapazes ou de ausentes, a este caberá a função de curador especial.	~~Art. 9º~~ O juiz dará curador especial: I - ao incapaz, se não tiver representante legal, ou se os interesses deste colidirem com os daquele; II - ao réu preso, bem como ao revel citado por edital ou com hora certa. Parágrafo único. Nas comarcas onde houver representante judicial de incapazes ou de ausentes, a este competirá a função de curador especial.
Art. 58. O cônjuge somente necessitará do consentimento do outro para propor ações que versem sobre direitos reais imobiliários, salvo quando o regime for da separação absoluta de bens. § 1º Ambos os cônjuges serão necessariamente citados para as ações: I - que versem sobre direitos reais imobiliários, salvo quando casados sob o regime de separação absoluta de bens; II - resultantes de fatos que digam respeito a ambos os cônjuges ou de atos praticados por eles; III - fundadas em dívidas contraídas por um dos cônjuges a bem da família;	~~Art. 10.~~ O cônjuge somente necessitará do consentimento do outro para propor ações que versem sobre direitos reais imobiliários. § 1º Ambos os cônjuges serão necessariamente citados para as ações I - que versem sobre direitos reais imobiliários; II - resultantes de fatos que digam respeito a ambos os cônjuges ou de atos praticados por eles; III - fundadas em dívidas contraídas pelo marido a bem da família, ~~mas cuja execução tenha de recair sobre o produto do trabalho da mulher ou os seus bens reservados~~;

Projeto do Novo CPC	CPC 1973
IV - que tenham por objeto o reconhecimento, a constituição ou a extinção de ônus sobre imóveis de um ou de ambos os cônjuges. § 2º Nas ações possessórias, a participação do cônjuge do autor ou do réu somente é indispensável nos casos de composse ou de atos por ambos praticados. **Art. 59.** A autorização do marido ou da mulher pode suprir-se judicialmente quando um cônjuge a recuse ao outro sem justo motivo ou lhe seja impossível concedê-la. Parágrafo único. A falta, não suprida pelo juiz, da autorização, quando necessária, invalida o processo. **Art. 60.** Serão representados em juízo, ativa e passivamente: I - a União, os Estados, o Distrito Federal e os Territórios, por seus procuradores; II - o Município, por seu prefeito ou procurador; III - a massa falida e a massa falida civil do devedor insolvente, pelo administrador judicial; IV - a herança jacente ou vacante, por seu curador; V - o espólio, pelo inventariante; VI - as pessoas jurídicas, por quem os respectivos estatutos designarem ou, não havendo essa designação, por seus diretores; VII - as sociedades sem personalidade jurídica, pela pessoa a quem couber a administração dos seus bens; VIII -- a pessoa jurídica estrangeira, pelo gerente, representante ou administrador de sua filial, agência ou sucursal aberta ou instalada no Brasil; IX - o condomínio, pelo administrador ou pelo síndico. § 1º Quando o inventariante for dativo, todos os herdeiros e sucessores do falecido serão autores ou réus nas ações em que o espólio for parte. § 2º As sociedades sem personalidade jurídica, quando demandadas, não poderão opor a irregularidade de sua constituição. § 3º O gerente da filial ou agência presume-se autorizado pela pessoa jurídica estrangeira a receber citação para qualquer processo.	IV - que tenham por objeto o reconhecimento, a constituição ou a extinção de ônus sobre imóveis de um ou de ambos os cônjuges. § 2º Nas ações possessórias, a participação do cônjuge do autor ou do réu somente é indispensável nos casos de composse ou de ato por ambos praticados. Art. 11. A autorização do marido e a outorga da mulher podem suprir-se judicialmente, quando um cônjuge a recuse ao outro sem justo motivo, ou lhe seja impossível dá-la. Parágrafo único. A falta, não suprida pelo juiz, da autorização ou da outorga, quando necessária, invalida o processo. Art. 12. Serão representados em juízo, ativa e passivamente: I - a União, os Estados, o Distrito Federal e os Territórios, por seus procuradores; II - o Município, por seu Prefeito ou procurador; III - a massa falida, pelo síndico; IV - a herança jacente ou vacante, por seu curador; V - o espólio, pelo inventariante; VI - as pessoas jurídicas, por quem os respectivos estatutos designarem; ou, não os designando, por seus diretores; VII - as sociedades sem personalidade jurídica, pela pessoa a quem couber a administração dos seus bens; VIII - a pessoa jurídica estrangeira, pelo gerente, representante ou administrador de sua filial, agência ou sucursal aberta ou instalada no Brasil (art. 88, parágrafo único). IX - o condomínio, pelo administrador ou pelo síndico. § 1º Quando o inventariante for dativo, todos os herdeiros e sucessores do falecido serão autores ou réus nas ações em que o espólio for parte. § 2º - As sociedades sem personalidade jurídica, quando demandadas, não poderão opor a irregularidade de sua constituição. § 3º O gerente da filial ou agência presume-se autorizado, pela pessoa jurídica estrangeira, a receber citação inicial para o processo de conhecimento, de execução, cautelar e especial.

Projeto do Novo CPC	CPC 1973
Art. 61. Verificando a incapacidade processual ou a irregularidade da representação das partes, o juiz, suspendendo o processo, marcará prazo razoável para ser sanado o defeito. Parágrafo único. Não sendo cumprida a determinação dentro do prazo, se a providência couber: Ver art. 13 do CPC/73 desmembrado. I - ao autor, o juiz decretará a nulidade do processo, extinguindo-o; II - ao réu, considerar-se-á revel; III - ao terceiro, será ou considerado revel ou excluído do processo, dependendo do pólo em que se encontre.	~~Art. 13~~. Verificando a incapacidade processual ou a irregularidade da representação das partes, o juiz, suspendendo o processo, marcará prazo razoável para ser sanado o defeito. Não sendo cumprido o despacho dentro do prazo, se a providência couber: I - ao autor, o juiz decretará a nulidade do processo; II - ao réu, reputar-se-á revel; III - ao terceiro, será excluído do processo.
Capítulo II **DO INCIDENTE DE DESCONSIDERAÇÃO DA PERSONALIDADE JURÍDICA** **Art. 62.** Em caso de abuso da personalidade jurídica, caracterizado na forma da lei, o juiz pode, em qualquer processo ou procedimento, decidir, a requerimento da parte ou do Ministério Público, quando lhe couber intervir no processo, que os efeitos de certas e determinadas obrigações sejam estendidos aos bens particulares dos administradores ou dos sócios da pessoa jurídica. **Art. 63.** A desconsideração da personalidade jurídica obedecerá ao procedimento previsto nesta Seção. Parágrafo único. O procedimento desta Seção é aplicável também nos casos em que a desconsideração é requerida em virtude de abuso de direito por parte do sócio. **Art. 64.** Requerida a desconsideração da personalidade jurídica, o sócio ou o terceiro e a pessoa jurídica serão intimados para, no prazo comum de quinze dias, se manifestar e requerer as provas cabíveis. **Art. 65.** Concluída a instrução, se necessária, o incidente será resolvido por decisão interlocutória impugnável por agravo de instrumento.	
Capítulo III **DOS DEVERES DAS PARTES E DOS SEUS PROCURADORES** **Seção I** **Dos deveres** **Art. 66.** São deveres das partes e de todos aqueles que de qualquer forma participam do processo: I - expor os fatos em juízo conforme a verdade; II - proceder com lealdade e boa-fé; III - não formular pretensões, nem alegar defesa, cientes de que são destituídas de fundamento;	**CAPÍTULO II** **DOS DEVERES DAS PARTES E DOS SEUS PROCURADORES** **Seção I** **Dos Deveres** ~~Art. 14~~. São deveres das partes e de todos aqueles que de qualquer forma participam do processo: I - expor os fatos em juízo conforme a verdade; II - proceder com lealdade e boa-fé; III - não formular pretensões, nem alegar defesa, cientes de que são destituídas de fundamento;

Projeto do Novo CPC	CPC 1973
IV - não produzir provas, nem praticar atos inúteis ou desnecessários à declaração ou à defesa do direito;	IV - não produzir provas, nem praticar atos inúteis ou desnecessários à declaração ou defesa do direito.
V - cumprir com exatidão as decisões de caráter executivo ou mandamental e não criar embaraços à efetivação de pronunciamentos judiciais, de natureza antecipatória ou final.	V - cumprir com exatidão os provimentos mandamentais e não criar embaraços à efetivação de provimentos judiciais, de natureza antecipatória ou final.
§ 1º Ressalvados os advogados, que se sujeitam exclusivamente aos estatutos da Ordem dos Advogados do Brasil, a violação do disposto no inciso V deste artigo constitui ato atentatório ao exercício da jurisdição, devendo o juiz, sem prejuízo das sanções criminais, civis e processuais cabíveis, aplicar ao responsável multa em montante a ser fixado de acordo com a gravidade da conduta e não superior a vinte por cento do valor da causa.	Parágrafo único. Ressalvados os advogados que se sujeitam exclusivamente aos estatutos da OAB, a violação do disposto no inciso V deste artigo constitui ato atentatório ao exercício da jurisdição, podendo o juiz, sem prejuízo das sanções criminais, civis e processuais cabíveis, aplicar ao responsável multa em montante a ser fixado de acordo com a gravidade da conduta e não superior a vinte por cento do valor da causa; não sendo paga no prazo estabelecido, contado do trânsito em julgado da decisão final da causa, a multa será inscrita sempre como dívida ativa da União ou do Estado.
§ 2º O valor da multa prevista no § 1º deverá ser imediatamente depositado em juízo, e seu levantamento se dará apenas depois do trânsito em julgado da decisão final da causa.	Nota: O STF julgou procedente ação declaratória de inconstitucionalidade, para, "sem redução de texto, emprestar à expressão ressalvado os advogados que se sujeitam exclusivamente aos estatutos da OAB, contida no parágrafo único do art. 14 do CPC, com a redação imprimida pela Lei 10. 358/2001, interpretação conforme a Carta, a abranger advogados do setor privado e do setor Público". (ADin 2.652-6 - DOU e DJU 03.12.2003)
§ 3º A multa prevista no § 1º poderá ser fixada independentemente da incidência daquela prevista no art. 495 e da periódica prevista no art. 502.	
§ 4º Quando o valor da causa for irrisório ou inestimável, a multa referida no § 1º poderá ser fixada em até o décuplo do valor das custas processuais.	
Art. 67. É vedado às partes e aos seus advogados empregar expressões injuriosas nos escritos apresentados no processo, cabendo ao juiz, de ofício ou a requerimento do ofendido, mandar riscá-las. Parágrafo único. Quando expressões injuriosas forem proferidas em defesa oral, o juiz advertirá o advogado de que não as deve usar, sob pena de lhe ser cassada a palavra.	Art. 15. É defeso às partes e seus advogados empregar expressões injuriosas nos escritos apresentados no processo, cabendo ao juiz, de ofício ou a requerimento do ofendido, mandar riscá-las. Parágrafo único. Quando as expressões injuriosas forem proferidas em defesa oral, o juiz advertirá o advogado que não as use, sob pena de lhe ser cassada a palavra.
Seção II Da responsabilidade das partes por dano processual	Seção II Da Responsabilidade das Partes por Dano Processual
Art. 68. Responde por perdas e danos aquele que pleitear de má-fé como autor, réu ou interveniente.	Art. 16. Responde por perdas e danos aquele que pleitear de má-fé como autor, réu ou interveniente.
Art. 69. Considera-se litigante de má-fé aquele que: I - deduzir pretensão ou defesa contra texto expresso de lei ou fato incontroverso; II - alterar a verdade dos fatos; III - usar do processo para conseguir objetivo ilegal;	Art. 17. Reputa-se litigante de má-fé aquele que: I - deduzir pretensão ou defesa contra texto expresso de lei ou fato incontroverso; II - alterar a verdade dos fatos; III - usar do processo para conseguir objetivo ilegal;

Projeto do Novo CPC	CPC 1973
IV - opuser resistência injustificada ao andamento do processo; V - proceder de modo temerário em qualquer incidente ou ato do processo; VI - provocar incidentes manifestamente infundados; VII - interpuser recurso com intuito manifestamente protelatório.	IV - opuser resistência injustificada ao andamento do processo; V - proceder de modo temerário em qualquer incidente ou ato do processo; VI - provocar incidentes manifestamente infundados. VII - interpuser recurso com intuito manifestamente protelatório.
Art. 70. O juiz ou tribunal, de ofício ou a requerimento, condenará o litigante de má-fé a pagar multa não excedente a dois por cento sobre o valor da causa e a indenizar a parte contrária dos prejuízos que esta sofreu, além de honorários advocatícios e de todas as despesas que efetuou. § 1º Quando forem dois ou mais os litigantes de má-fé, o juiz condenará cada um na proporção do seu respectivo interesse na causa ou solidariamente aqueles que se coligaram para lesar a parte contrária. § 2º O valor da indenização será desde logo fixado pelo juiz, em quantia não superior a vinte por cento sobre o valor da causa, ou liquidado por arbitramento. § 3º Quando o valor da causa for irrisório ou inestimável, a multa referida no caput poderá ser fixada em até o décuplo do valor das custas processuais.	~~Art. 18.~~ O juiz ou tribunal, de ofício ou a requerimento, condenará o litigante de má-fé a pagar multa não excedente a ~~um~~ por cento sobre o valor da causa e a indenizar a parte contrária dos prejuízos que esta sofreu, ~~mais os~~ honorários advocatícios e todas as despesas que efetuou. § 1º Quando forem dois ou mais os litigantes de má-fé, o juiz condenará cada um na proporção do seu respectivo interesse na causa~~,~~ ou solidariamente aqueles que se coligaram para lesar a parte contrária. § 2º O valor da indenização será desde logo fixado pelo juiz, em quantia não superior a ~~20% (vinte por cento)~~ sobre o valor da causa, ou liquidado por arbitramento
Seção III **Das despesas, dos honorários advocatícios e das multas**	**Seção III** **Das Despesas e das Multas**
Art. 71. Salvo as disposições concernentes à gratuidade de justiça, cabe às partes prover as despesas dos atos que realizam ou requerem no processo, antecipando-lhes o pagamento, desde o início até sentença final ou, na execução, até a plena satisfação do direito declarado pela sentença. Parágrafo único. Incumbe ao autor adiantar as despesas relativas a atos cuja realização o juiz determinar de ofício ou a requerimento do Ministério Público, quando sua intervenção ocorrer como fiscal da lei.	~~Art. 19.~~ Salvo as disposições concernentes à justiça ~~gratuita~~, cabe às partes prover as despesas dos atos que realizam ou requerem no processo, antecipando-lhes o pagamento desde o início até sentença final~~, e bem ainda~~, na execução, até a plena satisfação do direito declarado pela sentença. [...] § ~~2º~~ Compete ao autor adiantar as despesas relativas a atos~~,~~ cuja realização o juiz determinar de ofício ou a requerimento do Ministério Público. Nota: O Projeto do Novo CPC transformou o § 1º do art. 20 em dispositivo autônomo
Art. 72. Ao decidir qualquer incidente, o juiz condenará nas despesas o vencido. Parágrafo único. As despesas abrangem não só as custas dos atos do processo, como também a indenização de viagem, a remuneração do assistente técnico e a diária de testemunha.	§ ~~1º~~ O juiz, ao decidir qualquer incidente ~~ou recurso~~, condenará nas despesas o vencido. § ~~2º~~ As despesas abrangem não só as custas dos atos do processo, como também a indenização de viagem, diária de testemunha e remuneração do assistente técnico. Nota: O Projeto do Novo CPC transformou o § 2º do art. 20, do CPC/73 em parágrafo único do art. 72.

Projeto do Novo CPC	CPC 1973
Art. 73. A sentença condenará o vencido a pagar honorários ao advogado do vencedor, salvo se houver perda do objeto, hipótese em que serão imputados à parte que lhe tiver dado causa. § 1º A verba honorária de que trata o caput será devida também no cumprimento de sentença, na execução embargada ou não e nos recursos interpostos, cumulativamente.	~~Art. 20.~~ A sentença condenará o vencido a pagar ~~ao vencedor as despesas que antecipou e os~~ honorários advocatícios. ~~Esta verba honorária será devida, também, nos casos em que o~~ advogado ~~funcionar~~ em causa ~~própria~~. ~~§ 4º Nas causas de pequeno valor, nas de valor inestimável, naquelas em que não houver condenação ou for vencida a Fazenda Pública,~~ e nas execuções, embargadas ou não, ~~os honorários serão fixados consoante apreciação eqüitativa do juiz, atendidas as normas das alíneas a, b e c do parágrafo anterior.~~ Nota: O § 4º foi inserido antes do § 3º, porque o projeto inverteu os dispositivos, do contrário não seria possível a comparação.
§ 2º Os honorários serão fixados entre o mínimo de dez e o máximo de vinte por cento sobre o valor da condenação, do proveito, do benefício ou da vantagem econômica obtidos, conforme o caso, atendidos: I - o grau de zelo do profissional; II - o lugar de prestação do serviço; III - a natureza e a importância da causa; IV - o trabalho realizado pelo advogado e o tempo exigido para o seu serviço. § 3º Nas causas em que for vencida a Fazenda Pública, os honorários serão fixados entre o mínimo de cinco por cento e o máximo de dez por cento sobre o valor da condenação, do proveito, do benefício ou da vantagem econômica obtidos, observados os parâmetros do § 2º. § 4º Nas causas em que for inestimável ou irrisório o proveito, o benefício ou a vantagem econômica, o juiz fixará o valor dos honorários advocatícios em atenção ao disposto no § 2º. Ver art. 20, § 4º, do CPC/73, desmembrado. § 5º Nas ações de indenização por ato ilícito contra pessoa, o valor da condenação será a soma das prestações vencidas com o capital necessário a produzir a renda correspondente às prestações vincendas, podendo estas ser pagas, também mensalmente, inclusive em consignação na folha de pagamento do devedor. § 6º Quando o acórdão proferido pelo tribunal não admitir ou negar, por unanimidade, provimento a recurso interposto contra sentença ou acórdão, a instância recursal, de ofício ou a requerimento da parte, fixará nova verba honorária advocatícia, observando-se o disposto no § 2º e o limite total de vinte e cinco por cento.	§ 3º Os honorários serão fixados entre o mínimo de dez por cento ~~(10%)~~ e o máximo de vinte por cento ~~(20%)~~ sobre o valor da condenação, atendidos: Nota: O § 4º foi inserido antes do § 3º, porque o projeto inverteu os dispositivos, do contrário não seria possível a comparação. ~~a)~~ o grau de zelo do profissional; ~~b)~~ o lugar de prestação do serviço; ~~c)~~ a natureza e importância da causa~~, o trabalho realizado pelo advogado e o tempo exigido para o seu serviço.~~ ~~c)~~ ~~a natureza e importância da causa~~, o trabalho realizado pelo advogado e o tempo exigido para o seu serviço. ~~§ 4º~~ Nas causas ~~de pequeno valor, nas de valor~~ inestimável, ~~naquelas~~ em que ~~não houver condenação ou~~ for vencida a Fazenda Pública, ~~e nas execuções, embargadas ou não,~~ os honorários serão fixados consoante apreciação eqüitativa do juiz, atendidas as normas das alíneas a, b e c do parágrafo anterior. § 5º Nas ações de indenização por ato ilícito contra pessoa, o valor da condenação será a soma das prestações vencidas com o capital necessário a produzir a renda correspondente às prestações vincendas ~~(art. 602)~~, podendo estas ser pagas, também mensalmente, ~~na forma do § 2º do referido art. 602,~~ inclusive em consignação na folha de pagamento~~s~~ do devedor.

Projeto do Novo CPC	CPC 1973
§ 7º Os honorários referidos no § 6º são cumuláveis com multas e outras sanções processuais, inclusive a do art. 66. § 8º Em caso de provimento de recurso extraordinário ou especial, o Supremo Tribunal Federal ou o Superior Tribunal de Justiça afastará a incidência dos honorários de sucumbência recursal. § 9º O disposto no § 6º não se aplica quando a questão jurídica discutida no recurso for objeto de divergência jurisprudencial. § 10. As verbas de sucumbência arbitradas em embargos à execução rejeitados ou julgados improcedentes, bem como em fase de cumprimento de sentença, serão acrescidas no valor do débito principal, para todos os efeitos legais. § 11. Os honorários constituem direito do advogado e têm natureza alimentar, tendo os mesmos privilégios dos créditos oriundos da legislação do trabalho, sendo vedada a compensação em caso de sucumbência parcial.	
Art. 74. Se cada litigante for, em parte, vencedor e vencido, serão proporcionalmente distribuídas entre eles as despesas.	~~Art. 21~~. Se cada litigante for em parte vencedor e vencido, serão ~~recíproca e~~ proporcionalmente distribuídos e ~~compensados~~ entre eles ~~os honorários e~~ as despesas.
Art. 75. Concorrendo diversos autores ou diversos réus, os vencidos respondem proporcionalmente pelas despesas e honorários.	~~Art. 23.~~ Concorrendo diversos autores ou diversos réus, os vencidos respondem pelas despesas e honorários em proporção.
Art. 76. Nos procedimentos não contenciosos, as despesas serão adiantadas pelo requerente, mas rateadas entre os interessados.	~~Art. 24.~~ Nos procedimentos de jurisdição voluntária, as despesas serão adiantadas pelo requerente, mas rateadas entre os interessados.
Art. 77. Nos juízos divisórios, não havendo litígio, os interessados pagarão as despesas proporcionalmente aos seus quinhões.	~~Art. 25~~. Nos juízos divisórios, não havendo litígio, os interessados pagarão as despesas proporcionalmente aos seus quinhões.
Art. 78. Se o processo terminar por desistência ou reconhecimento do pedido, as despesas e os honorários serão pagos pela parte que desistiu ou reconheceu. § 1º Sendo parcial a desistência ou o reconhecimento, a responsabilidade pelas despesas e pelos honorários será proporcional à parte de que se desistiu ou que se reconheceu. § 2º Havendo transação e nada tendo as partes disposto quanto às despesas, estas serão divididas igualmente.	~~Art. 26~~. Se o processo terminar por desistência ou reconhecimento do pedido, as despesas e os honorários serão pagos pela parte que desistiu ou reconheceu. Ver art. 267, VIII e art. 269, V, do CPC/73. § 1º Sendo parcial a desistência ou o reconhecimento, a responsabilidade pelas despesas e honorários será proporcional à parte de que se desistiu ou que se reconheceu. § 2º Havendo transação e nada tendo as partes disposto quanto às despesas, estas serão divididas igualmente.

Projeto do Novo CPC	CPC 1973
Art. 79. As despesas dos atos processuais efetuados a requerimento do Ministério Público na qualidade de parte ou da Fazenda Pública serão pagas ao final pelo vencido, exceto as despesas periciais, que deverão ser pagas de plano por aquele que requerer a prova.	Art. 27. As despesas dos atos processuais, efetuados a requerimento do Ministério Público ou da Fazenda Pública, serão pagas a final pelo vencido.
Art. 80. Quando, a requerimento do réu, o juiz declarar extinto o processo sem resolver o mérito, o autor não poderá propor de novo a ação sem pagar ou depositar em cartório as despesas e os honorários em que foi condenado.	Art. 28. Quando, a requerimento do réu, o juiz declarar extinto o processo sem julgar o mérito (art. 267, § 2º), o autor não poderá intentar de novo a ação, sem pagar ou depositar em cartório as despesas e os honorários, em que foi condenado.
Art. 81. As despesas dos atos que forem adiados ou tiverem de repetir-se ficarão a cargo da parte, do serventuário, do órgão do Ministério Público ou do juiz que, sem justo motivo, houver dado causa ao adiamento ou à repetição.	Art. 29. As despesas dos atos, que forem adiados ou tiverem de repetir-se, ficarão a cargo da parte, do serventuário, do órgão do Ministério Público ou do juiz que, sem justo motivo, houver dado causa ao adiamento ou à repetição.
Art. 82. Se o assistido ficar vencido, o assistente será condenado nas custas em proporção à atividade que houver exercido no processo.	Art. 32. Se o assistido ficar vencido, o assistente será condenado nas custas em proporção à atividade que houver exercido no processo.
Art. 83. Cada parte pagará a remuneração do assistente técnico que houver indicado; a do perito será rateada entre as partes quando por ambas requerida.	Art. 33. Cada parte pagará a remuneração do assistente técnico que houver indicado; a do perito será paga pela parte que houver requerido o exame, ou pelo autor, quando requerido por ambas as partes ou determinado de ofício pelo juiz.
§ 1º O juiz poderá determinar que a parte responsável pelo pagamento dos honorários do perito deposite em juízo o valor correspondente a essa remuneração. § 2º A quantia recolhida em depósito bancário à ordem do juízo e com correção monetária será entregue ao perito após a apresentação do laudo, facultada a sua liberação parcial, quando necessária. Ver art. 33, parágrafo único, do CPC/73, desmembrado. § 3º O valor da prova pericial requerida pelo beneficiário da gratuidade de justiça será fixado conforme tabela do Conselho Nacional de Justiça e pago ao final pelo Poder Público.	Parágrafo único. O juiz poderá determinar que a parte responsável pelo pagamento dos honorários do perito deposite em juízo o valor correspondente a essa remuneração. O numerário, recolhido em depósito bancário à ordem do juízo e com correção monetária, será entregue ao perito após a apresentação do laudo, facultada a sua liberação parcial, quando necessária.
Art. 84. As sanções impostas às partes em consequência de má-fé serão consideradas custas e reverterão em benefício da parte contrária; as impostas aos serventuários pertencerão ao Estado.	Art. 35. As sanções impostas às partes em consequência de má-fé serão contadas como custas e reverterão em benefício da parte contrária; as impostas aos serventuários pertencerão ao Estado.

Projeto do Novo CPC	CPC 1973
Seção IV **Da gratuidade de justiça** **Art. 85.** A parte com insuficiência de recursos para pagar as custas e as despesas processuais e os honorários de advogado gozará dos benefícios da gratuidade de justiça, na forma da lei. Ver Lei 1.050/50. § 1º O juiz poderá determinar de ofício a comprovação da insuficiência de que trata o caput, se houver nos autos elementos que evidenciem a falta dos requisitos legais da gratuidade de justiça. § 2º Das decisões que apreciarem o requerimento de gratuidade de justiça, caberá agravo de instrumento, salvo quando a decisão se der na sentença.	
Capítulo IV **DOS PROCURADORES** **Seção I** **Disposições gerais** **Art. 86.** A parte será representada em juízo por advogado regularmente inscrito na Ordem dos Advogados do Brasil. Ver art. 133, da CF/88. Parágrafo único. É lícito à parte postular em causa própria quando tiver habilitação legal ou, não a tendo, no caso de falta de advogado na localidade ou de recusa ou impedimento dos que houver. Ver art. 37 do CPC/73, desmembrado.	**Capítulo III** **DOS PROCURADORES** Art. 36. A parte será representada em juízo por advogado legalmente habilitado. Ser-lhe-á lícito, no entanto, postular em causa própria, quando tiver habilitação legal ou, não a tendo, no caso de falta de advogado no lugar ou recusa ou impedimento dos que houver.
Art. 87. O advogado não será admitido a postular em juízo sem instrumento de mandato, salvo para evitar decadência ou prescrição, bem como para praticar atos considerados urgentes. § 1º Nos casos previstos na segunda parte do caput, o advogado se obrigará, independentemente de caução, a exibir o instrumento de mandato no prazo de quinze dias, prorrogável por igual período, por despacho do juiz. § 2º Os atos não ratificados serão havidos por juridicamente inexistentes, respondendo o advogado por despesas e perdas e danos.	Art. 37. Sem instrumento de mandato, o advogado não será admitido a procurar em juízo. Poderá, todavia, em nome da parte, intentar ação, a fim de evitar decadência ou prescrição, bem como intervir, no processo, para praticar atos reputados urgentes. Nestes casos, o advogado se obrigará, independentemente de caução, a exibir o instrumento de mandato no prazo de 15 (quinze) dias, prorrogável até outros 15 (quinze), por despacho do juiz. Parágrafo único. Os atos, não ratificados no prazo, serão havidos por inexistentes, respondendo o advogado por despesas e perdas e danos.
Art. 88. A procuração geral para o foro conferida por instrumento público ou particular assinado pela parte habilita o advogado a praticar todos os atos do processo, exceto receber citação inicial, confessar, reconhecer a procedência do pedido, transigir, desistir, renunciar ao direito sobre o qual se funda a ação, receber, dar quitação e firmar compromisso, que devem constar de cláusula específica.	Art. 38. A procuração geral para o foro, conferida por instrumento público, ou particular assinado pela parte, habilita o advogado a praticar todos os atos do processo, salvo para receber citação inicial, confessar, reconhecer a procedência do pedido, transigir, desistir, renunciar ao direito sobre que se funda a ação, receber, dar quitação e firmar compromisso.

Projeto do Novo CPC	CPC 1973
Parágrafo único. A procuração pode ser assinada digitalmente, na forma da lei.	Parágrafo único. A procuração pode ser assinada digitalmente ~~com base em certificado emitido por Autoridade Certificadora credenciada~~, na forma da lei ~~específica~~.
Art. 89. Incumbe ao advogado ou à parte, quando postular em causa própria: I - declarar, na petição inicial ou na contestação, o endereço em que receberá intimação; II - comunicar ao juízo qualquer mudança de endereço. § 1º Se o advogado não cumprir o disposto no inciso I, o juiz, antes de determinar a citação do réu, mandará que se supra a omissão no prazo de quarenta e oito horas, sob pena de indeferimento da petição. § 2º Se o advogado infringir o previsto no inciso II, serão consideradas válidas as intimações enviadas, em carta registrada, para o endereço constante dos autos. Ver art. 39, parágrafo único do CPC/73.	~~Art. 39.~~ Compete ao advogado, ou à parte quando postular em causa própria: I - declarar, na petição inicial ou na contestação, o endereço em que receberá intimação; II - comunicar ao ~~escrivão do processo~~ qualquer mudança de endereço. ~~Parágrafo único.~~ Se o advogado não cumprir o disposto no nº I ~~deste artigo~~, o juiz, antes de determinar a citação do réu, mandará que se supra a omissão no prazo de ~~48~~ (quarenta e oito) horas, sob pena de indeferimento da petição; se infringir o previsto no nº II, reputar-se-ão válidas as intimações enviadas, em carta registrada, para o endereço constante dos autos.
Art. 90. O advogado tem direito de: I - examinar, em cartório de justiça e secretaria de tribunal, autos de qualquer processo, salvo nas hipóteses de segredo de justiça, nas quais apenas o advogado constituído terá acesso aos autos; II - requerer, como procurador, vista dos autos de qualquer processo pelo prazo de cinco dias; III - retirar os autos do cartório ou secretaria, pelo prazo legal, sempre que lhe couber falar neles por determinação do juiz, nos casos previstos em lei. § 1º Ao receber os autos, o advogado assinará carga no livro próprio. § 2º Sendo o prazo comum às partes, os procuradores poderão retirar os autos somente em conjunto ou mediante prévio ajuste por petição nos autos. § 3º É lícito também aos procuradores, no caso do § 2º, retirar os autos pelo prazo de uma hora, para obtenção de cópias, independentemente de ajuste e sem prejuízo da continuidade do prazo. Ver art. 40, § 2º, do CPC/73, desmembrado.	~~Art. 40.~~ O advogado tem direito de: I - examinar, em cartório de justiça e secretaria de tribunal, autos de qualquer processo, salvo ~~o disposto no art. 155~~; II - requerer, como procurador, vista dos autos de qualquer processo pelo prazo de ~~5 (cinco)~~ dias; III - retirar os autos do cartório ou secretaria, pelo prazo legal, sempre que lhe competir falar neles por determinação do juiz, nos casos previstos em lei. § 1º Ao receber os autos, o advogado assinará carga no livro competente. § 2º Sendo comum às partes o prazo, só em conjunto ou mediante prévio ajuste por petição nos autos, poderão os seus procuradores retirar os autos, ressalvada a obtenção de cópias para a qual cada procurador poderá retirá-los pelo prazo de 1 (uma) hora independentemente de ajuste.
Seção II **Da Defensoria Pública** **Art. 91.** A representação processual pela Defensoria Pública se dará por mera juntada de declaração de hipossuficiência da parte, assinada por defensor público. Ver art. 134 da CF/88. **Art. 92.** Caberá à Defensoria Pública atuar na função de curadora especial, nos casos especificados em lei. Ver art. 9° do CPC/73.	

Projeto do Novo CPC	CPC 1973
Art. 93. A Defensoria Pública gozará de prazo em dobro para todas as suas manifestações processuais, cuja contagem terá início a partir da vista pessoal dos autos, mediante carga ou remessa. § 1º O juiz determinará a intimação pessoal da parte patrocinada, a requerimento da Defensoria Pública, no caso de o ato processual depender de providência ou informação que somente por ela possa ser prestada. § 2º O disposto neste artigo se aplica aos escritórios de prática jurídica das faculdades de direito reconhecidas na forma da lei e às entidades que prestam assistência jurídica gratuita com em razão de convênios firmados com a Ordem dos Advogados do Brasil.	
Seção III **Da Advocacia Pública** Art. 94. Incumbe à Advocacia Pública, na forma da lei, defender e promover os interesses públicos da União, dos Estados, do Distrito Federal e dos Municípios, por meio da representação judicial, em todos os âmbitos federativos, das pessoas jurídicas de direito público que integram a Administração direta e indireta. Ver arts. 131 e 132 da CF/88. Parágrafo único. No caso dos entes públicos desprovidos de procuradorias jurídicas, a Advocacia Pública poderá ser exercida por advogado com procuração.	
Art. 95. A União, os Estados, o Distrito Federal, os Municípios e suas respectivas autarquias e fundações de direito público gozarão de prazo em dobro para todas as suas manifestações processuais, cuja contagem terá início a partir da vista pessoal dos autos, mediante carga ou remessa. Ver art. 236 do Projeto do Novo CPC, contagem de prazos em dias úteis; e art. 186 do Projeto do Novo CPC.	~~Art. 188.~~ Computar-se-á ~~em quádruplo~~ o prazo para contestar e em dobro para recorrer quando a parte for a Fazenda Pública ~~ou o Ministério Público~~.
Capítulo V **DA SUCESSÃO DAS PARTES E DOS PROCURADORES**	**Capítulo IV** **DA SUBSTITUIÇÃO DAS PARTES E DOS PROCURADORES**
Art. 96. Só é lícita, no curso do processo, a sucessão voluntária das partes nos casos expressos em lei.	~~Art. 41~~. Só é permitida, no curso do processo, a substituição voluntária das partes nos casos expressos em lei.
Art. 97. A alienação da coisa ou do direito litigioso, a título particular, por ato entre vivos não altera a legitimidade das partes. § 1º O adquirente ou o cessionário não poderá ingressar em juízo, sucedendo o alienante ou o cedente, sem que o consinta a parte contrária.	~~Art. 42~~. A alienação da coisa ou do direito litigioso, a título particular, por ato entre vivos, não altera a legitimidade das partes. § 1º O adquirente ou o cessionário não poderá ingressar em juízo, substituindo o alienante, ou o cedente, sem que o consinta a parte contrária.

Projeto do Novo CPC	CPC 1973
§ 2º O adquirente ou o cessionário poderá, no entanto, intervir no processo, assistindo o alienante ou o cedente. § 3º A sentença proferida entre as partes originárias estende os seus efeitos ao adquirente ou ao cessionário. **Art. 98.** Ocorrendo a morte dequalquer das partes, dar-se-á a sucessão pelo seu espólio ou pelos seus sucessores, observado o disposto no art. 298. **Art. 99.** A parte que revogar o mandato outorgado ao seu advogado constituirá, no mesmo ato, outro que assuma o patrocínio da causa. **Art. 100.** O advogado poderá, a qualquer tempo, renunciar ao mandato, provando, na forma prevista neste Código, que comunicou a renúncia ao mandante, a fim de que este nomeie sucessor. § 1º Durante os dez dias seguintes, o advogado continuará a representar o mandante, desde que necessário para lhe evitar prejuízo. Ver art. 45 do CPC/73, desmembrado. § 2º Dispensa-se a comunicação referida no caput deste artigo, quando a procuração tiver sido outorgada a vários advogados e a parte, apesar da renúncia, continuar representada por outro.	§ 2º O adquirente ou o cessionário poderá, no entanto, intervir no processo, assistindo o alienante ou o cedente. § 3º A sentença, proferida entre as partes originárias, estende os seus efeitos ao adquirente ou ao cessionário. Art. 43. Ocorrendo a morte de qualquer das partes, dar-se-á a substituição pelo seu espólio ou pelos seus sucessores, observado o disposto no art. 265. Art. 44. A parte, que revogar o mandato outorgado ao seu advogado, no mesmo ato constituirá outro que assuma o patrocínio da causa. Art. 45. O advogado poderá, a qualquer tempo, renunciar ao mandato, provando que cientificou o mandante a fim de que este nomeie substituto. Durante os 10 (dez) dias seguintes, o advogado continuará a representar o mandante, desde que necessário para lhe evitar prejuízo.
TÍTULO V **DO LITISCONSÓRCIO**	CAPÍTULO V DO LITISCONSÓRCIO E DA ASSISTÊNCIA Seção I Do Litisconsórcio
Art. 101. Duas ou mais pessoas podem litigar, no mesmo processo, em conjunto, ativa ou passivamente, quando: I - entre elas houver comunhão de direitos ou de obrigações relativamente à lide; II - os direitos ou as obrigações derivarem do mesmo fundamento de fato ou de direito; III - entre as causas houver conexão pelo objeto ou pela causa de pedir; IV - ocorrer afinidade de questões por um ponto comum de fato ou de direito. Parágrafo único. O juiz poderá limitar o litisconsórcio facultativo quanto ao número de litigantes, quando este comprometer a rápida solução do litígio ou dificultar a defesa. O pedido de limitação interrompe o prazo para resposta, que recomeça da intimação da decisão.	Art. 46. Duas ou mais pessoas podem litigar, no mesmo processo, em conjunto, ativa ou passivamente, quando: I - entre elas houver comunhão de direitos ou de obrigações relativamente à lide; II - os direitos ou as obrigações derivarem do mesmo fundamento de fato ou de direito; III - entre as causas houver conexão pelo objeto ou pela causa de pedir; IV - ocorrer afinidade de questões por um ponto comum de fato ou de direito. Parágrafo único. O juiz poderá limitar o litisconsórcio facultativo quanto ao número de litigantes, quando este comprometer a rápida solução do litígio ou dificultar a defesa. O pedido de limitação interrompe o prazo para resposta, que recomeça da intimação da decisão.

Projeto do Novo CPC	CPC 1973
Art. 102. Será necessário o litisconsórcio: I - quando, em razão da natureza do pedido, a decisão de mérito somente puder produzir resultado prático se proferida em face de duas ou mais pessoas; _{Nota: O dispositivo inteiramente em destaque pelo fato do Projeto do Novo CPC ter explicitado, como hipótese autônoma, o litisconsórcio necessário unitário.} II - nos outros casos expressos em lei.	~~Art. 47.~~ <u>Há litisconsórcio necessário, quando, por disposição de lei ou pela natureza da relação jurídica, o juiz tiver de decidir a lide de modo uniforme para todas as partes; caso em que a eficácia da sentença dependerá da citação de todos os litisconsortes no processo.</u> _{Nota: O dispositivo foi sublinhado, pois o projeto não suprimiu a hipótese de litisconsórcio necessário pela natureza da relação jurídica.}
Art. 103. Nos casos de litisconsórcio necessário, se não figurar no processo algum dos litisconsortes, o juiz ordenará a <u>respectiva</u> citação, dentro do prazo <u>que fixar</u>, sob pena de <u>ser proferida sentença sem resolução de mérito.</u> Parágrafo único. A sentença definitiva, quando proferida sem integração do contraditório, nos termos deste artigo, será: I - nula, se a decisão deveria ter sido uniforme em relação a uma das partes e a todas as pessoas que, como seus litisconsortes, deveriam ter integrado o contraditório; II - ineficaz apenas para os que não foram citados, nos outros casos.	~~Art. 47.~~ [...] ~~Parágrafo único.~~ <u>O juiz ordenará ao autor que promova a citação de todos os litisconsortes necessários,</u> dentro do prazo <u>que assinar,</u> sob pena de <u>declarar extinto o processo.</u>
Art. 104. Será unitário o litisconsórcio quando a situação jurídica submetida à apreciação judicial tiver de receber disciplina uniforme. _{Ver art. 47 do CPC/73.}	
Art. 105. Salvo disposição em contrário, os litisconsortes serão considerados, em suas relações com a parte adversa, como litigantes distintos, <u>exceto no litisconsórcio unitário, caso em que</u> os atos e as omissões de um não prejudicarão os outros, <u>mas os poderão beneficiar.</u>	~~Art. 48.~~ Salvo disposição em contrário, os litisconsortes serão considerados, em suas relações com a parte adversa, como litigantes distintos<u>;</u> os atos e as omissões de um não prejudicarão ~~nem beneficiarão~~ os outros.
Art. 106. Cada litisconsorte tem o direito de promover o andamento do processo, e todos devem ser intimados dos respectivos atos.	~~Art. 49.~~ Cada litisconsorte tem o direito de promover o andamento do processo e todos devem ser intimados dos respectivos atos.
TÍTULO VI **DO JUIZ E DOS AUXILIARES DA JUSTIÇA** **Capítulo I** **Dos poderes, dos deveres e da responsabilidade do juiz**	~~Capítulo IV~~ **DO JUIZ** ~~Seção I~~ **Dos Poderes, dos Deveres e da Responsabilidade do Juiz**
Art. 107. O juiz dirigirá o processo conforme as disposições deste Código, <u>incumbindo-lhe</u>: I - promover o andamento célere da causa;	~~Art. 125~~. O juiz dirigirá o processo conforme as disposições deste Código, <u>competindo-lhe</u>: [...] ~~II -~~ <u>velar pela rápida solução do litígio;</u>

Projeto do Novo CPC	CPC 1973
II - prevenir ou reprimir qualquer ato contrário à dignidade da justiça e indeferir postulações impertinentes ou meramente protelatórias, aplicando de ofício as medidas e as sanções previstas em lei; Ver art. 130 do CPC/73.	III - prevenir ou reprimir qualquer ato contrário à dignidade da Justiça; Art. 130. Caberá ao juiz, de ofício ou a requerimento da parte, determinar as provas necessárias à instrução do processo, indeferindo as diligências inúteis ou meramente protelatórias.
III - determinar todas as medidas indutivas, coercitivas, mandamentais ou sub-rogatórias necessárias para assegurar o cumprimento de ordem judicial, inclusive nas ações que tenham por objeto prestação pecuniária;	
IV - tentar, prioritariamente e a qualquer tempo, compor amigavelmente as partes, preferencialmente com auxílio de conciliadores e mediadores judiciais;	IV - tentar, a qualquer tempo, conciliar as partes.
V - adequar as fases e os atos processuais às especificações do conflito, de modo a conferir maior efetividade à tutela do bem jurídico, respeitando sempre o contraditório e a ampla defesa;	
VI - determinar o pagamento ou o depósito da multa cominada liminarmente, desde o dia em que se configure o descumprimento de ordem judicial;	
VII - exercer o poder de polícia, requisitando, quando necessário, força policial, além da segurança interna dos fóruns e tribunais; Ver art. 445, I, II e III do CPC/73.	Art. 445. O juiz exerce o poder de polícia, competindo-lhe: I - manter a ordem e o decoro na audiência; II - ordenar que se retirem da sala da audiência os que se comportarem inconvenientemente; III - requisitar, quando necessário, a força policial.
VIII - determinar, a qualquer tempo, o comparecimento pessoal das partes, para interrogá-las sobre os fatos da causa, caso em que não incidirá a pena de confesso;	Art. 342. O juiz pode, de ofício, em qualquer estado do processo, determinar o comparecimento pessoal das partes, a fim de interrogá-las sobre os fatos da causa.
IX - determinar o suprimento de pressupostos processuais e o saneamento de outras nulidades.	
Art. 108. O juiz não se exime de decidir alegando lacuna ou obscuridade da lei, cabendo-lhe, no julgamento da lide, aplicar os princípios constitucionais e as normas legais; não as havendo, recorrerá à analogia, aos costumes e aos princípios gerais de direito.	Art. 126. O juiz não se exime de sentenciar ou despachar alegando lacuna ou obscuridade da lei. No julgamento da lide caber-lhe-á aplicar as normas legais; não as havendo, recorrerá à analogia, aos costumes e aos princípios gerais de direito.
Art. 109. O juiz só decidirá por equidade nos casos previstos em lei.	Art. 127. O juiz só decidirá por eqüidade nos casos previstos em lei.
Art. 110. O juiz decidirá a lide nos limites propostos pelas partes, sendo-lhe vedado conhecer de questões não suscitadas a cujo respeito a lei exige a iniciativa da parte. Parágrafo único. As partes deverão ser previamente ouvidas a respeito das matérias de que deve o juiz conhecer de ofício. Ver art. 5º, LV, da CF/88.	Art. 128. O juiz decidirá a lide nos limites em que foi proposta, sendo-lhe defeso conhecer de questões, não suscitadas, a cujo respeito a lei exige a iniciativa da parte.

Projeto do Novo CPC	CPC 1973
Art. 111. Convencendo-se, pelas circunstâncias da causa, de que autor e réu se serviram do processo para praticar ato simulado ou conseguir fim vedado por lei, o juiz proferirá sentença que obste aos objetivos das partes, aplicando, de ofício, as penalidades da litigância de má-fé.	Art. 129. Convencendo-se, pelas circunstâncias da causa, de que autor e réu se serviram do processo para praticar ato simulado ou conseguir fim proibido por lei, o juiz proferirá sentença que obste aos objetivos das partes.
Art. 112. O juiz que concluir a audiência de instrução e julgamento resolverá a lide, salvo se estiver convocado, licenciado, afastado por qualquer motivo, promovido ou aposentado, casos em que passará os autos ao seu sucessor.	Art. 132. O juiz, titular ou substituto, que concluir a audiência julgará a lide, salvo se estiver convocado, licenciado, afastado por qualquer motivo, promovido ou aposentado, casos em que passará os autos ao seu sucessor.
Parágrafo único. Em qualquer hipótese, o juiz que tiver que proferir a sentença poderá mandar repetir as provas já produzidas, se entender necessário.	Parágrafo único. Em qualquer hipótese, o juiz que proferir a sentença, se entender necessário, poderá mandar repetir as provas já produzidas.
Art. 113. O juiz responderá por perdas e danos quando:	Art. 133. Responderá por perdas e danos o juiz, quando:
I - no exercício de suas funções, proceder com dolo ou fraude;	I - no exercício de suas funções, proceder com dolo ou fraude;
II - recusar, omitir ou retardar, sem justo motivo, providência que deva ordenar de ofício ou a requerimento da parte.	II - recusar, omitir ou retardar, sem justo motivo, providência que deva ordenar de ofício, ou a requerimento da parte.
Parágrafo único. As hipóteses previstas no inciso II somente serão verificadas depois que a parte requerer ao juiz que determine a providência e o pedido não for apreciado no prazo de dez dias.	Parágrafo único. Reputar-se-ão verificadas as hipóteses previstas no nº II só depois que a parte, por intermédio do escrivão, requerer ao juiz que determine a providência e este não lhe atender o pedido dentro de 10 (dez) dias.
Capítulo II **DOS IMPEDIMENTOS E DA SUSPEIÇÃO**	**Seção II** **Dos Impedimentos e da Suspeição**
Art. 114. Há impedimento do juiz, sendo-lhe vedado exercer suas funções no processo:	Art. 134. É defeso ao juiz exercer as suas funções no processo contencioso ou voluntário:
	[...]
I - em que interveio como mandatário da parte, oficiou como perito, funcionou como membro do Ministério Público ou prestou depoimento como testemunha;	II - em que interveio como mandatário da parte, oficiou como perito, funcionou como órgão do Ministério Público, ou prestou depoimento como testemunha;
II - de que conheceu em primeiro grau de jurisdição, tendo-lhe proferido sentença ou decisão;	III - que conheceu em primeiro grau de jurisdição, tendo-lhe proferido sentença ou decisão;
III - quando nele estiver postulando, como defensor, advogado ou membro do Ministério Público, seu cônjuge ou companheiro, ou qualquer parente, consanguíneo ou afim, em linha reta ou colateral, até o segundo grau, inclusive;	IV - quando nele estiver postulando, como advogado da parte, o seu cônjuge ou qualquer parente seu, consangüíneo ou afim, em linha reta; ou na linha colateral até o segundo grau;
IV - quando ele próprio ou seu cônjuge, companheiro ou parente, consanguíneo ou afim, em linha reta ou colateral, até o terceiro grau, inclusive, for parte no feito;	V - quando cônjuge, parente, consangüíneo ou afim, de alguma das partes, em linha reta ou, na colateral, até o terceiro grau;

Projeto do Novo CPC	CPC 1973
V - quando for órgão de direção ou de administração de pessoa jurídica parte na causa;	VI - quando for órgão de direção ou de administração de pessoa jurídica, parte na causa. Art. 135. [...]
VI - quando alguma das partes for sua credora ou devedora, de seu cônjuge ou companheiro ou de parentes destes, em linha reta até o terceiro grau, inclusive; VII - herdeiro presuntivo, donatário ou empregador de alguma das partes.	II - alguma das partes for credora ou devedora do juiz, de seu cônjuge ou de parentes destes, em linha reta ou na colateral até o terceiro grau; III - herdeiro presuntivo, donatário ou empregador de alguma das partes; Nota: O Projeto do Novo CPC transformou a hipótese que, no CPC/73, era de suspeição em caso de impedimento.
§ 1º No caso do inciso III, o impedimento só se verifica quando advogado, defensor e membro do Ministério Público já estavam exercendo o patrocínio da causa antes do início da atividade judicante do magistrado. § 2º É vedado criar fato superveniente a fim de caracterizar o impedimento do juiz. Ver art. 135, parágrafo único, do CPC/73, desmembrado.	Parágrafo único. No caso do nº IV, o impedimento só se verifica quando o advogado já estava exercendo o patrocínio da causa; é, porém, vedado ao advogado pleitear no processo, a fim de criar o impedimento do juiz.
Art. 115. Há suspeição do juiz: I - amigo íntimo ou inimigo de qualquer das partes;	Art. 135. Reputa-se fundada a suspeição de parcialidade do juiz, quando: I - amigo íntimo ou inimigo capital de qualquer das partes; [...]
II - que receber presentes antes ou depois de iniciado o processo, aconselhar alguma das partes acerca do objeto da causa ou subministrar meios para atender às despesas do litígio;	IV - receber dádivas antes ou depois de iniciado o processo; aconselhar alguma das partes acerca do objeto da causa, ou subministrar meios para atender às despesas do litígio; Ver art. 95, parágrafo único, IV, da CF/88.
III - interessado no julgamento da causa em favor de uma das partes. Parágrafo único. Poderá o juiz declarar-se suspeito por motivo de foro íntimo, sem necessidade de declarar suas razões.	V - interessado no julgamento da causa em favor de uma das partes. Parágrafo único. Poderá ainda o juiz declarar-se suspeito por motivo íntimo.
Art. 116. A parte alegará impedimento ou suspeição em petição específica dirigida ao juiz da causa, indicando o fundamento da recusa, podendo instruí-la com documentos em que se fundar a alegação e com rol de testemunhas.	Art. 312. A parte oferecerá a exceção de impedimento ou de suspeição, especificando o motivo da recusa (art. 134 e 135). A petição, dirigida ao juiz da causa, poderá ser instruída com documentos em que o excipiente fundar a alegação e conterá o rol de testemunhas.
§ 1º Protocolada a petição, o processo ficará suspenso.	Art. 306. Recebida a exceção, o processo ficará suspenso, (Art. 265, III), até que seja definitivamente julgada.
§ 2º Despachando a petição, se reconhecer o impedimento ou a suspeição, o juiz ordenará a remessa dos autos ao seu substituto legal; em caso contrário, determinará a atuação em apartado da petição e, dentro de dez dias, dará as suas razões, acompanhadas de documentos e de rol de testemunhas, se houver, ordenando a remessa dos autos ao tribunal.	Art. 313. Despachando a petição, o juiz, se reconhecer o impedimento ou a suspeição, ordenará a remessa dos autos ao seu substituto legal; em caso contrário, dentro de 10 (dez) dias, dará as suas razões, acompanhadas de documentos e de rol de testemunhas, se houver, ordenando a remessa dos autos ao tribunal.

Projeto do Novo CPC	CPC 1973
§ 3º Verificando que a alegação de impedimento ou de suspeição são infundadas, o tribunal determinará o seu arquivamento; caso contrário, tratando-se de impedimento ou de manifesta suspeição, condenará o juiz nas custas e remeterá os autos ao seu substituto legal. § 4º O tribunal pode declarar a nulidade dos atos do juiz, se praticados quando já presente o motivo de impedimento ou suspeição.	Art. 314. Verificando que a exceção não tem fundamento legal, o tribunal determinará o seu arquivamento; no caso contrário condenará o juiz nas custas, mandando remeter os autos ao seu substituto legal.
Art. 117. Quando dois ou mais juízes forem parentes, consanguíneos ou afins, em linha reta e colateral, até segundo grau, o primeiro que conhecer da causa no tribunal impede que o outro atue no processo, caso em que o segundo se escusará, remetendo os autos ao seu substituto legal.	Art. 136. Quando dois ou mais juízes forem parentes, consangüíneos ou afins, em linha reta e no segundo grau na linha colateral, o primeiro, que conhecer da causa no tribunal, impede que o outro participe do julgamento; caso em que o segundo se escusará, remetendo o processo ao seu substituto legal.
Art. 118. Aplicam-se também os motivos de impedimento e de suspeição: I - ao membro do Ministério Público; II - ao serventuário de justiça; III - ao perito; IV - ao intérprete; V - ao mediador e ao conciliador judicial; VI - aos demais sujeitos imparciais do processo.	Art. 138. Aplicam-se também os motivos de impedimento e de suspeição: I - ao órgão do Ministério Público, quando não for parte, e, sendo parte, nos casos previstos nos ns. I a IV do art. 135; II - ao serventuário de justiça; III - ao perito; IV - ao intérprete.
Capítulo III **DOS AUXILIARES DA JUSTIÇA** **Art. 119.** São auxiliares da Justiça, além de outros cujas atribuições são determinadas pelas normas de organização judiciária, o escrivão, o oficial de justiça, o perito, o depositário, o administrador, o intérprete, o mediador e o conciliador judicial.	**Capítulo V** **DOS AUXILIARES DA JUSTIÇA** Art. 139. São auxiliares do juízo, além de outros, cujas atribuições são determinadas pelas normas de organização judiciária, o escrivão, o oficial de justiça, o perito, o depositário, o administrador e o intérprete.
Seção I **Do serventuário e do oficial de justiça** **Art. 120.** Em cada juízo haverá um ou mais oficiais de justiça cujas atribuições são determinadas pelas normas de organização judiciária.	**Seção I** **Do serventuário e do Oficial de Justiça** Art. 140. Em cada juízo haverá um ou mais oficiais de justiça, cujas atribuições são determinadas pelas normas de organização judiciária.
Art. 121. Incumbe ao escrivão: I - redigir, em forma legal, os ofícios, os mandados, as cartas precatórias e mais atos que pertencem ao seu ofício;	Art. 141. Incumbe ao escrivão: I - redigir, em forma legal, os ofícios, mandados, cartas precatórias e mais atos que pertencem ao seu ofício;

Projeto do Novo CPC	CPC 1973
II - executar as ordens judiciais, promover citações e intimações, bem como praticar todos os demais atos que lhe forem atribuídos pelas normas de organização judiciária;	II - executar as ordens judiciais, promovendo citações e intimações, bem como praticando todos os demais atos, que lhe forem atribuídos pelas normas de organização judiciária;
III - comparecer às audiências ou, não podendo fazê-lo, designar para substituí-lo escrevente juramentado;	III - comparecer às audiências, ou, não podendo fazê-lo, designar para substituí-lo escrevente juramentado, de preferência datilógrafo ou taquígrafo;
IV - ter, sob sua guarda e responsabilidade, os autos, não permitindo que saiam do cartório, exceto:	IV - ter, sob sua guarda e responsabilidade, os autos, não permitindo que saiam de cartório, exceto:
a) quando tenham de subir à conclusão do juiz;	a) quando tenham de subir à conclusão do juiz;
b) com vista aos procuradores, ao Ministério Público ou à Fazenda Pública;	b) com vista aos procuradores, ao Ministério Público ou à Fazenda Pública;
c) quando devam ser remetidos ao contador ou ao partidor;	c) quando devam ser remetidos ao contador ou ao partidor;
d) quando, modificando-se a competência, forem transferidos a outro juízo;	d) quando, modificando-se a competência, forem transferidos a outro juízo;
V - dar, independentemente de despacho, certidão de qualquer ato ou termo do processo, observadas as disposições referentes a segredo de justiça.	V - dar, independentemente de despacho, certidão de qualquer ato ou termo do processo, observado o disposto no art. 155.
VI - praticar, de ofício, os atos meramente ordinatórios.	
Art. 122. No impedimento do escrivão, o juiz convocará substituto e, não o havendo, nomeará pessoa idônea para o ato.	Art. 142. No impedimento do escrivão, o juiz convocar-lhe-á o substituto, e, não o havendo, nomeará pessoa idônea para o ato.
Art. 123. Incumbe ao oficial de justiça:	Art. 143. Incumbe ao oficial de justiça:
I - fazer pessoalmente as citações, as prisões, as penhoras, os arrestos e as demais diligências próprias do seu ofício, certificando no mandado o ocorrido, com menção de lugar, dia e hora, e realizando-as, sempre que possível, na presença de duas testemunhas;	I - fazer pessoalmente as citações, prisões, penhoras, arrestos e mais diligências próprias do seu ofício, certificando no mandado o ocorrido, com menção de lugar, dia e hora. A diligência, sempre que possível, realizar-se-á na presença de duas testemunhas;
II - executar as ordens do juiz a quem estiver subordinado;	II - executar as ordens do juiz a que estiver subordinado;
III - entregar, em cartório, o mandado logo depois de cumprido;	III - entregar, em cartório, o mandado, logo depois de cumprido;
IV - estar presente às audiências e auxiliar o juiz na manutenção da ordem;	IV - estar presente às audiências e coadjuvar o juiz na manutenção da ordem.
V - efetuar avaliações.	V - efetuar avaliações.
Art. 124. O escrivão e o oficial de justiça são civilmente responsáveis:	Art. 144. O escrivão e o oficial de justiça são civilmente responsáveis:
I - quando, sem justo motivo, se recusarem a cumprir dentro do prazo os atos impostos pela lei ou pelo juiz a que estão subordinados;	I - quando, sem justo motivo, se recusarem a cumprir, dentro do prazo, os atos que lhes impõe a lei, ou os que o juiz, a que estão subordinados, lhes comete;
II - quando praticarem ato nulo com dolo ou culpa.	II - quando praticarem ato nulo com dolo ou culpa.

Projeto do Novo CPC	CPC 1973
Seção II **Do perito** **Art. 125.** Quando a prova do fato depender de conhecimento técnico ou científico, o juiz será assistido por perito. § 1º Os peritos serão escolhidos preferencialmente entre profissionais de nível universitário, devidamente inscritos no órgão de classe competente, respeitado o disposto neste Código. § 2º Os peritos comprovarão sua especialidade na matéria sobre a qual deverão opinar mediante certidão do órgão profissional em que estiverem inscritos. § 3º Nas localidades onde não houver profissionais qualificados que preencham os requisitos dos parágrafos anteriores, a indicação dos peritos será de livre escolha do juiz. **Art. 126.** O perito tem o dever de cumprir o ofício no prazo que lhe assina a lei, empregando toda a sua diligência; pode, todavia, escusar-se do encargo alegando motivo legítimo. § 1º A escusa será apresentada dentro de cinco dias contados da intimação ou do impedimento superveniente, sob pena de se considerar renunciado o direito a alegá-la. § 2º Será organizada lista de peritos na vara ou na secretaria para que a nomeação seja distribuída de modo equitativo. **Art. 127.** O perito que, por dolo ou culpa, prestar informações inverídicas responderá pelos prejuízos que causar à parte, ficará inabilitado por dois anos a atuar em outras perícias e incorrerá na sanção que a lei penal estabelecer. **Seção III** **Do depositário e do administrador** **Art. 128.** A guarda e a conservação de bens penhorados, arrestados, sequestrados ou arrecadados serão confiadas a depositário ou a administrador, não dispondo a lei de outro modo. **Art. 129.** O depositário ou o administrador perceberá, por seu trabalho, remuneração que o juiz fixará, atendendo à situação dos bens, ao tempo do serviço e às dificuldades de sua execução. Parágrafo único. O juiz poderá nomear, por indicação do depositário ou do administrador, um ou mais prepostos.	**Seção II** **Do Perito** Art. 145. Quando a prova do fato depender de conhecimento técnico ou científico, o juiz será assistido por perito, segundo o disposto no art. 421. § 1º Os peritos serão escolhidos entre profissionais de nível universitário, devidamente inscritos no órgão de classe competente, respeitado o disposto no Capítulo VI, seção VII, deste Código. § 2º Os peritos comprovarão sua especialidade na matéria sobre que deverão opinar, mediante certidão do órgão profissional em que estiverem inscritos. § 3º Nas localidades onde não houver profissionais qualificados que preencham os requisitos dos parágrafos anteriores, a indicação dos peritos será de livre escolha do juiz. Art. 146. O perito tem o dever de cumprir o ofício, no prazo que lhe assina a lei, empregando toda a sua diligência; pode, todavia, escusar-se do encargo alegando motivo legítimo. Parágrafo único. A escusa será apresentada dentro de 5 (cinco) dias, contados da intimação ou do impedimento superveniente, sob pena de se reputar renunciado o direito a alegá-la (art. 423). Art. 147. O perito que, por dolo ou culpa, prestar informações inverídicas, responderá pelos prejuízos que causar à parte, ficará inabilitado, por 2 (dois) anos, a funcionar em outras perícias e incorrerá na sanção que a lei penal estabelecer. **Seção III** **Do Depositário e do Administrador** Art. 148. A guarda e conservação de bens penhorados, arrestados, seqüestrados ou arrecadados serão confiadas a depositário ou a administrador, não dispondo a lei de outro modo. Art. 149. O depositário ou administrador perceberá, por seu trabalho, remuneração que o juiz fixará, atendendo à situação dos bens, ao tempo do serviço e às dificuldades de sua execução. Parágrafo único. O juiz poderá nomear, por indicação do depositário ou do administrador, um ou mais prepostos.

Projeto do Novo CPC	CPC 1973
Art. 130. O depositário ou o administrador responde pelos prejuízos que, por dolo ou culpa, causar à parte, perdendo a remuneração que lhe foi arbitrada, mas tem o direito a haver o que legitimamente despendeu no exercício do encargo. Parágrafo único. O depositário infiel responderá civilmente pelos prejuízos causados, sem prejuízo da responsabilidade penal.	~~Art. 150.~~ O depositário ou o administrador responde pelos prejuízos que, por dolo ou culpa, causar à parte, perdendo a remuneração que lhe foi arbitrada; mas tem o direito a haver o que legitimamente despendeu no exercício do encargo.
Seção IV **Do Intérprete**	**Seção IV** **Do Intérprete**
Art. 131. O juiz nomeará intérprete toda vez que o considerar necessário para: I - analisar documento de entendimento duvidoso, redigido em língua estrangeira; II - verter para o português as declarações das partes e das testemunhas que não conhecerem o idioma nacional; III - traduzir a linguagem mímica dos surdos-mudos que não puderem transmitir a sua vontade por escrito.	~~Art. 151.~~ O juiz nomeará intérprete toda vez que o repute necessário para: I - analisar documento de entendimento duvidoso, redigido em língua estrangeira; II - verter em português as declarações das partes e das testemunhas que não conhecerem o idioma nacional; III - traduzir a linguagem mímica dos surdos-mudos, que não puderem transmitir a sua vontade por escrito.
Art. 132. Não pode ser intérprete quem: I - não tiver a livre administração dos seus bens; II - for arrolado como testemunha ou servir como perito no processo; III - estiver inabilitado ao exercício da profissão por sentença penal condenatória, enquanto durar o seu efeito.	~~Art. 152.~~ Não pode ser intérprete quem: I - não tiver a livre administração dos seus bens; II - for arrolado como testemunha ou serve como perito no processo; III - estiver inabilitado ao exercício da profissão por sentença penal condenatória, enquanto durar o seu efeito.
Art. 133. O intérprete, oficial ou não, é obrigado a prestar o seu ofício, aplicando-se-lhe o disposto nos arts. 126 e 127.	~~Art. 153.~~ O intérprete, oficial ou não, é obrigado a prestar o seu ofício, aplicando-se-lhe o disposto nos arts. 146 e 147.
Seção V **Dos conciliadores e dos mediadores judiciais** **Art. 134.** Cada tribunal pode propor que se crie, por lei de organização judiciária, um setor de conciliação e mediação. § 1º A conciliação e a mediação são informadas pelos princípios da independência, da neutralidade, da autonomia da vontade, da confidencialidade, da oralidade e da informalidade.	

Projeto do Novo CPC	CPC 1973
§ 2º A confidencialidade se estende a todas as informações produzidas ao longo do procedimento, cujo teor não poderá ser utilizado para fim diverso daquele previsto por expressa deliberação das partes § 3º Em virtude do dever de sigilo, inerente à sua função, o conciliador e o mediador e sua equipe não poderão divulgar ou depor acerca de fatos ou elementos oriundos da conciliação ou da mediação. **Art. 135.** A realização de conciliação ou mediação deverá ser estimulada por magistrados, advogados, defensores públicos e membros do Ministério Público, inclusive no curso do processo judicial. § 1º O conciliador poderá sugerir soluções para o litígio. § 2º O mediador auxiliará as pessoas em conflito a identificarem, por si mesmas, alternativas de benefício mútuo. **Art. 136.** O conciliador ou o mediador poderá ser escolhido pelas partes de comum acordo, observada a legislação pertinente. Parágrafo único. Não havendo acordo, o conciliador ou o mediador será sorteado entre aqueles inscritos no registro do tribunal. **Art. 137.** Os tribunais manterão um registro de conciliadores e mediadores, que conterá o cadastro atualizado de todos os habilitados por área profissional. § 1º Preenchendo os requisitos exigidos pelo tribunal, entre os quais, necessariamente, inscrição na Ordem dos Advogados do Brasil e a capacitação mínima, por meio de curso realizado por entidade credenciada pelo tribunal, o conciliador ou o mediador, com o certificado respectivo, requererá inscrição no registro do tribunal. § 2º Efetivado o registro, caberá ao tribunal remeter ao diretor do fórum da comarca ou da seção judiciária onde atuará o conciliador ou o mediador os dados necessários para que o nome deste passe a constar do rol da respectiva lista, para efeito de sorteio. § 3º Do registro de conciliadores e mediadores constarão todos os dados relevantes para a sua atuação, tais como o número de causas de que participou, o sucesso ou o insucesso da atividade, a matéria sobre a qual versou a controvérsia, bem como quaisquer outros dados que o tribunal julgar relevantes. § 4º Os dados colhidos na forma do § 3º serão classificados sistematicamente pelo tribunal, que os publicará, ao menos anualmente, para conhecimento da população e fins estatísticos, bem como para o fim de avaliação da conciliação, da mediação, dos conciliadores e dos mediadores.	

Projeto do Novo CPC	CPC 1973
Art. 138. Será excluído do registro de conciliadores e mediadores aquele que: I - tiver sua exclusão solicitada por qualquer órgão julgador do tribunal; II - agir com dolo ou culpa na condução da conciliação ou da mediação sob sua responsabilidade; III - violar os deveres de confidencialidade e neutralidade; IV - atuar em procedimento de mediação, apesar de impedido. § 1º Os casos previstos nos incisos II a IV serão apurados em regular processo administrativo. § 2º O juiz da causa, verificando atuação inadequada do conciliador ou do mediador, poderá afastá-lo motivadamente de suas atividades no processo, informando ao tribunal e à Ordem dos Advogados do Brasil, para instauração do respectivo processo administrativo. **Art. 139.** No caso de impedimento, o conciliador ou o mediador devolverá os autos ao juiz, que sorteará outro em seu lugar; se a causa de impedimento for apurada quando já iniciado o procedimento, a atividade será interrompida, lavrando-se ata com o relatório do ocorrido e a solicitação de sorteio de novo conciliador ou mediador. **Art. 140.** No caso de impossibilidade temporária do exercício da função, o conciliador ou o mediador informará o fato ao tribunal para que, durante o período em que perdurar a impossibilidade, não haja novas distribuições. **Art. 141.** O conciliador ou o mediador fica impedido, pelo prazo de um ano contado a partir do término do procedimento, de assessorar, representar ou patrocinar qualquer dos litigantes. **Art. 142.** O conciliador e o mediador perceberão por seu trabalho remuneração prevista em tabela fixada pelo tribunal, conforme parâmetros estabelecidos pelo Conselho Nacional de Justiça. **Art. 143.** Obtida a transação, as partes e o conciliador ou o mediador assinarão termo, a ser homologado pelo juiz, que terá força de título executivo judicial. **Art. 144.** As disposições desta Seção não excluem outras formas de conciliação e mediação extrajudiciais vinculadas a órgãos institucionais ou realizadas por intermédio de profissionais independents	

Projeto do Novo CPC	CPC 1973
TÍTULO VII **DO MINISTÉRIO PÚBLICO**	**TÍTULO III** **DO MINISTÉRIO PÚBLICO**
Art. 145. O Ministério Público atuará na defesa da ordem jurídica, do regime democrático e dos interesses sociais e individuais indisponíveis. Ver art. 127 da CF/88.	
Art. 146. O Ministério Público exercerá o direito de ação nos casos e na forma previstos em lei.	Art. 81. O Ministério Público exercerá o direito de ação nos casos previstos em lei, cabendo-lhe, no processo, os mesmos poderes e ônus que às partes.
Art. 147. O Ministério Público intervirá como fiscal da lei, sob pena de nulidade, declarável de ofício: I - nas causas que envolvam interesse público e interesse social;	Art. 82. Compete ao Ministério Público intervir: III - nas ações que envolvam litígios coletivos pela posse da terra rural e nas demais causas em que há interesse público evidenciado pela natureza da lide ou qualidade da parte.
II - nas causas que envolvam o estado das pessoas e o interesse de incapazes; Ver art. 81, I e II do CPC/73.	II - nas causas concernentes ao estado da pessoa, pátrio poder, tutela, curatela, interdição, casamento, declaração de ausência e disposições de última vontade;
III - nas demais hipóteses previstas em lei.	I - nas causas em que há interesses de incapazes;
Parágrafo único. A participação da Fazenda Pública não configura por si só hipótese de intervenção do Ministério Público.	
Art. 148. Nos casos de intervenção como fiscal da lei, o Ministério Público: I - terá vista dos autos depois das partes, sendo intimado de todos os atos do processo; II - poderá juntar documentos e certidões, produzir prova em audiência, requerer medidas e recorrer.	Art. 83. Intervindo como fiscal da lei, o Ministério Público: I - terá vista dos autos depois das partes, sendo intimado de todos os atos do processo; II - poderá juntar documentos e certidões, produzir prova em audiência e requerer medidas ou diligências necessárias ao descobrimento da verdade.
Art. 149. O Ministério Público, seja como parte, seja como fiscal da lei, gozará de prazo em dobro para se manifestar nos autos, que terá início a partir da sua intimação pessoal mediante carga ou remessa.	Art. 188. Computar-se-á em quádruplo o prazo para contestar e em dobro para recorrer quando a parte for a Fazenda Pública ou o Ministério Público.
Parágrafo único. Findo o prazo para manifestação do Ministério Público sem o oferecimento de parecer, o juiz comunicará o fato ao Procurador-Geral, que deverá fazê-lo ou designar um membro que o faça no prazo de dez dias.	
Art. 150. O membro do Ministério Público será civilmente responsável quando, no exercício de suas funções, proceder com dolo ou fraude.	Art. 85. O órgão do Ministério Público será civilmente responsável quando, no exercício de suas funções, proceder com dolo ou fraude.

Projeto do Novo CPC	CPC 1973
TÍTULO VIII **DOS ATOS PROCESSUAIS** **Capítulo I** **DA FORMA DOS ATOS PROCESSUAIS** **Seção I** **Dos atos em geral** **Art. 151.** Os atos e os termos processuais não dependem de forma determinada, senão quando a lei expressamente a exigir, considerando-se válidos os que, realizados de outro modo, lhe preencham a finalidade essencial. Ver art. 5°, LV, da CF/88. § 1º Quando o procedimento ou os atos a serem realizados se revelarem inadequados às peculiaridades da causa, deverá o juiz, ouvidas as partes e observados o contraditório e a ampla defesa, promover o necessário ajuste. § 2º Os tribunais, no âmbito de sua competência, poderão disciplinar a prática e a comunicação oficial dos atos processuais por meios eletrônicos, atendidos os requisitos de autenticidade, integridade, validade jurídica e interoperabilidade estabelecidos pelo órgão competente, nos termos da lei. § 3º Os processos podem ser, total ou parcialmente, eletrônicos, de modo que todos os atos e os termos do processo sejam produzidos, transmitidos, armazenados e assinados por meio eletrônico, na forma da lei, cumprindo aos interessados obter a tecnologia necessária para acessar os dados, sem prejuízo da disponibilização nos foros judiciários e nos tribunais dos meios necessários para o acesso às informações eletrônicas e da porta de entrada para carregar o sistema com as informações. § 4º O procedimento eletrônico deve ter sua sistemática unificada em todos os tribunais, cumprindo ao Conselho Nacional de Justiça a edição de ato que incorpore e regulamente os avanços tecnológicos. **Art. 152.** Os atos processuais são públicos. Correm, todavia, em segredo de justiça os processos: I - em que o exigir o interesse público; II - que dizem respeito a casamento, filiação, separação dos cônjuges, conversão desta em divórcio, alimentos e guarda de menores; III - em que constem dados protegidos pelo direito constitucional à intimidade.	**Título V** **DOS ATOS PROCESSUAIS** **Capítulo I** **DA FORMA DOS ATOS PROCESSUAIS** **Seção I** **Dos atos em Geral** Art. 154. Os atos e termos processuais não dependem de forma determinada senão quando a lei expressamente a exigir, reputando-se válidos os que, realizados de outro modo, lhe preencham a finalidade essencial. Parágrafo único. Os tribunais, no âmbito da respectiva jurisdição, poderão disciplinar a prática e a comunicação oficial dos atos processuais por meios eletrônicos, atendidos os requisitos de autenticidade, integridade, validade jurídica e interoperabilidade da Infra-Estrutura de Chaves Públicas Brasileira - ICP - Brasil. Art. 155. Os atos processuais são públicos. Correm, todavia, em segredo de justiça os processos: I - em que o exigir o interesse público; II - que dizem respeito a casamento, filiação, separação dos cônjuges, conversão desta em divórcio, alimentos e guarda de menores.

Projeto do Novo CPC	CPC 1973
§ 1º O direito de consultar os autos e de pedir certidões de seus atos é restrito às partes e a seus procuradores. O terceiro que demonstrar interesse jurídico pode requerer ao juiz certidão do dispositivo da sentença, bem como de inventário e partilha resultante da separação judicial. Ver art. 93, IX da CF/88. § 2º O processo eletrônico assegurará às partes sigilo, na forma deste artigo.	Parágrafo único. O direito de consultar os autos e de pedir certidões de seus atos é restrito às partes e a seus procuradores. O terceiro, que demonstrar interesse jurídico, pode requerer ao juiz certidão do dispositivo da sentença, bem como de inventário e partilha resultante do desquite.
Art. 153. Em todos os atos e termos do processo é obrigatório o uso da língua portuguesa.	Art. 156. Em todos os atos e termos do processo é obrigatório o uso do vernáculo.
Art. 154. Só poderá ser juntado aos autos documento redigido em língua estrangeira quando acompanhado de versão para a língua portuguesa firmada por tradutor juramentado.	Art. 157. Só poderá ser junto aos autos documento redigido em língua estrangeira, quando acompanhado de versão em vernáculo, firmada por tradutor juramentado.
Seção II **Dos atos da parte**	**Seção II** **Dos atos da Parte**
Art. 155. Os atos das partes consistentes em declarações unilaterais ou bilaterais de vontade produzem imediatamente a constituição, a modificação ou a extinção de direitos processuais. Parágrafo único. A desistência da ação só produzirá efeito depois de homologada por sentença. Ver art. 267, VIII, do CPC/73.	Art. 158. Os atos das partes, consistentes em declarações unilaterais ou bilaterais de vontade, produzem imediatamente a constituição, a modificação ou a extinção de direitos processuais. Parágrafo único. A desistência da ação só produzirá efeito depois de homologada por sentença.
Art. 156. As partes poderão exigir recibo de petições, arrazoados, papéis e documentos que entregarem em cartório.	Art. 160. Poderão as partes exigir recibo de petições, arrazoados, papéis e documentos que entregarem em cartório.
Art. 157. É vedado lançar nos autos cotas marginais ou interlineares, as quais o juiz mandará riscar, impondo a quem as escrever multa correspondente à metade do salário mínimo vigente na sede do juízo.	Art. 161. É defeso lançar, nos autos, cotas marginais ou interlineares; o juiz mandará riscá-las, impondo a quem as escrever multa correspondente à metade do salário mínimo vigente na sede do juízo.
Seção III **Dos pronunciamentos do juiz**	**Seção III** **Dos Atos do Juiz**
Art. 158. Os pronunciamentos do juiz consistirão em sentenças, decisões interlocutórias e despachos. § 1º Ressalvadas as previsões expressas nos procedimentos especiais, sentença é o pronunciamento por meio do qual o juiz, com fundamento nos arts. 473 e 475, põe fim à fase cognitiva do procedimento comum, bem como o que extingue a execução.	Art. 162. Os atos do juiz consistirão em sentenças, decisões interlocutórias e despachos. § 1º Sentença é o ato do juiz que implica alguma das situações previstas nos arts. 267 e 269 desta Lei.

Projeto do Novo CPC	CPC 1973
§ 2º Decisão interlocutória é todo pronunciamento judicial de natureza decisória que não se enquadre na descrição do § 1º.	§ 2º Decisão interlocutória é o ato pelo qual o juiz, no curso do processo, resolve questão incidente.
§ 3º São despachos todos os demais pronunciamentos do juiz praticados no processo, de ofício ou a requerimento da parte.	§ 3º São despachos todos os demais atos do juiz praticados no processo, de ofício ou a requerimento da parte, a cujo respeito a lei não estabelece outra forma.
§ 4º Os atos meramente ordinatórios, como a juntada e a vista obrigatória, independem de despacho, devendo ser praticados de ofício pelo servidor e revistos pelo juiz quando necessário.	§ 4º Os atos meramente ordinatórios, como a juntada e a vista obrigatória, independem de despacho, devendo ser praticados de ofício pelo servidor e revistos pelo juiz quando necessários.
Art. 159. Recebe a denominação de acórdão o julgamento colegiado proferido pelos tribunais.	Art. 163. Recebe a denominação de acórdão o julgamento proferido pelos tribunais.
Art. 160. Os despachos, as decisões, as sentenças e os acórdãos serão redigidos, datados e assinados pelos magistrados. Parágrafo único. Quando os pronunciamentos de que trata o caput forem proferidos oralmente, o taquígrafo, o datilógrafo ou o digitador os registrará, submetendo-os aos juízes para revisão e assinatura. Ver art. 164 do CPC/73, desmembrado.	Art. 164. Os despachos, decisões, sentenças e acórdãos serão redigidos, datados e assinados pelos juízes. Quando forem proferidos, verbalmente, o taquígrafo ou o datilógrafo os registrará, submetendo-os aos juízes para revisão e assinatura.
§ 1º A assinatura dos juízes, em todos os graus de jurisdição, pode ser feita eletronicamente, na forma da lei. § 2º A íntegra de qualquer pronunciamento judicial será publicada no Diário de Justiça Eletrônico. Nota: sequência de parágrafos constante do original do Projeto do Novo CPC.	Parágrafo único. A assinatura dos juízes, em todos os graus de jurisdição, pode ser feita eletronicamente, na forma da lei.
Seção IV **Dos atos do escrivão**	**Seção IV** **Dos atos do escrivão** ou do Chefe de Secretaria
Art. 161. Ao receber a petição inicial de qualquer processo, o escrivão a autuará, mencionando o juízo, a natureza do feito, o número de seu registro, os nomes das partes e a data do seu início, e deverá proceder do mesmo modo quanto aos volumes que se forem formando.	Art. 166. Ao receber a petição inicial de qualquer processo, o escrivão a autuará, mencionando o juízo, a natureza do feito, o número de seu registro, os nomes das partes e a data do seu início; e procederá do mesmo modo quanto aos volumes que se forem formando.
Art. 162. O escrivão numerará e rubricará todas as folhas dos autos. Parágrafo único. Às partes, aos advogados, aos órgãos do Ministério Público, aos peritos e às testemunhas é facultado rubricar as folhas correspondentes aos atos em que intervieram.	Art. 167. O escrivão numerará e rubricará todas as folhas dos autos, procedendo da mesma forma quanto aos suplementares. Parágrafo único. Às partes, aos advogados, aos órgãos do Ministério Público, aos peritos e às testemunhas é facultado rubricar as folhas correspondentes aos atos em que intervieram.
Art. 163. Os termos de juntada, de vista, de conclusão e outros semelhantes constarão de notas datadas e rubricadas pelo escrivão.	Art. 168. Os termos de juntada, vista, conclusão e outros semelhantes constarão de notas datadas e rubricadas pelo escrivão.

Projeto do Novo CPC	CPC 1973
Art. 164. Os atos e os termos do processo serão digitados, datilografados ou escritos com tinta escura e indelével, assinando-os as pessoas que neles intervieram ou, quando estas não puderem ou não quiserem firmá-los, certificando o escrivão a ocorrência nos autos. § 1º Quando se tratar de processo total ou parcialmente eletrônico, os atos processuais praticados na presença do juiz poderão ser produzidos e armazenados de modo integralmente digital em arquivo eletrônico inviolável, na forma da lei, mediante registro em termo, que será assinado digitalmente pelo juiz e pelo escrivão, bem como pelos advogados das partes. § 2º No caso do § 1º, eventuais contradições na transcrição deverão ser suscitadas oralmente no momento da realização do ato, sob pena de preclusão, devendo o juiz decidir de plano, e mandar registrar a alegação e a decisão no termo.	~~Art. 169.~~ Os atos e termos do processo serão datilografados ou escritos com tinta escura e indelével, assinando-os as pessoas que neles intervieram. Quando estas não puderem ou não quiserem firmá-los, o escrivão certificará, nos autos, a ocorrência. [...] § ~~2º~~ Quando se tratar de processo total ou parcialmente eletrônico, os atos processuais praticados na presença do juiz poderão ser produzidos e armazenados de modo integralmente digital em arquivo eletrônico inviolável, na forma da lei, mediante registro em termo que será assinado digitalmente pelo juiz e pelo escrivão ~~ou chefe de secretaria~~, bem como pelos advogados das partes. ~~3º~~ No caso do § 2º deste artigo, eventuais contradições na transcrição deverão ser suscitadas oralmente no momento da realização do ato, sob pena de preclusão, devendo o juiz decidir de plano, registrando-se a alegação e a decisão no termo.
Art. 165. É lícito o uso da taquigrafia, da estenotipia ou de outro método idôneo em qualquer juízo ou tribunal.	~~Art. 170.~~ É lícito o uso da taquigrafia, da estenotipia, ou de outro método idôneo, em qualquer juízo ou tribunal.
Art. 166. Não se admitem nos atos e nos termos espaços em branco, bem como entrelinhas, emendas ou rasuras, salvo se aqueles forem inutilizados e estas expressamente ressalvadas.	~~Art. 171.~~ Não se admitem, nos atos e termos, espaços em branco, bem como entrelinhas, emendas ou rasuras, salvo se aqueles forem inutilizados e estas expressamente ressalvadas.
Capítulo II **DO TEMPO E DO LUGAR DOS ATOS PROCESSUAIS**	**CAPÍTULO II** **DO TEMPO E DO LUGAR DOS ATOS PROCESSUAIS**
Seção I **Do tempo**	**Seção I** **Do Tempo**
Art. 167. Os atos processuais serão realizados em dias úteis, das seis às vinte horas. § 1º Serão, todavia, concluídos depois das vinte horas os atos iniciados antes, quando o adiamento prejudicar a diligência ou causar grave dano. § 2º A citação e a penhora poderão realizar-se em domingos e feriados ou nos dias úteis fora do horário estabelecido neste artigo, observado o disposto no art. 5º, inciso XI, da Constituição da República. § 3º Quando o ato tiver que ser praticado em determinado prazo por meio de petição, esta deverá ser apresentada no protocolo, dentro do seu horário de funcionamento, nos termos da lei de organização judiciária local.	~~Art. 172.~~ Os atos processuais realizar-se-ão em dias úteis, das 6 (seis) às ~~20~~ (vinte) horas. § 1º Serão, todavia, concluídos depois das ~~20~~ (vinte) horas os atos iniciados antes, quando o adiamento prejudicar a diligência ou causar grave dano. § 2º A citação e a penhora poderão, ~~em casos excepcionais, e mediante autorização expressa do juiz~~, realizar-se em domingos e feriados, ou nos dias úteis, fora do horário estabelecido neste artigo, observado o disposto no art. 5º, inciso XI, da Constituição Federal. § 3º Quando o ato tiver que ser praticado em determinado prazo, por meio de petição, esta deverá ser apresentada no protocolo, dentro do horário de expediente, nos termos da lei de organização judiciária local.
Art. 168. Os atos processuais eletrônicos serão praticados em qualquer horário.	

Projeto do Novo CPC	CPC 1973
Art. 169. Durante as férias forenses, onde as houver, e nos feriados não se praticarão atos processuais, excetuando-se: I - a produção urgente de provas; II - a citação, a fim de evitar o perecimento de direito; III - as providências judiciais de urgência. Parágrafo único. O prazo para a resposta do réu só começará a correr no primeiro dia útil seguinte ao feriado ou às férias forenses.	~~Art. 173.~~ Durante as férias e nos feriados não se praticarão atos processuais. Excetuam-se: Ver art. 93, XII, da CF/88. I - a produção ~~antecipada~~ de provas ~~(art. 846)~~; II - a citação, a fim de evitar o perecimento de direito~~; e bem assim o arresto, o seqüestro, a penhora, a arrecadação, a busca e apreensão, o depósito, a prisão, a separação de corpos, a abertura de testamento, os embargos de terceiro, a nunciação de obra nova e outros atos análogos.~~ Parágrafo único. O prazo para a resposta do réu só começará a correr no primeiro dia útil seguinte ao feriado ou às férias.
Art. 170. Processam-se durante as férias, onde as houver, e não se suspendem pela superveniência delas: I - os procedimentos não contenciosos, bem como os necessários à conservação de direitos, quando possam ser prejudicados pelo adiamento; II - as causas de alimentos provisionais, de nomeação ou remoção de tutores e curadores; III - todas as causas que a lei federal determinar.	~~Art. 174~~. Processam-se durante as férias e não se suspendem pela superveniência delas: Ver art. 93, XII, da CF/88. I - os atos de jurisdição voluntária bem como os necessários à conservação de direitos, quando possam ser prejudicados pelo adiamento; II - as causas de alimentos provisionais, ~~de dação ou~~ remoção de tutores e curadores, ~~bem como as mencionadas no art. 275;~~ III - todas as causas que a lei federal determinar.
Art. 171. Além dos declarados em lei, são feriados, para efeito forense os sábados e os domingos e os dias em que não haja expediente forense.	~~Art. 175~~. São feriados, para efeito forense, os domingos e os dias ~~declarados por lei~~.
Seção II **Do lugar**	**Seção II** **Do Lugar**
Art. 172. Os atos processuais realizam-se de ordinário na sede do juízo. Parágrafo único. Os atos de que trata o caput podem efetuar-se em outro lugar que não a sede do juízo, em razão de deferência, de interesse da justiça ou de obstáculo arguido pelo interessado e acolhido pelo juiz.	~~Art. 176~~. Os atos processuais realizam-se de ordinário na sede do juízo. Podem, <u>todavia</u>, efetuar-se em outro lugar, em razão de deferência, de interesse da justiça, ou de obstáculo argüido pelo interessado e acolhido pelo juiz.
Capítulo III **DOS PRAZOS**	**CAPÍTULO III** **DOS PRAZOS**
Seção I **Disposições gerais**	**Seção I** **Das Disposições Gerais**
Art. 173. Os atos processuais serão realizados nos prazos prescritos em lei. Parágrafo único. Quando a lei for omissa, o juiz determinará os prazos tendo em conta a complexidade da causa. Ver art. 177 do CPC/73, desmembrado.	~~Art. 177~~. Os atos processuais <u>realizar-se-ão</u> nos prazos prescritos em lei. Quando <u>esta</u> for omissa, o juiz determinará os prazos, tendo em conta a complexidade da causa.

Projeto do Novo CPC	CPC 1973
Art. 174. Na contagem de prazo em dias, estabelecido pela lei ou pelo juiz, computar-se-ão, de forma contínua, somente os úteis. Parágrafo único. Não são intempestivos atos praticados antes da ocorrência do termo inicial do prazo.	~~Art. 178.~~ ~~O~~ prazo, estabelecido pela lei ou pelo juiz, é contínuo, ~~não se interrompendo nos feriados.~~
Art. 175. Suspende-se o curso do prazo processual nos dias compreendidos entre 20 de dezembro e 20 de janeiro, inclusive.	
Art. 176. Suspende-se o curso do prazo por obstáculo criado pela parte ou ocorrendo qualquer das hipóteses do art. 298, inciso I, casos em que o prazo será restituído por tempo igual ao que faltava para a sua complementação.	~~Art. 180.~~ Suspende-se ~~também~~ o curso do prazo por obstáculo criado pela parte ou ocorrendo qualquer das hipóteses do ~~art. 265, I e III~~; casos em que o prazo será restituído por tempo igual ao que faltava para a sua complementação.
Art. 177. As partes podem, de comum acordo, reduzir ou prorrogar o prazo dilatório, mas a convenção só tem eficácia se, requerida antes do vencimento do prazo, se fundar em motivo legítimo. § 1º O juiz fixará o dia do vencimento do prazo da prorrogação. § 2º As custas acrescidas ficarão a cargo da parte em favor de quem foi concedida a prorrogação.	~~Art. 181.~~ Podem as partes, de comum acordo, reduzir ou prorrogar o prazo dilatório; a convenção, porém, só tem eficácia se, requerida antes do vencimento do prazo, se fundar em motivo legítimo. § 1º O juiz fixará o dia do vencimento do prazo da prorrogação. § 2º As custas acrescidas ficarão a cargo da parte em favor de quem foi concedida a prorrogação.
Art. 178. É vedado às partes, ainda que todas estejam de acordo, reduzir ou prorrogar os prazos peremptórios. O juiz poderá, nas comarcas e nas seções judiciárias onde for difícil o transporte, prorrogar quaisquer prazos, mas nunca por mais de dois meses. Parágrafo único. Em caso de calamidade pública, poderá ser excedido o limite previsto neste artigo para a prorrogação de prazos.	~~Art. 182.~~ É defeso às partes, ainda que todas estejam de acordo, reduzir ou prorrogar os prazos peremptórios. O juiz poderá, nas comarcas onde for difícil o transporte, prorrogar quaisquer prazos, mas nunca por mais de ~~60 (sessenta) dias.~~ Parágrafo único. Em caso de calamidade pública, poderá ser excedido o limite previsto neste artigo para a prorrogação de prazos.
Art. 179. Decorrido o prazo, extingue-se, independentemente de declaração judicial, o direito de praticar o ato, ficando assegurado, porém, à parte provar que o não realizou por justa causa. § 1º Considera-se justa causa o evento alheio à vontade da parte e que a impediu de praticar o ato por si ou por mandatário. § 2º Verificada a justa causa, o juiz permitirá à parte a prática do ato no prazo que lhe assinar. § 3º O disposto no caput se aplica ao Ministério Público mesmo quando atuar como fiscal da lei.	~~Art. 183.~~ Decorrido o prazo, extingue-se, independentemente de declaração judicial, o direito de praticar o ato, ficando salvo, porém, à parte provar que o não realizou por justa causa. § 1º Reputa-se justa causa o evento ~~imprevisto,~~ alheio à vontade da parte, e que a impediu de praticar o ato por si ou por mandatário. § 2º Verificada a justa causa o juiz permitirá à parte a prática do ato no prazo que lhe assinar.
Art. 180. Salvo disposição em contrário, os prazos serão contados excluindo o dia do começo e incluindo o do vencimento.	~~Art. 184.~~ Salvo disposição em contrário, computar-se-ão os prazos, excluindo o dia do começo e incluindo o do vencimento.

Projeto do Novo CPC	CPC 1973
§ 1º Considera-se prorrogado o prazo até o primeiro dia útil, se o vencimento cair em dia em que: I - haja feriado; Ver art. 184, § 1º do CPC/73. II - for determinado o fechamento do fórum; III - o expediente forense for encerrado antes ou iniciado depois da hora normal e houver interrupção da comunicação eletrônica. § 2º Os prazos, inclusive no processo eletrônico, começam a correr do primeiro dia útil após a intimação. **Art. 181.** Não havendo preceito legal nem outro prazo assinado pelo juiz, será de cinco dias o prazo para a prática de ato processual a cargo da parte. **Art. 182.** A parte poderá renunciar ao prazo estabelecido exclusivamente em seu favor. **Art. 183.** Em qualquer grau de jurisdição, havendo motivo justificado, pode o juiz exceder, por igual tempo, aos prazos que este Código lhe estabelece. **Art. 184.** O juiz proferirá: I - os despachos de expediente no prazo de cinco dias; II - as decisões no prazo de dez dias; III - as sentenças no prazo de vinte dias. **Art. 185.** Incumbirá ao serventuário remeter os autos conclusos no prazo de vinte e quatro horas e executar os atos processuais no prazo de cinco dias contados: I - da data em que houver concluído o ato processual anterior, se lhe foi imposto pela lei; II - da data em que tiver ciência da ordem, quando determinada pelo juiz. § 1º Ao receber os autos, certificará o serventuário o dia e a hora em que ficou ciente da ordem referida no inciso II. § 2º Tratando-se de processo eletrônico, a movimentação da conclusão deverá ser imediata. **Art. 186.** Os litisconsortes que tiverem diferentes procuradores, a Fazenda Pública, o Ministério Público e a Defensoria Pública terão prazos contados em dobro para se manifestar nos autos.	§ 1º Considera-se prorrogado o prazo até o primeiro dia útil se o vencimento cair em feriado ou em dia em que: I - for determinado o fechamento do fórum; II - o expediente forense for encerrado antes da hora normal. § 2º Os prazos somente começam a correr do primeiro dia útil após a intimação (art. 240 e parágrafo único). Art. 185. Não havendo preceito legal nem assinação pelo juiz, será de 5 (cinco) dias o prazo para a prática de ato processual a cargo da parte. Art. 186. A parte poderá renunciar ao prazo estabelecido exclusivamente em seu favor. Art. 187. Em qualquer grau de jurisdição, havendo motivo justificado, pode o juiz exceder, por igual tempo, os prazos que este Código lhe assina. Art. 189. O juiz proferirá: I - os despachos de expediente, no prazo de 2 (dois) dias; II - as decisões, no prazo de 10 (dez) dias. Art. 190. Incumbirá ao serventuário remeter os autos conclusos no prazo de 24 (vinte e quatro) horas e executar os atos processuais no prazo de 48 (quarenta e oito) horas, contados: I - da data em que houver concluído o ato processual anterior, se lhe foi imposto pela lei; II - da data em que tiver ciência da ordem, quando determinada pelo juiz. Parágrafo único. Ao receber os autos, certificará o serventuário o dia e a hora em que ficou ciente da ordem, referida no nº II. Art. 191. Quando os litisconsortes tiverem diferentes procuradores, ser-lhes-ão contados em dobro os prazos para contestar, para recorrer e, de modo geral, para falar nos autos. Ver art. 46 do CPC.

Projeto do Novo CPC	CPC 1973
Art. 187. Quando a lei não assinalar outro prazo, as intimações somente obrigarão a comparecimento depois de decorridas vinte e quatro horas.	Art. 192. Quando a lei não marcar outro prazo, as intimações somente obrigarão a comparecimento depois de decorridas 24 (vinte e quatro) horas.
Seção II **Da verificação dos prazos e das penalidades**	**Seção II** **Da Verificação dos Prazos e das Penalidades**
Art. 188. Incumbe ao juiz verificar se o serventuário excedeu, sem motivo legítimo, os prazos que este Código estabelece. § 1º Constatada a falta, o juiz mandará instaurar procedimento administrativo, na forma da lei. § 2º Qualquer das partes ou o Ministério Público poderá representar ao juiz contra o serventuário que excedeu os prazos previstos em lei.	Art. 193. Compete ao juiz verificar se o serventuário excedeu, sem motivo legítimo, os prazos que este Código estabelece. Art. 194. Apurada a falta, o juiz mandará instaurar procedimento administrativo, na forma da Lei de Organização Judiciária.
Art. 189. O advogado deve restituir os autos no prazo legal, sob pena de o juiz mandar, de ofício, riscar o que neles o advogado houver escrito e desentranhar as alegações e os documentos que apresentar.	Art. 195. O advogado deve restituir os autos no prazo legal. Não o fazendo, mandará o juiz, de ofício, riscar o que neles houver escrito e desentranhar as alegações e documentos que apresentar.
Art. 190. É lícito a qualquer interessado cobrar os autos ao advogado que exceder ao prazo legal. § 1º Se, intimado, o advogado não devolver os autos dentro de vinte e quatro horas, perderá o direito à vista fora de cartório e incorrerá em multa correspondente à metade do salário mínimo vigente na sede do juízo. § 2º Verificada a falta, o juiz poderá comunicar o fato à seção local da Ordem dos Advogados do Brasil para o procedimento disciplinar e a imposição da multa.	Art. 196. É lícito a qualquer interessado cobrar os autos ao advogado que exceder o prazo legal. Se, intimado, não os devolver dentro em 24 (vinte e quatro) horas, perderá o direito à vista fora de cartório e incorrerá em multa, correspondente à metade do salário mínimo vigente na sede do juízo. Parágrafo único. Apurada a falta, o juiz comunicará o fato à seção local da Ordem dos Advogados do Brasil, para o procedimento disciplinar e imposição da multa.
Art. 191. Aplicam-se ao Ministério Público, à Defensoria Pública e à Advocacia Pública os arts. 189 e 190; a multa, se for o caso, será aplicada ao agente público responsável pelo ato. Parágrafo único. Apurada a falta, o juiz comunicará o fato ao órgão competente responsável pela instauração de procedimento disciplinar contra do membro que atuou no feito.	Art. 197. Aplicam-se ao órgão do Ministério Público e ao representante da Fazenda Pública as disposições constantes dos arts. 195 e 196.
Art. 192. Qualquer das partes ou o Ministério Público poderá representar ao presidente do tribunal de justiça contra o juiz que excedeu os prazos previstos em lei. § 1º Distribuída a representação ao órgão competente, será instaurado procedimento para apuração da responsabilidade. § 2º O presidente do tribunal, conforme as circunstâncias, poderá avocar os autos em que ocorreu excesso de prazo, remetendo-os ao substituto legal do juiz contra o qual se representou, sem prejuízo das providências administrativas. Ver art. 198 do CPC/73, desmembrado.	Art. 198. Qualquer das partes ou o órgão do Ministério Público poderá representar ao presidente do Tribunal de Justiça contra o juiz que excedeu os prazos previstos em lei. Distribuída a representação ao órgão competente, instaurar-se-á procedimento para apuração da responsabilidade. O relator, conforme as circunstâncias, poderá avocar os autos em que ocorreu excesso de prazo, designando outro juiz para decidir a causa.

Projeto do Novo CPC	CPC 1973
Capítulo IV **DAS COMUNICAÇÕES DOS ATOS** Seção I Disposições gerais **Art. 193.** Os atos processuais serão cumpridos por ordem judicial ou requisitados por carta, conforme tenham de realizar-se dentro ou fora dos limites territoriais da comarca ou da seção judiciária. **Art. 194.** Será expedida carta: I - de ordem para que juiz de grau inferior pratique ato relativo a processo em curso em tribunal; II - rogatória, para que autoridade judiciária estrangeira pratique ato relativo a processo em curso perante órgão da jurisdição nacional; III - precatória, para que órgão jurisdicional nacional pratique ou determine o cumprimento, na área de sua competência territorial, de ato requisitado por juiz de competência territorial diversa. Ver art. 201 do CPC/73, desmembrado. Seção II Da citação **Art. 195.** A citação é o ato pelo qual se convocam o réu, o executado ou o interessado para integrar a relação processual. Parágrafo único. Do mandado de citação constará também, se for o caso, a intimação do réu para o comparecimento, com a presença de advogado, à audiência de conciliação, bem como a menção do prazo para contestação, a ser apresentada sob pena de revelia. **Art. 196.** Para a validade do processo é indispensável a citação inicial do réu ou do executado. § 1º O comparecimento espontâneo do réu ou do executado supre a falta ou a nulidade da citação, contando-se a partir de então o prazo para a contestação. § 2º Rejeitada a alegação de nulidade, o réu será considerado revel. **Art. 197.** A citação válida induz litispendência e faz litigiosa a coisa e, ainda quando ordenada por juiz incompetente, constitui em mora o devedor e interrompe a prescrição.	**CAPÍTULO IV** **DAS COMUNICAÇÕES DOS ATOS** Seção I Das Disposições Gerais Art. 200. Os atos processuais serão cumpridos por ordem judicial ou requisitados por carta, conforme hajam de realizar-se dentro ou fora dos limites territoriais da comarca. Art. 201. Expedir-se-á carta de ordem se o juiz for subordinado ao tribunal de que ela emanar; carta rogatória, quando dirigida à autoridade judiciária estrangeira; e carta precatória nos demais casos. Seção III Das Citações Art. 213. Citação é o ato pelo qual se chama a juízo o réu ou o interessado a fim de se defender. Art. 214. Para a validade do processo é indispensável a citação inicial do réu. § 1º O comparecimento espontâneo do réu supre, entretanto, a falta de citação. Art. 219. A citação válida torna prevento o juízo, induz litispendência e faz litigiosa a coisa; e, ainda quando ordenada por juiz incompetente, constitui em mora o devedor e interrompe a prescrição. Ver art. 301, § 3º e art. 42 do CPC/73.

Projeto do Novo CPC	CPC 1973
§ 1º A litispendência e a interrupção da prescrição retroagirão à data da propositura da ação. § 2º Incumbe à parte adotar as providências necessárias para a citação do réu nos dez dias subsequentes ao despacho que a ordenar, sob pena de não se considerar interrompida a prescrição e instaurada litispendência na data da propositura. § 3º A parte não será prejudicada pela demora imputável exclusivamente ao serviço judiciário. Ver art. 219, § do CPC/73, desmembrado. § 4º O efeito retroativo do § 1º aplica-se à decadência e aos demais prazos extintivos previstos em lei.	§ 1º A interrupção da prescrição retroagirá à data da propositura da ação. § 2º Incumbe à parte promover a citação do réu nos 10 (dez) dias subseqüentes ao despacho que a ordenar, não ficando prejudicada pela demora imputável exclusivamente ao serviço judiciário. Art. 220. O disposto no artigo anterior aplica-se a todos os prazos extintivos previstos na lei.
Art. 198. Transitada em julgado a sentença de mérito proferida em favor do réu antes da citação, cabe ao escrivão comunicá-lo do resultado do julgamento.	Art. 219 [...] § 6º Passada em julgado a sentença, a que se refere o parágrafo anterior, o escrivão comunicará ao réu o resultado do julgamento.
Art. 199. A citação do réu será feita pessoalmente, ao seu representante legal ou ao procurador legalmente autorizado. § 1º Estando o réu ausente, a citação será feita na pessoa de seu mandatário, administrador, feitor ou gerente, quando a ação se originar de atos por eles praticados. § 2º O locador que se ausentar do Brasil sem cientificar o locatário de que deixou na localidade onde estiver situado o imóvel procurador com poderes para receber citação será citado na pessoa do administrador do imóvel encarregado do recebimento dos aluguéis.	Art. 215 Far-se-á a citação pessoalmente ao réu, ao seu representante legal ou ao procurador legalmente autorizado. § 1º Estando o réu ausente, a citação far-se-á na pessoa de seu mandatário, administrador, feitor ou gerente, quando a ação se originar de atos por eles praticados. § 2º O locador que se ausentar do Brasil sem cientificar o locatário de que deixou na localidade, onde estiver situado o imóvel, procurador com poderes para receber citação, será citado na pessoa do administrador do imóvel encarregado do recebimento dos aluguéis.
Art. 200. A citação se fará em qualquer lugar em que se encontre o réu. Parágrafo único. O militar em serviço ativo será citado na unidade em que estiver servindo, se não for conhecida a sua residência ou nela não for encontrado.	Art. 216 A citação efetuar-se-á em qualquer lugar em que se encontre o réu. Parágrafo único. O militar, em serviço ativo, será citado na unidade em que estiver servindo se não for conhecida a sua residência ou nela não for encontrado.
Art. 201. Não se fará a citação, salvo para evitar o perecimento do direito: I - a quem estiver assistindo a ato de culto religioso; II - ao cônjuge, companheiro ou a qualquer parente do morto, consangüíneo ou afim, em linha reta ou na linha colateral em segundo grau, no dia do falecimento e nos sete dias seguintes; III - aos noivos, nos três primeiros dias de bodas; IV - aos doentes, enquanto grave o seu estado.	Art. 217. Não se fará, porém, a citação, salvo para evitar o perecimento do direito: I - a quem estiver assistindo a qualquer ato de culto religioso; II - ao cônjuge ou a qualquer parente do morto, consangüíneo ou afim, em linha reta, ou na linha colateral em segundo grau, no dia do falecimento e nos 7 (sete) dias seguintes; III - aos noivos, nos 3 (três) primeiros dias de bodas; IV - aos doentes, enquanto grave o seu estado.

Projeto do Novo CPC	CPC 1973
Art. 202. Também não se fará citação quando se verificar que o réu é mentalmente incapaz ou está impossibilitado de recebê-la. § 1º O oficial de justiça descreverá e a certificará minuciosamente a ocorrência. § 2º O juiz nomeará médico para examinar o citando, que apresentará laudo em cinco dias. Ver art. 218, § 1º do CPC/73, desmembrado. § 3º Reconhecida a impossibilidade, o juiz dará ao citando um curador, observando, quanto à sua escolha, a preferência estabelecida na lei e restringindo a nomeação à causa. § 4º A citação será feita na pessoa do curador, a quem incumbirá a defesa do réu.	~~Art. 218.~~ Também não se fará citação, quando se verificar que o réu é ~~demente~~ ou está impossibilitado de recebê-la. § 1º O oficial de justiça passará certidão, descrevendo minuciosamente a ocorrência. O juiz nomeará ~~um~~ médico, a fim de examinar o citando. O laudo será apresentado em ~~5 (cinco)~~ dias. ~~§ 2º~~ Reconhecida a impossibilidade, o juiz dará ao citando um curador, observando, quanto à sua escolha, a preferência estabelecida na lei ~~civil~~. A nomeação é restrita à causa. ~~§ 3º~~ A citação será feita na pessoa do curador, a quem incumbirá a defesa do réu.
Art. 203. A citação se fará: I - pelo correio; II - por oficial de justiça; III - por edital; IV - por meio eletrônico, conforme regulado em lei.	~~Art. 221.~~ A citação ~~far-se-á~~: I - pelo correio; II - por oficial de justiça; III - por edital. IV - por meio eletrônico, conforme regulado em lei ~~própria~~.
Art. 204. A citação será feita pelo correio para qualquer comarca do país, exceto: I - nas ações de estado; II - quando for ré pessoa incapaz; III - quando for ré pessoa de direito público; IV - quando o réu residir em local não atendido pela entrega domiciliar de correspondência; V - quando o autor a requerer de outra forma.	~~Art. 222.~~ A citação será feita pelo correio, para qualquer comarca do País, exceto: ~~a)~~ nas ações de estado ~~b)~~ quando for ré pessoa incapaz ~~c)~~ quando for ré pessoa de direito público; [...] ~~e)~~ quando o réu residir em local não atendido pela entrega domiciliar de correspondência; f) quando o autor a requerer de outra forma.
Art. 205. Deferida a citação pelo correio, o escrivão remeterá ao citando cópias da petição inicial e do despacho do juiz e comunicará o prazo para a resposta, o endereço do juízo e o respectivo cartório.	~~Art. 223.~~ Deferida a citação pelo correio, o escrivão ~~ou chefe da secretaria~~ remeterá ao citando cópias da petição inicial e do despacho do juiz, ~~expressamente consignada em seu inteiro teor a advertência a que se refere o art. 285, segunda parte,~~ comunicando, ainda, o prazo para a resposta e o juízo e cartório, com o respectivo endereço.

Projeto do Novo CPC	CPC 1973
§ 1º A carta será registrada para entrega ao citando, exigindo-lhe o carteiro, ao fazer a entrega, que assine o recibo. Sendo o réu pessoa jurídica, será válida a entrega a pessoa com poderes de gerência geral ou de administração. § 2º Da carta de citação no processo de conhecimento constará também a intimação do réu para o comparecimento, com a presença de advogado, à audiência de conciliação, bem como a menção do prazo para contestação, a ser apresentada sob pena de revelia.	~~Parágrafo único.~~ A carta será registrada para entrega ao citando, exigindo-lhe o carteiro, ao fazer a entrega, que assine o recibo. Sendo o réu pessoa jurídica, será válida a entrega a pessoa com poderes de gerência geral ou de administração.
Art. 206. A citação será feita por meio de oficial de justiça nos casos ressalvados neste Código ou na lei, ou quando frustrada a citação pelo correio.	~~Art. 224.~~ Far-se-á a citação por meio de oficial de justiça nos casos ressalvados ~~no art. 222~~, ou quando frustrada a citação pelo correio.
Art. 207. O mandado que o oficial de justiça tiver de cumprir deverá conter: I - os nomes do autor e do réu, bem como os respectivos domicílios ou residências; II - o fim da citação, com todas as especificações constantes da petição inicial; III - a cominação, se houver; IV - o dia, a hora e o lugar do comparecimento; V - a cópia do despacho; VI - o prazo para defesa; VII - a assinatura do escrivão e a declaração de que o subscreve por ordem do juiz. § 1º O mandado poderá ser em breve relatório, quando o autor entregar em cartório, com a petição inicial, tantas cópias desta quantos forem os réus, caso em que as cópias, depois de conferidas com o original, farão parte integrante do mandado. § 2º Aplica-se ao mandado de citação o disposto no § 2º do art. 205.	~~Art. 225~~. O mandado~~,~~ que o oficial de justiça tiver de cumprir~~,~~ deverá conter: I - os nomes do autor e do réu, bem como os respectivos domicílios ou residências; II - o fim da citação, com todas as especificações constantes da petição inicial. ~~bem como a advertência a que se refere o art. 285, segunda parte, se o litígio versar sobre direitos disponíveis;~~ III - a cominação, se houver; IV - o dia, hora e lugar do comparecimento; V - a cópia do despacho; VI - o prazo para defesa; VII - a assinatura do escrivão e a declaração de que o subscreve por ordem do juiz. ~~Parágrafo único.~~ O mandado poderá ser em breve relatório, quando o autor entregar em cartório, com a petição inicial, tantas cópias desta quantos forem os réus; caso em que as cópias, depois de conferidas com o original, farão parte integrante do mandado.
Art. 208. Incumbe ao oficial de justiça procurar o réu e, onde o encontrar, citá-lo: I - lendo-lhe o mandado e entregando-lhe a contrafé; II - portando por fé se recebeu ou recusou a contrafé; III - obtendo a nota de ciente ou certificando que o réu não a apôs no mandado.	~~Art. 226~~. Incumbe ao oficial de justiça procurar o réu e, onde o encontrar, citá-lo: I - lendo-lhe o mandado e entregando-lhe a contrafé; II - portando por fé se recebeu ou recusou a contrafé; III - obtendo a nota de ciente, ou certificando que o réu não a apôs no mandado.

Projeto do Novo CPC	CPC 1973
Art. 209. Quando, por três vezes, o oficial de justiça houver procurado o réu em seu domicílio ou residência sem o encontrar, deverá, havendo suspeita de ocultação, intimar qualquer pessoa da família ou, em sua falta, qualquer vizinho de que, no dia imediato, voltará a fim de efetuar a citação, na hora que designar.	Art. 227. Quando, por três vezes, o oficial de justiça houver procurado o réu em seu domicílio ou residência, sem o encontrar, deverá, havendo suspeita de ocultação, intimar a qualquer pessoa da família, ou em sua falta a qualquer vizinho, que, no dia imediato, voltará, a fim de efetuar a citação, na hora que designar.
Art. 210. No dia e na hora designados, o oficial de justiça, independentemente de novo despacho, comparecerá ao domicílio ou à residência do citando a fim de realizar a diligência. § 1º Se o citando não estiver presente, o oficial de justiça procurará informar-se das razões da ausência, dando por feita a citação, ainda que o citando se tenha ocultado em outra comarca ou seção judiciária. § 2º Da certidão da ocorrência, o oficial de justiça deixará contrafé com pessoa da família ou com qualquer vizinho, conforme o caso, declarando-lhe o nome.	Art. 228. No dia e hora designados, o oficial de justiça, independentemente de novo despacho, comparecerá ao domicílio ou residência do citando, a fim de realizar a diligência. § 1º Se o citando não estiver presente, o oficial de justiça procurará informar-se das razões da ausência, dando por feita a citação, ainda que o citando se tenha ocultado em outra comarca. § 2º Da certidão da ocorrência, o oficial de justiça deixará contrafé com pessoa da família ou com qualquer vizinho, conforme o caso, declarando-lhe o nome.
Art. 211. Feita a citação com hora certa, o escrivão enviará ao réu carta ou telegrama, dando-lhe de tudo ciência.	Art. 229. Feita a citação com hora certa, o escrivão enviará ao réu carta, telegrama ou radiograma, dando-lhe de tudo ciência.
Art. 212. Nas comarcas contíguas de fácil comunicação e nas que se situem na mesma região metropolitana, o oficial de justiça poderá efetuar citações ou intimações em qualquer delas.	Art. 230. Nas comarcas contíguas, de fácil comunicação, e nas que se situem na mesma região metropolitana, o oficial de justiça poderá efetuar citações ou intimações em qualquer delas.
Art. 213. A citação por edital será feita: I - quando desconhecido ou incerto o réu; II - quando ignorado, incerto ou inacessível o lugar em que se encontrar; III - nos casos expressos em lei. § 1º Considera-se inacessível, para efeito de citação por edital, o país que recusar o cumprimento de carta rogatória. § 2º No caso de ser inacessível o lugar em que se encontrar o réu, a notícia de sua citação será divulgada também pelo rádio, se na comarca houver emissora de radiodifusão.	Art. 231. Far-se-á a citação por edital: I - quando desconhecido ou incerto o réu; II - quando ignorado, incerto ou inacessível o lugar em que se encontrar; III - nos casos expressos em lei. § 1º Considera-se inacessível, para efeito de citação por edital, o país que recusar o cumprimento de carta rogatória. § 2º No caso de ser inacessível o lugar em que se encontrar o réu, a notícia de sua citação será divulgada também pelo rádio, se na comarca houver emissora de radiodifusão.
Art. 214. São requisitos da citação por edital: I - a afirmação do autor ou a certidão do oficial informando a presença das circunstâncias autorizadoras;	Art. 232. São requisitos da citação por edital: I - a afirmação do autor, ou a certidão do oficial, quanto às circunstâncias previstas nos ns. I e II do artigo antecedente;

Projeto do Novo CPC	CPC 1973
II - a publicação do edital no sítio eletrônico do tribunal respectivo, certificada nos autos;	II - a afixação do edital, na sede do juízo, certificada pelo escrivão; [...]
III - a determinação, pelo juiz, do prazo, que variará entre vinte dias e dois meses, correndo da data da primeira publicação;	IV - a determinação, pelo juiz, do prazo, que variará entre 20 (vinte) e 60 (sessenta) dias, correndo da data da primeira publicação;
IV - a advertência sobre os efeitos da revelia, se o litígio versar sobre direitos disponíveis.	V - a advertência a que se refere o art. 285, segunda parte, se o litígio versar sobre direitos disponíveis.
Parágrafo único. O juiz, levando em consideração as peculiaridades da comarca ou da seção judiciária, poderá determinar que a publicação do edital seja feita por outros meios.	
Art. 215. A parte que requerer a citação por edital, alegando dolosamente os requisitos para a sua realização, incorrerá em multa de cinco vezes o salário mínimo vigente na sede do juízo. Parágrafo único. A multa reverterá em benefício do citando.	Art. 233. A parte que requerer a citação por edital, alegando dolosamente os requisitos do art. 231, I e II, incorrerá em multa de 5 (cinco) vezes o salário mínimo vigente na sede do juízo. Parágrafo único. A multa reverterá em benefício do citando.
Seção III **Das cartas**	**Seção II** **Das Cartas**
Art. 216. São requisitos essenciais da carta de ordem, da carta precatória e da carta rogatória:	Art. 202. São requisitos essenciais da carta de ordem, da carta precatória e da carta rogatória:
I - a indicação dos juízes de origem e de cumprimento do ato;	I - a indicação dos juízes de origem e de cumprimento do ato;
II - o inteiro teor da petição, do despacho judicial e do instrumento do mandato conferido ao advogado;	II - o inteiro teor da petição, do despacho judicial e do instrumento do mandato conferido ao advogado;
III - a menção do ato processual que lhe constitui o objeto;	III - a menção do ato processual, que lhe constitui o objeto;
IV - o encerramento com a assinatura do juiz.	IV - o encerramento com a assinatura do juiz.
§ 1º O juiz mandará trasladar na carta quaisquer outras peças, bem como instruí-la com mapa, desenho ou gráfico, sempre que esses documentos devam ser examinados, na diligência, pelas partes, pelos peritos ou pelas testemunhas.	§ 1º O juiz mandará trasladar, na carta, quaisquer outras peças, bem como instruí-la com mapa, desenho ou gráfico, sempre que estes documentos devam ser examinados, na diligência, pelas partes, peritos ou testemunhas.
§ 2º Quando o objeto da carta for exame pericial sobre documento, este será remetido em original, ficando nos autos reprodução fotográfica.	§ 2º Quando o objeto da carta for exame pericial sobre documento, este será remetido em original, ficando nos autos reprodução fotográfica.
§ 3º As cartas de ordem, precatória e rogatória deverão, preferencialmente, ser expedidas por meio eletrônico, caso em que a assinatura do juiz deverá ser eletrônica, na forma da lei.	§ 3º A carta de ordem, carta precatória ou carta rogatória pode ser expedida por meio eletrônico, situação em que a assinatura do juiz deverá ser eletrônica, na forma da lei.
Art. 217. Em todas as cartas declarará o juiz o prazo dentro do qual deverão ser cumpridas, atendendo à facilidade das comunicações e à natureza da diligência.	Art. 203. Em todas as cartas declarará o juiz o prazo dentro do qual deverão ser cumpridas, atendendo à facilidade das comunicações e à natureza da diligência.

Projeto do Novo CPC	CPC 1973
Art. 218. A carta tem caráter itinerante; antes ou depois de lhe ser ordenado o cumprimento, podendo ser apresentada a juízo diverso do que dela consta, a fim de se praticar o ato.	Art. 204. A carta tem caráter itinerante; antes ou depois de lhe ser ordenado o cumprimento, poderá ser apresentada a juízo diverso do que dela consta, a fim de se praticar o ato.
Art. 219. Havendo urgência, serão transmitidas a carta de ordem e a carta precatória por qualquer meio eletrônico ou por telegrama.	Art. 205. Havendo urgência, transmitir-se-ão a carta de ordem e a carta precatória por telegrama, radiograma ou telefone.
Art. 220. A carta de ordem e a carta precatória por meio de correio eletrônico, por telefone ou por telegrama conterão, em resumo substancial, os requisitos mencionados no art. 207, especialmente no que se refere à aferição da autenticidade.	Art. 206. A carta de ordem e a carta precatória, por telegrama ou radiograma, conterão, em resumo substancial, os requisitos mencionados no art. 202, bem como a declaração, pela agência expedidora, de estar reconhecida a assinatura do juiz.
Art. 221. O secretário do tribunal ou o escrivão do juízo deprecante transmitirá, por telefone, a carta de ordem ou a carta precatória ao juízo em que houver de cumprir-se o ato, por intermédio do escrivão do primeiro ofício da primeira vara, se houver na comarca mais de um ofício ou de uma vara, observando-se, quanto aos requisitos, o disposto no art. 220. § 1º O escrivão, no mesmo dia ou no dia útil imediato, telefonará ou enviará mensagem eletrônica ao secretário do tribunal ou ao escrivão do juízo deprecante, lendo-lhe os termos da carta e solicitando-lhe que os confirme. § 2º Sendo confirmada, o escrivão submeterá a carta a despacho.	Art. 207. O secretário do tribunal ou o escrivão do juízo deprecante transmitirá, por telefone, a carta de ordem, ou a carta precatória ao juízo, em que houver de cumprir-se o ato, por intermédio do escrivão do primeiro ofício da primeira vara, se houver na comarca mais de um ofício ou de uma vara, observando, quanto aos requisitos, o disposto no artigo antecedente. § 1º O escrivão, no mesmo dia ou no dia útil imediato, telefonará ao secretário do tribunal ou ao escrivão do juízo deprecante, lendo-lhe os termos da carta e solicitando-lhe que lha confirme. § 2º Sendo confirmada, o escrivão submeterá a carta a despacho.
Art. 222. Serão praticados de ofício os atos requisitados por meio de correio eletrônico e de telegrama, devendo a parte depositar, contudo, na secretaria do tribunal ou no cartório do juízo deprecante, a importância correspondente às despesas que serão feitas no juízo em que houver de praticar-se o ato.	Art. 208. Executar-se-ão, de ofício, os atos requisitados por telegrama, radiograma ou telefone. A parte depositará, contudo, na secretaria do tribunal ou no cartório do juízo deprecante, a importância correspondente às despesas que serão feitas no juízo em que houver de praticar-se o ato.
Art. 223. O juiz recusará cumprimento à carta precatória, devolvendo- a com despacho motivado: I - quando não estiver revestida dos requisitos legais; II - quando faltar-lhe competência em razão da matéria ou da hierarquia; III - quando tiver dúvida acerca de sua autenticidade. Parágrafo único. No caso de incompetência em razão da matéria ou da hierarquia, o juiz deprecado, conforme o ato a ser praticado, poderá remeter a carta ao juiz ou ao tribunal competente.	Art. 209. O juiz recusará cumprimento à carta precatória, devolvendo-a com despacho motivado: I - quando não estiver revestida dos requisitos legais; II - quando carecer de competência em razão da matéria ou da hierarquia; III - quando tiver dúvida acerca de sua autenticidade.

Projeto do Novo CPC	CPC 1973
Art. 224. As cartas rogatórias ativas obedecerão, quanto à sua admissibilidade e ao modo de seu cumprimento, ao disposto em convenção internacional; à falta desta, serão remetidas a autoridade judiciária estrangeira, por via diplomática, depois de traduzidas para a língua do país em que há de praticar-se o ato. Parágrafo único. O requerimento de carta rogatória deverá estar acompanhado da tradução dos documentos necessários para seu processamento ou de protesto por sua apresentação em prazo razoável. **Art. 225.** As cartas rogatórias passivas poderão ter por objeto, entre outros: I - citação e intimação; II - produção de provas; III - medidas de urgência; IV - execução de decisões estrangeiras.	~~Art. 210.~~ A carta rogatória obedecerá, quanto à sua admissibilidade e modo de seu cumprimento, ao disposto na convenção internacional; à falta desta, será remetida à autoridade judiciária estrangeira, por via diplomática, depois de traduzida para a língua do país em que há de praticar-se o ato.
Art. 226. O presidente do Superior Tribunal de Justiça, observado o disposto no Regimento Interno, concederá exequatur às cartas rogatórias provenientes do exterior, salvo se lhes faltar autenticidade ou se a medida solicitada, quanto à sua natureza, atentar contra a ordem pública nacional.	~~Art. 211~~. A concessão de exeqüibilidade às cartas rogatórias das justiças estrangeiras obedecerá ao disposto no Regimento Interno do Supremo Tribunal Federal. Ver art. 105, i, da CF/88.
Art. 227. Cumprida a carta, será devolvida ao juízo de origem no prazo de dez dias, independentemente de traslado, pagas as custas pela parte.	~~Art. 212~~. Cumprida a carta, será devolvida ao juízo de origem, no prazo de ~~10 (dez)~~ dias, independentemente de traslado, pagas as custas pela parte.
Seção IV Das intimações	Seção IV Das Intimações
Art. 228. Intimação é o ato pelo qual se dá ciência a alguém dos atos e dos termos do processo. § 1º É facultado aos advogados promover a intimação do advogado da outra parte por meio do correio, com a juntada aos autos do aviso de recebimento. § 2º Os advogados poderão requerer que, na intimação a eles dirigida, figure também o nome da sociedade a que pertencem, desde que devidamente registrada na Ordem dos Advogados do Brasil.	~~Art. 234.~~ Intimação é o ato pelo qual se dá ciência a alguém dos atos e termos do processo, ~~para que faça ou deixe de fazer alguma coisa.~~
Art. 229. As intimações realizam-se, sempre que possível, por meio eletrônico, na forma da lei.	~~Art. 237.~~ [...] ~~Parágrafo único~~. As intimações podem ser feitas de forma eletrônica, conforme regulado em lei própria.

Projeto do Novo CPC	CPC 1973
Art. 230. O juiz determinará de ofício as intimações em processos pendentes, salvo disposição em contrário.	~~Art. 235.~~ As intimações efetuam-se de ofício, em processos pendentes, salvo disposição em contrário.
Art. 231. Consideram-se feitas as intimações pela publicação dos atos no órgão oficial.	~~Art. 236. No Distrito Federal e nas Capitais dos Estados e dos Territórios,~~ consideram-se feitas as intimações pela ~~só~~ publicação dos atos no órgão oficial.
Parágrafo único. É indispensável, sob pena de nulidade, que da publicação constem os nomes das partes e de seus advogados e o número da inscrição na Ordem dos Advogados do Brasil.	~~§ 1º~~ É indispensável, sob pena de nulidade, que da publicação constem os nomes das partes e de seus advogados, ~~suficientes para sua identificação.~~
Art. 232. Onde não houver publicação em órgão oficial, caberá ao escrivão intimar de todos os atos do processo os advogados das partes:	~~Art. 237. Nas demais comarcas aplicar-se-á o disposto no artigo antecedente; se houver órgão de publicação dos atos oficiais;~~ não o havendo, competirá ao escrivão intimar, de todos os atos do processo, os advogados das partes:
I - pessoalmente, se tiverem domicílio na sede do juízo;	I - pessoalmente, tendo domicílio na sede do juízo;
II - por carta registrada, com aviso de recebimento, quando forem domiciliados fora do juízo.	II - por carta registrada, com aviso de recebimento quando domiciliado fora do juízo.
	~~Parágrafo único. As intimações podem ser feitas de forma eletrônica, conforme regulado em lei própria.~~ Ver art. 229 do Projeto do Novo CPC.
Art. 233. Não dispondo a lei de outro modo, as intimações serão feitas às partes, aos seus representantes legais, aos advogados e aos demais sujeitos do processo pelo correio ou, se presentes em cartório, diretamente pelo escrivão.	~~Art. 238.~~ Não dispondo a lei de outro modo, as intimações serão feitas às partes, aos seus representantes legais e aos advogados pelo correio ou, se presentes em cartório, diretamente pelo escrivão ~~ou chefe de secretaria.~~
§ 1º Cumpre às partes, aos advogados e aos demais sujeitos do processo, na primeira oportunidade em que se manifestarem nos autos, declinar o endereço, residencial ou profissional, em que receberão intimações, atualizando essa informação sempre que ocorrer qualquer modificação temporária ou definitiva.	
§ 2º Presumem-se válidas as comunicações e as intimações dirigidas ao endereço constante dos autos, ainda que não recebidas pessoalmente pelo interessado, se a modificação temporária ou definitiva não tiver sido devidamente comunicada, fluindo os prazos a partir da juntada aos autos do comprovante de entrega da correspondência no primitivo endereço.	~~Parágrafo único.~~ Presumem-se válidas as comunicações e intimações dirigidas ao endereço residencial ou profissional declinado na inicial, contestação ou embargos, cumprindo às partes atualizar o respectivo endereço sempre que houver modificação temporária ou definitiva.
Art. 234. A intimação será feita por oficial de justiça quando frustrada a realização por meio eletrônico ou pelo correio.	~~Art. 239.~~ Far-se-á a intimação por ~~meio de~~ oficial de justiça quando frustrada a realização pelo correio.
Parágrafo único. A certidão de intimação deve conter:	Parágrafo único. A certidão de intimação deve conter:

Projeto do Novo CPC	CPC 1973
I - a indicação do lugar e a descrição da pessoa intimada, mencionando, quando possível, o número de sua carteira de identidade e o órgão que a expediu; II - a declaração de entrega da contrafé; III - a nota de ciente ou a certidão de que o interessado não a apôs no mandado. **Art. 235.** Os prazos para as partes, os procuradores e o Ministério Público serão contados da intimação. Parágrafo único. As intimações, inclusive as eletrônicas, consideram-se realizadas no primeiro dia útil seguinte, se tiverem ocorrido em dia em que não houve expediente forense. **Art. 236.** Começa a correr o prazo, obedecida a contagem somente nos dias úteis: I - quando a citação ou a intimação for pelo correio, da data de juntada aos autos do aviso de recebimento; II - quando a citação ou a intimação for por oficial de justiça, da data de juntada aos autos do mandado cumprido; III - quando houver vários réus, da data de juntada aos autos do último aviso de recebimento ou mandado de citação cumprido; IV - quando o ato se realizar em cumprimento de carta de ordem, precatória ou rogatória, da data de sua juntada aos autos devidamente cumprida; V - quando a citação for por edital, da data da primeira publicação e finda a dilação assinada pelo juiz; VI - na intimação eletrônica, do dia seguinte ao da disponibilização. **Art. 237.** O prazo para a interposição de recurso conta-se da data em que os advogados são intimados da decisão, da sentença ou do acórdão. § 1º Consideram-se intimados em audiência quando nesta é publicada a decisão ou a sentença. § 2º Havendo antecipação da audiência, o juiz, de ofício ou a requerimento da parte, mandará intimar pessoalmente os advogados para ciência da nova designação.	I - a indicação do lugar e a descrição da pessoa intimada, mencionando, quando possível, o número de sua carteira de identidade e o órgão que a expediu; II - a declaração de entrega da contrafé; III - a nota de ciente ou certidão de que o interessado não a apôs no mandado. ~~Art. 240.~~ ~~Salvo disposição em contrário~~, os prazos para as partes, ~~para a Fazenda Pública e para~~ o Ministério Público contar-se-ão da intimação. Parágrafo único. As intimações consideram-se realizadas no primeiro dia útil seguinte, se tiverem ocorrido em dia em que não tenha havido expediente forense. ~~Art. 241~~. Começa a correr o prazo: I - quando a citação ou intimação for pelo correio, da data de juntada aos autos do aviso de recebimento; II - quando a citação ou intimação for por oficial de justiça, da data de juntada aos autos do mandado cumprido; III - quando houver vários réus, da data de juntada aos autos do último aviso de recebimento ou mandado citatório cumprido; IV - quando o ato se realizar em cumprimento de carta de ordem, precatória ou rogatória, da data de sua juntada aos autos devidamente cumprida; V - quando a citação for por edital, finda a dilação assinada pelo juiz. ~~Art. 242~~. O prazo para a interposição de recurso conta-se da data, em que os advogados são intimados da decisão, da sentença ou do acórdão. § 1º Reputam-se intimados na audiência, quando nesta é publicada a decisão ou a sentença. § 2º Havendo antecipação da audiência, o juiz, de ofício ou a requerimento da parte, mandará intimar pessoalmente os advogados para ciência da nova designação .

Projeto do Novo CPC	CPC 1973
Seção V **Do procedimento edital** **Art. 238.** Adotar-se-á o procedimento edital: I - na ação de usucapião; Ver arts. 941, 942, 943, 944 e 945 do CPC/73. II - nas ações de recuperação ou substituição de título ao portador; Ver arts. 907, 908, 909, 910, 911, 912 e 913 do CPC/73. III - em qualquer ação em que seja necessária, por determinação legal, a provocação, para participação no processo, de interessados incertos ou desconhecidos. Parágrafo único. Na ação de usucapião, os confinantes serão citados pessoalmente.	
Capítulo V **DAS NULIDADES**	**CAPÍTULO V** **DAS NULIDADES**
Art. 239. Quando a lei prescrever determinada forma sob pena de nulidade, a decretação desta não pode ser requerida pela parte que lhe deu causa.	Art. 243. Quando a lei prescrever determinada forma, sob pena de nulidade, a decretação desta não pode ser requerida pela parte que lhe deu causa.
Art. 240. Quando a lei prescrever determinada forma, o juiz considerará válido o ato se, realizado de outro modo, lhe alcançar a finalidade.	Art. 244. Quando a lei prescrever determinada forma, sem cominação de nulidade, o juiz considerará válido o ato se, realizado de outro modo, lhe alcançar a finalidade.
Art. 241. A nulidade dos atos deve ser alegada na primeira oportunidade em que couber à parte falar nos autos, sob pena de preclusão. Parágrafo único. Não se aplica esta disposição às nulidades que o juiz deva decretar de ofício, nem prevalece a preclusão provando a parte legítimo impedimento.	Art. 245. A nulidade dos atos deve ser alegada na primeira oportunidade em que couber à parte falar nos autos, sob pena de preclusão. Parágrafo único. Não se aplica esta disposição às nulidades que o juiz deva decretar de ofício, nem prevalece a preclusão, provando a parte legítimo impedimento.
Art. 242. É nulo o processo quando o membro do Ministério Público não for intimado a acompanhar o feito em que deva intervir, salvo se ele entender que não houve prejuízo. Parágrafo único. Se o processo tiver corrido sem conhecimento do membro do Ministério Público, o juiz o anulará a partir do momento em que ele deveria ter sido intimado.	Art. 246. É nulo o processo, quando o Ministério Público não for intimado a acompanhar o feito em que deva intervir. Parágrafo único. Se o processo tiver corrido, sem conhecimento do Ministério Público, o juiz o anulará a partir do momento em que o órgão devia ter sido intimado.
Art. 243. As citações e as intimações serão nulas quando feitas sem observância das prescrições legais.	Art. 247. As citações e as intimações serão nulas, quando feitas sem observância das prescrições legais.
Art. 244. Anulado o ato, consideram-se de nenhum efeito todos os subsequentes que dele dependam; todavia, a nulidade de uma parte do ato não prejudicará as outras que dela sejam independentes.	Art. 248. Anulado o ato, reputam-se de nenhum efeito todos os subseqüentes, que dele dependam; todavia, a nulidade de uma parte do ato não prejudicará as outras, que dela sejam independentes.

Projeto do Novo CPC	CPC 1973
Art. 245. Ao pronunciar a nulidade, o juiz declarará que atos são atingidos e ordenará as providências necessárias a fim de que sejam repetidos ou retificados. § 1º O ato não se repetirá nem sua falta será suprida quando não prejudicar a parte. § 2º Quando puder decidir o mérito a favor da parte a quem aproveite a declaração da nulidade, o juiz não a pronunciará nem mandará repetir o ato ou suprir-lhe a falta. **Art. 246.** O erro de forma do processo acarreta unicamente a anulação dos atos que não possam ser aproveitados, devendo praticar-se os que forem necessários a fim de se observarem as prescrições legais. Parágrafo único. Dar-se-á o aproveitamento dos atos praticados desde que não resulte prejuízo à defesa.	~~Art. 249.~~ O juiz, ao pronunciar a nulidade, declarará que atos são atingidos, ordenando as providências necessárias, a fim de que sejam repetidos, ou retificados. § 1º O ato não se repetirá nem se lhe suprirá a falta quando não prejudicar a parte. § 2º Quando puder decidir do mérito a favor da parte a quem aproveite a declaração da nulidade, o juiz não a pronunciará nem mandará repetir o ato, ou suprir-lhe a falta. ~~Art. 250.~~ O erro de forma do processo acarreta unicamente a anulação dos atos que não possam ser aproveitados, devendo praticar-se os que forem necessários, a fim de se observarem, ~~quanto possível~~, as prescrições legais. Parágrafo único. Dar-se-á o aproveitamento dos atos praticados, desde que não resulte prejuízo à defesa.
Capítulo VI **DA DISTRIBUIÇÃO E DO REGISTRO** **Art. 247.** Todos os processos estão sujeitos a registro, devendo ser distribuídos onde houver mais de um juiz. **Art. 248.** A distribuição, que poderá ser eletrônica, será alternada e aleatória, obedecendo-se rigorosa igualdade. **Art. 249.** Serão distribuídas por dependência as causas de qualquer natureza: I - quando se relacionarem, por conexão ou continência, com outra já ajuizada; II - quando, tendo sido extinto o processo, sem resolução de mérito, for reiterado o pedido, ainda que em litisconsórcio com outros autores ou que sejam parcialmente alterados os réus da demanda; III - quando houver ajuizamento de ações idênticas ao juízo prevento. Parágrafo único. Havendo intervenção de terceiro, o juiz, de ofício, mandará proceder à respectiva anotação pelo distribuidor.	**CAPÍTULO VI** ~~DE OUTROS ATOS PROCESSUAIS~~ ~~Seção I~~ **Da Distribuição e do Registro** ~~Art. 251.~~ Todos os processos estão sujeitos a registro, devendo ser distribuídos onde houver mais de um juiz ~~ou mais de um escrivão.~~ ~~Art. 252.~~ Será alternada a distribuição ~~entre juízes e escrivães~~, obedecendo ~~a~~ rigorosa igualdade. ~~Art. 253.~~ Distribuir-se-ão por dependência as causas de qualquer natureza: I - quando se relacionarem, por conexão ou continência, com outra já ajuizada; II - quando, tendo sido extinto o processo, sem julgamento de mérito, for reiterado o pedido, ainda que em litisconsórcio com outros autores ou que sejam parcialmente alterados os réus da demanda; III - quando houver ajuizamento de ações idênticas, ao juízo prevento. Parágrafo único. Havendo ~~reconvenção ou~~ intervenção de terceiro, o juiz, de ofício, mandará proceder à respectiva anotação pelo distribuidor.

Projeto do Novo CPC	CPC 1973
Art. 250. A petição deve vir acompanhada do instrumento de mandato e conter o endereço das partes e do advogado, além do endereço eletrônico, quando houver. Parágrafo único. Dispensa-se a juntada de instrumento de mandato se: I - o requerente postular em causa própria; II - a procuração estiver nos autos principais. Ver arts. 37 e 39 do CPC/73.	
Art. 251. O juiz, de ofício ou a requerimento do interessado, corrigirá o erro ou a falta de distribuição, compensando-a.	Art. 255. O juiz, de ofício ou a requerimento do interessado, corrigirá o erro ou a falta de distribuição, compensando-a.
Art. 252. A distribuição poderá ser fiscalizada pela parte, por seu procurador e pelo Ministério Público.	Art. 256. A distribuição poderá ser fiscalizada pela parte ou por seu procurador.
Art. 253. Será cancelada, independentemente de intimação da parte, a distribuição do feito que, em quinze dias, não for preparado.	Art. 257. Será cancelada a distribuição do feito que, em 30 (trinta) dias, não for preparado no cartório em que deu entrada.
Capítulo VII **DO VALOR DA CAUSA**	Seção II Do Valor da Causa
Art. 254. A toda causa será atribuído um valor certo, ainda que não tenha conteúdo econômico imediato.	Art. 258. A toda causa será atribuído um valor certo, ainda que não tenha conteúdo econômico imediato.
Art. 255. O valor da causa constará da petição inicial e será: I - na ação de cobrança de dívida, a soma monetariamente corrigida do principal, dos juros de mora vencidos e de outras penalidades, se houver, até a data da propositura da ação; II - havendo cumulação de pedidos, a quantia correspondente à soma dos valores de todos eles; III - sendo alternativos os pedidos, o de maior valor; IV - se houver também pedido subsidiário, o valor do pedido principal; V - quando o litígio tiver por objeto a existência, a validade, o cumprimento, a modificação ou a rescisão de negócio jurídico, o valor do contrato ou o de sua parte controvertida; VI - na ação de alimentos, a soma de doze prestações mensais pedidas pelo autor; VII - na ação de divisão, de demarcação e de reivindicação, a terça parte da estimativa oficial para lançamento do imposto;	Art. 259. O valor da causa constará sempre da petição inicial e será: I - na ação de cobrança de dívida, a soma do principal, da pena e dos juros vencidos até a propositura da ação; II - havendo cumulação de pedidos, a quantia correspondente à soma dos valores de todos eles; III - sendo alternativos os pedidos, o de maior valor; IV - se houver também pedido subsidiário, o valor do pedido principal; V - quando o litígio tiver por objeto a existência, validade, cumprimento, modificação ou rescisão de negócio jurídico, o valor do contrato; VI - na ação de alimentos, a soma de 12 (doze) prestações mensais, pedidas pelo autor; VII - na ação de divisão, de demarcação e de reivindicação, a estimativa oficial para lançamento do imposto.

Projeto do Novo CPC	CPC 1973
VIII - nas ações indenizatórias por dano moral, o valor pretendido;	
IX - quando se pedirem prestações vencidas e vincendas, tomar-se-á em consideração o valor de umas e outras. O valor das prestações vincendas será igual a uma prestação anual, se a obrigação for por tempo indeterminado ou por tempo superior a um ano; se, por tempo inferior, será igual à soma das prestações.	~~Art. 260~~. Quando se pedirem prestações vencidas e vincendas, tomar-se-á em consideração o valor de umas e outras. O valor das prestações vincendas será igual a uma prestação anual, se a obrigação for por tempo indeterminado~~,~~ ou por tempo superior a ~~1 (um)~~ ano; se, por tempo inferior, será igual à soma das prestações.
Parágrafo único. O juiz fixará, de ofício, por arbitramento, o valor da causa quando: I - verificar que o valor atribuído não corresponde ao conteúdo patrimonial em discussão ou ao proveito econômico perseguido pelo autor, caso em que se procederá ao recolhimento das custas correspondentes; II - a causa não tenha conteúdo econômico imediato.	~~Art. 261. O réu poderá impugnar, no prazo da contestação, o valor atribuído à causa pelo autor. A impugnação será autuada em apenso, ouvindo-se o autor no prazo de 5 (cinco) dias. Em seguida o juiz, sem suspender o processo, servindo-se, quando necessário, do auxílio de perito, determinará, no prazo de 10 (dez) dias, o valor da causa.~~ ~~Parágrafo único. Não havendo impugnação, presume-se aceito o valor atribuído à causa na petição inicial.~~
Art. 256. O réu poderá impugnar, em preliminar da contestação, o valor atribuído à causa pelo autor, sob pena de preclusão; o juiz decidirá a respeito na sentença, impondo, se for o caso, a complementação das custas. Ver art. 261 do CPC/73.	
TÍTULO IX **DAS PROVAS**	~~CAPÍTULO VI~~ **DAS PROVAS**
Capítulo I **DAS DISPOSIÇÕES GERAIS**	~~Seção I~~ **Das Disposições Gerais**
Art. 257. As partes têm direito de empregar todos os meios legais, bem como os moralmente legítimos, ainda que não especificados neste Código, para provar fatos em que se funda a ação ou a defesa e influir eficazmente na livre convicção do juiz. Ver art. 5°, LVI, da CF/88. Parágrafo único. A inadmissibilidade das provas obtidas por meio ilícito será apreciada pelo juiz à luz da ponderação dos princípios e dos direitos fundamentais envolvidos.	~~Art. 332.~~ Todos os meios legais, bem como os moralmente legítimos, ainda que não especificados neste Código, ~~são hábeis~~ para provar ~~a verdade dos~~ fatos, em que se funda a ação ou a defesa.
Art. 258. Caberá ao juiz, de ofício ou a requerimento da parte, determinar as provas necessárias ao julgamento da lide. Parágrafo único. O juiz indeferirá, em decisão fundamentada, as diligências inúteis ou meramente protelatórias. Ver art. 130 do CPC/73, desmembrado.	~~Art. 130.~~ Caberá ao juiz, de ofício ou a requerimento da parte, determinar as provas necessárias à instrução do processo, indeferindo as diligências inúteis ou meramente protelatórias.
Art. 259. O juiz apreciará livremente a prova, independentemente do sujeito que a tiver promovido, e indicará na sentença as que lhe formaram o convencimento.	~~Art. 131.~~ O juiz apreciará livremente a prova, ~~atendendo aos fatos e circunstâncias constantes dos autos, ainda que não alegados pelas partes, mas~~ deverá indicar, na sentença~~,~~ os motivos que lhe formaram o convencimento.

Projeto do Novo CPC	CPC 1973
Art. 260. O juiz poderá admitir a utilização de prova produzida em outro processo, atribuindo-lhe o valor que considerar adequado, observado o contraditório. Ver art. 5°, LV, da CF/88.	
Art. 261. O ônus da prova, ressalvados os poderes do juiz, incumbe: I - ao autor, quanto ao fato constitutivo do seu direito; II - ao réu, quanto à existência de fato impeditivo, modificativo ou extintivo do direito do autor.	~~Art. 333.~~ O ônus da prova incumbe: I - ao autor, quanto ao fato constitutivo do seu direito; II - ao réu, quanto à existência de fato impeditivo, modificativo ou extintivo do direito do autor.
Art. 262. Considerando as circunstâncias da causa e as peculiaridades do fato a ser provado, o juiz poderá, em decisão fundamentada, observado o contraditório, distribuir de modo diverso o ônus da prova, impondo-o à parte que estiver em melhores condições de produzi-la. § 1° Sempre que o juiz distribuir o ônus da prova de modo diverso do disposto no art. 261, deverá dar à parte oportunidade para o desempenho adequado do ônus que lhe foi atribuído. § 2° A inversão do ônus da prova, determinada expressamente por decisão judicial, não implica alteração das regras referentes aos encargos da respectiva produção. Nota: O Projeto do novo CPC transformou o parágrafo único do artigo 333 do CPC/73 em artigo.	
Art. 263. É nula a convenção relativa ao ônus da prova quando: I - recair sobre direito indisponível da parte; II - tornar excessivamente difícil a uma parte o exercício do direito. Parágrafo único. O juiz não poderá inverter o ônus da prova nas hipóteses deste artigo.	~~Art. 333.~~ [...] ~~Parágrafo único.~~ É nula a convenção que distribui de maneira diversa o ônus da prova quando: Nota: O Projeto do Novo CPC transformou o parágrafo único do artigo 333 em dispositivo autônomo. I - recair sobre direito indisponível da parte; II - tornar excessivamente difícil a uma parte o exercício do direito.
Art. 264. Não dependem de prova os fatos: I - notórios; II - afirmados por uma parte e confessados pela parte contrária; III - admitidos no processo como incontroversos; IV - em cujo favor milita presunção legal de existência ou de veracidade.	~~Art. 334.~~ Não dependem de prova os fatos: I - notórios; II - afirmados por uma parte e confessados pela parte contrária; III - admitidos, no processo, como incontroversos; IV - em cujo favor milita presunção legal de existência ou de veracidade.

Projeto do Novo CPC	CPC 1973
Art. 265. Em falta de normas jurídicas particulares, o juiz aplicará as regras de experiência comum subministradas pela observação do que ordinariamente acontece e, ainda, as regras da experiência técnica, ressalvado, quanto a esta, o exame pericial.	~~Art. 335~~. Em falta de normas jurídicas particulares, o juiz aplicará as regras de experiência comum subministradas pela observação do que ordinariamente acontece e ainda as regras da experiência técnica, ressalvado, quanto a esta, o exame pericial.
Art. 266. A parte que alegar direito municipal, estadual, estrangeiro ou consuetudinário lhe provará o teor e a vigência, se assim o juiz determinar.	~~Art. 337~~. A parte~~,~~ que alegar direito municipal, estadual, estrangeiro ou consuetudinário~~,~~ provar-lhe-á o teor e a vigência, se assim ~~o~~ determinar o juiz.
Art. 267. A carta precatória e a carta rogatória suspenderão o julgamento da causa no caso previsto no art. 298, inciso V, alínea c, quando, tendo sido requeridas antes da decisão de saneamento, a prova nelas solicitada apresentar-se imprescindível. Parágrafo único. A carta precatória e a carta rogatória não devolvidas dentro do prazo ou concedidas sem efeito suspensivo poderão ser juntadas aos autos até o julgamento final. Ver art. 265, § 5º, do CPC/73.	~~Art. 338~~. A carta precatória e a carta rogatória suspenderão o processo~~,~~ no caso previsto ~~na alínea b do inciso IV do art. 265 desta Lei~~, quando, tendo sido requeridas antes da decisão de saneamento, a prova nelas solicitada apresentar-se imprescindível. Parágrafo único. A carta precatória e a carta rogatória~~,~~ não devolvidas dentro do prazo ou concedidas sem efeito suspensivo~~,~~ poderão ser juntas aos autos até o julgamento final.
Art. 268. Ninguém se exime do dever de colaborar com o Poder Judiciário para o descobrimento da verdade.	~~Art. 339~~. Ninguém se exime do dever de colaborar com o Poder Judiciário para o descobrimento da verdade.
Art. 269. Além dos deveres previstos neste Código, compete à parte: I - comparecer em juízo, respondendo ao que lhe for interrogado; II - colaborar com o juízo na realização de inspeção judicial que for considerada necessária; III - praticar o ato que lhe for determinado.	~~Art. 340~~. Além dos deveres ~~enumerados no art. 14~~, compete à parte: I - comparecer em juízo, respondendo ao que lhe for interrogado; II - submeter-se à inspeção judicial, que for julgada necessária; III - praticar o ato que lhe for determinado.
Art. 270. Incumbe ao terceiro, em relação a qualquer pleito: I - informar ao juiz os fatos e as circunstâncias de que tenha conhecimento; II - exibir coisa ou documento que esteja em seu poder. Parágrafo único. Poderá o juiz, em caso de descumprimento, determinar, além da imposição de multa, outras medidas indutivas, coercitivas, mandamentais ou sub-rogatórias.	~~Art. 341~~. Compete ao terceiro, em relação a qualquer pleito: I - informar ao juiz os fatos e as circunstâncias~~,~~ de que tenha conhecimento; II - exibir coisa ou documento~~,~~ que esteja em seu poder.
Capítulo II **DA PRODUÇÃO ANTECIPADA DE PROVAS**	~~Seção VI~~ **Da Produção Antecipada de Provas**

Projeto do Novo CPC	CPC 1973
Art. 271. A produção antecipada da prova, que poderá consistir em interrogatório da parte, inquirição de testemunhas e exame pericial, será admitida nos casos em que:	~~Art. 846.~~ A produção antecipada da prova ~~pode~~ consistir em interrogatório da parte, inquirição de testemunhas e exame pericial.
I - ~~haja~~ fundado receio de que venha a tornar-se impossível ou muito difícil a verificação de certos fatos na pendência da ação;	~~Art. 849.~~ Havendo fundado receio de que venha a tornar-se impossível ous muito difícil a verificação de certos fatos na pendência da ação, ~~é admissível o exame pericial.~~
II - a prova a ser produzida seja suscetível de viabilizar a tentativa de conciliação;	
III - o prévio conhecimento dos fatos possa justificar ou evitar o ajuizamento de ação.	
Parágrafo único. O arrolamento de bens, quando tiver por finalidade apenas a realização de documentação e não a prática de atos de apreensão, observará o disposto neste Capítulo.	
Art. 272. O requerente justificará sumariamente a necessidade da antecipação e mencionará com precisão os fatos sobre os quais há de recair a prova.	~~Art. 848.~~ O requerente justificará sumariamente a necessidade da antecipação e mencionará com precisão os fatos sobre que há de recair a prova.
§ 1º O juiz determinará, de ofício ou a requerimento da parte, a citação de interessados na produção da prova ou no fato a ser provado, salvo se inexistente caráter contencioso.	
§ 2º O juiz não se pronunciará acerca da ocorrência ou da inocorrência do fato, bem como sobre as respectivas consequências jurídicas.	
§ 3º Os interessados poderão requerer a produção de qualquer prova no mesmo procedimento, desde que relacionadas ao mesmo fato, salvo se a sua produção acarretar excessiva demora.	
§ 4º Neste procedimento, não se admitirá defesa ou recurso, salvo contra a decisão que indeferir, total ou parcialmente, a produção da prova pleiteada pelo requerente originário.	
Art. 273. Os autos permanecerão em cartório durante um mês, para extração de cópias e certidões pelos interessados.	~~Art. 851.~~ Tomado o depoimento ou feito exame pericial, os autos permanecerão em cartório, sendo lícito aos interessados solicitar as certidões que quiserem.
Parágrafo único. Findo o prazo, os autos serão entregues ao promovente da medida.	
Capítulo III **DA JUSTIFICAÇÃO**	~~Seção IX~~ Da Justificação
Art. 274. Quem pretender justificar a existência de algum fato ou relação jurídica, para simples documento e sem caráter contencioso, exporá, em petição circunstanciada, a sua intenção.	~~Art. 861.~~ Quem pretender justificar a existência de algum fato ou relação jurídica, ~~seja~~ para simples documento e sem caráter contencioso, ~~seja para servir de prova em processo regular~~, exporá, em petição circunstanciada, a sua intenção.
Parágrafo único. Observar-se-á, na justificação, o procedimento previsto na produção antecipada de provas.	

Projeto do Novo CPC	CPC 1973
Capítulo IV **DA EXIBIÇÃO** **Art. 275.** A exibição judicial poderá dizer respeito: I - a coisa móvel em poder de outrem e que o requerente repute sua ou tenha interesse em conhecer; II - a documento próprio ou comum, em poder de cointeressado, sócio, condômino, credor ou devedor ou em poder de terceiro que o tenha em sua guarda como inventariante, testamenteiro, depositário ou administrador de bens alheios; III - a escrituração comercial por inteiro, balanços e documentos de arquivo, nos casos expressos em lei. **Art. 276.** Observar-se-á, quanto ao procedimento, no que couber, o disposto nos Capítulos I e II deste Título.	~~Seção IV~~ Da Exibição ~~de Documento ou Coisa~~ ~~Art. 355.~~ <u>O juiz pode ordenar que a parte exiba documento ou coisa, que se ache em seu poder.</u>
TÍTULO X **TUTELA DE URGÊNCIA E TUTELA DA EVIDÊNCIA** **Capítulo I** **DISPOSIÇÕES GERAIS** **Seção I** Das disposições comuns **Art. 277.** A tutela de urgência e a tutela da evidência podem ser requeridas antes ou no curso do procedimento, sejam essas medidas de natureza cautelar ou satisfativa. _{Nota: dispositivos inteiramente em destaque pelo fato de o Projeto do Novo CPC se referir, de forma única, à tutela de urgência como gênero, sendo espécies a medida cautelar e a satisfativa.}	~~LIVRO III~~ ~~DO PROCESSO CAUTELAR~~ **TÍTULO** ~~ÚNICO~~ ~~DAS MEDIDAS CAUTELARES~~ **CAPÍTULO I** **DAS DISPOSIÇÕES GERAIS** ~~Art. 796. O procedimento cautelar pode ser instaurado antes ou no curso do processo principal e deste é sempre dependente.~~ ~~Art. 273. O juiz poderá, a requerimento da parte, antecipar, total ou parcialmente, os efeitos da tutela pretendida no pedido inicial, desde que, existindo prova inequívoca, se convença da verossimilhança da alegação e:~~ _{Nota: dispositivos inteiramente tachados pelo fato de o Projeto do Novo CPC se referir, de forma única, à tutela de urgência como gênero, sendo espécies a medida cautelar e a satisfativa.}
Art. 278. O juiz poderá determinar as medidas que considerar adequadas quando houver fundado receio de que uma parte, antes do julgamento da lide, cause ao direito da outra lesão grave e de difícil reparação. **Parágrafo único.** A medida de urgência poderá ser substituída, de ofício ou a requerimento de qualquer das partes, pela prestação de caução ou outra garantia menos gravosa para o requerido, sempre que adequada e suficiente para evitar a lesão ou repará-la integralmente.	~~Art. 798. Além dos procedimentos cautelares específicos, que este Código regula no Capítulo II deste Livro,~~ <u>poderá o juiz</u> determinar as medidas ~~provisórias~~ que <u>julgar</u> adequadas~~,~~ quando houver fundado receio de que uma parte, antes do julgamento da lide, cause ao direito da outra lesão grave e de difícil reparação. ~~Art. 805.~~ A medida ~~cautelar~~ poderá ser substituída, de ofício ou a requerimento de qualquer das partes, pela prestação de caução ou outra garantia menos gravosa para o requerido, sempre que adequada e suficiente para evitar a lesão ou repará-la integralmente.

Projeto do Novo CPC	CPC 1973
	Art. 273. [...]
Art. 279. Na decisão que conceder ou negar a tutela de urgência e a tutela da evidência, o juiz indicará, de modo claro e preciso, as razões do seu convencimento. Nota: O Projeto do Novo CPC transformou o § em dispositivo autônomo. Parágrafo único. A decisão será impugnável por agravo de instrumento.	§ 1º Na decisão que antecipar a tutela, o juiz indicará, de modo claro e preciso, as razões do seu convencimento.
Art. 280. A tutela de urgência e a tutela da evidência serão requeridas ao juiz da causa e, quando antecedentes, ao juízo competente para conhecer do pedido principal. Parágrafo único. Nas ações e nos recursos pendentes no tribunal, perante este será a medida requerida.	Art. 800. As medidas cautelares serão requeridas ao juiz da causa; e, quando preparatórias, ao juiz competente para conhecer da ação principal. Parágrafo único. Interposto o recurso, a medida cautelar será requerida diretamente ao tribunal.
	Art. 273. [...]
Art. 281. A efetivação da medida observará, no que couber, o parâmetro operativo do cumprimento da sentença e da execução provisória. Nota: O Projeto do Novo CPC transformou o parágrafo em artigo.	§ 3º A efetivação da tutela antecipada observará, no que couber e conforme sua natureza, as normas previstas nos arts. 588, 461, §§ 4º e 5º, e 461-A.
Art. 282. Independentemente da reparação por dano processual, o requerente responde ao requerido pelo prejuízo que lhe causar a efetivação da medida, se: I - a sentença no processo principal lhe for desfavorável; II - obtida liminarmente a medida em caráter antecedente, não promover a citação do requerido dentro de cinco dias; III - ocorrer a cessação da eficácia da medida em qualquer dos casos legais; IV - o juiz acolher a alegação de decadência ou da prescrição do direito do autor. Parágrafo único. A indenização será liquidada nos autos em que a medida tiver sido concedida.	Art. 811. Sem prejuízo do disposto no art. 16, o requerente do procedimento cautelar responde ao requerido pelo prejuízo que lhe causar a execução da medida: I - se a sentença no processo principal lhe for desfavorável; II - se, obtida liminarmente a medida no caso do art. 804 deste Código, não promover a citação do requerido dentro em 5 (cinco) dias; III - se ocorrer a cessação da eficácia da medida, em qualquer dos casos previstos no art. 808, deste Código; IV - se o juiz acolher, no procedimento cautelar, a alegação de decadência ou de prescrição do direito do autor (art. 810). Parágrafo único. A indenização será liquidada nos autos do procedimento cautelar.
Seção II **Da tutela de urgência cautelar e satisfativa**	
Art. 283. Para a concessão de tutela de urgência, serão exigidos elementos que evidenciem a plausibilidade do direito, bem como a demonstração de risco de dano irreparável ou de difícil reparação. Parágrafo único. Na concessão liminar da tutela de urgência, o juiz poderá exigir caução real ou fidejussória idônea para ressarcir os danos que o requerido possa vir a sofrer, ressalvada a impossibilidade da parte economicamente hipossuficiente.	Art. 273 [...] I - haja fundado receio de dano irreparável ou de difícil reparação Nota: O Projeto do Novo CPC deu tratamento uniforme aos requisitos indispensáveis para concessão da tutela de urgência, ao contrário do CPC/73 em que havia requisitos específicos para medida cautelar e para tutela antecipada

Projeto do Novo CPC	CPC 1973
Art. 284. Em casos excepcionais ou expressamente autorizados por lei, o juiz poderá conceder medidas de urgência de ofício. **Seção III** **Da tutela da evidência** **Art. 285.** Será dispensada a demonstração de risco de dano irreparável ou de difícil reparação quando: I - ficar caracterizado o abuso de direito de defesa ou o manifesto propósito protelatório do requerido; II - um ou mais dos pedidos cumulados ou parcela deles mostrar-se incontroverso, caso em que a solução será definitiva; III - a inicial for instruída com prova documental irrefutável do direito alegado pelo autor a que o réu não oponha prova inequívoca; ou IV - a matéria for unicamente de direito e houver jurisprudência firmada em julgamento de casos repetitivos ou súmula vinculante. Parágrafo único. Independerá igualmente de prévia comprovação de risco de dano a ordem liminar, sob cominação de multa diária, de entrega do objeto custodiado, sempre que o autor fundar seu pedido reipersecutório em prova documental adequada do depósito legal ou convencional. **Capítulo II** **DO PROCEDIMENTO** **Seção I** **Das medidas requeridas em caráter antecedente** **Art. 286.** A petição inicial da medida requerida em caráter antecedente indicará a lide, seu fundamento e a exposição sumária do direito ameaçado e do receio de lesão. **Art. 287.** O requerido será citado para, no prazo de cinco dias, contestar o pedido e indicar as provas que pretende produzir. § 1º Do mandado de citação constará a advertência de que, não impugnada decisão ou medida liminar eventualmente concedida, esta continuará a produzir efeitos independentemente da formulação de um pedido principal pelo autor. § 2º Conta-se o prazo a partir da juntada aos autos do mandado:	~~Art. 273 [...]~~ ~~II -~~ fique caracterizado o abuso de direito de defesa ou o manifesto propósito protelatório do réu. [...] ~~§ 6º A tutela antecipada também poderá ser concedida quando~~ um ou mais dos pedidos cumulados, ou parcela deles~~,~~ mostrar-se incontroverso. Nota: O projeto do Novo CPC transformou o § em dispositivo autônomo. ~~Art. 801.~~ O requerente pleiteará a medida cautelar em petição escrita, que indicará: [...] ~~III -~~ a lide e seu fundamento; ~~IV -~~ a exposição sumária do direito ameaçado e o receio da lesão; [...] ~~Art. 802.~~ O requerido será citado~~, qualquer que seja o procedimento cautelar,~~ para, no prazo de ~~5~~ (cinco) dias, contestar o pedido~~,~~ indicando as provas que pretende produzir. ~~Parágrafo único~~. Conta-se o prazo~~,~~ da juntada aos autos do mandado:

Projeto do Novo CPC	CPC 1973
I - de citação devidamente cumprido; II - de intimação do requerido de haver-se efetivado a medida, quando concedida liminarmente ou após justificação prévia. **Art. 288.** Não sendo contestado o pedido, os fatos alegados pelo requerente presumir-se-ão aceitos pelo requerido como verdadeiros, caso em que o juiz decidirá dentro de cinco dias. § 1º Contestada a medida no prazo legal, o juiz designará audiência de instrução e julgamento, caso haja prova a ser nela produzida. § 2º Concedida a medida em caráter liminar e não havendo impugnação, após sua efetivação integral, o juiz extinguirá o processo, conservando a sua eficácia. **Art. 289.** Impugnada a medida liminar, o pedido principal deverá ser apresentado pelo requerente no prazo de um mês ou em outro prazo que o juiz fixar. § 1º O pedido principal será apresentado nos mesmos autos em que tiver sido veiculado o requerimento de medida de urgência, não dependendo do pagamento de novas custas processuais. § 2º A apresentação do pedido principal será desnecessária se o réu, citado, não impugnar a liminar. § 3º Na hipótese prevista no § 2º, qualquer das partes poderá propor ação com o intuito de discutir o direito que tenha sido acautelado ou cujos efeitos tenham sido antecipados. **Art. 290.** As medidas conservam a sua eficácia na pendência do processo em que esteja veiculado o pedido principal, mas podem, a qualquer tempo, ser revogadas ou modificadas, em decisão fundamentada, exceto quando um ou mais dos pedidos cumulados ou parcela deles mostrar-se incontroverso, caso em que a solução será definitiva. § 1º Salvo decisão judicial em contrário, a medida de urgência conservará a eficácia durante o período de suspensão do processo. § 2º Nas hipóteses previstas no art. 289, §§ 2º e 3º, as medidas de urgência conservarão seus efeitos enquanto não revogadas por decisão de mérito proferida em ação ajuizada por qualquer das partes. **Art. 291.** Cessa a eficácia da medida concedida em caráter antecedente, se: I - tendo o requerido impugnado a medida liminar, o requerente não deduzir o pedido principal no prazo legal; II - não for efetivada dentro de um mês;	I - de citação devidamente cumprido; II - da execução da medida cautelar, quando concedida liminarmente ou após justificação prévia. Art. 803. Não sendo contestado o pedido, presumir-se-ão aceitos pelo requerido, como verdadeiros, os fatos alegados pelo requerente (arts. 285 e 319); caso em que o juiz decidirá dentro em 5 (cinco) dias. Parágrafo único. Se o requerido contestar no prazo legal, o juiz designará audiência de instrução e julgamento, havendo prova a ser nela produzida. Art. 806. Cabe à parte propor a ação, no prazo de 30 (trinta) dias, contados da data da efetivação da medida cautelar, quando esta for concedida em procedimento preparatório. Art. 273. [...] § 4º A tutela antecipada poderá ser revogada ou modificada a qualquer tempo, em decisão fundamentada Art. 808. Cessa a eficácia da medida cautelar: I - se a parte não intentar a ação no prazo estabelecido no art. 806; II - se não for executada dentro de 30 (trinta) dias;

Projeto do Novo CPC	CPC 1973
III - o juiz julgar improcedente o pedido apresentado pelo requerente ou extinguir o processo em que esse pedido tenha sido veiculado sem resolução de mérito. Parágrafo único. Se por qualquer motivo cessar a eficácia da medida, é vedado à parte repetir o pedido, salvo sob novo fundamento.	III - se o juiz declarar extinto o processo principal, com ou sem julgamento do mérito. Parágrafo único. Se por qualquer motivo cessar a medida, é defeso à parte repetir o pedido, salvo por novo fundamento.
Art. 292. O indeferimento da medida não obsta a que a parte deduza o pedido principal, nem influi no julgamento deste, salvo se o motivo do indeferimento for a declaração de decadência ou de prescrição. **Art. 293.** A decisão que concede a tutela não fará coisa julgada, mas a estabilidade dos respectivos efeitos só será afastada por decisão que a revogar, proferida em ação ajuizada por uma das partes. Parágrafo único. Qualquer das partes poderá requerer o desarquivamento dos autos em que foi concedida a medida para instruir a petição inicial da ação referida no caput. **Seção II** **Das medidas requeridas em caráter incidental** **Art. 294.** As medidas de que trata este Título podem ser requeridas incidentalmente no curso da causa principal, nos próprios autos, independentemente do pagamento de novas custas. Parágrafo único. Aplicam-se às medidas concedidas incidentalmente as disposições relativas às requeridas em caráter antecedente, no que couber. **Art. 295.** Não se aplicam à medida requerida incidentalmente as disposições relativas à estabilização dos efeitos da medida de urgência não contestada. **Art. 296.** Tramitarão prioritariamente os processos em que tenha sido concedida tutela da evidência ou de urgência, respeitadas outras preferências legais.	Art. 810. O indeferimento da medida não obsta a que a parte intente a ação, nem influi no julgamento desta, salvo se o juiz, no procedimento cautelar, acolher a alegação de decadência ou de prescrição do direito do autor.
TÍTULO XI **FORMAÇÃO, SUSPENSÃO E EXTINÇÃO DO PROCESSO** **Capítulo I** **DA FORMAÇÃO DO PROCESSO** **Art. 297.** Considera-se proposta a ação quando a petição inicial for protocolada. A propositura da ação, todavia, só produz quanto ao réu os efeitos mencionados no art. 197 depois que for validamente citado.	**TÍTULO VI** **DA FORMAÇÃO, DA SUSPENSÃO E DA EXTINÇÃO DO PROCESSO** **CAPÍTULO I** **DA FORMAÇÃO DO PROCESSO** Art. 263. Considera-se proposta a ação, tanto que a petição inicial seja despachada pelo juiz, ou simplesmente distribuída, onde houver mais de uma vara. A propositura da ação, todavia, só produz, quanto ao réu, os efeitos mencionados no art. 219 depois que for validamente citado.

Projeto do Novo CPC	CPC 1973
Capítulo II **DA SUSPENSÃO DO PROCESSO** **Art. 298.** Suspende-se o processo: I - pela morte ou pela perda da capacidade processual de qualquer das partes, de seu representante legal ou de seu procurador; II - pela convenção das partes; III - pela arguição de impedimento ou suspeição; IV - pela admissão de incidente de resolução de demandas repetitivas; V - quando a sentença de mérito: a) depender do julgamento de outra causa ou da declaração da existência ou da inexistência da relação jurídica ou de questão de estado que constitua o objeto principal de outro processo pendente; b) não puder ser proferida senão depois de verificado determinado fato ou de produzida certa prova, requisitada a outro juízo; VI - por motivo de força maior; VII - nos demais casos que este Código regula. § 1º No caso de morte ou de perda da capacidade processual de qualquer das partes ou de seu representante legal, o juiz suspenderá o processo. § 2º No caso de morte do procurador de qualquer das partes, ainda que iniciada a audiência de instrução e julgamento, o juiz marcará, a fim de que a parte constitua novo mandatário, o prazo de quinze dias. Findo o prazo o juiz extinguirá o processo sem resolução de mérito, se o autor não nomear novo mandatário, ou mandará prosseguir no processo à revelia do réu, tendo falecido o advogado deste. § 3º A suspensão do processo por convenção das partes de que trata o inciso II nunca poderá exceder a seis meses. § 4º Nos casos enumerados no inciso V, o período de suspensão nunca poderá exceder a um ano. § 5º Findos os prazos referidos nos §§ 3º e 4º, o juiz determinará o prosseguimento do processo. Ver art. 298, § 5º, do CPC/73, desmembrado.	**CAPÍTULO II** **DA SUSPENSÃO DO PROCESSO** ~~Art. 265.~~ Suspende-se o processo: I - pela morte ou perda da capacidade processual de qualquer das partes, de seu representante legal ou de seu procurador; II - pela convenção das partes; III - ~~quando for oposta exceção de incompetência do juízo, da câmara ou do tribunal, bem como~~ de suspeição ou impedimento do juiz; ~~IV~~ - quando a sentença de mérito: a) depender do julgamento de outra causa, ou da declaração da existência ou inexistência da relação jurídica, que constitua o objeto principal de outro processo pendente; b) não puder ser proferida senão depois de verificado determinado fato, ou de produzida certa prova, requisitada a outro juízo; [...] ~~V~~ - por motivo de força maior; ~~VI~~ - nos demais casos, que este Código regula. § 1º No caso de morte ou perda da capacidade processual de qualquer das partes, ou de seu representante legal, ~~provado o falecimento ou a incapacidade~~, o juiz suspenderá o processo, ~~salvo se já tiver iniciado a audiência de instrução e julgamento, caso em que:~~ [...] § 2º No caso de morte do procurador de qualquer das partes, ainda que iniciada a audiência de instrução e julgamento, o juiz marcará, a fim de que a parte constitua novo mandatário, o prazo de ~~20 (vinte)~~ dias, findo o qual extinguirá o processo sem julgamento do mérito, se o autor não nomear novo mandatário, ou mandará prosseguir no processo, à revelia do réu, tendo falecido o advogado deste. § 3º A suspensão do processo por convenção das partes, de que trata o nº II, nunca poderá exceder ~~6~~ (seis) meses; ~~findo o prazo, o escrivão fará os autos conclusos ao juiz, que ordenará o prosseguimento do processo.~~ [...] § 5º Nos casos enumerados nas letras a, b e c do nº IV, o período de suspensão nunca poderá exceder ~~1~~ (um) ano. Findo este prazo, o juiz mandará prosseguir no processo.

Projeto do Novo CPC	CPC 1973
Art. 299. Durante a suspensão é vedado praticar qualquer ato processual; poderá o juiz, todavia, salvo no caso de arguição de impedimento e suspeição, determinar a realização de atos urgentes a fim de evitar dano irreparável. Parágrafo único. Nos casos de impedimento e suspeição, as medidas urgentes serão requeridas ao substituto legal.	~~Art. 266.~~ Durante a suspensão é <u>defeso</u> praticar qualquer ato processual; poderá o juiz, todavia, determinar a realização de atos urgentes, a fim de evitar dano irreparável.
Capítulo III **DA EXTINÇÃO DO PROCESSO**	**CAPÍTULO III** **DA EXTINÇÃO DO PROCESSO**
Art. 300. A extinção do processo se dará por sentença. Ver arts. 267 e 269 do CPC/73 e arts. 467 e 469 do Projeto do Novo CPC. **Art. 301.** Antes de proferir sentença sem resolução de mérito, o juiz deverá conceder à parte oportunidade para, se possível, corrigir o vício.	
Livro II **DO PROCESSO DE CONHECIMENTO** **Título I** **DO PROCEDIMENTO COMUM**	**TÍTULO ~~VII~~** ~~DO PROCESSO E~~ **DO PROCEDIMENTO**
Capítulo I **DAS DISPOSIÇÕES GERAIS**	**CAPÍTULO I** **DAS DISPOSIÇÕES GERAIS**
Art. 302. Aplica-se a todas as causas o procedimento comum, salvo disposição em contrário deste Código ou de lei. Parágrafo único. Também se aplica o rito comum ao processo de execução e aos procedimentos especiais, naquilo que não se ache diversamente regulado. Ver arts 505 a 696 e arts. 697 a 846 do Projeto do Novo CPC.	~~Art. 271.~~ Aplica-se a todas as causas o procedimento comum, salvo disposição em contrário deste Código ou de lei ~~especial~~. ~~Art. 272.~~ [...] Parágrafo único. ~~O procedimento especial e o procedimento sumário regem-se pelas disposições que lhes são próprias, aplicando-se-lhes, subsidiariamente, as disposições gerais do procedimento ordinário.~~
	~~**TÍTULO VIII**~~ ~~**DO PROCEDIMENTO ORDINÁRIO**~~
CAPÍTULO II **DA PETIÇÃO INICIAL** Seção I Dos requisitos da petição inicial	**CAPÍTULO I** **DA PETIÇÃO INICIAL** Seção I Dos Requisitos da Petição Inicial
Art. 303. A petição inicial indicará:	~~Art. 282.~~ A petição inicial indicará:

Projeto do Novo CPC	CPC 1973
I - o juízo ou o tribunal a que é dirigida; II - os nomes, os prenomes, o estado civil, a profissão, o domicílio e a residência do autor e do réu; III - o fato e os fundamentos jurídicos do pedido; IV - o pedido com as suas especificações; Ver arts 505 a 696 e arts. 697 a 846 do projeto do Novo CPC. V - o valor da causa; Ver arts. 254 a 256 do projeto do Novo CPC. VI - as provas com que o autor pretende demonstrar a verdade dos fatos alegados; Ver arts. 257 a 276, do projeto. VII - o requerimento para a citação do réu. Ver arts. 195 a 215 do projeto do Novo CPC. **Art. 304.** A petição inicial será instruída com os documentos indispensáveis à propositura da ação. **Art. 305.** Verificando o juiz que a petição inicial não preenche os requisitos dos arts. 303 e 304 ou que apresenta defeitos e irregularidades capazes de dificultar o julgamento de mérito, determinará que o autor, no prazo de quinze dias, a emende ou a complete, indicando com precisão o que deve ser corrigido. Parágrafo único. Se o autor não cumprir a diligência, o juiz indeferirá a petição inicial. **Art. 306.** Na petição inicial e na contestação, as partes apresentarão o rol de testemunhas cuja oitiva pretendam, devidamente qualificadas, em número não superior a cinco.	I - o juiz ou tribunal, a que é dirigida; II - os nomes, prenomes, estado civil, profissão, domicílio e residência do autor e do réu; III - o fato e os fundamentos jurídicos do pedido; IV - o pedido, com as suas especificações; V - o valor da causa; VI - as provas com que o autor pretende demonstrar a verdade dos fatos alegados; VII - o requerimento para a citação do réu. Art. 283. A petição inicial será instruída com os documentos indispensáveis à propositura da ação. Art. 284. Verificando o juiz que a petição inicial não preenche os requisitos exigidos nos arts. 282 e 283, ou que apresenta defeitos e irregularidades capazes de dificultar o julgamento de mérito, determinará que o autor a emende, ou a complete, no prazo de 10 (dez) dias. Parágrafo único. Se o autor não cumprir a diligência, o juiz indeferirá a petição inicial.
Seção II **Do pedido**	**Seção II** **Do Pedido**
Art. 307. O pedido deve ser certo e determinado, sendo lícito, porém, formular pedido genérico: I - nas ações universais, se não puder o autor individuar na petição os bens demandados; II - quando não for possível determinar, desde logo, as consequências do ato ou do fato ilícito; III - quando a determinação do objeto ou do valor da condenação depender de ato que deva ser praticado pelo réu. Parágrafo único. O disposto neste artigo aplica-se ao pedido contraposto. **Art. 308.** O pedido será alternativo quando, pela natureza da obrigação, o devedor puder cumprir a prestação de mais de um modo.	Art. 286. O pedido deve ser certo ou determinado. É lícito, porém, formular pedido genérico: I - nas ações universais, se não puder o autor individuar na petição os bens demandados; II - quando não for possível determinar, de modo definitivo, as conseqüências do ato ou do fato ilícito; III - quando a determinação do valor da condenação depender de ato que deva ser praticado pelo réu Art. 288. O pedido será alternativo, quando, pela natureza da obrigação, o devedor puder cumprir a prestação de mais de um modo.

Projeto do Novo CPC	CPC 1973
Parágrafo único. Quando, pela lei ou pelo contrato, a escolha couber ao devedor, o juiz lhe assegurará o direito de cumprir a prestação de um ou de outro modo, ainda que o autor não tenha formulado pedido alternativo.	Parágrafo único. Quando, pela lei ou pelo contrato, a escolha couber ao devedor, o juiz lhe assegurará o direito de cumprir a prestação de um ou de outro modo, ainda que o autor não tenha formulado pedido alternativo.
Art. 309. É lícito formular mais de um pedido em ordem sucessiva, a fim de que o juiz conheça do posterior, se não acolher o anterior.	Art. 289. É lícito formular mais de um pedido em ordem sucessiva, a fim de que o juiz conheça do posterior, em não podendo acolher o anterior.
Art. 310. Na ação que tiver por objeto cumprimento de obrigação em prestações sucessivas, estas serão consideradas incluídas no pedido, independentemente de declaração expressa do autor; se o devedor, no curso do processo, deixar de pagá-las ou de consigná-las, serão incluídas na condenação, enquanto durar a obrigação.	Art. 290. Quando a obrigação consistir em prestações periódicas, considerar-se-ão elas incluídas no pedido, independentemente de declaração expressa do autor; se o devedor, no curso do processo, deixar de pagá-las ou de consigná-las, a sentença as incluirá na condenação, enquanto durar a obrigação.
Art. 311. Na obrigação indivisível com pluralidade de credores, aquele que não participou do processo receberá a sua parte, deduzidas as despesas na proporção de seu crédito.	Art. 291. Na obrigação indivisível com pluralidade de credores, aquele que não participou do processo receberá a sua parte, deduzidas as despesas na proporção de seu crédito.
Art. 312. É lícita a cumulação, num único processo, contra o mesmo réu, de vários pedidos, ainda que entre eles não haja conexão. § 1º São requisitos de admissibilidade da cumulação: I - que os pedidos sejam compatíveis entre si; II - que seja competente para conhecer deles o mesmo juízo; III - que seja adequado para todos os pedidos o tipo de procedimento. § 2º Quando, para cada pedido, corresponder tipo diverso de procedimento, será admitida a cumulação, se o autor empregar o procedimento comum e for este adequado à pretensão.	Art. 292. É permitida a cumulação, num único processo, contra o mesmo réu, de vários pedidos, ainda que entre eles não haja conexão. § 1º São requisitos de admissibilidade da cumulação: I - que os pedidos sejam compatíveis entre si; II - que seja competente para conhecer deles o mesmo juízo; III - que seja adequado para todos os pedidos o tipo de procedimento. § 2º Quando, para cada pedido, corresponder tipo diverso de procedimento, admitir-se-á a cumulação, se o autor empregar o procedimento ordinário.
Art. 313. Os pedidos são interpretados restritivamente, compreendendo-se, entretanto, no principal, os juros legais, a correção monetária e as verbas de sucumbência.	Art. 293. Os pedidos são interpretados restritivamente, compreendendo-se, entretanto, no principal os juros legais.
Art. 314. O autor poderá, enquanto não proferida a sentença, aditar ou alterar o pedido e a causa de pedir, desde que o faça de boa-fé e que não importe em prejuízo ao réu, assegurado o contraditório mediante a possibilidade de manifestação deste no prazo mínimo de quinze dias, facultada a produção de prova suplementar. Parágrafo único. Aplica-se o disposto neste artigo ao pedido contraposto e à respectiva causa de pedir.	Art. 294. Antes da citação, o autor poderá aditar o pedido, correndo à sua conta as custas acrescidas em razão dessa iniciativa.

Projeto do Novo CPC	CPC 1973
Seção III **Do indeferimento da petição inicial** **Art. 315.** A petição inicial será indeferida quando: I - for inepta; II - a parte for manifestamente ilegítima; Ver art. 16 do Projeto do Novo CPC. III - o autor carecer de interesse processual; Ver art. 16 do Projeto do Novo CPC. IV - não atendidas as prescrições dos arts. 89 e 305. Parágrafo único. Considera-se inepta a petição inicial quando: I - lhe faltar pedido ou causa de pedir; II - da narração dos fatos não decorrer logicamente a conclusão; III - contiver pedidos incompatíveis entre si. **Art. 316.** Indeferida a petição inicial, o autor poderá apelar, facultado ao juiz, no prazo de quarenta e oito horas, reformar sua decisão. Ver art. 923 do Projeto do Novo CPC. Parágrafo único. Não sendo reformada a decisão, o juiz mandará citar o réu para responder ao recurso.	**Seção III** **Do indeferimento da petição inicial** Art. 295. A petição inicial será indeferida: I - quando for inepta; II - quando a parte for manifestamente ilegítima; III - quando o autor carecer de interesse processual; Parágrafo único. Considera-se inepta a petição inicial quando: I - lhe faltar pedido ou causa de pedir; II - da narração dos fatos não decorrer logicamente a conclusão; [...] IV - contiver pedidos incompatíveis entre si (art. 219 e § 5º). Art. 296. Indeferida a petição inicial, o autor poderá apelar, facultado ao juiz, no prazo de 48 (quarenta e oito) horas, reformar sua decisão. Parágrafo único. Não sendo reformada a decisão, os autos serão imediatamente encaminhados ao tribunal competente.
Capítulo III **DA REJEIÇÃO LIMINAR DA DEMANDA** **Art. 317.** Independentemente de citação do réu, o juiz rejeitará liminarmente a demanda se: I - manifestamente improcedente o pedido, desde que a decisão proferida não contrarie entendimento do Supremo Tribunal Federal ou do Superior Tribunal de Justiça, sumulado ou adotado em julgamento de casos repetitivos; II - o pedido contrariar entendimento do Supremo Tribunal Federal ou do Superior Tribunal de Justiça, sumulado ou adotado em julgamento de casos repetitivos; III - verificar, desde logo, a decadência ou a prescrição; Ver art. 295, IV, do CPC/73. § 1º Não interposta a apelação, o réu será intimado do trânsito em julgado da sentença. § 2º Aplica-se a este artigo, no que couber, o disposto no art. 316. Ver art. 469, IV, do Projeto do Novo CPC.	Art. 285-A. Quando a matéria controvertida for unicamente de direito e no juízo já houver sido proferida sentença de total improcedência em outros casos idênticos, poderá ser dispensada a citação e proferida sentença, reproduzindo-se o teor da anteriormente prolatada. § 1º Se o autor apelar, é facultado ao juiz decidir, no prazo de 5 (cinco) dias, não manter a sentença e determinar o prosseguimento da ação. § 2º Caso seja mantida a sentença, será ordenada a citação do réu para responder ao recurso.

Projeto do Novo CPC	CPC 1973
Capítulo IV **DA CITAÇÃO E DA FORMAÇÃO DO PROCESSO** **Art. 318.** Citação, no processo de conhecimento, é o ato pelo qual se chama a juízo o réu ou o interessado a fim de se defender, podendo realizar-se por meio eletrônico. **Art. 319.** Considera-se proposta a ação quando protocolada a petição inicial. Parágrafo único. A propositura da ação só produzirá os efeitos do art. 197 em relação ao réu com a sua citação válida. Ver art. 297 do Projeto do Novo CPC.	~~Seção III~~ ~~Das Citações~~ ~~Art. 213.~~ Citação é o ato pelo qual se chama a juízo o réu ou o interessado a fim de se defender<u>.</u> ~~Art. 263.~~ Considera-se proposta a ação, ~~tanto que~~ a petição inicial ~~seja despachada pelo juiz, ou simplesmente distribuída, onde houver mais de uma vara.~~ <u>A propositura da ação, todavia, só produz, quanto ao réu, os efeitos mencionados no art. 219 depois que for validamente citado.</u>
Capítulo V **DA INTERVENÇÃO DE TERCEIROS** **Seção I** **Do *Amicus Curiae*** **Art. 320.** O juiz ou o relator, considerando a relevância da matéria, a especificidade do tema objeto da demanda ou a repercussão social da lide, poderá, por despacho irrecorrível, de ofício ou a requerimento das partes, solicitar ou admitir a manifestação de pessoa natural, órgão ou entidade especializada, no prazo de dez dias da sua intimação. Parágrafo único. A intervenção de que trata o caput não importa alteração de competência, nem autoriza a interposição de recursos.	**CAPÍTULO VI** **DA INTERVENÇÃO DE TERCEIROS**
Seção II **Da assistência** **Art. 321.** Pendendo uma causa entre duas ou mais pessoas, o terceiro juridicamente interessado em que a sentença seja favorável a uma delas poderá intervir no processo para assisti-la. Parágrafo único. A assistência tem lugar em qualquer dos tipos de procedimento e em todos os graus da jurisdição, recebendo o assistente o processo no estado em que se encontra. **Art. 322.** Não havendo impugnação dentro de cinco dias, o pedido do assistente será deferido. Se qualquer das partes alegar, no entanto, que falta interesse jurídico ao assistente para intervir a bem do assistido, o juiz admitirá a produção de provas e decidirá o incidente, nos próprios autos e sem suspensão do processo. Ver art. 51, I, II e III do CPC/73.	**Seção II** **Da Assistência** ~~Art. 50.~~ Pendendo uma causa entre duas ou mais pessoas, o terceiro, <u>que tiver interesse jurídico</u> em que a sentença seja favorável a uma delas~~,~~ poderá intervir no processo para assisti-la. Parágrafo único. A assistência tem lugar em qualquer dos tipos de procedimento e em todos os graus da jurisdição<u>;</u> ~~mas~~ <u>o assistente recebe</u> o processo no estado em que se encontra. ~~Art. 51.~~ Não havendo impugnação dentro de ~~5 (~~cinco~~)~~ dias, o pedido do assistente será deferido. Se qualquer das partes alegar, no entanto, que <u>falece ao assistente</u> <u>interesse jurídico</u> para intervir a bem do assistido, o juiz: ~~I - determinará,~~ <u>sem suspensão do processo</u>~~, o desentranhamento da petição e da impugnação, a fim de serem autuadas em apenso;~~

Projeto do Novo CPC	CPC 1973
	II - autorizará a produção de provas; III - decidirá, ~~dentro de 5 (cinco) dias,~~ o incidente.
Parágrafo único. Da decisão caberá agravo de instrumento.	
Art. 323. O assistente atuará como auxiliar da parte principal, exercerá os mesmos poderes e sujeitar-se-á aos mesmos ônus processuais que o assistido. Parágrafo único. Sendo revel o assistido, o assistente será considerado seu gestor de negócios.	~~Art. 52.~~ O assistente atuará como auxiliar da parte principal, exercerá os mesmos poderes e sujeitar-se-á aos mesmos ônus processuais que o assistido. Parágrafo único. Sendo revel o assistido, o assistente será considerado seu gestor de negócios.
Art. 324. A assistência não obsta a que a parte principal reconheça a procedência do pedido, desista da ação ou transija sobre direitos controvertidos, casos em que, terminando o processo, cessa a intervenção do assistente.	~~Art. 53.~~ A assistência não obsta a que a parte principal reconheça a procedência do pedido, desista da ação ou transija sobre direitos controvertidos; casos em que, terminando o processo, cessa a intervenção do assistente.
Art. 325. Considera-se litisconsorte da parte principal o assistente toda vez que a sentença influir na relação jurídica entre ele e o adversário do assistido. Parágrafo único. Aplica-se ao assistente litisconsorcial, quanto ao pedido de intervenção, sua impugnação e o julgamento do incidente, o disposto no art. 322.	~~Art. 54.~~ Considera-se litisconsorte da parte principal o assistente, toda vez que a sentença ~~houver de~~ influir na relação jurídica entre ele e o adversário do assistido. Parágrafo único. Aplica-se ao assistente litisconsorcial, quanto ao pedido de intervenção, sua impugnação e julgamento do incidente, o disposto no art. 51.
Art. 326. Transitada em julgado a sentença, na causa em que interveio o assistente, este não poderá, em processo posterior, questionar a decisão, salvo se alegar e provar que: I - pelo estado em que recebera o processo ou pelas declarações e atos do assistido, fora impedido de produzir provas suscetíveis de influir na sentença; II - desconhecia a existência de alegações ou de provas de que o assistido, por dolo ou culpa, não se valeu.	~~Art. 55.~~ Transitada em julgado a sentença, na causa em que interveio o assistente, este não poderá, em processo posterior, discutir a justiça da decisão, salvo se alegar e provar que: I - pelo estado em que recebera o processo, ou pelas declarações e atos do assistido, fora impedido de produzir provas suscetíveis de influir na sentença; II - desconhecia a existência de alegações ou de provas, de que o assistido, por dolo ou culpa, não se valeu.
Seção III Do chamamento	Seção ~~IV~~ Do Chamamento ~~ao Processo~~
Art. 327. É admissível o chamamento ao processo, requerido pelo réu: I - do afiançado, na ação em que o fiador for réu; II - dos demais fiadores, na ação proposta contra um ou alguns deles; III - dos demais devedores solidários, quando o credor exigir de um ou de alguns o pagamento da dívida comum. Ver súmula 492 do STF.	~~Art. 77.~~ É admissível o chamamento ao processo: I - do devedor, na ação em que o fiador for réu; II - dos outros fiadores, ~~quando para~~ a ação ~~for citado apenas um deles;~~ III - de todos os devedores solidários, quando o credor exigir de um ou de alguns ~~deles, parcial ou totalmente,~~ a dívida comum.

Projeto do Novo CPC	CPC 1973
Art. 328. A citação do chamado será feita no prazo de dois meses, suspendendo-se o processo; findo o prazo sem que se efetive a citação, o chamamento será tornado sem efeito.	~~Art. 78. Para que o juiz declare, na mesma sentença, as responsabilidades dos obrigados, a que se refere o artigo antecedente, o réu requererá, no prazo para contestar, a citação do chamado.~~
Art. 329. A sentença de procedência condenará todos os coobrigados, valendo como título executivo em favor do que pagar a dívida para exigi-la do devedor principal ou dos codevedores a quota que tocar a cada um.	~~Art. 80.~~ A sentença<s>,</s> que julgar procedente a ação<s>,</s> condenando os devedores, valerá como título executivo<s>,</s> em favor do que satisfizer a dívida, para exigi-la, ~~por inteiro,~~ do devedor principal, ou ~~de cada um~~ dos co-devedores a ~~sua~~ quota<s>,</s> na proporção que lhes tocar.
Art. 330. Também é admissível o chamamento em garantia, promovido por qualquer das partes: Ver art. 70 do CPC/73. I - do alienante, na ação em que é reivindicada coisa cujo domínio foi por este transferido à parte; II - daquele que estiver obrigado por lei ou por contrato a indenizar, em ação regressiva, o prejuízo da parte vencida. **Art. 331.** A citação do chamado em garantia será requerida pelo autor, em conjunto com a do réu ou por este no prazo da contestação, devendo ser realizada na forma e prazo do art. 328. Parágrafo único. O chamado, comparecendo, poderá chamar o terceiro que, relativamente a ele, encontrar-se em qualquer das situações do art. 330. **Art. 332.** A sentença que julgar procedente a ação decidirá também sobre a responsabilidade do chamado.	
Capítulo VI **DA AUDIÊNCIA DE CONCILIAÇÃO**	~~Seção III~~ ~~Da Audiência Preliminar~~
Art. 333. Se a petição inicial preencher os requisitos essenciais e não for o caso de rejeição liminar da demanda, o juiz designará audiência de conciliação com antecedência mínima de quinze dias. Ver arts. 315 e 317 do Projeto do Novo CPC. § 1º O juiz determinará a forma de atuação do mediador ou do conciliador, onde houver, observando o que dispõe a lei de organização judiciária. § 2º As pautas de audiências de conciliação serão organizadas separadamente das de instrução e julgamento e com prioridade em relação a estas. § 3º A intimação do autor para a audiência será feita na pessoa de seu advogado. § 4º A eventual ausência do advogado não impede a realização da conciliação.	~~Art. 331.~~ [...]

Projeto do Novo CPC	CPC 1973
§ 5º O não comparecimento injustificado do réu é considerado ato atentatório à dignidade da justiça, passível de sanção processual.	
§ 6º Obtida a transação, será reduzida a termo e homologada por sentença.	§ 1º Obtida a conciliação, será reduzida a termo e homologada por sentença.
§ 7º O juiz dispensará a audiência de conciliação quando as partes manifestarem expressamente sua disposição contrária ou quando, por outros motivos, constatar que a conciliação é inviável. Ver art. 469, inciso III, do projeto do Novo CPC.	§ 3º Se o direito em litígio não admitir transação, ou se as circunstâncias da causa evidenciarem ser improvável sua obtenção, o juiz poderá, desde logo, sanear o processo e ordenar a produção da prova, nos termos do § 2º.
Capítulo VII **DA CONTESTAÇÃO**	**Seção II** **Da Contestação**
Art. 334. O réu poderá oferecer contestação em petição escrita, no prazo de quinze dias contados da audiência de conciliação. Ver arts. 174 e 180 do Projeto do Novo CPC.	Art. 297. O réu poderá oferecer, no prazo de 15 (quinze) dias, em petição escrita, dirigida ao juiz da causa, contestação, exceção e reconvenção.
Art. 335. Não havendo audiência de conciliação, o prazo da contestação será computado a partir da juntada do mandado ou de outro instrumento de citação.	
Art. 336. Incumbe ao réu alegar, na contestação, toda a matéria de defesa, expondo as razões de fato e de direito com que impugna o pedido do autor e especificando as provas que pretende produzir.	Art. 300. Compete ao réu alegar, na contestação, toda a matéria de defesa, expondo as razões de fato e de direito, com que impugna o pedido do autor e especificando as provas que pretende produzir.
Art. 337. É lícito ao réu, na contestação, formular pedido contraposto para manifestar pretensão própria, conexa com a ação principal ou com o fundamento da defesa, hipótese em que o autor será intimado, na pessoa do seu advogado, para responder a ele no prazo de quinze dias. Ver arts. 315 a 316 do CPC/73. Parágrafo único. A desistência da ação ou a ocorrência de causa extintiva não obsta ao prosseguimento do processo quanto ao pedido contraposto.	
Art. 338. Incumbe ao réu, antes de discutir o mérito, alegar: Ver art. 301 e 467 do Projeto do Novo CPC.	Art. 301. Compete-lhe, porém, antes de discutir o mérito, alegar:
I - inexistência ou nulidade da citação Ver arts. 195 a 215 do Projeto do Novo CPC.	I - inexistência ou nulidade da citação;
II - incompetência absoluta e relativa; Ver art. 49 do Projeto do Novo CPC.	II - incompetência absoluta;
III - incorreção do valor da causa; Ver arts. 254 a 256 do Projeto do Novo CPC.	
IV - inépcia da petição inicial; Ver art. 315, § único, do Projeto do Novo CPC.	III - inépcia da petição inicial;
V - perempção; Ver art. 368, § 3º, do Projeto do Novo CPC.	IV - perempção;
VI - litispendência;	V - litispendência;
VII - coisa julgada; Ver arts. 383 a 489, § único, do Projeto do Novo CPC.	VI - coisa julgada;

Projeto do Novo CPC	CPC 1973
VIII - conexão; Ver art. 39, do Projeto do Novo CPC. IX - incapacidade da parte, defeito de representação ou falta de autorização; X - convenção de arbitragem; XI - ausência de legitimidade ou de interesse processual; Ver art. 315, parágrafo único, do Projeto do Novo CPC. XII - falta de caução ou de outra prestação que a lei exige como preliminar; XIII - indevida concessão do benefício da gratuidade de justiça. § 1º Verifica-se a litispendência ou a coisa julgada quando se reproduz ação anteriormente ajuizada. § 2º Uma ação é idêntica à outra quando têm as mesmas partes, a mesma causa de pedir e o mesmo pedido. § 3º Há litispendência quando se repete ação que está em curso; há coisa julgada quando se repete ação que já foi decidida por sentença de que não caiba recurso. § 4º Excetuada a convenção arbitral, o juiz conhecerá de ofício da matéria enumerada neste artigo. Ver arts. 315, 110, parágrafo único, e 467, § 3º, do Projeto do Novo CPC. **Art. 339.** Alegando o réu, na contestação, ser parte ilegítima, o juiz facultará ao autor, em quinze dias, a emenda da inicial, para corrigir o vício. Nesse caso, o autor reembolsará as despesas e pagará honorários ao procurador do réu excluído, moderadamente arbitrados pelo juiz. Ver art. 305, parágrafo único, do Projeto do Novo CPC.	~~VII~~ - conexão; ~~VIII~~ - incapacidade da parte, defeito de representação ou falta de autorização; ~~IX~~ - convenção de arbitragem; [...] ~~XI~~ - falta de caução ou de outra prestação, que a lei exige como preliminar~~,~~ § 1º Verifica-se a litispendência ou a coisa julgada, quando se reproduz ação anteriormente ajuizada. § 2º Uma ação é idêntica à outra quando tem as mesmas partes, a mesma causa de pedir e o mesmo pedido. § 3º Há litispendência~~,~~ quando se repete ação, que está em curso; há coisa julgada, quando se repete ação que já foi decidida por sentença, de que não caiba recurso. § 4º Com exceção do compromisso arbitral, o juiz conhecerá de ofício da matéria enumerada neste artigo.
Art. 340. Incumbe também ao réu manifestar-se precisamente sobre os fatos narrados na petição inicial, presumindo-se verdadeiros os não impugnados, salvo se: I - não for admissível, a seu respeito, a confissão; II - a petição inicial não estiver acompanhada do instrumento público que a lei considerar da substância do ato; III - estiverem em contradição com a defesa, considerada em seu conjunto. Parágrafo único. O ônus da impugnação especificada dos fatos não se aplica ao defensor público, ao advogado dativo, ao curador especial e ao membro do Ministério Público.	~~Art. 302.~~ Cabe também ao réu manifestar-se precisamente sobre os fatos narrados na petição inicial. Presumem-se verdadeiros os ~~fatos~~ não impugnados, salvo: I - se não for admissível, a seu respeito, a confissão; II - se a petição inicial não estiver acompanhada do instrumento público que a lei considerar da substância do ato; III - se estiverem em contradição com a defesa, considerada em seu conjunto. Parágrafo único. Esta regra, quanto ao ônus da impugnação especificada dos fatos, não se aplica ao advogado dativo, ao curador especial e ao órgão do Ministério Público.
Art. 341. Depois da contestação, só é lícito ao réu deduzir novas alegações quando: I - relativas a direito superveniente; II - competir ao juiz conhecer delas de ofício; Ver arts. 10, 110, parágrafo único, 338, § 4º e 467, § 3º, do Projeto do Novo CPC. III - por expressa autorização legal, puderem ser formuladas em qualquer tempo e juízo.	~~Art. 303.~~ Depois da contestação, só é lícito deduzir novas alegações quando: I - relativas a direito superveniente; II - competir ao juiz conhecer delas de ofício; III - por expressa autorização legal, puderem ser formuladas em qualquer tempo e juízo.

Projeto do Novo CPC	CPC 1973
Capítulo VIII **DA REVELIA**	**CAPÍTULO III** **DA REVELIA**
Art. 342. Se o réu não contestar a ação, considerar-se-ão verdadeiros os fatos afirmados pelo autor.	~~Art. 319.~~ Se o réu não contestar a ação, reputar-se-ão verdadeiros os fatos afirmados pelo autor.
Art. 343. A revelia não induz o efeito mencionado no art. 342, se: I - havendo pluralidade de réus, algum deles contestar a ação; II - o litígio versar sobre direitos indisponíveis; III - a petição inicial não estiver acompanhada do instrumento público que a lei considere indispensável à prova do ato.	~~Art. 320.~~ A revelia não induz, ~~contudo,~~ o efeito mencionado no artigo antecedente: I - ~~se,~~ havendo pluralidade de réus, algum deles contestar a ação; II - ~~se~~ o litígio versar sobre direitos indisponíveis; III - ~~se~~ a petição inicial não estiver acompanhada do instrumento público, que a lei considere indispensável à prova do ato.
Art. 344. Os prazos contra o revel que não tenha patrono nos autos correrão a partir da publicação do ato decisório no órgão oficial. Parágrafo único. O revel poderá intervir no processo em qualquer fase, recebendo-o no estado em que se encontrar. Ver súmula 231 do STF.	~~Art. 322.~~ Contra o revel que não tenha patrono nos autos~~, correrão os prazos independentemente de intimação,~~ a partir da publicação ~~de cada~~ ato decisório. Parágrafo único. O revel poderá intervir no processo em qualquer fase, recebendo-o no estado em que se encontrar.
Capítulo IX **DAS PROVIDÊNCIAS PRELIMINARES E DO SANEAMENTO**	**CAPÍTULO ~~IV~~** **DAS PROVIDÊNCIAS PRELIMINARES**
Art. 345. Findo o prazo para a contestação, o juiz tomará, conforme o caso, as providências preliminares tratadas nas seções deste Capítulo.	~~Art. 323.~~ Findo o prazo para a ~~resposta do réu, o escrivão fará a conclusão dos autos.~~ O juiz, ~~no prazo de 10 (dez) dias, determinará,~~ conforme o caso, as providências preliminares, que constam das seções deste Capítulo.
Seção I Da não incidência dos efeitos da revelia	**Seção I** Do Efeito da Revelia
Art. 346. Se o réu não contestar a ação, o juiz, verificando que não ocorreu o efeito da revelia, mandará que o autor especifique as provas que pretenda produzir na audiência, se ainda não as tiver indicado.	~~Art. 324.~~ Se o réu não contestar a ação, o juiz, verificando que não ocorreu o efeito da revelia, mandará que o autor especifique as provas que pretenda produzir na audiência.
Art. 347. Ao réu revel será lícita a produção de provas, contrapostas àquelas produzidas pelo autor, desde que se faça representar nos autos antes de encerrar-se a fase instrutória. Ver art. 342 do Projeto do Novo CPC.	

Projeto do Novo CPC	CPC 1973
Seção II Do fato impeditivo, modificativo ou extintivo do direito do autor	**Seção III** Dos Fatos Impeditivos, Modificativos ou Extintivos do Pedido
Art. 348. Se o réu, reconhecendo o fato em que se fundou a ação, outro lhe opuser impeditivo, modificativo ou extintivo do direito do autor, este será ouvido no prazo de quinze dias, facultando-lhe o juiz a produção de prova e a apresentação de rol adicional de testemunhas. Parágrafo único. Proceder-se-á de igual modo se o réu oferecer pedido contraposto.	~~Art. 326.~~ Se o réu, reconhecendo o fato em que se fundou a ação, outro lhe opuser impeditivo, modificativo ou extintivo do direito do autor, este será ouvido no prazo de ~~10 (dez)~~ dias, facultando-lhe o juiz a produção de prova documental.
Seção III Das alegações do réu	**Seção IV** Das Alegações do Réu
Art. 349. Se o réu alegar qualquer das matérias enumeradas no art. 338, o juiz mandará ouvir o autor no prazo de quinze dias, permitindo-lhe a produção de prova documental. Ver arts. 414 a 417 do Projeto do Novo CPC.	~~Art. 327.~~ Se o réu alegar qualquer das matérias enumeradas no art. 301, o juiz mandará ouvir o autor no prazo de 10 (dez) dias, permitindo-lhe a produção de prova documental. ~~Verificando a existência de irregularidades ou de nulidades sanáveis, o juiz mandará supri-las, fixando à parte prazo nunca superior a 30 (trinta) dias.~~
Art. 350. Verificando a existência de irregularidades ou de nulidades sanáveis, o juiz mandará supri-las, fixando à parte prazo nunca superior a um mês.	~~Art. 327. Se o réu alegar qualquer das matérias enumeradas no art. 301, o juiz mandará ouvir o autor no prazo de 10 (dez) dias, permitindo-lhe a produção de prova documental.~~ Verificando a existência de irregularidades ou de nulidades sanáveis, o juiz mandará supri-las, fixando à parte prazo nunca superior a ~~30~~ (trinta) dias.
Art. 351. Cumpridas as providências preliminares ou não havendo necessidade delas, o juiz proferirá julgamento conforme o estado do processo, observando o que dispõe o Capítulo X.	~~Art. 328.~~ Cumpridas as providências preliminares, ou não havendo necessidade delas, o juiz proferirá julgamento conforme o estado do processo, observando o que dispõe o capítulo seguinte.
Capítulo X DO JULGAMENTO CONFORME O ESTADO DO PROCESSO	**CAPÍTULO V** DO JULGAMENTO CONFORME O ESTADO DO PROCESSO
Seção I Da extinção do processo	**Seção I** Da Extinção do Processo
Art. 352. Ocorrendo qualquer das hipóteses previstas nos arts. 467 e 469, incisos II a V, o juiz proferirá sentença.	~~Art. 329.~~ Ocorrendo qualquer das hipóteses previstas nos arts. 267 e 269, II a V, o juiz declarará extinto o processo.
Seção II Do julgamento antecipado da lide	**Seção II** Do Julgamento Antecipado da Lide
Art. 353. O juiz conhecerá diretamente do pedido, proferindo sentença com resolução de mérito:	~~Art. 330.~~ O juiz conhecerá diretamente do pedido, proferindo sentença:

Projeto do Novo CPC	CPC 1973
I - quando a questão de mérito for unicamente de direito ou, sendo de direito e de fato, não houver necessidade de produzir prova em audiência; II - quando ocorrer a revelia e incidirem seus efeitos. Ver arts. 342 a 344 do Projeto do Novo CPC.	I - quando a questão de mérito for unicamente de direito, ou, sendo de direito e de fato, não houver necessidade de produzir prova em audiência; II - quando ocorrer a revelia ~~(art. 319)~~.
Seção III **Do saneamento do processo** **Art. 354.** Não ocorrendo nenhuma das hipóteses das seções deste Capítulo, o juiz, declarando saneado o processo, delimitará os pontos controvertidos sobre os quais deverá incidir a prova, especificará os meios admitidos de sua produção e, se necessário, designará audiência de instrução e julgamento.	~~Art. 331~~ [...] § 2º Se, por qualquer motivo, não for obtida a conciliação, o juiz fixará os pontos controvertidos, decidirá as questões processuais pendentes e determinará as provas a serem produzidas, designando audiência de instrução e julgamento, se necessário.
Capítulo XI **DA AUDIÊNCIA DE INSTRUÇÃO E JULGAMENTO** **Art. 355.** No dia e na hora designados, o juiz declarará aberta a audiência e mandará apregoar as partes e os respectivos advogados, bem como outras pessoas que dela devam participar. Parágrafo único. Logo após a instalação da audiência, o juiz tentará conciliar as partes, independentemente de ter ocorrido ou não tentativa anterior.	~~Seção III~~ **Da Instrução e Julgamento** ~~Art. 450.~~ No dia e hora designados, o juiz declarará aberta a audiência, mandando apregoar as partes e os seus respectivos advogados. ~~Art. 448.~~ Antes de iniciar a instrução, o juiz tentará conciliar as partes. ~~Chegando a acordo, o juiz mandará tomá-lo por termo.~~
Art. 356. O juiz exerce o poder de polícia e incumbe-lhe: I - manter a ordem e o decoro na audiência; II - ordenar que se retirem da sala da audiência os que se comportarem inconvenientemente; III - requisitar, quando necessário, a força policial.	~~Art. 445.~~ O juiz exerce o poder de polícia, competindo-lhe: I - manter a ordem e o decoro na audiência; II - ordenar que se retirem da sala da audiência os que se comportarem inconvenientemente; III - requisitar, quando necessário, a força policial.
Art. 357. As provas orais serão produzidas na audiência, preferencialmente nesta ordem: I - o perito e os assistentes técnicos responderão aos quesitos de esclarecimentos requeridos no prazo e na forma do art. 449; II - prestarão depoimentos pessoais o autor e depois o réu; Ver arts. 364 a 367 do Projeto do Novo CPC. III - serão inquiridas as testemunhas arroladas pelo autor e pelo réu. Ver arts. 421 a 428 do Projeto do Novo CPC. Parágrafo único. Enquanto depuserem as partes, o perito, os assistentes técnicos e as testemunhas, os advogados e o Ministério Público não poderão intervir ou apartar, sem licença do juiz.	~~Art. 452.~~ As provas serão produzidas na audiência nesta ordem: I - o perito e os assistentes técnicos responderão aos quesitos de esclarecimentos, requeridos no prazo e na forma do art. 435; II - o juiz tomará os depoimentos pessoais, primeiro do autor e depois do réu; III - ~~finalmente,~~ serão inquiridas as testemunhas arroladas pelo autor e pelo réu.
Art. 358. A audiência poderá ser adiada:	~~Art. 453.~~ A audiência poderá ser adiada:

Projeto do Novo CPC	CPC 1973
I - por convenção das partes, admissível uma única vez;	I - por convenção das partes, ~~caso em que só será~~ admissível uma vez;
II - se não puder comparecer, por motivo justificado, qualquer das pessoas que dela devam participar.	II - se não puderem comparecer, por motivo justificado, o perito, as partes, as testemunhas ou os advogados.
§ 1º O impedimento deverá ser comprovado até a abertura da audiência; não o fazendo, o juiz procederá à instrução.	§ 1º ~~Incumbe ao advogado provar~~ o impedimento até a abertura da audiência; não o fazendo, o juiz procederá à instrução.
§ 2º Poderá ser dispensada pelo juiz a produção das provas requeridas pela parte cujo advogado não tenha comparecido à audiência, aplicando-se a mesma regra ao Ministério Público.	§ 2º Pode ser dispensada pelo juiz a produção das provas requeridas pela parte cujo advogado não compareceu à audiência.
§ 3º Quem der causa ao adiamento responderá pelas despesas acrescidas.	§ 3º Quem der causa ao adiamento responderá pelas despesas acrescidas.
Art. 359. Finda a instrução, o juiz dará a palavra ao advogado do autor e ao do réu, bem como ao membro do Ministério Público, se for caso de sua intervenção, sucessivamente, pelo prazo de vinte minutos para cada um, prorrogável por dez minutos, a critério do juiz.	~~Art. 454.~~ Finda a instrução, o juiz dará a palavra ao advogado do autor e ao do réu, bem como ao órgão do Ministério Público, sucessivamente, pelo prazo de ~~20 (vinte)~~ minutos para cada um, prorrogável por ~~10 (dez)~~, a critério do juiz.
§ 1º Havendo litisconsorte ou terceiro interveniente, o prazo, que formará com o da prorrogação um só todo, dividir-se-á entre os do mesmo grupo, se não convencionarem de modo diverso.	§ 1º Havendo litisconsorte ou terceiro, o prazo, que formará com o da prorrogação um só todo, dividir-se-á entre os do mesmo grupo, se não convencionarem de modo diverso.
§ 2º Quando a causa apresentar questões complexas de fato ou de direito, o debate oral poderá ser substituído por memoriais, que serão apresentados pelo autor e pelo réu, nessa ordem, em prazos sucessivos de quinze dias, assegurada vista dos autos.	§ 2º ~~No caso previsto no art. 56, o opoente sustentará as suas razões em primeiro lugar, seguindo-se-lhe os opostos, cada qual pelo prazo de 20 (vinte) minutos.~~
Art. 360. A audiência é una e contínua. Não sendo possível concluir, num só dia, a instrução, o debate e o julgamento, o juiz marcará o seu prosseguimento para a data mais próxima possível, em pauta preferencial.	~~Art. 455.~~ A audiência é una e contínua. Não sendo possível concluir, num só dia, a instrução, o debate e o julgamento, o juiz marcará o seu prosseguimento para ~~dia próximo.~~
Art. 361. Encerrado o debate ou oferecidos os memoriais, o juiz proferirá a sentença desde logo ou no prazo de vinte dias.	~~Art. 456.~~ Encerrado o debate ou oferecidos os memoriais, o juiz proferirá a sentença desde logo ou no prazo de ~~10 (dez)~~ dias.
Art. 362. O escrivão lavrará, sob ditado do juiz, termo que conterá, em resumo, o ocorrido na audiência, bem como, por extenso, os despachos, as decisões e a sentença, se proferida no ato.	~~Art. 457.~~ O escrivão lavrará, sob ditado do juiz, termo que conterá, em resumo, o ocorrido na audiência, bem como, por extenso, os despachos e a sentença, se ~~esta for~~ proferida no ato.
§ 1º Quando o termo não for registrado em meio eletrônico, o juiz rubricar-lhe-á as folhas, que serão encadernadas em volume próprio.	§ 1º Quando o termo for ~~datilografado~~, o juiz lhe rubricará as folhas, ~~ordenando~~ que sejam encadernadas em volume próprio.

Projeto do Novo CPC	CPC 1973
§ 2º Subscreverão o termo o juiz, os advogados, o membro do Ministério Público e o escrivão, dispensadas as partes, exceto quando houver ato de disposição para cuja prática os advogados não tenham poderes.	§ 2º Subscreverão o termo o juiz, os advogados, o órgão do Ministério Público e o escrivão.
§ 3º O escrivão trasladará para os autos cópia autêntica do termo de audiência.	§ 3º O escrivão trasladará para os autos cópia autêntica do termo de audiência.
§ 4º Tratando-se de processo eletrônico, será observado o disposto na legislação específica e em normas internas dos tribunais.	§ 4º Tratando-se de processo eletrônico, observar-se-á o disposto nos §§ 2º e 3º do art. 169 desta Lei.
§ 5º A audiência poderá ser integralmente gravada em imagem e em áudio, em meio digital ou analógico, desde que assegure o rápido acesso das partes e dos órgãos julgadores, observada a legislação específica.	
Art. 363. A audiência será pública, ressalvadas as exceções legais.	
Capítulo XII **DAS PROVAS**	
Seção I Do depoimento pessoal	**Seção II** Do Depoimento Pessoal
Art. 364. Cabe à parte requerer o depoimento pessoal da outra, a fim de ser interrogada na audiência de instrução e julgamento, sem prejuízo do poder do juiz de ordená-lo de ofício. Ver arts. 107, VIII, 258 e 357 do Projeto do Novo CPC.	Art. 342. O juiz pode, de ofício, em qualquer estado do processo, determinar o comparecimento pessoal das partes, a fim de interrogá-las sobre os fatos da causa. Art. 343. Quando o juiz não o determinar de ofício, compete a cada parte requerer o depoimento pessoal da outra, a fim de interrogá-la na audiência de instrução e julgamento.
	§ 1º [...]
§ 1º Se a parte, pessoalmente intimada, não comparecer ou, comparecendo, se recusar a depor, o juiz aplicar-lhe-á a pena de confissão	§ 2º Se a parte intimada não comparecer, ou comparecendo, se recusar a depor, o juiz lhe aplicará a pena de confissão.
§ 2º É vedado a quem ainda não depôs assistir ao interrogatório da outra parte.	Parágrafo único. É defeso, a quem ainda não depôs, assistir ao interrogatório da outra parte.
Art. 365. Quando a parte, sem motivo justificado, deixar de responder ao que lhe for perguntado ou empregar evasivas, o juiz, apreciando as demais circunstâncias e os elementos de prova, declarará, na sentença, se houve recusa de depor.	Art. 345. Quando a parte, sem motivo justificado, deixar de responder ao que lhe for perguntado, ou empregar evasivas, o juiz, apreciando as demais circunstâncias e elementos de prova, declarará, na sentença, se houve recusa de depor.
Art. 366. A parte responderá pessoalmente sobre os fatos articulados, não podendo servir-se de escritos anteriormente preparados; o juiz lhe permitirá, todavia, a consulta a notas breves, desde que objetivem completar esclarecimentos.	Art. 346. A parte responderá pessoalmente sobre os fatos articulados, não podendo servir-se de escritos adrede preparados; o juiz lhe permitirá, todavia, a consulta a notas breves, desde que objetivem completar esclarecimentos.

Projeto do Novo CPC	CPC 1973
Art. 367. A parte não é obrigada a depor sobre fatos: I - criminosos ou torpes que lhe forem imputados; II - a cujo respeito, por estado ou profissão, deva guardar sigilo; III - a que não possa responder sem desonra própria, de seu cônjuge, de seu companheiro ou de parente em grau sucessível; IV - que a exponham ou as pessoas referidas no inciso III a perigo de vida ou a dano patrimonial imediato. Parágrafo único. Esta disposição não se aplica às ações de estado e de família.	Art. 347. A parte não é obrigada a depor de fatos: I - criminosos ou torpes, que lhe forem imputados; II - a cujo respeito, por estado ou profissão, deva guardar sigilo. Parágrafo único. Esta disposição não se aplica às ações de filiação, de desquite e de anulação de casamento.
Seção II **Da confissão** Art. 368. Há confissão, judicial ou extrajudicial, quando a parte admite a verdade de um fato, contrário ao seu interesse e favorável ao adversário.	**Seção III** **Da Confissão** Art. 348. Há confissão, quando a parte admite a verdade de um fato, contrário ao seu interesse e favorável ao adversário. A confissão é judicial ou extrajudicial.
Art. 369. A confissão judicial pode ser espontânea ou provocada. Da confissão espontânea, se requerida pela parte, será lavrado o respectivo termo nos autos; a confissão provocada constará do depoimento pessoal. Parágrafo único. A confissão espontânea pode ser feita pela própria parte ou por mandatário com poderes especiais.	Art. 349. A confissão judicial pode ser espontânea ou provocada. Da confissão espontânea, tanto que requerida pela parte, se lavrará o respectivo termo nos autos; a confissão provocada constará do depoimento pessoal prestado pela parte. Parágrafo único. A confissão espontânea pode ser feita pela própria parte, ou por mandatário com poderes especiais.
Art. 370. A confissão judicial faz prova contra o confitente, não prejudicando, todavia, os litisconsortes. Parágrafo único. Nas ações que versarem sobre bens imóveis ou direitos sobre imóveis alheios, a confissão de um cônjuge não valerá sem a do outro, salvo se o regime de casamento for de separação absoluta de bens.	Art. 350. A confissão judicial faz prova contra o confitente, não prejudicando, todavia, os litisconsortes. Parágrafo único. Nas ações que versarem sobre bens imóveis ou direitos sobre imóveis alheios, a confissão de um cônjuge não valerá sem a do outro.
Art. 371. Não vale como confissão a admissão, em juízo, de fatos relativos a direitos indisponíveis. § 1º A confissão será ineficaz se feita por quem não for capaz de dispor do direito a que se referem os fatos confessados. § 2º Prestada a confissão por um representante, somente é eficaz nos limites em que este pode vincular o representado.	Art. 351. Não vale como confissão a admissão, em juízo, de fatos relativos a direitos indisponíveis.
Art. 372. A confissão é irrevogável, salvo quando emanar de erro, dolo ou coação, hipótese em que pode ser tornada sem efeito por ação anulatória. Ver art. 352, caput e I, CPC/73.	Art. 352. A confissão, quando emanar de erro, dolo ou coação, pode ser revogada: I - por ação anulatória, se pendente o processo em que foi feita; [...]

Projeto do Novo CPC	CPC 1973
Parágrafo único. Cabe ao confitente o direito de propor a ação nos casos de que trata este artigo, a qual, uma vez iniciada, passa aos seus herdeiros.	Parágrafo único. Cabe ao confitente o direito de propor a ação, nos casos de que trata este artigo; mas, uma vez iniciada, passa aos seus herdeiros.
Art. 373. A confissão extrajudicial feita por escrito à parte ou a quem a represente tem a mesma eficácia probatória da judicial; feita a terceiro ou contida em testamento, será livremente apreciada pelo juiz. Parágrafo único. A confissão extrajudicial, quando feita oralmente, só terá eficácia nos casos em que a lei não exija prova literal.	Art. 353. A confissão extrajudicial, feita por escrito à parte ou a quem a represente, tem a mesma eficácia probatória da judicial; feita a terceiro, ou contida em testamento, será livremente apreciada pelo juiz. Parágrafo único. Todavia, quando feita verbalmente, só terá eficácia nos casos em que a lei não exija prova literal.
Art. 374. A confissão é, de regra, indivisível, não podendo a parte que a quiser invocar como prova aceitá-la no tópico que a beneficiar e rejeitá-la no que lhe for desfavorável. Cindir-se-á, todavia, quando o confitente lhe aduzir fatos novos, capazes de constituir fundamento de defesa de direito.	Art. 354. A confissão é, de regra, indivisível, não podendo a parte, que a quiser invocar como prova, aceitá-la no tópico que a beneficiar e rejeitá-la no que lhe for desfavorável. Cindir-se-á, todavia, quando o confitente lhe aduzir fatos novos, suscetíveis de constituir fundamento de defesa de direito material ou de reconvenção.
Seção III **Da exibição de documento ou coisa**	Seção IV Da Exibição de Documento ou Coisa
Art. 375. O juiz pode ordenar que a parte exiba documento ou coisa que se ache em seu poder.	Art. 355. O juiz pode ordenar que a parte exiba documento ou coisa, que se ache em seu poder.
Art. 376. O pedido formulado pela parte conterá: I - a individuação, tão completa quanto possível, do documento ou da coisa; II - a finalidade da prova, indicando os fatos que se relacionam com o documento ou a coisa; III - as circunstâncias em que se funda o requerente para afirmar que o documento ou a coisa existe e se acha em poder da parte contrária.	Art. 356. O pedido formulado pela parte conterá: I - a individuação, tão completa quanto possível, do documento ou da coisa; II - a finalidade da prova, indicando os fatos que se relacionam com o documento ou a coisa; III - as circunstâncias em que se funda o requerente para afirmar que o documento ou a coisa existe e se acha em poder da parte contrária.
Art. 377. O requerido dará a sua resposta nos cinco dias subsequentes à sua intimação. Se afirmar que não possui o documento ou a coisa, o juiz permitirá que o requerente prove, por qualquer meio, que a declaração não corresponde à verdade.	Art. 357. O requerido dará a sua resposta nos 5 (cinco) dias subseqüentes à sua intimação. Se afirmar que não possui o documento ou a coisa, o juiz permitirá que o requerente prove, por qualquer meio, que a declaração não corresponde à verdade.
Art. 378. O juiz não admitirá a recusa se: I - o requerido tiver obrigação legal de exibir; II - o requerido aludiu ao documento ou à coisa, no processo, com o intuito de constituir prova; III - o documento, por seu conteúdo, for comum às partes.	Art. 358. O juiz não admitirá a recusa: I - se o requerido tiver obrigação legal de exibir; II - se o requerido aludiu ao documento ou à coisa, no processo, com o intuito de constituir prova; III - se o documento, por seu conteúdo, for comum às partes.

Projeto do Novo CPC	CPC 1973
Art. 379. Ao decidir o pedido na sentença, o juiz admitirá como verdadeiros os fatos que, por meio do documento ou da coisa, a parte pretendia provar se: I - o requerido não efetuar a exibição, nem fizer qualquer declaração no prazo do art. 382; II - a recusa for havida por ilegítima. Parágrafo único. Entendendo conveniente, pode o juiz adotar medidas coercitivas, inclusive de natureza pecuniária, para que o documento seja exibido.	~~Art. 359.~~ Ao decidir o pedido, o juiz admitirá como verdadeiros os fatos que, por meio do documento ou da coisa, a parte pretendia provar: I - ~~se~~ o requerido não efetuar a exibição, nem fizer qualquer declaração no prazo do ~~art. 357~~; II - ~~se~~ a recusa for havida por ilegítima.
Art. 380. Quando o documento ou a coisa estiver em poder de terceiro, o juiz mandará citá-lo para responder no prazo de quinze dias.	~~Art. 360.~~ Quando o documento ou a coisa estiver em poder de terceiro, o juiz mandará citá-lo para responder no prazo de ~~10 (dez)~~ dias.
Art. 381. Se o terceiro negar a obrigação de exibir ou a posse do documento ou da coisa, o juiz designará audiência especial, tomando-lhe o depoimento, bem como o das partes e, se necessário, de testemunhas; em seguida proferirá a decisão.	~~Art. 361.~~ Se o terceiro negar a obrigação de exibir ou a posse do documento ou da coisa, o juiz designará audiência especial, tomando-lhe o depoimento, bem como o das partes e, se necessário, de testemunhas; em seguida proferirá a <u>sentença</u>.
Art. 382. Se o terceiro, sem justo motivo, se recusar a efetuar a exibição, o juiz ordenar-lhe-á que proceda ao respectivo depósito em cartório ou em outro lugar designado, no prazo de cinco dias, impondo ao requerente que o embolse das despesas que tiver; se o terceiro descumprir a ordem, o juiz expedirá mandado de apreensão, requisitando, se necessário, força policial, tudo sem prejuízo da responsabilidade por crime de desobediência, pagamento de multa e outras medidas mandamentais, sub-rogatórias, indutivas e coercitivas. Parágrafo único. Das decisões proferidas com fundamento no art. 381 e no caput deste artigo caberá agravo de instrumento.	~~Art. 362.~~ Se o terceiro, sem justo motivo, se recusar a efetuar a exibição, o juiz <u>lhe ordenará</u> que proceda ao respectivo depósito em cartório ou <u>noutro</u> lugar designado, no prazo de 5 (cinco) dias, impondo ao requerente que o embolse das despesas que tiver; se o terceiro descumprir a ordem, o juiz expedirá mandado de apreensão, requisitando, se necessário, força policial, tudo sem prejuízo da responsabilidade por crime de desobediência.
Art. 383. A parte e o terceiro se escusam de exibir, em juízo, o documento ou a coisa, se: I - concernente a negócios da própria vida da família; II - a sua apresentação puder violar dever de honra; III - a publicidade do documento redundar em desonra à parte ou ao terceiro, bem como a seus parentes consanguíneos ou afins até o terceiro grau ou lhes representar perigo de ação penal; IV - a exibição acarretar a divulgação de fatos a cujo respeito, por estado ou profissão, devam guardar segredo;	~~Art. 363.~~ A parte e o terceiro se escusam de exibir, em juízo, o documento ou a coisa: I - ~~se~~ concernente a negócios da própria vida da família; II - ~~se~~ a sua apresentação puder violar dever de honra; III - ~~se~~ a publicidade do documento redundar em desonra à parte ou ao terceiro, bem como a seus parentes consangüíneos ou afins até o terceiro grau; ou lhes representar perigo de ação penal; IV - ~~se~~ a exibição acarretar a divulgação de fatos, a cujo respeito, por estado ou profissão, devam guardar segredo;

Projeto do Novo CPC	CPC 1973
V - subsistirem outros motivos graves que, segundo o prudente arbítrio do juiz, justifiquem a recusa da exibição. Parágrafo único. Se os motivos de que tratam os incisos I a V do caput disserem respeito só a uma parte do conteúdo do documento, a parte ou terceiro exibirá a outra em cartório, para dela ser extraída cópia reprográfica, de tudo sendo lavrado auto circunstanciado.	V - se subsistirem outros motivos graves que, segundo o prudente arbítrio do juiz, justifiquem a recusa da exibição. Parágrafo único. Se os motivos de que tratam os incisos I a V disserem respeito só a uma parte do conteúdo do documento, da outra se extrairá uma suma para ser apresentada em juízo.
Seção IV **Da prova documental**	**Seção V** **Da Prova Documental**
Subseção I **Da força probante dos documentos**	**Subseção I** **Da Força Probante dos Documentos**
Art. 384. O documento público faz prova não só da sua formação, mas também dos fatos que o escrivão, o tabelião ou o servidor declarar que ocorreram em sua presença.	Art. 364. O documento público faz prova não só da sua formação, mas também dos fatos que o escrivão, o tabelião, ou o funcionário declarar que ocorreram em sua presença.
Art. 385. Fazem a mesma prova que os originais: I - as certidões textuais de qualquer peça dos autos, do protocolo das audiências ou de outro livro a cargo do escrivão, sendo extraídas por ele ou sob sua vigilância e por ele subscritas; II - os traslados e as certidões extraídas por oficial público de instrumentos ou documentos lançados em suas notas; III - as reproduções dos documentos públicos, desde que autenticadas por oficial público ou conferidas em cartório, com os respectivos originais; IV - as cópias reprográficas de peças do próprio processo judicial declaradas autênticas pelo advogado, sob sua responsabilidade pessoal, se não lhes for impugnada a autenticidade; V - os extratos digitais de bancos de dados públicos e privados, desde que atestado pelo seu emitente, sob as penas da lei, que as informações conferem com o que consta na origem; VI - as reproduções digitalizadas de qualquer documento público ou particular quando juntadas aos autos pelos órgãos da justiça e seus auxiliares, pelo Ministério Público e seus auxiliares, pelas procuradorias, pelas repartições públicas em geral e por advogados, ressalvada a alegação motivada e fundamentada de adulteração antes ou durante o processo de digitalização. § 1º Os originais dos documentos digitalizados mencionados no inciso VI deverão ser preservados pelo detentor até o final do prazo para interposição de ação rescisória.	Art. 365. Fazem a mesma prova que os originais: I - as certidões textuais de qualquer peça dos autos, do protocolo das audiências, ou de outro livro a cargo do escrivão, sendo extraídas por ele ou sob sua vigilância e por ele subscritas; II - os traslados e as certidões extraídas por oficial público, de instrumentos ou documentos lançados em suas notas; III - as reproduções dos documentos públicos, desde que autenticadas por oficial público ou conferidas em cartório, com os respectivos originais. IV - as cópias reprográficas de peças do próprio processo judicial declaradas autênticas pelo próprio advogado sob sua responsabilidade pessoal, se não lhes for impugnada a autenticidade. V - os extratos digitais de bancos de dados, públicos e privados, desde que atestado pelo seu emitente, sob as penas da lei, que as informações conferem com o que consta na origem; VI - as reproduções digitalizadas de qualquer documento, público ou particular, quando juntados aos autos pelos órgãos da Justiça e seus auxiliares, pelo Ministério Público e seus auxiliares, pelas procuradorias, pelas repartições públicas em geral e por advogados públicos ou privados, ressalvada a alegação motivada e fundamentada de adulteração antes ou durante o processo de digitalização. § 1º Os originais dos documentos digitalizados, mencionados no inciso VI do caput deste artigo, deverão ser preservados pelo seu detentor até o final do prazo para interposição de ação rescisória.

Projeto do Novo CPC	CPC 1973
§ 2º Tratando-se de cópia digital de título executivo extrajudicial ou de outro documento relevante à instrução do processo, o juiz poderá determinar o seu depósito em cartório ou secretaria. **Art. 386.** Quando a lei exigir como da substância do ato o instrumento público, nenhuma outra prova, por mais especial que seja, pode suprir- lhe a falta. **Art. 387.** O documento feito por oficial público incompetente ou sem a observância das formalidades legais, sendo subscrito pelas partes, tem a mesma eficácia probatória do documento particular. **Art. 388.** As declarações constantes do documento particular escrito e assinado ou somente assinado presumem-se verdadeiras em relação ao signatário. Parágrafo único. Quando, todavia, o documento a que se refere o caput contiver declaração de ciência de determinado fato, o documento particular prova a ciência, mas não o fato em si, incumbindo o ônus de prová-lo ao interessado em sua veracidade. **Art. 389.** Considera-se autêntico o documento quando o tabelião reconhecer a firma do signatário, declarando que foi aposta em sua presença. **Art. 390.** A data do documento particular, quando a seu respeito surgir dúvida ou impugnação entre os litigantes, provar-se-á por todos os meios de direito. Em relação a terceiros, considerar-se-á datado o documento particular: I - no dia em que foi registrado; II - desde a morte de algum dos signatários; III - a partir da impossibilidade física que sobreveio a qualquer dos signatários; IV - da sua apresentação em repartição pública ou em juízo; V - do ato ou do fato que estabeleça, de modo certo, a anterioridade da formação do documento. **Art. 391.** Considera-se autor do documento particular: I - aquele que o fez e o assinou; II - aquele por conta de quem foi feito, estando assinado; III - aquele que, mandando compô-lo, não o firmou, porque, conforme a experiência comum, não se costuma assinar, como livros comerciais e assentos domésticos.	§ 2º Tratando-se de cópia digital de título executivo extrajudicial ou outro documento relevante à instrução do processo, o juiz poderá determinar o seu depósito em cartório ou secretaria. Art. 366. Quando a lei exigir, como da substância do ato, o instrumento público, nenhuma outra prova, por mais especial que seja, pode suprir-lhe a falta. Art. 367. O documento, feito por oficial público incompetente, ou sem a observância das formalidades legais, sendo subscrito pelas partes, tem a mesma eficácia probatória do documento particular. Art. 368. As declarações constantes do documento particular, escrito e assinado, ou somente assinado, presumem-se verdadeiras em relação ao signatário. Parágrafo único. Quando, todavia, contiver declaração de ciência, relativa a determinado fato, o documento particular prova a declaração, mas não o fato declarado, competindo ao interessado em sua veracidade o ônus de provar o fato. Art. 369. Reputa-se autêntico o documento, quando o tabelião reconhecer a firma do signatário, declarando que foi aposta em sua presença. Art. 370. A data do documento particular, quando a seu respeito surgir dúvida ou impugnação entre os litigantes, provar-se-á por todos os meios de direito. Mas, em relação a terceiros, considerar-se-á datado o documento particular: I - no dia em que foi registrado; II - desde a morte de algum dos signatários; III - a partir da impossibilidade física, que sobreveio a qualquer dos signatários; IV - da sua apresentação em repartição pública ou em juízo; V - do ato ou fato que estabeleça, de modo certo, a anterioridade da formação do documento. Art. 371. Reputa-se autor do documento particular: I - aquele que o fez e o assinou; II - aquele, por conta de quem foi feito, estando assinado; III - aquele que, mandando compô-lo, não o firmou, porque, conforme a experiência comum, não se costuma assinar, como livros comerciais e assentos domésticos.

Projeto do Novo CPC	CPC 1973
Art. 392. Incumbe à parte contra quem foi produzido documento particular alegar, no prazo de cinco dias, se admite ou não a autenticidade da assinatura e a veracidade do contexto, presumindo-se, com o silêncio, que o tem por verdadeiro.	~~Art. 372.~~ Compete à parte, contra quem foi produzido documento particular, alegar no prazo estabelecido no art. 390, se lhe admite ou não a autenticidade da assinatura e a veracidade do contexto; presumindo-se, com o silêncio, que o tem por verdadeiro.
Art. 393. O documento particular de cuja autenticidade não se duvida prova que o seu autor fez a declaração que lhe é atribuída. Parágrafo único. O documento particular admitido expressa ou tacitamente é indivisível, sendo vedado à parte que pretende utilizar-se dele aceitar os fatos que lhe são favoráveis e recusar os que são contrários ao seu interesse, salvo se provar que estes não ocorreram.	~~Art. 373. Ressalvado o disposto no parágrafo único do artigo anterior,~~ o documento particular, de cuja autenticidade se não duvida, prova que o seu autor fez a declaração, que lhe é atribuída. Parágrafo único. O documento particular, admitido expressa ou tacitamente, é indivisível, sendo defeso à parte, que pretende utilizar-se dele, aceitar os fatos que lhe são favoráveis e recusar os que são contrários ao seu interesse, salvo se provar que estes ~~se~~ não verificaram.
Art. 394. O telegrama, o radiograma ou qualquer outro meio de transmissão tem a mesma força probatória do documento particular, se o original constante da estação expedidora foi assinado pelo remetente. Parágrafo único. A firma do remetente poderá ser reconhecida pelo tabelião, declarando-se essa circunstância no original depositado na estação expedidora.	~~Art. 374.~~ O telegrama, o radiograma ou qualquer outro meio de transmissão tem a mesma força probatória do documento particular, se o original constante da estação expedidora foi assinado pelo remetente. Parágrafo único. A firma do remetente poderá ser reconhecida pelo tabelião, declarando-se essa circunstância no original depositado na estação expedidora.
Art. 395. O telegrama ou o radiograma presume-se conforme com o original, provando a data de sua expedição e do recebimento pelo destinatário.	~~Art. 375.~~ O telegrama ou o radiograma presume-se conforme com o original, provando a data de sua expedição e do recebimento pelo destinatário.
Art. 396. As cartas e os registros domésticos provam contra quem os escreveu quando: I - enunciam o recebimento de um crédito; II - contêm anotação que visa a suprir a falta de título em favor de quem é apontado como credor; III - expressam conhecimento de fatos para os quais não se exija determinada prova.	~~Art. 376.~~ As cartas, bem como os registros domésticos, provam contra quem os escreveu quando: I - enunciam o recebimento de um crédito; II - contêm anotação, que visa a suprir a falta de título em favor de quem é apontado como credor; III - expressam conhecimento de fatos para os quais não se exija determinada prova.
Art. 397. A nota escrita pelo credor em qualquer parte de documento representativo de obrigação, ainda que não assinada, faz prova em benefício do devedor. Parágrafo único. Aplica-se essa regra tanto para o documento que o credor conservar em seu poder como para aquele que se achar em poder do devedor ou de terceiro.	~~Art. 377.~~ A nota escrita pelo credor em qualquer parte de documento representativo de obrigação, ainda que não assinada, faz prova em benefício do devedor. Parágrafo único. Aplica-se esta regra tanto para o documento, que o credor conservar em seu poder, como para aquele que se achar em poder do devedor.
Art. 398. Os livros comerciais provam contra o seu autor. É lícito ao empresário, todavia, demonstrar, por todos os meios permitidos em direito, que os lançamentos não correspondem à verdade dos fatos.	~~Art. 378.~~ Os livros comerciais provam contra o seu autor. É lícito ao comerciante, todavia, demonstrar, por todos os meios permitidos em direito, que os lançamentos não correspondem à verdade dos fatos.

Projeto do Novo CPC	CPC 1973
Art. 399. Os livros comerciais que preencham os requisitos exigidos por lei provam também a favor do seu autor no litígio entre empresários.	~~Art. 379.~~ Os livros comerciais, que preencham os requisitos exigidos por lei, provam também a favor do seu autor no litígio entre comerciantes.
Art. 400. A escrituração contábil é indivisível; se, dos fatos que resultam dos lançamentos, uns são favoráveis ao interesse de seu autor e outros lhe são contrários, ambos serão considerados em conjunto como unidade.	~~Art. 380.~~ A escrituração contábil é indivisível: se dos fatos que resultam dos lançamentos, uns são favoráveis ao interesse de seu autor e outros lhe são contrários, ambos serão considerados em conjunto como unidade.
Art. 401. O juiz pode ordenar, a requerimento da parte, a exibição integral dos livros comerciais e dos documentos do arquivo: I - na liquidação de sociedade; II - na sucessão por morte de sócio; III - quando e como determinar a lei.	~~Art. 381.~~ O juiz pode ordenar, a requerimento da parte, a exibição integral dos livros comerciais e dos documentos do arquivo: I - na liquidação de sociedade; II - na sucessão por morte de sócio; III - quando e como determinar a lei.
Art. 402. O juiz pode, de ofício, ordenar à parte a exibição parcial dos livros e dos documentos, extraindo-se deles a suma que interessar ao litígio, bem como reproduções autenticadas.	~~Art. 382.~~ O juiz pode, de ofício, ordenar à parte a exibição parcial dos livros e documentos, extraindo-se deles a suma que interessar ao litígio, bem como reproduções autenticadas.
Art. 403. Qualquer reprodução mecânica, como a fotográfica, a cinematográfica, a fonográfica ou de outra espécie, faz prova dos fatos ou das coisas representadas, se aquele contra quem foi produzida lhe admitir a conformidade. Parágrafo único. Impugnada a autenticidade da reprodução mecânica, o juiz ordenará a realização de exame pericial.	~~Art. 383.~~ Qualquer reprodução mecânica, como a fotográfica, cinematográfica, fonográfica ou de outra espécie, faz prova dos fatos ou das coisas representadas, se aquele contra quem foi produzida lhe admitir a conformidade. Parágrafo único. Impugnada a autenticidade da reprodução mecânica, o juiz ordenará a realização de exame pericial.
Art. 404. As reproduções fotográficas ou obtidas por outros processos de repetição, dos documentos particulares, valem como certidões, sempre que o escrivão certificar a sua conformidade com o original.	~~Art. 384.~~ As reproduções fotográficas ou obtidas por outros processos de repetição, dos documentos particulares, valem como certidões, sempre que o escrivão portar por fé a sua conformidade com o original.
Art. 405. A cópia de documento particular tem o mesmo valor probante que o original, cabendo ao escrivão, intimadas as partes, proceder à conferência e certificar a conformidade entre a cópia e o original. § 1º Quando se tratar de fotografia obtida por meio convencional, será acompanhada do respectivo negativo, caso impugnada a veracidade pela outra parte. § 2º Se a prova for uma fotografia publicada em jornal ou revista, será exigido um exemplar original do periódico. § 3º A fotografia digital e as extraídas da rede mundial de computadores, se impugnada sua autenticidade, só terão força probatória quando apoiadas por prova testemunhal ou pericial. § 4º Aplica-se o disposto no artigo e em seus parágrafos à forma impressa de mensagem eletrônica.	~~Art. 385.~~ A cópia de documento particular tem o mesmo valor probante que o original, cabendo ao escrivão, intimadas as partes, proceder à conferência e certificar a conformidade entre a cópia e o original. § 1º - Quando se tratar de fotografia, ~~esta~~ terá de ser acompanhada do respectivo negativo. § 2º Se a prova for uma fotografia publicada em jornal, exigir-se-ão o original ~~e o negativo~~.

Projeto do Novo CPC	CPC 1973
Art. 406. O juiz apreciará livremente a fé que deva merecer o documento, quando em ponto substancial e sem ressalva contiver entrelinha, emenda, borrão ou cancelamento.	~~Art. 386.~~ O juiz apreciará livremente a fé que deva merecer o documento, quando em ponto substancial e sem ressalva contiver entrelinha, emenda, borrão ou cancelamento.
Art. 407. Cessa a fé do documento público ou particular sendo-lhe declarada judicialmente a falsidade. Parágrafo único. A falsidade consiste: I - em formar documento não verdadeiro; II - em alterar documento verdadeiro.	~~Art. 387.~~ Cessa a fé do documento~~,~~ público ou particular~~,~~ sendo-lhe declarada judicialmente a falsidade. Parágrafo único. A falsidade consiste: I - em formar documento não verdadeiro; II - em alterar documento verdadeiro.
Art. 408. Cessa a fé do documento particular quando: I - lhe for contestada a assinatura e enquanto não se lhe comprovar a veracidade; II - assinado em branco, for abusivamente preenchido. Parágrafo único. Dar-se-á abuso quando aquele que recebeu documento assinado com texto não escrito no todo ou em parte o formar ou o completar por si ou por meio de outrem, violando o pacto feito com o signatário.	~~Art. 388.~~ Cessa a fé do documento particular quando: I - lhe for contestada a assinatura e enquanto não se lhe comprovar a veracidade; II - assinado em branco, for abusivamente preenchido. Parágrafo único. Dar-se-á abuso quando aquele~~,~~ que recebeu documento assinado~~,~~ com texto não escrito no todo ou em parte~~,~~ o formar ou o completar, por si ou por meio de outrem, violando o pacto feito com o signatário.
Art. 409. Incumbe o ônus da prova quando: I - se tratar de falsidade de documento, à parte que a arguir; II - se tratar de contestação de assinatura, à parte que produziu o documento.	~~Art. 389.~~ Incumbe o ônus da prova quando: I - se tratar de falsidade de documento, à parte que a argüir; II - se tratar de contestação de assinatura, à parte que produziu o documento.
Subseção II **Da arguição de falsidade**	**Subseção II** **Da Argüição de Falsidade**
Art. 410. A falsidade deve ser suscitada na contestação ou no prazo de cinco dias contados a partir da intimação da juntada aos autos do documento.	~~Art. 390. O incidente de~~ falsidade ~~tem lugar em qualquer tempo e grau de jurisdição, incumbindo à parte, contra quem foi produzido o documento,~~ suscitá-lo na contestação ou no prazo de ~~10 (dez)~~ dias~~,~~ contados da intimação da sua juntada aos autos.
Art. 411. A parte arguirá a falsidade expondo os motivos em que funda a sua pretensão e os meios com que provará o alegado.	~~Art. 391. Quando o documento for oferecido antes de encerrada a instrução,~~ a parte o argüirá de falso~~, em petição dirigida ao juiz da causa,~~ expondo os motivos em que funda a sua pretensão e os meios com que provará o alegado.
Art. 412. Depois de ouvida a outra parte, será realizada a prova pericial.	~~Art. 392. Intimada a parte, que produziu o documento, a responder no prazo de 10 (dez) dias, o juiz~~ ordenará o exame pericial.

Projeto do Novo CPC	CPC 1973
Parágrafo único. Não se procederá ao exame pericial, se a parte que produziu o documento concordar em retirá-lo.	Parágrafo único. Não se procederá ao exame pericial, se a parte, que produziu o documento, concordar em retirá-lo e a parte contrária não se opuser ao desentranhamento.
Art. 413. A declaração sobre a falsidade do documento constará da parte dispositiva da sentença, de que, necessariamente, dependerá a decisão da lide, sobre a qual pesará também autoridade de coisa julgada.	
Subseção III **Da produção da prova documental**	**Subseção III** **Da Produção da Prova Documental**
Art. 414. Incumbe à parte instruir a petição inicial ou a contestação com os documentos destinados a provar-lhe as alegações. Ver arts. 304 e 349, do projeto do Novo CPC.	Art. 396. Compete à parte instruir a petição inicial (art. 283), ou a resposta (art. 297), com os documentos destinados a provar-lhe as alegações.
Art. 415. É lícito às partes, em qualquer tempo, juntar aos autos documentos novos, quando destinados a fazer prova de fatos ocorridos depois dos articulados ou para contrapô-los aos que foram produzidos nos autos.	Art. 397. É lícito às partes, em qualquer tempo, juntar aos autos documentos novos, quando destinados a fazer prova de fatos ocorridos depois dos articulados, ou para contrapô-los aos que foram produzidos nos autos.
Art. 416. Sempre que uma das partes requerer a juntada de documento aos autos, o juiz ouvirá, a seu respeito, a outra parte, no prazo de cinco dias.	Art. 398. Sempre que uma das partes requerer a juntada de documento aos autos, o juiz ouvirá, a seu respeito, a outra, no prazo de 5 (cinco) dias.
Art. 417. O juiz requisitará às repartições públicas em qualquer tempo ou grau de jurisdição: I - as certidões necessárias à prova das alegações das partes; II - os procedimentos administrativos nas causas em que forem interessados a União, os Estados, o Distrito Federal, os Municípios ou as respectivas entidades da administração indireta. § 1º Recebidos os autos, o juiz mandará extrair, no prazo máximo e improrrogável de um mês, certidões ou reproduções fotográficas das peças indicadas pelas partes ou de ofício; findo o prazo, devolverá os autos à repartição de origem. § 2º As repartições públicas poderão fornecer todos os documentos em meio eletrônico, conforme disposto em lei, certificando, pelo mesmo meio, que se trata de extrato fiel do que consta em seu banco de dados ou do documento digitalizado.	Art. 399. O juiz requisitará às repartições públicas em qualquer tempo ou grau de jurisdição: I - as certidões necessárias à prova das alegações das partes; II - os procedimentos administrativos nas causas em que forem interessados a União, o Estado, o Município, ou as respectivas entidades da administração indireta. § 1º Recebidos os autos, o juiz mandará extrair, no prazo máximo e improrrogável de 30 (trinta) dias, certidões ou reproduções fotográficas das peças indicadas pelas partes ou de ofício; findo o prazo, devolverá os autos à repartição de origem. § 2º As repartições públicas poderão fornecer todos os documentos em meio eletrônico conforme disposto em lei, certificando, pelo mesmo meio, que se trata de extrato fiel do que consta em seu banco de dados ou do documento digitalizado.
Seção V **Dos documentos eletrônicos**	
Art. 418. A utilização de documentos eletrônicos no processo convencional dependerá de sua conversão à forma impressa e de verificação de sua autenticidade, na forma da lei.	

Projeto do Novo CPC	CPC 1973
Art. 419. O juiz apreciará o valor probante do documento eletrônico não convertido, assegurado às partes o acesso ao seu teor. **Art. 420.** Serão admitidos documentos eletrônicos produzidos e conservados com a observância da legislação específica.	
Seção VI Da prova testemunhal	Seção VI Da Prova Testemunhal
Subseção I Da admissibilidade e do valor da prova testemunhal	Subseção I Da Admissibilidade e do Valor da Prova Testemunhal
Art. 421. A prova testemunhal é sempre admissível, não dispondo a lei de modo diverso. O juiz indeferirá a inquirição de testemunhas sobre fatos: Ver art. 357, III, do Projeto do Novo CPC. I - já provados por documento ou confissão da parte; II - que só por documento ou por exame pericial puderem ser provados.	~~Art. 400.~~ A prova testemunhal é sempre admissível, não dispondo a lei de modo diverso. O juiz indeferirá a inquirição de testemunhas sobre fatos: I - já provados por documento ou confissão da parte; II - que só por documento ou por exame pericial puderem ser provados.
Art. 422. A prova exclusivamente testemunhal só se admite nos contratos cujo valor não exceda ao décuplo do maior salário mínimo vigente no país, ao tempo em que foram celebrados.	~~Art. 401.~~ A prova exclusivamente testemunhal só se admite nos contratos cujo valor não exceda o décuplo do maior salário mínimo vigente no país, ao tempo em que foram celebrados.
Art. 423. Qualquer que seja o valor do contrato, é admissível a prova testemunhal, quando: I - houver começo de prova por escrito, emanado da parte contra a qual se pretende produzir a prova; II - o credor não pode ou não podia, moral ou materialmente, obter a prova escrita da obrigação, em casos como o de parentesco, depósito necessário ou hospedagem em hotel.	~~Art. 402.~~ Qualquer que seja o valor do contrato, é admissível a prova testemunhal, quando: I - houver começo de prova por escrito, ~~reputando-se tal o documento~~ emanado da parte contra quem se pretende utilizar o documento como prova; II - o credor não pode ou não podia, moral ou materialmente, obter a prova escrita da obrigação, em casos como o de parentesco, depósito necessário ou hospedagem em hotel.
Art. 424. As normas estabelecidas nos arts. 422 e 423 aplicam-se ao pagamento e à remissão da dívida.	~~Art. 403.~~ As normas estabelecidas nos dois artigos antecedentes aplicam-se ao pagamento e à remissão da dívida.
Art. 425. É lícito à parte inocente provar com testemunhas: I - nos contratos simulados, a divergência entre a vontade real e a vontade declarada; II - nos contratos em geral, os vícios de consentimento.	~~Art. 404.~~ É lícito à parte inocente provar com testemunhas: I - nos contratos simulados, a divergência entre a vontade real e a vontade declarada; II - nos contratos em geral, os vícios do consentimento.
Art. 426. Podem depor como testemunhas todas as pessoas, exceto as incapazes, impedidas ou suspeitas.	~~Art. 405.~~ Podem depor como testemunhas todas as pessoas, exceto as incapazes, impedidas ou suspeitas.

Projeto do Novo CPC	CPC 1973
§ 1º São incapazes: I - o interdito por enfermidade ou deficiência mental; II - o que, acometido por enfermidade ou debilidade mental, ao tempo em que ocorreram os fatos, não podia discerni-los; ou, ao tempo em que deve depor, não está habilitado a transmitir as percepções; III - o menor de dezesseis anos; IV - o cego e o surdo, quando a ciência do fato depender dos sentidos que lhes faltam. § 2º São impedidos: I - o cônjuge, o companheiro, bem como o ascendente e o descendente em qualquer grau, ou o colateral, até o terceiro grau, de alguma das partes, por consanguinidade ou afinidade, salvo se o exigir o interesse público ou, tratando-se de causa relativa ao estado da pessoa, não se puder obter de outro modo a prova que o juiz repute necessária ao julgamento do mérito; II - o que é parte na causa; III - o que intervém em nome de uma parte, como o tutor na causa do menor, o representante legal da pessoa jurídica, o juiz, o advogado e outros que assistam ou tenham assistido as partes. § 3º São suspeitos: I - o condenado por crime de falso testemunho, havendo transitado em julgado a sentença; II - o que, por seus costumes, não for digno de fé; III - o inimigo da parte ou o seu amigo íntimo; IV - o que tiver interesse no litígio. § 4º Sendo estritamente necessário, o juiz ouvirá testemunhas impedidas ou suspeitas; mas os seus depoimentos serão prestados independentemente de compromisso e o juiz lhes atribuirá o valor que possam merecer.	§ 1º São incapazes: I - o interdito por demência; II - o que, acometido por enfermidade, ou debilidade mental, ao tempo em que ocorreram os fatos, não podia discerni-los; ou, ao tempo em que deve depor, não está habilitado a transmitir as percepções; III - o menor de 16 (dezesseis) anos; IV - o cego e o surdo, quando a ciência do fato depender dos sentidos que lhes faltam. § 2º São impedidos: I - o cônjuge, bem como o ascendente e o descendente em qualquer grau, ou colateral, até o terceiro grau, de alguma das partes, por consangüinidade ou afinidade, salvo se o exigir o interesse público, ou, tratando-se de causa relativa ao estado da pessoa, não se puder obter de outro modo a prova, que o juiz repute necessária ao julgamento do mérito; II - o que é parte na causa; III - o que intervém em nome de uma parte, como o tutor na causa do menor, o representante legal da pessoa jurídica, o juiz, o advogado e outros, que assistam ou tenham assistido as partes. § 3º São suspeitos: I - o condenado por crime de falso testemunho, havendo transitado em julgado a sentença; II - o que, por seus costumes, não for digno de fé; III - o inimigo capital da parte, ou o seu amigo íntimo; IV - o que tiver interesse no litígio. 4º Sendo estritamente necessário, o juiz ouvirá testemunhas impedidas ou suspeitas; mas os seus depoimentos serão prestados independentemente de compromisso (art. 297) e o juiz lhes atribuirá o valor que possam merecer.
Art. 427. A testemunha não é obrigada a depor sobre fatos: I - que lhe acarretem grave dano, bem como ao seu cônjuge ou companheiro e aos seus parentes consanguíneos ou afins, em linha reta ou na colateral, em segundo grau; II - a cujo respeito, por estado ou profissão, deva guardar sigilo.	Art. 406. A testemunha não é obrigada a depor de fatos: I - que lhe acarretem grave dano, bem como ao seu cônjuge e aos seus parentes consangüíneos ou afins, em linha reta, ou na colateral em segundo grau; II - a cujo respeito, por estado ou profissão, deva guardar sigilo.
Art. 428. Salvo disposição especial em contrário, as provas devem ser produzidas em audiência.	Art. 336. Salvo disposição especial em contrário, as provas devem ser produzidas em audiência.

Projeto do Novo CPC	CPC 1973
Parágrafo único. Quando a parte ou a testemunha, por enfermidade ou por outro motivo relevante, estiver impossibilitada de comparecer à audiência, mas não de prestar depoimento, o juiz designará, conforme as circunstâncias, dia, hora e lugar para inquiri-la.	Parágrafo único. Quando a parte, ou a testemunha, por enfermidade, ou por outro motivo relevante, estiver impossibilitada de comparecer à audiência, mas não de prestar depoimento, o juiz designará, conforme as circunstâncias, dia, hora e lugar para inquiri-la.
Subseção II **Da produção da prova testemunhal**	**Subseção II** **Da Produção da Prova Testemunhal**
Art. 429. Incumbe às partes, na petição inicial e na contestação, apresentar o rol de testemunhas, precisando-lhes, se possível, o nome, a profissão, o estado civil, a idade, o número do cadastro de pessoa física e do registro de identidade e o endereço completo da residência e do local de trabalho. Ver art. 357, III , do Projeto do Novo CPC.	Art. 407. Incumbe às partes, no prazo que o juiz fixará ao designar a data da audiência, depositar em cartório o rol de testemunhas, precisando-lhes o nome, profissão, residência e o local de trabalho; omitindo-se o juiz, o rol será apresentado até 10 (dez) dias antes da audiência.
Art. 430. Depois de apresentado o rol de que trata o art. 429, a parte só pode substituir a testemunha: I - que falecer; II - que, por enfermidade, não estiver em condições de depor; III - que, tendo mudado de residência ou de local de trabalho, não for encontrada.	Art. 408. Depois de apresentado o rol, de que trata o artigo antecedente, a parte só pode substituir a testemunha: I - que falecer; II - que, por enfermidade, não estiver em condições de depor; III - que, tendo mudado de residência, não for encontrada pelo oficial de justiça.
Art. 431. Quando for arrolado como testemunha, o juiz da causa: I - declarar-se-á impedido, se tiver conhecimento de fatos que possam influir na decisão; caso em que será vedado à parte que o incluiu no rol desistir de seu depoimento; II - se nada souber, mandará excluir o seu nome.	Art. 409. Quando for arrolado como testemunha o juiz da causa, este: I - declarar-se-á impedido, se tiver conhecimento de fatos, que possam influir na decisão; caso em que será defeso à parte, que o incluiu no rol, desistir de seu depoimento; II - se nada souber, mandará excluir o seu nome.
Art. 432. As testemunhas depõem, na audiência de instrução, perante o juiz da causa, exceto: I - as que prestam depoimento antecipadamente; II - as que são inquiridas por carta; III - as que, por doença ou outro motivo relevante, estão impossibilitadas de comparecer em juízo; IV - as designadas no art. 433.	Art. 410. As testemunhas depõem, na audiência de instrução, perante o juiz da causa, exceto: I - as que prestam depoimento antecipadamente; II - as que são inquiridas por carta; III - as que, por doença, ou outro motivo relevante, estão impossibilitadas de comparecer em juízo (art. 297); IV - as designadas no artigo seguinte.
Art. 433. São inquiridos em sua residência ou onde exercem a sua função: I - o presidente e o vice-presidente da República; II - os ministros de Estado;	Art. 411. São inquiridos em sua residência, ou onde exercem a sua função: I - o Presidente e o Vice-Presidente da República; III - os ministros de Estado; [...]

Projeto do Novo CPC	CPC 1973
III - os ministros do Supremo Tribunal Federal, os conselheiros do Conselho Nacional de Justiça, os ministros do Superior Tribunal de Justiça, do Superior Tribunal Militar, do Tribunal Superior Eleitoral, do Tribunal Superior do Trabalho e do Tribunal de Contas da União;	IV - os ministros do Supremo Tribunal Federal, do Superior Tribunal de Justiça, do Superior Tribunal Militar, do Tribunal Superior Eleitoral, do Tribunal Superior do Trabalho e do Tribunal de Contas da União;
IV - o procurador-geral da República e os conselheiros do Conselho Nacional do Ministério Público;	V - o procurador-geral da República;
V - os senadores e os deputados federais;	VI - os senadores e deputados federais;
VI - os governadores dos Estados, dos Territórios e do Distrito Federal;	VII - os governadores dos Estados, dos Territórios e do Distrito Federal;
VII - os deputados estaduais e distritais;	VIII - os deputados estaduais;
VIII - os desembargadores dos Tribunais de Justiça, os juízes dos Tribunais Regionais Federais, dos Tribunais Regionais do Trabalho e dos Tribunais Regionais Eleitorais e os conselheiros dos Tribunais de Contas dos Estados e do Distrito Federal;	IX - os desembargadores dos Tribunais de Justiça, os juízes dos Tribunais de Alçada, os juízes dos Tribunais Regionais do Trabalho e dos Tribunais Regionais Eleitorais e os conselheiros dos Tribunais de Contas dos Estados e do Distrito Federal;
IX - o embaixador de país que, por lei ou tratado, concede idêntica prerrogativa ao agente diplomático do Brasil.	X - o embaixador de país que, por lei ou tratado, concede idêntica prerrogativa ao agente diplomático do Brasil.
Parágrafo único. O juiz solicitará à autoridade que designe dia, hora e local a fim de ser inquirida, remetendo-lhe cópia da petição inicial ou da defesa oferecida pela parte que a arrolou como testemunha; passado um mês sem manifestação da autoridade, o juiz designará dia, hora e local para o depoimento, preferencialmente na sede do juízo.	Parágrafo único. O juiz solicitará à autoridade que designe dia, hora e local a fim de ser inquirida, remetendo-lhe cópia da petição inicial ou da defesa oferecida pela parte, que arrolou como testemunha.
Art. 434. Cabe ao advogado informar a testemunha arrolada do local, do dia e do horário da audiência designada, dispensando-se a intimação do juízo.	Art. 412. A testemunha é intimada a comparecer à audiência, constando do mandado dia, hora e local, bem como os nomes das partes e a natureza da causa. Se a testemunha deixar de comparecer, sem motivo justificado, será conduzida, respondendo pelas despesas do adiamento.
§ 1º O não comparecimento da testemunha gera presunção de que a parte desistiu de ouvi-la.	§ 1º A parte pode comprometer-se a levar à audiência a testemunha, independentemente de intimação; presumindo-se, caso não compareça, que desistiu de ouvi-la.
§ 2º Somente se procederá à intimação pelo juiz quando essa necessidade for devidamente justificada pelas partes; nesse caso, se a testemunha deixar de comparecer sem motivo justificado, será conduzida e responderá pelas despesas do adiamento.	
§ 3º Quando figurar no rol de testemunhas servidor público ou militar, nos termos do parágrafo § 2º, o juiz requisitará ao chefe da repartição ou ao comando do corpo em que servir.	§ 2º Quando figurar no rol de testemunhas funcionário público ou militar, o juiz o requisitará ao chefe da repartição ou ao comando do corpo em que servir.
§ 4º A intimação poderá ser feita pelo correio, sob registro ou com entrega em mão própria, quando a testemunha tiver residência certa.	

Projeto do Novo CPC	CPC 1973
Art. 435. O juiz inquirirá as testemunhas separada e sucessivamente, primeiro as do autor e depois as do réu, e providenciará para que uma não ouça o depoimento das outras. Parágrafo único. O juiz poderá alterar a ordem estabelecida no caput se as partes concordarem.	~~Art. 413.~~ O juiz inquirirá as testemunhas separada e sucessivamente; primeiro as do autor e depois as do réu, providenciando de modo que uma não ouça o depoimento das outras.
Art. 436. Antes de depor, a testemunha será qualificada e declarará ou confirmará os seus dados apresentados na inicial ou na contestação e se tem relações de parentesco com a parte ou interesse no objeto do processo. § 1º É lícito à parte contraditar a testemunha, arguindo-lhe a incapacidade, o impedimento ou a suspeição. Se a testemunha negar os fatos que lhe são imputados, a parte poderá provar a contradita com documentos ou com testemunhas, até três, apresentadas no ato e inquiridas em separado. Sendo provados ou confessados os fatos, o juiz dispensará a testemunha ou lhe tomará o depoimento como informante. § 2º A testemunha pode requerer ao juiz que a escuse de depor, alegando os motivos previstos neste Código; ouvidas as partes, o juiz decidirá de plano.	~~Art. 414.~~ Antes de depor, a testemunha será qualificada, declarando o nome por inteiro, a profissão, a residência e o estado civil, bem como se tem relações de parentesco com a parte~~,~~ ou interesse no objeto do processo. § 1º É lícito à parte contraditar a testemunha, argüindo-lhe a incapacidade, o impedimento ou a suspeição. Se a testemunha negar os fatos que lhe são imputados, a parte poderá provar a contradita com documentos ou com testemunhas, até três, apresentada no ato e inquiridas em separado. Sendo provados ou confessados os fatos, o juiz dispensará a testemunha~~,~~ ou lhe tomará o depoimento, observando o disposto no art. 405, § 4º. § 2º A testemunha pode requerer ao juiz que a escuse de depor, alegando os motivos ~~de que trata o art. 406~~; ouvidas as partes, o juiz decidirá de plano.
Art. 437. Ao início da inquirição, a testemunha prestará o compromisso de dizer a verdade do que souber e lhe for perguntado. Parágrafo único. O juiz advertirá à testemunha que incorre em sanção penal quem faz afirmação falsa, cala ou oculta a verdade.	~~Art. 415.~~ Ao início da inquirição, a testemunha prestará o compromisso de dizer a verdade do que souber e lhe for perguntado. Parágrafo único. O juiz advertirá à testemunha que incorre em sanção penal quem faz ~~a~~ afirmação falsa, cala ou oculta a verdade.
Art. 438. As perguntas serão formuladas pelas partes diretamente à testemunha, começando pela que a arrolou, não admitindo o juiz aquelas que puderem induzir a resposta, não tiverem relação com a causa ou importarem repetição de outra já respondida. § 1º O juiz poderá inquirir a testemunha assim antes como depois da inquirição pelas partes. § 2º As partes devem tratar as testemunhas com urbanidade, não lhes fazendo perguntas ou considerações impertinentes, capciosas ou vexatórias. § 3º As perguntas que o juiz indeferir serão transcritas no termo, se a parte o requerer.	~~Art. 416. O juiz interrogará a~~ testemunha ~~sobre os fatos articulados,~~ cabendo, primeiro à parte, que a arrolou, e depois à parte contrária, formular perguntas tendentes a esclarecer ou completar o depoimento. § 1º As partes devem tratar as testemunhas com urbanidade, não lhes fazendo perguntas ou considerações impertinentes, capciosas ou vexatórias. § 2º As perguntas que o juiz indeferir serão ~~obrigatoriamente~~ transcritas no termo, se a parte o requerer.
Art. 439. O depoimento digitado ou registrado por taquigrafia, estenotipia ou outro método idôneo de documentação será assinado pelo juiz, pelo depoente e pelos procuradores, facultando-se às partes a sua gravação.	~~Art. 417.~~ O depoimento~~, datilografado~~ ou registrado por taquigrafia, estenotipia ou outro método idôneo de documentação~~,~~ será assinado pelo juiz, pelo depoente e pelos procuradores, facultando-se às partes a sua gravação.

Projeto do Novo CPC	CPC 1973
§ 1º O depoimento será passado para a versão digitada quando, não sendo eletrônico o processo, houver recurso da sentença, bem como em outros casos nos quais o juiz o determinar, de ofício ou a requerimento da parte. § 2º Tratando-se de processo eletrônico, observar-se-á o disposto no art. 151.	§ 1º O depoimento será passado para a versão ~~datilográfica~~ quando houver recurso da sentença <u>ou noutros</u> casos~~;~~ <u>quando</u> o juiz o determinar, de ofício ou a requerimento da parte. § 2º Tratando-se de processo eletrônico, observar-se-á o disposto ~~nos §§ 2º e 3º do art. 169 desta Lei.~~
Art. 440. O juiz pode ordenar, de ofício ou a requerimento da parte: I - a inquirição de testemunhas referidas nas declarações da parte ou das testemunhas; II - a acareação de duas ou mais testemunhas ou de alguma delas com a parte, quando, sobre fato determinado que possa influir na decisão da causa, divergirem as suas declarações.	~~Art. 418.~~ O juiz pode ordenar, de ofício ou a requerimento da parte: I - a inquirição de testemunhas referidas nas declarações da parte ou das testemunhas; II - a acareação de duas ou mais testemunhas ou de alguma delas com a parte, quando, sobre fato determinado~~,~~ que possa influir na decisão da causa, divergirem as suas declarações.
Art. 441. A testemunha pode requerer ao juiz o pagamento da despesa que efetuou para comparecimento à audiência, devendo a parte pagá-la logo que arbitrada ou depositá-la em cartório dentro de três dias. Parágrafo único. O depoimento prestado em juízo é considerado serviço público. A testemunha, quando sujeita ao regime da legislação trabalhista, não sofre, por comparecer à audiência, perda de salário nem desconto no tempo de serviço.	~~Art. 419.~~ A testemunha pode requerer ao juiz o pagamento da despesa que efetuou para comparecimento à audiência, devendo a parte pagá-la logo que arbitrada~~,~~ ou depositá-la em cartório dentro de ~~3~~ ~~(três)~~ dias. Parágrafo único. O depoimento prestado em juízo é considerado serviço público. A testemunha, quando sujeita ao regime da legislação trabalhista, não sofre, por comparecer à audiência, perda de salário nem desconto no tempo de serviço.
Art. 442. Quando a parte ou a testemunha, por enfermidade ou por outro motivo relevante, estiver impossibilitada de comparecer à audiência, mas não de prestar depoimento, o juiz designará dia, hora e lugar para inquiri-la.	~~Art. 336. Salvo disposição especial em contrário, as provas devem ser produzidas em audiência. Parágrafo único.~~ Quando a parte~~,~~ ou a testemunha, por enfermidade~~,~~ ou por outro motivo relevante, estiver impossibilitada de comparecer à audiência, mas não de prestar depoimento, o juiz designará~~, conforme as circunstâncias,~~ dia, hora e lugar para inquiri-la.
Art. 443. O juiz pode suspender o processo na decisão em que deferir prova a ser produzida por carta precatória ou rogatória, tendo sido estas requeridas antes da decisão de saneamento e sendo a prova nelas solicitada considerada imprescindível.	~~Art. 338.~~ <u>A</u> carta precatória <u>e a carta</u> rogatória <u>suspenderão o processo, no caso previsto na alínea b do inciso IV do art. 265 desta Lei, quando,</u> tendo sido requeridas antes da decisão de saneamento~~,~~ a prova nelas solicitada <u>apresentar-se</u> imprescindível.
Seção VII Da prova pericial	Seção VII Da Prova Pericial
Art. 444. A prova pericial consiste em exame, vistoria ou avaliação. Ver arts. 125 a 127 do Projeto do Novo CPC. Parágrafo único. O juiz indeferirá a perícia quando: I - a prova do fato não depender de conhecimento especial de técnico;	~~Art. 420.~~ A prova pericial consiste em exame, vistoria ou avaliação. Parágrafo único. O juiz indeferirá a perícia quando: I - a prova do fato não depender <u>do</u> conhecimento especial de técnico;

Projeto do Novo CPC	CPC 1973
II - for desnecessária em vista de outras provas produzidas; III - a verificação for impraticável.	II - for desnecessária em vista de outras provas produzidas; III - a verificação for impraticável.
Art. 445. O juiz nomeará perito e fixará de imediato o prazo para a entrega do laudo. § 1º Incumbe às partes, dentro de cinco dias contados da intimação do despacho de nomeação do perito: I - indicar o assistente técnico; II - apresentar quesitos. § 2º Quando a natureza do fato o permitir, a perícia poderá consistir apenas na inquirição pelo juiz do perito e dos assistentes, por ocasião da audiência de instrução e julgamento, a respeito das coisas que houverem informalmente examinado ou avaliado.	Art. 421. O juiz nomeará o perito, fixando de imediato o prazo para a entrega do laudo. § 1º Incumbe às partes, dentro em 5 (cinco) dias, contados da intimação do despacho de nomeação do perito: I - indicar o assistente técnico; II - apresentar quesitos. § 2º Quando a natureza do fato o permitir, a perícia poderá consistir apenas na inquirição pelo juiz do perito e dos assistentes, por ocasião da audiência de instrução e julgamento a respeito das coisas que houverem informalmente examinado ou avaliado.
Art. 446. O perito cumprirá escrupulosamente o encargo que lhe foi cometido, independentemente de termo de compromisso. Os assistentes técnicos são de confiança da parte e não estão sujeitos a impedimento ou suspeição. Parágrafo único. O perito deve assegurar aos assistentes das partes o acesso e o acompanhamento das diligências e dos exames que realizar.	Art. 422. O perito cumprirá escrupulosamente o encargo que lhe foi cometido, independentemente de termo de compromisso. Os assistentes técnicos são de confiança da parte, não sujeitos a impedimento ou suspeição.
Art. 447. O perito pode escusar-se ou ser recusado por impedimento ou suspeição; ao aceitar a escusa ou julgar procedente a impugnação, o juiz nomeará novo perito.	Art. 423. O perito pode escusar-se (art. 146), ou ser recusado por impedimento ou suspeição (art. 138, III); ao aceitar a escusa ou julgar procedente a impugnação, o juiz nomeará novo perito.
Art. 448. O perito pode ser substituído quando: I - faltar-lhe conhecimento técnico ou científico; II - sem motivo legítimo, deixar de cumprir o encargo no prazo que lhe foi assinado. Parágrafo único. No caso previsto no inciso II, o juiz comunicará a ocorrência à corporação profissional respectiva, podendo, ainda, impor multa ao perito, fixada tendo em vista o valor da causa e o possível prejuízo decorrente do atraso no processo.	Art. 424. O perito pode ser substituído quando: I - carecer de conhecimento técnico ou científico; II - sem motivo legítimo, deixar de cumprir o encargo no prazo que lhe foi assinado. Parágrafo único. No caso previsto no inciso II, o juiz comunicará a ocorrência à corporação profissional respectiva, podendo, ainda, impor multa ao perito, fixada tendo em vista o valor da causa e o possível prejuízo decorrente do atraso no processo.
Art. 449. As partes poderão apresentar quesitos suplementares durante a diligência. Parágrafo único. O escrivão dará à parte contrária ciência da juntada dos quesitos aos autos.	Art. 425. Poderão as partes apresentar, durante a diligência, quesitos suplementares. Da juntada dos quesitos aos autos dará o escrivão ciência à parte contrária.
Art. 450. Incumbe ao juiz: I - indeferir quesitos impertinentes; II - formular os quesitos que entender necessários ao esclarecimento da causa.	Art. 426. Compete ao juiz: I - indeferir quesitos impertinentes; II - formular os que entender necessários ao esclarecimento da causa.

Projeto do Novo CPC	CPC 1973
Art. 451. O juiz poderá dispensar prova pericial quando as partes, na inicial e na contestação, apresentarem sobre as questões de fato pareceres técnicos ou documentos elucidativos que considerar suficientes.	~~Art. 427.~~ O juiz poderá dispensar prova pericial quando as partes, na inicial e na contestação, apresentarem sobre as questões de fato pareceres técnicos ou documentos elucidativos que considerar suficientes.
Art. 452. Para o desempenho de sua função, o perito e os assistentes técnicos podem se utilizar de todos os meios necessários, ouvindo testemunhas, obtendo informações, solicitando documentos que estejam em poder da parte ou em repartições públicas, bem como instruir o laudo com plantas, desenhos, fotografias e outras peças.	~~Art. 429.~~ Para o desempenho de sua função, podem o perito e os assistentes técnicos utilizar-se de todos os meios necessários, ouvindo testemunhas, obtendo informações, solicitando documentos que estejam em poder de parte ou em repartições públicas, bem como instruir o laudo com plantas, desenhos, fotografias e outras ~~quaisquer~~ peças.
Art. 453. As partes terão ciência da data e do local designados pelo juiz ou indicados pelo perito para ter início a produção da prova.	~~Art. 431-A.~~ As partes terão ciência da data e local designados pelo juiz ou indicados pelo perito para ter início a produção da prova.
Art. 454. Tratando-se de perícia complexa que abranja mais de uma área de conhecimento especializado, o juiz poderá nomear mais de um perito e a parte indicar mais de um assistente técnico.	~~Art. 431-B.~~ Tratando-se de perícia complexa, que abranja mais de uma área de conhecimento especializado, o juiz poderá nomear mais de um perito e a parte indicar mais de um assistente técnico.
Art. 455. Se o perito, por motivo justificado, não puder apresentar o laudo dentro do prazo, o juiz poderá conceder-lhe, por uma vez, prorrogação.	~~Art. 432.~~ Se o perito, por motivo justificado, não puder apresentar o laudo dentro do prazo, o juiz ~~conceder-lhe-á~~, por uma vez, prorrogação, ~~segundo o seu prudente arbítrio~~.
Art. 456. O perito apresentará o laudo em cartório, no prazo fixado pelo juiz, pelo menos vinte dias antes da audiência de instrução e julgamento. Parágrafo único. Os assistentes técnicos oferecerão seus pareceres no prazo comum de dez dias, após serem intimadas as partes da apresentação do laudo.	~~Art. 433.~~ O perito apresentará o laudo em cartório, no prazo fixado pelo juiz, pelo menos ~~20 (vinte)~~ dias antes da audiência de instrução e julgamento. Parágrafo único. Os assistentes técnicos oferecerão seus pareceres no prazo comum de ~~10 (dez)~~ dias, após intimadas as partes da apresentação do laudo.
Art. 457. Quando o exame tiver por objeto a autenticidade ou a falsidade de documento ou for de natureza médico-legal, o perito será escolhido, de preferência, entre os técnicos dos estabelecimentos oficiais especializados. O juiz autorizará a remessa dos autos, bem como do material sujeito a exame ao diretor do estabelecimento. § 1º Nas hipóteses de gratuidade de justiça, os órgãos e as repartições oficiais deverão cumprir a determinação judicial com preferência, no prazo estabelecido. § 2º Descumpridos os prazos do § 1º, poderá o juiz infligir multa ao órgão e a seu dirigente, por cujo pagamento ambos responderão solidariamente. § 3º A prorrogação desses prazos pode ser requerida motivadamente.	~~Art. 434.~~ Quando o exame tiver por objeto a autenticidade ou a falsidade de documento, ou for de natureza médico-legal, o perito será escolhido, de preferência, entre os técnicos dos estabelecimentos oficiais especializados. O juiz autorizará a remessa dos autos, bem como do material sujeito a exame, ao diretor do estabelecimento.

Projeto do Novo CPC	CPC 1973
§ 4º Quando o exame tiver por objeto a autenticidade da letra e da firma, o perito poderá requisitar, para efeito de comparação, documentos existentes em repartições públicas; na falta destes, poderá requerer ao juiz que a pessoa a quem se atribuir a autoria do documento lance em folha de papel, por cópia ou sob ditado, dizeres diferentes, para fins de comparação. **Art. 458.** A parte que desejar esclarecimento do perito ou do assistente técnico requererá ao juiz que mande intimá-lo a comparecer à audiência, formulando, desde logo, as perguntas, sob forma de quesitos. Parágrafo único. O perito ou o assistente técnico só estará obrigado a prestar os esclarecimentos a que se refere este artigo quando intimado cinco dias antes da audiência. **Art. 459.** O juiz não está adstrito ao laudo pericial, podendo formar a sua convicção com outros elementos ou fatos provados nos autos. **Art. 460.** O juiz poderá determinar, de ofício ou a requerimento da parte, a realização de nova perícia quando a matéria não lhe parecer suficientemente esclarecida. **Art. 461.** A segunda perícia tem por objeto os mesmos fatos sobre que recaiu a primeira e destina-se a corrigir eventual omissão ou inexatidão dos resultados a que esta conduziu. **Art. 462.** A segunda perícia rege-se pelas disposições estabelecidas para a primeira. Parágrafo único. A segunda perícia não substitui a primeira, cabendo ao juiz apreciar livremente o valor de uma e outra. **Seção VIII** **Da inspeção judicial** **Art. 463.** O juiz, de ofício ou a requerimento da parte, pode, em qualquer fase do processo, inspecionar pessoas ou coisas, a fim de se esclarecer sobre fato que interesse à decisão da causa. **Art. 464.** Ao realizar a inspeção, o juiz poderá ser assistido por um ou mais peritos. **Art. 465.** O juiz irá ao local onde se encontre a pessoa ou a coisa quando:	Parágrafo único. Quando o exame tiver por objeto a autenticidade da letra e firma, o perito poderá requisitar, para efeito de comparação, documentos existentes em repartições públicas; na falta destes, poderá requerer ao juiz que a pessoa, a quem se atribuir a autoria do documento, lance em folha de papel, por cópia, ou sob ditado, dizeres diferentes, para fins de comparação. Art. 435. A parte, que desejar esclarecimento do perito e do assistente técnico, requererá ao juiz que mande intimá-lo a comparecer à audiência, formulando desde logo as perguntas, sob forma de quesitos. Parágrafo único. O perito e o assistente técnico só estarão obrigados a prestar os esclarecimentos a que se refere este artigo, quando intimados 5 (cinco) dias antes da audiência. Art. 436. O juiz não está adstrito ao laudo pericial, podendo formar a sua convicção com outros elementos ou fatos provados nos autos. Art. 437. O juiz poderá determinar, de ofício ou a requerimento da parte, a realização de nova perícia, quando a matéria não lhe parecer suficientemente esclarecida. Art. 438. A segunda perícia tem por objeto os mesmos fatos sobre que recaiu a primeira e destina-se a corrigir eventual omissão ou inexatidão dos resultados a que esta conduziu. Art. 439. A segunda perícia rege-se pelas disposições estabelecidas para a primeira. Parágrafo único. A segunda perícia não substitui a primeira, cabendo ao juiz apreciar livremente o valor de uma e outra. **Seção VIII** **Da Inspeção Judicial** Art. 440. O juiz, de ofício ou a requerimento da parte, pode, em qualquer fase do processo, inspecionar pessoas ou coisas, a fim de se esclarecer sobre fato, que interesse à decisão da causa. Art. 441. Ao realizar a inspeção direta, o juiz poderá ser assistido de um ou mais peritos. Art. 442. O juiz irá ao local, onde se encontre a pessoa ou coisa, quando:

Projeto do Novo CPC	CPC 1973
I - julgar necessário para a melhor verificação ou interpretação dos fatos que deva observar; II - a coisa não puder ser apresentada em juízo, sem consideráveis despesas ou graves dificuldades; III - determinar a reconstituição dos fatos. Parágrafo único. As partes têm sempre direito a assistir à inspeção, prestando esclarecimentos e fazendo observações que considerem de interesse para a causa.	I - julgar necessário para a melhor verificação ou interpretação dos fatos que deva observar; II - a coisa não puder ser apresentada em juízo, sem consideráveis despesas ou graves dificuldades; III - determinar a reconstituição dos fatos. Parágrafo único. As partes têm sempre direito a assistir à inspeção, prestando esclarecimentos e fazendo observações que reputem de interesse para a causa.
Art. 466. Concluída a diligência, o juiz mandará lavrar auto circunstanciado, mencionando nele tudo quanto for útil ao julgamento da causa. Parágrafo único. O auto poderá ser instruído com desenho, gráfico ou fotografia.	~~Art. 443.~~ Concluída a diligência, o juiz mandará lavrar auto circunstanciado, mencionando nele tudo quanto for útil ao julgamento da causa. Parágrafo único. O auto poderá ser instruído com desenho, gráfico ou fotografia.
Capítulo XIII **DA SENTENÇA E DA COISA JULGADA** **Seção I** **Disposições gerais**	**CAPÍTULO VIII** **DA SENTENÇA E DA COISA JULGADA** [...]
Art. 467. O juiz proferirá sentença sem resolução de mérito quando: Ver art. 184 do Projeto do Novo CPC. I - indeferir a petição inicial; Ver art. 315 do Projeto do Novo CPC. II - o processo ficar parado durante mais de um ano por negligência das partes; III -, por não promover os atos e as diligências que lhe incumbir, o autor abandonar a causa por mais de um mês; IV - se verificar a ausência de pressupostos de constituição e de desenvolvimento válido e regular do processo; V - o juiz acolher a alegação de perempção, de litispendência ou de coisa julgada; Ver arts. 338, V,VI e VII do Projeto do Novo CPC. VI - o juiz verificar ausência de legitimidade ou de interesse processual; Ver art. 315, II,III do Projeto do Novo CPC. VII - verificar a existência de convenção de arbitragem; VIII - o autor desistir da ação; Ver art. 337, parágrafo único, do Projeto do Novo CPC. IX - em caso de morte da parte, a ação for considerada intransmissível por disposição legal; X - ocorrer confusão entre autor e réu; e XI - nos demais casos prescritos neste Código.	~~Art. 267. Extingue-se o processo~~, sem resolução de mérito: Nota: os artigos 267 e 269 encontravam-se no Capítulo III, Título VI do Livro I do CPC/73. I - ~~quando o juiz~~ indeferir a petição inicial; II - ~~quando~~ ficar parado durante mais de ~~1 (um)~~ ano por negligência das partes; III - ~~quando~~, por não promover os atos e diligências que lhe competir, o autor abandonar a causa por mais de ~~30 (trinta)~~ dias; IV - ~~quando~~ se verificar a ausência de pressupostos de constituição e de desenvolvimento válido e regular do processo; V - ~~quando~~ o juiz acolher a alegação de perempção, litispendência ou de coisa julgada; VI - quando não concorrer qualquer das condições da ação, ~~como a possibilidade jurídica,~~ a legitimidade ~~das partes e o~~ interesse processual; VII - ~~pela~~ convenção de arbitragem; VIII - ~~quando~~ o autor desistir da ação; IX - ~~quando~~ a ação for considerada intransmissível por disposição legal; X - ~~quando~~ ocorrer confusão entre autor e réu; XI - nos demais casos prescritos neste Código.

Projeto do Novo CPC	CPC 1973
§ 1º Nas hipóteses descritas nos incisos II e III, a parte será intimada para suprir a falta em quarenta e oito horas.	§ 1º ~~O juiz ordenará,~~ nos casos dos ns. II e III, ~~e arquivamento dos autos, declarando a extinção do processo, se~~ a parte, intimada ~~pessoalmente, não~~ suprir a falta em ~~48 (quarenta e oito)~~ horas.
§ 2º No caso do § 1º, quanto ao inciso II, as partes pagarão proporcionalmente as custas, e, quanto ao inciso III, o autor será condenado ao pagamento das despesas e dos honorários de advogado.	§ 2º No caso do parágrafo anterior, quanto ao nº II, as partes pagarão proporcionalmente as custas e, quanto ao nº III, o autor será condenado ao pagamento das despesas e honorários de advogado ~~(art. 28)~~.
§ 3º O juiz conhecerá de ofício da matéria constante dos incisos IV, V e VI, em qualquer tempo e grau de jurisdição, enquanto não proferida a sentença de mérito.	§ 3º O juiz conhecerá de ofício, em qualquer tempo e grau de jurisdição, enquanto não proferida a sentença de mérito, da matéria constante dos ns. IV, V e VI; ~~todavia, o réu que a não alegar, na primeira oportunidade em que lhe caiba falar nos autos, responderá pelas custas de retardamento.~~
§ 4º Oferecida a contestação, o autor não poderá, sem o consentimento do réu, desistir da ação.	§ 4º Depois de decorrido o prazo para a resposta, o autor não poderá, sem o consentimento do réu, desistir da ação.
§ 5º Interposta a apelação em qualquer dos casos de que tratam os incisos deste artigo, o juiz terá quarenta e oito horas para se retratar.	~~Art. 296.~~ Indeferida a petição inicial, o autor poderá apelar, facultado ao juiz, no prazo de 48 (quarenta e oito) horas, reformar sua decisão. Parágrafo único. Não sendo reformada a decisão, os autos serão imediatamente encaminhados ao tribunal competente.
Art. 468. A sentença sem resolução de mérito não obsta a que a parte proponha de novo a ação. Ver art. 467 do Projeto do Novo CPC.	~~Art. 268.~~ Salvo o disposto no art. 267, V, a extinção do processo não obsta a que o autor intente de novo a ação. ~~A petição inicial, todavia, não será despachada sem a prova do pagamento ou do depósito das custas e dos honorários de advogado.~~
§ 1º No caso de ilegitimidade ou falta de interesse processual, a nova propositura da ação depende da correção do vício.	
§ 2º A petição inicial, todavia, não será despachada sem a prova do pagamento ou do depósito das custas e dos honorários de advogado.	~~Art. 268. Salvo o disposto no art. 267, V, a extinção do processo não obsta a que o autor intente de novo a ação.~~ A petição inicial, todavia, não será despachada sem a prova do pagamento ou do depósito das custas e dos honorários de advogado.
§ 3º Se o autor der causa, por três vezes, a sentença fundada em abandono da causa, não poderá propor nova ação contra o réu com o mesmo objeto, ficando-lhe ressalvada, entretanto, a possibilidade de alegar em defesa o seu direito.	~~Parágrafo único.~~ Se o autor der causa, por três vezes, à extinção do processo pelo fundamento previsto no no III do artigo anterior, não poderá intentar nova ação contra o réu com o mesmo objeto, ficando-lhe ressalvada, entretanto, a possibilidade de alegar em defesa o seu direito.
Art. 469. Haverá resolução de mérito quando:	~~Art. 269.~~ Haverá resolução de mérito: Nota: os artigos 267 e 269 encontravam-se no Capítulo III, Título VI do Livro I do CPC/73.
I - o juiz acolher ou rejeitar o pedido do autor;	I - ~~quando~~ o juiz acolher ou rejeitar o pedido do autor;
II - o réu reconhecer a procedência do pedido;	II - ~~quando~~ o réu reconhecer a procedência do pedido;
III - as partes transigirem; Ver art. 333, § 6º, do Projeto do Novo CPC.	III - ~~quando~~ as partes transigirem;
IV - o juiz pronunciar a decadência ou a prescrição;	IV - ~~quando~~ o juiz pronunciar a decadência ou a prescrição;

Projeto do Novo CPC	CPC 1973
V - o autor renunciar ao direito sobre o qual se funda a ação. Parágrafo único. A prescrição e a decadência não serão decretadas sem que antes seja dada às partes oportunidade de se manifestar. Ver art. 110, parágrafo único, do Projeto do Novo CPC. **Art. 470.** O juiz proferirá sentença de mérito sempre que puder julgá-lo em favor da parte a quem aproveitaria o acolhimento da preliminar.	V - ~~quando~~ o autor renunciar ao direito sobre que se funda a ação.
Seção II **Dos requisitos e dos efeitos da sentença** **Art. 471.** São requisitos essenciais da sentença: I - o relatório, que conterá os nomes das partes, a suma do pedido e da contestação do réu, bem como o registro das principais ocorrências havidas no andamento do processo; II - os fundamentos, em que o juiz analisará as questões de fato e de direito; III - o dispositivo, em que o juiz resolverá as questões que as partes lhe submeterem.	**Seção I** **Dos Requisitos e dos Efeitos da Sentença** ~~Art. 458.~~ São requisitos essenciais da sentença: I - o relatório, que conterá os nomes das partes, a suma do pedido e da resposta do réu, bem como o registro das principais ocorrências havidas no andamento do processo; II - os fundamentos, em que o juiz analisará as questões de fato e de direito; III - o dispositivo, em que o juiz resolverá as questões, que as partes lhe submeterem.
Art. 472. O juiz proferirá a sentença de mérito acolhendo ou rejeitando, no todo ou em parte, o pedido formulado pelo autor. Nos casos de sentença sem resolução de mérito, o juiz decidirá de forma concisa. Ver art. 469 do Projeto do Novo CPC. Parágrafo único. Fundamentando-se a sentença em regras que contiverem conceitos juridicamente indeterminados, cláusulas gerais ou princípios jurídicos, o juiz deve expor, analiticamente, o sentido em que as normas foram compreendidas, demonstrando as razões pelas quais, ponderando os valores em questão e à luz das peculiaridades do caso concreto, não aplicou princípios colidentes.	~~Art. 459.~~ O juiz proferirá a sentença, acolhendo ou rejeitando, no todo ou em parte, o pedido formulado pelo autor. Nos casos de extinção do processo sem julgamento do mérito, o juiz decidirá em forma concisa.
Art. 473. Na ação que tenha por objeto o cumprimento de obrigação de pagar quantia certa, ainda que formulado pedido genérico, a sentença definirá desde logo a extensão da obrigação, salvo quando: I - não for possível determinar, de modo definitivo, o montante devido; II - a apuração do valor devido depender da produção de prova de realização demorada ou excessivamente dispendiosa, assim reconhecida na sentença.	~~Art. 286.~~ O pedido deve ser certo ou determinado. É lícito, porém, formular pedido genérico: ~~I - nas ações universais, se não puder o autor individuar na petição os bens demandados;~~ ~~III - quando a determinação do valor da condenação depender de ato que deva ser praticado pelo réu;~~ II - ~~quando~~ não for possível determinar, de modo definitivo, ~~as consequências do ato ou do fato ilícito;~~

Projeto do Novo CPC	CPC 1973
Parágrafo único. Nos casos previstos neste artigo, imediatamente após a prolação da sentença, seguir-se-á a apuração do valor devido por liquidação.	
Art. 474. É vedado ao juiz proferir sentença de natureza diversa da pedida, bem como condenar a parte em quantidade superior ou em objeto diverso do que lhe foi demandado. Parágrafo único. A sentença deve ser certa, ainda quando decida relação jurídica condicional.	Art. 460. É defeso ao juiz proferir sentença, a favor do autor, de natureza diversa da pedida, bem como condenar o réu em quantidade superior ou em objeto diverso do que lhe foi demandado. Parágrafo único. A sentença deve ser certa, ainda quando decida relação jurídica condicional.
Art. 475. Se, depois da propositura da ação, algum fato constitutivo, modificativo ou extintivo do direito influir no julgamento da lide, caberá ao juiz tomá-lo em consideração, de ofício ou a requerimento da parte, no momento de proferir a sentença. Parágrafo único. Se constatar de ofício o fato novo, o juiz ouvirá as partes sobre ele antes de decidir.	Art. 462. Se, depois da propositura da ação, algum fato constitutivo, modificativo ou extintivo do direito influir no julgamento da lide, caberá ao juiz tomá-lo em consideração, de ofício ou a requerimento da parte, no momento de proferir a sentença.
Art. 476. Publicada a sentença, o juiz só poderá alterá-la: I - para corrigir nela, de ofício ou a requerimento da parte, inexatidões materiais ou lhe retificar erros de cálculo; II - para aplicar tese fixada em julgamento de casos repetitivos; III - por meio de embargos de declaração.	Art. 463. Publicada a sentença, o juiz só poderá alterá-la: I - para lhe corrigir, de ofício ou a requerimento da parte, inexatidões materiais; ou lhe retificar erros de cálculo; II - por meio de embargos de declaração.
Art. 477. A sentença que condenar o réu ao pagamento de uma prestação consistente em dinheiro ou em coisa valerá como título constitutivo de hipoteca judiciária, cuja inscrição será ordenada pelo juiz na forma da lei. Parágrafo único. A sentença condenatória produz a hipoteca judiciária: I - embora a condenação seja genérica; II - pendente arresto de bens do devedor; III - ainda quando o credor possa promover a execução provisória da sentença.	Art. 466. A sentença que condenar o réu no pagamento de uma prestação, consistente em dinheiro ou em coisa, valerá como título constitutivo de hipoteca judiciária, cuja inscrição será ordenada pelo juiz na forma prescrita na Lei de Registros Públicos. Parágrafo único. A sentença condenatória produz a hipoteca judiciária: I - embora a condenação seja genérica; II - pendente arresto de bens do devedor; III - ainda quando o credor possa promover a execução provisória da sentença.
Seção III **Da remessa necessária**	
Art. 478. Está sujeita ao duplo grau de jurisdição, não produzindo efeito senão depois de confirmada pelo tribunal, a sentença: Ver Súmulas 45, 253 e 325, do STJ. I - proferida contra a União, os Estados, o Distrito Federal, os Municípios e as respectivas autarquias e fundações de direito público;	Art. 475. Está sujeita ao duplo grau de jurisdição, não produzindo efeito senão depois de confirmada pelo tribunal, a sentença: I - proferida contra a União, o Estado, o Distrito Federal, o Município, e as respectivas autarquias e fundações de direito público;

Projeto do Novo CPC	CPC 1973
II - que julgar procedentes, no todo ou em parte, os embargos à execução de dívida ativa da Fazenda Pública.	II - que julgar procedentes, no todo ou em parte, os embargos à execução de dívida ativa da Fazenda Pública (art. 585, VI).
§ 1º Nos casos previstos neste artigo, o juiz ordenará a remessa dos autos ao tribunal, haja ou não apelação; não o fazendo, deverá o presidente do tribunal avocá-los.	§ 1º Nos casos previstos neste artigo, o juiz ordenará a remessa dos autos ao tribunal, haja ou não apelação; não o fazendo, deverá o presidente do tribunal avocá-los.
§ 2º Não se aplica o disposto neste artigo sempre que a condenação ou o direito controvertido for de valor certo não excedente a mil salários mínimos, bem como no caso de procedência dos embargos do devedor na execução de dívida ativa do mesmo valor.	§ 2º Não se aplica o disposto neste artigo sempre que a condenação, ou o direito controvertido, for de valor certo não excedente a 60 (sessenta) salários mínimos, bem como no caso de procedência dos embargos do devedor na execução de dívida ativa do mesmo valor.
§ 3º Também não se aplica o disposto neste artigo quando a sentença estiver fundada em jurisprudência do plenário do Supremo Tribunal Federal, em súmula desse Tribunal ou de tribunal superior competente, bem como em orientação adotada em recurso representativo da controvérsia ou incidente de resolução de demandas repetitivas.	§ 3º Também não se aplica o disposto neste artigo quando a sentença estiver fundada em jurisprudência do plenário do Supremo Tribunal Federal ou em súmula deste Tribunal ou do tribunal superior competente.
§ 4º Quando na sentença não se houver fixado valor, o reexame necessário, se for o caso, ocorrerá na fase de liquidação.	
Seção IV **Do cumprimento das obrigações de fazer, de não fazer e de entregar coisa**	
Art. 479. Na ação de cumprimento de obrigação de fazer ou de não fazer, o juiz concederá a tutela específica da obrigação ou, se procedente o pedido, determinará providências que assegurem o resultado prático equivalente ao do adimplemento. Título da Seção sem correspondência com o sumário, onde consta "Do julgamento das ações que tenham por objeto o cumprimento das obrigações de fazer, de não fazer e de entregar coisa".	Art. 461. Na ação que tenha por objeto o cumprimento de obrigação de fazer ou não fazer, o juiz concederá a tutela específica da obrigação ou, se procedente o pedido, determinará providências que assegurem o resultado prático equivalente ao do adimplemento.
§ 1º Será também específica a tutela quando se tratar de obrigação de entregar coisa, hipótese em que, ao deferi-la, o juiz fixará o prazo para o respectivo cumprimento.	Art. 461-A. Na ação que tenha por objeto a entrega de coisa, o juiz, ao conceder a tutela específica, fixará o prazo para o cumprimento da obrigação.
§ 2º A ação não será julgada procedente se a parte que a propôs não cumprir a sua prestação, nem a oferecer nos casos e nas formas legais, salvo se ainda não exigível.	
§ 3º Tratando-se de entrega de coisa determinada pelo gênero e pela quantidade, o credor a individualizará na petição inicial, se lhe couber a escolha; cabendo ao devedor escolher, este a entregará individualizada, no prazo fixado pelo juiz.	Art. 461-A. [...] § 1º Tratando-se de entrega de coisa determinada pelo gênero e quantidade, o credor a individualizará na petição inicial, se lhe couber a escolha; cabendo ao devedor escolher, este a entregará individualizada, no prazo fixado pelo juiz.

Projeto do Novo CPC	CPC 1973
§ 4º Sempre que possível, o juiz concederá a tutela de urgência ou da evidência.	~~Art. 461.~~ ~~[...]~~ ~~§ 3º~~ Sendo relevante o fundamento da demanda e havendo justificado receio de ineficácia do provimento final, é lícito ao juiz conceder a tutela liminarmente ou mediante justificação prévia, citado o réu. A medida liminar poderá ser revogada ou modificada, a qualquer tempo, em decisão fundamentada.
Art. 480. A obrigação somente se converterá em perdas e danos se o autor o requerer ou se impossível a tutela específica ou a obtenção do resultado prático correspondente.	~~Art. 461.~~ [...] ~~§ 1º~~ A obrigação somente se converterá em perdas e danos se o autor o requerer ou se impossível a tutela específica ou a obtenção do resultado prático correspondente.
Art. 481. A indenização por perdas e danos se dará sem prejuízo da multa fixada periodicamente para compelir o réu ao cumprimento específico da obrigação.	~~§ 2º~~ A indenização por perdas e danos dar-se-á sem prejuízo da multa ~~(art. 287)~~.
Art. 482. Na ação de cumprimento de obrigação de emitir declaração de vontade, a sentença que julgar procedente o pedido, uma vez transitada em julgado, produzirá todos os efeitos da declaração não emitida.	~~Art. 466-A.~~ ~~Condenado o devedor a~~ emitir declaração de vontade, a sentença, uma vez transitada em julgado, produzirá todos os efeitos da declaração não emitida.
Seção V Da coisa julgada	Seção ~~II~~ Da Coisa Julgada
Art. 483. Denomina-se coisa julgada material a autoridade que torna imutável e indiscutível a sentença não mais sujeita a recurso.	~~Art. 467.~~ Denomina-se coisa julgada material a ~~eficácia,~~ que torna imutável e indiscutível a sentença, não mais sujeita a recurso ~~ordinário ou extraordinário~~.
Art. 484. A sentença que julgar total ou parcialmente a lide tem força de lei nos limites dos pedidos e das questões prejudiciais expressamente decididas.	~~Art. 468.~~ A sentença~~,~~ que julgar total ou parcialmente a lide~~,~~ tem força de lei nos limites da lide e das questões decididas.
Art. 485. Não fazem coisa julgada: Ver Súmula 423 do STF. I - os motivos, ainda que importantes para determinar o alcance da parte dispositiva da sentença; II - a verdade dos fatos, estabelecida como fundamento da sentença.	~~Art. 469.~~ Não fazem coisa julgada: I - os motivos, ainda que importantes para determinar o alcance da parte dispositiva da sentença; II - a verdade dos fatos, estabelecida como fundamento da sentença;
Art. 486. Nenhum juiz decidirá novamente as questões já decididas relativas à mesma lide, salvo: I - se, tratando-se de relação jurídica continuativa, sobreveio modificação no estado de fato ou de direito; caso em que poderá a parte pedir a revisão do que foi estatuído na sentença; II - nos demais casos prescritos em lei.	~~Art. 471.~~ Nenhum juiz decidirá novamente as questões já decididas~,~ relativas à mesma lide, salvo: I - se, tratando-se de relação jurídica continuativa, sobreveio modificação no estado de fato ou de direito; caso em que poderá a parte pedir a revisão do que foi estatuído na sentença; II - nos demais casos prescritos em lei.

Projeto do Novo CPC	CPC 1973
Art. 487. A sentença faz coisa julgada às partes entre as quais é dada, não beneficiando nem prejudicando terceiros.	~~Art. 472.~~ A sentença faz coisa julgada às partes entre as quais é dada, não beneficiando, nem prejudicando terceiros. ~~Nas causas relativas ao estado de pessoa, se houverem sido citados no processo, em litisconsórcio necessário, todos os interessados, a sentença produz coisa julgada em relação a terceiros.~~
Art. 488. É vedado à parte discutir no curso do processo as questões já decididas a cujo respeito se operou a preclusão.	~~Art. 473.~~ É defeso à parte discutir, no curso do processo, as questões já decididas, a cujo respeito se operou a preclusão.
Art. 489. Transitada em julgado a sentença de mérito, considerar-se-ão deduzidas e repelidas todas as alegações e as defesas que a parte poderia opor assim ao acolhimento como à rejeição do pedido, ressalvada a hipótese de ação fundada em causa de pedir diversa. Ver art. 469 do Projeto do Novo CPC.	~~Art. 474.~~ Passada em julgado a sentença de mérito, reputar-se-ão deduzidas e repelidas todas as alegações e defesas, que a parte poderia opor assim ao acolhimento como à rejeição do pedido.

Título II
DO CUMPRIMENTO DA SENTENÇA

Capítulo I
DAS DISPOSIÇÕES GERAIS

~~CAPÍTULO X~~
DO CUMPRIMENTO DA SENTENÇA

Art. 490. A execução da sentença proferida em ação que tenha por objeto o cumprimento de obrigação independe de nova citação e será feita segundo as regras deste Capítulo, observando-se, no que couber e conforme a natureza da obrigação, o disposto no Livro III deste Código. § 1º A parte será pessoalmente intimada por carta para o cumprimento da sentença ou da decisão que reconhecer a existência de obrigação. § 2º A execução terá início independentemente da intimação pessoal nos casos de revelia, de falta de informação do endereço da parte nos autos ou, ainda, quando esta não for encontrada no endereço declarado. § 3º Findo o prazo previsto na lei ou na sentença para o cumprimento espontâneo da obrigação, seguir-se-á, imediatamente e de ofício, a sua execução, salvo se o credor expressamente justificar a impossibilidade ou a inconveniência de sua realização.	~~Art. 475-I. O cumprimento da sentença far-se-á conforme os~~ arts. 461 e 461-A ~~desta Lei ou,~~ tratando-se de obrigação por quantia certa, por execução, nos termos dos demais artigos deste Capítulo. Ver art. 494, § 4º, do Projeto do Novo CPC.
§ 4º Quando o juiz decidir relação jurídica sujeita a condição ou termo, a execução da sentença dependerá de demonstração de que se realizou a condição ou de que ocorreu o termo.	~~Art. 572.~~ Quando o juiz decidir relação jurídica sujeita a condição ou termo, o credor não poderá executar a sentença sem provar que se realizou a condição ou que ocorreu o termo.
§ 5º O cumprimento da sentença não poderá ser promovido em face do fiador que não houver participado da fase de conhecimento.	
Art. 491. A execução da sentença impugnada por recurso desprovido de efeito suspensivo sujeita-se ao seguinte regime: Ver art. 475-I, § 1º, do CPC/73.	~~Art. 475-O.~~ A execução provisória da sentença far-se-á, no que couber, do mesmo modo que a definitiva, observadas as seguintes normas:

Projeto do Novo CPC	CPC 1973
I - corre por iniciativa e responsabilidade do exequente, que se obriga, se a sentença for reformada, a reparar os danos que o executado haja sofrido. II - fica sem efeito, sobrevindo decisão que modifique ou anule a sentença objeto da execução, restituindo-se as partes ao estado anterior e liquidados eventuais prejuízos nos mesmos autos; III - o levantamento de depósito em dinheiro e a prática de atos que importem alienação de propriedade ou dos quais possa resultar grave dano ao réu dependem de caução suficiente e idônea, arbitrada de plano pelo juiz e prestada nos próprios autos. § 1º Se a sentença provisória for modificada ou anulada apenas em parte, somente nesta ficará sem efeito a execução. § 2º A caução prevista neste artigo poderá ser dispensada nos casos em que: I - o crédito for de natureza alimentar; II - o credor demonstrar situação de necessidade e impossibilidade de prestar caução; III - houver agravo de instrumento pendente no Supremo Tribunal Federal ou no Superior Tribunal de Justiça; IV - a sentença for proferida com base em súmula vinculante ou estiver em conformidade com julgamento de casos repetitivos. § 3º A execução provisória será requerida em petição acompanhada de cópias das seguintes peças do processo, cuja autenticidade será certificada em cartório ou pelo próprio advogado, sob sua responsabilidade pessoal: I - sentença ou acórdão exequendo; II - certidão de interposição do recurso não dotado de efeito suspensivo; III - procurações outorgadas pelas partes; IV - decisão de habilitação, se for o caso; V - facultativamente, outras peças processuais consideradas necessárias pelo credor. **Art. 492.** Além da sentença proferida em ação de cumprimento de obrigação, serão executados de acordo com os artigos previstos neste Capítulo: I - outras sentenças proferidas no processo civil que reconheçam a existência de obrigação de pagar quantia, de fazer, de não fazer ou de entregar coisa;	I - corre por iniciativa, conta e responsabilidade do exeqüente, que se obriga, se a sentença for reformada, a reparar os danos que o executado haja sofrido. II - fica sem efeito, sobrevindo acórdão que modifique ou anule a sentença objeto da execução, restituindo-se as partes ao estado anterior e liquidados eventuais prejuízos nos mesmos autos, por arbitramento; III - o levantamento de depósito em dinheiro e a prática de atos que importem alienação de propriedade ou dos quais possa resultar grave dano ao executado dependem de caução suficiente e idônea, arbitrada de plano pelo juiz e prestada nos próprios autos. § 1º No caso do inciso II do caput deste artigo, se a sentença provisória for modificada ou anulada apenas em parte, somente nesta ficará sem efeito a execução. § 2º A caução a que se refere o inciso III do caput deste artigo poderá ser dispensada: I - quando, nos casos de crédito de natureza alimentar ou decorrente de ato ilícito, até o limite de sessenta vezes o valor do salário-mínimo, o exeqüente demonstrar situação de necessidade; II - nos casos de execução provisória em que penda agravo de instrumento junto ao Supremo Tribunal Federal ou ao Superior Tribunal de Justiça (art. 544), salvo quando da dispensa possa manifestamente resultar risco de grave dano, de difícil ou incerta reparação. § 3º Ao requerer a execução provisória, o exeqüente instruirá a petição com cópias autenticadas das seguintes peças do processo, podendo o advogado valer-se do disposto na parte final do art. 544, § 1º: I - sentença ou acórdão exeqüendo; II - certidão de interposição do recurso não dotado de efeito suspensivo; III - procurações outorgadas pelas partes; IV - decisão de habilitação, se for o caso; V - facultativamente, outras peças processuais que o exeqüente considere necessárias. Art. 475-N. São títulos executivos judiciais: I - a sentença proferida no processo civil que reconheça a existência de obrigação de fazer, não fazer, entregar coisa ou pagar quantia;

Projeto do Novo CPC	CPC 1973
II - a sentença homologatória de conciliação ou de transação, ainda que inclua matéria não posta em juízo; III - o acordo extrajudicial, de qualquer natureza, homologado judicialmente; IV - o formal e a certidão de partilha, exclusivamente em relação ao inventariante, aos herdeiros e aos sucessores a título singular ou universal; V - as sentenças homologatórias de divisão e de demarcação; VI - a sentença penal condenatória transitada em julgado; VII - a sentença arbitral; VIII - a sentença estrangeira homologada pelo Superior Tribunal de Justiça; § 1º Nos casos dos incisos VI a VIII, o devedor será citado no juízo cível para o cumprimento da obrigação no prazo que o juiz fixar, não superior a quinze dias, sob pena de execução. § 2º Aplica-se o disposto nos parágrafos do art. 495 às hipóteses previstas no presente artigo. **Art. 493.** A execução da sentença efetuar-se-á perante: I - os tribunais, nas causas de sua competência originária; II - o juízo que processou a causa no primeiro grau de jurisdição; III - o juízo cível competente, quando se tratar de sentença penal condenatória, de sentença arbitral ou de sentença estrangeira. Parágrafo único. No caso dos incisos II e III, o autor poderá optar pelo juízo do atual domicílio do executado, pelo juízo do local onde se encontram os bens sujeitos à execução ou onde deve ser executada a obrigação de fazer ou de não fazer, casos em que a remessa dos autos do processo será solicitada ao juízo de origem. **Capítulo II** **DA OBRIGAÇÃO DE PAGAR QUANTIA CERTA** **Art. 494.** Quando a sentença não determinar o valor devido, o processo prosseguirá para que, de imediato, se proceda à sua liquidação, salvo se o credor justificar a impossibilidade ou a inconveniência de sua realização. § 1º Quando a apuração do valor depender de mero cálculo aritmético, proceder-se-á, desde logo, à execução da sentença, observando-se o disposto no art. 495.	III - a sentença homologatória de conciliação ou de transação, ainda que inclua matéria não posta em juízo; V - o acordo extrajudicial, de qualquer natureza, homologado judicialmente; VII - o formal e a certidão de partilha, exclusivamente em relação ao inventariante, aos herdeiros e aos sucessores a título singular ou universal. II - a sentença penal condenatória transitada em julgado; IV - a sentença arbitral; VI - a sentença estrangeira, homologada pelo Superior Tribunal de Justiça; ~~Parágrafo único.~~ Nos casos dos incisos II, IV e VI, o mandado inicial (art. 475-J) incluirá a ordem de citação do devedor, no juízo cível, para liquidação ou execução, conforme o caso. ~~Art. 475-P.~~ O cumprimento da sentença efetuar-se-á perante: I - os tribunais, nas causas de sua competência originária; II - o juízo que processou a causa no primeiro grau de jurisdição; III - o juízo cível competente, quando se tratar de sentença penal condenatória, de sentença arbitral ou de sentença estrangeira. Parágrafo único. No caso do inciso II do caput deste artigo, o exeqüente poderá optar pelo juízo do local onde se encontram bens sujeitos à expropriação ou pelo do atual domicílio do executado, casos em que a remessa dos autos do processo será solicitada ao juízo de origem. **CAPÍTULO ~~IX~~** **~~DA LIQUIDAÇÃO DE SENTENÇA~~** ~~Art. 475-A.~~ Quando a sentença não determinar o valor devido, procede-se à sua liquidação. ~~Art. 475-B.~~ Quando a determinação do valor da condenação depender apenas de cálculo aritmético, o credor requererá o cumprimento da sentença, na forma do art. 475-J desta Lei, instruindo o pedido com a memória discriminada e atualizada do cálculo;

Projeto do Novo CPC	CPC 1973
	Art. 475-A [...] § 2º A liquidação poderá ser requerida na pendência de recurso, processando-se em autos apartados, no juízo de origem, cumprindo ao liquidante instruir o pedido com cópias das peças processuais pertinentes.
§ 2º A liquidação poderá ser realizada na pendência de recurso, processando- se em autos apartados no juízo de origem, cumprindo ao autor instruir o pedido com cópias das peças processuais pertinentes.	
§ 3º Quando na sentença houver uma parte líquida e outra ilíquida, ao credor é lícito promover simultaneamente a execução daquela e, em autos apartados, a liquidação desta.	Art. 475-I. [...] § 2º Quando na sentença houver uma parte líquida e outra ilíquida, ao credor é lícito promover simultaneamente a execução daquela e, em autos apartados, a liquidação desta.
§ 4º Na liquidação é vedado discutir de novo a lide ou modificar a sentença que a julgou.	Art. 475-G. É defeso, na liquidação, discutir de novo a lide ou modificar a sentença que a julgou.
§ 5º Se, para a apuração do valor devido houver a necessidade de obtenção de dados técnicos, o juiz intimará as partes para a apresentação de pareceres ou documentos elucidativos, fixando prazo sucessivo de até quinze dias; quando a natureza da questão o exigir, poderá o juiz nomear perito, observando-se, no que couber, o procedimento previsto para a produção da prova pericial. Ver art. 475-D, parágrafo único, CPC/73.	Art. 475-D. Requerida a liquidação por arbitramento, o juiz nomeará o perito e fixará o prazo para a entrega do laudo.
§ 6º Havendo necessidade de se alegar e provar fato novo, o juiz intimará as partes para se manifestar a respeito, no prazo sucessivo de quinze dias, observando-se, no que couber, o disposto no Livro I deste Código.	Art. 475-E. Far-se-á a liquidação por artigos, quando, para determinar o valor da condenação, houver necessidade de alegar e provar fato novo.
§ 7º Contra a decisão que definir o valor devido caberá agravo de instrumento.	Art. 475-H. Da decisão de liquidação caberá agravo de instrumento.
Art. 495. Na ação de cumprimento de obrigação de pagar quantia, transitada em julgado a sentença ou a decisão que julgar a liquidação, o credor apresentará demonstrativo de cálculo discriminado e atualizado do débito, do qual será intimado o executado para pagamento no prazo de quinze dias, sob pena de multa de dez por cento.	Art. 475-J. Caso o devedor, condenado ao pagamento de quantia certa ou já fixada em liquidação, não o efetue no prazo de quinze dias, o montante da condenação será acrescido de multa no percentual de dez por cento e, a requerimento do credor e observado o disposto no art. 614, inciso II, desta Lei, expedir-se-á mandado de penhora e avaliação.
§ 1º Quando a elaboração do demonstrativo a que se refere o caput depender de dados que estejam em poder do devedor ou de terceiro, o juiz, a requerimento do credor, poderá requisitá-los, observando-se, no que couber, as disposições da exibição judicial.	Art. 475-B [...] § 1º Quando a elaboração da memória do cálculo depender de dados existentes em poder do devedor ou de terceiro, o juiz, a requerimento do credor, poderá requisitá-los, fixando prazo de até trinta dias para o cumprimento da diligência.
§ 2º Não realizado o cumprimento total ou parcial da sentença pelo devedor, dar-se-á curso imediatamente à execução, salvo se o credor justificar a impossibilidade ou a inconveniência de sua pronta realização.	

Projeto do Novo CPC	CPC 1973
§ 3º Não sendo o caso de penhora por termo nos autos de imóveis e de veículos, nem penhora eletrônica de dinheiro em depósito ou em aplicação financeira, será desde logo expedido mandado de penhora, seguindo-se os demais atos de expropriação. § 4º Transcorrido o prazo para cumprimento espontâneo da obrigação, sobre o valor da execução incidirão honorários advocatícios de dez por cento, sem prejuízo daqueles impostos na sentença. § 5º Findo o procedimento executivo e tendo como critério o trabalho realizado supervenientemente, o valor dos honorários da fase de cumprimento da sentença poderá ser aumentado para até vinte por cento.	
Art. 496. Não incidirá a multa a que se refere o caput do art. 495 se o devedor, no prazo de que dispõe para pagar: I - realizar o pagamento; II - demonstrar, fundamentada e discriminadamente, a incorreção do cálculo apresentado pelo credor ou que este pleiteia quantia superior à resultante da sentença, incumbindo-lhe declarar de imediato o valor que entende correto, sob pena de não conhecimento da arguição; III - demonstrar a inexigibilidade da sentença ou a existência de causas impeditivas, modificativas ou extintivas da obrigação, supervenientes à sentença; IV - demonstrar ser parte ilegítima ou não ter sido citado no processo de conhecimento. § 1º A apresentação das alegações a que se referem os incisos deste artigo não obsta à prática de atos executivos. § 2º Nos casos em que não for acolhida a alegação do executado, a multa incidirá retroativamente. § 3º Referindo-se as circunstâncias previstas neste artigo apenas a parte da dívida, a multa incidirá sobre o restante, se o devedor não satisfizer, desde logo, a parcela incontroversa. § 4º Para efeito do disposto no inciso III do caput deste artigo, considera-se também inexigível o título judicial fundado em lei ou ato normativo declarados inconstitucionais pelo Supremo Tribunal Federal, ou fundado em aplicação ou interpretação da lei ou ato normativo tidas pelo Supremo Tribunal Federal como incompatíveis com a Constituição da República.	Art. 475-L. A impugnação somente poderá versar sobre: V - excesso de execução; II - inexigibilidade do título; VI - qualquer causa impeditiva, modificativa ou extintiva da obrigação, como pagamento, novação, compensação, transação ou prescrição, desde que superveniente à sentença. IV - ilegitimidade das partes; I - falta ou nulidade da citação, se o processo correu à revelia; III - penhora incorreta ou avaliação errônea; Art. 475-J [...] § 4º Efetuado o pagamento parcial no prazo previsto no caput deste artigo, a multa de dez por cento incidirá sobre o restante. Art. 475-L [...] § 1º Para efeito do disposto no inciso II do caput deste artigo, considera-se também inexigível o título judicial fundado em lei ou ato normativo declarados inconstitucionais pelo Supremo Tribunal Federal, ou fundado em aplicação ou interpretação da lei ou ato normativo tidas pelo Supremo Tribunal Federal como incompatíveis com a Constituição Federal.

Projeto do Novo CPC	CPC 1973
§ 5º No caso do § 4º, a decisão poderá conter modulação dos efeitos temporais da decisão em atenção à segurança jurídica e, se for contrária ao interesse da Fazenda Pública, sujeitar-se-á à remessa necessária. **Art. 497.** As questões relativas à validade e à adequação da penhora e dos atos executivos subsequentes poderão ser arguidas pelo executado nos próprios autos e nestes serão decididas pelo juiz. Ver art. 475-L do CPC/73.	
Seção I **Do cumprimento da obrigação de indenizar decorrente de ato ilícito**	
Art. 498. Quando a indenização por ato ilícito prevista na sentença incluir prestação de alimentos, caberá ao devedor constituir capital cuja renda assegure o pagamento do valor mensal da pensão. § 1º Esse capital, representado por imóveis, títulos da dívida pública ou aplicações financeiras em banco oficial, será inalienável e impenhorável enquanto durar a obrigação do devedor. § 2º O juiz poderá substituir a constituição do capital pela inclusão do credor em folha de pagamento de pessoa jurídica de notória capacidade econômica ou, a requerimento do devedor, por fiança bancária ou garantia real, em valor a ser arbitrado de imediato pelo juiz. § 3º Se sobrevier modificação nas condições econômicas, poderá a parte requerer, conforme as circunstâncias, redução ou aumento da prestação. § 4º A prestação alimentícia poderá ser fixada tomando por base o salário mínimo. § 5º Finda a obrigação de prestar alimentos, o juiz mandará liberar o capital, cessar o desconto em folha ou cancelar as garantias prestadas.	Art. 475-Q. Quando a indenização por ato ilícito incluir prestação de alimentos, o juiz, quanto a esta parte, poderá ordenar ao devedor constituição de capital, cuja renda assegure o pagamento do valor mensal da pensão. § 1º Este capital, representado por imóveis, títulos da dívida pública ou aplicações financeiras em banco oficial, será inalienável e impenhorável enquanto durar a obrigação do devedor. § 2º O juiz poderá substituir a constituição do capital pela inclusão do beneficiário da prestação em folha de pagamento de entidade de direito público ou de empresa de direito privado de notória capacidade econômica, ou, a requerimento do devedor, por fiança bancária ou garantia real, em valor a ser arbitrado de imediato pelo juiz. § 3º Se sobrevier modificação nas condições econômicas, poderá a parte requerer, conforme as circunstâncias, redução ou aumento da prestação. § 4º Os alimentos podem ser fixados tomando por base o salário-mínimo. § 5º Cessada a obrigação de prestar alimentos, o juiz mandará liberar o capital, cessar o desconto em folha ou cancelar as garantias prestadas.
Seção II **Do cumprimento da obrigação de prestar alimentos** **Art. 499.** Será obrigatória a inclusão, na folha de pagamento, sempre que o devedor da prestação alimentícia for servidor público, militar, diretor ou gerente de empresa, bem como empregado sujeito à legislação do trabalho. Parágrafo único. A ordem judicial será dirigida à autoridade, à empresa ou ao empregador, por ofício, dela constando os nomes do credor e do devedor, a importância da prestação e o tempo de sua duração.	CAPÍTULO V **DA EXECUÇÃO DE PRESTAÇÃO ALIMENTÍCIA** Art. 734. Quando o devedor for funcionário público, militar, diretor ou gerente de empresa, bem como empregado sujeito à legislação do trabalho, o juiz mandará descontar em folha de pagamento a importância da prestação alimentícia. Parágrafo único. A comunicação será feita à autoridade, à empresa ou ao empregador por ofício, de que constarão os nomes do credor, do devedor, a importância da prestação e o tempo de sua duração.

Projeto do Novo CPC	CPC 1973
Art. 500. Não sendo satisfeita a obrigação, poderá o credor requerer a intimação do devedor para, em três dias, efetuar o pagamento, provar que o fez ou justificar a impossibilidade de efetuá-lo, sob pena de prisão pelo prazo de um a três meses.	~~Art. 735.~~ Se o devedor não pagar os alimentos provisionais a que foi condenado, pode o credor promover a execução da sentença, observando-se o procedimento estabelecido no Capítulo IV deste Título. ~~Art. 733.~~ Na execução de sentença ou de decisão, que fixa os alimentos provisionais, o juiz mandará citar o devedor para, em ~~3~~ (três) dias, efetuar o pagamento, provar que o fez ou justificar a impossibilidade de efetuá-lo. § ~~1º~~ Se o devedor não pagar, nem se escusar, o juiz decretar-lhe-á a prisão pelo prazo de ~~1~~ (um) a ~~3~~ (três) meses.
§ 1º O cumprimento da pena referida no caput não exime o devedor do pagamento das prestações vencidas e vincendas; satisfeita a prestação alimentícia, o juiz suspenderá o cumprimento da ordem de prisão.	§ ~~2º~~ O cumprimento da pena não exime o devedor do pagamento das prestações vencidas e vincendas. § ~~3º~~ Paga a prestação alimentícia, o juiz suspenderá o cumprimento da ordem de prisão
§ 2º Não requerida a execução nos termos desta Seção, observar-se-á o disposto no art. 495.	
Seção III **Do cumprimento de obrigação de pagar quantia certa pela Fazenda Pública**	**Seção III** **Da Execução Contra a Fazenda Pública**
Art. 501. Na ação de cumprimento de obrigação de pagar quantia devida pela Fazenda Pública, transitada em julgado a sentença ou a decisão que julgar a liquidação, o autor apresentará demonstrativo discriminado e atualizado do crédito. Intimada a Fazenda Pública, esta poderá, no prazo de um mês, demonstrar:	~~Art. 730.~~ Na execução por quantia certa contra a Fazenda Pública, ~~citar-se-á a devedora para opor embargos em 10 (dez) dias; se esta não os opuser, no prazo legal, observar-se-ão as seguintes regras:~~ ~~Art. 741. Na execução contra a Fazenda Pública, os embargos só poderão versar sobre:~~ ~~I - falta ou nulidade da citação, se o processo correu à revelia;~~ Ver, sobre o prazo, a Lei nº 9.494, de 10.9.1997, que já previa 30 dias para oposição de embargos da Fazenda Pública.
I - fundamentada e discriminadamente, a incorreção do cálculo apresentado pelo autor ou que este pleiteia quantia superior à resultante da sentença;	~~V~~ - excesso de execução; Ver artigo 733, do CPC/73.
II - a inexigibilidade da sentença ou a existência de causa impeditiva, modificativa ou extintiva da obrigação superveniente à sentença.	~~II~~ - inexigibilidade do título; ~~VI~~ - qualquer causa impeditiva, modificativa ou extintiva da obrigação, como pagamento, novação, compensação, transação ou prescrição, desde que superveniente à sentença; ~~III - ilegitimidade das partes;~~ ~~IV - cumulação indevida de execuções;~~
§ 1º Quando se alegar que o credor, em excesso de execução, pleiteia quantia superior à resultante do título, cumprirá à devedora declarar de imediato o valor que entende correto, sob pena de não conhecimento da arguição.	

Projeto do Novo CPC	CPC 1973
	Art. 730. [...]
§ 2º Não impugnada a execução ou rejeitadas as alegações da devedora, expedir-se-á, por intermédio do presidente do tribunal competente, precatório em favor do credor, observando-se o disposto no art. 100 da Constituição da República.	I - o juiz requisitará o pagamento por intermédio do presidente do tribunal competente; II - far-se-á o pagamento na ordem de apresentação do precatório e à conta do respectivo crédito.
§ 3º Tratando-se de obrigação de pequeno valor, nos termos da Constituição da República e reconhecida por sentença transitada em julgado, o pagamento será realizado no prazo de dois meses contados da entrega da requisição do débito, por ordem do juiz, à autoridade citada para a causa, na agência mais próxima de banco oficial, independentemente de precatório.	
§ 4º Na execução por precatório, caso reste vencido o prazo de seu cumprimento, seja omitido o respectivo valor do orçamento ou, ainda, seja desprezado o direito de precedência, o presidente do tribunal competente deverá, a requerimento do credor, determinar o sequestro de recursos financeiros da entidade executada suficientes à satisfação da prestação.	Art. 731. Se o credor for preterido no seu direito de preferência, o presidente do tribunal, que expediu a ordem, poderá, depois de ouvido o chefe do Ministério Público, ordenar o seqüestro da quantia necessária para satisfazer o débito.
§ 5º No procedimento previsto neste artigo serão observadas, no que couber, as disposições previstas neste Capítulo.	
Seção IV **Do cumprimento de obrigação de fazer e de não fazer**	
Art. 502. Para cumprimento da sentença que reconheça obrigação de fazer ou de não fazer, o juiz poderá, de ofício ou a requerimento, para a efetivação da tutela específica ou a obtenção do resultado prático equivalente, determinar as medidas necessárias à satisfação do credor, podendo requisitar o auxílio de força policial, quando indispensável. Ver art. 479, do projeto do Novo CPC.	Art. 461. Na ação que tenha por objeto o cumprimento de obrigação de fazer ou não fazer, o juiz concederá a tutela específica da obrigação ou, se procedente o pedido, determinará providências que assegurem o resultado prático equivalente ao do adimplemento.
Parágrafo único. Para atender ao disposto no caput, o juiz poderá determinar, entre outras medidas, a imposição de multa por tempo de atraso, a busca e apreensão, a remoção de pessoas e coisas, o desfazimento de obras, a intervenção judicial em atividade empresarial ou similar e o impedimento de atividade nociva.	§ 5º Para a efetivação da tutela específica ou a obtenção do resultado prático equivalente, poderá o juiz, de ofício ou a requerimento, determinar as medidas necessárias, tais como a imposição de multa por tempo de atraso, busca e apreensão, remoção de pessoas e coisas, desfazimento de obras e impedimento de atividade nociva, se necessário com requisição de força policial.
	Art. 461. [...]
Art. 503. A multa periódica imposta ao devedor independe de pedido do credor e poderá se dar em liminar, na sentença ou na execução, desde que seja suficiente e compatível com a obrigação e que se determine prazo razoável para o cumprimento do preceito.	§ 4º O juiz poderá, na hipótese do parágrafo anterior ou na sentença, impor multa diária ao réu, independentemente de pedido do autor, se for suficiente ou compatível com a obrigação, fixando-lhe prazo razoável para o cumprimento do preceito.

Projeto do Novo CPC	CPC 1973
§ 1º A multa fixada liminarmente ou na sentença se aplica na execução provisória, devendo ser depositada em juízo, permitido o seu levantamento após o trânsito em julgado ou na pendência de agravo contra decisão denegatória de seguimento de recurso especial ou extraordinário. § 2º O requerimento de execução da multa abrange aquelas que se vencerem ao longo do processo, enquanto não cumprida pelo réu a decisão que a cominou. § 3º O juiz poderá, de ofício ou a requerimento, modificar o valor ou a periodicidade da multa vincenda ou excluí-la, caso verifique que: I - se tornou insuficiente ou excessiva; II - o obrigado demonstrou cumprimento parcial superveniente da obrigação ou justa causa para o descumprimento. § 4º A multa periódica incidirá enquanto não for cumprida a decisão que a tiver cominado. § 5º O valor da multa será devido ao autor até o montante equivalente ao valor da obrigação, destinando-se o excedente à unidade da Federação onde se situa o juízo no qual tramita o processo ou à União, sendo inscrito como dívida ativa. § 6º Sendo o valor da obrigação inestimável, deverá o juiz estabelecer o montante que será devido ao autor, incidindo a regra do § 5º no que diz respeito à parte excedente. § 7º O disposto no § 5º é inaplicável quando o devedor for a Fazenda Pública, hipótese em que a multa será integralmente devida ao credor. § 8º Sempre que o descumprimento da obrigação pelo réu puder prejudicar diretamente a saúde, a liberdade ou a vida, poderá o juiz conceder, em decisão fundamentada, providência de caráter mandamental, cujo descumprimento será considerado crime de desobediência.	§ 6º O juiz poderá, de ofício, modificar o valor ou a periodicidade da multa, caso verifique que se tornou insuficiente ou excessiva.
Capítulo III **DO CUMPRIMENTO DE OBRIGAÇÃO DE ENTREGAR COISA** **Art. 504.** Não cumprida a obrigação de entregar coisa no prazo estabelecido na sentença, será expedida em favor do credor mandado de busca e apreensão ou de imissão na posse, conforme se tratar de coisa móvel ou imóvel. Parágrafo único. Aplicam-se à ação prevista neste artigo, no que couber, as disposições sobre o cumprimento de obrigação de fazer e não fazer. Ver art. 461, § 1º a 3º, do CPC/73.	Art. 461-A. Na ação que tenha por objeto a entrega de coisa, o juiz, ao conceder a tutela específica, fixará o prazo para o cumprimento da obrigação. § 1º Tratando-se de entrega de coisa determinada pelo gênero e quantidade, o credor a individualizará na petição inicial, se lhe couber a escolha; cabendo ao devedor escolher, este a entregará individualizada, no prazo fixado pelo juiz. § 2º Não cumprida a obrigação no prazo estabelecido, expedir-se-á em favor do credor mandado de busca e apreensão ou de imissão na posse, conforme se tratar de coisa móvel ou imóvel. § 3º Aplica-se à ação prevista neste artigo o disposto nos §§ 1º a 6º do art. 461.

Projeto do Novo CPC	CPC 1973
	~~LIVRO IV~~ DOS PROCEDIMENTOS ESPECIAIS
TÍTULO III DOS PROCEDIMENTOS ESPECIAIS	~~TÍTULO I~~ DOS PROCEDIMENTOS ESPECIAIS ~~DE JURISDIÇÃO CONTENCIOSA~~
Capítulo I DA AÇÃO DE CONSIGNAÇÃO EM PAGAMENTO	CAPÍTULO I DA AÇÃO DE CONSIGNAÇÃO EM PAGAMENTO
Art. 505. Nos casos previstos em lei, poderá o devedor ou terceiro requerer, com efeito de pagamento, a consignação da quantia ou da coisa devida.	Art. 890. Nos casos previstos em lei, poderá o devedor ou terceiro requerer, com efeito de pagamento, a consignação da quantia ou da coisa devida.
§ 1º Tratando-se de obrigação em dinheiro, poderá o devedor ou terceiro optar pelo depósito da quantia devida em estabelecimento bancário, oficial onde houver, situado no lugar do pagamento, em conta com correção monetária, cientificando-se o credor por carta com aviso de <u>recebimento</u>, assinado o prazo de dez dias para a manifestação de recusa.	§ 1º Tratando-se de obrigação em dinheiro, poderá o devedor ou terceiro optar pelo depósito da quantia devida, em estabelecimento bancário, oficial onde houver, situado no lugar do pagamento, em conta com correção monetária, cientificando-se o credor por carta com aviso de <u>recepção</u>, assinado o prazo de ~~10~~ (dez) dias para a manifestação de recusa.
§ 2º Decorrido o prazo <u>do § 1º</u>, contado do retorno do aviso de recebimento, sem a manifestação de recusa, <u>considerar-se-á</u> o devedor liberado da obrigação, ficando à disposição do credor a quantia depositada.	§ 2º Decorrido o prazo referido no <u>parágrafo anterior</u>, sem a manifestação de recusa, <u>reputar-se-á</u> o devedor liberado da obrigação, ficando à disposição do credor a quantia depositada.
§ 3º Ocorrendo a recusa, manifestada por escrito ao estabelecimento bancário, o devedor ou terceiro poderá propor, dentro de <u>um mês</u>, a ação de consignação, instruindo a inicial com a prova do depósito e da recusa.	§ 3º Ocorrendo a recusa, manifestada por escrito ao estabelecimento bancário, o devedor ou terceiro poderá propor, dentro de ~~30 (trinta) dias~~, a ação de consignação, instruindo a inicial com a prova do depósito e da recusa.
§ 4º Não proposta a ação no prazo do <u>§ 3º</u>, ficará sem efeito o depósito, podendo levantá-lo o depositante.	§ 4º Não proposta a ação no prazo do <u>parágrafo anterior</u>, ficará sem efeito o depósito, podendo levantá-lo o depositante.
Art. 506. Requerer-se-á a consignação no lugar do pagamento, cessando para o devedor, <u>à data do depósito</u>, os juros e os riscos, salvo se for julgada improcedente.	~~Art. 891.~~ Requerer-se-á a consignação no lugar do pagamento, cessando para o devedor, <u>tanto que se efetue o depósito</u>, os juros e os riscos, salvo se for julgada improcedente.
Art. 507. Tratando-se de prestações <u>sucessivas</u>, consignada <u>uma delas</u>, pode o devedor continuar a consignar, no mesmo processo e sem mais formalidades, as que se forem vencendo, desde que os depósitos sejam efetuados até cinco dias contados da data do vencimento.	~~Art. 892.~~ Tratando-se de prestações periódicas, <u>uma vez</u> consignada <u>a primeira</u>, pode o devedor continuar a consignar, no mesmo processo e sem mais formalidades, as que se forem vencendo, desde que os depósitos sejam efetuados até ~~5 (cinco)~~ dias, contados da data do vencimento.
Art. 508. <u>Na petição inicial, o autor</u> requererá:	~~Art. 893.~~ <u>O autor, na petição inicial,</u> requererá:
I - o depósito da quantia ou da coisa devida, a ser efetivado no prazo de cinco dias contados do deferimento, ressalvada a hipótese do <u>art. 505, § 3º</u>;	I - o depósito da quantia ou da coisa devida, a ser efetivado no prazo de ~~5 (cinco)~~ dias contados do deferimento, ressalvada a hipótese do <u>§ 3º do art. 890</u>;
II - a citação do réu para levantar o depósito ou oferecer <u>contestação</u>.	II - a citação do réu para levantar o depósito ou oferecer <u>resposta</u>.

Projeto do Novo CPC	CPC 1973
Art. 509. Se o objeto da prestação for coisa indeterminada e a escolha couber ao credor, será este citado para exercer o direito dentro de cinco dias, se outro prazo não constar de lei ou do contrato, ou para aceitar que o devedor o faça, devendo o juiz, ao despachar a petição inicial, fixar lugar, dia e hora em que se fará a entrega, sob pena de depósito.	~~Art. 894.~~ Se o objeto da prestação for coisa indeterminada e a escolha couber ao credor, será este citado para exercer o direito dentro ~~de 5~~ (cinco) dias, se outro prazo não constar de lei ou do contrato, ou para aceitar que o devedor o faça, devendo o juiz, ao despachar a petição inicial, fixar lugar, dia e hora em que se fará a entrega, sob pena de depósito.
Art. 510. Se o réu alegar, na contestação, a insuficiência do depósito, deverá indicar o montante que entender devido, sob pena de não ser admitida a alegação.	Art. 896. Na contestação, o réu poderá alegar ~~que:~~ [...] IV - o depósito não é integral. Parágrafo único. No caso do inciso IV, a alegação será admissível se o réu indicar o montante que entende devido.
Art. 511. Alegada a insuficiência do depósito, é lícito ao autor completá-lo, em dez dias, salvo se corresponder a prestação cujo inadimplemento acarrete a rescisão do contrato. § 1º No caso do caput, poderá o réu levantar, desde logo, a quantia ou a coisa depositada, com a consequente liberação parcial do autor, prosseguindo o processo quanto à parcela controvertida. § 2º A sentença que concluir pela insuficiência do depósito determinará, sempre que possível, o montante devido e valerá como título executivo, facultado ao credor promover-lhe o cumprimento nos mesmos autos, após liquidação, se necessária.	~~Art. 899.~~ Quando na contestação o réu alegar que o depósito não é integral, é lícito ao autor completá-lo, ~~dentro~~ em ~~10 (dez)~~ dias, salvo se corresponder a prestação~~,~~ cujo inadimplemento acarrete a rescisão do contrato. § 1º Alegada a insuficiência do depósito, poderá o réu levantar, desde logo, a quantia ou a coisa depositada, com a conseqüente liberação parcial do autor, prosseguindo o processo quanto à parcela controvertida. § 2º A sentença que concluir pela insuficiência do depósito determinará, sempre que possível, o montante devido~~, e, neste caso,~~ valerá como título executivo, facultado ao credor promover-lhe a execução nos mesmos autos.
Art. 512. Não oferecida a contestação e ocorrendo os efeitos da revelia, o juiz julgará procedente o pedido, declarará extinta a obrigação e condenará o réu nas custas e nos honorários advocatícios. Parágrafo único. Proceder-se-á do mesmo modo se o credor receber e der quitação.	~~Art. 897.~~ Não oferecida a contestação~~, e~~ ocorrentes os efeitos da revelia, o juiz julgará procedente o pedido, declarará extinta a obrigação e condenará o réu nas custas e honorários advocatícios. Parágrafo único. Proceder-se-á do mesmo modo se o credor receber e der quitação.
Art. 513. Se ocorrer dúvida sobre quem deva legitimamente receber o pagamento, o autor requererá o depósito e a citação dos possíveis legitimados para provarem o seu direito.	~~Art. 895.~~ Se ocorrer dúvida sobre quem deva legitimamente receber o pagamento, o autor requererá o depósito e a citação dos que o disputam para provarem o seu direito.
Art. 514. No caso do art. 513, não comparecendo pretendente algum, converter-se-á o depósito em arrecadação de coisas vagas; comparecendo apenas um, o juiz decidirá de plano; comparecendo mais de um, o juiz declarará efetuado o depósito e extinta a obrigação, continuando o processo a correr unicamente entre os presuntivos credores, observado o procedimento comum.	~~Art. 898.~~ Quando a consignação se fundar em dúvida sobre quem deva legitimamente receber, não comparecendo nenhum pretendente, converter-se-á o depósito em arrecadação de bens de ausentes; comparecendo apenas um, o juiz decidirá de plano; comparecendo mais de um, o juiz declarará efetuado o depósito e extinta a obrigação, continuando o processo a correr unicamente entre os credores; caso em que se observará o procedimento ordinário.

Projeto do Novo CPC	CPC 1973
Art. 515. Aplica-se o procedimento estabelecido neste Capítulo, no que couber, ao resgate do aforamento.	~~Art. 900.~~ Aplica-se o procedimento estabelecido neste Capítulo, no que couber, ao resgate do aforamento.
Capítulo II **DA AÇÃO DE PRESTAÇÃO DE CONTAS**	**CAPÍTULO ~~IV~~** **DA AÇÃO DE PRESTAÇÃO DE CONTAS**
Art. 516. É parte legítima para promover a ação de prestação de contas quem tiver o direito de exigi-las.	~~Art. 914.~~ A ação de prestação de contas competirá a quem tiver: I - o direito de exigi-las; ~~II - a obrigação de prestá-las.~~
Art. 517. O autor requererá a citação do réu para, no prazo de quinze dias, apresentar as contas ou contestar a ação.	~~Art. 915.~~ Aquele que pretender exigir a prestação de contas requererá a citação do réu para, no prazo de ~~5 (cinco)~~ dias, as apresentar ou contestar a ação.
§ 1º Prestadas as contas, o autor terá cinco dias para se manifestar sobre elas, prosseguindo-se na forma do Capítulo IX do Título I deste Livro.	§ 1º Prestadas as contas, terá o autor ~~5 (cinco)~~ dias para dizer sobre elas; havendo necessidade de produzir provas, o juiz designará audiência de instrução e julgamento; em caso contrário, proferirá desde logo a sentença.
§ 2º Se o réu não contestar a ação, observar-se-á o disposto no art. 353.	§ 2º Se o réu não contestar a ação ~~ou não negar a obrigação de prestar contas~~, observar-se-á o disposto no art. 330; ~~a sentença, que julgar procedente a ação, condenará o réu a prestar as contas no prazo de 48 (quarenta e oito) horas, sob pena de não lhe ser lícito impugnar as que o autor apresentar.~~
§ 3º A sentença que julgar procedente a ação condenará o réu a prestar as contas no prazo de quarenta e oito horas, sob pena de não lhe ser lícito impugnar as que o autor apresentar. Ver art. 914, § 2º do CPC/73, desmembrado.	~~§ 2º Se o réu não contestar a ação ou não negar a obrigação de prestar contas, observar-se-á o disposto no art. 330;~~ a sentença, que julgar procedente a ação, condenará o réu a prestar as contas no prazo de ~~48 (quarenta e oito)~~ horas, sob pena de não lhe ser lícito impugnar as que o autor apresentar.
§ 4º Se o réu apresentar as contas dentro do prazo estabelecido no § 3º, seguir-se-á o procedimento do § 1º deste artigo; em caso contrário, apresentá-las-á o autor dentro de dez dias, sendo as contas julgadas segundo o prudente arbítrio do juiz, que poderá determinar, se necessário, a realização do exame pericial contábil.	§ 3º Se o réu apresentar as contas dentro do prazo estabelecido no parágrafo anterior, seguir-se-á o procedimento do § 1º deste artigo; em caso contrário, apresentá-las-á o autor dentro em ~~10 (dez)~~ dias, sendo as contas julgadas segundo o prudente arbítrio do juiz, que poderá determinar, se necessário, a realização do exame pericial contábil.
Art. 518. As contas, assim do autor como do réu, serão apresentadas em forma mercantil, especificando-se as receitas e a aplicação das despesas, bem como o respectivo saldo, e serão instruídas com os documentos justificativos.	~~Art. 917.~~ As contas, assim do autor como do réu, serão apresentadas em forma mercantil, especificando-se as receitas e a aplicação das despesas, bem como o respectivo saldo; e serão instruídas com os documentos justificativos.
Art. 519. A sentença apurará o saldo e constituirá título executivo judicial.	~~Art. 918.~~ O saldo credor declarado na sentença poderá ser cobrado em execução forçada.

Projeto do Novo CPC	CPC 1973
Art. 520. As contas do inventariante, do tutor, do curador, do depositário e de outro qualquer administrador serão prestadas em apenso aos autos do processo em que tiver sido nomeado. Sendo condenado a pagar o saldo e não o fazendo no prazo legal, o juiz poderá destituí-lo, sequestrar os bens sob sua guarda e glosar o prêmio ou a gratificação a que teria direito.	Art. 919. As contas do inventariante, do tutor, do curador, do depositário e de outro qualquer administrador serão prestadas em apenso aos autos do processo em que tiver sido nomeado. Sendo condenado a pagar o saldo e não o fazendo no prazo legal, o juiz poderá destituí-lo, seqüestrar os bens sob sua guarda e glosar o prêmio ou gratificação a que teria direito.
Capítulo III DA AÇÃO DE DIVISÃO E DA DEMARCAÇÃO DE TERRAS PARTICULARES	CAPÍTULO VIII DA AÇÃO DE DIVISÃO E DA DEMARCAÇÃO DE TERRAS PARTICULARES
Seção I Disposições gerais	Seção I Das Disposições Gerais
Art. 521. Cabe: I - ao proprietário ação de demarcação, para obrigar o seu confinante a estremar os respectivos prédios, fixando-se novos limites entre eles ou aviventando-se os já apagados; II - ao condômino a ação de divisão, para obrigar os demais consortes a extremar os quinhões.	Art. 946. Cabe: I - a ação de demarcação ao proprietário para obrigar o seu confinante a estremar os respectivos prédios, fixando-se novos limites entre eles ou aviventando-se os já apagados; II - a ação de divisão, ao condômino para obrigar os demais consortes, a partilhar a coisa comum.
Art. 522. É lícita a cumulação dessas ações, caso em que deverá processar-se primeiramente a demarcação total ou parcial da coisa comum, citando-se os confinantes e os condôminos.	Art. 947. É lícita a cumulação destas ações; caso em que deverá processar-se primeiramente a demarcação total ou parcial da coisa comum, citando-se os confinantes e condôminos.
Art. 523. A demarcação e a divisão poderão ser realizadas por escritura pública, desde que maiores, capazes e concordes todos os interessados, observando-se, no que couber, os dispositivos deste Capítulo.	
Art. 524. Fixados os marcos da linha de demarcação, os confinantes considerar-se-ão terceiros quanto ao processo divisório; fica-lhes, porém, ressalvado o direito de vindicar os terrenos de que se julguem despojados por invasão das linhas limítrofes constitutivas do perímetro ou de reclamar indenização correspondente ao seu valor.	Art. 948. Fixados os marcos da linha de demarcação, os confinantes considerar-se-ão terceiros quanto ao processo divisório; fica-lhes, porém, ressalvado o direito de vindicarem os terrenos de que se julguem despojados por invasão das linhas limítrofes constitutivas do perímetro ou a reclamarem uma indenização pecuniária correspondente ao seu valor.
Art. 525. No caso do art. 524, serão citados para a ação todos os condôminos, se ainda não transitou em julgado a sentença homologatória da divisão, e todos os quinhoeiros dos terrenos vindicados, se proposta posteriormente. Parágrafo único. Nesse último caso, a sentença que julga procedente a ação, condenando a restituir os terrenos ou a pagar a indenização, valerá como título executivo em favor dos quinhoeiros para haverem dos outros condôminos que forem parte na divisão ou de seus sucessores por título universal, na proporção que lhes tocar, a composição pecuniária do desfalque sofrido.	Art. 949. Serão citados para a ação todos os condôminos, se ainda não transitou em julgado a sentença homologatória da divisão; e todos os quinhoeiros dos terrenos vindicados, se proposta posteriormente. Parágrafo único. Neste último caso, a sentença que julga procedente a ação, condenando a restituir os terrenos ou a pagar a indenização, valerá como título executivo em favor dos quinhoeiros para haverem dos outros condôminos; que forem parte na divisão; ou de seus sucessores por título universal, na proporção que lhes tocar, a composição pecuniária do desfalque sofrido.

Projeto do Novo CPC	CPC 1973
Art. 526. Tratando-se de imóvel georreferenciado, com averbação no Registro de Imóveis, pode o juiz dispensar a realização de prova pericial.	
Seção II Da demarcação	Seção II Da Demarcação
Art. 527. Na petição inicial, instruída com os títulos da propriedade, designar-se-á o imóvel pela situação e pela denominação, descrever-se-ão os limites por constituir, aviventar ou renovar e nomear-se-ão todos os confinantes da linha demarcanda.	Art. 950. Na petição inicial, instruída com os títulos da propriedade, designar-se-á o imóvel pela situação e denominação, descrever-se-ão os limites por constituir, aviventar ou renovar e nomear-se-ão todos os confinantes da linha demarcanda.
Art. 528. Qualquer condômino é parte legítima para promover a demarcação do imóvel comum, citando-se os demais como litisconsortes.	Art. 952. Qualquer condômino é parte legítima para promover a demarcação do imóvel comum, citando-se os demais como litisconsortes.
Art. 529. Os réus serão citados observando-se o disposto no art. 204. Frustrada a citação das pessoas domiciliadas na comarca onde corre a demarcatória, estas serão citadas na forma dos arts. 206 e 213, e por edital, com prazo de vinte dias a dois meses, todas as demais pessoas residentes no Brasil ou no estrangeiro.	Art. 953. Os réus que residirem na comarca serão citados pessoalmente; os demais, por edital.
Art. 530. Feitas as citações, terão os réus o prazo comum de vinte dias para contestar.	Art. 954. Feitas as citações, terão os réus o prazo comum de 20 (vinte) dias para contestar.
Art. 531. Havendo contestação, observar-se-á o procedimento comum; não havendo, o juiz julgará antecipadamente a lide.	Art. 955. Havendo contestação, observar-se-á o procedimento ordinário; não havendo, aplica-se o disposto no art. 330, II.
Art. 532. Em qualquer dos casos do artigo anterior, antes de proferir a sentença definitiva, o juiz nomeará um ou mais peritos para levantar o traçado da linha demarcanda.	Art. 956. Em qualquer dos casos do artigo anterior, o juiz, antes de proferir a sentença definitiva, nomeará dois arbitradores e um agrimensor para levantarem o traçado da linha demarcanda.
Art. 533. Concluídos os estudos, os peritos apresentarão minucioso laudo sobre o traçado da linha demarcanda, considerando os títulos, os marcos, os rumos, a fama da vizinhança, as informações de antigos moradores do lugar e outros elementos que coligirem.	Art. 957. Concluídos os estudos, apresentarão os arbitradores minucioso laudo sobre o traçado da linha demarcanda, tendo em conta os títulos, marcos, rumos, a fama da vizinhança, as informações de antigos moradores do lugar e outros elementos que coligirem.
Art. 534. A sentença que julgar procedente a ação determinará o traçado da linha demarcanda.	Art. 958. A sentença, que julgar procedente a ação, determinará o traçado da linha demarcanda.
Parágrafo único. A sentença proferida na ação demarcatória determinará a restituição da área invadida, se houver, declarando o domínio ou a posse do prejudicado, ou uma e outra.	

Projeto do Novo CPC	CPC 1973
Art. 535. Transitada em julgado a sentença, o perito efetuará a demarcação e colocará os marcos necessários. Todas as operações serão consignadas em planta e memorial descritivo com as referências convenientes para a identificação, em qualquer tempo, dos pontos assinalados.	Art. 959. Tanto que passe em julgado a sentença, o agrimensor efetuará a demarcação, colocando os marcos necessários. Todas as operações serão consignadas em planta e memorial descritivo com as referências convenientes para a identificação, em qualquer tempo, dos pontos assinalados.
Art. 536. As plantas serão acompanhadas das cadernetas de operações de campo e do memorial descritivo, que conterá: I - o ponto de partida, os rumos seguidos e a aviventação dos antigos com os respectivos cálculos; II - os acidentes encontrados, as cercas, os valos, os marcos antigos, os córregos, os rios, as lagoas e outros; III - a indicação minuciosa dos novos marcos cravados, dos antigos aproveitados, das culturas existentes e da sua produção anual; IV - a composição geológica dos terrenos, bem como a qualidade e a extensão dos campos, das matas e das capoeiras; V - as vias de comunicação; VI - as distâncias a pontos de referência, tais como rodovias federais e estaduais, ferrovias, portos, aglomerações urbanas e polos comerciais. VII - a indicação de tudo o mais que for útil para o levantamento da linha ou para a identificação da linha já levantada.	Art. 962. Acompanharão as plantas as cadernetas de operações de campo e o memorial descritivo, que conterá: I - o ponto de partida, os rumos seguidos e a aviventação dos antigos com os respectivos cálculos; II - os acidentes encontrados, as cercas, valos, marcos antigos, córregos, rios, lagoas e outros; III - a indicação minuciosa dos novos marcos cravados, das culturas existentes e sua produção anual; IV - a composição geológica dos terrenos, bem como a qualidade e extensão dos campos, matas e capoeiras; V - as vias de comunicação; VI - as distâncias à estação da estrada de ferro, ao porto de embarque e ao mercado mais próximo; VII - a indicação de tudo o mais que for útil para o levantamento da linha ou para a identificação da linha já levantada.
Art. 537. É obrigatória a colocação de marcos assim na estação inicial, dita marco primordial, como nos vértices dos ângulos, salvo se algum desses últimos pontos for assinalado por acidentes naturais de difícil remoção ou destruição.	Art. 963. É obrigatória a colocação de marcos assim na estação inicial - marco primordial -, como nos vértices dos ângulos, salvo se algum destes últimos pontos for assinalado por acidentes naturais de difícil remoção ou destruição.
Art. 538. Juntado aos autos o relatório dos peritos, o juiz determinará que as partes se manifestem sobre ele no prazo comum de vinte dias. Em seguida, executadas as correções e as retificações que o juiz determinar, lavrar-se-á o auto de demarcação em que os limites demarcandos serão minuciosamente descritos de acordo com o memorial e a planta.	Art. 965. Junto aos autos o relatório dos arbitradores, determinará o juiz que as partes se manifestem sobre ele no prazo comum de 10 (dez) dias. Em seguida, executadas as correções e retificações que ao juiz pareçam necessárias, lavrar-se-á o auto de demarcação em que os limites demarcandos serão minuciosamente descritos de acordo com o memorial e a planta.
Art. 539. Assinado o auto pelo juiz e pelos peritos, será proferida a sentença homologatória da demarcação.	Art. 966. Assinado o auto pelo juiz, arbitradores e agrimensor, será proferida a sentença homologatória da demarcação.

Projeto do Novo CPC	CPC 1973
Seção III **Da divisão**	**Seção III** **Da Divisão**
Art. 540. A petição inicial será instruída com os títulos de domínio do promovente e conterá:	~~Art. 967.~~ A petição inicial, ~~elaborada com observância dos requisitos do art. 282 e~~ instruída com os títulos de domínio do promovente~~,~~ conterá:
I - a indicação da origem da comunhão e a denominação, a situação, os limites e as características do imóvel;	I - a indicação da origem da comunhão e a denominação, situação, limites e característicos do imóvel;
II - o nome, o estado civil, a profissão e a residência de todos os condôminos, especificando-se os estabelecidos no imóvel com benfeitorias e culturas;	II - o nome, o estado civil, a profissão e a residência de todos os condôminos, especificando-se os estabelecidos no imóvel com benfeitorias e culturas;
III - as benfeitorias comuns.	III - as benfeitorias comuns.
Art. 541. Feitas as citações como preceitua o art. 529, prosseguir-á na forma dos arts. 530 e 531.	~~Art. 968.~~ Feitas as citações como preceitua o art. 953, prosseguir-se-á na forma dos arts. 954 e 955.
Art. 542. O juiz nomeará um ou mais peritos para promover a medição do imóvel e as operações de divisão.	~~Art. 969.~~ Prestado o compromisso pelos arbitradores e agrimensor, terão início, pela medição do imóvel~~,~~ as operações de divisão.
Parágrafo único. O perito deverá indicar as vias de comunicação existentes, as construções e as benfeitorias, com a indicação dos seus valores e dos respectivos proprietários e ocupantes, as águas principais que banham o imóvel e quaisquer outras informações que possam concorrer para facilitar a partilha.	
Art. 543. Todos os condôminos serão intimados a apresentar, dentro de dez dias, os seus títulos, se ainda não o tiverem feito, e a formular os seus pedidos sobre a constituição dos quinhões.	~~Art. 970.~~ Todos os condôminos serão intimados a apresentar, dentro em ~~10 (dez)~~ dias, os seus títulos, se ainda não o tiverem feito; e a formular os seus pedidos sobre a constituição dos quinhões.
Art. 544. O juiz ouvirá as partes no prazo comum de vinte dias.	~~Art. 971.~~ O juiz ouvirá as partes no prazo comum de ~~10 (dez)~~ dias.
Parágrafo único. Não havendo impugnação, o juiz determinará a divisão geodésica do imóvel; se houver, proferirá, no prazo de dez dias, decisão sobre os pedidos e os títulos que devam ser atendidos na formação dos quinhões.	Parágrafo único. Não havendo impugnação, o juiz determinará a divisão geodésica do imóvel; se houver, proferirá, no prazo de ~~10 (dez)~~ dias, decisão sobre os pedidos e os títulos que devam ser atendidos na formação dos quinhões.
Art. 545. Se qualquer linha do perímetro atingir benfeitorias permanentes dos confinantes feitas há mais de um ano, serão elas respeitadas, bem como os terrenos onde estiverem, os quais não se computarão na área dividenda.	~~Art. 973.~~ Se qualquer linha do perímetro atingir benfeitorias permanentes dos confinantes~~,~~ feitas há mais de ~~1 (um)~~ ano, serão elas respeitadas, bem como os terrenos onde estiverem, os quais não se computarão na área dividenda.

Projeto do Novo CPC	CPC 1973
Art. 546. Os confinantes do imóvel dividendo podem demandar a restituição dos terrenos que lhes tenham sido usurpados. § 1º Serão citados para a ação todos os condôminos, se ainda não transitou em julgado a sentença homologatória da divisão, e todos os quinhoeiros dos terrenos vindicados, se proposta posteriormente. § 2º Nesse último caso terão os quinhoeiros o direito, pela mesma sentença que os obrigar à restituição, a haver dos outros condôminos do processo divisório ou de seus sucessores a título universal a composição pecuniária proporcional ao desfalque sofrido.	Art. 974. É lícito aos confinantes do imóvel dividendo demandar a restituição dos terrenos que lhes tenham sido usurpados. § 1º Serão citados para a ação todos os condôminos, se ainda não transitou em julgado a sentença homologatória da divisão; e todos os quinhoeiros dos terrenos vindicados, se proposta posteriormente. § 2º Neste último caso terão os quinhoeiros o direito, pela mesma sentença que os obrigar à restituição, a haver dos outros condôminos do processo divisório, ou de seus sucessores a título universal, a composição pecuniária proporcional ao desfalque sofrido.
Art. 547. Os peritos proporão, em laudo fundamentado, a forma da divisão, devendo consultar, quanto possível, a comodidade das partes, respeitar, para adjudicação a cada condômino, a preferência dos terrenos contíguos às suas residências e benfeitorias e evitar o retalhamento dos quinhões em glebas separadas.	Art. 978. Em seguida os arbitradores e o agrimensor proporão, em laudo fundamentado, a forma da divisão, devendo consultar, quanto possível, a comodidade das partes, respeitar, para adjudicação a cada condômino, a preferência dos terrenos contíguos às suas residências e benfeitorias e evitar o retalhamento dos quinhões em glebas separadas.
Art. 548. Ouvidas as partes, no prazo comum de dez dias, sobre o cálculo e o plano da divisão, o juiz deliberará a partilha. Em cumprimento dessa decisão, o perito procederá a demarcação dos quinhões, observando, além do disposto nos arts. 537 e 538, as seguintes regras: I - as benfeitorias comuns que não comportarem divisão cômoda serão adjudicadas a um dos condôminos mediante compensação; II - instituir-se-ão as servidões que forem indispensáveis em favor de uns quinhões sobre os outros, incluindo o respectivo valor no orçamento para que, não se tratando de servidões naturais, seja compensado o condômino aquinhoado com o prédio serviente; III - as benfeitorias particulares dos condôminos que excederem à área a que têm direito serão adjudicadas ao quinhoeiro vizinho mediante reposição; IV - se outra coisa não acordarem as partes, as compensações e as reposições serão feitas em dinheiro.	Art. 979. Ouvidas as partes, no prazo comum de 10 (dez) dias, sobre o cálculo e o plano da divisão, deliberará o juiz a partilha. Em cumprimento desta decisão, procederá o agrimensor, assistido pelos arbitradores, à demarcação dos quinhões, observando, além do disposto nos arts. 963 e 964, as seguintes regras: I - as benfeitorias comuns, que não comportarem divisão cômoda, serão adjudicadas a um dos condôminos mediante compensação; II - instituir-se-ão as servidões, que forem indispensáveis, em favor de uns quinhões sobre os outros, incluindo o respectivo valor no orçamento para que, não se tratando de servidões naturais, seja compensado o condômino aquinhoado com o prédio serviente; III - as benfeitorias particulares dos condôminos, que excederem a área a que têm direito, serão adjudicadas ao quinhoeiro vizinho mediante reposição; IV - se outra coisa não acordarem as partes, as compensações e reposições serão feitas em dinheiro.
Art. 549. Terminados os trabalhos e desenhados na planta os quinhões e as servidões aparentes, o perito organizará o memorial descritivo. Em seguida, cumprido o disposto no art. 538, o escrivão lavrará o auto de divisão, seguido de uma folha de pagamento para cada condômino. Assinado o auto pelo juiz e pelo perito, será proferida sentença homologatória da divisão.	Art. 980. Terminados os trabalhos e desenhados na planta os quinhões e as servidões aparentes, organizará o agrimensor o memorial descritivo. Em seguida, cumprido o disposto no art. 965, o escrivão lavrará o auto de divisão, seguido de uma folha de pagamento para cada condômino. Assinado o auto pelo juiz, agrimensor e arbitradores, será proferida sentença homologatória da divisão.

Projeto do Novo CPC	CPC 1973
§ 1º O auto conterá: I - a confinação e a extensão superficial do imóvel; II - a classificação das terras com o cálculo das áreas de cada consorte e a respectiva avaliação ou a avaliação do imóvel na sua integridade, quando a homogeneidade das terras não determinar diversidade de valores; III - o valor e a quantidade geométrica que couber a cada condômino, declarando-se as reduções e as compensações resultantes da diversidade de valores das glebas componentes de cada quinhão. § 2º Cada folha de pagamento conterá: I - a descrição das linhas divisórias do quinhão, mencionadas as confinantes; II - a relação das benfeitorias e das culturas do próprio quinhoeiro e das que lhe foram adjudicadas por serem comuns ou mediante compensação; III - a declaração das servidões instituídas, especificados os lugares, a extensão e o modo de exercício. **Art. 550.** Aplica-se às divisões o disposto nos arts. 529 a 531.	§ 1º O auto conterá: I - a confinação e a extensão superficial do imóvel; II - a classificação das terras com o cálculo das áreas de cada consorte e a respectiva avaliação, ou a avaliação do imóvel na sua integridade, quando a homogeneidade das terras não determinar diversidade de valores; III - o valor e a quantidade geométrica que couber a cada condômino, declarando-se as reduções e compensações resultantes da diversidade de valores das glebas componentes de cada quinhão. § 2º Cada folha de pagamento conterá: I - a descrição das linhas divisórias do quinhão, mencionadas as confinantes; II - a relação das benfeitorias e culturas do próprio quinhoeiro e das que lhe foram adjudicadas por serem comuns ou mediante compensação; III - a declaração das servidões instituídas, especificados os lugares, a extensão e modo de exercício. Art. 981. Aplica-se às divisões o disposto nos arts. 952 a 955. Nota: o Projeto do Novo CPC não aplicou às divisões a partir do disposto no art. 953.
Capítulo IV **DO INVENTÁRIO E DA PARTILHA** Seção I Disposições gerais **Art. 551.** Havendo testamento ou interessado incapaz, proceder-se-á ao inventário judicial; se todos forem capazes e concordes, poderão fazer-se o inventário e a partilha por escritura pública, a qual constituirá título hábil para o registro imobiliário. § 1º O tabelião somente lavrará a escritura pública se todas as partes interessadas estiverem assistidas por advogado comum ou advogados de cada uma delas ou por defensor público, cuja qualificação e assinatura constarão do ato notarial. § 2º A escritura e os demais atos notariais serão gratuitos àqueles que se declararem pobres sob as penas da lei.	**CAPÍTULO IX** **DO INVENTÁRIO E DA PARTILHA** Seção I Das Disposições Gerais Art. 982. Havendo testamento ou interessado incapaz, proceder-se-á ao inventário judicial; se todos forem capazes e concordes, poderá fazer-se o inventário e a partilha por escritura pública, a qual constituirá título hábil para o registro imobiliário. § 1º O tabelião somente lavrará a escritura pública se todas as partes interessadas estiverem assistidas por advogado comum ou advogados de cada uma delas ou por defensor público, cuja qualificação e assinatura constarão do ato notarial. § 2º A escritura e demais atos notariais serão gratuitos àqueles que se declararem pobres sob as penas da lei.

Projeto do Novo CPC	CPC 1973
Art. 552. O processo de inventário e de partilha deve ser aberto dentro de dois meses a contar da abertura da sucessão, ultimando-se nos doze meses subsequentes, podendo o juiz prorrogar esses prazos, de ofício ou a requerimento de parte.	~~Art. 983.~~ O processo de inventário e partilha deve ser aberto dentro de ~~60 (sessenta)~~ dias a contar da abertura da sucessão, ultimando-se nos ~~12 (doze)~~ meses subseqüentes, podendo o juiz prorrogar tais prazos, de ofício ou a requerimento de parte.
Art. 553. O juiz decidirá todas as questões de direito desde que os fatos relevantes estejam provados por documento, só remetendo para os meios ordinários as questões que dependerem de outras provas.	~~Art. 984.~~ O juiz decidirá todas as questões de direito ~~e também as questões de fato, quando este se achar provado por documento~~, só remetendo para os meios ordinários as que ~~demandarem alta indagação ou~~ dependerem de outras provas.
Art. 554. Até que o inventariante preste o compromisso, continuará o espólio na posse do administrador provisório.	~~Art. 985.~~ Até que o inventariante preste o compromisso ~~(art. 990, parágrafo único)~~, continuará o espólio na posse do administrador provisório.
Art. 555. O administrador provisório representa ativa e passivamente o espólio, é obrigado a trazer ao acervo os frutos que desde a abertura da sucessão percebeu, tem direito ao reembolso das despesas necessárias e úteis que fez e responde pelo dano a que, por dolo ou culpa, der causa.	~~Art. 986.~~ O administrador provisório representa ativa e passivamente o espólio, é obrigado a trazer ao acervo os frutos que desde a abertura da sucessão percebeu, tem direito ao reembolso das despesas necessárias e úteis que fez e responde pelo dano a que, por dolo ou culpa, der causa.
Seção II Da legitimidade para requerer o inventário	**Seção II** Da Legitimidade para Requerer o Inventário
Art. 556. O requerimento de inventário e partilha incumbe a quem estiver na posse e na administração do espólio, no prazo estabelecido no art. 552. Parágrafo único. O requerimento será instruído com a certidão de óbito do autor da herança.	~~Art. 987.~~ A quem estiver na posse e administração do espólio incumbe, no prazo estabelecido no art. 983, requerer o inventário e a partilha. Parágrafo único. O requerimento será instruído com a certidão de óbito do autor da herança.
Art. 557. Têm, contudo, legitimidade concorrente: I - o testamenteiro; II - o cessionário do herdeiro ou do legatário; III - o credor do herdeiro, do legatário ou do autor da herança; IV - o Ministério Público, havendo herdeiros incapazes; V - a Fazenda Pública, quando tiver interesse.	~~Art. 988.~~ Tem, contudo, legitimidade concorrente: ~~IV~~ - o testamenteiro; ~~V~~ - o cessionário do herdeiro ou do legatário; ~~VI~~ - o credor do herdeiro, do legatário ou do autor da herança; ~~VIII~~ - o Ministério Público, havendo herdeiros incapazes; ~~IX~~ - a Fazenda Pública, quando tiver interesse.
Seção III Do inventariante e das primeiras declarações	**Seção III** Do Inventariante e das Primeiras Declarações
Art. 558. O juiz nomeará inventariante:	~~Art. 990.~~ O juiz nomeará inventariante:

Projeto do Novo CPC	CPC 1973
I - o herdeiro, o cônjuge casado sob o regime da comunhão total ou parcial ou o companheiro que se achar na posse e na administração do espólio, desde que estivesse convivendo com o autor da herança ao tempo de sua morte;	I - o cônjuge ou companheiro sobrevivente, desde que estivesse convivendo com o outro ao tempo da morte deste; II - o herdeiro que se achar na posse e administração do espólio, se não houver cônjuge ou companheiro sobrevivente ou estes não puderem ser nomeados;
II - qualquer herdeiro, quando nenhum deles estiver na posse e na administração do espólio;	III - qualquer herdeiro, nenhum estando na posse e administração do espólio;
III - o herdeiro menor, por seu representante legal;	
IV - o testamenteiro, se lhe foi confiada a administração do espólio ou toda a herança estiver distribuída em legados;	IV - o testamenteiro, se lhe foi confiada a administração do espólio ou toda a herança estiver distribuída em legados;
V - o cessionário do herdeiro ou do legatário;	
VI - o cônjuge supérstite, qualquer que seja o regime do casamento; Ver art. 990, I, do CPC/73.	
VII - o inventariante judicial, se houver;	V - o inventariante judicial, se houver;
VIII - a pessoa estranha idônea, quando não houver inventariante judicial.	VI - pessoa estranha idônea, onde não houver inventariante judicial.
Parágrafo único. O inventariante, intimado da nomeação, prestará, dentro de cinco dias, o compromisso de bem e fielmente desempenhar o cargo.	Parágrafo único. O inventariante, intimado da nomeação, prestará, dentro de 5 (cinco) dias, o compromisso de bem e fielmente desempenhar o cargo.
Art. 559. Incumbe ao inventariante:	Art. 991. Incumbe ao inventariante:
I - representar o espólio ativa e passivamente, em juízo ou fora dele, observando-se, quanto ao dativo, o disposto no art. 60, § 1º;	I - representar o espólio ativa e passivamente, em juízo ou fora dele, observando-se, quanto ao dativo, o disposto no art. 12, § 1º;
II - administrar o espólio, velando-lhe os bens com a mesma diligência como se seus fossem;	II - administrar o espólio, velando-lhe os bens com a mesma diligência como se seus fossem;
III - prestar as primeiras e as últimas declarações pessoalmente ou por procurador com poderes especiais;	III - prestar as primeiras e últimas declarações pessoalmente ou por procurador com poderes especiais;
IV - exibir em cartório, a qualquer tempo, para exame das partes, os documentos relativos ao espólio;	IV - exibir em cartório, a qualquer tempo, para exame das partes, os documentos relativos ao espólio;
V - juntar aos autos certidão do testamento, se houver;	V - juntar aos autos certidão do testamento, se houver;
VI - trazer à colação os bens recebidos pelo herdeiro ausente, renunciante ou excluído;	VI - trazer à colação os bens recebidos pelo herdeiro ausente, renunciante ou excluído;
VII - prestar contas de sua gestão ao deixar o cargo ou sempre que o juiz lhe determinar;	VII - prestar contas de sua gestão ao deixar o cargo ou sempre que o juiz lhe determinar;
VIII - requerer a declaração de insolvência.	VIII - requerer a declaração de insolvência (art. 748).
Art. 560. Incumbe ainda ao inventariante, ouvidos os interessados e com autorização do juiz:	Art. 992. Incumbe ainda ao inventariante, ouvidos os interessados e com autorização do juiz:
I - alienar bens de qualquer espécie;	I - alienar bens de qualquer espécie;
II - transigir em juízo ou fora dele;	II - transigir em juízo ou fora dele;
III - pagar dívidas do espólio;	III - pagar dívidas do espólio;

Projeto do Novo CPC	CPC 1973
IV - fazer as despesas necessárias com a conservação e o melhoramento dos bens do espólio.	IV - fazer as despesas necessárias com a conservação e o melhoramento dos bens do espólio.
Art. 561. Dentro de vinte dias contados da data em que prestou o compromisso, o inventariante fará as primeiras declarações, das quais se lavrará termo circunstanciado. No termo, assinado pelo juiz, pelo escrivão e pelo inventariante, serão exarados: I - o nome, o estado, a idade e o domicílio do autor da herança, o dia e o lugar em que faleceu e bem ainda se deixou testamento; II - o nome, o estado, a idade e a residência dos herdeiros e, havendo cônjuge supérstite, o regime de bens do casamento; III - a qualidade dos herdeiros e o grau de seu parentesco com o inventariado; IV - a relação completa e individualizada de todos os bens do espólio, inclusive aqueles que devem ser conferidos à colação e dos alheios que nele forem encontrados, descrevendo-se: a) os imóveis, com as suas especificações, nomeadamente local em que se encontram, extensão da área, limites, confrontações, benfeitorias, origem dos títulos, números das matrículas e ônus que os gravam; b) os móveis, com os sinais característicos; c) os semoventes, seu número, espécies, marcas e sinais distintivos; d) o dinheiro, as joias, os objetos de ouro e prata e as pedras preciosas, declarando-se-lhes especificadamente a qualidade, o peso e a importância; e) os títulos da dívida pública, bem como as ações, as quotas e os títulos de sociedade, mencionando-se-lhes o número, o valor e a data; f) as dívidas ativas e passivas, indicando-se-lhes as datas, os títulos, a origem da obrigação, bem como os nomes dos credores e dos devedores; g) direitos e ações; h) o valor corrente de cada um dos bens do espólio. § 1º O juiz determinará que se proceda: I - ao balanço do estabelecimento, se o autor da herança era empresário individual; II - à apuração de haveres, se o autor da herança era sócio de sociedade que não anônima. § 2º As declarações podem ser prestadas mediante petição, firmada por procurador com poderes especiais, à qual o termo se reportará.	Art. 993. Dentro de 20 (vinte) dias, contados da data em que prestou o compromisso, fará o inventariante as primeiras declarações, das quais se lavrará termo circunstanciado. No termo, assinado pelo juiz, escrivão e inventariante, serão exarados: I - o nome, estado, idade e domicílio do autor da herança, dia e lugar em que faleceu e bem ainda se deixou testamento; II - o nome, estado, idade e residência dos herdeiros e, havendo cônjuge supérstite, o regime de bens do casamento; III - a qualidade dos herdeiros e o grau de seu parentesco com o inventariado; IV - a relação completa e individuada de todos os bens do espólio e dos alheios que nele forem encontrados, descrevendo-se: a) os imóveis, com as suas especificações, nomeadamente local em que se encontram, extensão da área, limites, confrontações, benfeitorias, origem dos títulos, números das transcrições aquisitivas e ônus que os gravam; b) os móveis, com os sinais característicos; c) os semoventes, seu número, espécies, marcas e sinais distintivos; d) o dinheiro, as jóias, os objetos de ouro e prata, e as pedras preciosas, declarando-se-lhes especificadamente a qualidade, o peso e a importância; e) os títulos da dívida pública, bem como as ações, cotas e títulos de sociedade, mencionando-se-lhes o número, o valor e a data; f) as dívidas ativas e passivas, indicando-se-lhes as datas, títulos, origem da obrigação, bem como os nomes dos credores e dos devedores; g) direitos e ações; h) o valor corrente de cada um dos bens do espólio. Parágrafo único. O juiz determinará que se proceda: I - ao balanço do estabelecimento, se o autor da herança era comerciante em nome individual; II - a apuração de haveres, se o autor da herança era sócio de sociedade que não anônima.

Projeto do Novo CPC	CPC 1973
Art. 562. Só se pode arguir de sonegação ao inventariante depois de encerrada a descrição dos bens, com a declaração, por ele feita, de não existirem outros por inventariar.	Art. 994. Só se pode argüir de sonegação ao inventariante depois de encerrada a descrição dos bens, com a declaração, por ele feita, de não existirem outros por inventariar.
Art. 563. O inventariante será removido: I - se não prestar, no prazo legal, as primeiras e as últimas declarações; II - se não der ao inventário andamento regular, suscitar dúvidas infundadas ou praticar atos meramente protelatórios; III - se, por culpa sua, se deteriorarem, forem dilapidados ou sofrerem dano bens do espólio; IV - se não defender o espólio nas ações em que for citado, deixar de cobrar dívidas ativas ou não promover as medidas necessárias para evitar o perecimento de direitos; V - se não prestar contas ou as que prestar não forem julgadas boas; VI - se sonegar, ocultar ou desviar bens do espólio.	Art. 995. O inventariante será removido: I - se não prestar, no prazo legal, as primeiras e as últimas declarações; II - se não der ao inventário andamento regular, suscitando dúvidas infundadas ou praticando atos meramente protelatórios; III - se, por culpa sua, se deteriorarem, forem dilapidados ou sofrerem dano bens do espólio; IV - se não defender o espólio nas ações em que for citado, deixar de cobrar dívidas ativas ou não promover as medidas necessárias para evitar o perecimento de direitos; V - se não prestar contas ou as que prestar não forem julgadas boas; VI - se sonegar, ocultar ou desviar bens do espólio.
Art. 564. Requerida a remoção com fundamento em qualquer dos incisos do art. 563, será intimado o inventariante para, no prazo de cinco dias, defender-se e produzir provas. Parágrafo único. O incidente da remoção correrá em apenso aos autos do inventário.	Art. 996. Requerida a remoção com fundamento em qualquer dos números do artigo antecedente, será intimado o inventariante para, no prazo de 5 (cinco) dias, defender-se e produzir provas. Parágrafo único. O incidente da remoção correrá em apenso aos autos do inventário.
Art. 565. Decorrido o prazo com a defesa do inventariante ou sem ela, o juiz decidirá. Se remover o inventariante, nomeará outro, observada a ordem estabelecida no art. 558.	Art. 997. Decorrido o prazo com a defesa do inventariante ou sem ela, o juiz decidirá. Se remover o inventariante, nomeará outro, observada a ordem estabelecida no art. 990.
Art. 566. O inventariante removido entregará imediatamente ao substituto os bens do espólio; deixando de fazê-lo, será compelido mediante mandado de busca e apreensão ou de imissão na posse, conforme se tratar de bem móvel ou imóvel, sem prejuízo da multa a ser fixada pelo juiz em montante não superior a três por cento do valor dos bens inventariados.	Art. 998. O inventariante removido entregará imediatamente ao substituto os bens do espólio; deixando de fazê-lo, será compelido mediante mandado de busca e apreensão, ou de imissão na posse, conforme se tratar de bem móvel ou imóvel.
Seção IV Das citações e das impugnações	Seção IV Das Citações e das Impugnações
Art. 567. Feitas as primeiras declarações, o juiz mandará citar, para os termos do inventário e da partilha, o cônjuge, o companheiro, os herdeiros, os legatários, a Fazenda Pública, o Ministério Público, se houver herdeiro incapaz ou ausente, e o testamenteiro, se o finado deixou testamento.	Art. 999. Feitas as primeiras declarações, o juiz mandará citar, para os termos do inventário e partilha, o cônjuge, os herdeiros, os legatários, a Fazenda Pública, o Ministério Público, se houver herdeiro incapaz ou ausente, e o testamenteiro, se o finado deixou testamento.

Projeto do Novo CPC	CPC 1973
§ 1º Serão citados conforme o disposto no art. 204, o cônjuge ou o companheiro, o herdeiro e o legatário. Frustrada a citação das pessoas domiciliadas na comarca onde corre o inventário, estas serão citadas na forma dos arts. 206 e 213, e por edital, com prazo de vinte dias a dois meses, todas as demais residentes no Brasil como no estrangeiro.	§ 1º ~~Citar-se-ão,~~ conforme o disposto nos ~~arts. 224 a 230, somente as pessoas domiciliadas na comarca por onde corre o inventário ou que aí foram encontradas~~; e por edital, com o prazo de ~~20 (vinte) a 60~~ (sessenta) dias, todas as demais, residentes, ~~assim~~ no Brasil como no estrangeiro.
§ 2º Das primeiras declarações extrair-se-ão tantas cópias quantas forem as partes.	§ 2º Das primeiras declarações extrair-se-ão tantas cópias quantas forem as partes.
§ 3º A citação será acompanhada de cópia das primeiras declarações.	§ 3º ~~O oficial de justiça, ao proceder à citação, entregará um exemplar a cada parte~~.
§ 4º Incumbe ao escrivão remeter cópias à Fazenda Pública, ao Ministério Público, ao testamenteiro, se houver, e ao advogado, se a parte já estiver representada nos autos.	§ 4º Incumbe ao escrivão remeter cópias à Fazenda Pública, ao Ministério Público, ao testamenteiro, se houver, e ao advogado, se a parte já estiver representada nos autos.
Art. 568. Concluídas as citações, abrir-se-á vista às partes, em cartório e pelo prazo comum de dez dias, para se manifestarem sobre as primeiras declarações. Cabe à parte: I - arguir erros, omissões e sonegações de bens; II - reclamar contra a nomeação do inventariante; III - contestar a qualidade de quem foi incluído no título de herdeiro. § 1º Julgando procedente a impugnação referida no inciso I, o juiz mandará retificar as primeiras declarações. § 2º Se acolher o pedido de que trata o inciso II, o juiz nomeará outro inventariante, observada a preferência legal. § 3º Verificando que a disputa sobre a qualidade de herdeiro a que alude o inciso III demanda produção de provas que não a documental, o juiz remeterá a parte para os meios ordinários e sobrestará, até o julgamento da ação, a entrega do quinhão que na partilha couber ao herdeiro admitido. Ver art. 1000, parágrafo único do CPC/73, desmembrado.	~~Art. 1.000.~~ Concluídas as citações, abrir-se-á vista às partes, em cartório e pelo prazo comum de ~~10~~ (dez) dias, para dizerem sobre as primeiras declarações. Cabe à parte: I - argüir erros e omissões; II - reclamar contra a nomeação do inventariante; III - contestar a qualidade de quem foi incluído no título de herdeiro. ~~Parágrafo único.~~ Julgando procedente a impugnação referida no nº I, o juiz mandará retificar as primeiras declarações. Se acolher o pedido, de que trata o nº II, nomeará outro inventariante, observada a preferência legal. Verificando que a disputa sobre a qualidade de herdeiro, a que alude o nº III, ~~constitui matéria de alta indagação~~, remeterá a parte para os meios ordinários e sobrestará, até o julgamento da ação, na entrega do quinhão que na partilha couber ao herdeiro admitido.
Art. 569. Aquele que se julgar preterido poderá demandar a sua admissão no inventário, requerendo-o antes da partilha. § 1º Ouvidas as partes no prazo de dez dias, o juiz decidirá. § 2º Se para solução da questão for necessária a produção de provas que não a documental, remeterá o requerente para os meios ordinários, mandando reservar, em poder do inventariante, o quinhão do herdeiro excluído até que se decida o litígio. Ver art. 1001 do CPC/73, desmembrado.	~~Art. 1.001.~~ Aquele que se julgar preterido poderá demandar a sua admissão no inventário, requerendo-o antes da partilha. Ouvidas as partes no prazo de ~~10~~ (dez) dias, o juiz decidirá. ~~Se não acolher o pedido~~, remeterá o requerente para os meios ordinários, mandando reservar, em poder do inventariante, o quinhão do herdeiro excluído até que se decida o litígio.

Projeto do Novo CPC	CPC 1973
Art. 570. A Fazenda Pública, no prazo de vinte dias, após a vista de que trata o art. 568, informará ao juízo, de acordo com os dados que constam de seu cadastro imobiliário, o valor dos bens de raiz descritos nas primeiras declarações.	~~Art. 1.002.~~ A Fazenda Pública, no prazo de ~~20 (vinte)~~ dias, após a vista de que trata o art. 1.000, informará ao juízo, de acordo com os dados que constam de seu cadastro imobiliário, o valor dos bens de raiz descritos nas primeiras declarações.
Seção V **Da avaliação e do cálculo do imposto**	**Seção V** **Da Avaliação e do Cálculo do Imposto**
Art. 571. Findo o prazo do art. 568, sem impugnação ou decidida a que houver sido oposta, o juiz nomeará, se for o caso, um perito para avaliar os bens do espólio, se não houver na comarca avaliador judicial. Parágrafo único. No caso previsto no art. 561, § 1º, o juiz nomeará um contador para levantar o balanço ou apurar os haveres.	~~Art. 1.003.~~ Findo o prazo do art. 1.000, sem impugnação ou decidida a que houver sido oposta, o juiz nomeará um perito para avaliar os bens do espólio, se não houver na comarca avaliador judicial. Parágrafo único. No caso previsto no art. 993, parágrafo único, o juiz nomeará um contador para levantar o balanço ou apurar os haveres.
Art. 572. Ao avaliar os bens do espólio, o perito observará, no que for aplicável, o disposto nos arts. 795 e 796.	~~Art. 1.004.~~ Ao avaliar os bens do espólio, observará o perito, no que for aplicável, o disposto nos arts. 681 a 683.
Art. 573. Não se expedirá carta precatória para a avaliação de bens situados fora da comarca onde corre o inventário, se eles forem de pequeno valor ou perfeitamente conhecidos do perito nomeado.	~~Art. 1.006.~~ Não se expedirá carta precatória para a avaliação de bens situados fora da comarca por onde corre o inventário, se eles forem de pequeno valor ou perfeitamente conhecidos do perito nomeado.
Art. 574. Sendo capazes todas as partes, não se procederá à avaliação, se a Fazenda Pública, intimada pessoalmente, concordar expressamente com o valor atribuído, nas primeiras declarações, aos bens do espólio.	~~Art. 1.007.~~ Sendo capazes todas as partes, não se procederá à avaliação, se a Fazenda Pública, intimada na forma do art. 237, I, concordar expressamente com o valor atribuído, nas primeiras declarações, aos bens do espólio.
Art. 575. Se os herdeiros concordarem com o valor dos bens declarados pela Fazenda Pública, a avaliação cingir-se-á aos demais.	~~Art. 1.008.~~ Se os herdeiros concordarem com o valor dos bens declarados pela Fazenda Pública, a avaliação cingir-se-á aos demais.
Art. 576. Entregue o laudo de avaliação, o juiz mandará que as partes se manifestem sobre ele no prazo de dez dias, que correrá em cartório. § 1º Versando a impugnação sobre o valor dado pelo perito, o juiz a decidirá de plano, à vista do que constar dos autos. § 2º Julgando procedente a impugnação, o juiz determinará que o perito retifique a avaliação, observando os fundamentos da decisão.	~~Art. 1.009.~~ Entregue o laudo de avaliação, o juiz mandará que sobre ele se manifestem as partes no prazo de ~~10 (dez)~~ dias, que correrá em cartório. § 1º Versando a impugnação sobre o valor dado pelo perito, o juiz a decidirá de plano, à vista do que constar dos autos. § 2º Julgando procedente a impugnação, determinará o juiz que o perito retifique a avaliação, observando os fundamentos da decisão.
Art. 577. Aceito o laudo ou resolvidas as impugnações suscitadas a seu respeito, lavrar-se-á em seguida o termo de últimas declarações, no qual o inventariante poderá emendar, aditar ou completar as primeiras.	~~Art. 1.011.~~ Aceito o laudo ou resolvidas as impugnações suscitadas a seu respeito lavrar-se-á em seguida o termo de últimas declarações, no qual o inventariante poderá emendar, aditar ou completar as primeiras.

Projeto do Novo CPC	CPC 1973
Art. 578. Ouvidas as partes sobre as últimas declarações no prazo comum de dez dias, proceder-se-á ao cálculo do tributo.	~~Art. 1.012.~~ Ouvidas as partes sobre as últimas declarações no prazo comum de ~~10 (dez)~~ dias, proceder-se-á ao cálculo do ~~imposto~~.
Art. 579. Feito o cálculo, sobre ele serão ouvidas todas as partes no prazo comum de cinco dias, que correrá em cartório e, em seguida, a Fazenda Pública. § 1º Se houver impugnação julgada procedente, o juiz ordenará nova remessa dos autos ao contador, determinando as alterações que devam ser feitas no cálculo. § 2º Cumprido o despacho, o juiz julgará o cálculo do tributo.	~~Art. 1.013.~~ Feito o cálculo, sobre ele serão ouvidas todas as partes no prazo comum de ~~5 (cinco)~~ dias, que correrá em cartório e, em seguida, a Fazenda Pública. § 1º Se houver impugnação julgada procedente, ordenará o juiz novamente a remessa dos autos ao contador, determinando as alterações que devam ser feitas no cálculo. § 2º Cumprido o despacho, o juiz julgará o cálculo do ~~imposto~~.
Seção VI Das Colações	Seção VI Das Colações
Art. 580. No prazo estabelecido no art. 568, o herdeiro obrigado à colação conferirá por termo nos autos ou por petição à qual o termo se reportará os bens que recebeu ou, se já não os possuir, trar-lhes-á o valor. Parágrafo único. Os bens que devem ser conferidos na partilha, assim como as acessões e as benfeitorias que o donatário fez, calcular-se-ão pelo valor que tiverem ao tempo da abertura da sucessão.	~~Art. 1.014.~~ No prazo estabelecido no art. 1.000, o herdeiro obrigado à colação conferirá por termo nos autos os bens que recebeu ou, se já os não possuir, trar-lhes-á o valor. Parágrafo único. Os bens que devem ser conferidos na partilha, assim como as acessões e benfeitorias que o donatário fez, calcular-se-ão pelo valor que tiverem ao tempo da abertura da sucessão.
Art. 581. O herdeiro que renunciou à herança ou o que dela foi excluído não se exime, pelo fato da renúncia ou da exclusão, de conferir, para o efeito de repor a parte inoficiosa, as liberalidades que houve do doador. § 1º É lícito ao donatário escolher, dos bens doados, tantos quantos bastem para perfazer a legítima e a metade disponível, entrando na partilha o excedente para ser dividido entre os demais herdeiros. § 2º Se a parte inoficiosa da doação recair sobre bem imóvel que não comporte divisão cômoda, o juiz determinará que sobre ela se proceda entre os herdeiros à licitação; o donatário poderá concorrer na licitação e, em igualdade de condições, preferirá aos herdeiros.	~~Art. 1.015.~~ O herdeiro que renunciou à herança ou o que dela foi excluído não se exime, pelo fato da renúncia ou da exclusão, de conferir, para o efeito de repor a parte inoficiosa, as liberalidades que houve do doador. § 1º É lícito ao donatário escolher, dos bens doados, tantos quantos bastem para perfazer a legítima e a metade disponível, entrando na partilha o excedente para ser dividido entre os demais herdeiros. § 2º Se a parte inoficiosa da doação recair sobre bem imóvel, que não comporte divisão cômoda, o juiz determinará que sobre ela se proceda entre os herdeiros à licitação; o donatário poderá concorrer na licitação e, em igualdade de condições, preferirá aos herdeiros.
Art. 582. Se o herdeiro negar o recebimento dos bens ou a obrigação de os conferir, o juiz, ouvidas as partes no prazo comum de cinco dias, decidirá à vista das alegações e das provas produzidas. § 1º Declarada improcedente a oposição, se o herdeiro, no prazo improrrogável de cinco dias, não proceder à conferência, o juiz mandará sequestrar- lhe, para serem inventariados e partilhados, os bens sujeitos à colação ou imputar ao seu quinhão hereditário o valor deles, se já os não possuir.	~~Art. 1.016.~~ Se o herdeiro negar o recebimento dos bens ou a obrigação de os conferir, o juiz, ouvidas as partes no prazo comum de ~~5 (cinco)~~ dias, decidirá à vista das alegações e provas produzidas. § 1º Declarada improcedente a oposição, se o herdeiro, no prazo improrrogável de ~~5 (cinco)~~ dias, não proceder à conferência, o juiz mandará seqüestrar-lhe, para serem inventariados e partilhados, os bens sujeitos à colação, ou imputar ao seu quinhão hereditário o valor deles, se já os não possuir.

Projeto do Novo CPC	CPC 1973
§ 2º Se a matéria exigir dilação probatória diversa da documental, o juiz remeterá as partes para os meios ordinários, não podendo o herdeiro receber o seu quinhão hereditário, enquanto pender a demanda, sem prestar caução correspondente ao valor dos bens sobre que versar a conferência.	§ 2º Se a matéria ~~for de alta indagação~~, o juiz remeterá as partes para os meios ordinários, não podendo o herdeiro receber o seu quinhão hereditário, enquanto pender a demanda, sem prestar caução correspondente ao valor dos bens sobre que versar a conferência.
Seção VII **Do pagamento das dívidas**	**Seção VII** **Do Pagamento das Dívidas**
Art. 583. Antes da partilha, poderão os credores do espólio requerer ao juízo do inventário o pagamento das dívidas vencidas e exigíveis. § 1º A petição, acompanhada de prova literal da dívida, será distribuída por dependência e autuada em apenso aos autos do processo de inventário. § 2º Concordando as partes com o pedido, o juiz, ao declarar habilitado o credor, mandará que se faça a separação de dinheiro ou, em sua falta, de bens suficientes para o seu pagamento. § 3º Separados os bens, tantos quantos forem necessários para o pagamento dos credores habilitados, o juiz mandará aliená-los, observando-se as disposições deste Código relativas à expropriação. § 4º Se o credor requerer que, em vez de dinheiro, lhe sejam adjudicados, para o seu pagamento, os bens já reservados, o juiz deferir-lhe-á o pedido, concordando todas as partes. § 5º Os donatários serão chamados a pronunciar-se sobre a aprovação das dívidas, sempre que haja possibilidade de resultar delas a redução das liberalidades.	~~Art. 1.017.~~ Antes da partilha, poderão os credores do espólio requerer ao juízo do inventário o pagamento das dívidas vencidas e exigíveis. § 1º A petição, acompanhada de prova literal da dívida, será distribuída por dependência e autuada em apenso aos autos do processo de inventário. § 2º Concordando as partes com o pedido, o juiz, ao declarar habilitado o credor, mandará que se faça a separação de dinheiro ou, em sua falta, de bens suficientes para o seu pagamento. § 3º Separados os bens, tantos quantos forem necessários para o pagamento dos credores habilitados, o juiz mandará aliená-los ~~em praça ou leilão~~, observadas, no que forem aplicáveis, as regras do Livro II, Título II, Capítulo IV, Seção I, Subseção VII e Seção II, Subseções I e II. § 4º Se o credor requerer que, em vez de dinheiro, lhe sejam adjudicados, para o seu pagamento, os bens já reservados, o juiz deferir-lhe-á o pedido, concordando todas as partes.
Art. 584. Não havendo concordância de todas as partes sobre o pedido de pagamento feito pelo credor, será ele remetido para os meios ordinários. Parágrafo único. O juiz mandará, porém, reservar em poder do inventariante bens suficientes para pagar o credor quando a dívida constar de documento que comprove suficientemente a obrigação e a impugnação não se fundar em quitação.	~~Art. 1.018.~~ Não havendo concordância de todas as partes sobre o pedido de pagamento feito pelo credor, será ele remetido para os meios ordinários. Parágrafo único. O juiz mandará, porém, reservar em poder do inventariante bens suficientes para pagar o credor, quando a dívida constar de documento que comprove suficientemente a obrigação e a impugnação não se fundar em quitação.
Art. 585. O credor de dívida líquida e certa, ainda não vencida, pode requerer habilitação no inventário. Concordando as partes com o pedido, o juiz, ao julgar habilitado o crédito, mandará que se faça separação de bens para o futuro pagamento.	~~Art. 1.019.~~ O credor de dívida líquida e certa, ainda não vencida, pode requerer habilitação no inventário. Concordando as partes com o pedido, o juiz, ao julgar habilitado o crédito, mandará que se faça separação de bens para o futuro pagamento.
Art. 586. O legatário é parte legítima para se manifestar sobre as dívidas do espólio:	~~Art. 1.020.~~ O legatário é parte legítima para manifestar-se sobre as dívidas do espólio:

Projeto do Novo CPC	CPC 1973
I - quando toda a herança for dividida em legados; II - quando o reconhecimento das dívidas importar redução dos legados. **Art. 587.** Sem prejuízo do disposto no art. 784, é lícito aos herdeiros, ao separarem bens para o pagamento de dívidas, autorizar que o inventariante os nomeie à penhora no processo em que o espólio for executado.	I - quando toda a herança for dividida em legados; II - quando o reconhecimento das dívidas importar redução dos legados. Art. 1.021. Sem prejuízo do disposto no art. 674, é lícito aos herdeiros, ao separarem bens para o pagamento de dívidas, autorizar que o inventariante os nomeie à penhora no processo em que o espólio for executado.
Seção VIII **A Partilha**	Seção VIII Da Partilha
Art. 588. Cumprido o disposto no art. 583, § 3º, o juiz facultará às partes que, no prazo comum de dez dias, formulem o pedido de quinhão; em seguida proferirá, no prazo de dez dias, o despacho de deliberação da partilha, resolvendo os pedidos das partes e designando os bens que devam constituir quinhão de cada herdeiro e legatário. **Art. 589.** Na partilha, serão observadas as seguintes regras: I - a maior igualdade possível, seja quanto ao valor, seja quanto à natureza e à qualidade dos bens; II - a prevenção de litígios futuros; III - a maior comodidade dos co-herdeiros, do cônjuge ou do companheiro, se for o caso. **Art. 590.** Os bens insuscetíveis de divisão cômoda que não couberem na parte do cônjuge ou companheiro supérstite ou no quinhão de um só herdeiro serão licitados entre os interessados ou vendidos judicialmente, partilhando-se o valor apurado, a não ser que haja acordo para serem adjudicados a todos. **Art. 591.** Se um dos interessados for nascituro, o quinhão que lhe caberá será reservado em poder do inventariante até o seu nascimento.	Art. 1.022. Cumprido o disposto no art. 1.017, § 3º, o juiz facultará às partes que, no prazo comum de 10 (dez) dias, formulem o pedido de quinhão; em seguida proferirá, no prazo de 10 (dez) dias, o despacho de deliberação da partilha, resolvendo os pedidos das partes e designando os bens que devam constituir quinhão de cada herdeiro e legatário.
Art. 592. O partidor organizará o esboço da partilha de acordo com a decisão, observando nos pagamentos a seguinte ordem: I - dívidas atendidas; II - meação do cônjuge; III - meação disponível; IV - quinhões hereditários, a começar pelo co-herdeiro mais velho.	Art. 1.023. O partidor organizará o esboço da partilha de acordo com a decisão, observando nos pagamentos a seguinte ordem: I - dívidas atendidas; II - meação do cônjuge; III - meação disponível; IV - quinhões hereditários, a começar pelo co-herdeiro mais velho.
Art. 593. Feito o esboço, as partes se manifestarão sobre ele no prazo comum de cinco dias. Resolvidas as reclamações, a partilha será lançada nos autos.	Art. 1.024. Feito o esboço, dirão sobre ele as partes no prazo comum de 5 (cinco) dias. Resolvidas as reclamações, será a partilha lançada nos autos.

Projeto do Novo CPC	CPC 1973
Art. 594. A partilha constará: I - de um auto de orçamento, que mencionará: a) os nomes do autor da herança, do inventariante, do cônjuge ou companheiro supérstite, dos herdeiros, dos legatários e dos credores admitidos; b) o ativo, o passivo e o líquido partível, com as necessárias especificações; c) o valor de cada quinhão; II - de uma folha de pagamento para cada parte, declarando a quota a pagar-lhe, a razão do pagamento, a relação dos bens que lhe compõem o quinhão, as características que os individualizam e os ônus que os gravam. Parágrafo único. O auto e cada uma das folhas serão assinados pelo juiz e pelo escrivão.	Art. 1.025. A partilha constará: I - de um auto de orçamento, que mencionará: a) os nomes do autor da herança, do inventariante, do cônjuge supérstite, dos herdeiros, dos legatários e dos credores admitidos; b) o ativo, o passivo e o líquido partível, com as necessárias especificações; c) o valor de cada quinhão; II - de uma folha de pagamento para cada parte, declarando a quota a pagar-lhe, a razão do pagamento, a relação dos bens que lhe compõem o quinhão, as características que os individualizam e os ônus que os gravam. Parágrafo único. O auto e cada uma das folhas serão assinados pelo juiz e pelo escrivão.
Art. 595. Pago o imposto de transmissão a título de morte e juntada aos autos certidão ou informação negativa de dívida para com a Fazenda Pública, o juiz julgará por sentença a partilha. Parágrafo único. A existência de dívida para com a Fazenda Pública não impedirá o julgamento da partilha, desde que o seu pagamento esteja devidamente garantido.	Art. 1.026. Pago o imposto de transmissão a título de morte, e junta aos autos certidão ou informação negativa de dívida para com a Fazenda Pública, o juiz julgará por sentença a partilha.
Art. 596. Transitada em julgado a sentença mencionada no art. 595, receberá o herdeiro os bens que lhe tocarem e um formal de partilha, do qual constarão as seguintes peças: I - termo de inventariante e título de herdeiros; II - avaliação dos bens que constituíram o quinhão do herdeiro; III - pagamento do quinhão hereditário; IV - quitação dos impostos; V - sentença. Parágrafo único. O formal de partilha poderá ser substituído por certidão do pagamento do quinhão hereditário, quando este não exceder a cinco vezes o salário mínimo vigente na sede do juízo; caso em que se transcreverá nela a sentença de partilha transitada em julgado.	Art. 1.027. Passada em julgado a sentença mencionada no artigo antecedente, receberá o herdeiro os bens que lhe tocarem e um formal de partilha, do qual constarão as seguintes peças: I - termo de inventariante e título de herdeiros; II - avaliação dos bens que constituíram o quinhão do herdeiro; III - pagamento do quinhão hereditário; IV - quitação dos impostos; V - sentença. Parágrafo único. O formal de partilha poderá ser substituído por certidão do pagamento do quinhão hereditário, quando este não exceder 5 (cinco) vezes o salário mínimo vigente na sede do juízo; caso em que se transcreverá nela a sentença de partilha transitada em julgado.
Art. 597. A partilha, mesmo depois de transitada em julgado a sentença, pode ser emendada nos mesmos autos do inventário, convindo todas as partes, quando tenha havido erro de fato na descrição dos bens; o juiz, de ofício ou a requerimento da parte, poderá, a qualquer tempo, corrigir-lhe as inexatidões materiais.	Art. 1.028. A partilha, ainda depois de passar em julgado a sentença (art. 1.026), pode ser emendada nos mesmos autos do inventário, convindo todas as partes, quando tenha havido erro de fato na descrição dos bens; o juiz, de ofício ou a requerimento da parte, poderá, a qualquer tempo, corrigir-lhe as inexatidões materiais.

Projeto do Novo CPC	CPC 1973
Art. 598. A partilha amigável, lavrada em instrumento público, reduzida a termo nos autos do inventário ou constante de escrito particular homologado pelo juiz, pode ser anulada, por dolo, coação, erro essencial ou intervenção de incapaz. Parágrafo único. O direito de propor ação anulatória de partilha amigável prescreve em um ano, contado esse prazo: I - no caso de coação, do dia em que ela cessou; II - no de erro ou dolo, do dia em que se realizou o ato; III - quanto ao incapaz, do dia em que cessar a incapacidade.	~~Art. 1.029.~~ A partilha amigável, lavrada em instrumento público, reduzida a termo nos autos do inventário ou constante de escrito particular homologado pelo juiz, pode ser anulada, por dolo, coação, erro essencial ou intervenção de incapaz. Parágrafo único. O direito de propor ação anulatória de partilha amigável prescreve em 1 ~~(um)~~ ano, contado este prazo: I - no caso de coação, do dia em que ela cessou; II - no de erro ou dolo, do dia em que se realizou o ato; III - quanto ao incapaz, do dia em que cessar a incapacidade.
Art. 599. É rescindível a partilha julgada por sentença: I - nos casos mencionados no art. 598; II - se feita com preterição de formalidades legais; III - se preteriu herdeiro ou incluiu quem não o seja.	~~Art. 1.030.~~ É rescindível a partilha julgada por sentença: I - nos casos mencionados no artigo antecedente; II - se feita com preterição de formalidades legais; III - se preteriu herdeiro ou incluiu quem não o seja.
Seção IX **Do arrolamento**	**Seção IX** **Do Arrolamento**
Art. 600. A partilha amigável, celebrada entre partes capazes, nos termos da lei, será homologada de plano pelo juiz, com observância dos arts. 601 a 604. § 1º O disposto neste artigo aplica-se, também, ao pedido de adjudicação, quando houver herdeiro único. § 2º Transitada em julgado a sentença de homologação de partilha ou adjudicação, será lavrado o respectivo formal, bem como expedidos os alvarás referentes aos bens e rendas por ele abrangidos, intimando-se o fisco para lançamento administrativo do imposto de transmissão e de outros tributos porventura incidentes, conforme dispuser a legislação tributária, não ficando as autoridades fazendárias adstritas aos valores dos bens do espólio atribuídos pelos herdeiros.	~~Art. 1.031.~~ A partilha amigável, celebrada entre partes capazes, nos termos ~~do art. 2.015 da Lei no 10.406, de 10 de janeiro de 2002 - Código Civil~~, será homologada de plano pelo juiz, ~~mediante a prova da quitação dos tributos relativos aos bens do espólio e às suas rendas~~, com observância dos arts. 1.032 a 1.035 desta Lei. § 1º O disposto neste artigo aplica-se, também, ao pedido de adjudicação, quando houver herdeiro único. § 2º Transitada em julgado a sentença de homologação de partilha ou adjudicação, o respectivo formal, bem como os alvarás referentes aos bens por ele abrangidos, ~~só serão expedidos e entregues às partes após a comprovação, verificada pela Fazenda Pública, do pagamento de todos os tributos.~~
Art. 601. Na petição de inventário, que se processará na forma de arrolamento sumário, independentemente da lavratura de termos de qualquer espécie, os herdeiros: I - requererão ao juiz a nomeação do inventariante que designarem; II - declararão os títulos dos herdeiros e os bens do espólio, observado o disposto no art. 561;	~~Art. 1.032.~~ Na petição de inventário, que se processará na forma de arrolamento sumário, independentemente da lavratura de termos de qualquer espécie, os herdeiros: I - requererão ao juiz a nomeação do inventariante que designarem; II - declararão os títulos dos herdeiros e os bens do espólio, observado o disposto no art. 993 ~~desta Lei~~;

Projeto do Novo CPC	CPC 1973
III - atribuirão o valor dos bens do espólio, para fins de partilha.	III - atribuirão o valor dos bens do espólio, para fins de partilha.
Art. 602. Ressalvada a hipótese prevista no parágrafo único do art. 604, não se procederá à avaliação dos bens do espólio para qualquer finalidade.	Art. 1.033. Ressalvada a hipótese prevista no parágrafo único do art. 1.035 desta Lei, não se procederá a avaliação dos bens do espólio para qualquer finalidade.
Art. 603. No arrolamento, não serão conhecidas ou apreciadas questões relativas ao lançamento, ao pagamento ou à quitação de taxas judiciárias e de tributos incidentes sobre a transmissão da propriedade dos bens do espólio. § 1º A taxa judiciária, se devida, será calculada com base no valor atribuído pelos herdeiros, cabendo ao Fisco, se apurar em processo administrativo valor diverso do estimado, exigir a eventual diferença pelos meios adequados ao lançamento de créditos tributários em geral. § 2º O imposto de transmissão será objeto de lançamento administrativo, conforme dispuser a legislação tributária, não ficando as autoridades fazendárias adstritas aos valores dos bens do espólio atribuídos pelos herdeiros.	Art. 1.034. No arrolamento, não serão conhecidas ou apreciadas questões relativas ao lançamento, ao pagamento ou à quitação de taxas judiciárias e de tributos incidentes sobre a transmissão da propriedade dos bens do espólio. § 1º A taxa judiciária, se devida, será calculada com base no valor atribuído pelos herdeiros, cabendo ao fisco, se apurar em processo administrativo valor diverso do estimado, exigir a eventual diferença pelos meios adequados ao lançamento de créditos tributários em geral. § 2º O imposto de transmissão será objeto de lançamento administrativo, conforme dispuser a legislação tributária, não ficando as autoridades fazendárias adstritas aos valores dos bens do espólio atribuídos pelos herdeiros.
Art. 604. A existência de credores do espólio não impedirá a homologação da partilha ou da adjudicação, se forem reservados bens suficientes para o pagamento da dívida. Parágrafo único. A reserva de bens será realizada pelo valor estimado pelas partes, salvo se o credor, regularmente notificado, impugnar a estimativa, caso em que se promoverá a avaliação dos bens a serem reservados.	Art. 1.035. A existência de credores do espólio não impedirá a homologação da partilha ou da adjudicação, se forem reservados bens suficientes para o pagamento da dívida. Parágrafo único. A reserva de bens será realizada pelo valor estimado pelas partes, salvo se o credor, regularmente notificado, impugnar a estimativa, caso em que se promoverá a avaliação dos bens a serem reservados.
Art. 605. Quando o valor dos bens do espólio for igual ou inferior a mil salários mínimos, o inventário se processará na forma de arrolamento, cabendo ao inventariante nomeado, independentemente da assinatura de termo de compromisso, apresentar, com suas declarações, a atribuição do valor dos bens do espólio e o plano da partilha. § 1º Se qualquer das partes ou o Ministério Público impugnar a estimativa, o juiz nomeará um avaliador, que oferecerá laudo em dez dias. § 2º Apresentado o laudo, o juiz, em audiência que designar, deliberará sobre a partilha, decidindo de plano todas as reclamações e mandando pagar as dívidas não impugnadas. § 3º Lavrar-se-á de tudo um só termo, assinado pelo juiz e pelas partes presentes. § 4º Aplicam-se a essa espécie de arrolamento, no que couberem, as disposições do art. 603, relativamente ao lançamento, ao pagamento e à quitação da taxa judiciária e do imposto sobre a transmissão da propriedade dos bens do espólio.	Art. 1.036. Quando o valor dos bens do espólio for igual ou inferior a 2.000 (duas mil) Obrigações do Tesouro Nacional - OTN, o inventário processar-se-á na forma de arrolamento, cabendo ao inventariante nomeado, independentemente da assinatura de termo de compromisso, apresentar, com suas declarações, a atribuição do valor dos bens do espólio e o plano da partilha. § 1º Se qualquer das partes ou o Ministério Público impugnar a estimativa, o juiz nomeará um avaliador que oferecerá laudo em 10 (dez) dias. § 2º Apresentado o laudo, o juiz, em audiência que designar, deliberará sobre a partilha, decidindo de plano todas as reclamações e mandando pagar as dívidas não impugnadas. § 3º Lavrar-se-á de tudo um só termo, assinado pelo juiz e pelas partes presentes. § 4º Aplicam-se a esta espécie de arrolamento, no que couberem, as disposições do art. 1.034 e seus parágrafos, relativamente ao lançamento, ao pagamento e à quitação da taxa judiciária e do imposto sobre a transmissão da propriedade dos bens do espólio.

Projeto do Novo CPC	CPC 1973
§ 5º Provada a quitação dos tributos relativos aos bens do espólio e às suas rendas, o juiz julgará a partilha.	§ 5º Provada a quitação dos tributos relativos aos bens do espólio e às suas rendas, o juiz julgará a partilha.
Art. 606. Processar-se-á também na forma do art. 605 o inventário, ainda que haja interessado incapaz, desde que concordem todas as partes e o Ministério Público.	
Art. 607. Independerá de inventário ou arrolamento o pagamento dos valores previstos na Lei n. 6.858, de 24 de novembro de 1980.	~~Art. 1.037.~~ Independerá de inventário ou arrolamento o pagamento dos valores previstos na Lei no 6.858, de 24 de novembro de 1980.
Art. 608. Aplicam-se subsidiariamente a esta Seção as disposições das Seções VII e VIII.	~~Art. 1.038.~~ Aplicam-se subsidiariamente a esta Seção as disposições das ~~seções antecedentes, bem como as da seção subseqüente~~.
Seção X Das disposições comuns a todas as seções deste Capítulo	**Seção X** Das Disposições Comuns às Seções Precedentes
Art. 609. Cessa a eficácia das medidas cautelares previstas nas várias seções deste Capítulo: I - se a ação não for proposta em um mês contado da data em que da decisão foi intimado o impugnante, o herdeiro excluído ou o credor não admitido; II - se o juiz declarar extinto o processo de inventário com ou sem resolução de mérito.	~~Art. 1.039.~~ Cessa a eficácia das medidas cautelares previstas nas várias seções deste Capítulo: I - se a ação não for proposta em ~~30 (trinta)~~ dias, contados da data em que da decisão foi intimado o impugnante ~~(art. 1.000, parágrafo único)~~, o herdeiro excluído ~~(art. 1.001)~~ ou o credor não admitido ~~(art. 1.018)~~; II - se o juiz declarar extinto o processo de inventário com ou sem julgamento do mérito.
Art. 610. Ficam sujeitos à sobrepartilha os bens: I - sonegados; II - da herança que se descobrirem depois da partilha; III - litigiosos, assim como os de liquidação difícil ou morosa; IV - situados em lugar remoto da sede do juízo onde se processa o inventário. Parágrafo único. Os bens mencionados nos incisos III e IV serão reservados à sobrepartilha sob a guarda e a administração do mesmo ou de diverso inventariante, a consentimento da maioria dos herdeiros.	~~Art. 1.040.~~ Ficam sujeitos à sobrepartilha os bens: I - sonegados; II - da herança que se descobrirem depois da partilha; III - litigiosos, assim como os de liquidação difícil ou morosa; IV - situados em lugar remoto da sede do juízo onde se processa o inventário. Parágrafo único. Os bens mencionados nos ns. III e IV deste artigo serão reservados à sobrepartilha sob a guarda e administração do mesmo ou de diverso inventariante, a aprazimento da maioria dos herdeiros.
Art. 611. Observar-se-á na sobrepartilha dos bens o processo de inventário e partilha. Parágrafo único. A sobrepartilha correrá nos autos do inventário do autor da herança.	~~Art. 1.041.~~ Observar-se-á na sobrepartilha dos bens o processo de inventário e partilha. Parágrafo único. A sobrepartilha correrá nos autos do inventário do autor da herança.
Art. 612. O juiz dará curador especial: I - ao ausente, se o não tiver; II - ao incapaz, se concorrer na partilha com o seu representante, desde que exista colisão de interesses.	~~Art. 1.042.~~ O juiz dará curador especial: I - ao ausente, se o não tiver; II - ao incapaz, se concorrer na partilha com o seu representante.

Projeto do Novo CPC	CPC 1973
Art. 613. É lícita a cumulação de inventários para a partilha de heranças de pessoas diversas quando haja: I - identidade de pessoas por quem devam ser repartidos os bens; II - heranças deixadas pelos dois cônjuges ou companheiros; III - dependência de uma das partilhas em relação à outra. Parágrafo único. No caso previsto no inciso III, se a dependência for parcial, por haver outros bens, o juiz pode ordenar a tramitação separada, se melhor convier ao interesse das partes ou à celeridade processual.	Art. 1.043. Falecendo o cônjuge meeiro supérstite antes da partilha dos bens do pré-morto, as duas heranças serão cumulativamente inventariadas e partilhadas, se os herdeiros de ambos forem os mesmos. **Art. 1.044.** Ocorrendo a morte de algum herdeiro na pendência do inventário em que foi admitido e não possuindo outros bens além do seu quinhão na herança, poderá este ser partilhado juntamente com os bens do monte.
Art. 614. Nos casos previstos no art. 613, inciso II, prevalecerão as primeiras declarações, assim como o laudo de avaliação, salvo se se alterou o valor dos bens.	Art. 1.045. Nos casos previstos nos dois artigos antecedentes prevalecerão as primeiras declarações, assim como o laudo de avaliação, salvo se se alterou o valor dos bens.
Capítulo V **DOS EMBARGOS DE TERCEIRO** **Art. 615.** Quem, não sendo parte no processo, sofrer turbação ou esbulho na posse de seus bens ou direitos por ato de constrição judicial poderá requerer lhe sejam manutenidos ou restituídos por meio de embargos.	**CAPÍTULO X** **DOS EMBARGOS DE TERCEIRO** Art. 1.046. Quem, não sendo parte no processo, sofrer turbação ou esbulho na posse de seus bens por ato de apreensão judicial, em casos como o de penhora, depósito, arresto, seqüestro, alienação judicial, arrecadação, arrolamento, inventário, partilha, poderá requerer lhe sejam manutenidos ou restituídos por meio de embargos.
§ 1º Os embargos podem ser de terceiro senhor e possuidor ou apenas possuidor. § 2º Equipara-se a terceiro a parte que, posto figure no processo, defende bens que, pelo título de sua aquisição ou pela qualidade em que os possuir, não podem ser atingidos pela apreensão judicial. § 3º Considera-se também terceiro o cônjuge quando defende a posse de bens próprios, reservados ou de sua meação.	§ 1º Os embargos podem ser de terceiro senhor e possuidor, ou apenas possuidor. § 2º Equipara-se a terceiro a parte que, posto figure no processo, defende bens que, pelo título de sua aquisição ou pela qualidade em que os possuir, não podem ser atingidos pela apreensão judicial. § 3º Considera-se também terceiro o cônjuge quando defende a posse de bens dotais, próprios, reservados ou de sua meação.
Art. 616. Os embargos podem ser opostos a qualquer tempo no processo de conhecimento enquanto não transitada em julgado a sentença, e, no processo de execução, até cinco dias depois da arrematação, adjudicação ou remição, mas sempre antes da assinatura da respectiva carta.	Art. 1.048. Os embargos podem ser opostos a qualquer tempo no processo de conhecimento enquanto não transitada em julgado a sentença, e, no processo de execução, até 5 (cinco) dias depois da arrematação, adjudicação ou remição, mas sempre antes da assinatura da respectiva carta.
Art. 617. Os embargos serão distribuídos por dependência e correrão em autos distintos perante o mesmo juízo que ordenou a apreensão.	Art. 1.049. Os embargos serão distribuídos por dependência e correrão em autos distintos perante o mesmo juiz que ordenou a apreensão.

Projeto do Novo CPC	CPC 1973
Art. 618. Na petição inicial, o embargante fará a prova sumária de sua posse e a qualidade de terceiro, oferecendo documentos e rol de testemunhas. § 1º É facultada a prova da posse em audiência preliminar designada pelo juiz. § 2º O possuidor direto pode alegar, com a sua posse, domínio alheio. § 3º A citação será pessoal, se o embargado não tiver procurador constituído nos autos da ação principal. **Art. 619.** A decisão que reconhecer suficientemente provada a posse determinará a suspensão das medidas constritivas sobre os bens litigiosos, objeto dos embargos, bem como a manutenção ou a restituição provisória da posse, se o embargante a houver requerido. Parágrafo único. O juiz poderá condicionar a ordem de manutenção ou restituição provisória de posse à prestação de caução pelo requerente. **Art. 620.** Os embargos poderão ser contestados no prazo de quinze dias, findo o qual se seguirá o procedimento comum. **Art. 621.** Contra os embargos do credor com garantia real, somente poderá o embargado alegar que: I - o devedor comum é insolvente; II - o título é nulo ou não obriga a terceiro; III - outra é a coisa dada em garantia.	~~Art. 1.050.~~ O embargante, em petição elaborada ~~com observância do disposto no art. 282~~, fará a prova sumária de sua posse e a qualidade de terceiro, oferecendo documentos e rol de testemunhas. § 1º É facultada a prova da posse em audiência preliminar designada pelo juiz. § 2º O possuidor direto pode alegar, com a sua posse, domínio alheio. § 3º A citação será pessoal, se o embargado não tiver procurador constituído nos autos da ação principal. ~~Art. 1.051.~~ Julgando suficientemente provada a posse, o juiz deferirá liminarmente os embargos e ordenará a expedição de mandado de manutenção ou de restituição em favor do embargante, ~~que só receberá os bens depois de prestar caução de os devolver com seus rendimentos, caso sejam afinal declarados improcedentes~~. ~~Art. 1.053.~~ Os embargos poderão ser contestados no prazo de ~~10 (dez) dias~~, findo o qual ~~proceder-se-á de acordo com o disposto no art. 803~~. ~~Art. 1.054.~~ Contra os embargos do credor com garantia real, somente poderá o embargado alegar que: I - o devedor comum é insolvente; II - o título é nulo ou não obriga a terceiro; III - outra é a coisa dada em garantia.
Capítulo VI **DA HABILITAÇÃO**	**CAPÍTULO ~~XI~~** **DA HABILITAÇÃO**
Art. 622. A habilitação tem lugar quando, por falecimento de qualquer das partes, os interessados houverem de suceder-lhe no processo. **Art. 623.** A habilitação pode ser requerida: I - pela parte, em relação aos sucessores do falecido; II - pelos sucessores do falecido, em relação à parte. **Art. 624.** Proceder-se-á à habilitação nos autos da causa principal e na instância em que ela se encontrar, cuja suspensão será determinada.	~~Art. 1.055.~~ A habilitação tem lugar quando, por falecimento de qualquer das partes, os interessados houverem de suceder-lhe no processo. ~~Art. 1.056.~~ A habilitação pode ser requerida: I - pela parte, em relação aos sucessores do falecido; II - pelos sucessores do falecido, em relação à parte. ~~Art. 1.060.~~ Proceder-se-á à habilitação nos autos da causa principal e ~~independentemente de sentença quando~~. ~~Art. 1.059.~~ Achando-se a causa no tribunal, a habilitação processar-se-á perante o relator e será julgada conforme o disposto no regimento interno.

Projeto do Novo CPC	CPC 1973
Art. 625. Recebida a petição, o juiz ordenará a citação dos requeridos para se pronunciarem no prazo de cinco dias. Parágrafo único. A citação será pessoal, se a parte não tiver procurador constituído nos autos. **Art. 626.** Se o pedido de habilitação for impugnado e houver necessidade de dilação probatória diversa da documental, o juiz determinará que o pedido seja autuado em apenso e disporá sobre a instrução. Caso contrário, decidirá imediatamente. **Art. 627.** Transitada em julgado a sentença de habilitação, a causa principal retomará o seu curso, juntando-se aos autos respectivos cópia da sentença de habilitação.	~~Art. 1.057.~~ Recebida a petição ~~inicial~~, ordenará o juiz a citação dos requeridos para contestar a ação no prazo de 5 ~~(cinco)~~ dias. Parágrafo único. A citação será pessoal, se a parte não tiver procurador constituído na causa. ~~Art. 1.062.~~ Passada em julgado a sentença de habilitação, ~~ou admitida a habilitação nos casos em que independer de sentença,~~ a causa principal retomará o seu curso.

Capítulo VII
DA RESTAURAÇÃO DE AUTOS

CAPÍTULO ~~XII~~
DA RESTAURAÇÃO DE AUTOS

Projeto do Novo CPC	CPC 1973
Art. 628. Verificado o desaparecimento dos autos, pode o juiz, de ofício, qualquer das partes ou o Ministério Público, se for o caso, promover-lhes a restauração. Parágrafo único. Havendo autos suplementares, nestes prosseguirá o processo. **Art. 629.** Na petição inicial declarará a parte o estado da causa ao tempo do desaparecimento dos autos, oferecendo: I - certidões dos atos constantes do protocolo de audiências do cartório por onde haja corrido o processo; II - cópia das peças que tenha em seu poder; III - qualquer outro documento que facilite a restauração. **Art. 630.** A parte contrária será citada para contestar o pedido no prazo de cinco dias, cabendo-lhe exibir as cópias, as contrafés e mais as reproduções dos atos e dos documentos que estiverem em seu poder. § 1º Se a parte concordar com a restauração, lavrar-se-á o respectivo auto que, assinado pelas partes e homologado pelo juiz, suprirá o processo desaparecido. § 2º Se a parte não contestar ou se a concordância for parcial, observar-se-á o procedimento comum. **Art. 631.** Se a perda dos autos tiver ocorrido depois da produção das provas em audiência, o juiz, se necessário, mandará repeti-las.	~~Art. 1.063.~~ Verificado o desaparecimento dos autos, pode qualquer das partes promover-lhes a restauração. Parágrafo único. Havendo autos suplementares, nestes prosseguirá o processo. ~~Art. 1.064.~~ Na petição inicial declarará a parte o estado da causa ao tempo do desaparecimento dos autos, oferecendo: I - certidões dos atos constantes do protocolo de audiências do cartório por onde haja corrido o processo; II - cópia ~~dos requerimentos que dirigiu ao juiz~~; III - quaisquer outros documentos que facilitem a restauração. ~~Art. 1.065.~~ A parte contrária será citada para contestar o pedido no prazo de 5 ~~(cinco)~~ dias, cabendo-lhe exibir as cópias, contrafés e mais reproduções dos atos e documentos que estiverem em seu poder. § 1º Se a parte concordar com a restauração, lavrar-se-á o respectivo auto que, assinado pelas partes e homologado pelo juiz, suprirá o processo desaparecido. § 2º Se a parte não contestar ou se a concordância for parcial, observar-se-á o ~~disposto no art. 803~~. ~~Art. 1.066.~~ Se o desaparecimento dos autos tiver ocorrido depois da produção das provas em audiência, o juiz mandará repeti-las.

Projeto do Novo CPC	CPC 1973
§ 1º Serão reinquiridas as mesmas testemunhas; não sendo possível, poderão ser substituídas de ofício ou a requerimento da parte.	§ 1º Serão reinquiridas as mesmas testemunhas; mas se estas tiverem falecido ou se acharem impossibilitadas de depor e não houver meio de comprovar de outra forma o depoimento, poderão ser substituídas.
§ 2º Não havendo certidão ou cópia do laudo, far-se-á nova perícia, sempre que for possível pelo mesmo perito.	§ 2º Não havendo certidão ou cópia do laudo, far-se-á nova perícia, sempre que for possível e de preferência pelo mesmo perito.
§ 3º Não havendo certidão de documentos, estes serão reconstituídos mediante cópias e, na falta, pelos meios ordinários de prova.	§ 3º Não havendo certidão de documentos, estes serão reconstituídos mediante cópias e, na falta, pelos meios ordinários de prova.
§ 4º Os serventuários e os auxiliares da justiça não podem eximirse de depor como testemunhas a respeito de atos que tenham praticado ou assistido.	§ 4º Os serventuários e auxiliares da justiça não podem eximir-se de depor como testemunhas a respeito de atos que tenham praticado ou assistido.
§ 5º Se o juiz houver proferido sentença da qual ele próprio ou o escrivão possua cópia, esta será juntada aos autos e terá a mesma autoridade da original.	§ 5º Se o juiz houver proferido sentença da qual possua cópia, esta será junta aos autos e terá a mesma autoridade da original.
Art. 632. Julgada a restauração, seguirá o processo os seus termos. Parágrafo único. Aparecendo os autos originais, nestes se prosseguirá sendo-lhes apensados os autos da restauração.	Art. 1.067. Julgada a restauração, seguirá o processo os seus termos. § 1º Aparecendo os autos originais, nestes se prosseguirá sendo-lhes apensados os autos da restauração.
Art. 633. Se o desaparecimento dos autos tiver ocorrido no tribunal, o processo de restauração será distribuído, sempre que possível, ao relator do processo.	Art. 1.068. Se o desaparecimento dos autos tiver ocorrido no tribunal, a ação será distribuída, sempre que possível, ao relator do processo.
§ 1º A restauração far-se-á no juízo de origem quanto aos atos que se tenham realizado neste.	§ 1º A restauração far-se-á no juízo de origem quanto aos atos que neste se tenham realizado.
§ 2º Remetidos os autos ao tribunal, aí se completará a restauração e se procederá ao julgamento.	§ 2º Remetidos os autos ao tribunal, aí se completará a restauração e se procederá ao julgamento.
Art. 634. Quem houver dado causa ao desaparecimento dos autos responderá pelas custas da restauração e pelos honorários de advogado, sem prejuízo da responsabilidade civil ou penal em que incorrer.	Art. 1.069. Quem houver dado causa ao desaparecimento dos autos responderá pelas custas da restauração e honorários de advogado, sem prejuízo da responsabilidade civil ou penal em que incorrer.
Capítulo VIII **DA HOMOLOGAÇÃO DO PENHOR LEGAL**	Seção XI Da Homologação do Penhor Legal
Art. 635. Tomado o penhor legal nos casos previstos em lei, requererá o credor, ato contínuo, a homologação. Na petição inicial, instruída com o contrato de locação ou a conta pormenorizada das despesas, a tabela dos preços e a relação dos objetos retidos, pedirá a citação do devedor para pagar ou contestar na audiência preliminar que for designada.	Art. 874. Tomado o penhor legal nos casos previstos em lei, requererá o credor, ato contínuo, a homologação. Na petição inicial, instruída com a conta pormenorizada das despesas, a tabela dos preços e a relação dos objetos retidos, pedirá a citação do devedor para, em 24 (vinte e quatro) horas, pagar ou alegar defesa.
Art. 636. A defesa só pode consistir em: I - nulidade do processo; II - extinção da obrigação;	Art. 875. A defesa só pode consistir em: I - nulidade do processo; II - extinção da obrigação;

Projeto do Novo CPC	CPC 1973
III - não estar a dívida compreendida entre as previstas em lei ou não estarem os bens sujeitos a penhor legal. IV - alegação de haver sido ofertada caução idônea, rejeitada pelo credor. **Art. 637.** A partir da audiência preliminar, seguir-se-á o procedimento comum. **Art. 638.** Homologado o penhor, consolidar-se-á a propriedade do autor sobre o objeto; negada a homologação, o objeto será entregue ao réu, ressalvado ao autor o direito de cobrar a conta pela via ordinária, salvo se acolhida a alegação de extinção da obrigação. Parágrafo único. Da sentença caberá apelação; na pendência do recurso, poderá o juiz ou o relator ordenar que a coisa permaneça depositada ou em poder do autor.	III - não estar a dívida compreendida entre as previstas em lei ou não estarem os bens sujeitos a penhor legal. Art. 876. Em seguida, o juiz decidirá; homologando o penhor, serão os autos entregues ao requerente 48 (quarenta e oito) horas depois, independentemente de traslado, salvo se, dentro desse prazo, a parte houver pedido certidão; não sendo homologado, o objeto será entregue ao réu, ressalvado ao autor o direito de cobrar a conta por ação ordinária.
Capítulo IX DAS AÇÕES POSSESSÓRIAS Seção I Disposições gerais **Art. 639.** A propositura de uma ação possessória em vez de outra não obstará a que o juiz conheça do pedido e outorgue a proteção legal correspondente àquela cujos requisitos estejam provados. **Art. 640.** É lícito ao autor cumular ao pedido possessório o de: I - condenação em perdas e danos; II - cominação de pena para caso de nova turbação ou esbulho; III - desfazimento de construção ou plantação feita em detrimento de sua posse. **Art. 641.** É lícito ao réu, na contestação, alegando que foi o ofendido em sua posse, demandar a proteção possessória e a indenização pelos prejuízos resultantes da turbação ou do esbulho cometido pelo autor. **Art. 642.** Na pendência de ação possessória é vedado, assim ao autor como ao réu, propor ação de reconhecimento do domínio.	CAPÍTULO V DAS AÇÕES POSSESSÓRIAS Seção I Das Disposições Gerais Art. 920. A propositura de uma ação possessória em vez de outra não obstará a que o juiz conheça do pedido e outorgue a proteção legal correspondente àquela, cujos requisitos estejam provados. Art. 921. É lícito ao autor cumular ao pedido possessório o de: I - condenação em perdas e danos; II - cominação de pena para caso de nova turbação ou esbulho; III - desfazimento de construção ou plantação feita em detrimento de sua posse. Art. 922. É lícito ao réu, na contestação, alegando que foi o ofendido em sua posse, demandar a proteção possessória e a indenização pelos prejuízos resultantes da turbação ou do esbulho cometido pelo autor. Art. 923. Na pendência do processo possessório, é defeso, assim ao autor como ao réu, intentar a ação de reconhecimento do domínio.

Projeto do Novo CPC	CPC 1973
Art. 643. Regem o procedimento de manutenção e de reintegração de posse as normas da Seção II deste Capítulo quando proposta dentro de ano e dia da turbação ou do esbulho; passado esse prazo, será comum, não perdendo, contudo, o caráter possessório.	Art. 924. Regem o procedimento de manutenção e de reintegração de posse as normas da seção seguinte, quando intentado dentro de ano e dia da turbação ou do esbulho; passado esse prazo, será ordinário, não perdendo, contudo, o caráter possessório.
Art. 644. Se o réu provar, em qualquer tempo, que o autor provisoriamente mantido ou reintegrado na posse carece de idoneidade financeira para, no caso de decair da ação, responder por perdas e danos, o juiz assinar-lhe-á o prazo de cinco dias para requerer caução sob pena de ser depositada a coisa litigiosa.	Art. 925. Se o réu provar, em qualquer tempo, que o autor provisoriamente mantido ou reintegrado na posse carece de idoneidade financeira para, no caso de decair da ação, responder por perdas e danos, o juiz assinar-lhe-á o prazo de 5 (cinco) dias para requerer caução sob pena de ser depositada a coisa litigiosa.
Seção II **Da manutenção e da reintegração de posse** **Art. 645.** O possuidor tem direito a ser mantido na posse em caso de turbação e reintegrado no de esbulho.	**Seção II** **Da Manutenção e da Reintegração de Posse** Art. 926. O possuidor tem direito a ser mantido na posse em caso de turbação e reintegrado no de esbulho.
Art. 646. Incumbe ao autor provar: I - a sua posse; II - a turbação ou o esbulho praticado pelo réu; III - a data da turbação ou do esbulho; IV - a continuação da posse, embora turbada, na ação de manutenção; a perda da posse, na ação de reintegração.	Art. 927. Incumbe ao autor provar: I - a sua posse; II - a turbação ou o esbulho praticado pelo réu; III - a data da turbação ou do esbulho; IV - a continuação da posse, embora turbada, na ação de manutenção; a perda da posse, na ação de reintegração.
Art. 647. Estando a petição inicial devidamente instruída, o juiz deferirá, sem ouvir o réu, a expedição do mandado liminar de manutenção ou de reintegração; no caso contrário, determinará que o autor justifique previamente o alegado, citando-se o réu para comparecer à audiência que for designada. Parágrafo único. Contra as pessoas jurídicas de direito público não será deferida a manutenção ou a reintegração liminar sem prévia audiência dos respectivos representantes judiciais.	Art. 928. Estando a petição inicial devidamente instruída, o juiz deferirá, sem ouvir o réu, a expedição do mandado liminar de manutenção ou de reintegração; no caso contrário, determinará que o autor justifique previamente o alegado, citando-se o réu para comparecer à audiência que for designada. Parágrafo único. Contra as pessoas jurídicas de direito público não será deferida a manutenção ou a reintegração liminar sem prévia audiência dos respectivos representantes judiciais.
Art. 648. Julgada procedente a justificação, o juiz fará logo expedir mandado de manutenção ou de reintegração.	Art. 929. Julgada procedente a justificação, o juiz fará logo expedir mandado de manutenção ou de reintegração.
Art. 649. Concedido ou não o mandado liminar de manutenção ou de reintegração, o autor promoverá, nos cinco dias subsequentes, a citação do réu para contestar a ação. Parágrafo único. Quando for ordenada a justificação prévia, o prazo para contestar será contado da intimação da decisão que deferir ou não a medida liminar.	Art. 930. Concedido ou não o mandado liminar de manutenção ou de reintegração, o autor promoverá, nos 5 (cinco) dias subseqüentes, a citação do réu para contestar a ação. Art. 929. [...] Parágrafo único. Quando for ordenada a justificação prévia, o prazo para contestar contar-se-á da intimação do despacho que deferir ou não a medida liminar.

Projeto do Novo CPC	CPC 1973
Art. 650. Aplica-se, quanto ao mais, o procedimento comum.	~~Art. 931~~. Aplica-se, quanto ao mais, o procedimento ordinário.
Seção III **Do interdito proibitório** **Art. 651.** O possuidor direto ou indireto que tenha justo receio de ser molestado na posse poderá requerer ao juiz que o segure da turbação ou esbulho iminente, mediante mandado proibitório, em que se comine ao réu determinada pena pecuniária, caso transgrida o preceito.	**Seção III** **Do Interdito Proibitório** ~~Art. 932~~. O possuidor direto ou indireto, que tenha justo receio de ser molestado na posse, poderá impetrar ao juiz que o segure da turbação ou esbulho iminente, mediante mandado proibitório, em que se comine ao réu determinada pena pecuniária, caso transgrida o preceito.
Art. 652. Aplica-se ao interdito proibitório o disposto na Seção II deste Capítulo.	~~Art. 933.~~ Aplica-se ao interdito proibitório o disposto na seção anterior.
Capítulo X **DOS PROCEDIMENTOS NÃO CONTENCIOSOS**	~~TÍTULO II~~ **DOS PROCEDIMENTOS** ESPECIAIS DE JURISDIÇÃO VOLUNTÁRIA
Seção I **Disposições gerais**	~~CAPÍTULO~~ I ~~DAS~~ DISPOSIÇÕES GERAIS
Art. 653. Quando este Código não estabelecer procedimento especial, regem os procedimentos não contenciosos as disposições constantes desta Seção.	~~Art. 1.103~~. Quando este Código não estabelecer procedimento especial, regem a jurisdição voluntária as disposições constantes ~~deste Capítulo~~.
Art. 654. O procedimento terá início por provocação do interessado ou do Ministério Público, cabendo-lhes formular o pedido devidamente instruído com os documentos necessários e com a indicação da providência judicial.	~~Art. 1.104~~. O procedimento terá início por provocação do interessado ou do Ministério Público, cabendo-lhes formular o pedido ~~em requerimento dirigido ao juiz,~~ devidamente instruído com os documentos necessários e com a indicação da providência judicial.
Art. 655. Serão citados todos os interessados, bem como intimado o Ministério Público, para que se manifestem, querendo, no prazo de dez dias.	~~Art. 1.105~~. Serão citados, ~~sob pena de nulidade,~~ todos os interessados, bem como o Ministério Público. ~~Art. 1.106.~~ O prazo para responder é de 10 ~~(dez)~~ dias~~.~~
Art. 656. A Fazenda Pública será sempre ouvida nos casos em que tiver interesse.	~~Art. 1.108~~. A Fazenda Pública será sempre ouvida nos casos em que tiver interesse.
Art. 657. O juiz decidirá o pedido no prazo de dez dias. Parágrafo único. O juiz não é obrigado a observar critério de legalidade estrita, podendo adotar em cada caso a solução que considerar mais conveniente ou oportuna. Ver art. 1109 do CPC/73, desmembrado.	~~Art. 1.109~~. O juiz decidirá o pedido no prazo de 10 ~~(dez)~~ dias; não é, ~~porém,~~ obrigado a observar critério de legalidade estrita, podendo adotar em cada caso a solução que reputar mais conveniente ou oportuna.
Art. 658. Da sentença caberá apelação.	~~Art. 1.110~~. Da sentença caberá apelação.

Projeto do Novo CPC	CPC 1973
Art. 659. Processar-se-á na forma estabelecida nesta Seção o pedido de: I - emancipação; II - sub-rogação; III - alienação, arrendamento ou oneração de bens, de menores, de órfãos e de interditos; IV - alienação, locação e administração da coisa comum; V - alienação de quinhão em coisa comum; VI - extinção de usufruto e de fideicomisso. Parágrafo único. As normas desta Seção aplicam-se, no que couber, aos procedimentos regulados nas seções seguintes.	~~Art. 1.112.~~ Processar-se-á na forma estabelecida ~~neste Capítulo~~ o pedido de: I - emancipação; II - sub-rogação; III - alienação, arrendamento ou oneração de bens ~~dotais~~, de menores, de órfãos e de interditos; IV - alienação, locação e administração da coisa comum; V - alienação de quinhão em coisa comum; VI- extinção de usufruto e de fideicomisso
Seção II **Das notificações e interpelações** **Art. 660.** Quem tiver interesse em manifestar formalmente sua vontade a outrem sobre assunto juridicamente relevante, poderá notificar pessoas participantes da mesma relação jurídica para dar-lhes ciência de seu propósito. Se a pretensão for a de dar conhecimento geral ao público, mediante edital, o juiz só a deferirá se a tiver por fundada e necessária ao resguardo de direito. **Art. 661.** Também poderá o interessado interpelar, no caso do art. 660, para que o requerido faça ou deixe de fazer aquilo que o requerente entenda do seu direito. **Art. 662.** O requerido será previamente ouvido antes do deferimento da notificação ou do respectivo edital: I - se houver suspeita de que o requerente, por meio da notificação ou do edital, pretende alcançar fim ilícito; II - se tiver sido requerida a averbação da notificação em registro público. **Art. 663.** Deferida e realizada a notificação ou interpelação, os autos serão entregues ao requerente.	**Seção ~~X~~** **~~Dos Protestos,~~ Notificações e Interpelações** ~~Art. 867.~~ Todo aquele que desejar ~~prevenir responsabilidade,~~ prover a conservação e ressalva de seus direitos ou manifestar ~~qualquer intenção~~ de modo formal, poderá fazer por escrito o seu protesto, ~~em petição dirigida ao juiz, e requerer que do mesmo se intime a quem de direito.~~ ~~Art. 872.~~ ~~Feita a intimação, ordenará o juiz que, pagas as custas, e decorridas 48 (quarenta e oito) horas,~~ sejam os autos entregues à parte ~~independentemente de traslado.~~
Seção III **Das alienações judiciais** **Art. 664.** Nos casos expressos em lei, não havendo acordo entre os interessados sobre o modo como deve se realizar a alienação do bem, o juiz, de ofício ou a requerimento dos interessados ou do depositário, mandará aliená-los em leilão, observando-se o disposto na Seção I deste Capítulo e, no que couber, o disposto nos arts. 802 e seguintes.	**CAPÍTULO II** **DAS ALIENAÇÕES JUDICIAIS** ~~Art. 1.113.~~ Nos casos expressos em lei ~~e sempre que os bens depositados judicialmente forem de fácil deterioração, estiverem avariados ou exigirem grandes despesas para a sua guarda~~, o juiz, de ofício ou a requerimento do depositário ou de qualquer das partes, mandará aliená-los em leilão.

Projeto do Novo CPC	CPC 1973
Seção IV **Da separação e do divórcio consensuais e da alteração do regime de bens do matrimônio** **Art. 665.** A separação ou o divórcio consensuais, observados os requisitos legais, poderão ser requeridos em petição assinada por ambos os cônjuges, da qual constarão: I - as disposições relativas à descrição e à partilha dos bens comuns; II - as disposições relativas à pensão alimentícia entre os cônjuges; III - o acordo relativo à guarda dos filhos menores e ao regime de visitas; e IV - o valor da contribuição para criar e educar os filhos. Parágrafo único. Se os cônjuges não acordarem sobre a partilha dos bens, far-se-á esta, depois de homologada a separação consensual, na forma estabelecida nos arts. 588 a 599. **Art. 666.** Recebida a petição inicial, o juiz ouvirá os cônjuges sobre os motivos da separação consensual, esclarecendo-lhes as consequências da manifestação de vontade. § 1º Convencendo-se o juiz de que ambos, livremente e sem hesitações, desejam a separação consensual, mandará reduzir a termo as declarações e, depois de ouvir o Ministério Público no prazo de cinco dias, o homologará; em caso contrário, marcar-lhes-á dia e hora, com quinze dias a um mês de intervalo, para que voltem a fim de ratificar o pedido de separação consensual. § 2º Se qualquer dos cônjuges não comparecer à audiência designada ou não ratificar o pedido, o juiz mandará autuar a petição e os documentos e arquivar o processo. **Art. 667.** A separação e o divórcio consensuais, não havendo filhos menores ou incapazes do casal e observados os requisitos legais quanto aos prazos, serão realizados por escritura pública, da qual constarão as disposições de que trata o art. 665. § 1º A escritura não depende de homologação judicial e constitui título hábil para o registro civil e o registro de imóveis.	~~CAPÍTULO III~~ **DA SEPARAÇÃO CONSENSUAL** ~~Art. 1.120.~~ A separação consensual será requerida em petição assinada por ambos os cônjuges. ~~Art. 1.121.~~ A petição, ~~instruída com a certidão de casamento e o contrato antenupcial se houver,~~ conterá: I - a descrição dos bens do casal ~~e a respectiva~~ partilha; ~~IV~~ - a pensão alimentícia do ~~marido à mulher, se esta não possuir bens suficientes para se manter~~; ~~II~~ - o acordo relativo à guarda dos filhos menores e ao regime de visitas; ~~III~~ - o valor da contribuição para criar e educar os filhos; § ~~1º~~ Se os cônjuges não acordarem sobre a partilha dos bens, far-se-á esta, depois de homologada a separação consensual, na forma estabelecida ~~neste Livro, Título I, Capítulo IX.~~ ~~Art. 1.122. Apresentada~~ a petição ~~ao juiz, este verificará se ela preenche os requisitos exigidos nos dois artigos antecedentes; em seguida,~~ ouvirá os cônjuges sobre os motivos da separação consensual, esclarecendo-lhes as conseqüências da manifestação de vontade. § 1º Convencendo-se o juiz de que ambos, livremente e sem hesitações, desejam a separação consensual, mandará reduzir a termo as declarações e, depois de ouvir o Ministério Público no prazo de 5 ~~(cinco)~~ dias, o homologará; em caso contrário, marcar-lhes-á dia e hora, com 15 ~~(quinze)~~ a 30 ~~(trinta)~~ dias de intervalo, para que voltem a fim de ratificar o pedido de separação consensual. § 2º Se qualquer dos cônjuges não comparecer à audiência designada ou não ratificar o pedido, o juiz mandará autuar a petição e documentos e arquivar o processo. ~~Art. 1.124-A.~~ A separação consensual e o divórcio consensual, não havendo filhos menores ou incapazes do casal e observados os requisitos legais quanto aos prazos, ~~poderão ser~~ realizados por escritura pública, da qual constarão as disposições relativas à descrição e à partilha dos bens comuns e à pensão alimentícia ~~e, ainda, ao acordo quanto à retomada pelo cônjuge de seu nome de solteiro ou à manutenção do nome adotado quando se deu o casamento.~~ § 1º A escritura não depende de homologação judicial e constitui título hábil para o registro civil e o registro de imóveis.

Projeto do Novo CPC	CPC 1973
§ 2º O tabelião somente lavrará a escritura se os interessados estiverem assistidos por advogado comum ou advogados de cada um deles ou por defensor público, cuja qualificação e assinatura constarão do ato notarial. § 3º A escritura e os demais atos notariais serão gratuitos para aqueles que se declararem pobres sob as penas da lei. **Art. 668.** A alteração do regime de bens do casamento, observados os requisitos legais, poderá ser requerida, motivadamente, em petição assinada por ambos os cônjuges, na qual serão expostas as razões que justificam a alteração, ressalvados os direitos de terceiros.	§ 2º O tabelião somente lavrará a escritura se os ~~contratantes~~ estiverem assistidos por advogado comum ou advogados de cada um deles ou por defensor público, cuja qualificação e assinatura constarão do ato notarial. § 3º A escritura e demais atos notariais serão gratuitos àqueles que se declararem pobres sob as penas da lei.
Seção V Dos testamentos e codicilos	~~CAPÍTULO IV~~ DOS TESTAMENTOS E CODICILO ~~Seção I~~ ~~Da Abertura, do Registro e do Cumprimento~~
Art. 669. Recebendo testamento cerrado, o juiz, se nele não achar vício externo que o torne suspeito de nulidade ou falsidade, o abrirá e mandará que o escrivão o leia em presença de quem o entregou. § 1º Do termo de abertura constarão o nome do apresentante e como houve ele o testamento, a data e o lugar do falecimento do testador, como comprovados pelo apresentante e qualquer circunstância digna de nota. Ver art. 1125, parágrafo único, I, II e III do CPC/73.	~~Art. 1.125.~~ Ao receber testamento cerrado, o juiz, após verificar se está intacto, o abrirá e mandará que o escrivão o leia em presença de quem o entregou. ~~Parágrafo único. Lavrar-se-á em seguida~~ o ato de abertura ~~que, rubricado pelo juiz e assinado pelo apresentante~~, mencionará: [...] ~~II -~~ o nome do apresentante e como houve ele o testamento; ~~III -~~ a data e o lugar do falecimento do testador; ~~IV -~~ qualquer circunstância digna de nota, ~~encontrada no invólucro ou no interior do testamento~~.
§ 2º Depois de ouvido o Ministério Público, não havendo dúvidas a serem esclarecidas, o juiz mandará registrar, arquivar e cumprir o testamento. § 3º Feito o registro, será intimado o testamenteiro para assinar o termo da testamentária. Se não houver testamenteiro nomeado, estiver ausente ou não aceitar o encargo, o juiz nomeará testamenteiro dativo, observando-se a preferência legal.	~~Art. 1.126. Conclusos os autos,~~ o juiz, ouvido o órgão do Ministério Público, mandará registrar, arquivar e cumprir o testamento, se lhe não achar vício externo, que o torne suspeito de nulidade ou falsidade. ~~Art. 1.127.~~ Feito o registro, ~~o escrivão intimará~~ o testamenteiro nomeado a assinar, ~~no prazo de 5 (cinco) dias,~~ o termo da testamentaria; se não houver testamenteiro nomeado, estiver ele ausente ou não aceitar o encargo, ~~o escrivão certificará a ocorrência e fará os autos conclusos, caso em que~~ o juiz nomeará testamenteiro dativo, observando-se a preferência legal.
§ 4º O testamenteiro deverá cumprir as disposições testamentárias e prestar contas em juízo do que recebeu e despendeu, observando-se o disposto na lei.	
Art. 670. Qualquer interessado, exibindo o traslado ou a certidão de testamento público, poderá requerer ao juiz que ordene o seu cumprimento, observando-se, no que couber, o disposto nos parágrafos do art. 669.	~~Art. 1.128.~~ Quando o testamento for público, qualquer interessado, exibindo-lhe o traslado ou certidão, poderá requerer ao juiz que ordene o seu cumprimento. ~~Parágrafo único.~~ O juiz mandará processá-lo conforme o disposto nos arts. 1.125 e 1.126. Nota: o Projeto do Novo CPC incluiu, também, o disposto no art. 1.127 do CPC/73, por meio dos §§ 3º e 4º do artigo anterior do projeto.

Projeto do Novo CPC	CPC 1973
Art. 671. A publicação do testamento particular poderá ser requerida, depois da morte do testador, pelo herdeiro, pelo legatário ou pelo testamenteiro, bem como pelo terceiro detentor do testamento, se impossibilitado de entregá-lo a algum dos outros legitimados para requerê-la. § 1º Serão intimados os herdeiros que não tiverem requerido a publicação do testamento. § 2º Verificando a presença dos requisitos da lei, ouvido o Ministério Público, o juiz confirmará o testamento. § 3º Aplica-se o disposto neste artigo ao codicilo e aos testamentos marítimo, aeronáutico, militar e nuncupativo. § 4º Observar-se-á, no cumprimento do testamento, o disposto nos parágrafos do art. 669.	~~Art. 1.130.~~ O herdeiro, o legatário ou o testamenteiro poderá requerer, depois da morte do testador, a publicação em juízo do testamento particular, inquirindo-se as testemunhas que lhe ouviram a leitura e, depois disso, o assinaram. Parágrafo único. A petição será instruída com a cédula do testamento particular.
Seção VI **Da herança jacente** **Art. 672.** Nos casos em que a lei considere jacente a herança, o juiz em cuja comarca tiver domicílio o falecido procederá imediatamente à arrecadação de todos os seus bens. § 1º Do termo de abertura constarão o nome do apresentante e como houve ele o testamento, a data e o lugar do falecimento do testador, como comprovados pelo apresentante e qualquer circunstância digna de nota. § 2º Depois de ouvido o Ministério Público, não havendo dúvidas a serem esclarecidas, o juiz mandará registrar, arquivar e cumprir o testamento. § 3º Feito o registro, será intimado o testamenteiro para assinar o termo da testamentária. Se não houver testamenteiro nomeado, estiver ausente ou não aceitar o encargo, o juiz nomeará testamenteiro dativo, observando-se a preferência legal. § 4º O testamenteiro deverá cumprir as disposições testamentárias e prestar contas em juízo do que recebeu e despendeu, observando-se o disposto na lei.	~~CAPÍTULO V~~ **DA HERANÇA JACENTE** ~~Art. 1.142.~~ Nos casos em que a lei ~~civil~~ considere jacente a herança, o juiz, em cuja comarca tiver domicílio o falecido, procederá sem perda de tempo à arrecadação de todos os seus bens.
Art. 673. A herança jacente ficará sob a guarda, conservação e a administração de um curador até a respectiva entrega ao sucessor legalmente habilitado ou até a declaração de vacância.	~~Art. 1.143.~~ A herança jacente ficará sob a guarda, conservação e administração de um curador até a respectiva entrega ao sucessor legalmente habilitado, ou até a declaração de vacância, ~~caso em que será incorporada ao domínio da União, do Estado ou do Distrito Federal~~.

Projeto do Novo CPC	CPC 1973
§ 1º Incumbe ao curador: I - representar a herança em juízo ou fora dele, com assistência do Ministério Público; II - ter em boa guarda e conservação os bens arrecadados e promover a arrecadação de outros porventura existentes; III - executar as medidas conservatórias dos direitos da herança; IV - apresentar mensalmente ao juiz um balancete da receita e da despesa; V - prestar contas ao final de sua gestão. § 2º Aplica-se ao curador o disposto nos arts. 128 a 130. **Art. 674.** O juiz ordenará que o oficial de justiça, acompanhado do escrivão e do curador, arrole os bens e descreva-os em auto circunstanciado. § 1º Não podendo comparecer ao local, o juiz requisitará à autoridade policial que proceda à arrecadação e ao arrolamento dos bens, com duas testemunhas, que assistirão às diligências. § 2º Não estando ainda nomeado o curador, o juiz designará um depositário e lhe entregará os bens, mediante simples termo nos autos, depois de compromissado. § 3º Durante a arrecadação o juiz ou a autoridade policial inquirirá os moradores da casa e da vizinhança sobre a qualificação do falecido, o paradeiro de seus sucessores e a existência de outros bens, lavrando-se de tudo um auto de inquirição e informação. § 4º O juiz examinará reservadamente os papéis, as cartas missivas e os livros domésticos; verificando que não apresentam interesse, mandará empacotá-los e lacrá-los para serem assim entregues aos sucessores do falecido ou queimados quando os bens forem declarados vacantes. § 5º Se constar ao juiz a existência de bens em outra comarca, mandará expedir carta precatória a fim de serem arrecadados. § 6º Não se fará a arrecadação ou suspender-se-á esta quando, iniciada, apresentarem-se para reclamar os bens o cônjuge ou companheiro, o herdeiro ou o testamenteiro notoriamente reconhecido e não houver oposição motivada do curador, de qualquer interessado, do Ministério Público ou do representante da Fazenda Pública.	Art. 1.144. Incumbe ao curador: I - representar a herança em juízo ou fora dele, com assistência ~~do órgão~~ do Ministério Público; II - ter em boa guarda e conservação os bens arrecadados e promover a arrecadação de outros porventura existentes; III - executar as medidas conservatórias dos direitos da herança; IV - apresentar mensalmente ao juiz um balancete da receita e da despesa; V - prestar contas a final de sua gestão. ~~Parágrafo único.~~ Aplica-se ao curador o disposto nos arts. 148 a 150. ~~Art. 1.145. Comparecendo à residência do morto~~, acompanhado do escrivão do curador, o juiz mandará arrolar os bens e descrevê-los em auto circunstanciado. ~~§ 1º~~ Não estando ainda nomeado o curador, o juiz designará um depositário e lhe entregará os bens, mediante simples termo nos autos, depois de compromissado. Art. 1.150. Durante a arrecadação o juiz inquirirá os moradores da casa e da vizinhança sobre a qualificação do falecido, o paradeiro de seus sucessores e a existência de outros bens, lavrando-se de tudo um auto de inquirição e informação. Art. 1.147. O juiz examinará reservadamente os papéis, cartas missivas e os livros domésticos; verificando que não apresentam interesse, mandará empacotá-los e lacrá-los para serem assim entregues aos sucessores do falecido, ou queimados quando os bens forem declarados vacantes. Art. 1.149. Se constar ao juiz a existência de bens em outra comarca, mandará expedir carta precatória a fim de serem arrecadados. Art. 1.151. Não se fará a arrecadação ou suspender-se-á esta quando iniciada, ~~se~~ se apresentar para reclamar os bens o cônjuge, herdeiro ou testamenteiro notoriamente reconhecido e não houver oposição motivada do curador, de qualquer interessado, ~~do órgão~~ do Ministério Público ou do representante da Fazenda Pública.

Projeto do Novo CPC	CPC 1973
Art. 675. Ultimada a arrecadação, o juiz mandará expedir edital, que será publicado no sítio do tribunal a que estiver vinculado o juízo, onde permanecerá por três meses, ou, não havendo, no órgão oficial e na imprensa da comarca, por três vezes com intervalos de um mês, para que venham a habilitar-se os sucessores do finado no prazo de seis meses contados da primeira publicação. § 1º Verificada a existência de sucessor ou testamenteiro em lugar certo, far-se-á a sua citação, sem prejuízo do edital. § 2º Quando o finado for estrangeiro, será também comunicado o fato à autoridade consular. § 3º Julgada a habilitação do herdeiro, reconhecida a qualidade do testamenteiro ou provada a identidade do cônjuge ou companheiro, a arrecadação converter-se-á em inventário. § 4º Os credores da herança poderão habilitar-se como nos inventários ou propor a ação de cobrança.	Art. 1.152. Ultimada a arrecadação, o juiz mandará expedir edital, que será estampado três vezes, com intervalo de 30 (trinta) dias para cada um, no órgão oficial e na imprensa da comarca, para que venham a habilitar-se os sucessores do finado no prazo de 6 (seis) meses contados da primeira publicação. § 1º Verificada a existência de sucessor ou testamenteiro em lugar certo, far-se-á a sua citação, sem prejuízo do edital. § 2º Quando o finado for estrangeiro, será também comunicado o fato à autoridade consular. Art. 1.153. Julgada a habilitação do herdeiro, reconhecida a qualidade do testamenteiro ou provada a identidade do cônjuge, a arrecadação converter-se-á em inventário. Art. 1.154. Os credores da herança poderão habilitar-se como nos inventários ou propor a ação de cobrança.
Art. 676. O juiz poderá autorizar a alienação: I - de bens móveis, se forem de conservação difícil ou dispendiosa; II - de semoventes, quando não empregados na exploração de alguma indústria; III - de títulos e papéis de crédito, havendo fundado receio de depreciação; IV - de ações de sociedade quando, reclamada a integralização, não dispuser a herança de dinheiro para o pagamento; V - de bens imóveis: a) se ameaçarem ruína, não convindo a reparação; b) se estiverem hipotecados e vencer-se a dívida, não havendo dinheiro para o pagamento. § 1º Não se procederá, entretanto, à venda se a Fazenda Pública ou o habilitando adiantar a importância para as despesas. § 2º Os bens com valor de afeição, como retratos, objetos de uso pessoal, livros e obras de arte, só serão alienados depois de declarada a vacância da herança.	Art. 1.155. O juiz poderá autorizar a alienação: I - de bens móveis, se forem de conservação difícil ou dispendiosa; II - de semoventes, quando não empregados na exploração de alguma indústria; III - de títulos e papéis de crédito, havendo fundado receio de depreciação; IV - de ações de sociedade quando, reclamada a integralização, não dispuser a herança de dinheiro para o pagamento; V - de bens imóveis: a) se ameaçarem ruína, não convindo a reparação; b) se estiverem hipotecados e vencer-se a dívida, não havendo dinheiro para o pagamento. Parágrafo único. Não se procederá, entretanto, à venda se a Fazenda Pública ou o habilitando adiantar a importância para as despesas. Art. 1.156. Os bens com valor de afeição, como retratos, objetos de uso pessoal, livros e obras de arte, só serão alienados depois de declarada a vacância da herança.
Art. 677. Passado um ano da primeira publicação do edital e não havendo herdeiro habilitado nem habilitação pendente, será a herança declarada vacante. § 1º Pendendo habilitação, a vacância será declarada pela mesma sentença que a julgar improcedente. Sendo diversas as habilitações, aguardar-se-á o julgamento da última.	Art. 1.157. Passado 1 (um) ano da primeira publicação do edital (art. 1.152) e não havendo herdeiro habilitado nem habilitação pendente, será a herança declarada vacante. Parágrafo único. Pendendo habilitação, a vacância será declarada pela mesma sentença que a julgar improcedente. Sendo diversas as habilitações, aguardar-se-á o julgamento da última.

Projeto do Novo CPC	CPC 1973
§ 2º Transitada em julgado a sentença que declarou a vacância, o cônjuge, o companheiro, os herdeiros e os credores só poderão reclamar o seu direito por ação direta.	Art. 1.158. Transitada em julgado a sentença que declarou a vacância, o cônjuge, os herdeiros e os credores só poderão reclamar o seu direito por ação direta.
Seção VII **Dos bens dos ausentes**	~~CAPÍTULO VI~~ **DOS BENS DOS AUSENTES**
Art. 678. Declarada a ausência nos casos previstos em lei, o juiz mandará arrecadar os bens do ausente e nomear-lhe-á curador na forma estabelecida na Seção VI, observando-se o disposto na lei.	~~Art. 1.159. Desaparecendo alguém do seu domicílio sem deixar representante a quem caiba administrar-lhe os bens, ou deixando mandatário que não queira ou não possa continuar a exercer o mandato~~, declarar-se-á a sua ausência. ~~Art. 1.160.~~ O juiz mandará arrecadar os bens do ausente e nomear-lhe-á curador na forma estabelecida no Capítulo antecedente.
Art. 679. Feita a arrecadação, o juiz mandará publicar editais no sítio do tribunal a que estiver vinculado, onde permanecerá por um ano; não havendo, a publicação se fará durante um ano, reproduzida de dois em dois meses, anunciando a arrecadação e chamando o ausente a entrar na posse de seus bens.	~~Art. 1.161.~~ Feita a arrecadação, o juiz mandará publicar editais durante ~~1 (um)~~ ano, reproduzidos de dois em dois meses, anunciando a arrecadação e chamando o ausente a entrar na posse de seus bens.
§ 1º Findo o prazo previsto no edital, poderão os interessados requerer a abertura da sucessão provisória, observando-se o disposto na lei.	~~Art. 1.163.~~ Passado ~~1 (um)~~ ano da publicação do primeiro edital ~~sem que se saiba do ausente e não tendo comparecido seu procurador ou representante~~, poderão os interessados requerer que se abra provisoriamente a sucessão.
§ 2º O interessado, ao requerer a abertura da sucessão provisória, pedirá a citação pessoal dos herdeiros presentes e do curador e, por editais, a dos ausentes para requererem habilitação, na forma dos arts. 624 a 627. Ver art. 1.165 do CPC/73.	~~Art. 1.164.~~ O interessado, ao requerer a abertura da sucessão provisória, pedirá a citação pessoal dos herdeiros presentes e do curador e, por editais, a dos ausentes para oferecerem artigos de habilitação.
§ 3º Presentes os requisitos legais, poderá ser requerida a conversão da sucessão provisória em definitiva.	~~Art. 1.167. A~~ sucessão provisória ~~cessará pelo comparecimento do ausente e~~ converter-se-á em definitiva~~.~~
§ 4º Regressando o ausente ou algum dos seus descendentes ou ascendentes para requerer ao juiz a entrega de bens, serão citados para contestar o pedido os sucessores provisórios ou definitivos, o Ministério Público e o representante da Fazenda Pública, seguindo-se o procedimento comum.	~~Art. 1.168.~~ Regressando o ausente ~~nos 10 (dez) anos seguintes à abertura da sucessão definitiva~~ ou algum dos seus descendentes ou ascendentes~~, aquele ou estes~~ só poderão requerer ao juiz a entrega dos bens ~~existentes no estado em que se acharem, ou sub-rogados em seu lugar ou o preço que os herdeiros e demais interessados houverem recebido pelos alienados depois daquele tempo.~~
Seção VIII **Das coisas vagas**	~~CAPÍTULO VII~~ **DAS COISAS VAGAS**

Projeto do Novo CPC	CPC 1973
Art. 680. Recebendo do descobridor coisa alheia perdida, o juiz mandará lavrar o respectivo auto, dele constando a descrição do bem e as declarações do descobridor. § 1º Recebida a coisa por autoridade policial, este a remeterá em seguida ao juízo competente. § 2º Depositada a coisa, o juiz mandará publicar edital no sítio do tribunal a que estiver vinculado ou, não havendo, no órgão oficial, para que o dono ou o legítimo possuidor a reclame. Tratando-se de coisa de pequeno valor e não sendo possível a publicação no sítio do tribunal, o edital será apenas afixado no átrio do edifício do fórum. § 3º Observar-se-á, quanto ao mais, o disposto na lei.	Art. 1.170. Aquele que achar coisa alheia perdida, não lhe conhecendo o dono ou legítimo possuidor, a entregará à autoridade judiciária ou policial, que a arrecadará, mandando lavrar o respectivo auto, dele constando a sua descrição e as declarações do inventor. Parágrafo único. A coisa, com o auto, será logo remetida ao juiz competente, quando a entrega tiver sido feita à autoridade policial ou a outro juiz. Art. 1.171. Depositada a coisa, o juiz mandará publicar edital, por duas vezes, no órgão oficial, com intervalo de 10 (dez) dias, para que o dono ou legítimo possuidor a reclame. [...] § 2º Tratando-se de coisa de pequeno valor, o edital será apenas afixado no átrio do edifício do forum.
Seção IX **Da interdição e da curatela dos interditos** **Art. 681.** Na petição em que se requerer a interdição, o requerente provará a sua legitimidade, especificará os fatos que revelam a anomalia psíquica, juntando laudo médico para fazer prova de suas alegações ou informando a impossibilidade de fazê-lo, e assinalará a incapacidade do interditando para reger a sua pessoa e administrar os seus bens. Ver arts. 1.177 a 1.179 do CPC/73. **Art. 682.** O interditando será citado para, em dia designado, comparecer perante o juiz, que o examinará, assistido por especialista, interrogando- o minuciosamente acerca de sua vida, seus negócios, seus bens e do que mais lhe parecer necessário para ajuizar do seu estado mental, reduzidas a auto as perguntas e as respostas. Parágrafo único. Não podendo o interditado deslocar-se, o juiz o ouvirá e examinará no local onde estiver. **Art. 683.** Dentro do prazo de cinco dias contados da audiência de interrogatório, o interditando poderá impugnar o pedido. § 1º O Ministério Público oficiará como fiscal da lei. Ver art. 1.179 do CPC/73. § 2º O interditando poderá constituir advogado para defender-se, sem prejuízo da defesa obrigatória pelo curador especial. § 3º Caso o interditando não constitua advogado para defendê-lo, o seu cônjuge, companheiro ou qualquer parente sucessível poderá intervir como assistente.	CAPÍTULO VIII **DA CURATELA DOS INTERDITOS** Art. 1.180. Na petição inicial, o interessado provará a sua legitimidade, especificará os fatos que revelam a anomalia psíquica e assinalará a incapacidade do interditando para reger a sua pessoa e administrar os seus bens. Art. 1.181. O interditando será citado para, em dia designado, comparecer perante o juiz, que o examinará, interrogando-o minuciosamente acerca de sua vida, negócios, bens e do mais que lhe parecer necessário para ajuizar do seu estado mental, reduzidas a auto as perguntas e respostas. Art. 1.182. Dentro do prazo de 5 (cinco) dias contados da audiência de interrogatório, poderá o interditando impugnar o pedido. [...] § 2º Poderá o interditando constituir advogado para defender-se. § 3º Qualquer parente sucessível poderá constituir-lhe advogado com os poderes judiciais que teria se nomeado pelo interditando, respondendo pelos honorários.

Projeto do Novo CPC	CPC 1973
Art. 684. Decorrido o prazo a que se refere o art. 683, o juiz nomeará perito para proceder ao exame do interditando. Apresentado o laudo, produzidas as demais provas e ouvidos os interessados, o juiz decidirá. § 1º Decretando a interdição, o juiz nomeará curador ao interdito. § 2º A sentença de interdição será inscrita no Registro de Pessoas Naturais e publicada no sítio do tribunal a que estiver vinculado o juízo, onde permanecerá por um mês, ou pela imprensa local e pelo órgão oficial por três vezes, com intervalo de dez dias, constando do edital os nomes do interdito e do curador, a causa da interdição e os limites da curatela.	Art. 1.183. Decorrido o prazo a que se refere o artigo antecedente, o juiz nomeará perito para proceder ao exame do interditando. Apresentado o laudo, o juiz designará audiência de instrução e julgamento. Parágrafo único. Decretando a interdição, o juiz nomeará curador ao interdito. Art. 1.184. A sentença de interdição produz efeito desde logo, embora sujeita a apelação. Será inscrita no Registro de Pessoas Naturais e publicada pela imprensa local e pelo órgão oficial por três vezes, com intervalo de 10 (dez) dias, constando do edital os nomes do interdito e do curador, a causa da interdição e os limites da curatela.
Art. 685. Levantar-se-á a interdição cessando a causa que a determinou. § 1º O pedido de levantamento poderá ser feito pelo interditado ou pelo Ministério Público e será apensado aos autos da interdição. O juiz nomeará perito para proceder ao exame de sanidade no interditado e, após a apresentação do laudo, designará audiência de instrução e julgamento. § 2º Acolhido o pedido, o juiz decretará o levantamento da interdição e mandará publicar a sentença, após o trânsito em julgado na forma do art. 684, § 2º, ou, não havendo, pela imprensa local e pelo órgão oficial por três vezes, com intervalo de dez dias, seguindo-se a averbação no Registro de Pessoas Naturais.	Art. 1.186. Levantar-se-á a interdição, cessando a causa que a determinou. § 1º O pedido de levantamento poderá ser feito pelo interditado e será apensado aos autos da interdição. O juiz nomeará perito para proceder ao exame de sanidade no interditado e após a apresentação do laudo designará audiência de instrução e julgamento. § 2º Acolhido o pedido, o juiz decretará o levantamento da interdição e mandará publicar a sentença, após o trânsito em julgado, pela imprensa local e órgão oficial por três vezes, com intervalo de 10 (dez) dias, seguindo-se a averbação no Registro de Pessoas Naturais.
Seção X **Das disposições comuns à tutela e à curatela**	CAPÍTULO IX **DAS DISPOSIÇÕES COMUNS À TUTELA E À CURATELA** Seção I Da Nomeação do Tutor ou Curador
Art. 686. O tutor ou o curador será intimado a prestar compromisso no prazo de cinco dias contados da: I - nomeação feita na conformidade da lei; II - intimação do despacho que mandar cumprir o testamento ou o instrumento público que o houver instituído. Parágrafo único. O tutor ou o curador prestará o compromisso por termo em livro próprio rubricado pelo juiz.	Art. 1.187. O tutor ou curador será intimado a prestar compromisso no prazo de 5 (cinco) dias contados: I - da nomeação feita na conformidade da lei civil; II - da intimação do despacho que mandar cumprir o testamento ou o instrumento público que o houver instituído. Art. 1.188. Prestado o compromisso por termo em livro próprio rubricado pelo juiz, o tutor ou curador, antes de entrar em exercício, requererá, dentro em 10 (dez) dias, a especialização em hipoteca legal de imóveis necessários para acautelar os bens que serão confiados à sua administração.

Projeto do Novo CPC	CPC 1973
Art. 687. O tutor ou o curador poderá eximir-se do encargo apresentando escusa ao juiz no prazo de cinco dias. Contar-se-á o prazo: I - antes de aceitar o encargo, da intimação para prestar compromisso; II - depois de entrar em exercício, do dia em que sobrevier o motivo da escusa. § 1º Não sendo requerida a escusa no prazo estabelecido neste artigo, considerar-se-á renunciado o direito de alegá-la. § 2º O juiz decidirá de plano o pedido de escusa. Se não a admitir, exercerá o nomeado a tutela ou a curatela enquanto não for dispensado por sentença transitada em julgado.	~~Art. 1.192.~~ O tutor ou curador poderá eximir-se do encargo~~,~~ apresentando escusa ao juiz no prazo de ~~5 (cinco)~~ dias. Contar-se-á o prazo: I - antes de aceitar o encargo, da intimação para prestar compromisso; II - depois de entrar em exercício, do dia em que sobrevier o motivo da escusa. ~~Parágrafo único.~~ Não sendo requerida a escusa no prazo estabelecido neste artigo, <u>reputar-se-á</u> renunciado o direito de alegá-la. ~~Art. 1.193.~~ O juiz decidirá de plano o pedido de escusa. Se não a admitir, exercerá o nomeado a tutela ou curatela enquanto não for dispensado por sentença transitada em julgado.
Art. 688. Incumbe ao Ministério Público ou a quem tenha legítimo interesse requerer, nos casos previstos na lei, a remoção do tutor ou do curador. Parágrafo único. O tutor ou o curador será citado para contestar a arguição no prazo de cinco dias. Findo o prazo, observar-se-á o procedimento comum.	~~Art. 1188.~~ [...] Parágrafo único. Incumbe ao ~~órgão do~~ Ministério Público ~~promover a especialização de hipoteca legal, se o tutor ou curador não a tiver requerido no prazo assinado neste artigo.~~
Art. 689. Em caso de extrema gravidade, o juiz poderá suspender o tutor ou o curador do exercício de suas funções, nomeando-lhe interinamente substituto. **Art. 690.** Cessando as funções do tutor ou do curador pelo decurso do prazo em que era obrigado a servir, ser-lhe-á lícito requerer a exoneração do encargo; não o fazendo dentro dos dez dias seguintes à expiração do termo, entender-se-á reconduzido, salvo se o juiz o dispensar.	
Seção XI **Da organização e da fiscalização das fundações**	~~CAPÍTULO X~~ **DA ORGANIZAÇÃO E DA FISCALIZAÇÃO DAS FUNDAÇÕES** ~~Art. 1.201.~~
Art. 691. O juiz decidirá sobre a aprovação do estatuto das fundações e de suas alterações sempre que o requeira o interessado, quando negada previamente pelo Ministério Público ou por este sejam exigidas modificações com as quais aquele não concorde. Parágrafo único. Antes de suprir a aprovação, o juiz poderá mandar fazer no estatuto modificações a fim de adaptá-lo ao objetivo do instituidor.	[...] § ~~1º Nos dois últimos casos,~~ <u>pode o interessado, em petição motivada, requerer ao juiz o suprimento da aprovação.</u> § ~~2º~~ <u>O juiz, antes de suprir a aprovação,</u> poderá mandar fazer no estatuto modificações a fim de adaptá-lo ao objetivo do instituidor.
Art. 692. O Ministério Público submeterá à aprovação judicial os estatutos por ele elaborados, nos casos em que essa atribuição lhe caiba na forma da lei.	~~Art. 1.202.~~ Incumbirá ~~ao órgão~~ <u>do</u> Ministério Público elaborar o estatuto e submetê-lo à aprovação do juiz:

Projeto do Novo CPC	CPC 1973
Art. 693. Qualquer interessado ou o Ministério Público promoverá em juízo a extinção da fundação quando: I - se tornar ilícito o seu objeto; II - for impossível a sua manutenção; III - se vencer o prazo de sua existência.	~~Art. 1.204~~. Qualquer interessado ou o ~~órgão do~~ Ministério Público promoverá a extinção da fundação quando: I - se tornar ilícito o seu objeto; II - for impossível a sua manutenção; III - se vencer o prazo de sua existência
Seção XII **Da posse em nome do nascituro**	**Seção XII** **Da Posse em Nome do Nascituro**
Art. 694. A mulher que, para garantia dos direitos do filho nascituro, quiser provar seu estado de gravidez requererá ao juiz, juntando a certidão de óbito da pessoa de quem afirma ser o nascituro sucessor, que mande examiná-la por um médico de sua nomeação. Ver art. 877, § 1º do CPC/73. Parágrafo único. Intervirá em todos os atos do procedimento o Ministério Público. **Art. 695.** Será citada a sucessão ou os herdeiros do falecido para que se manifestem, no prazo de cinco dias, quanto à aceitação ou à negativa do que declarado pela requerente. § 1º Ocorrendo aceitação, o juiz deferirá o pedido independentemente de exame; no caso contrário, nomeará médico e assinar-lhe-á prazo para apresentação do laudo. § 2º Em nenhum caso a falta do exame prejudicará os direitos do nascituro.	~~Art. 877~~. A mulher que, para garantia dos direitos do filho nascituro, quiser provar seu estado de gravidez, requererá ao juiz que~~, ouvido o órgão do Ministério Público,~~ mande examiná-la por um médico de sua nomeação. § 1º ~~O requerimento será~~ instruído com a certidão de óbito da pessoa, de quem o nascituro é sucessor. § 2º Será dispensado o exame se os herdeiros do falecido aceitarem a declaração da requerente. § 3º Em caso algum a falta do exame prejudicará os direitos do nascituro.
Art. 696. Apresentado o laudo que reconheça a gravidez, o juiz, por sentença, declarará a requerente investida na posse dos direitos que assistam ao nascituro; sendo o laudo negativo, indeferirá o pedido. Parágrafo único. Deferido o pedido, se à requerente não couber o exercício do poder familiar, o juiz nomeará curador ao nascituro.	~~Art. 878~~. Apresentado o laudo que reconheça a gravidez, o juiz, por sentença, declarará a requerente investida na posse dos direitos que assistam ao nascituro. Parágrafo único. Se à requerente não couber o exercício do pátrio poder, o juiz nomeará curador ao nascituro.

Projeto do Novo CPC	CPC 1973
LIVRO III **DO PROCESSO DE EXECUÇÃO** **TÍTULO I** **DA EXECUÇÃO EM GERAL** **CAPÍTULO I** **DISPOSIÇÕES GERAIS E DEVER DE COLABORAÇÃO** **Art. 697.** Este Livro regula o procedimento da execução fundada em título extrajudicial. Suas disposições aplicam-se, também, no que couber, aos atos executivos realizados no procedimento de cumprimento de sentença, bem como aos efeitos de atos ou fatos processuais a que a lei atribuir força executiva. Parágrafo único. Aplicam-se subsidiariamente à execução as disposições dos Livros I e II deste Código.	**LIVRO II** **DO PROCESSO DE EXECUÇÃO** **TÍTULO I** **DA EXECUÇÃO EM GERAL** **CAPÍTULO I** ~~DAS PARTES~~ ~~Art. 598.~~ Aplicam-se subsidiariamente à execução as disposições que regem o processo de conhecimento.
Art. 698. O juiz pode, em qualquer momento do processo: I - ordenar o comparecimento das partes; II - advertir o devedor de que o seu procedimento constitui ato atentatório à dignidade da justiça; III - determinar que pessoas naturais ou jurídicas indicadas pelo credor forneçam informações em geral relacionadas ao objeto da execução, tais como documentos e dados que tenham em seu poder, assinando-lhes prazo razoável. Ver art. 461 CPC/73. **Art. 699.** O juiz poderá, de ofício ou a requerimento, determinar as medidas necessárias ao cumprimento da ordem de entrega de documentos e dados. Parágrafo único. Quando, em decorrência do disposto neste artigo, o juízo receber dados alheios aos fins da execução, adotará as medidas necessárias para assegurar a sua confidencialidade.	~~Art. 599.~~ O juiz pode, em qualquer momento do processo: I - ordenar o comparecimento das partes; II - advertir ao devedor que o seu procedimento constitui ato atentatório à dignidade da justiça.
Art. 700. Considera-se atentatória à dignidade da justiça a conduta comissiva ou omissiva do executado que: I - fraude a execução; II - se opõe maliciosamente à execução, empregando ardis e meios artificiosos; III - dificulta ou embaraça a realização da penhora; IV - resiste injustificadamente às ordens judiciais;	~~Art. 600.~~ Considera-se atentatório à dignidade da Justiça ~~o ato~~ do executado que: I - fraude a execução; II - se opõe maliciosamente à execução, empregando ardis e meios artificiosos; ~~III -~~ resiste injustificadamente às ordens judiciais;

Projeto do Novo CPC	CPC 1973
V - intimado, não indica ao juiz quais são e onde estão os bens sujeitos à penhora e seus respectivos valores, não exibe prova de sua propriedade e, se for o caso, certidão negativa de ônus.	IV - intimado, não indica ao juiz, em 5 (cinco) dias, quais são e onde se encontram os bens sujeitos à penhora e seus respectivos valores.
Parágrafo único. Nos casos previstos neste artigo, o juiz fixará multa ao devedor em montante não superior a vinte por cento do valor atualizado do débito em execução, a qual será revertida em proveito do credor, exigível na própria execução, sem prejuízo de outras sanções de natureza processual ou material.	Art. 601. Nos casos previstos no artigo anterior, o devedor incidirá em multa fixada pelo juiz, em montante não superior a 20% (vinte por cento) do valor atualizado do débito em execução, sem prejuízo de outras sanções de natureza processual ou material, multa essa que reverterá em proveito do credor, exigível na própria execução.
Art. 701. O credor tem a faculdade de desistir de toda a execução ou de apenas algumas medidas executivas.	Art. 569. O credor tem a faculdade de desistir de toda a execução ou de apenas algumas medidas executivas.
Parágrafo único. Na desistência da execução, observar-se-á o seguinte:	Parágrafo único. Na desistência da execução, observar-se-á o seguinte:
I - serão extintos os embargos que versarem apenas sobre questões processuais, pagando o credor as custas e os honorários advocatícios;	a) serão extintos os embargos que versarem apenas sobre questões processuais, pagando o credor as custas e os honorários advocatícios;
II - nos demais casos, a extinção dependerá da concordância do embargante.	b) nos demais casos, a extinção dependerá da concordância do embargante.
Art. 702. O credor ressarcirá ao devedor os danos que este sofreu, quando a sentença, transitada em julgado, declarar inexistente, no todo ou em parte, a obrigação que ensejou a execução.	Art. 574. O credor ressarcirá ao devedor os danos que este sofreu, quando a sentença, passada em julgado, declarar inexistente, no todo ou em parte, a obrigação, que deu lugar à execução.
Art. 703. A cobrança de multa ou de indenizações decorrentes de litigância de má-fé será promovida no próprio processo de execução, em autos apensos, operando-se o pagamento por compensação ou por execução.	Art. 739-B. A cobrança de multa ou de indenizações decorrentes de litigância de má-fé (arts. 17 e 18) será promovida no próprio processo de execução, em autos apensos, operando-se por compensação ou por execução.
CAPÍTULO II **DAS PARTES**	**CAPÍTULO I** **DAS PARTES**
Art. 704. Podem promover a execução forçada:	Art. 566. Podem promover a execução forçada:
I - o credor a quem a lei confere título executivo;	I - o credor a quem a lei confere título executivo;
II - o Ministério Público, nos casos previstos em lei.	II - o Ministério Público, nos casos prescritos em lei.
Parágrafo único. Podem promover a execução ou nela prosseguir:	Art. 567. Podem também promover a execução, ou nela prosseguir:

Projeto do Novo CPC	CPC 1973
I - o espólio, os herdeiros ou os sucessores do credor, sempre que, por morte deste, lhes for transmitido o direito resultante do título executivo;	I - o espólio, os herdeiros ou os sucessores do credor, sempre que, por morte deste, lhes for transmitido o direito resultante do título executivo;
II - o cessionário, quando o direito resultante do título executivo lhe foi transferido por ato entre vivos;	II - o cessionário, quando o direito resultante do título executivo lhe foi transferido por ato entre vivos;
III - o sub-rogado, nos casos de sub-rogação legal ou convencional.	III - o sub-rogado, nos casos de sub-rogação legal ou convencional.
Art. 705. A execução pode ser promovida contra:	~~Art. 568.~~ São sujeitos passivos na execução:
I - o devedor, reconhecido como tal no título executivo;	I - o devedor, reconhecido como tal no título executivo;
II - o espólio, os herdeiros ou os sucessores do devedor;	II - o espólio, os herdeiros ou os sucessores do devedor;
III - o novo devedor que assumiu, com o consentimento do credor, a obrigação resultante do título executivo;	III - o novo devedor~~,~~ que assumiu, com o consentimento do credor, a obrigação resultante do título executivo;
IV - o fiador judicial;	IV - o fiador judicial;
V - o responsável tributário, assim definido na lei.	V - o responsável tributário, assim definido na legislação própria.
Art. 706. O credor pode cumular várias execuções, ainda que fundadas em títulos diferentes, quando o devedor for o mesmo e desde que para todas elas seja competente o mesmo juízo e idêntico o procedimento.	~~Art. 573.~~ É lícito ao credor, sendo o mesmo o devedor, cumular várias execuções, ainda que fundadas em títulos diferentes, desde que para todas elas seja competente o juiz e idêntica a forma do processo.
CAPÍTULO III **DA COMPETÊNCIA**	**CAPÍTULO ~~II~~** **DA COMPETÊNCIA**
Art. 707. A execução fundada em título extrajudicial será processada perante o juízo competente, observando-se o seguinte: I - a execução poderá ser proposta no foro do domicílio do executado; Ver art. 94, caput, CPC/73. II - tendo mais de um domicílio, o executado poderá ser demandado no foro de qualquer deles; Ver art. 94, § 1º, CPC/73. III - sendo incerto ou desconhecido o domicílio do executado, a execução poderá ser proposta em sua residência ou no lugar onde for encontrado; Ver art. 94, § 2º, CPC/73.	~~Art. 576.~~ A execução~~,~~ fundada em título extrajudicial~~,~~ será processada perante o juízo competente, ~~na conformidade do disposto no Livro I, Título IV, Capítulos II e III.~~

Projeto do Novo CPC	CPC 1973
IV - havendo mais de um devedor, com diferentes domicílios, a execução será proposta em qualquer deles, à escolha do exequente; Ver art. 94, § 4º, CPC/73. V - a execução poderá ser proposta no foro do lugar em que se praticou o ato ou ocorreu o fato que deu origem ao título, embora nele não mais resida o executado; VI - a execução poderá ser proposta no foro da situação dos bens, quando o título deles se originar.	
Art. 708. Não dispondo a lei de modo diverso, o juiz determinará os atos executivos e o oficial de justiça os cumprirá. § 1º O oficial de justiça poderá cumprir os atos executivos determinados pelo juiz também nas comarcas contíguas, de fácil comunicação, e nas que se situem na mesma região metropolitana. Ver art. 230 CPC/73. § 2º Sempre que, para efetivar a execução, for necessário o emprego da força policial, o juiz a requisitará.	Art. 577. Não dispondo a lei de modo diverso, o juiz determinará os atos executivos e os oficiais de justiça os cumprirão. Art. 579. Sempre que, para efetivar a execução, for necessário o emprego da força policial, o juiz a requisitará.
CAPÍTULO IV **DOS REQUISITOS NECESSÁRIOS PARA REALIZAR QUALQUER EXECUÇÃO**	**CAPÍTULO III** **DOS REQUISITOS NECESSÁRIOS PARA REALIZAR QUALQUER EXECUÇÃO** [...]
Seção I **Do título executivo** **Art. 709.** A execução para cobrança de crédito se fundará sempre em título de obrigação certa, líquida e exigível. Parágrafo único. A necessidade de simples operações aritméticas para apurar o crédito exequendo não retira a liquidez da obrigação constante do título.	**Seção II** **Do título executivo** Art. 586. A execução para cobrança de crédito fundar-se-á sempre em título de obrigação certa, líquida e exigível.
Art. 710. São títulos executivos extrajudiciais: I - a letra de câmbio, a nota promissória, a duplicata, a debênture e o cheque; II - a escritura pública ou outro documento público assinado pelo devedor; III - o documento particular assinado pelo devedor e por duas testemunhas; IV - o instrumento de transação referendado pelo Ministério Público, pela Defensoria Pública ou pelos advogados dos transatores; Ver art. 585, II do CPC/73, desmembrado.	Art. 585. São títulos executivos extrajudiciais: I - a letra de câmbio, a nota promissória, a duplicata, a debênture e o cheque; II - a escritura pública ou outro documento público assinado pelo devedor; o documento particular assinado pelo devedor e por duas testemunhas; o instrumento de transação referendado pelo Ministério Público, pela Defensoria Pública ou pelos advogados dos transatores;

Projeto do Novo CPC	CPC 1973
V - os contratos garantidos por hipoteca, penhor, anticrese e caução, bem como os de seguro de vida;	III - os contratos garantidos por hipoteca, penhor, anticrese e caução, bem como os de seguro de vida;
VI - o crédito decorrente de foro e laudêmio;	IV - o crédito decorrente de foro e laudêmio;
VII - o crédito, documentalmente comprovado, decorrente de aluguel de imóvel, bem como de encargos acessórios, tais como taxas e despesas de condomínio;	V - o crédito, documentalmente comprovado, decorrente de aluguel de imóvel, bem como de encargos acessórios, tais como taxas e despesas de condomínio;
VIII - o crédito de serventuário de justiça, de perito, de intérprete ou de tradutor, quando as custas, os emolumentos ou os honorários forem aprovados por decisão judicial;	VI - o crédito de serventuário de justiça, de perito, de intérprete, ou de tradutor, quando as custas, emolumentos ou honorários forem aprovados por decisão judicial;
IX - a certidão de dívida ativa da Fazenda Pública da União, dos Estados, do Distrito Federal, dos Territórios e dos Municípios, correspondente aos créditos inscritos na forma da lei;	VII - a certidão de dívida ativa da Fazenda Pública da União, dos Estados, do Distrito Federal, dos Territórios e dos Municípios, correspondente aos créditos inscritos na forma da lei;
X - todos os demais títulos a que, por disposição expressa, a lei atribuir força executiva.	VIII - todos os demais títulos a que, por disposição expressa, a lei atribuir força executiva.
§ 1º A propositura de qualquer ação relativa ao débito constante do título executivo não inibe o credor de promover-lhe a execução.	§ 1º A propositura de qualquer ação relativa ao débito constante do título executivo não inibe o credor de promover-lhe a execução.
§ 2º Não dependem de homologação, para serem executados, os títulos executivos extrajudiciais oriundos de país estrangeiro.	§ 2º Não dependem de homologação pelo Supremo Tribunal Federal, para serem executados, os títulos executivos extrajudiciais, oriundos de país estrangeiro.
§ 3º O título estrangeiro só terá eficácia executiva quando satisfeitos os requisitos de formação exigidos pela lei do lugar de sua celebração e o Brasil for indicado como o lugar de cumprimento da obrigação.	§2º O título, para ter eficácia executiva, há de satisfazer aos requisitos de formação exigidos pela lei do lugar de sua celebração e indicar o Brasil como o lugar de cumprimento da obrigação.
Seção II **Da exigibilidade da obrigação** **Art. 711.** A execução pode ser instaurada caso o devedor não satisfaça a obrigação certa, líquida e exigível consubstanciada em título executivo.	**Seção I** Do Inadimplemento da Obrigação Art. 580. A execução pode ser instaurada caso o devedor não satisfaça a obrigação certa, líquida e exigível, consubstanciada em título executivo.
Art. 712. Se o executado não for obrigado a satisfazer sua prestação senão mediante a contraprestação do credor, este deverá provar que a adimpliu ao requerer a execução, sob pena de extinção do processo sem resolução de mérito.	Art. 582. Em todos os casos em que é defeso a um contraente, antes de cumprida a sua obrigação, exigir o implemento da do outro, não se procederá à execução, se o devedor se propõe satisfazer a prestação, com meios considerados idôneos pelo juiz, mediante a execução da contraprestação pelo credor, e este, sem justo motivo, recusar a oferta.

Projeto do Novo CPC	CPC 1973
Parágrafo único. O devedor poderá eximir-se da obrigação, depositando em juízo a prestação ou a coisa, caso em que o juiz não permitirá que o credor a receba sem cumprir a contraprestação que lhe tocar.	Parágrafo único. O devedor poderá, ~~entretanto,~~ exonerar-se da obrigação, depositando em juízo a prestação ou a coisa; caso em que o juiz ~~suspenderá a execução,~~ não permitindo que o credor a receba, sem cumprir a contraprestação, que lhe tocar.
Art. 713. O credor não poderá iniciar a execução ou nela prosseguir, se o devedor cumprir a obrigação; mas poderá recusar o recebimento da prestação, se ela não corresponder ao direito ou à obrigação estabelecidos no título executivo, caso em que poderá requerer a execução forçada, ressalvado ao devedor o direito de embargá-la.	~~Art. 581.~~ O credor não poderá iniciar a execução, ou nela prosseguir, se o devedor cumprir a obrigação; mas poderá recusar o recebimento da prestação, estabelecida no título executivo, se ela não corresponder ao direito ou à obrigação; caso em que ~~requererá ao juiz~~ a execução, ressalvado ao devedor o direito de embargá-la.
CAPÍTULO V **DA RESPONSABILIDADE PATRIMONIAL**	**CAPÍTULO ~~IV~~** **DA RESPONSABILIDADE PATRIMONIAL**
Art. 714. O devedor responde, para o cumprimento de suas obrigações, com todos os seus bens presentes e futuros, salvo as restrições estabelecidas em lei.	~~Art. 591.~~ O devedor responde, para o cumprimento de suas obrigações, com todos os seus bens presentes e futuros, salvo as restrições estabelecidas em lei.
Art. 715. Ficam sujeitos à execução os bens: I - do sucessor a título singular, tratando-se de execução fundada em direito real ou obrigação reipersecutória;	~~Art. 592.~~ Ficam sujeitos à execução os bens: I - do sucessor a título singular, tratando-se de execução fundada em direito real ou obrigação reipersecutória;
II - do sócio, nos termos da lei;	II - do sócio, nos termos da lei;
III - do devedor, quando estiverem em poder de terceiros;	III - do devedor, quando em poder de terceiros;
IV - do cônjuge, nos casos em que os seus bens próprios, reservados ou de sua meação respondem pela dívida;	IV - do cônjuge, nos casos em que os seus bens próprios, reservados ou de sua meação respondem pela dívida;
V - alienados ou gravados com ônus real em fraude à execução;	V - alienados ou gravados com ônus real em fraude de execução.
VI - cuja alienação ou gravação com ônus real tenha sido declarada ineficaz em razão do reconhecimento, em ação própria, de fraude contra credores.	
Art. 716. Considera-se fraude à execução a alienação ou a oneração de bens: I - quando sobre eles pender ação fundada em direito real ou obrigação reipersecutória, desde que haja registro público ou prova da má-fé do terceiro adquirente;	~~Art. 593.~~ Considera-se em fraude de execução a alienação ou oneração de bens: I - quando sobre eles pender ação fundada em direito real;
II - quando houver registro público da constrição do bem objeto de ação pendente ou prova da má-fé do terceiro adquirente;	[...]

Projeto do Novo CPC	CPC 1973
III - nos demais casos expressos em lei.	III - nos demais casos expressos em lei.
Art. 717. O credor que estiver, por direito de retenção, na posse de coisa pertencente ao devedor não poderá promover a execução sobre outros bens senão depois de excutida a coisa que se achar em seu poder.	~~Art. 594.~~ O credor~~,~~ que estiver, por direito de retenção, na posse de coisa pertencente ao devedor~~,~~ não poderá promover a execução sobre outros bens senão depois de excutida a coisa que se achar em seu poder.
Art. 718. O fiador, quando executado, tem o direito de exigir que primeiro sejam executados os bens do devedor situados na mesma comarca, livres e desembargados, indicando-os à penhora. § 1º Os bens do fiador ficarão sujeitos à execução se os do devedor situados na mesma comarca que os seus forem insuficientes à satisfação do direito do credor. Ver art. 595, do CPC/73, desmembrado. § 2º O fiador que pagar a dívida poderá executar o afiançado nos autos do mesmo processo.	~~Art. 595.~~ O fiador, quando executado, poderá nomear à penhora bens livres e desembargados do devedor. Os bens do fiador ficarão, ~~porém,~~ sujeitos à execução, se os do devedor forem insuficientes à satisfação do direito do credor. ~~Parágrafo único.~~ O fiador~~,~~ que pagar a dívida~~,~~ poderá executar o afiançado nos autos do mesmo processo.
Art. 719. Os bens particulares dos sócios não respondem pelas dívidas da sociedade, senão nos casos previstos em lei. § 1º O sócio demandado, quando responsável pelo pagamento da dívida da sociedade, tem o direito de exigir que primeiro sejam excutidos os bens da sociedade. Ver art. 596 do CPC/73, desmembrado. § 2º Incumbe ao sócio que alegar o benefício do § 1º nomear quantos bens da sociedade situados na mesma comarca, livres e desembargados bastem para pagar o débito. § 3º O sócio que pagar a dívida poderá executar a sociedade nos autos do mesmo processo. § 4º Para a desconsideração da personalidade jurídica é obrigatória a observância do incidente previsto neste Código.	~~Art. 596.~~ Os bens particulares dos sócios não respondem pelas dívidas da sociedade senão nos casos previstos em lei~~; o sócio,~~ demandado pelo pagamento da dívida, tem direito ~~a~~ exigir que sejam primeiro excutidos os bens da sociedade. ~~§ 1º~~ Cumpre ao sócio~~,~~ que alegar o benefício deste artigo, nomear bens da sociedade, sitos na mesma comarca, livres e desembargados, ~~quantos~~ bastem para pagar o débito.
Art. 720. O espólio responde pelas dívidas do falecido, mas, feita a partilha, cada herdeiro responde por elas na proporção da parte que lhe coube na herança.	~~Art. 597.~~ O espólio responde pelas dívidas do falecido~~;~~ mas, feita a partilha, cada herdeiro responde por elas na proporção da parte que na herança lhe coube.
TÍTULO II **DAS DIVERSAS ESPÉCIES DE EXECUÇÃO** **CAPÍTULO I** **DAS DISPOSIÇÕES GERAIS**	**TÍTULO II** **DAS DIVERSAS ESPÉCIES DE EXECUÇÃO** **CAPÍTULO I** **DAS DISPOSIÇÕES GERAIS**
Art. 721. Ressalvado o caso de insolvência do devedor, em que tem lugar o concurso universal, realiza-se a execução no interesse do credor que adquire, pela penhora, o direito de preferência sobre os bens penhorados.	~~Art. 612.~~ Ressalvado o caso de insolvência do devedor, em que tem lugar o concurso universal ~~(art. 751, III)~~, realiza-se a execução no interesse do credor~~,~~ que adquire, pela penhora, o direito de preferência sobre os bens penhorados.

Projeto do Novo CPC	CPC 1973
Parágrafo único. Recaindo mais de uma penhora sobre os mesmos bens, cada credor conservará o seu título de preferência.	Art. 613. Recaindo mais de uma penhora sobre os mesmos bens, cada credor conservará o seu título de preferência.
Art. 722. Cumpre ao credor, ao requerer a execução: I - instruir a petição inicial com:	Art. 614. Cumpre ao credor, ao requerer a execução, pedir a citação do devedor e instruir a petição inicial: Ver também art. 722, III do Projeto do CPC.
a) o título executivo extrajudicial;	I - com o título executivo extrajudicial;
b) o demonstrativo do débito atualizado até a data da propositura da ação, quando se tratar de execução por quantia certa;	II - com o demonstrativo do débito atualizado até a data da propositura da ação, quando se tratar de execução por quantia certa;
c) a prova de que se verificou a condição ou ocorreu o termo;	III - com a prova de que se verificou a condição, ou ocorreu o termo (art. 572). Art. 615. [...]
d) a prova de que adimpliu a contraprestação que lhe corresponde ou que lhe assegura o cumprimento da obrigação pelo devedor, se for o caso.	IV - provar que adimpliu a contraprestação, que lhe corresponde, ou que lhe assegura o cumprimento, se o executado não for obrigado a satisfazer a sua prestação senão mediante a contraprestação do credor. xxx Art. 615.
II - indicar a espécie de execução que prefere, quando por mais de um modo puder ser efetuada;	I - indicar a espécie de execução que prefere, quando por mais de um modo pode ser efetuada;
III - requerer a citação do devedor.	Art. 614. Cumpre ao credor, ao requerer a execução, pedir a citação do devedor e instruir a petição inicial: Ver também art. 722, I do Projeto do CPC.
Art. 723. Em se tratando de execução por quantia certa contra devedor solvente, cumpre ainda ao credor:	
I - requerer a intimação do credor pignoratício, hipotecário, anticrético ou usufrutuário, quando a penhora recair sobre bens gravados por penhor, hipoteca, anticrese ou usufruto;	Art. 615. [...] II - requerer a intimação do credor pignoratício, hipotecário, ou anticrético, ou usufrutuário, quando a penhora recair sobre bens gravados por penhor, hipoteca, anticrese ou usufruto;
II - pleitear medidas acautelatórias urgentes, inclusive a indisponibilidade de ativos financeiros existentes em nome do executado, para posterior penhora;	III - pleitear medidas acautelatórias urgentes;
III - indicar, querendo, os bens a serem penhorados;	
IV - proceder à averbação em registro público, para conhecimento de terceiros, do ato de ajuizamento da execução e dos atos de constrição realizados.	

Projeto do Novo CPC	CPC 1973
Art. 724. Nas obrigações alternativas, quando a escolha couber ao devedor, este será citado para exercer a opção e realizar a prestação dentro de dez dias, se outro prazo não lhe foi determinado em lei ou no contrato.	~~Art. 571.~~ Nas obrigações alternativas, quando a escolha couber ao devedor, este será citado para exercer a opção e realizar a prestação dentro em ~~10 (dez)~~ dias, se outro prazo não lhe foi determinado em lei, no contrato, ~~ou na sentença.~~
§ 1º Devolver-se-á ao credor a opção, se o devedor não a exercitou no prazo marcado.	§ 1º Devolver-se-á ao credor a opção, se o devedor não a exercitou no prazo marcado.
§ 2º Quando couber ao credor, a escolha será feita na petição inicial da execução.	§ 2º ~~Se a escolha~~ couber ao credor, ~~este a indicará~~ na petição inicial da execução.
Art. 725. Verificando que a petição inicial está incompleta ou que não está acompanhada dos documentos indispensáveis à propositura da execução, o juiz determinará que o credor a corrija, no prazo de dez dias, sob pena de ser indeferida.	~~Art. 616.~~ Verificando ~~o juiz~~ que a petição inicial está incompleta, ou não se acha acompanhada dos documentos indispensáveis à propositura da execução, determinará que o credor a corrija, no prazo de ~~10 (dez)~~ dias, sob pena de ser indeferida.
Art. 726. A propositura da execução, deferida pelo juiz, interrompe a prescrição, desde que válida a citação.	~~Art. 617.~~ A propositura da execução, deferida pelo juiz, interrompe a prescrição, mas a citação do devedor deve ser feita com observância do disposto no art. 219.
Art. 727. É nula a execução se:	~~Art. 618.~~ É nula a execução:
I - o título executivo extrajudicial não corresponder a obrigação certa, líquida e exigível;	I - ~~se~~ o título executivo extrajudicial não corresponder a obrigação certa, líquida e exigível ~~(art. 586)~~;
II - o devedor não for regularmente citado;	II - ~~se~~ o devedor não for regularmente citado;
III - instaurada antes de se verificar a condição ou de ter ocorrido o termo.	III - ~~se~~ instaurada antes de se verificar a condição ou de ocorrido o termo, ~~nos casos do art. 572.~~
Parágrafo único. A nulidade de que cuida este artigo será pronunciada pelo juiz, de ofício ou a requerimento da parte, independentemente de embargos à execução.	
Art. 728. A alienação de bem aforado ou gravado por penhor, hipoteca, anticrese ou usufruto será ineficaz em relação ao senhorio direto ou ao credor pignoratício, hipotecário, anticrético ou usufrutuário que não houver sido intimado.	~~Art. 619.~~ A alienação de bem aforado ou gravado por penhor, hipoteca, anticrese ou usufruto será ineficaz em relação ao senhorio direto, ou ao credor pignoratício, hipotecário, anticrético, ou usufrutuário, que não houver sido intimado.
Art. 729. Quando por vários meios o credor puder promover a execução, o juiz mandará que se faça pelo modo menos gravoso para o devedor.	~~Art. 620.~~ Quando por vários meios o credor puder promover a execução, o juiz mandará que se faça pelo modo menos gravoso para o devedor.

Projeto do Novo CPC	CPC 1973
CAPÍTULO II **DA EXECUÇÃO PARA A ENTREGA DE COISA** **Seção I** **Da entrega de coisa certa**	**CAPÍTULO II** **DA EXECUÇÃO PARA A ENTREGA DE COISA** **Seção I** **Da entrega de coisa certa**
Art. 730. O devedor de obrigação de entrega de coisa certa, constante de título executivo extrajudicial, será citado para, dentro de três dias, satisfazer a obrigação. § 1º Ao despachar a inicial, o juiz poderá fixar multa por dia de atraso no cumprimento da obrigação, ficando o respectivo valor sujeito a alteração, caso se revele insuficiente ou excessivo. § 2º Do mandado de citação constará a ordem para imissão na posse ou busca e apreensão, conforme se tratar de imóvel ou de móvel, cujo cumprimento se dará de imediato, se o devedor não realizar a prestação no prazo que lhe foi designado.	~~Art. 621.~~ O devedor de obrigação de entrega de coisa certa, constante de título executivo extrajudicial, será citado para, dentro de ~~10 (dez)~~ dias, satisfazer a obrigação ~~ou, seguro o juízo (art. 737, II), apresentar embargos~~. ~~Parágrafo único.~~ O juiz, ao despachar a inicial, poderá fixar multa por dia de atraso no cumprimento da obrigação, ficando o respectivo valor sujeito a alteração, caso se revele insuficiente ou excessivo.
Art. 731. Se o executado entregar a coisa, será lavrado o respectivo termo e dar-se-á por finda a execução, salvo se esta tiver de prosseguir para o pagamento de frutos ou o ressarcimento de prejuízos.	~~Art. 624.~~ Se o executado entregar a coisa, lavrar-se-á o respectivo termo e dar-se-á por finda a execução, salvo se esta tiver de prosseguir para o pagamento de frutos ou ressarcimento de prejuízos.
Art. 732. Alienada a coisa quando já litigiosa, será expedido mandado contra o terceiro adquirente, que somente será ouvido após depositá-la.	~~Art. 626.~~ Alienada a coisa quando já litigiosa, expedir-se-á mandado contra o terceiro adquirente, que somente será ouvido depois de depositá-la.
Art. 733. O credor tem direito a receber, além de perdas e danos, o valor da coisa, quando esta se deteriorar, não lhe for entregue, não for encontrada ou não for reclamada do poder de terceiro adquirente. § 1º Não constando do título o valor da coisa ou sendo impossível a sua avaliação, o exequente far-lhe-á a estimativa, sujeitando-se ao arbitramento judicial. § 2º Serão apurados em liquidação o valor da coisa e os prejuízos.	~~Art. 627.~~ O credor tem direito a receber, além de perdas e danos, o valor da coisa, quando esta não lhe for entregue, se deteriorou, não for encontrada ou não for reclamada do poder de terceiro adquirente. § 1º Não constando do título o valor da coisa, ou sendo impossível a sua avaliação, o exeqüente far-lhe-á a estimativa, sujeitando-se ao arbitramento judicial. § 2º Serão apurados em liquidação o valor da coisa e os prejuízos.
Art. 734. Havendo benfeitorias indenizáveis feitas na coisa pelo devedor ou por terceiros de cujo poder ela houver sido tirada, a liquidação prévia é obrigatória. Parágrafo único. Se houver saldo em favor do devedor ou de terceiros, o credor o depositará ao requerer a entrega da coisa; se houver saldo em favor do credor, este poderá cobrá-lo nos autos do mesmo processo. Ver art.628, do CPC/73, desmembrado.	~~Art. 628.~~ Havendo benfeitorias indenizáveis feitas na coisa pelo devedor ou por terceiros, de cujo poder ela houver sido tirada, a liquidação prévia é obrigatória. Se houver saldo em favor do devedor, o credor o depositará ao requerer a entrega da coisa; se houver saldo em favor do credor, este poderá cobrá-lo nos autos do mesmo processo.

Projeto do Novo CPC	CPC 1973
Seção II **Da entrega de coisa incerta**	**Seção II** **Da entrega de coisa incerta**
Art. 735. Quando a execução recair sobre coisas determinadas pelo gênero e pela quantidade, o devedor será citado para entregá-las individualizadas, se lhe couber a escolha, mas, se esta couber ao credor, este a indicará na petição inicial.	~~Art. 629.~~ Quando a execução recair sobre coisas determinadas pelo gênero e quantidade, o devedor será citado para entregá-las individualizadas, se lhe couber a escolha; mas se essa couber ao credor, este a indicará na petição inicial.
Art. 736. Qualquer das partes poderá, em quarenta e oito horas, impugnar a escolha feita pela outra, e o juiz decidirá de plano ou, se necessário, ouvindo perito de sua nomeação.	~~Art. 630.~~ Qualquer das partes poderá, em ~~48~~ (quarenta e oito) horas, impugnar a escolha feita pela outra, e o juiz decidirá de plano~~,~~ ou, se necessário, ouvindo perito de sua nomeação.
Art. 737. Aplicar-se-á à execução para entrega de coisa incerta, no que couber, o estatuído na Seção I deste Capítulo.	~~Art. 631.~~ Aplicar-se-á à execução para entrega de coisa incerta o estatuído na seção anterior.
CAPÍTULO III **DA EXECUÇÃO DAS OBRIGAÇÕES** **DE FAZER E DE NÃO FAZER**	**CAPÍTULO III** **DA EXECUÇÃO DAS OBRIGAÇÕES** **DE FAZER E DE NÃO FAZER**
Seção I **Da obrigação de fazer**	**Seção I** **Da obrigação de fazer**
Art. 738. Quando o objeto da execução for obrigação de fazer, o devedor será citado para satisfazê-la no prazo que o juiz lhe assinar, se outro não estiver determinado no título executivo.	~~Art. 632.~~ Quando o objeto da execução for obrigação de fazer, o devedor será citado para satisfazê-la no prazo que o juiz lhe assinar, se outro não estiver determinado no título executivo.
Art. 739. Se, no prazo fixado, o devedor não satisfizer a obrigação, é lícito ao credor requerer, nos próprios autos do processo, que ela seja executada à custa do devedor ou haver perdas e danos, caso em que ela se converterá em indenização Parágrafo único. O valor das perdas e danos será apurado em liquidação, seguindo-se a execução para cobrança de quantia certa.	~~Art. 633.~~ Se, no prazo fixado, o devedor não satisfizer a obrigação, é lícito ao credor, nos próprios autos do processo, requerer que ela seja executada à custa do devedor~~,~~ ou haver perdas e danos; caso em que ela se converte em indenização. Parágrafo único. O valor das perdas e danos será apurado em liquidação, seguindo-se a execução para cobrança de quantia certa.
Art. 740. Se o fato puder ser prestado por terceiro, é lícito ao juiz autorizar, a requerimento do exequente, sua realização à custa do executado. Parágrafo único. O exequente adiantará as quantias previstas na proposta que, ouvidas as partes, o juiz houver aprovado.	~~Art. 634.~~ Se o fato puder ser prestado por terceiro, é lícito ao juiz, a requerimento do exeqüente, decidir que aquele o realize à custa do executado. Parágrafo único. O exeqüente adiantará as quantias previstas na proposta que, ouvidas as partes, o juiz houver aprovado.

Projeto do Novo CPC	CPC 1973
Art. 741. Prestado o fato, o juiz ouvirá as partes no prazo de dez dias e, não havendo impugnação, dará por cumprida a obrigação; em caso contrário, decidirá a impugnação.	Art. 635. Prestado o fato, o juiz ouvirá as partes no prazo de 10 (dez) dias; não havendo impugnação, dará por cumprida a obrigação; em caso contrário, decidirá a impugnação.
Art. 742. Se o terceiro contratado não prestar o fato no prazo ou se o praticar de modo incompleto ou defeituoso, poderá o credor requerer ao juiz, no prazo de dez dias, que o autorize a concluí-lo ou a repará-lo por conta do contratante.	Art. 636. Se o contratante não prestar o fato no prazo, ou se o praticar de modo incompleto ou defeituoso, poderá o credor requerer ao juiz, no prazo de 10 (dez) dias, que o autorize a concluí-lo, ou a repará-lo, por conta do contratante.
Parágrafo único. Ouvido o contratante no prazo de cinco dias, o juiz mandará avaliar o custo das despesas necessárias e condenará o contratante a pagá-lo.	Parágrafo único. Ouvido o contratante no prazo de 5 (cinco) dias, o juiz mandará avaliar o custo das despesas necessárias e condenará o contratante a pagá-lo.
Art. 743. Se o credor quiser executar ou mandar executar, sob sua direção e vigilância, as obras e os trabalhos necessários à prestação do fato, terá preferência, em igualdade de condições de oferta, ao terceiro.	Art. 637. Se o credor quiser executar, ou mandar executar, sob sua direção e vigilância, as obras e trabalhos necessários à prestação do fato, terá preferência, em igualdade de condições de oferta, ao terceiro.
Parágrafo único. O direito de preferência deverá ser exercido no prazo de cinco dias, após aprovada a proposta do terceiro.	Parágrafo único. O direito de preferência será exercido no prazo de 5 (cinco) dias, contados da apresentação da proposta pelo terceiro (art. 634, parágrafo único).
Art. 744. Na obrigação de fazer, quando se convencionar que o devedor a satisfaça pessoalmente, o credor poderá requerer ao juiz que lhe assine prazo para cumpri-la.	Art. 638. Nas obrigações de fazer, quando for convencionado que o devedor a faça pessoalmente, o credor poderá requerer ao juiz que lhe assine prazo para cumpri-la.
Parágrafo único. Havendo recusa ou mora do devedor, a obrigação pessoal do devedor será convertida em perdas e danos, caso em que se observará o procedimento de execução por quantia certa.	Parágrafo único. Havendo recusa ou mora do devedor, a obrigação pessoal do devedor converter-se-á em perdas e danos, aplicando-se outrossim o disposto no art. 633.
Seção II **Da obrigação de não fazer**	**Seção II** **Da obrigação de não fazer**
Art. 745. Se o devedor praticou ato a cuja abstenção estava obrigado pela lei ou pelo contrato, o credor requererá ao juiz que assine prazo ao devedor para desfazê-lo.	Art. 642. Se o devedor praticou o ato, a cuja abstenção estava obrigado pela lei ou pelo contrato, o credor requererá ao juiz que lhe assine prazo para desfazê-lo.
Art. 746. Havendo recusa ou mora do devedor, o credor requererá ao juiz que mande desfazer o ato à custa do devedor, que responderá por perdas e danos.	Art. 643. Havendo recusa ou mora do devedor, o credor requererá ao juiz que mande desfazer o ato à sua custa, respondendo o devedor por perdas e danos.
Parágrafo único. Não sendo possível desfazer-se o ato, a obrigação resolve-se em perdas e danos, caso em que se observará o procedimento de execução por quantia certa.	Parágrafo único. Não sendo possível desfazer-se o ato, a obrigação resolve-se em perdas e danos.

Projeto do Novo CPC	CPC 1973
Seção III **Disposições comuns**	**Seção III** ~~Das~~ disposições comuns ~~às seções precedentes~~
Art. 747. O cumprimento da sentença relativa a obrigação de fazer ou não fazer observará o disposto neste Capítulo, no que couber.	~~Art. 644.~~ A sentença relativa a obrigação de fazer ou não fazer ~~cumpre-se de acordo com o art. 461,~~ observando-se, ~~subsidiariamente,~~ o disposto neste Capítulo.
Art. 748. Na execução de obrigação de fazer ou não fazer fundada em título extrajudicial, ao despachar a inicial, o juiz fixará multa por dia de atraso no cumprimento da obrigação e a data a partir da qual será devida.	~~Art. 645.~~ Na execução de obrigação de fazer ou não fazer, fundada em título extrajudicial, o juiz, ao despachar a inicial, fixará multa por dia de atraso no cumprimento da obrigação e a data a partir da qual será devida.
Parágrafo único. Se o valor da multa estiver previsto no título, o juiz poderá reduzi-lo se excessivo.	Parágrafo único. Se o valor da multa estiver previsto no título, o juiz poderá reduzi-lo se excessivo.
CAPÍTULO IV **DA EXECUÇÃO POR QUANTIA CERTA CONTRA DEVEDOR SOLVENTE**	**CAPÍTULO IV** **DA EXECUÇÃO POR QUANTIA CERTA CONTRA DEVEDOR SOLVENTE** [...]
Seção I **Disposições gerais**	~~Subseção I~~ ~~Das~~ Disposições Gerais
Art. 749. A execução por quantia certa tem por objeto expropriar bens do devedor ou do responsável, a fim de satisfazer o direito do credor.	~~Art. 646.~~ A execução por quantia certa tem por objeto expropriar bens do devedor, a fim de satisfazer o direito do credor ~~(art. 591)~~.
Art. 750. A expropriação consiste em: I - adjudicação; II - alienação; III - apropriação de frutos e rendimentos de empresa ou estabelecimentos e de outros bens.	~~Art. 647.~~ A expropriação consiste: I - ~~na~~ adjudicação ~~em favor do exeqüente ou das pessoas indicadas no § 2º do art. 685-A desta Lei~~; II - ~~na~~ alienação ~~por iniciativa particular~~; ~~III - na alienação em hasta pública~~;
Art. 751. Antes de adjudicados ou alienados os bens, o executado pode, a todo tempo, remir a execução, pagando ou consignando a importância atualizada da dívida, mais juros, custas e honorários advocatícios.	~~Art. 651.~~ Antes de adjudicados ou alienados os bens, pode o executado, a todo tempo, remir a execução, pagando ou consignando a importância atualizada da dívida, mais juros, custas e honorários advocatícios.
Seção II **Da citação do devedor e do arresto**	~~Subseção II~~ Da citação do devedor e ~~da indicação de bens~~
Art. 752. Ao despachar a inicial, o juiz fixará, de plano, os honorários advocatícios de dez por cento, a serem pagos pelo executado.	~~Art. 652-A.~~ Ao despachar a inicial, o juiz fixará, de plano, os honorários de advogado a serem pagos pelo executado ~~(art. 20, § 4º)~~.

Projeto do Novo CPC	CPC 1973
§ 1º No caso de integral pagamento no prazo de três dias, a verba honorária será reduzida pela metade.	~~Parágrafo único.~~ No caso de integral pagamento no prazo de ~~3~~ (três) dias, a verba honorária será reduzida pela metade.
§ 2º Rejeitados os embargos eventualmente opostos pelo executado ou caso estes não tenham sido opostos, ao final do procedimento executivo, o valor dos honorários poderá ser acrescido até o limite de vinte por cento, em atenção ao trabalho realizado supervenientemente à citação.	
Art. 753. O exequente poderá obter certidão de que a execução foi admitida pelo juiz com a identificação das partes e do valor da causa, para fins de averbação no registro de imóveis, no registro de veículos ou no registro de outros bens sujeitos a penhora, arresto ou indisponibilidade.	~~Art. 615-A.~~ O exeqüente poderá, ~~no ato da distribuição,~~ obter certidão ~~comprobatória do ajuizamento da execução,~~ com identificação das partes e valor da causa, para fins de averbação no registro de imóveis, registro de veículos ou registro de outros bens sujeitos à penhora ~~ou~~ arresto.
§ 1º O exequente deverá comunicar ao juízo as averbações efetivadas, no prazo de dez dias de sua concretização.	§ 1º O exeqüente deverá comunicar ao juízo as averbações efetivadas, no prazo de ~~10~~ (dez) dias de sua concretização
§ 2º Formalizada penhora sobre bens suficientes para cobrir o valor da dívida, será determinado o cancelamento das averbações relativas àqueles não penhorados.	§ 2º Formalizada penhora sobre bens suficientes para cobrir o valor da dívida, será determinado o cancelamento das averbações ~~de que trata este artigo~~ relativas àqueles ~~que~~ não ~~tenham sido~~ penhorados.
§ 3º Presume-se em fraude à execução a alienação ou a oneração de bens efetuada após a averbação.	§ 3º Presume-se em fraude à execução a alienação ou oneração de bens efetuada após a averbação ~~(art. 593)~~.
§ 4º O exequente que promover averbação manifestamente indevida indenizará a parte contrária, processando-se o incidente em autos apartados.	§ 4º O exeqüente que promover averbação manifestamente indevida indenizará a parte contrária, ~~nos termos do § 2º do art. 18 desta Lei,~~ processando-se o incidente em autos apartados.
§ 5º Os tribunais poderão expedir instruções sobre o cumprimento deste artigo.	§ 5º Os tribunais poderão expedir instruções sobre o cumprimento deste artigo.
Art. 754. O executado será citado para pagar a dívida no prazo de três dias.	~~Art. 652.~~ O executado será citado para, ~~no prazo de 3 (três)~~ dias, efetuar o pagamento da dívida.
§ 1º Do mandado de citação constarão, também, a ordem de penhora e a avaliação a serem cumpridas pelo oficial de justiça, tão logo verificado o não pagamento no prazo assinalado, de tudo lavrando-se auto, com intimação do devedor.	§ 1º Não efetuado o pagamento, ~~munido da segunda via do mandado, o oficial de justiça procederá de imediato à penhora de bens e a sua avaliação,~~ lavrando-se ~~o respectivo~~ auto e de tais atos intimando, ~~na mesma oportunidade,~~ o executado.
§ 2º A penhora recairá sobre os bens indicados pelo credor, salvo se outros forem indicados pelo devedor e aceitos pelo juiz, mediante demonstração de que a constrição proposta lhe será menos onerosa e não trará prejuízo ao exequente.	§ 2º O credor poderá, ~~na inicial da execução,~~ indicar bens a serem penhorados ~~(art. 655)~~.
	[...]

Projeto do Novo CPC	CPC 1973
§ 3º A intimação da penhora ao executado será feita na pessoa de seu advogado ou, na falta deste, pessoalmente.	§4º A intimação de executado far-se-á na pessoa de seu advogado; não o tendo, será intimado pessoalmente.
Art. 755. Se o oficial de justiça não encontrar o devedor, arrestarlhe-á tantos bens quantos bastem para garantir a execução.	Art. 653. O oficial de justiça, não encontrando o devedor, arrestar-lhe-á tantos bens quantos bastem para garantir a execução.
§ 1º Nos dez dias seguintes à efetivação do arresto, o oficial de justiça procurará o devedor três vezes em dias distintos; não o encontrando, realizará a citação com hora certa, certificando pormenorizadamente o ocorrido.	Parágrafo único. Nos 10 (dez) dias seguintes à efetivação do arresto, o oficial de justiça procurará o devedor três vezes em dias distintos; não o encontrando, certificará o ocorrido.
§ 2º Incumbe ao credor requerer a citação por edital, uma vez frustradas a pessoal e a com hora certa. § 3º Aperfeiçoada a citação e transcorrido o prazo de pagamento, o arresto se converterá em penhora, independentemente de termo. Ver art. 654, do CPC/73, desmembrado.	Art. 654. Compete ao credor, dentro de 10 (dez) dias, contados da data em que foi intimado do arresto a que se refere o parágrafo único do artigo anterior, requerer a citação por edital do devedor. Findo o prazo do edital, terá o devedor o prazo a que se refere o art. 652, convertendo-se o arresto em penhora em caso de não-pagamento.
Seção III **Da penhora, do depósito e da avaliação** **Subseção I** **Do objeto da penhora**	Subseção III Da penhora e do depósito
Art. 756. A penhora deverá incidir em tantos bens quantos bastem para o pagamento do principal atualizado, dos juros, das custas e dos honorários advocatícios.	Art. 659. A penhora deverá incidir em tantos bens quantos bastem para o pagamento do principal atualizado, juros, custas e honorários advocatícios.
Art. 757. Não estão sujeitos à execução os bens que a lei considera impenhoráveis ou inalienáveis.	Art. 648. Não estão sujeitos à execução os bens que a lei considera impenhoráveis ou inalienáveis.
Art. 758. São absolutamente impenhoráveis: I - os bens inalienáveis e os declarados, por ato voluntário, não sujeitos à execução;	Art. 649. São absolutamente impenhoráveis: I - os bens inalienáveis e os declarados, por ato voluntário, não sujeitos à execução;
II - os móveis, os pertences e as utilidades domésticas que guarneçam a residência do executado, salvo os de elevado valor ou que ultrapassem as necessidades comuns correspondentes a um médio padrão de vida;	II - os móveis, pertences e utilidades domésticas que guarneçam a residência do executado, salvo os de elevado valor ou que ultrapassem as necessidades comuns correspondentes a um médio padrão de vida;
III - os vestuários, bem como os pertences de uso pessoal do executado, salvo se de elevado valor;	III - os vestuários, bem como os pertences de uso pessoal do executado, salvo se de elevado valor;

Projeto do Novo CPC	CPC 1973
IV - os vencimentos, os subsídios, os soldos, os salários, as remunerações, os proventos de aposentadoria, as pensões, os pecúlios e os montepios, bem como as quantias recebidas por liberalidade de terceiro e destinadas ao sustento do devedor e de sua família, os ganhos de trabalhador autônomo e os honorários de profissional liberal;	IV - os vencimentos, subsídios, soldos, salários, remunerações, proventos de aposentadoria, pensões, pecúlios e montepios; as quantias recebidas por liberalidade de terceiro e destinadas ao sustento do devedor e sua família, os ganhos de trabalhador autônomo e os honorários de profissional liberal; observado o disposto no § 3º deste artigo;
V - os livros, as máquinas, as ferramentas, os utensílios, os instrumentos ou outros bens móveis necessários ou úteis ao exercício da profissão do executado;	V - os livros, as máquinas, as ferramentas, os utensílios, os instrumentos ou outros bens móveis necessários ou úteis ao exercício de qualquer profissão;
VI - o seguro de vida;	VI - o seguro de vida;
VII - os materiais necessários para obras em andamento, salvo se estas forem penhoradas;	VII - os materiais necessários para obras em andamento, salvo se essas forem penhoradas;
VIII - a pequena propriedade rural, assim definida em lei, desde que trabalhada pela família;	VIII - a pequena propriedade rural, assim definida em lei, desde que trabalhada pela família;
IX - os recursos públicos recebidos por instituições privadas para aplicação compulsória em educação, saúde ou assistência social;	IX - os recursos públicos recebidos por instituições privadas para aplicação compulsória em educação, saúde ou assistência social;
X - a quantia depositada em caderneta de poupança, até o limite de quarenta salários mínimos;	X - até o limite de 40 (quarenta) salários mínimos, a quantia depositada em caderneta de poupança.
XI - os recursos públicos do fundo partidário recebidos, nos termos da lei, por partido político.	XI - os recursos públicos do fundo partidário recebidos, nos termos da lei, por partido político.
§ 1º A impenhorabilidade não é oponível à cobrança do crédito concedido para a aquisição do próprio bem.	§ 1º A impenhorabilidade não é oponível à cobrança do crédito concedido para a aquisição do próprio bem.
§ 2º O disposto no inciso IV do caput deste artigo não se aplica no caso de penhora para pagamento de prestação alimentícia.	§ 2º O disposto no inciso IV do caput deste artigo não se aplica no caso de penhora para pagamento de prestação alimentícia.
Art. 759. Podem ser penhorados, à falta de outros bens, os frutos e os rendimentos dos bens inalienáveis.	Art. 650. Podem ser penhorados, à falta de outros bens, os frutos e rendimentos dos bens inalienáveis, salvo se destinados à satisfação de prestação alimentícia.
Art. 760. A penhora observará, preferencialmente, a seguinte ordem:	Art. 655. A penhora observará, preferencialmente, a seguinte ordem:
I - dinheiro, em espécie ou em depósito ou aplicação em instituição financeira;	I - dinheiro, em espécie ou em depósito ou aplicação em instituição financeira;
II - veículos de via terrestre;	II - veículos de via terrestre;

Projeto do Novo CPC	CPC 1973
III - bens móveis em geral;	III - bens móveis em geral;
IV - bens imóveis;	IV - bens imóveis;
V - navios e aeronaves;	V - navios e aeronaves;
VI - ações e quotas de sociedades simples empresárias; VII - percentual do faturamento de empresa devedora;	VI - ações e quotas de sociedades empresárias; VII - percentual do faturamento de empresa devedora;
VIII - pedras e metais preciosos;	VIII - pedras e metais preciosos;
IX - títulos da dívida pública da União, dos Estados e do Distrito Federal com cotação em mercado;	IX - títulos da dívida pública da União, Estados e Distrito Federal com cotação em mercado;
X - títulos e valores mobiliários com cotação em mercado;	X - títulos e valores mobiliários com cotação em mercado;
XI - outros direitos.	XI - outros direitos.
§ 1º A ordem referida nos incisos do caput deste artigo não tem caráter absoluto, podendo ser alterada pelo juiz de acordo com as circunstâncias do caso concreto.	
§ 2º Na execução de crédito com garantia hipotecária, pignoratícia ou anticrética, a penhora recairá, preferencialmente, sobre a coisa dada em garantia; se a coisa pertencer a terceiro garantidor, este também será intimado da penhora.	§ 1º Na execução de crédito com garantia hipotecária, pignoratícia ou anticrética, a penhora recairá, preferencialmente, sobre a coisa dada em garantia; se a coisa pertencer a terceiro garantidor, será também esse intimado da penhora.
Art. 761. Não se levará a efeito a penhora quando evidente que o produto da execução dos bens encontrados será totalmente absorvido pelo pagamento das custas da execução. Parágrafo único. Quando não encontrar bens penhoráveis, o oficial de justiça descreverá na certidão os que guarnecem a residência ou o estabelecimento do devedor.	Art. 659. [...] § 2º Não se levará a efeito a penhora, quando evidente que o produto da execução dos bens encontrados será totalmente absorvido pelo pagamento das custas da execução. § 3º No caso do parágrafo anterior e bem assim quando não encontrar quaisquer bens penhoráveis, o oficial descreverá na certidão os que guarnecem a residência ou o estabelecimento do devedor.
Subseção II **Da documentação da penhora, de seu registro e do depósito**	

Projeto do Novo CPC	CPC 1973
Art. 762. Obedecidas as normas de segurança instituídas sob critérios uniformes pelo Conselho Nacional de Justiça, a penhora de dinheiro e as averbações de penhoras de bens imóveis e móveis podem ser realizadas por meios eletrônicos.	~~Art. 659.~~ [...] ~~§ 6º~~ Obedecidas as normas de segurança ~~que forem~~ instituídas~~;~~ sob critérios uniformes~~, pelos Tribunais~~, a penhora de <u>numerário</u> e as averbações de penhoras de bens imóveis e móveis podem ser realizadas por meios eletrônicos.
Art. 763. A penhora será realizada mediante auto ou termo, que conterá: Ver art. 659, § 4º, CPC/73. I - a indicação do dia, mês, ano e lugar em que foi feita; II - os nomes do credor e do devedor; III - a descrição dos bens penhorados, com as suas características; IV - a nomeação do depositário dos bens.	~~Art. 665.~~ ~~O~~ auto ~~de~~ penhora conterá: I - a indicação do dia, mês, ano e lugar em que foi feita; II - os nomes do credor e do devedor; III - a descrição dos bens penhorados, com <u>os seus característicos;</u> IV - a nomeação do depositário dos bens.
Art. 764. Considerar-se-á feita a penhora mediante a apreensão e o depósito dos bens, lavrando-se um só auto se as diligências forem concluídas no mesmo dia. Parágrafo único. Havendo mais de uma penhora, lavrar-se-á para cada qual um auto.	~~Art. 664.~~ Considerar-se-á feita a penhora mediante a apreensão e o depósito dos bens, lavrando-se um só auto se as diligências forem concluídas no mesmo dia. Parágrafo único. Havendo mais de uma penhora, lavrar-se-á para cada qual um auto.
Art. 765. Serão preferencialmente depositados: I - as quantias em dinheiro, as pedras e os metais preciosos, bem como os papéis de crédito, no Banco do Brasil, na Caixa Econômica Federal ou em um banco de que o Estado ou o Distrito Federal possua mais de metade do capital social integralizado, ou, em falta desses estabelecimentos no lugar, em qualquer instituição de crédito designada pelo juiz; II - os móveis e os imóveis urbanos, em poder do depositário judicial; III - os demais bens, em mãos de depositário particular. § 1º Os bens poderão ser depositados em poder do executado nos casos de difícil remoção ou quando anuir o exequente. § 2º As joias, as pedras e os objetos preciosos deverão ser depositados com registro do valor estimado de resgate.	~~Art. 666. Os bens penhorados~~ serão preferencialmente depositados: I - no Banco do Brasil, na Caixa Econômica Federal<u>,</u> ou em um banco, de que o Estado ~~Membro da União~~ possua mais de metade do capital social integralizado<u>;</u> ou, em falta <u>de tais</u> estabelecimentos ~~de crédito, ou agências suas~~ no lugar, em qualquer <u>estabelecimento</u> de crédito, <u>designado pelo juiz, as quantias em dinheiro, as pedras e os metais preciosos, bem como os papéis de crédito;</u> II - <u>em poder do depositário judicial, os móveis e os imóveis urbanos;</u> III - <u>em mãos de depositário particular, os demais bens.</u> § 1º <u>Com a expressa anuência do exeqüente ou nos casos de difícil remoção, os bens poderão ser depositados em poder do executado.</u> § 2º As jóias, pedras e objetos preciosos deverão ser depositados com registro do valor estimado de resgate.

Projeto do Novo CPC	CPC 1973
Art. 766. Formalizada a penhora por qualquer dos meios legais, dela será imediatamente intimado o executado. § 1º Se o oficial de justiça não localizar o devedor para a intimação da penhora, certificará detalhadamente as diligências realizadas, caso em que o juiz poderá dispensar a intimação ou determinar novas diligências. § 2º Quando a penhora não tiver sido realizada na presença do executado, sua intimação será feita na pessoa de seu advogado ou, na falta deste, pessoalmente, de preferência por via postal.	Art. 652. [...] § 5º Se não localizar o executado para intimá-lo da penhora, o oficial certificará detalhadamente as diligências realizadas, caso em que o juiz poderá dispensar a intimação ou determinará novas diligências. § 4º A intimação do executado far-se-á na pessoa de seu advogado; não o tendo, será intimado pessoalmente.
Art. 767. Recaindo a penhora em bens imóveis, será intimado também o cônjuge do executado, salvo se for casado em regime de separação absoluta de bens. Parágrafo único. Tratando-se de bem indivisível, a meação do cônjuge alheio à execução recairá sobre o produto da alienação do bem.	Art. 655. [...] § 2º Recaindo a penhora em bens imóveis, será intimado também o cônjuge do executado. Art. 655-B. Tratando-se de penhora em bem indivisível, a meação do cônjuge alheio à execução recairá sobre o produto da alienação do bem.
Art. 768. Cabe ao exequente providenciar, para presunção absoluta de conhecimento por terceiros, a averbação da penhora, quando se tratar de bens sujeitos a registro público.	Art. 659. [...] § 4º A penhora de bens imóveis realizar-se-á mediante auto ou termo de penhora, cabendo ao exeqüente, sem prejuízo da imediata intimação do executado (art. 652, § 4º), providenciar, para presunção absoluta de conhecimento por terceiros, a respectiva averbação no ofício imobiliário, mediante a apresentação de certidão de inteiro teor do ato, independentemente de mandado judicial.

Subseção III
Do lugar de realização da penhora

Projeto do Novo CPC	CPC 1973
Art. 769. Efetuar-se-á a penhora onde quer que se encontrem os bens, ainda que sob a posse, a detenção ou a guarda de terceiros.	Art. 659. [...] § 1º Efetuar-se-á a penhora onde quer que se encontrem os bens, ainda que sob a posse, detenção ou guarda de terceiros. [...]
§ 1º A penhora de imóveis, independentemente de onde se localizem, quando apresentada certidão da respectiva matrícula, e a penhora de veículos automotores, quando apresentada certidão que ateste a sua existência, serão realizadas por termo nos autos, do qual será intimado o executado, pessoalmente ou na pessoa de seu advogado, e por esse ato será constituído depositário.	§ 5º Nos casos do § 4º, quando apresentada certidão da respectiva matrícula, a penhora de imóveis, independentemente de onde se localizem, será realizada por termo nos autos, do qual será intimado o executado, pessoalmente ou na pessoa de seu advogado, e por este ato constituído depositário.

Projeto do Novo CPC	CPC 1973
§ 2º Se o devedor não tiver bens no foro da causa, não sendo possível a realização da penhora nos termos do § 1º, a execução será feita por carta, penhorando-se, avaliando-se e alienando-se os bens no foro da situação.	Art. 658. Se o devedor não tiver bens no foro da causa, far-se-á a execução por carta, penhorando-se, avaliando-se e alienando-se os bens no foro da situação (art. 747).
Art. 770. Se o devedor fechar as portas da casa a fim de obstar a penhora dos bens, o oficial de justiça comunicará o fato ao juiz, solicitando-lhe ordem de arrombamento.	Art. 660. Se o devedor fechar as portas da casa, a fim de obstar a penhora dos bens, o oficial de justiça comunicará o fato ao juiz, solicitando-lhe ordem de arrombamento.
§ 1º Deferido o pedido, dois oficiais de justiça cumprirão o mandado, arrombando cômodos e móveis em que se presuma estarem os bens, e lavrarão de tudo auto circunstanciado, que será assinado por duas testemunhas presentes à diligência.	Art. 661. Deferido o pedido mencionado no artigo antecedente, dois oficiais de justiça cumprirão o mandado, arrombando portas, móveis e gavetas, onde presumirem que se achem os bens, e lavrando de tudo auto circunstanciado, que será assinado por duas testemunhas, presentes à diligência.
§ 2º Sempre que necessário, o juiz requisitará força policial, a fim de auxiliar os oficiais de justiça na penhora dos bens e na prisão de quem resistir à ordem.	Art. 662. Sempre que necessário, o juiz requisitará força policial, a fim de auxiliar os oficiais de justiça na penhora dos bens e na prisão de quem resistir à ordem.
§ 3º Os oficiais de justiça lavrarão em duplicata o auto de resistência, entregando uma via ao escrivão do processo, para ser juntada aos autos, e a outra à autoridade policial a quem couber a prisão.	Art. 663. Os oficiais de justiça lavrarão em duplicata o auto de resistência, entregando uma via ao escrivão do processo para ser junta aos autos e a outra à autoridade policial, a quem entregarão o preso.
§ 4º Do auto de resistência constará o rol de testemunhas, com sua qualificação.	

Subseção IV
Das modificações da penhora

Art. 771. O executado pode, no prazo de dez dias contados da intimação da penhora, requerer a substituição do bem penhorado, desde que comprove que lhe será menos onerosa e não trará prejuízo ao exequente.	Art. 668. O executado pode, no prazo de 10 (dez) dias após intimado da penhora, requerer a substituição do bem penhorado, desde que comprove cabalmente que a substituição não trará prejuízo algum ao exeqüente e será menos onerosa para ele devedor (art. 17, incisos IV e VI, e art. 620).
§ 1º O juiz só autorizará a substituição se o executado:	Parágrafo único. Na hipótese prevista neste artigo, ao executado incumbe:
I - comprovar as respectivas matrículas e registros, por certidão do correspondente ofício, quanto aos bens imóveis;	I - quanto aos bens imóveis, indicar as respectivas matrículas e registros, situá-los e mencionar as divisas e confrontações;
II - descrever os bens móveis, com todas as suas propriedades e características, bem como seu estado e o lugar onde se encontram;	II - quanto aos móveis, particularizar o estado e o lugar em que se encontram;
III - descrever os semoventes, com indicação de espécie, número, marca ou sinal e local onde se encontram;	III - quanto aos semoventes, especificá-los, indicando o número de cabeças e o imóvel em que se encontram;
IV - identificar os créditos, indicando quem seja o devedor, qual a origem da dívida, o título que a representa e a data do vencimento; e	IV - quanto aos créditos, identificar o devedor e qualificá-lo, descrevendo a origem da dívida, o título que a representa e a data do vencimento; e

Projeto do Novo CPC	CPC 1973
V - atribuir, em qualquer caso, valor aos bens indicados à penhora, além de especificar os ônus e os encargos a que estejam sujeitos.	V - atribuir valor aos bens indicados à penhora. Art.656. [...]
§ 2º Requerida a substituição da penhora, o executado deve indicar onde se encontram os bens sujeitos à execução, exibir a prova de sua propriedade e a certidão negativa ou positiva de ônus, bem como abster-se de qualquer atitude que dificulte ou embarace a realização da penhora.	§ 1º É dever do executado (art. 600), no prazo fixado pelo juiz, indicar onde se encontram os bens sujeitos à execução, exibir a prova de sua propriedade e, se for o caso, certidão negativa de ônus, bem como abster-se de qualquer atitude que dificulte ou embarace a realização da penhora (art. 14, parágrafo único).
§ 3º A penhora pode ser substituída por fiança bancária ou seguro garantia judicial, em valor não inferior ao do débito constante da inicial, mais trinta por cento.	§ 2º A penhora pode ser substituída por fiança bancária ou seguro garantia judicial, em valor não inferior ao do débito constante da inicial, mais 30% (trinta por cento).
§ 4º O executado somente poderá oferecer bem imóvel em substituição caso o requeira com a expressa anuência do cônjuge, salvo se o regime for o de separação absoluta de bens.	§ 3º O executado somente poderá oferecer bem imóvel em substituição caso o requeira com a expressa anuência do cônjuge.
Art. 772. As partes poderão requerer a substituição da penhora se:	Art. 656. A parte poderá requerer a substituição da penhora:
I - não obedecer à ordem legal;	I - se não obedecer à ordem legal;
II - não incidir sobre os bens designados em lei, contrato ou ato judicial para o pagamento;	II - se não incidir sobre os bens designados em lei, contrato ou ato judicial para o pagamento
III - havendo bens no foro da execução, outros tiverem sido penhorados;	III - se, havendo bens no foro da execução, outros houverem sido penhorados;
IV - havendo bens livres, tiver recaído sobre bens já penhorados ou objeto de gravame;	IV - se, havendo bens livres, a penhora houver recaído sobre bens já penhorados ou objeto de gravame;
V - incidir sobre bens de baixa liquidez;	V - se incidir sobre bens de baixa liquidez;
VI - fracassar a tentativa de alienação judicial do bem; ou	VI - se fracassar a tentativa de alienação judicial do bem; ou
VII - o devedor não indicar o valor dos bens ou omitir qualquer das indicações previstas na lei.	VII - se o devedor não indicar o valor dos bens ou omitir qualquer das indicações a que se referem os incisos I a IV do parágrafo único do art. 668 desta Lei.
Art. 773. Sempre que ocorrer a substituição dos bens inicialmente penhorados, será lavrado novo termo.	Art. 657. Ouvida em 3 (três) dias a parte contrária, se os bens inicialmente penhorados (art. 652) forem substituídos por outros, lavrar-se-á o respectivo termo.

Projeto do Novo CPC	CPC 1973
Art. 774. Será admitida a redução ou a ampliação da penhora, bem como sua transferência para outros bens, se, no curso do processo, o valor de mercado dos bens penhorados sofrer alteração significativa.	
Art. 775. Não se procede à segunda penhora, salvo se:	~~Art. 667.~~ Não se procede à segunda penhora, salvo se:
I - a primeira for anulada;	I - a primeira for anulada;
II - executados os bens, o produto da alienação não bastar para o pagamento do credor;	II - executados os bens, o produto da alienação não bastar para o pagamento do credor;
III - o credor desistir da primeira penhora, por serem litigiosos os bens ou por estarem submetidos a constrição judicial.	III - o credor desistir da primeira penhora, por serem litigiosos os bens~~,~~ ou por estarem penhorados, arrestados ou onerados.
Art. 776. O juiz determinará a alienação antecipada dos bens penhorados quando:	~~Art. 670.~~ O juiz ~~autorizará~~ a alienação antecipada dos bens penhorados quando:
I - se tratar de veículos automotores, de pedras e metais preciosos e de outros bens móveis sujeitos à depreciação ou à deterioração;	[...]
II - houver manifesta vantagem.	II - houver manifesta vantagem.
Art. 777. Quando uma das partes requerer alguma das medidas previstas nesta Subseção, o juiz ouvirá sempre a outra, no prazo de três dias, antes de decidir. Parágrafo único. O juiz decidirá de plano qualquer questão suscitada.	
Subseção V **Da penhora de dinheiro em depósito ou em aplicação financeira** **Art. 778.** Para possibilitar a penhora de dinheiro em depósito ou em aplicação financeira, o juiz poderá, a requerimento do exequente, em decisão fundamentada, transmitida preferencialmente por meio eletrônico, ordenar à autoridade supervisora do sistema bancário que torne indisponíveis ativos financeiros existentes em nome do executado, limitando-se a indisponibilidade ao valor indicado na execução. § 1º A ordem de indisponibilidade prevista no caput será precedida de requisição judicial de informação sobre a existência de ativos financeiros em nome do executado, bem como sobre os respectivos valores, a qual será dirigida à autoridade supervisora do sistema bancário. Ver art.655-A do CPC/73.	[...] ~~Art. 655-A.~~ Para possibilitar a penhora de dinheiro em depósito ou aplicação financeira, o juiz, a requerimento do exequente, ~~requisitará~~ à autoridade supervisora do sistema bancário, preferencialmente por meio eletrônico, ~~informações sobre a existência de ativos~~ em nome do executado, ~~podendo no mesmo ato determinar sua~~ indisponibilidade, até o valor indicado na execução.

Projeto do Novo CPC	CPC 1973
§ 2º Na requisição a que se refere o § 1º, a autoridade supervisora do sistema bancário limitar-se-á a prestar as informações exigidas pelo juiz, sendo-lhe vedado determinar, por iniciativa própria, a indisponibilidade de bens do executado.	
§ 3º Tornados indisponíveis os ativos financeiros do executado, este será imediatamente intimado na pessoa de seu advogado ou, não o tendo, pessoalmente.	
§ 4º Incumbe ao executado, no prazo de cinco dias: I - comprovar que as quantias depositadas em conta corrente são impenhoráveis;	§ 2º Compete ao executado comprovar que as quantias depositadas em conta corrente referem-se à hipótese do inciso IV do caput do art. 649 desta Lei ou que estão revestidas de outra forma de impenhorabilidade.
II - indicar bens à penhora, alternativamente aos ativos financeiros tornados indisponíveis, demonstrando que a penhora dos bens indicados não trará prejuízo ao exequente e lhe será menos onerosa.	
§ 5º Rejeitada ou não apresentada a manifestação do executado, converter-se-á a indisponibilidade em penhora, e lavrar-se-á o respectivo termo, devendo a instituição financeira respectiva transferir o montante penhorado de imediato para conta vinculada ao juízo da execução.	
§ 6º Realizado o pagamento da dívida, a indisponibilidade será imediatamente cancelada.	
§ 7º A indisponibilidade poderá ser deferida liminarmente se o exequente demonstrar que a citação do executado poderá tornar ineficaz a medida; caso em que o juiz poderá determinar a prestação de caução para assegurar o ressarcimento dos danos que o executado possa vir a sofrer.	
§ 8º Salvo decisão judicial que estabeleça menor prazo, o cancelamento da indisponibilidade excessiva deverá ser realizado em, no máximo, vinte e quatro horas da emissão da ordem pelo juiz.	
§ 9º A instituição financeira será responsável pelos prejuízos causados ao executado em decorrência da indisponibilidade de ativos financeiros em valor superior ao indicado na execução ou pelo juiz, bem como na hipótese de não cancelamento imediato da indisponibilidade, quando assim o determinar o juiz.	
§ 10. Quando se tratar de execução contra partido político, o juiz, a requerimento do exequente, requisitará à autoridade supervisora do sistema bancário, nos termos do que estabelece o caput deste artigo, informações sobre a existência de ativos tão somente em nome do órgão partidário que tenha contraído a dívida executada ou que tenha dado causa à violação de direito ou ao dano, ao qual cabe exclusivamente a responsabilidade pelos atos praticados, na forma da lei.	§ 4º Quando se tratar de execução contra partido político, o juiz, a requerimento do exeqüente, requisitará à autoridade supervisora do sistema bancário, nos termos do que estabelece o caput deste artigo, informações sobre a existência de ativos tão-somente em nome do órgão partidário que tenha contraído a dívida executada ou que tenha dado causa a violação de direito ou ao dano, ao qual cabe exclusivamente a responsabilidade pelos atos praticados, de acordo com o disposto no art. 15-A da Lei nº 9.096, de 19 de setembro de 1995.

Projeto do Novo CPC	CPC 1973
Subseção VI **Da penhora de créditos**	**Subseção ~~IV~~** **Da penhora de créditos ~~e de outros direitos patrimoniais~~**
Art. 779. Quando a penhora recair em crédito do devedor, o oficial de justiça o penhorará. Enquanto não ocorrer a hipótese prevista no art. 787, considerar-se-á feita a penhora pela intimação:	~~Art. 671.~~ Quando a penhora recair em crédito do devedor, o oficial de justiça o penhorará. Enquanto não ocorrer a hipótese prevista no ~~artigo seguinte~~, considerar-se-á feita a penhora pela intimação:
I - ao terceiro devedor para que não pague ao seu credor;	I - ao terceiro devedor para que não pague ao seu credor;
II - ao credor do terceiro para que não pratique ato de disposição do crédito.	II - ao credor do terceiro para que não pratique ato de disposição do crédito.
Art. 780. A penhora de crédito representado por letra de câmbio, nota promissória, duplicata, cheque ou outros títulos se fará pela apreensão do documento, esteja ou não este em poder do devedor.	~~Art. 672.~~ A penhora de crédito~~,~~ representada por letra de câmbio, nota promissória, duplicata, cheque ou outros títulos~~,~~ far-se-á pela apreensão do documento, esteja ou não em poder do devedor.
§ 1º Se o título não for apreendido, mas o terceiro confessar a dívida, será este tido como depositário da importância.	§ 1º Se o título não for apreendido, mas o terceiro confessar a dívida, será havido como depositário da importância.
§ 2º O terceiro só se exonerará da obrigação depositando em juízo a importância da dívida.	§ 2º O terceiro só se exonerará da obrigação~~,~~ depositando em juízo a importância da dívida.
§ 3º Se o terceiro negar o débito em conluio com o devedor, a quitação que este lhe der caracterizará fraude à execução.	§ 3º Se o terceiro negar o débito em conluio com o devedor, a quitação~~,~~ que este lhe der~~,~~ considerar-se-á ~~em~~ fraude de execução.
§ 4º A requerimento do credor, o juiz determinará o comparecimento, em audiência especialmente designada, do devedor e do terceiro, a fim de lhes tomar os depoimentos.	§ 4º A requerimento do credor, o juiz determinará o comparecimento, em audiência especialmente designada, do devedor e do terceiro, a fim de lhes tomar os depoimentos.
Art. 781. Feita a penhora em direito e ação do devedor, e não tendo este oferecido embargos ou sendo estes rejeitados, o credor ficará sub-rogado nos direitos do devedor até a concorrência do seu crédito.	~~Art. 673.~~ Feita a penhora em direito e ação do devedor, e não tendo este oferecido embargos~~,~~ ou sendo estes rejeitados, o credor fica sub-rogado nos direitos do devedor até a concorrência do seu crédito.
§ 1º O credor pode preferir, em vez da sub-rogação, a alienação judicial do direito penhorado, caso em que declarará sua vontade no prazo de dez dias contados da realização da penhora.	§ 1º O credor pode preferir, em vez da sub-rogação, a alienação judicial do direito penhorado, caso em que declarará a sua vontade no prazo de ~~10 (dez)~~ dias contados da realização da penhora.
§ 2º A sub-rogação não impede o sub-rogado, se não receber o crédito do devedor, de prosseguir na execução, nos mesmos autos, penhorando outros bens do devedor.	§ 2º A sub-rogação não impede ao sub-rogado, se não receber o crédito do devedor, de prosseguir na execução, nos mesmos autos, penhorando outros bens do devedor.

Projeto do Novo CPC	CPC 1973
Art. 782. Quando a penhora recair sobre dívidas de dinheiro a juros, de direito a rendas ou de prestações periódicas, o credor poderá levantar os juros, os rendimentos ou as prestações à medida que forem sendo depositados, abatendo-se do crédito as importâncias recebidas, conforme as regras da imputação em pagamento.	Art. 675. Quando a penhora recair sobre dívidas de dinheiro a juros, de direito a rendas, ou de prestações periódicas, o credor poderá levantar os juros, os rendimentos ou as prestações à medida que forem sendo depositadas, abatendo-se do crédito as importâncias recebidas, conforme as regras da imputação em pagamento.
Art. 783. Recaindo a penhora sobre direito a prestação ou restituição de coisa determinada, o devedor será intimado para, no vencimento, depositá-la, correndo sobre ela a execução.	Art. 676. Recaindo a penhora sobre direito, que tenha por objeto prestação ou restituição de coisa determinada, o devedor será intimado para, no vencimento, depositá-la, correndo sobre ela a execução.
Art. 784. Quando o direito estiver sendo pleiteado em juízo, será averbada no rosto dos autos a penhora que recair nele e na ação que lhe corresponder, a fim de se efetivar nos bens que forem adjudicados ou vierem a caber ao devedor.	Art. 674. Quando o direito estiver sendo pleiteado em juízo, averbar-se-á no rosto dos autos a penhora, que recair nele e na ação que lhe corresponder, a fim de se efetivar nos bens, que forem adjudicados ou vierem a caber ao devedor.
Subseção VII **Da penhora das quotas ou ações de sociedades personificadas** **Art. 785.** Penhoradas as quotas ou as ações de sócio em sociedade simples ou empresária, o juiz assinará prazo razoável, não superior a três meses, para que a sociedade apresente balanço especial na forma da lei, proceda à liquidação das quotas ou das ações e deposite em juízo o valor apurado, em dinheiro. § 1º O disposto no caput não se aplica à sociedade anônima de capital aberto, cujas ações serão adjudicadas ao credor ou alienadas em bolsa de valores, conforme o caso. § 2º Para os fins da liquidação de que trata o caput, o juiz poderá, a requerimento do credor ou da sociedade, nomear administrador, que deverá submeter à aprovação judicial a forma de liquidação. § 3º O prazo previsto no caput poderá ser ampliado pelo juiz, se o pagamento das quotas ou das ações liquidadas colocar em risco a estabilidade financeira da sociedade simples ou empresária.	
Subseção VIII **Da penhora de empresa, de outros estabelecimentos e de semoventes**	**Subseção V** **Da Penhora, do Depósito e da Administração de Empresa e de Outros Estabelecimentos**
Art. 786. Quando a penhora recair em estabelecimento comercial, industrial ou agrícola, bem como em semoventes, plantações ou edifícios em construção, o juiz nomeará um administrador-depositário, determinando-lhe que apresente em dez dias o plano de administração.	Art. 677. Quando a penhora recair em estabelecimento comercial, industrial ou agrícola, bem como em semoventes, plantações ou edifício em construção, o juiz nomeará um depositário, determinando-lhe que apresente em 10 (dez) dias a forma de administração.

Projeto do Novo CPC	CPC 1973
§ 1º Ouvidas as partes, o juiz decidirá.	§ 1º Ouvidas as partes, o juiz decidirá.
§ 2º É lícito, porém, às partes ajustar a forma de administração, escolhendo o depositário; caso em que o juiz homologará por despacho a indicação.	§ 2º É lícito, porém, às partes ajustarem a forma de administração, escolhendo o depositário; caso em que o juiz homologará por despacho a indicação.
Art. 787. A penhora de empresa que funcione mediante concessão ou autorização se fará, conforme o valor do crédito, sobre a renda, sobre determinados bens ou sobre todo o patrimônio, nomeando o juiz como depositário, de preferência, um dos seus diretores. § 1º Quando a penhora recair sobre a renda ou sobre determinados bens, o administrador-depositário apresentará a forma de administração e o esquema de pagamento, observando-se, quanto ao mais, o disposto quanto ao regime de penhora de frutos e rendimentos de coisa móvel e imóvel. § 2º Recaindo a penhora sobre todo o patrimônio, prosseguirá a execução nos seus ulteriores termos, ouvindo-se, antes da arrematação ou da adjudicação, o ente público que houver outorgado a concessão. Ver art. 678, parágrafo único, CPC/73, desmembrado.	Art. 678. A penhora de empresa, que funcione mediante concessão ou autorização, far-se-á, conforme o valor do crédito, sobre a renda, sobre determinados bens ou sobre todo o patrimônio, nomeando o juiz como depositário, de preferência, um dos seus diretores. Parágrafo único. Quando a penhora recair sobre a renda, ou sobre determinados bens, o depositário apresentará a forma de administração e o esquema de pagamento observando-se, quanto ao mais, o disposto nos arts. 716 a 720; recaindo, porém, sobre todo o patrimônio, prosseguirá a execução os seus ulteriores termos, ouvindo-se, antes da arrematação ou da adjudicação, o poder público, que houver outorgado a concessão.
Art. 788. A penhora de navio ou aeronave não obsta a que estes continuem navegando ou operando até a alienação, mas o juiz, ao conceder a autorização para tanto, não permitirá que saiam do porto ou aeroporto antes que o devedor faça o seguro usual contra riscos. Ver art.678, §único, do CPC/73, desmembrado.	Art. 679. A penhora sobre navio ou aeronave não obsta a que continue navegando ou operando até a alienação; mas o juiz, ao conceder a autorização para navegar ou operar, não permitirá que saia do porto ou aeroporto antes que o devedor faça o seguro usual contra riscos.
Subseção IX **Da penhora de percentual de faturamento de empresa** **Art. 789.** Se o devedor não tiver outros bens penhoráveis ou se, tendo-os, estes forem de difícil alienação ou insuficientes para saldar o crédito executado, o juiz poderá ordenar a penhora de percentual de faturamento de empresa. § 1º O juiz fixará percentual que propicie a satisfação do crédito exequendo em tempo razoável, mas que não torne inviável o exercício da atividade empresarial. § 2º O juiz nomeará administrador-depositário, que submeterá à aprovação judicial a forma de sua atuação e prestará contas mensalmente, entregando em juízo as quantias recebidas, com os respectivos balancetes mensais, a fim de serem imputadas no pagamento da dívida. § 3º Na penhora de percentual de faturamento de empresa, observarse- á, no que couber, o disposto quanto ao regime de penhora de frutos e rendimentos de coisa móvel e imóvel.	

Projeto do Novo CPC	CPC 1973
Subseção X **Da penhora de frutos e rendimentos de coisa móvel ou imóvel** **Art. 790.** O juiz pode ordenar a penhora de frutos e rendimentos de coisa móvel ou imóvel quando a considerar mais eficiente para o recebimento do crédito e menos gravosa ao executado. **Art. 791.** Ordenada a penhora de frutos e rendimentos, o juiz nomeará administrador-depositário, que será investido de todos os poderes que concernem à administração do bem e à fruição de seus frutos e utilidades, perdendo o executado o direito de gozo do bem, até que o exequente seja pago do principal, dos juros, das custas e dos honorários advocatícios. § 1º A medida terá eficácia em relação a terceiros a partir da publicação da decisão que a conceda ou de sua averbação no ofício imobiliário, em se tratando de imóveis. § 2º O exequente providenciará a averbação no ofício imobiliário mediante a apresentação de certidão de inteiro teor do ato, independentemente de mandado judicial. **Art. 792.** O juiz poderá nomear administrador-depositário o credor ou o devedor, ouvida a parte contrária; não havendo acordo, o juiz nomeará profissional qualificado para o desempenho da função. § 1º O administrador submeterá à aprovação judicial a forma de administração, bem como a de prestar contas periodicamente. § 2º Havendo discordância entre as partes ou entre estas e o administrador, o juiz decidirá a melhor forma de administração do bem. § 3º Se o imóvel estiver arrendado, o inquilino pagará o aluguel diretamente ao exequente, salvo se houver administrador. § 4º O exequente ou o administrador poderá celebrar locação do móvel ou imóvel, ouvido o executado. § 5º As quantias recebidas pelo administrador serão entregues ao exequente, a fim de serem imputadas no pagamento da dívida. § 6º O exequente dará ao executado quitação, por termo nos autos, das quantias recebidas.	
Subseção XI **Da avaliação**	**Subseção V̶I̶** **Da Avaliação**
Art. 793. A avaliação será feita pelo oficial de justiça. Parágrafo único. Se forem necessários conhecimentos especializados e o valor da execução o comportar, o juiz nomeará avaliador, fixando-lhe prazo não superior a dez dias para entrega do laudo. Ver art.680, do CPC/73, desmembrado.	A̶r̶t̶.̶ ̶6̶8̶0̶.̶ A avaliação será feita pelo oficial de justiça (a̶r̶t̶.̶ ̶6̶5̶2̶)̶,̶ ̶r̶e̶s̶s̶a̶l̶v̶a̶d̶a̶ ̶a̶ ̶a̶c̶e̶i̶t̶a̶ç̶ã̶o̶ ̶d̶o̶ ̶v̶a̶l̶o̶r̶ ̶e̶s̶t̶i̶m̶a̶d̶o̶ ̶p̶e̶l̶o̶ ̶e̶x̶e̶c̶u̶t̶a̶d̶o̶ ̶(̶a̶r̶t̶.̶ ̶6̶6̶8̶,̶ ̶p̶a̶r̶á̶g̶r̶a̶f̶o̶ ̶ú̶n̶i̶c̶o̶,̶ ̶i̶n̶c̶i̶s̶o̶ ̶V̶)̶;̶ caso sejam necessários conhecimentos especializados, o juiz nomeará avaliador, fixando-lhe prazo não superior a 1̶0̶ ̶(̶dez) dias para entrega do laudo.

Projeto do Novo CPC	CPC 1973
Art. 794. Não se procederá à avaliação quando:	~~Art. 684.~~ Não se procederá à avaliação <u>se</u>:
I - uma das partes aceitar a estimativa feita pela outra;	I - ~~o exeqüente~~ aceitar a estimativa feita ~~pelo executado (art. 668, parágrafo único, inciso V)~~;
II - se tratar de títulos ou de mercadorias que tenham cotação em bolsa, comprovada por certidão ou publicação oficial;	II - se tratar de títulos ou de mercadorias~~,~~ que tenham cotação em bolsa, comprovada por certidão ou publicação oficial<u>.</u>
III - se tratar de títulos da dívida pública, de ações das sociedades e de títulos de crédito negociáveis em bolsa, cujo valor será o da cotação oficial do dia, provada por certidão ou publicação no órgão oficial;	
IV - se tratar de veículos automotores ou de outros bens cujo preço médio de mercado possa ser conhecido por meio de pesquisas realizadas por órgãos oficiais ou de anúncios de venda divulgados em meios de comunicação, caso em que caberá a quem fizer a nomeação o encargo de comprovar a cotação do mercado.	
Art. 795. A avaliação realizada pelo oficial de justiça constará de auto de penhora ou, em caso de perícia realizada por avaliador, de laudo apresentado no prazo fixado pelo juiz, devendo-se, em qualquer hipótese, especificar:	~~Art. 681. O laudo da~~ avaliação <u>integrará o</u> auto de penhora ou, em caso de perícia ~~(art. 680), será~~ apresentado no prazo fixado pelo juiz, <u>devendo conter:</u>
I - os bens, com as suas características, e o estado em que se encontram;	I - ~~a descrição dos~~ bens, com <u>os seus característicos</u>, e ~~a indicação do~~ estado em que se encontram;
II - o valor dos bens.	II - o valor dos bens.
Parágrafo único. Quando o imóvel for suscetível de cômoda divisão, a avaliação, tendo em conta o crédito reclamado, será realizada em partes, sugerindo-se os possíveis desmembramentos para alienação.	Parágrafo único. Quando o imóvel for suscetível de cômoda divisão, o <u>avaliador</u>, tendo em conta o crédito reclamado, <u>o avaliará</u> em partes, <u>sugerindo</u> os possíveis desmembramentos.
Art. 796. É admitida nova avaliação quando: I - qualquer das partes arguir, fundamentadamente, a ocorrência de erro na avaliação ou dolo do avaliador;	~~Art. 683.~~ É admitida nova avaliação quando: I - qualquer das partes argüir, fundamentadamente, a ocorrência de erro na avaliação ou dolo do avaliador;
II - se verificar, posteriormente à avaliação, que houve majoração ou diminuição no valor do bem; ou	II - se verificar, posteriormente à avaliação, que houve majoração ou diminuição no valor do bem; ou
III - houver fundada dúvida sobre o valor atribuído ao bem por uma das partes.	III - houver fundada dúvida sobre o valor atribuído ao bem ~~(art. 668, parágrafo único, inciso V)~~.
Art. 797. Após a avaliação, a requerimento do interessado e ouvida a parte contrária, o juiz poderá mandar:	~~Art. 685.~~ Após a avaliação, ~~poderá mandar o juiz,~~ a requerimento do interessado e ouvida a parte contrária:

Projeto do Novo CPC	CPC 1973
I - reduzir a penhora aos bens suficientes ou transferi-la para outros, se o valor dos bens penhorados for consideravelmente superior ao crédito do exequente e dos acessórios;	I - reduzir a penhora aos bens suficientes, ou transferi-la para outros, que bastem à execução, se o valor dos penhorados for consideravelmente superior ao crédito do exeqüente e acessórios;
II - ampliar a penhora ou transferi-la para outros bens mais valiosos, se o valor dos bens penhorados for inferior ao crédito do exequente.	II - ampliar a penhora, ou transferi-la para outros bens mais valiosos, se o valor dos penhorados for inferior ao referido crédito.
Art. 798. Realizadas a penhora e a avaliação, o juiz dará início aos atos de expropriação de bens.	Art. 685. [...] Parágrafo único. Uma vez cumpridas essas providências, o juiz dará início aos atos de expropriação de bens.
Seção IV **Da expropriação de bens** **Subseção I** **Da adjudicação**	**Subseção VI-A** **Da Adjudicação**
Art. 799. É lícito ao exequente, oferecendo preço não inferior ao da avaliação, requerer lhe sejam adjudicados os bens penhorados.	Art. 685-A. É lícito ao exeqüente, oferecendo preço não inferior ao da avaliação, requerer lhe sejam adjudicados os bens penhorados.
§ 1º Requerida a adjudicação, será dada ciência ao executado, na pessoa de seu advogado, procedendo-se à intimação dos demais interessados na forma da lei.	
§ 2º Se o valor do crédito for inferior ao dos bens, o adjudicante depositará de imediato a diferença, ficando esta à disposição do executado; se superior, a execução prosseguirá pelo saldo remanescente.	§ 1º Se o valor do crédito for inferior ao dos bens, o adjudicante depositará de imediato a diferença, ficando esta à disposição do executado; se superior, a execução prosseguirá pelo saldo remanescente.
§ 3º Idêntico direito pode ser exercido pelo credor com garantia real, pelos credores concorrentes que hajam penhorado o mesmo bem, pelo cônjuge, pelo companheiro, pelos descendentes ou pelos ascendentes do executado.	§ 2º Idêntico direito pode ser exercido pelo credor com garantia real, pelos credores concorrentes que hajam penhorado o mesmo bem, pelo cônjuge, pelos descendentes ou ascendentes do executado.
§ 4º Se houver mais de um pretendente, proceder-se-á entre eles a licitação, tendo preferência, em caso de igualdade de oferta, o cônjuge, o companheiro, o descendente ou o ascendente, nessa ordem.	§ 3º Havendo mais de um pretendente, proceder-se-á entre eles à licitação; em igualdade de oferta, terá preferência o cônjuge, descendente ou ascendente, nessa ordem.
§ 5º No caso de penhora de quota realizada em favor de exequente alheio à sociedade, esta será intimada, ficando responsável por informar aos sócios a ocorrência da penhora, assegurando-se a estes a preferência.	§ 4º No caso de penhora de quota, procedida por exeqüente alheio à sociedade, esta será intimada, assegurando preferência aos sócios.

Projeto do Novo CPC	CPC 1973
Art. 800. Transcorrido o prazo de cinco dias contados da última intimação e decididas eventuais questões, o juiz mandará lavrar o auto de adjudicação. § 1º Considera-se perfeita e acabada a adjudicação com a lavratura e a assinatura do auto pelo juiz, pelo adjudicante, pelo escrivão e, se estiver presente, pelo executado, expedindo-se a respectiva carta, se bem imóvel, ou ordem de entrega ao adjudicante, se bem móvel. § 2º A carta de adjudicação conterá a descrição do imóvel, com remissão à sua matrícula e aos seus registros, a cópia do auto de adjudicação e a prova de quitação do imposto de transmissão. **Art. 801.** Frustradas as tentativas de alienação do bem, será reaberta oportunidade para requerimento de adjudicação, caso em que também se poderá pleitear a realização de nova avaliação.	~~Art. 685-A.~~ [...] § 5º Decididas eventuais questões, o juiz mandará lavrar o auto de adjudicação. ~~Art. 685-B.~~ A adjudicação considera-se perfeita e acabada com a lavratura e assinatura do auto pelo juiz, pelo adjudicante, pelo escrivão e, se for presente, pelo executado, expedindo-se a respectiva carta, se bem imóvel, ou mandado de entrega ao adjudicante, se bem móvel. ~~Parágrafo único.~~ A carta de adjudicação conterá a descrição do imóvel, com remissão a sua matrícula e registros, a cópia do auto de adjudicação e a prova de quitação do imposto de transmissão.
Subseção II **Da alienação** Nota: Subseção composta com parte da Subseção I, VI-B e VII da Seção I do Capítulo IV do Título II (Das diversas Espécies de Execução) do Processo de Execução. **Art. 802.** A alienação se fará:	~~Seção I~~ ~~Da Penhora, da Avaliação e da Expropriação de Bens~~ **Subseção I** ~~Das Disposições Gerais~~ [...] ~~Art. 647.~~ A expropriação consiste: [...]
I - por iniciativa particular;	II - ~~na alienação~~ por iniciativa particular;
II - em leilão judicial eletrônico ou presencial.	III - ~~na alienação em hasta pública;~~
Art. 803. Não requerida a adjudicação, o exequente poderá requerer a alienação por sua própria iniciativa ou por intermédio de corretor credenciado perante a autoridade judiciária. § 1º O juiz fixará o prazo em que a alienação deve ser efetivada, a forma de publicidade, o preço mínimo, as condições de pagamento e as garantias, bem como, se for o caso, a comissão de corretagem, na forma deste Código. § 2º A alienação será formalizada por termo nos autos, com a assinatura do juiz, do exequente, do adquirente e, se estiver presente, do executado, expedindo-se carta de alienação do imóvel para o devido registro imobiliário ou, se bem móvel, ordem de entrega ao adquirente.	~~Art. 685-C.~~ Não ~~realizada~~ a adjudicação ~~dos bens penhorados~~, o exeqüente poderá requerer sejam eles alienados por sua própria iniciativa ou por intermédio de corretor credenciado perante a autoridade judiciária. § 1º O juiz fixará o prazo em que a alienação deve ser efetivada, a forma de publicidade, o preço mínimo ~~(art. 680)~~, as condições de pagamento e as garantias, bem como, se for o caso, a comissão de corretagem. § 2º A alienação será formalizada por termo nos autos, assinado pelo juiz, pelo exeqüente, pelo adquirente e, se for presente, pelo executado, expedindo-se carta de alienação do imóvel para o devido registro imobiliário, ou, se bem móvel, mandado de entrega ao adquirente.

Projeto do Novo CPC	CPC 1973
§ 3º Os tribunais poderão detalhar o procedimento da alienação prevista neste artigo, admitindo inclusive o concurso de meios eletrônicos, e dispor sobre o credenciamento dos corretores, os quais deverão estar em exercício profissional por não menos que cinco anos. § 4º Nas localidades em que não houver corretor credenciado nos termos do § 3º, a indicação será de livre escolha do juiz. **Art. 804.** A alienação judicial somente será feita caso não requerida a adjudicação ou a alienação por iniciativa particular. § 1º O leilão do bem penhorado será realizado preferencialmente por meio eletrônico, salvo se as condições da sede do juízo não o permitirem, hipótese em que o leilão será presencial. § 2º Ressalvados os casos de alienação de bens imóveis e aqueles de atribuição de corretores de bolsa de valores, todos os demais bens serão alienados em leilão público. **Art. 805.** O leilão será precedido de publicação de edital, que conterá: I - a descrição do bem penhorado, com suas características, e, tratando-se de imóvel, sua situação e suas divisas, com remissão à matrícula e aos registros; II - o valor pelo qual o bem foi avaliado, o preço mínimo pelo qual poderá ser alienado, as condições de pagamento e, se for o caso, a comissão do leiloeiro designado; III - o lugar onde estiverem os móveis, os veículos e os semoventes; e, em se tratando de créditos ou direitos, os autos do processo em que foram penhorados; IV - o sítio eletrônico e o período em que se realizará o leilão, salvo se este se der de modo presencial, hipótese em que se indicarão o local, o dia e a hora de sua realização; V - menção da existência de ônus, recurso ou causa pendente sobre os bens a serem leiloados. Parágrafo único. No caso de títulos da dívida pública e títulos com cotação em bolsa, constará do edital o valor da última cotação. **Art. 806.** O juiz da execução ou o leiloeiro oficial designado adotará providências para a ampla divulgação da alienação.	§ 3º Os Tribunais poderão expedir provimentos detalhando o procedimento da alienação prevista neste artigo, inclusive ~~com~~ o concurso de meios eletrônicos, e dispondo sobre o credenciamento dos corretores, os quais deverão estar em exercício profissional por não menos de 5 ~~(cinco)~~ anos. ~~Art. 686.~~ Não requerida a adjudicação e não realizada a alienação particular ~~do bem penhorado~~, será expedido o edital de hasta pública, ~~que conterá:~~ ~~Art. 704.~~ Ressalvados os casos de alienação de bens imóveis e aqueles de atribuição de corretores da Bolsa de Valores, todos os demais bens serão alienados em leilão público. ~~Art.686. Não requerida a adjudicação e não realizada a alienação particular do bem penhorado~~, será expedido o edital de hasta pública, que conterá: I - a descrição do bem penhorado, com suas características e, tratando-se de imóvel, a situação e divisas, com remissão à matrícula e aos registros; II - o valor ~~do~~ bem; III - o lugar onde estiverem os móveis, veículos e semoventes; e, sendo direito e ~~ação~~, os autos do processo, em que foram penhorados; IV - o dia e a hora de realização da praça, ~~se bem imóvel, ou~~ o local, dia e hora de realização do leilão, ~~se bem móvel;~~ V - menção da existência de ônus, recurso ou causa pendente sobre os bens a serem ~~arrematados~~;

Projeto do Novo CPC	CPC 1973
§ 1º A publicação do edital deverá ocorrer pelo menos cinco dias antes da alienação.	~~Art. 687.~~ O edital será ~~afixado no local do costume e~~ publicado, ~~em resumo,~~ com antecedência mínima de 5 (cinco) dias, ~~pelo menos uma vez em jornal de ampla circulação local.~~ Ver art. 806, § 3º, do Projeto do Novo CPC.
§ 2º O edital será publicado em sítio eletrônico designado pelo juízo da execução e conterá descrição detalhada e, sempre que possível, ilustrada dos bens, informando expressamente se o leilão se dará de forma eletrônica ou presencial.	
§ 3º Não sendo possível a publicação em sítio eletrônico ou considerando o juiz, em atenção às condições da sede do juízo, que esse modo de divulgação é insuficiente ou inadequado, o edital será afixado em local de costume e publicado, em resumo, pelo menos uma vez em jornal de ampla circulação local.	~~Art. 687.~~ O edital será afixado no local do costume e publicado, em resumo, ~~com antecedência mínima de 5 (cinco) dias,~~ pelo menos uma vez em jornal de ampla circulação local. Ver art. 806, § 1º, do Projeto do Novo CPC.
§ 4º Quando o valor dos bens penhorados não exceder a sessenta vezes o valor do salário mínimo vigente na data da avaliação, a publicação do edital será feita apenas no sítio eletrônico e no órgão oficial, sem prejuízo da afixação do edital em local de costume.	
§ 5º Atendendo ao valor dos bens e às condições da sede do juízo, o juiz poderá alterar a forma e a frequência da publicidade na imprensa, mandar publicar o edital em local de ampla circulação de pessoas e divulgar avisos em emissora de rádio ou televisão local, bem como em sítios eletrônicos distintos dos indicados no § 2º.	~~Art.687.~~ [...] ~~§ 2º~~ Atendendo ao valor dos bens e às condições da comarca, o juiz poderá alterar a forma e a freqüência da publicidade na imprensa, mandar divulgar avisos em emissora ~~local e adotar outras providências tendentes a mais ampla publicidade da alienação, inclusive recorrendo a meios~~ eletrônicos ~~de divulgação.~~
§ 6º Os editais de leilão de imóveis e de veículos automotores serão publicados pela imprensa ou por outros meios de divulgação preferencialmente na seção ou no local reservados à publicidade de negócios respectivos.	~~§ 3º~~ Os editais de praça serão divulgados pela imprensa preferencialmente na seção ou local reservado à publicidade de negócios ~~imobiliários.~~
§ 7º O juiz poderá determinar a reunião de publicações em listas referentes a mais de uma execução.	~~§ 4º~~ O juiz poderá determinar a reunião de publicações em listas referentes a mais de uma execução.
§ 8º Não se realizando o leilão por qualquer motivo, o juiz mandará publicar a transferência, observando-se o disposto neste artigo.	~~Art. 688.~~ Não se realizando, ~~por motivo justo, a praça ou o leilão,~~ o juiz mandará publicar ~~pela imprensa local e no órgão oficial~~ a transferência.
§ 9º O escrivão, o porteiro ou o leiloeiro que culposamente der causa à transferência responde pelas despesas da nova publicação, podendo o juiz aplicar-lhe a pena de suspensão por cinco dias a três meses, em procedimento administrativo regular. **Art. 807.** Serão cientificados da alienação judicial, com pelo menos cinco dias de antecedência: I - o executado, por meio de seu advogado ou, se não tiver procurador constituído nos autos, por carta registrada, mandado, edital ou outro meio idôneo;	~~Parágrafo único.~~ O escrivão, o porteiro ou o leiloeiro, que culposamente der causa à transferência, responde pelas despesas da nova publicação, podendo o juiz aplicar-lhe a pena de suspensão por ~~5 (cinco)~~ a ~~30 (trinta)~~ dias.

Projeto do Novo CPC	CPC 1973
II - o senhorio direto, o coproprietário de bem indivisível do qual tenha sido penhorada fração ideal, o credor com garantia real ou com penhora anteriormente averbada que não seja de qualquer modo parte na execução. Parágrafo único. Tendo sido revel o executado, não constando dos autos seu endereço atual ou, ainda, não sendo ele encontrado no endereço constante do processo, a intimação considerar-se-á feita por meio do próprio edital de leilão.	
Art. 808. Pode oferecer lance todo aquele que estiver na livre administração de seus bens, com exceção: I - dos tutores, dos curadores, dos testamenteiros, dos administradores ou dos liquidantes, quanto aos bens confiados à sua guarda e à sua responsabilidade; II - dos mandatários, quanto aos bens de cuja administração ou alienação estejam encarregados; III - do juiz, do membro do Ministério Público e da Defensoria Pública, do escrivão e dos demais servidores e auxiliares da justiça; IV - dos servidores públicos em geral, quanto aos bens ou aos direitos da pessoa jurídica a que servirem ou que estejam sob sua administração direta ou indireta; V - dos leiloeiros e seus prepostos, quanto aos bens de cuja venda estejam encarregados.	Art. 690-A. É admitido a lançar todo aquele que estiver na livre administração de seus bens, com exceção: I - dos tutores, curadores, testamenteiros, administradores, síndicos ou liquidantes, quanto aos bens confiados a sua guarda e responsabilidade; II - dos mandatários, quanto aos bens de cuja administração ou alienação estejam encarregados; III - do juiz, membro do Ministério Público e da Defensoria Pública, escrivão e demais servidores e auxiliares da Justiça.
Art. 809. Não será aceito lance que ofereça preço vil. Parágrafo único. Considera-se vil o preço inferior a cinquenta por cento do valor da avaliação, salvo se outro for o preço mínimo estipulado pelo juiz para a alienação do bem.	Art. 692. Não será aceito lanço que, em segunda praça ou leilão, ofereça preço vil.
Art. 810. O juiz da execução estabelecerá o preço mínimo, as condições de pagamento e as garantias que poderão ser prestadas pelo arrematante. § 1º Salvo pronunciamento judicial em sentido contrário, o pagamento deverá ser realizado de imediato pelo arrematante.	685-C. [...] § 1º O juiz fixará o prazo em que a alienação deve ser efetivada, a forma de publicidade, o preço mínimo, as condições de pagamento e as garantias, bem como, se for o caso, a comissão de corretagem. Art. 690. A arrematação far-se-á mediante o pagamento imediato do preço pelo arrematante ou, no prazo de até 15 (quinze) dias, mediante caução. Art. 690-A. [...]
§ 2º Se o exequente arrematar os bens e for o único credor, não estará obrigado a exibir o preço, mas, se o valor dos bens exceder ao seu crédito, depositará, dentro de três dias, a diferença, sob pena de tornar-se sem efeito a arrematação, e, nesse caso, os bens serão levados a novo leilão, à custa do exequente.	Parágrafo único. O exeqüente, se vier a arrematar os bens, não estará obrigado a exibir o preço; mas, se o valor dos bens exceder o seu crédito, depositará, dentro de 3 (três) dias, a diferença, sob pena de ser tornada sem efeito a arrematação e, neste caso, os bens serão levados a nova praça ou leilão à custa do exeqüente.

Projeto do Novo CPC	CPC 1973
§ 3º Apresentado lance que preveja pagamento a prazo ou em parcelas, o leiloeiro o submeterá ao juiz, que dará o bem por arrematado pelo apresentante do melhor lance ou da proposta mais conveniente. § 4º No caso de arrematação a prazo, os pagamentos feitos pelo arrematante pertencerão ao exequente até o limite de seu crédito e os subsequentes, ao executado.	~~Art. 690.~~ [...] § 3º ~~O juiz decidirá por ocasião da praça, dando~~ o bem por arrematado pelo apresentante do melhor lanço ou proposta mais conveniente. § 4º No caso de arrematação a prazo, os pagamentos feitos pelo arrematante pertencerão ao exeqüente até o limite de seu crédito~~,~~ e os subseqüentes ao executado.
Art. 811. Se o leilão for de diversos bens e houver mais de um lançador, terá preferência aquele que se propuser a arrematá-los englobadamente, oferecendo, para os que não tiverem lance, preço igual ao da avaliação e, para os demais, preço igual ao do maior lance que, na tentativa de arrematação individualizada, tenha sido oferecido para eles.	~~Art. 691.~~ Se a praça ou o leilão for de diversos bens e houver mais de um lançador, será preferido aquele que se propuser a arrematá-los englobadamente, oferecendo para os que não tiverem ~~licitante~~ preço igual ao da avaliação e para os demais o de maior lanço.
Art. 812. Quando o imóvel admitir cômoda divisão, o juiz, a requerimento do devedor, ordenará a alienação judicial de parte dele, desde que suficiente para o pagamento do credor.	~~Art. 702.~~ Quando o imóvel admitir cômoda divisão, o juiz, a requerimento do devedor, ordenará a alienação judicial de parte dele, desde que suficiente para pagar o credor.
§ 1º Não havendo lançador, far-se-á a alienação do imóvel em sua integridade.	~~Parágrafo único.~~ Não havendo lançador, far-se-á a alienação do imóvel em sua integridade.
§ 2º A alienação por partes deverá ser requerida a tempo de permitir a avaliação das glebas destacadas e sua inclusão no edital; caso em que caberá ao executado instruir o requerimento com planta e memorial descritivo subscritos por profissional habilitado.	
Art. 813. Tratando-se de bem imóvel ou de bem móvel de valor elevado, quem estiver interessado em adquiri-lo em prestações poderá apresentar por escrito sua proposta, com valor nunca inferior ao da avaliação, com oferta de pelo menos trinta por cento à vista, sendo o restante garantido por caução idônea.	~~Art.690.~~ [...] § ~~1º~~ Tratando-se de bem imóvel, quem estiver interessado em adquiri-lo em prestações poderá apresentar por escrito sua proposta, nunca inferior à avaliação, com oferta de pelo menos ~~30% (~~trinta por cento~~)~~ à vista, sendo o restante garantido por ~~hipoteca.~~
§ 1º As propostas para aquisição em prestações, que serão juntadas aos autos, indicarão o prazo, a modalidade e as condições de pagamento do saldo.	§ ~~2º~~ As propostas para aquisição em prestações, que serão juntadas aos autos, indicarão o prazo, a modalidade e as condições de pagamento do saldo.
§ 2º A apresentação da proposta prevista neste artigo não suspende o leilão cujo procedimento já se tenha iniciado.	
Art. 814. Quando o imóvel de incapaz não alcançar em leilão pelo menos oitenta por cento do valor da avaliação, o juiz o confiará à guarda e à administração de depositário idôneo, adiando a alienação por prazo não superior a um ano.	~~Art. 701.~~ Quando o imóvel de incapaz não alcançar em praça pelo menos ~~80% (~~oitenta por cento~~)~~ do valor da avaliação, o juiz o confiará à guarda e administração de depositário idôneo, adiando a alienação por prazo não superior a ~~1~~(um) ano.

Projeto do Novo CPC	CPC 1973
§ 1º Se, durante o adiamento, algum pretendente assegurar, mediante caução idônea, o preço da avaliação, o juiz ordenará a alienação em leilão.	§ 1º Se, durante o adiamento, algum pretendente assegurar, mediante caução idônea, o preço da avaliação, o juiz ordenará a alienação em praça.
§ 2º Se o pretendente à arrematação se arrepender, o juiz impor-lhe-á multa de vinte por cento sobre o valor da avaliação, em benefício do incapaz, valendo a decisão como título executivo.	§ 2º Se o pretendente à arrematação se arrepender, o juiz lhe imporá a multa de 20% (vinte por cento) sobre o valor da avaliação, em benefício do incapaz, valendo a decisão como título executivo.
§ 3º Sem prejuízo do disposto nos §§ 1º e 2º, o juiz poderá autorizar a locação do imóvel no prazo do adiamento.	§ 3º Sem prejuízo do disposto nos dois parágrafos antecedentes, o juiz poderá autorizar a locação do imóvel no prazo do adiamento.
§ 4º Findo o prazo do adiamento, o imóvel será submetido a novo leilão.	§ 4º Findo o prazo do adiamento, o imóvel será alienado, na forma prevista no art. 686, VI.
Art. 815. O fiador do arrematante que pagar o valor do lance e a multa poderá requerer que a arrematação lhe seja transferida.	Art. 696. O fiador do arrematante, que pagar o valor do lanço e a multa, poderá requerer que a arrematação lhe seja transferida.
Art. 816. Se o arrematante ou seu fiador não pagar o preço no prazo estabelecido, o juiz impor-lhe-á, em favor do exequente, a perda da caução, voltando os bens a novo leilão, do qual não serão admitidos a participar o arrematante e o fiador remissos.	Art. 695. Se o arrematante ou seu fiador não pagar o preço no prazo estabelecido, o juiz impor-lhe-á, em favor do exeqüente, a perda da caução, voltando os bens a nova praça ou leilão, dos quais não serão admitidos a participar o arrematante e o fiador remissos.
Art. 817. Será suspensa a arrematação logo que o produto da alienação dos bens for suficiente para o pagamento do credor.	Art.692. Parágrafo único. Será suspensa a arrematação logo que o produto da alienação dos bens bastar para o pagamento do credor.
Art. 818. Incumbe ao leiloeiro:	Art. 705. Cumpre ao leiloeiro:
I - publicar o edital, anunciando a alienação;	I - publicar o edital, anunciando a alienação;
II - realizar o leilão onde se encontrem os bens ou no lugar designado pelo juiz;	II - realizar o leilão onde se encontrem os bens, ou no lugar designado pelo juiz;
III - expor aos pretendentes os bens ou as amostras das mercadorias;	III - expor aos pretendentes os bens ou as amostras das mercadorias;
IV - receber do arrematante a comissão estabelecida em lei ou arbitrada pelo juiz;	IV - receber do arrematante a comissão estabelecida em lei ou arbitrada pelo juiz;
V - receber e depositar, dentro de vinte e quatro horas, à ordem do juiz, o produto da alienação;	V - receber e depositar, dentro em 24 (vinte e quatro) horas, à ordem do juiz, o produto da alienação;

Projeto do Novo CPC	CPC 1973
VI - prestar contas nas quarenta e oito horas subsequentes ao depósito.	VI - prestar contas nas ~~48 (~~quarenta e oito~~)~~ horas subseqüentes ao depósito.
Art. 819. Caberá ao juiz a designação do leiloeiro público, que poderá ser indicado pelo exequente.	~~Art. 706. O~~ leiloeiro público <u>será</u> indicado pelo exeqüente.
Art. 820. A alienação judicial por meio eletrônico será realizada, observando- se as garantias processuais das partes, de acordo com regulamentação específica do Conselho Nacional de Justiça. Parágrafo único. A alienação judicial por meio eletrônico deverá atender aos requisitos de ampla publicidade, autenticidade e segurança, com observância das regras estabelecidas na legislação sobre certificação digital. **Art. 821.** Não sendo possível a realização de leilão por meio eletrônico, este se dará de modo presencial. **Art. 822.** O leilão presencial será realizado no local designado pelo juiz.	
Art. 823. O escrivão, o porteiro ou o leiloeiro que culposamente der causa ao adiamento do leilão responde pelas despesas da nova publicação.	~~Art.688. Parágrafo único.~~ O escrivão, o porteiro ou o leiloeiro, que culposamente der causa <u>à transferência</u>, responde pelas despesas da nova publicação~~, podendo o juiz aplicar-lhe a pena de suspensão por 5 (cinco) a 30 (trinta) dias~~.
Art. 824. O leilão prosseguirá no dia útil imediato, à mesma hora em que teve início, independentemente de novo edital, se for ultrapassado o horário de expediente forense.	~~Art. 689.~~ <u>Sobrevindo a noite, prosseguirá a praça ou o leilão</u> no dia útil imediato, à mesma hora em que teve início, independentemente de novo edital.
Art. 825. A arrematação constará de auto que será lavrado de imediato e poderá abranger bens penhorados em mais de uma execução, nele mencionadas as condições pelas quais foi alienado o bem. Parágrafo único. A ordem de entrega do bem móvel ou a carta de arrematação do bem imóvel será expedida depois de efetuado o depósito ou prestadas as garantias pelo arrematante, bem como realizado o pagamento da comissão do leiloeiro.	~~Art. 693.~~ A arrematação constará de auto que será lavrado de imediato, nele mencionadas as condições pelas quais foi alienado o bem. Parágrafo único. A ordem de entrega do bem móvel ou a carta de arrematação do bem imóvel será expedida depois de efetuado o depósito ou prestadas as garantias pelo arrematante.
Art. 826. Qualquer que seja a modalidade de leilão, assinado o auto pelo juiz, pelo arrematante e pelo serventuário da justiça ou pelo leiloeiro, a arrematação será considerada perfeita, acabada e irretratável, ainda que venham a ser julgados procedentes os embargos do executado. § 1º A arrematação poderá, no entanto, ser tornada sem efeito: I - por vício de nulidade; II - se não observado o disposto no art. 728;	~~Art. 694.~~ Assinado o auto pelo juiz, pelo arrematante e pelo serventuário da justiça ou leiloeiro, a arrematação <u>considerar-se-á</u> perfeita, acabada e irretratável, ainda que venham a ser julgados procedentes os embargos do executado. § 1º A arrematação poderá, no entanto, ser tornada sem efeito: I - por vício de nulidade;

Projeto do Novo CPC	CPC 1973
III - se não for pago o preço ou se não for prestada a caução;	II - se não for pago o preço ou se não for prestada a caução; [...]
IV - quando realizada por preço vil;	V - quando realizada por preço vil (art. 692);
V - nos demais casos previstos neste Código.	VI - nos casos previstos neste Código (art. 698)
§ 2º O juiz decidirá nos próprios autos da execução acerca dos vícios referidos no § 1º, enquanto não for expedida a carta de arrematação ou a ordem de entrega. § 3º Expedida a carta de arrematação ou a ordem de entrega, o vício deverá ser arguido em ação autônoma, na qual o arrematante figurará como litisconsorte necessário. § 4º Julgada procedente a ação autônoma, as partes serão restituídas ao estado anterior, ressalvada a possibilidade de reparação de perdas e danos. § 5º O arrematante poderá desistir da arrematação, sendo-lhe imediatamente devolvido o depósito que tiver feito:	
I - se provar, nos cinco dias seguintes, a existência de ônus real ou gravame não mencionado no edital;	III - quando o arrematante provar, nos 5 (cinco) dias seguintes, a existência de ônus real ou de gravame (art. 686, inciso V) não mencionado no edital;
II - se, antes de expedida a carta de arrematação ou a ordem de entrega, o executado suscitar algum dos vícios indicados no § 1º. § 6º Considera-se ato atentatório à dignidade da justiça a suscitação infundada de vício com o objetivo de ensejar a desistência do arrematante.	
Art. 827. A carta de arrematação conterá a descrição do imóvel, com remissão à sua matrícula e aos seus registros, a cópia do auto de arrematação e a prova de quitação do imposto de transmissão. Ver art.703, I,II e III, do CPC/73.	Art. 703. A carta de arrematação conterá: I - a descrição do imóvel, com remissão à sua matrícula e registros; II - a cópia do auto de arrematação; e III - a prova de quitação do imposto de transmissão.
Seção V **Da satisfação do crédito**	Seção II Do Pagamento ao Credor Subseção I Das Disposições Gerais
Art. 828. A satisfação do crédito exequendo far-se-á:	Art. 708. O pagamento ao credor far-se-á:
I - pela entrega do dinheiro;	I - pela entrega do dinheiro;

Projeto do Novo CPC	CPC 1973
II - pela adjudicação dos bens penhorados.	II - pela adjudicação dos bens penhorados;
	~~Subseção II~~ ~~Da Entrega do Dinheiro~~
Art. 829. O juiz autorizará que o credor levante, até a satisfação integral de seu crédito, o dinheiro depositado para segurar o juízo ou o produto dos bens alienados, bem como do faturamento de empresa ou de outros frutos e rendimentos de coisas ou empresas penhoradas, quando: I - a execução for movida só a benefício do credor singular, a quem, por força da penhora, cabe o direito de preferência sobre os bens penhorados e alienados;	~~Art. 709.~~ O juiz autorizará que o credor levante, até a satisfação integral de seu crédito, o dinheiro depositado para segurar o juízo ou o produto dos bens alienados quando: I - a execução for movida só a benefício do credor singular, a quem, por força da penhora, cabe o direito de preferência sobre os bens penhorados e alienados;
II - não houver sobre os bens alienados outros privilégios ou preferências instituídos anteriormente à penhora.	II - não houver sobre os bens alienados ~~qualquer~~ outro privilégio ou preferência<u>;</u> instituído anteriormente à penhora.
Art. 830. Ao receber o mandado de levantamento, o credor dará ao devedor, por termo nos autos, quitação da quantia paga.	~~Art. 709. [...]~~ ~~Parágrafo único.~~ Ao receber o mandado de levantamento, o credor dará ao devedor, por termo nos autos, quitação da quantia paga.
Parágrafo único. A expedição de mandado de levantamento poderá ser substituída pela transferência eletrônica do valor depositado em conta vinculada ao juízo para outra indicada pelo credor.	
Art. 831. Pago ao credor o principal, os juros, as custas e os honorários, a importância que sobejar será restituída ao devedor.	~~Art. 710. Estando~~ o credor pago do principal, juros, custas e honorários, a importância que sobejar será restituída ao devedor.
Art. 832. Concorrendo vários credores, o dinheiro lhes será distribuído e entregue consoante a ordem das respectivas preferências. Parágrafo único. Não havendo título legal à preferência, o dinheiro será distribuído entre os concorrentes, observando-se a anterioridade de cada penhora. Ver art. 711, do CPC/73, desmembrado.	~~Art. 711.~~ Concorrendo vários credores, o dinheiro ~~ser-lhes-á~~ distribuído e entregue consoante a ordem das respectivas prelações; não havendo título legal à preferência, ~~receberá em primeiro lugar o credor que promoveu a execução, cabendo aos demais concorrentes direito sobre a importância restante,~~ observada a anterioridade de cada penhora.
Art. 833. Os credores formularão as suas pretensões, que versarão unicamente sobre o direito de preferência e a anterioridade da penhora. Parágrafo único. O juiz apreciará o incidente, em decisão impugnável por agravo de instrumento.	~~Art. 712.~~ Os credores formularão as suas pretensões, ~~requerendo as provas que irão produzir em audiência; mas a disputa entre eles~~ versará unicamente sobre o direito de preferência e a anterioridade da penhora.

Projeto do Novo CPC	CPC 1973
CAPÍTULO V **DA EXECUÇÃO CONTRA A FAZENDA PÚBLICA**	~~Seção III~~ Da Execução Contra a Fazenda Pública
Art. 834. Na execução fundada em título extrajudicial contra a Fazenda Pública, a devedora será citada para opor embargos em um mês.	~~Art. 730.~~ Na execução ~~por quantia certa~~ contra a Fazenda Pública, citar-se-á a devedora para opor embargos em ~~10 (dez) dias~~; se esta não os opuser, ~~no prazo legal, observar-se-ão as seguintes regras:~~ ~~I - o juiz requisitará o pagamento por intermédio do presidente do tribunal competente;~~ ~~II - far-se-á o pagamento na ordem de apresentação do precatório e à conta do respectivo crédito.~~ Ver art. 1º B da Lei 9494/97 incluído pela MP nº 2180-35/2001.
§ 1º Não opostos embargos ou transitada em julgado a decisão que os rejeitar, expedir-se-á precatório em favor do exequente, observando-se o disposto no art. 100 da Constituição da República. § 2º O processamento dos embargos, dos precatórios e das requisições de pequeno valor observará o disposto neste Código sobre o cumprimento da sentença que reconhecer obrigação de pagar quantia certa pela Fazenda Pública.	
TÍTULO III **DOS EMBARGOS DO DEVEDOR**	**TÍTULO III** **DOS EMBARGOS DO DEVEDOR** ~~CAPÍTULO I~~ ~~DAS DISPOSIÇÕES GERAIS~~
Art. 835. O executado, independentemente de penhora, depósito ou caução, poderá opor-se à execução por meio de embargos.	~~Art. 736.~~ O executado, independentemente de penhora, depósito ou caução, poderá opor-se à execução por meio de embargos.
§ 1º Os embargos à execução serão distribuídos por dependência, autuados em apartado e instruídos com cópias das peças processuais relevantes, que poderão ser declaradas autênticas pelo próprio advogado, sob sua responsabilidade pessoal. § 2º Na execução por carta, os embargos serão oferecidos no juízo deprecante ou no juízo deprecado, mas a competência para julgá-los é do juízo deprecante, salvo se versarem unicamente sobre vícios ou defeitos da penhora, avaliação ou alienação dos bens.	~~Parágrafo único.~~ Os embargos à execução serão distribuídos por dependência, autuados em apartado, e instruídos com cópias ~~(art. 544, § 1º in fine)~~ das peças processuais relevantes. ~~Art. 747.~~ Na execução por carta, os embargos serão oferecidos no juízo deprecante ou no juízo deprecado, mas a competência para julgá-los é do juízo deprecante, salvo se versarem unicamente vícios ou defeitos da penhora, avaliação ou alienação dos bens.
Art. 836. Os embargos serão oferecidos no prazo de quinze dias, contados da data da juntada aos autos do mandado de citação.	~~Art. 738.~~ Os embargos serão oferecidos no prazo de ~~15 (quinze)~~ dias, contados da data da juntada aos autos do mandado de citação.
§ 1º Quando houver mais de um executado, o prazo para cada um deles embargar conta-se a partir da juntada do respectivo mandado de citação, salvo se se tratar de cônjuges ou de companheiros.	§ 1º Quando houver mais de um executado, o prazo para cada um deles embargar conta-se a partir da juntada do respectivo mandado citatório, salvo tratando-se de cônjuges.

Projeto do Novo CPC	CPC 1973
§ 2º Nas execuções por carta precatória, a citação do executado será imediatamente comunicada pelo juiz deprecado ao juiz deprecante, inclusive por meios eletrônicos, contando-se o prazo para embargos a partir da juntada aos autos dessa comunicação.	§ 2º Nas execuções por carta precatória, a citação do executado será imediatamente comunicada pelo juiz deprecado ao juiz deprecante, inclusive por meios eletrônicos, contando-se o prazo para embargos a partir da juntada aos autos de tal comunicação.
§ 3º Aos embargos do executado não se aplica a regra especial de contagem dos prazos prevista para os litisconsortes.	§ 3º Aos embargos do executado não se aplica o disposto no art. 191 desta Lei.
Art. 837. No prazo para embargos, reconhecendo o crédito do exequente e comprovando o depósito de trinta por cento do valor em execução, inclusive custas e honorários de advogado, o executado poderá requerer seja admitido a pagar o restante em até seis parcelas mensais, acrescidas de correção monetária e juros de um por cento ao mês.	~~Art. 745-A.~~ No prazo para embargos, reconhecendo o crédito do exeqüente e comprovando o depósito de ~~30% (trinta por cento)~~ do valor em execução, inclusive custas e honorários de advogado, poderá o executado requerer seja admitido a pagar o restante em até ~~6 (seis)~~ parcelas mensais, acrescidas de correção monetária e juros de ~~1% (um por cento)~~ ao mês.
§ 1º Sendo a proposta deferida pelo juiz, o exequente levantará a quantia depositada e serão suspensos os atos executivos; caso seja indeferida, seguir-se-ão os atos executivos, mantido o depósito.	§ 1º Sendo a proposta deferida pelo juiz, o exeqüente levantará a quantia depositada e serão suspensos os atos executivos; caso indeferida, seguir-se-ão os atos executivos, mantido o depósito.
§ 2º O não pagamento de qualquer das prestações acarretará cumulativamente: I - o vencimento das prestações subsequentes e o prosseguimento do processo, com o imediato início dos atos executivos; II - a imposição ao executado de multa de dez por cento sobre o valor das prestações não pagas. § 3º A opção pelo parcelamento de que trata este artigo importa renúncia ao direito de opor embargos. Ver art. 745 A. § 2º, do CPC/73, desmembrado.	§ 2º O não pagamento de qualquer das prestações implicará, ~~de pleno direito,~~ o vencimento das subseqüentes e o prosseguimento do processo, com o imediato início dos atos executivos, imposta ao executado multa de ~~10% (dez por cento)~~ sobre o valor das prestações não pagas e vedada a oposição de embargos.
Art. 838. Nos embargos, o executado poderá alegar:	~~Art. 745.~~ Nos embargos, poderá o executado alegar:
I - nulidade da execução, por não ser executivo o título apresentado;	I - nulidade da execução, por não ser executivo o título apresentado;
II - penhora incorreta ou avaliação errônea;	II - penhora incorreta ou avaliação errônea;
III - excesso de execução ou cumulação indevida de execuções;	III - excesso de execução ou cumulação indevida de execuções;
IV - retenção por benfeitorias necessárias ou úteis, nos casos de título para entrega de coisa certa;	IV - retenção por benfeitorias necessárias ou úteis, nos casos de título para entrega de coisa certa;
V - qualquer matéria que lhe seria lícito deduzir como defesa em processo de conhecimento.	V - qualquer matéria que lhe seria lícito deduzir como defesa em processo de conhecimento.

Projeto do Novo CPC	CPC 1973
§ 1º Há excesso de execução quando:	Art. 743. Há excesso de execução:
I - o credor pleiteia quantia superior à do título;	I - ~~quando~~ o credor pleiteia quantia superior à do título;
II - recai sobre coisa diversa daquela declarada no título;	II - ~~quando~~ recai sobre coisa diversa daquela declarada no título;
III - esta se processa de modo diferente do que foi determinado na sentença;	III - ~~quando~~ se processa de modo diferente do que foi determinado na sentença;
IV - o credor, sem cumprir a prestação que lhe corresponde, exige o adimplemento da do devedor;	IV - ~~quando~~ o credor, sem cumprir a prestação que lhe corresponde, exige o adimplemento da do devedor ~~(art. 582)~~;
V - o credor não prova que a condição se realizou.	V - ~~se~~ o credor não provar que a condição se realizou.
§ 2º Nos embargos de retenção por benfeitorias, o exequente poderá requerer a compensação de seu valor com o dos frutos ou dos danos considerados devidos pelo executado, cumprindo ao juiz, para a apuração dos respectivos valores, nomear perito, fixando-lhe breve prazo para entrega do laudo.	§ 1º Nos embargos de retenção por benfeitorias, poderá o exeqüente requerer a compensação de seu valor com o dos frutos ou danos considerados devidos pelo executado, cumprindo ao juiz, para a apuração dos respectivos valores, nomear perito, fixando-lhe breve prazo para entrega do laudo.
§ 3º O exequente poderá a qualquer tempo ser imitido na posse da coisa, prestando caução ou depositando o valor devido pelas benfeitorias ou resultante da compensação.	§ 2º O exeqüente poderá, a qualquer tempo, ser imitido na posse da coisa, prestando caução ou depositando o valor devido pelas benfeitorias ou resultante da compensação.
§ 4º A incorreção da penhora ou da avaliação poderá ser impugnada por simples petição.	
Art. 839. O juiz rejeitará liminarmente os embargos:	Art. 739. O juiz rejeitará liminarmente os embargos:
I - quando intempestivos;	I - quando intempestivos;
II - nos casos de indeferimento da petição inicial e de rejeição liminar da demanda; III - quando manifestamente protelatórios.	II - quando inepta a petição ~~(art. 295)~~; ~~ou~~ III - quando manifestamente protelatórios.
§ 1º Quando o excesso de execução for fundamento dos embargos, o embargante deverá declarar na petição inicial o valor que entende correto, apresentando memória do cálculo, sob pena de rejeição liminar dos embargos ou de não conhecimento desse fundamento.	§ 5º Quando o excesso de execução for fundamento dos embargos, o embargante deverá declarar na petição inicial o valor que entende correto, apresentando memória do cálculo, sob pena de rejeição liminar dos embargos ou de não conhecimento desse fundamento.
§ 2º A ausência de embargos obsta à propositura de ação autônoma do devedor contra o credor para discutir o crédito. **Art. 840.** Os embargos do executado não terão efeito suspensivo.	Art. 739-A. Os embargos do executado não terão efeito suspensivo.

Projeto do Novo CPC	CPC 1973
§ 1º O juiz poderá, a requerimento do embargante, atribuir efeito suspensivo aos embargos quando verificados os requisitos para a concessão da tutela de urgência ou da evidência, e desde que a execução já esteja garantida por penhora, depósito ou caução suficientes.	§ 1º O juiz poderá, a requerimento do embargante, atribuir efeito suspensivo aos embargos quando, sendo relevantes seus fundamentos, o prosseguimento da execução manifestamente possa causar ao executado grave dano de difícil ou incerta reparação, e desde que a execução já esteja garantida por penhora, depósito ou caução suficientes.
§ 2º A decisão relativa aos efeitos dos embargos poderá, a requerimento da parte, ser modificada ou revogada a qualquer tempo, em decisão fundamentada, cessando as circunstâncias que a motivaram.	§ 2º A decisão relativa aos efeitos dos embargos poderá, a requerimento da parte, ser modificada ou revogada a qualquer tempo, em decisão fundamentada, cessando as circunstâncias que a motivaram.
§ 3º Quando o efeito suspensivo atribuído aos embargos disser respeito apenas a parte do objeto da execução, esta prosseguirá quanto à parte restante.	§ 3º Quando o efeito suspensivo atribuído aos embargos disser respeito apenas a parte do objeto da execução, essa prosseguirá quanto à parte restante.
§ 4º A concessão de efeito suspensivo aos embargos oferecidos por um dos executados não suspenderá a execução contra os que não embargaram, quando o respectivo fundamento disser respeito exclusivamente ao embargante.	§ 4º A concessão de efeito suspensivo aos embargos oferecidos por um dos executados não suspenderá a execução contra os que não embargaram, quando o respectivo fundamento disser respeito exclusivamente ao embargante. [...]
§ 5º A concessão de efeito suspensivo não impedirá a efetivação dos atos de penhora e de avaliação dos bens.	§ 6º A concessão de efeito suspensivo não impedirá a efetivação dos atos de penhora e de avaliação dos bens.
Art. 841. Recebidos os embargos, o exequente será ouvido no prazo de quinze dias; a seguir, o juiz julgará imediatamente o pedido ou designará audiência, proferindo sentença.	Art. 740. Recebidos os embargos, será o exeqüente ouvido no prazo de 15 (quinze) dias; a seguir, o juiz julgará imediatamente o pedido (art. 330) ou designará audiência de conciliação, instrução e julgamento, proferindo sentença no prazo de 10 (dez) dias.
Parágrafo único. Considera-se conduta atentatória à dignidade da justiça o oferecimento de embargos manifestamente protelatórios.	
TÍTULO IV **DA SUSPENSÃO E DA EXTINÇÃO DO PROCESSO DE EXECUÇÃO** **CAPÍTULO I** **DA SUSPENSÃO**	**TÍTULO VI** **DA SUSPENSÃO E DA EXTINÇÃO DO PROCESSO DE EXECUÇÃO** **CAPÍTULO I** **DA SUSPENSÃO**
Art. 842. Suspende-se a execução: I - nas hipóteses previstas de suspensão do processo, no que couber; II - no todo ou em parte, quando recebidos com efeito suspensivo os embargos à execução;	Art. 791. Suspende-se a execução: II - nas hipóteses previstas no art. 265, I a III; I - no todo ou em parte, quando recebidos com efeito suspensivo os embargos à execução (art. 730-A);

Projeto do Novo CPC	CPC 1973
III - quando o devedor não possuir bens penhoráveis;	III - quando o devedor não possuir bens penhoráveis.
IV - se a alienação dos bens penhorados não se realizar por falta de licitantes e o exequente, em dez dias, não requerer a adjudicação nem indicar outros bens penhoráveis.	
Art. 843. Convindo as partes, o juiz declarará suspensa a execução durante o prazo concedido pelo credor, para que o devedor cumpra voluntariamente a obrigação.	Art. 792. Convindo as partes, o juiz declarará suspensa a execução durante o prazo concedido pelo credor, para que o devedor cumpra voluntariamente a obrigação.
Parágrafo único. Findo o prazo sem cumprimento da obrigação, o processo retomará o seu curso.	Parágrafo único. Findo o prazo sem cumprimento da obrigação, o processo retomará o seu curso.
Art. 844. Suspensa a execução, não serão praticados atos processuais, podendo o juiz, entretanto, ordenar providências urgentes.	Art. 793. Suspensa a execução, é defeso praticar quaisquer atos processuais. O juiz poderá, entretanto, ordenar providências cautelares urgentes.
CAPÍTULO II **DA EXTINÇÃO**	**CAPÍTULO II** **DA EXTINÇÃO**
Art. 845. Extingue-se a execução quando: I - a petição inicial é indeferida; II - o devedor satisfaz a obrigação; III - o devedor obtém, por transação ou por qualquer outro meio, a remissão total da dívida; IV - o credor renuncia ao crédito; V - ocorrer a prescrição intercorrente; VI - o processo permanece suspenso, nos termos do art. 842, incisos III e IV, por tempo suficiente para perfazer a prescrição. Parágrafo único. Na hipótese de prescrição intercorrente, deverá o juiz, antes de extinguir a execução, ouvir as partes, no prazo comum de cinco dias.	Art. 794. Extingue-se a execução quando: I - o devedor satisfaz a obrigação; II - o devedor obtém, por transação ou por qualquer outro meio, a remissão total da dívida; III - o credor renunciar ao crédito.
Art. 846. A extinção só produz efeito quando declarada por sentença.	Art. 795. A extinção só produz efeito quando declarada por sentença.

Projeto do Novo CPC	CPC 1973
Livro IV **DOS PROCESSOS NOS TRIBUNAIS E DOS MEIOS DE IMPUGNAÇÃO DAS DECISÕES JUDICIAIS** **Título I** **DOS PROCESSOS NOS TRIBUNAIS** **Capítulo I** **DISPOSIÇÕES GERAIS** **Art. 847.** Os tribunais velarão pela uniformização e pela estabilidade da jurisprudência, observando-se o seguinte: I - sempre que possível, na forma e segundo as condições fixadas no regimento interno, deverão editar enunciados correspondentes à súmula da jurisprudência dominante; II - os órgãos fracionários seguirão a orientação do plenário, do órgão especial ou dos órgãos fracionários superiores aos quais estiverem vinculados, nesta ordem; III - a jurisprudência pacificada de qualquer tribunal deve orientar as decisões de todos os órgãos a ele vinculados; IV - a jurisprudência do Supremo Tribunal Federal e dos tribunais superiores deve nortear as decisões de todos os tribunais e juízos singulares do país, de modo a concretizar plenamente os princípios da legalidade e da isonomia; V - na hipótese de alteração da jurisprudência dominante do Supremo Tribunal Federal e dos tribunais superiores ou daquela oriunda de julgamento de casos repetitivos, pode haver modulação dos efeitos da alteração no interesse social e no da segurança jurídica. § 1º A mudança de entendimento sedimentado observará a necessidade de fundamentação adequada e específica, considerando o imperativo de estabilidade das relações jurídicas. § 2º Os regimentos internos preverão formas de revisão da jurisprudência em procedimento autônomo, franqueando-se inclusive a realização de audiências públicas e a participação de pessoas, órgãos ou entidades que possam contribuir para a elucidação da matéria. **Art. 848.** Para os fins deste Código, considera-se julgamento de casos repetitivos: I - o do incidente de resolução de demandas repetitivas; II - o dos recursos especial e extraordinário repetitivos. **Capítulo II** **DA ORDEM DOS PROCESSOS NO TRIBUNAL**	**Livro I** ~~DO PROCESSO DE CONHECIMENTO~~ [...] **Título ~~IX~~** **DO PROCESSO NOS TRIBUNAIS** **CAPÍTULO ~~VII~~** **DA ORDEM DOS PROCESSOS NO TRIBUNAL**

Projeto do Novo CPC	CPC 1973
Art. 849. Os autos serão registrados no protocolo do tribunal no dia de sua entrada, cabendo à secretaria verificar-lhes a numeração das folhas e ordená-los para distribuição. Parágrafo único. Os serviços de protocolo poderão, a critério do tribunal, ser descentralizados, mediante delegação a ofícios de justiça de primeiro grau. **Art. 850.** Far-se-á a distribuição de acordo com o regimento interno do tribunal, observando-se os princípios da publicidade, da alternatividade e do sorteio. **Art. 851.** O recurso de um dos litisconsortes torna prevento o relator para os interpostos pelos demais, na forma do regimento interno do tribunal. **Art. 852.** Distribuídos, os autos serão submetidos imediatamente à apreciação do relator, que, depois de estudá-los, os restituirá à secretaria com o seu "visto", cabendo-lhe fazer exposição dos pontos controvertidos sobre os quais versar a causa. Ver art. 549, parágrafo único, do CPC/73. **Art. 853.** Incumbe ao relator: I - dirigir e ordenar o processo no tribunal; II - apreciar o pedido de tutela de urgência nos recursos e nos processos de competência originária do tribunal; III - negar seguimento a recurso inadmissível, prejudicado ou que afrontar: a) súmula do Supremo Tribunal Federal, de tribunal superior ou do próprio tribunal; b) decisão proferida pelo Supremo Tribunal Federal ou por tribunal superior em julgamento de casos repetitivos; Ver art. 557, do CPC/73, desmembrado. IV - dar provimento ao recurso se a decisão recorrida afrontar: a) súmula do Supremo Tribunal Federal, de tribunal superior ou do próprio tribunal; b) decisão proferida pelo Supremo Tribunal Federal ou por tribunal superior em julgamento de casos repetitivos; V - exercer outras atribuições estabelecidas nos regimentos internos dos tribunais. § 1º Da decisão proferida nos casos dos incisos III e IV caberá agravo interno, no prazo de quinze dias, ao órgão competente para o julgamento do recurso, e, se não houver retratação, o relator incluirá o recurso em pauta para julgamento.	~~Art. 547.~~ Os autos ~~remetidos ao tribunal~~ serão registrados no protocolo no dia de sua entrada, cabendo à secretaria verificar-lhes a numeração das folhas e ordená-los para distribuição. Parágrafo único. Os serviços de protocolo poderão, a critério do tribunal, ser descentralizados, mediante delegação a ofícios de justiça de primeiro grau. ~~Art. 548.~~ Far-se-á a distribuição de acordo com o regimento interno do tribunal, observando-se os princípios da publicidade, da alternatividade e do sorteio. ~~Art. 549.~~ Distribuídos, os autos ~~subirão, no prazo de 48 (quarenta e oito) horas, à conclusão~~ do relator, que, depois de estudá-los, os restituirá à secretaria com o seu "visto"<u>.</u> ~~Parágrafo único.~~ O relator fará ~~nos autos uma~~ exposição dos pontos controvertidos sobre <u>que</u> versar ~~o recurso.~~ ~~Art. 557.~~ O relator negará seguimento a recurso ~~manifestamente~~ inadmissível, ~~improcedente,~~ prejudicado <u>ou em confronto com súmula ou com jurisprudência dominante do respectivo tribunal, do Supremo Tribunal Federal, ou de Tribunal Superior.</u> ~~§ 1º-A~~ <u>Se</u> a decisão recorrida <u>estiver em</u> ~~manifesto~~ confronto com súmula <u>ou com jurisprudência dominante</u> do Supremo Tribunal Federal, ~~ou~~ de Tribunal Superior, ~~o relator poderá~~ dar provimento ao recurso ~~Art. 557.~~ [...] § 1º Da decisão caberá agravo, no prazo de ~~cinco~~ dias, ao órgão competente para o julgamento do recurso, e, se não houver retratação, o relator ~~apresentará o processo em mesa, proferindo voto; provido o agravo, o recurso terá seguimento.~~

Projeto do Novo CPC	CPC 1973
	Art. 557. [...]
§ 2º Quando manifestamente inadmissível o agravo interno, assim declarado em votação unânime, o tribunal condenará o agravante a pagar ao agravado multa fixada entre um e dez por cento do valor corrigido da causa, ficando a interposição de qualquer outro recurso condicionada ao depósito do respectivo valor.	§ 2º Quando manifestamente inadmissível ou infundado o agravo, o tribunal condenará o agravante a pagar ao agravado multa entre um e dez por cento do valor corrigido da causa, ficando a interposição de qualquer outro recurso condicionada ao depósito do respectivo valor.
Art. 854. Tratando-se de apelação e de ação rescisória, os autos serão conclusos ao revisor, sempre que possível por meio eletrônico. § 1º Será revisor o juiz que se seguir ao relator na ordem descendente de antiguidade. § 2º O revisor aporá nos autos o seu "visto", cabendo-lhe pedir dia para julgamento. § 3º Nos casos previstos em lei e na hipótese de indeferimento liminar da petição inicial, não haverá revisor.	Art. 551. Tratando-se de apelação, de embargos infringentes e de ação rescisória, os autos serão conclusos ao revisor. § 1º Será revisor o juiz que se seguir ao relator na ordem descendente de antigüidade. § 2º O revisor aporá nos autos o seu "visto", cabendo-lhe pedir dia para julgamento. § 3º Nos recursos interpostos nas causas de procedimentos sumários, de despejo e nos casos de indeferimento liminar da petição inicial, não haverá revisor.
Art. 855. Os autos serão, em seguida, apresentados ao presidente, que designará dia para julgamento, mandando, em todos os casos tratados neste Livro, publicar a pauta no órgão oficial. § 1º Entre a data da publicação da pauta e a sessão de julgamento mediará, pelo menos, o prazo de quarenta e oito horas. § 2º Afixar-se-á a pauta na entrada da sala em que se realizar a sessão de julgamento. § 3º Salvo caso de força maior, participará do julgamento do recurso o juiz que houver lançado o "visto" nos autos.	Art. 552. Os autos serão, em seguida, apresentados ao presidente, que designará dia para julgamento, mandando publicar a pauta no órgão oficial. § 1º Entre a data da publicação da pauta e a sessão de julgamento mediará, pelo menos, o espaço de 48 (quarenta e oito) horas. § 2º Afixar-se-á a pauta na entrada da sala em que se realizar a sessão de julgamento. § 3º Salvo caso de força maior, participará do julgamento do recurso o juiz que houver lançado o "visto" nos autos.
Art. 856. Preferirá aos demais o recurso cujo julgamento tenha sido iniciado.	Art. 562. Preferirá aos demais o recurso cujo julgamento tenha sido iniciado.
Art. 857. Na sessão de julgamento, depois de feita a exposição da causa pelo relator, o presidente, se o recurso não for de embargos declaratórios de agravo de instrumento ou de agravo interno, dará a palavra, sucessivamente, ao recorrente e ao recorrido, pelo prazo improrrogável de quinze minutos para cada um, a fim de sustentarem as razões do recurso ou do pedido de rescisão. § 1º Assegura-se a defesa oral prevista no caput à ação rescisória e ao agravo de instrumento interposto de decisões interlocutórias que versem sobre o mérito da causa.	Art. 554. Na sessão de julgamento, depois de feita a exposição da causa pelo relator, o presidente, se o recurso não for de embargos declaratórios ou de agravo de instrumento, dará a palavra, sucessivamente, ao recorrente e ao recorrido, pelo prazo improrrogável de 15 (quinze) minutos para cada um, a fim de sustentarem as razões do recurso.
§ 2º Os advogados que desejarem proferir sustentação oral poderão requerer, até o início da sessão, que seja o feito julgado em primeiro lugar, sem prejuízo das preferências legais.	Art. 565. Desejando proferir sustentação oral, poderão os advogados requerer que na sessão imediata seja o feito julgado em primeiro lugar, sem prejuízo das preferências legais.

Projeto do Novo CPC	CPC 1973
Art. 858. As questões preliminares suscitadas no julgamento serão solucionadas antes do mérito, deste não se conhecendo se incompatível com a decisão. § 1º Verificada a ocorrência de nulidade sanável, o relator deverá determinar a realização ou a renovação do ato processual, no próprio tribunal ou em primeiro grau, intimadas as partes; cumprida a diligência, sempre que possível, prosseguirá o julgamento do recurso. Ver o art. 515, § 4º, do CPC/73. § 2º Reconhecida a necessidade de produção de prova, o relator deverá, sem anular o processo, converter o julgamento em diligência para a instrução, que se realizará na instância inferior. Cumprida a determinação, o tribunal decidirá.	~~Art. 560.~~ Qualquer questão preliminar suscitada no julgamento será decidida antes do mérito, deste não se conhecendo se incompatível com a decisão ~~daquela~~. ~~Parágrafo único.~~ Versando a preliminar sobre nulidade suprível, o tribunal, havendo necessidade, converterá o julgamento em diligência, ordenando a remessa dos autos ao juiz, a fim de ser sanado o vício.
Art. 859. Rejeitada a preliminar ou se com ela for compatível a apreciação do mérito, seguir-se-ão a discussão e o julgamento da matéria principal, sobre a qual deverão se pronunciar os juízes vencidos na preliminar.	~~Art. 561.~~ Rejeitada a preliminar, ou se com ela for compatível a apreciação do mérito, seguir-se-ão a discussão e julgamento da matéria principal, pronunciando-se sobre esta os juízes vencidos na preliminar.
Art. 860. Qualquer juiz, inclusive o relator, que não se considerar habilitado a proferir imediatamente seu voto poderá pedir vista do processo, que deve ser incluído, para julgamento, na sessão seguinte à data do recebimento dos autos. Parágrafo único. Se os autos não forem devolvidos tempestivamente, nem for solicitada prorrogação do prazo pelo juiz, o presidente do órgão fracionário os requisitará para julgamento do recurso na sessão ordinária subsequente, com publicação em pauta.	~~Art. 555.~~ [...] § 2º Não se considerando habilitado a proferir imediatamente seu voto, a qualquer juiz é facultado pedir vista do processo, devendo devolvê-lo no prazo de 10 (dez) dias, contados da data em que o recebeu; o julgamento prosseguirá na 1ª (primeira) sessão ordinária subseqüente à devolução, dispensada nova publicação em pauta. § 3º ~~No caso do § 2º deste artigo,~~ não devolvidos os ~~autos~~ no prazo, nem solicitada ~~expressamente sua~~ prorrogação pelo juiz, o presidente do órgão ~~julgador~~ requisitará ~~o processo e reabrirá o~~ julgamento na sessão ordinária subseqüente, com publicação em pauta.
Art. 861. Proferidos os votos, o presidente anunciará o resultado do julgamento, designando para redigir o acórdão o relator ou, se vencido este, o autor do primeiro voto vencedor. § 1º Os votos poderão ser alterados até o momento da proclamação do resultado pelo presidente. § 2º No julgamento de apelação ou de agravo de instrumento, a decisão será tomada, no órgão fracionário, pelo voto de três juízes. § 3º O voto vencido será necessariamente declarado e considerado parte integrante do acórdão para todos os fins legais, inclusive de prequestionamento.	~~Art. 556.~~ Proferidos os votos, o presidente anunciará o resultado do julgamento, designando para redigir o acórdão o relator; ou, se este for vencido, o autor do primeiro voto vencedor. ~~Art. 555.~~ No julgamento de apelação ou de agravo, a decisão será tomada, na câmara ou turma, pelo voto de ~~3 (três)~~ juízes. ~~Art. 556.~~ [...]

Projeto do Novo CPC	CPC 1973
Art. 862. Os votos, os acórdãos e os demais atos processuais podem ser registrados em documento eletrônico inviolável e assinados eletronicamente, na forma da lei, devendo ser impressos para juntada aos autos do processo, quando este não for eletrônico. § 1º Todo acórdão conterá ementa. § 2º Lavrado o acórdão, serão as suas conclusões publicadas no órgão oficial dentro de dez dias. § 3º Não publicado o acórdão no prazo de um mês, contado da data da sessão de julgamento, as notas taquigráficas o substituirão, para todos os fins legais, independentemente de revisão. **Art. 863.** Havendo recursos de vários litisconsortes versando a mesma questão de direito, a primeira decisão favorável proferida prejudica os demais recursos. **Art. 864.** A apelação não será julgada antes do agravo de instrumento interposto no mesmo processo. Parágrafo único. Se ambos os recursos houverem de ser julgados na mesma sessão, terá precedência o agravo. **Art. 865.** Ocorrendo relevante questão de direito ou multiplicidade de recursos com fundamento em idêntica controvérsia, que faça conveniente prevenir ou compor divergência entre órgãos fracionários do tribunal, deverá o relator, de ofício ou a requerimento das partes ou do Ministério Público, propor seja o recurso julgado pelo órgão colegiado que o Regimento Interno indicar; reconhecendo o interesse público na assunção de competência, esse órgão colegiado dará conhecimento ao Presidente do Tribunal e julgará o recurso. § 1º Cientificado da assunção da competência, o Presidente do Tribunal, dando-lhe ampla publicidade, determinará a suspensão das demais apelações ou agravos que versem sobre a mesma controvérsia. § 2º A decisão proferida com base neste artigo vinculará todos os órgãos fracionários, salvo revisão de tese, na forma do regimento interno do tribunal.	~~Parágrafo único.~~ Os votos, acórdãos e demais atos processuais podem ser registrados em ~~arquivo~~ eletrônico inviolável e assinados eletronicamente, na forma da lei, devendo ser impressos para juntada aos autos do processo quando este não for eletrônico. ~~Art. 563.~~ Todo acórdão conterá ementa. ~~Art. 564.~~ Lavrado o acórdão, serão as suas conclusões publicadas no órgão oficial dentro de ~~10 (dez)~~ dias. ~~Art. 559.~~ A apelação não será ~~incluída em pauta~~ antes do agravo de instrumento interposto no mesmo processo. Parágrafo único. Se ambos os recursos houverem de ser julgados na mesma sessão, terá precedência o agravo. ~~Art. 555.~~ [...] § ~~1º~~ Ocorrendo relevante questão de direito, que faça conveniente prevenir ou compor divergência entre câmaras ou turmas do tribunal, ~~poderá~~ o relator propor seja o recurso julgado pelo órgão colegiado que o regimento indicar; reconhecendo o interesse público na assunção de competência, esse órgão colegiado julgará o recurso.
Capítulo III **DA DECLARAÇÃO DE INCONSTITUCIONALIDADE**	**CAPÍTULO ~~II~~** **DA DECLARAÇÃO DE INCONSTITUCIONALIDADE**
Art. 866. Argüida a inconstitucionalidade de lei ou de ato normativo do poder público, o relator, ouvido o Ministério Público, submeterá a questão à turma ou à câmara, a que tocar o conhecimento do processo.	~~Art. 480.~~ Argüida a inconstitucionalidade de lei ou de ato normativo do poder público, o relator, ouvido o Ministério Público, submeterá a questão à turma ou câmara, a que tocar o conhecimento do processo.

Projeto do Novo CPC	CPC 1973
Art. 867. Se a alegação for rejeitada, prosseguirá o julgamento; se acolhida, será submetida a questão ao plenário do Tribunal ou ao órgão especial, onde houver. Ver art. 97 da CF/88. Parágrafo único. Os órgãos fracionários dos tribunais não submeterão ao plenário ou ao órgão especial a arguição de inconstitucionalidade, quando já houver pronunciamento destes ou do plenário do Supremo Tribunal Federal sobre a questão.	Art. 481. Se a alegação for rejeitada, prosseguirá o julgamento; se for acolhida, será lavrado o acórdão, a fim de ser submetida a questão ao tribunal pleno. Parágrafo único. Os órgãos fracionários dos tribunais não submeterão ao plenário, ou ao órgão especial, a argüição de inconstitucionalidade, quando já houver pronunciamento destes ou do plenário do Supremo Tribunal Federal sobre a questão.
Art. 868. Remetida cópia do acórdão a todos os juízes, o Presidente do Tribunal designará a sessão de julgamento. § 1º O Ministério Público e as pessoas jurídicas de direito público responsáveis pela edição do ato questionado, se assim o requererem, poderão manifestar-se no incidente de inconstitucionalidade, observados os prazos e as condições fixados no Regimento Interno do Tribunal. § 2º Os titulares do direito de propositura referidos no art. 103 da Constituição da República poderão manifestar-se, por escrito, sobre a questão constitucional objeto de apreciação, no prazo fixado pelo regimento interno, sendo-lhes assegurado o direito de apresentar memoriais ou de pedir a juntada de documentos. § 3º O relator, considerando a relevância da matéria e a representatividade dos postulantes, poderá admitir, por despacho irrecorrível, a manifestação de outros órgãos ou entidades.	Art. 482. Remetida a cópia do acórdão a todos os juízes, o presidente do tribunal designará a sessão de julgamento. § 1º O Ministério Público e as pessoas jurídicas de direito público responsáveis pela edição do ato questionado, se assim o requererem, poderão manifestar-se no incidente de inconstitucionalidade, observados os prazos e condições fixados no Regimento Interno do Tribunal. § 2º Os titulares do direito de propositura referidos no art. 103 da Constituição poderão manifestar-se, por escrito, sobre a questão constitucional objeto de apreciação pelo órgão especial ou pelo Pleno do Tribunal, no prazo fixado em Regimento, sendo-lhes assegurado o direito de apresentar memoriais ou de pedir a juntada de documentos. § 3º O relator, considerando a relevância da matéria e a representatividade dos postulantes, poderá admitir, por despacho irrecorrível, a manifestação de outros órgãos ou entidades.
Capítulo IV **DO CONFLITO DE COMPETÊNCIA** **Art. 869.** O conflito pode ser suscitado por qualquer das partes, pelo Ministério Público ou pelo juiz. Parágrafo único. O Ministério Público será ouvido em todos os conflitos de competência, mas terá qualidade de parte naqueles que suscitar.	Art. 116. O conflito pode ser suscitado por qualquer das partes, pelo Ministério Público ou pelo juiz. Parágrafo único. O Ministério Público será ouvido em todos os conflitos de competência; mas terá qualidade de parte naqueles que suscitar.
Art. 870. Não pode suscitar conflito a parte que, no processo, ofereceu exceção de incompetência. Parágrafo único. O conflito de competência não obsta, porém, a que a parte que o não suscitou ofereça exceção declinatória do foro.	Art. 117. Não pode suscitar conflito a parte que, no processo, ofereceu exceção de incompetência. Parágrafo único. O conflito de competência não obsta, porém, a que a parte, que o não suscitou, ofereça exceção declinatória do foro.
Art. 871. O conflito será suscitado ao presidente do tribunal: I - pelo juiz, por ofício; II - pela parte e pelo Ministério Público, por petição.	Art. 118. O conflito será suscitado ao presidente do tribunal: I - pelo juiz, por ofício; II - pela parte e pelo Ministério Público, por petição.

Projeto do Novo CPC	CPC 1973
Parágrafo único. O ofício e a petição serão instruídos com os documentos necessários à prova do conflito.	Parágrafo único. O ofício e a petição serão instruídos com os documentos necessários à prova do conflito.
Art. 872. Após a distribuição, o relator mandará ouvir os juízes em conflito ou, se um deles for suscitante, apenas o suscitado; dentro do prazo assinado pelo relator, caberá ao juiz ou juízes prestar as informações.	Art. 119. Após a distribuição, o relator mandará ouvir os juízes em conflito, ou apenas o suscitado, se um deles for suscitante; dentro do prazo assinado pelo relator, caberá ao juiz ou juízes prestar as informações.
Art. 873. O relator poderá, de ofício ou a requerimento de qualquer das partes, determinar, quando o conflito for positivo, seja sobrestado o processo, mas nesse caso, bem como no de conflito negativo, designará um dos juízes para resolver, em caráter provisório, as medidas urgentes. Parágrafo único. Havendo jurisprudência dominante do tribunal sobre a questão suscitada, o relator poderá decidir de plano o conflito de competência, cabendo agravo para o órgão recursal competente, no prazo de cinco dias, contado da intimação da decisão às partes.	Art. 120. Poderá o relator, de ofício, ou a requerimento de qualquer das partes, determinar, quando o conflito for positivo, seja sobrestado o processo, mas, neste caso, bem como no de conflito negativo, designará um dos juízes para resolver, em caráter provisório, as medidas urgentes. Parágrafo único. Havendo jurisprudência dominante do tribunal sobre a questão suscitada, o relator poderá decidir de plano o conflito de competência, cabendo agravo, no prazo de cinco dias, contado da intimação da decisão às partes, para o órgão recursal competente.
Art. 874. Decorrido o prazo determinado pelo relator, ainda que as informações não tenham sido prestadas, será ouvido, em cinco dias, o Ministério Público; em seguida o relator apresentará o conflito em sessão de julgamento.	Art. 121. Decorrido o prazo, com informações ou sem elas, será ouvido, em 5 (cinco) dias, o Ministério Público; em seguida o relator apresentará o conflito em sessão de julgamento.
Art. 875. Ao decidir o conflito, o tribunal declarará qual o juiz competente, pronunciando-se também sobre a validade dos atos do juiz incompetente. Parágrafo único. Os autos do processo em que se manifestou o conflito serão remetidos ao juiz declarado competente.	Art. 122. Ao decidir o conflito, o tribunal declarará qual o juiz competente, pronunciando-se também sobre a validade dos atos do juiz incompetente. Parágrafo único. Os autos do processo, em que se manifestou o conflito, serão remetidos ao juiz declarado competente.
Art. 876. No conflito entre órgãos fracionários dos tribunais, juízes de segundo grau e desembargadores, observar-se-á o que dispuser a respeito o regimento interno do tribunal.	Art. 123. No conflito entre turmas, seções, câmaras, Conselho Superior da Magistratura, juízes de segundo grau e desembargadores, observar-se-á o que dispuser a respeito o regimento interno do tribunal.
Art. 877. Os regimentos internos dos tribunais regularão o processo e julgamento do conflito de atribuições entre autoridade judiciária e autoridade administrativa.	Art. 124. Os regimentos internos dos tribunais regularão o processo e julgamento do conflito de atribuições entre autoridade judiciária e autoridade administrativa.
Capítulo V **DA HOMOLOGAÇÃO DE SENTENÇA ESTRANGEIRA OU DE SENTENÇA ARBITRAL** **Art. 878.** A homologação de decisões estrangeiras será requerida por carta rogatória ou por ação de homologação de decisão estrangeira.	**Capítulo III** **DA HOMOLOGAÇÃO DE SENTENÇA ESTRANGEIRA**

Projeto do Novo CPC	CPC 1973
Parágrafo único. A homologação obedecerá ao que dispuser o Regimento Interno do Superior Tribunal de Justiça. V. art. 105, I, "a" e 109, X, da CF/88	~~Art 483.~~ Parágrafo único. A homologação obedecerá ao que dispuser o Regimento Interno do ~~Supremo Tribunal Federal~~.
Art. 879. As decisões estrangeiras somente terão eficácia no Brasil após homologadas.	~~Art. 483. A sentença~~ proferida por tribunal estrangeiro não terá eficácia no Brasil senão depois de homologada ~~pelo Supremo Tribunal Federal.~~
§ 1º São passíveis de homologação todas as decisões, interlocutórias ou finais, bem como as não judiciais que, pela lei brasileira, teriam natureza jurisdicional.	
§ 2º As decisões estrangeiras poderão ser homologadas parcialmente.	
§ 3º A autoridade judiciária brasileira poderá deferir pedidos de urgência, assim como realizar atos de execução provisória, nos procedimentos de homologação de decisões estrangeiras.	
§ 4º Haverá homologação de decisões estrangeiras, para fins de execução fiscal, quando prevista em tratado ou em promessa de reciprocidade apresentada à autoridade brasileira.	
Art. 880. São passíveis de homologação as decisões estrangeiras concessivas de medidas de urgência, interlocutórias e finais. § 1º O juízo sobre a urgência da medida compete exclusivamente à autoridade jurisdicional requerente.	
§ 2º A decisão que denegar a homologação da sentença estrangeira revogará a tutela de urgência.	
Art. 881. Constituem requisitos indispensáveis à homologação da decisão: I - ser proferida por autoridade competente; II - ser precedida de citação regular, ainda que verificada a revelia; III - ser eficaz no país em que foi proferida; IV - estar autenticada pelo cônsul brasileiro e acompanhada de tradução oficial; V - não haver manifesta ofensa à ordem pública. Parágrafo único. As medidas de urgência, ainda que proferidas sem a audiência do réu, poderão ser homologadas, desde que garantido o contraditório em momento posterior.	
Art. 882. Não serão homologadas as decisões estrangeiras nas hipóteses de competência exclusiva da autoridade judiciária brasileira.	
Art. 883. A decisão extraída dos autos da homologação será efetivada em conformidade com as regras que regem a execução de sentença estrangeira. Ver art. 484 do CPC/73.	

Projeto do Novo CPC	CPC 1973
Capítulo VI **DA AÇÃO RESCISÓRIA E DA AÇÃO ANULATÓRIA** Seção I Da Ação Rescisória **Art. 884.** A sentença ou o acórdão de mérito, transitados em julgado, podem ser rescindidos quando: I - se verificar que foram proferidos por força de prevaricação, concussão ou corrupção do juiz; II - proferidos por juiz impedido; III - resultarem de dolo da parte vencedora em detrimento da parte vencida ou de colusão entre as partes, a fim de fraudar a lei; IV - ofenderem a coisa julgada; V. art. 5º, XXXVI, da CF/88 V - violarem manifestamente a norma jurídica; VI - se fundarem em prova cuja falsidade tenha sido apurada em processo criminal, ou venha a ser demonstrada na própria ação rescisória; VII - o autor, posteriormente ao trânsito em julgado, obtiver documento novo, cuja existência ignorava ou de que não pôde fazer uso, capaz, por si só, de lhe assegurar pronunciamento favorável; VIII - fundada em erro de fato verificável do exame dos autos. Parágrafo único. Há erro quando a decisão rescindenda admitir um fato inexistente ou quando considerar inexistente um fato efetivamente ocorrido, sendo indispensável, num como noutro caso, que não tenha havido controvérsia, nem pronunciamento judicial sobre o fato. V. art. 485, §§ 1º e 2º do CPC/73. **Art. 885.** Têm legitimidade para propor a ação rescisória: I - quem foi parte no processo ou o seu sucessor a título universal ou singular; II - o terceiro juridicamente interessado; III - o Ministério Público: a) se não foi ouvido no processo em que lhe era obrigatória a intervenção; b) quando a decisão rescindenda é o efeito de colusão das partes, a fim de fraudar a lei. **Art. 886.** A petição inicial será elaborada com observância dos requisitos essenciais do art. 303, devendo o autor:	**CAPÍTULO IV** **DA AÇÃO RESCISÓRIA** Art. 485. A sentença de mérito, transitada em julgado, pode ser rescindida quando: I - se verificar que foi dada por prevaricação, concussão ou corrupção do juiz; II - proferida por juiz impedido ou absolutamente incompetente; III - resultar de dolo da parte vencedora em detrimento da parte vencida, ou de colusão entre as partes, a fim de fraudar a lei; IV - ofender a coisa julgada; V - violar literal disposição de lei; VI - se fundar em prova, cuja falsidade tenha sido apurada em processo criminal ou seja provada na própria ação rescisória; VII - depois da sentença, o autor obtiver documento novo, cuja existência ignorava, ou de que não pôde fazer uso, capaz, por si só, de lhe assegurar pronunciamento favorável; [...] IX - fundada em erro de fato, resultante de atos ou de documentos da causa; § 1º Há erro, quando a sentença admitir um fato inexistente, ou quando considerar inexistente um fato efetivamente ocorrido. § 2º É indispensável, num como noutro caso, que não tenha havido controvérsia, nem pronunciamento judicial sobre o fato. Art. 487. Tem legitimidade para propor a ação: I - quem foi parte no processo ou o seu sucessor a título universal ou singular; II - o terceiro juridicamente interessado; III - o Ministério Público: a) se não foi ouvido no processo, em que lhe era obrigatória a intervenção; b) quando a sentença é o efeito de colusão das partes, a fim de fraudar a lei. Art. 488. A petição inicial será elaborada com observância dos requisitos essenciais do art. 282, devendo o autor:

Projeto do Novo CPC	CPC 1973
I - cumular ao pedido de rescisão, se for o caso, o de novo julgamento da causa; II - depositar a importância de cinco por cento sobre o valor da causa, a título de multa, caso a ação seja, por unanimidade de votos, declarada inadmissível ou improcedente. § 1º Não se aplica o disposto no inciso II à União, ao Estado, ao Distrito Federal, ao Município, respectivas autarquias e fundações de direito público, ao Ministério Público, e aos que tenham obtido o benefício da gratuidade de justiça. § 2º Será indeferida a petição inicial nos casos previstos no art. 315 ou quando não efetuado o depósito exigido pelo inciso II deste artigo, ou rejeitada liminarmente a demanda nos casos do art. 317. V. art.490, caput, I e II do CPC/73. **Art. 887.** A propositura da ação rescisória não impede o cumprimento da sentença ou do acórdão rescindendo, ressalvada a concessão de tutelas de urgência ou da evidência. **Art. 888.** O relator mandará citar o réu, assinando-lhe prazo nunca inferior a quinze dias nem superior a um mês para, querendo, contestar. Findo o prazo, com ou sem contestação, observar-se-á no que couber o procedimento comum. **Art. 889.** Na ação rescisória, devolvidos os autos pelo relator, a secretaria do tribunal expedirá cópias do relatório e as distribuirá entre os juízes que compuserem o órgão competente para o julgamento. Parágrafo único. A escolha de relator e de revisor recairá, sempre que possível, em juiz que não haja participado do julgamento rescindendo. **Art. 890.** Se os fatos alegados pelas partes dependerem de prova, o relator poderá delegar a competência ao órgão que proferiu a sentença ou o acórdão rescindendo, fixando prazo de um a três meses para a devolução dos autos.	I - cumular ao pedido de rescisão, se for o caso, o de novo julgamento da causa; II - depositar a importância de 5% (cinco por cento) sobre o valor da causa, a título de multa, caso a ação seja, por unanimidade de votos, declarada inadmissível, ou improcedente. Parágrafo único. Não se aplica o disposto no nº II à União, ao Estado, ao Município e ao Ministério Público. Art. 490. Será indeferida a petição inicial: I - nos casos previstos no art. 295; II - quando não efetuado o depósito, exigido pelo art. 488, II. Art. 489. O ajuizamento da ação rescisória não impede o cumprimento da sentença ou acórdão rescindendo, ressalvada a concessão, casos imprescindíveis e sob os pressupostos previstos em lei, de medidas de natureza cautelar ou antecipatória de tutela. Art. 491. O relator mandará citar o réu, assinando-lhe prazo nunca inferior a 15 (quinze) dias nem superior a 30 (trinta) para responder aos termos da ação. Findo o prazo com ou sem resposta, observar-se-á no que couber o disposto no Livro I, Título VIII, Capítulos IV e V. Art. 553. Nos embargos infringentes e na ação rescisória, devolvidos os autos pelo relator, a secretaria do tribunal expedirá cópias autenticadas do relatório e as distribuirá entre os juízes que compuserem o tribunal competente para o julgamento. Art. 492. Se os fatos alegados pelas partes dependerem de prova, o relator delegará a competência ao juiz de direito da comarca onde deva ser produzida, fixando prazo de 45 (quarenta e cinco) a 90 (noventa) dias para a devolução dos autos.

Projeto do Novo CPC	CPC 1973
Art. 891. Concluída a instrução, será aberta vista, sucessivamente, ao autor e ao réu, pelo prazo de dez dias, para razões finais. Em seguida, os autos serão conclusos ao relator, procedendo-se ao julgamento pelo órgão competente.	~~Art. 493~~. Concluída a instrução, será aberta vista, sucessivamente, ao autor e ao réu, pelo prazo de ~~10 (dez)~~ dias, para razões finais. Em seguida, os autos subirão ao relator, procedendo-se ao julgamento: I - no Supremo Tribunal Federal e no Superior Tribunal de Justiça, na forma dos seus regimentos internos II - nos Estados, conforme dispuser a norma de Organização Judiciária.
Art. 892. Julgando procedente a ação, o tribunal rescindirá a sentença, proferirá, se for o caso, novo julgamento e determinará a restituição do depósito; declarando inadmissível ou improcedente a ação, a importância do depósito reverterá a favor do réu, sem prejuízo do disposto no art. 73.	Art. ~~494~~. Julgando procedente a ação, o tribunal rescindirá a sentença, proferirá, se for o caso, novo julgamento e determinará a restituição do depósito; declarando inadmissível ou improcedente a ação, a importância do depósito reverterá a favor do réu, sem prejuízo do disposto no art. 20.
Art. 893. O direito de propor ação rescisória se extingue em um ano contado do trânsito em julgado da decisão. Parágrafo único. Se fundada no art. 884, incisos I e VI, primeira parte, o termo inicial do prazo será computado do trânsito em julgado da sentença penal.	~~Art. 495~~. O direito de propor ação rescisória se extingue em ~~2 (dois)~~ anos, contados do trânsito em julgado da decisão.

Seção II
Da Ação Anulatória

Art. 894. Os atos de disposição de direitos, praticados pelas partes ou por outros participantes do processo e homologados pelo juízo estão sujeitos à anulação, nos termos da lei.

Parágrafo único. São anuláveis também atos homologatórios praticados no curso do processo de execução.

Ver art. 486 do CPC/73.

Capítulo VII
DO INCIDENTE DE RESOLUÇÃO DE DEMANDAS REPETITIVAS

Art. 895. É admissível o incidente de demandas repetitivas sempre que identificada controvérsia com potencial de gerar relevante multiplicação de processos fundados em idêntica questão de direito e de causar grave insegurança jurídica, decorrente do risco de coexistência de decisões conflitantes.

§ 1º O pedido de instauração do incidente será dirigido ao Presidente do Tribunal:

I - pelo juiz ou relator, por ofício;

II - pelas partes, pelo Ministério Público ou pela Defensoria Pública, por petição.

Projeto do Novo CPC	CPC 1973
§ 2º O ofício ou a petição a que se refere o § 1º será instruído com os documentos necessários à demonstração da necessidade de instauração do incidente. § 3º Se não for o requerente, o Ministério Público intervirá obrigatoriamente no incidente e poderá assumir sua titularidade em caso de desistência ou de abandono. **Art. 896.** A instauração e o julgamento do incidente serão sucedidos da mais ampla e específica divulgação e publicidade, por meio de registro eletrônico no Conselho Nacional de Justiça. Parágrafo único. Os tribunais promoverão a formação e atualização de banco eletrônico de dados específicos sobre questões de direito submetidas ao incidente, comunicando, imediatamente, ao Conselho Nacional de Justiça, para inclusão no cadastro. **Art. 897.** Após a distribuição, o relator poderá requisitar informações ao órgão em cujo juízo tem curso o processo originário, que as prestará em quinze dias; findo esse prazo improrrogável, será solicitada data para admissão do incidente, intimando-se o Ministério Público. **Art. 898.** O juízo de admissibilidade e o julgamento do incidente competirão ao plenário do tribunal ou, onde houver, ao órgão especial. § 1º Na admissibilidade, o tribunal considerará a presença dos requisitos do art. 895 e a conveniência de se adotar decisão paradigmática. § 2º Rejeitado o incidente, o curso dos processos será retomado; admitido, o tribunal julgará a questão de direito, lavrando-se o acórdão, cujo teor será observado pelos demais juízes e órgãos fracionários situados no âmbito de sua competência, na forma deste Capítulo. **Art. 899.** Admitido o incidente, o presidente do tribunal determinará, na própria sessão, a suspensão dos processos pendentes, em primeiro e segundo graus de jurisdição. Parágrafo único. Durante a suspensão poderão ser concedidas medidas de urgência no juízo de origem. **Art. 900.** As partes, os interessados, o Ministério Público e a Defensoria Pública, visando à garantia da segurança jurídica, poderão requerer ao tribunal competente para conhecer de eventual recurso extraordinário ou especial a suspensão de todos os processos em curso no território nacional que versem sobre a questão objeto do incidente. Parágrafo único. Aquele que for parte em processo em curso no qual se discuta a mesma questão jurídica que deu causa ao incidente é legitimado, independentemente dos limites da competência territorial, para requerer a providência prevista no caput.	

Projeto do Novo CPC	CPC 1973
Art. 901. O Relator ouvirá as partes e os demais interessados, inclusive pessoas, órgãos e entidades com interesse na controvérsia, que, no prazo comum de quinze dias, poderão requerer a juntada de documentos, bem como as diligências necessárias para a elucidação da questão de direito controvertida; em seguida, no mesmo prazo, manifestar-se-á o Ministério Público. **Art. 902.** Concluídas as diligências, o relator pedirá dia para o julgamento do incidente. § 1º Feita a exposição do incidente pelo relator, o presidente dará a palavra, sucessivamente, ao autor e ao réu do processo originário, e ao Ministério Público, pelo prazo de trinta minutos, para sustentar suas razões. § 2º Em seguida, os demais interessados poderão se manifestar no prazo de trinta minutos, divididos entre todos, sendo exigida inscrição com quarenta e oito horas de antecedência. **Art. 903.** Julgado o incidente, a tese jurídica será aplicada a todos os processos que versem idêntica questão de direito. **Art. 904.** O incidente será julgado no prazo de seis meses e terá preferência sobre os demais feitos, ressalvados os que envolvam réu preso e os pedidos de habeas corpus. § 1º Superado o prazo previsto no caput, cessa a eficácia suspensiva do incidente, salvo decisão fundamentada do relator em sentido contrário. § 2º O disposto no § 1º aplica-se, no que couber, à hipótese do art. 900. **Art. 905.** O recurso especial ou extraordinário interposto por qualquer das partes, pelo Ministério Público ou por terceiro interessado será dotado de efeito suspensivo, presumindo-se a repercussão geral de questão constitucional eventualmente discutida. Parágrafo único. Na hipótese prevista no caput, interpostos os recursos, os autos serão remetidos ao tribunal competente, independentemente da realização de juízo de admissibilidade na origem. **Art. 906.** Não observada a tese adotada pela decisão proferida no incidente, caberá reclamação para o tribunal competente. Parágrafo único. O processamento e julgamento da reclamação serão regulados pelo regimento interno do respectivo tribunal.	

Projeto do Novo CPC	CPC 1973
TÍTULO II **DOS RECURSOS** **Capítulo I** **DAS DISPOSIÇÕES GERAIS** **Art. 907.** São cabíveis os seguintes recursos: Ver art. 5º, LV, da CF/88 I - apelação; II - agravo de instrumento; III - agravo interno; IV - embargos de declaração; V - recurso ordinário; VI - recurso especial; Ver art. 105, III da CF/88. VII - recurso extraordinário; Ver art. 102, III da CF/88. VIII - embargos de divergência. Parágrafo único. Exceto os embargos de declaração, os recursos são interponíveis em quinze dias úteis. Nota: o Projeto do Novo CPC unificou os prazos de recursos. **Art. 908.** Os recursos, salvo disposição legal em sentido diverso, não impedem a eficácia da decisão. § 1º A eficácia da sentença poderá ser suspensa pelo relator se demonstrada probabilidade de provimento do recurso. § 2º O pedido de efeito suspensivo durante o processamento do recurso em primeiro grau será dirigido ao tribunal, em petição autônoma, que terá prioridade na distribuição e tornará prevento o relator. **Art. 909.** O recurso pode ser interposto pela parte vencida, pelo terceiro prejudicado e pelo Ministério Público, seja como parte ou fiscal da lei. Ver art. 499, § 2º, do CPC/73. Parágrafo único. Cumpre ao terceiro demonstrar a possibilidade de a decisão sobre a relação jurídica submetida à apreciação judicial atingir direito de que seja titular.	**TÍTULO X** **DOS RECURSOS** **CAPÍTULO I** **DAS DISPOSIÇÕES GERAIS** ~~Art. 496.~~ São cabíveis os seguintes recursos: I - apelação; II - agravo; ~~III - embargos infringentes;~~ IV - embargos de declaração; V - recurso ordinário; VI - recurso especial; VII - recurso extraordinário; VIII - embargos de divergência ~~em recurso especial e em recurso extraordinário~~. ~~Art. 508.~~ Na apelação, nos embargos infringentes, no recurso ordinário, no recurso especial, no recurso extraordinário e nos embargos de divergência, o prazo para interpor e para responder é de 15 (~~quinze~~) dias. ~~Art. 497.~~ O recurso extraordinário e o recurso especial não impedem a execução da sentença; ~~a interposição do agravo de instrumento não obsta o andamento do processo, ressalvado o disposto no art. 558 desta Lei.~~ ~~Art. 499.~~ O recurso pode ser interposto pela parte vencida, pelo terceiro prejudicado e pelo Ministério Público. § ~~1º~~ Cumpre ao terceiro demonstrar ~~o nexo de interdependência entre o seu interesse de intervir e~~ a relação jurídica submetida à apreciação judicial.

Projeto do Novo CPC	CPC 1973
Art. 910. Cada parte interporá o recurso, independentemente, no prazo e observadas as exigências legais. Sendo, porém, vencidos autor e réu, ao recurso interposto por qualquer deles poderá aderir o outro. Parágrafo único. O recurso adesivo fica subordinado ao recurso principal, aplicando-se-lhe as mesmas regras do recurso independente quanto aos requisitos de admissibilidade, preparo e julgamento no tribunal, salvo disposição legal diversa, observado o seguinte: Ver art. 500 do CPC/73.	Art. 500. Cada parte interporá o recurso, independentemente, no prazo e observadas as exigências legais. Sendo, porém, vencidos autor e réu, ao recurso interposto por qualquer deles poderá aderir a outra parte. O recurso adesivo fica subordinado ao recurso principal e se rege pelas disposições seguintes:
I - será interposto perante a autoridade competente para admitir o recurso principal, no prazo de que a parte dispõe para responder;	I - será interposto perante a autoridade competente para admitir o recurso principal, no prazo de que a parte dispõe para responder;
II - será admissível na apelação, no recurso extraordinário e no recurso especial;	II - será admissível na apelação, nos embargos infringentes, no recurso extraordinário e no recurso especial;
III - não será conhecido, se houver desistência do recurso principal ou se for ele declarado inadmissível ou deserto.	III - não será conhecido, se houver desistência do recurso principal, ou se for ele declarado inadmissível ou deserto.
Art. 911. O recorrente poderá, a qualquer tempo, sem a anuência do recorrido ou dos litisconsortes, desistir do recurso. Parágrafo único. No julgamento de recursos repetitivos, a questão ou as questões jurídicas objeto do recurso representativo de controvérsia de que se desistiu serão decididas pelo Superior Tribunal de Justiça ou pelo Supremo Tribunal Federal.	Art. 501. O recorrente poderá, a qualquer tempo, sem a anuência do recorrido ou dos litisconsortes, desistir do recurso.
Art. 912. A renúncia ao direito de recorrer independe da aceitação da outra parte.	Art. 502. A renúncia ao direito de recorrer independe da aceitação da outra parte.
Art. 913. A parte que aceitar expressa ou tacitamente a sentença ou a decisão não poderá recorrer. Parágrafo único. Considera-se aceitação tácita a prática, sem reserva alguma, de um ato incompatível com a vontade de recorrer.	Art. 503. A parte, que aceitar expressa ou tacitamente a sentença ou a decisão, não poderá recorrer. Parágrafo único. Considera-se aceitação tácita a prática, sem reserva alguma, de um ato incompatível com a vontade de recorrer.
Art. 914. Dos despachos não cabe recurso.	Art. 504. Dos despachos não cabe recurso.
Art. 915. A sentença ou a decisão pode ser impugnada no todo ou em parte.	Art. 505. A sentença pode ser impugnada no todo ou em parte.
Art. 916. O prazo para a interposição do recurso, aplicável em todos os casos o disposto no art. 180, contar-se-á da data:	Art. 506. O prazo para a interposição do recurso, aplicável em todos os casos o disposto no art. 184 e seus parágrafos, contar-se-á da data:
I - da leitura da sentença ou da decisão em audiência;	I - da leitura da sentença em audiência;

Projeto do Novo CPC	CPC 1973
II - da intimação das partes, quando a sentença ou a decisão não for proferida em audiência;	II - da intimação às partes, quando a sentença não for proferida em audiência;
III - da publicação do dispositivo do acórdão no órgão oficial.	III - da publicação do dispositivo do acórdão no órgão oficial.
Parágrafo único. No prazo para a interposição do recurso, a petição será protocolada em cartório ou segundo a norma de organização judiciária, ressalvado o disposto no art. 930.	Parágrafo único. No prazo para a interposição do recurso, a petição será protocolada em cartório ou segundo a norma de organização judiciária, ressalvado o disposto no § 2º do art. 525 desta Lei.
Art. 917. Se, durante o prazo para a interposição do recurso, sobrevier o falecimento da parte ou de seu advogado ou ocorrer motivo de força maior que suspenda o curso do processo, será tal prazo restituído em proveito da parte, do herdeiro ou do sucessor, contra quem começará a correr novamente depois da intimação.	Art. 507. Se, durante o prazo para a interposição do recurso, sobrevier o falecimento da parte ou de seu advogado, ou ocorrer motivo de força maior, que suspenda o curso do processo, será tal prazo restituído em proveito da parte, do herdeiro ou do sucessor, contra quem começará a correr novamente depois da intimação.
Art. 918. O recurso interposto por um dos litisconsortes a todos aproveita, desde que comuns as questões de fato e de direito.	Art. 509. O recurso interposto por um dos litisconsortes a todos aproveita, salvo se distintos ou opostos os seus interesses.
Parágrafo único. Havendo solidariedade passiva, o recurso interposto por um devedor aproveitará aos outros, quando as defesas opostas ao credor lhes forem comuns.	Parágrafo único. Havendo solidariedade passiva, o recurso interposto por um devedor aproveitará aos outros, quando as defesas opostas ao credor lhes forem comuns.
Art. 919. Transitado em julgado o acórdão, o escrivão, independentemente de despacho, providenciará a baixa dos autos ao juízo de origem, no prazo de cinco dias.	Art. 510. Transitado em julgado o acórdão, o escrivão, ou secretário, independentemente de despacho, providenciará a baixa dos autos ao juízo de origem, no prazo de 5 (cinco) dias.
Art. 920. No ato de interposição do recurso, o recorrente comprovará, quando exigido pela legislação pertinente, o respectivo preparo, inclusive porte de remessa e de retorno, sob pena de deserção, observado o seguinte:	Art. 511. No ato de interposição do recurso, o recorrente comprovará, quando exigido pela legislação pertinente, o respectivo preparo, inclusive porte de remessa e de retorno, sob pena de deserção.
I - são dispensados de preparo os recursos interpostos pelo Ministério Público, pela União, pelo Distrito Federal, pelos Estados, pelos Municípios, e respectivas autarquias, e pelos que gozam de isenção legal.	§ 1º São dispensados de preparo os recursos interpostos pelo Ministério Público, pela União, pelos Estados e Municípios e respectivas autarquias, e pelos que gozam de isenção legal.
II - a insuficiência no valor do preparo implicará deserção, se o recorrente, intimado, não vier a supri-lo no prazo de cinco dias.	§ 2º A insuficiência no valor do preparo implicará deserção, se o recorrente, intimado, não vier a supri-lo no prazo de cinco dias.
Parágrafo único. Provando o recorrente justo impedimento, o relator relevará, por decisão irrecorrível, a pena de deserção.	Art. 519. Provando o apelante justo impedimento, o juiz relevará a pena de deserção, fixando-lhe prazo para efetuar o preparo.
Art. 921. O julgamento proferido pelo tribunal substituirá a decisão interlocutória ou a sentença impugnada no que tiver sido objeto de recurso.	Art. 512. O julgamento proferido pelo tribunal substituirá a sentença ou a decisão recorrida no que tiver sido objeto de recurso.

Projeto do Novo CPC	CPC 1973
Art. 922. Se o tribunal, por unanimidade, não admitir ou negar provimento ao recurso, o acórdão fixará novos honorários de sucumbência em favor do recorrido, observado o art. 73. Parágrafo único. Os honorários de que trata o caput são cumuláveis com multas e outras sanções processuais, inclusive a do art. 66.	
Capítulo II **DA APELAÇÃO**	**Capítulo II** **DA APELAÇÃO**
Art. 923. Da sentença cabe apelação. Parágrafo único. As questões resolvidas na fase cognitiva não ficam cobertas pela preclusão e devem ser suscitadas em preliminar de apelação, eventualmente interposta contra a decisão final.	~~Art. 513~~. Da sentença caberá apelação ~~(art. 267 e 269)~~.
Art. 924. A apelação, interposta por petição dirigida ao juízo de primeiro grau, conterá: I - os nomes e a qualificação das partes; II - os fundamentos de fato e de direito; III - o pedido de nova decisão.	~~Art. 514~~. A apelação, interposta por petição dirigida ao ~~juiz~~, conterá: I - os nomes e a qualificação das partes; II - os fundamentos de fato e de direito; III - o pedido de nova decisão.
Art. 925. A apelação devolverá ao tribunal o conhecimento da matéria impugnada § 1º Serão, porém, objeto de apreciação e julgamento pelo tribunal todas as questões suscitadas e discutidas no processo, resolvidas ou não pela sentença. § 2º Quando o pedido ou a defesa tiver mais de um fundamento e o juiz acolher apenas um deles, a apelação devolverá ao tribunal o conhecimento dos demais. § 3º Nos casos de sentença sem resolução de mérito e de nulidade por não observância dos limites do pedido, o tribunal deve decidir desde logo a lide se a causa versar sobre questão exclusivamente de direito ou estiver em condições de imediato julgamento.	~~Art. 515~~. A apelação devolverá ao tribunal o conhecimento da matéria impugnada. § 1º Serão, porém, objeto de apreciação e julgamento pelo tribunal todas as questões suscitadas e discutidas no processo, ainda que a sentença não as tenha julgado por inteiro. § 2º Quando o pedido ou a defesa tiver mais de um fundamento e o juiz acolher apenas um deles, a apelação devolverá ao tribunal o conhecimento dos demais. § 3º Nos casos de extinção do processo sem julgamento do mérito ~~(art. 267)~~, o tribunal ~~pode julgar~~ desde logo a lide, se a causa versar questão exclusivamente de direito ~~e~~ estiver em condições de imediato julgamento. ~~§ 4º~~ Constatando a ocorrência de nulidade sanável, o tribunal poderá determinar a realização ou renovação do ato processual, intimadas as partes; cumprida a diligência, sempre que possível prosseguirá o julgamento ~~da apelação.~~ Ver art. 858, § 1º, do Projeto.
Art. 926. A apelação será interposta e processada no juízo de primeiro grau; intimado o apelado e decorrido o prazo para resposta, os autos serão remetidos ao tribunal, onde será realizado o juízo de admissibilidade.	~~Art. 518~~. Interposta a apelação, o juiz, declarando os efeitos em que a recebe, mandará dar vista ao apelado para responder.

Projeto do Novo CPC	CPC 1973
Art. 927. As questões de fato não propostas no juízo inferior poderão ser suscitadas na apelação, se a parte provar que deixou de fazê-lo por motivo de força maior.	~~Art. 517~~. As questões de fato~~,~~ não propostas no juízo inferior~~,~~ poderão ser suscitadas na apelação, se a parte provar que deixou de fazê-lo por motivo de força maior.
Art. 928. Atribuído efeito suspensivo à apelação, o juiz não poderá inovar no processo; recebida sem efeito suspensivo, o apelado poderá promover, desde logo, a execução provisória da sentença.	~~Art. 521. Recebida a apelação em ambos os efeitos~~, o juiz não poderá inovar no processo; recebida ~~só no efeito devolutivo~~, o apelado poderá promover, desde logo, a execução provisória da sentença~~, extraindo a respectiva carta~~.
CAPÍTULO III **DO AGRAVO DE INSTRUMENTO**	**CAPÍTULO III** **DO AGRAVO**
Art. 929. Cabe agravo de instrumento contra as decisões interlocutórias: I - que versarem sobre tutelas de urgência ou da evidência; II - que versarem sobre o mérito da causa; III - proferidas na fase de cumprimento de sentença ou no processo de execução; IV - em outros casos expressamente referidos neste Código ou na lei. Parágrafo único. As questões resolvidas por outras decisões interlocutórias proferidas antes da sentença não ficam acobertadas pela preclusão, podendo ser impugnadas pela parte, em preliminar, nas razões ou contrarrazões de apelação.	~~Art. 522~~. Das decisões interlocutórias caberá agravo~~, no prazo de 10 (dez) dias, na forma retida, salvo quando se tratar de decisão suscetível de causar à parte lesão grave e de difícil reparação, bem como nos casos de inadmissão da apelação e nos relativos aos efeitos em que a apelação é recebida, quando será admitida a sua interposição por instrumento~~.
Art. 930. O agravo de instrumento será dirigido diretamente ao tribunal competente, por meio de petição com os seguintes requisitos: I - a exposição do fato e do direito; II - as razões do pedido de reforma da decisão e o próprio pedido; III - o nome e o endereço completo dos advogados constantes do processo.	~~Art. 524~~. O agravo de instrumento será dirigido diretamente ao tribunal competente, através de petição com os seguintes requisitos: I - a exposição do fato e do direito; II - as razões do pedido de reforma da decisão; III - o nome e o endereço completo dos advogados, constantes do processo.
Art. 931. A petição de agravo de instrumento será instruída: I - obrigatoriamente, com cópias da decisão agravada, da certidão da respectiva intimação ou outro documento oficial que comprove a tempestividade e das procurações outorgadas aos advogados do agravante e do agravado; II - facultativamente, com outras peças que o agravante entender úteis. § 1º Acompanhará a petição o comprovante do pagamento das respectivas custas e do porte de retorno, quando devidos, conforme tabela publicada pelos tribunais.	~~Art. 525~~. A petição de agravo de instrumento será instruída: I - obrigatoriamente, com cópias da decisão agravada, da certidão da respectiva intimação e das procurações outorgadas aos advogados do agravante e do agravado; II - facultativamente, com outras peças que o agravante entender úteis. § 1º Acompanhará a petição o comprovante do pagamento das respectivas custas e do porte de retorno, quando devidos, conforme tabela que será publicada pelos tribunais.

Projeto do Novo CPC	CPC 1973
§ 2º No prazo do recurso, a petição será protocolada no tribunal, postada no correio sob registro com aviso de recebimento ou interposta por outra forma prevista na lei local.	§ 2º No prazo do recurso, a petição será protocolada no tribunal, ou postada no correio sob registro com aviso de recebimento, ou, ainda, interposta por outra forma prevista na lei local.
Art. 932. O agravante requererá juntada aos autos do processo, de cópia da petição do agravo de instrumento e do comprovante de sua interposição, assim como a relação dos documentos que instruíram o recurso, com exclusivo objetivo de provocar a retratação.	Art. 526. O agravante, no prazo de 3 (três) dias, requererá juntada, aos autos do processo de cópia da petição do agravo de instrumento e do comprovante de sua interposição, assim como a relação dos documentos que instruíram o recurso.
Art. 933. Recebido o agravo de instrumento no tribunal e distribuído imediatamente, se não for o caso de julgamento monocrático, o relator: I - poderá atribuir efeito suspensivo ao recurso ou deferir, em antecipação de tutela, total ou parcialmente, a pretensão recursal, comunicando ao juiz sua decisão; II - mandará intimar o agravado, na mesma oportunidade, por ofício dirigido ao seu advogado, sob registro e com aviso de recebimento, para que responda no prazo de quinze dias, facultando-lhe juntar a documentação que entender conveniente, sendo que, nas comarcas sede de tribunal e naquelas em que o expediente forense for divulgado no diário oficial, a intimação far-se-á mediante publicação no respectivo órgão; III - determinará a intimação, preferencialmente por meio eletrônico, do Ministério Público, quando for caso de sua intervenção para que se pronuncie no prazo de dez dias. Parágrafo único. A decisão liminar, proferida na hipótese do inciso I, é irrecorrível.	Art. 527. Recebido o agravo de instrumento no tribunal, e distribuído *incontinenti*, o relator: [...] III - poderá atribuir efeito suspensivo ao recurso (art. 558), ou deferir, em antecipação de tutela, total ou parcialmente, a pretensão recursal, comunicando ao juiz sua decisão; [...] V - mandará intimar o agravado, na mesma oportunidade, por ofício dirigido ao seu advogado, sob registro e com aviso de recebimento, para que responda no prazo de 10 (dez) dias (art. 525, § 2º), facultando-lhe juntar a documentação que entender conveniente, sendo que, nas comarcas sede de tribunal e naquelas em que o expediente forense for divulgado no diário oficial, a intimação far-se-á mediante publicação no órgão oficial; VI - ultimadas as providências referidas nos incisos III a V do caput deste artigo, mandará ouvir o Ministério Público, se for o caso, para que se pronuncie no prazo de 10 (dez) dias. Parágrafo único. A decisão liminar, proferida nos casos dos incisos II e III do caput deste artigo, somente é passível de reforma no momento do julgamento do agravo, salvo se o próprio relator a reconsiderar.
Art. 934. Em prazo não superior a um mês da intimação do agravado, o relator pedirá dia para julgamento.	Art. 528. Em prazo não superior a 30 (trinta) dias da intimação do agravado, o relator pedirá dia para julgamento.
Art. 935. Se o juiz comunicar que reformou inteiramente a decisão, o relator considerará prejudicado o agravo.	Art. 529. Se o juiz comunicar que reformou inteiramente a decisão, o relator considerará prejudicado o agravo.
Capítulo IV **DO AGRAVO INTERNO** **Art. 936.** Ressalvadas as hipóteses expressamente previstas neste Código ou em lei, das decisões proferidas pelo relator caberá agravo interno para o respectivo órgão fracionário, observadas, quanto ao processamento, as regras dos regimentos internos dos tribunais.	

Projeto do Novo CPC	CPC 1973
Capítulo V **DOS EMBARGOS DE DECLARAÇÃO** **Art. 937.** Cabem embargos de declaração quando: I - houver, na decisão monocrática ou colegiada, obscuridade ou contradição; II - for omitido ponto sobre o qual devia pronunciar-se o juiz ou tribunal. Parágrafo único. Eventual efeito modificativo dos embargos de declaração somente poderá ocorrer em virtude da correção do vício, desde que ouvida a parte contrária no prazo de cinco dias. **Art. 938.** Os embargos serão opostos, no prazo de cinco dias, em petição dirigida ao juiz ou relator, com indicação do ponto obscuro, contraditório ou omisso, não estando sujeitos a preparo. **Art. 939.** O juiz julgará os embargos em cinco dias; nos tribunais, o relator apresentará os embargos em mesa na sessão subsequente, proferindo voto. Não havendo julgamento nessa sessão, será o recurso incluído em pauta. **Art. 940.** Consideram-se incluídos no acórdão os elementos que o embargante pleiteou, para fins de prequestionamento, ainda que os embargos de declaração não sejam admitidos, caso o tribunal superior considere existentes omissão, contradição ou obscuridade. **Art. 941.** Os embargos de declaração não têm efeito suspensivo e, salvo quando intempestivos, interrompem o prazo para a interposição de outros recursos por qualquer das partes. § 1º Quando manifestamente protelatórios os embargos, o juiz ou o tribunal condenará o embargante a pagar ao embargado multa não excedente a cinco por cento sobre o valor da causa. § 2º Não serão admitidos novos embargos declaratórios, se os anteriores houverem sido considerados protelatórios.	**Capítulo V** **DOS EMBARGOS DE DECLARAÇÃO** Art. 535. Cabem embargos de declaração quando: I - houver, na sentença ou no acórdão, obscuridade ou contradição; II - for omitido ponto sobre o qual devia pronunciar-se o juiz ou tribunal. Art. 536. Os embargos serão opostos, no prazo de 5 (cinco) dias, em petição dirigida ao juiz ou relator, com indicação do ponto obscuro, contraditório ou omisso, não estando sujeitos a preparo. Art. 537. O juiz julgará os embargos em 5 (cinco) dias; nos tribunais, o relator apresentará os embargos em mesa na sessão subseqüente, proferindo voto. Art. 538. Os embargos de declaração interrompem o prazo para a interposição de outros recursos, por qualquer das partes. Parágrafo único. Quando manifestamente protelatórios os embargos, o juiz ou o tribunal, declarando que o são, condenará o embargante a pagar ao embargado multa não excedente de 1% (um por cento) sobre o valor da causa. Na reiteração de embargos protelatórios, a multa é elevada a até 10% (dez por cento), ficando condicionada a interposição de qualquer outro recurso ao depósito do valor respectivo. Ver o art. 941, § 3º, do Projeto do Novo CPC.

Projeto do Novo CPC	CPC 1973
§ 3º A interposição de qualquer outro recurso fica condicionada ao depósito do valor de cada multa, ressalvados a Fazenda Pública e os beneficiários da gratuidade de justiça.	~~Parágrafo único. Quando manifestamente protelatórios os embargos, o juiz ou o tribunal, declarando que o são, condenará o embargante a pagar ao embargado multa não excedente de 1% (um por cento) sobre o valor da causa. Na reiteração de embargos protelatórios, a multa é elevada a até 10% (dez por cento),~~ ficando condicionada a interposição de qualquer outro recurso ao depósito do valor respectivo. Ver o art. 941, § 1º, do Projeto do Novo CPC.
Capítulo VI **DOS RECURSOS PARA O SUPREMO TRIBUNAL FEDERAL E PARA O SUPERIOR TRIBUNAL DE JUSTIÇA**	**CAPÍTULO VI** **DOS RECURSOS PARA O SUPREMO TRIBUNAL FEDERAL E O SUPERIOR TRIBUNAL DE JUSTIÇA**
Seção I Do Recurso Ordinário	Seção I Dos Recursos Ordinários
Art. 942. Serão julgados em recurso ordinário: I - pelo Supremo Tribunal Federal, os mandados de segurança, os habeas data e os mandados de injunção decididos em única instância pelos tribunais superiores, quando denegatória a decisão; V. art. 102, II, da CF/88 II - pelo Superior Tribunal de Justiça: V. art. 105, II, da CF/88 a) os mandados de segurança decididos em única instância pelos Tribunais Regionais Federais ou pelos Tribunais dos Estados e do Distrito Federal e Territórios, quando denegatória a decisão; b) as causas em que forem partes, de um lado, Estado estrangeiro ou organismo internacional e, do outro, Município ou pessoa residente ou domiciliada no País. Parágrafo único. Nas causas referidas no inciso II, alínea b, caberá agravo das decisões interlocutórias.	~~Art. 539.~~ Serão julgados em recurso ordinário: I - pelo Supremo Tribunal Federal, os mandados de segurança, os habeas data e os mandados de injunção decididos em única instância pelos Tribunais superiores, quando denegatória a decisão; II - pelo Superior Tribunal de Justiça: a) os mandados de segurança decididos em única instância pelos Tribunais Regionais Federais ou pelos Tribunais dos Estados e do Distrito Federal e Territórios, quando denegatória a decisão; b) as causas em que forem partes, de um lado, Estado estrangeiro ou organismo internacional e, do outro, Município ou pessoa residente ou domiciliada no País. Parágrafo único. Nas causas referidas no inciso II, alínea b, caberá agravo das decisões interlocutórias.
Art. 943. Ao recurso mencionado no art. 942 aplica-se, quanto aos requisitos de admissibilidade e ao procedimento no juízo de origem, as disposições relativas à apelação, observando-se, no Supremo Tribunal Federal e no Superior Tribunal de Justiça, o disposto nos seus regimentos internos.	~~Art. 540.~~ Aos recursos mencionados no artigo anterior aplica-se, quanto aos requisitos de admissibilidade e ao procedimento no juízo de origem, ~~o disposto nos Capítulos II e III deste Título~~, observando-se, no Supremo Tribunal Federal e no Superior Tribunal de Justiça, o disposto nos seus regimentos internos.
Seção II Do Recurso Extraordinário e do Recurso Especial	Seção II Do Recurso Extraordinário e do Recurso Especial
Subseção I Disposições gerais	

Projeto do Novo CPC	CPC 1973
Art. 944. O recurso extraordinário e o recurso especial, nos casos previstos na Constituição da República, serão interpostos perante o presidente ou o vice-presidente do tribunal recorrido, em petições distintas que conterão: V. arts. 102, III, e 105, III, da CF/88 I - a exposição do fato e do direito; II - a demonstração do cabimento do recurso interposto; III - as razões do pedido de reforma da decisão recorrida. § 1º Quando o recurso fundar-se em dissídio jurisprudencial, o recorrente fará a prova da divergência mediante certidão, cópia ou citação do repositório de jurisprudência, oficial ou credenciado, inclusive em mídia eletrônica, em que tiver sido publicada a decisão divergente, ou ainda pela reprodução de julgado disponível na Internet, com indicação da respectiva fonte, mencionando, em qualquer caso, as circunstâncias que identifiquem ou assemelhem os casos confrontados. § 2º Quando o recurso tempestivo for inadmissível por defeito formal que não se repute grave, o Superior Tribunal de Justiça e o Supremo Tribunal Federal poderão desconsiderar o vício e julgar o mérito de casos repetitivos ou sempre que a decisão da questão de mérito contribua para o aperfeiçoamento do sistema jurídico. § 3º Quando, por ocasião de incidente de resolução de demandas repetitivas, o presidente do Supremo Tribunal Federal ou do Superior Tribunal de Justiça receber requerimento de suspensão de processos em que se discuta questão federal constitucional ou infraconstitucional, poderá, considerando razões de segurança jurídica ou de excepcional interesse social, estender a eficácia da medida a todo o território nacional, até ulterior decisão do recurso extraordinário ou do recurso especial eventualmente interposto.	Art. 541. O recurso extraordinário e o recurso especial, nos casos previstos na Constituição Federal, serão interpostos perante o presidente ou o vice-presidente do tribunal recorrido, em petições distintas, que conterão: I - a exposição do fato e do direito; II - a demonstração do cabimento do recurso interposto; III - as razões do pedido de reforma da decisão recorrida. Parágrafo único. Quando o recurso fundar-se em dissídio jurisprudencial, o recorrente fará a prova da divergência mediante certidão, cópia autenticada ou pela citação do repositório de jurisprudência, oficial ou credenciado, inclusive em mídia eletrônica, em que tiver sido publicada a decisão divergente, ou ainda pela reprodução de julgado disponível na Internet, com indicação da respectiva fonte, mencionando, em qualquer caso, as circunstâncias que identifiquem ou assemelhem os casos confrontados.
Art. 945. Recebida a petição pela secretaria do tribunal, o recorrido será intimado, abrindo-se-lhe vista, para apresentar contrarrazões. Parágrafo único. Findo esse prazo, serão os autos conclusos para admissão ou não do recurso, no prazo de quinze dias, em decisão fundamentada.	Art. 542. Recebida a petição pela secretaria do tribunal, será intimado o recorrido, abrindo-se-lhe vista, para apresentar contra-razões. § 1º Findo esse prazo, serão os autos conclusos para admissão ou não do recurso, no prazo de 15 (quinze) dias, em decisão fundamentada.
Art. 946. Admitidos ambos os recursos, os autos serão remetidos ao Superior Tribunal de Justiça. § 1º Concluído o julgamento do recurso especial, os autos serão remetidos ao Supremo Tribunal Federal, para apreciação do recurso extraordinário, se este não estiver prejudicado.	Art. 543. Admitidos ambos os recursos, os autos serão remetidos ao Superior Tribunal de Justiça. § 1º Concluído o julgamento do recurso especial, serão os autos remetidos ao Supremo Tribunal Federal, para apreciação do recurso extraordinário, se este não estiver prejudicado.

Projeto do Novo CPC	CPC 1973
§ 2º Se o relator do recurso especial considerar prejudicial o recurso extraordinário, em decisão irrecorrível sobrestará o julgamento e remeterá os autos ao Supremo Tribunal Federal.	§ 2º Na hipótese de o relator do recurso especial considerar que o recurso extraordinário é prejudicial àquele, em decisão irrecorrível sobrestará o ~~seu~~ julgamento e remeterá os autos ao Supremo Tribunal Federal, ~~para o julgamento do recurso extraordinário~~.
§ 3º Na hipótese do § 2º, se o relator do recurso extraordinário, em decisão irrecorrível, rejeitar a prejudicialidade, devolverá os autos ao Superior Tribunal de Justiça, para o julgamento do recurso especial.	§ 3º No caso do parágrafo anterior, se o relator do recurso extraordinário, em decisão irrecorrível, não o considerar prejudicial, devolverá os autos ao Superior Tribunal de Justiça, para o julgamento do recurso especial.
Art. 947. Se o relator, no Superior Tribunal de Justiça, entender que o recurso especial versa questão constitucional, deverá remeter o recurso ao Supremo Tribunal Federal, que procederá à sua admissibilidade ou o devolverá ao Superior Tribunal de Justiça, por decisão irrecorrível.	
Art. 948. Se o relator, no Supremo Tribunal Federal, entender que o recurso extraordinário versa sobre questão legal, sendo indireta a ofensa à Constituição da República, os autos serão remetidos ao Superior Tribunal de Justiça para julgamento, por decisão irrecorrível.	
Art. 949. Sendo o recurso extraordinário ou especial decidido com base em uma das causas de pedir ou em uma das razões de defesa, o Superior Tribunal de Justiça ou o Supremo Tribunal Federal examinará as demais, independentemente da interposição de outro recurso.	
§ 1º Se a competência for do outro Tribunal Superior, haverá remessa, nos termos do art. 948.	
§ 2º Se a observância do caput deste artigo depender do exame de prova já produzida, os autos serão remetidos de ofício ao tribunal de origem, para decisão; havendo necessidade da produção de provas, far-se-á a remessa ao primeiro grau.	
Art. 950. O Supremo Tribunal Federal, em decisão irrecorrível, não conhecerá do recurso extraordinário, quando a questão constitucional nele versada não oferecer repercussão geral, nos termos deste artigo. Ver art. 102, § 3º, da CF/88.	~~Art. 543-A~~. O Supremo Tribunal Federal, em decisão irrecorrível, não conhecerá do recurso extraordinário, quando a questão constitucional nele versada não oferecer repercussão geral, nos termos deste artigo.
§ 1º Para efeito da repercussão geral, será considerada a existência, ou não, de questões relevantes do ponto de vista econômico, político, social ou jurídico, que ultrapassem os interesses subjetivos da causa.	§ 1º Para efeito da repercussão geral, será considerada a existência, ou não, de questões relevantes do ponto de vista econômico, político, social ou jurídico, que ultrapassem os interesses subjetivos da causa.
§ 2º O recorrente deverá demonstrar, para apreciação exclusiva do Supremo Tribunal Federal, a existência da repercussão geral.	§ 2º O recorrente deverá demonstrar, ~~em preliminar do recurso,~~ para apreciação exclusiva do Supremo Tribunal Federal, a existência da repercussão geral.
§ 3º Haverá repercussão geral sempre que o recurso impugnar decisão contrária a súmula ou jurisprudência dominante do Supremo Tribunal Federal ou à tese fixada em julgamento de casos repetitivos, na forma deste Código.	§ 3º Haverá repercussão geral sempre que o recurso impugnar decisão contrária a súmula ou jurisprudência dominante do Tribunal. [...]

Projeto do Novo CPC	CPC 1973
§ 4º Negada a repercussão geral, a decisão valerá para todos os recursos sobre matéria idêntica, que serão indeferidos liminarmente, salvo revisão da tese, tudo nos termos do Regimento Interno do Supremo Tribunal Federal. § 5º O Relator poderá admitir, na análise da repercussão geral, a manifestação de terceiros, subscrita por procurador habilitado, nos termos do Regimento Interno do Supremo Tribunal Federal. § 6º A súmula da decisão sobre a repercussão geral constará de ata, que será publicada no diário oficial e valerá como acórdão. § 7º No caso do recurso extraordinário processado na forma da Seção III deste Capítulo, negada a existência de repercussão geral no recurso representativo da controvérsia, os recursos sobrestados considerar-se-ão automaticamente não admitidos.	§ 5º Negada a existência da repercussão geral, a decisão valerá para todos os recursos sobre matéria idêntica, que serão indeferidos liminarmente, salvo revisão da tese, tudo nos termos do Regimento Interno do Supremo Tribunal Federal. § 6º O Relator poderá admitir, na análise da repercussão geral, a manifestação de terceiros, subscrita por procurador habilitado, nos termos do Regimento Interno do Supremo Tribunal Federal. § 7º A Súmula da decisão sobre a repercussão geral constará de ata, que será publicada no Diário Oficial e valerá como acórdão.
Art. 951. Não admitido o recurso extraordinário ou o recurso especial, caberá agravo de instrumento, no prazo de quinze dias, para o Supremo Tribunal Federal ou para o Superior Tribunal de Justiça, conforme o caso. § 1º O agravo de instrumento será instruído com as peças apresentadas pelas partes, devendo constar obrigatoriamente, sob pena de não conhecimento, cópias do acórdão recorrido, da certidão da respectiva intimação, da petição de interposição do recurso denegado, das contrarrazões, da decisão agravada, da certidão da respectiva intimação e das procurações outorgadas aos advogados do agravante e do agravado. As cópias das peças do processo poderão ser declaradas autênticas pelo próprio advogado, sob sua responsabilidade pessoal. § 2º A petição de agravo será dirigida à presidência do tribunal de origem, não dependendo do pagamento de custas e despesas postais. O agravado será intimado, de imediato, para, no prazo de quinze dias, oferecer resposta, podendo instruí-la com cópias das peças que entender convenientes. Em seguida, subirá o agravo ao tribunal superior, onde será processado na forma regimental. § 3º Se o acórdão recorrido estiver em divergência com súmula ou jurisprudência dominante do próprio tribunal ou com decisão proferida em julgamento de casos repetitivos, na forma deste Código, o relator poderá: I - conhecer do agravo para dar provimento ao próprio recurso extraordinário ou especial; II - se o instrumento contiver os elementos necessários ao julgamento do mérito, determinar sua conversão, observando-se, daí em diante, o procedimento relativo ao recurso extraordinário ou especial. Ver art.544, §3º do CPC/73, desmembrado.	Art. 544. Não admitido o recurso extraordinário ou o recurso especial, caberá agravo de instrumento, no prazo de 10 (dez) dias, para o Supremo Tribunal Federal ou para o Superior Tribunal de Justiça, conforme o caso. § 1º O agravo de instrumento será instruído com as peças apresentadas pelas partes, devendo constar obrigatoriamente, sob pena de não conhecimento, cópias do acórdão recorrido, da certidão da respectiva intimação, da petição de interposição do recurso denegado, das contrarrazões, da decisão agravada, da certidão da respectiva intimação e das procurações outorgadas aos advogados do agravante e do agravado. As cópias das peças do processo poderão ser declaradas autênticas pelo próprio advogado, sob sua responsabilidade pessoal. § 2º A petição de agravo será dirigida à presidência do tribunal de origem, não dependendo do pagamento de custas e despesas postais. O agravado será intimado, de imediato, para no prazo de 10 (dez) dias oferecer resposta, podendo instruí-la com cópias das peças que entender conveniente. Em seguida, subirá o agravo ao tribunal superior, onde será processado na forma regimental. § 3º Poderá o relator, se o acórdão recorrido estiver em confronto com a súmula ou jurisprudência dominante do Superior Tribunal de Justiça, conhecer do agravo para dar provimento ao próprio recurso especial; poderá ainda, se o instrumento contiver os elementos necessários ao julgamento do mérito, determinar sua conversão, observando-se, daí em diante, o procedimento relativo ao recurso especial.

Projeto do Novo CPC	CPC 1973
§ 4º O disposto no § 3º aplica-se ao agravo de instrumento contra denegação de recurso extraordinário, salvo quando, na mesma causa, houver recurso especial admitido e que deva ser julgado em primeiro lugar.	§ 4º O disposto no parágrafo anterior aplica-se também ao agravo de instrumento contra denegação de recurso extraordinário, salvo quando, na mesma causa, houver recurso especial admitido e que deva ser julgado em primeiro lugar.
Art. 952. Da decisão do relator que não admitir o agravo de instrumento, negar-lhe provimento ou reformar o acórdão recorrido, caberá agravo no prazo de quinze dias ao órgão competente para o julgamento do recurso.	Art. 545. Da decisão do relator que não admitir o agravo de instrumento, negar-lhe provimento ou reformar o acórdão recorrido, caberá agravo no prazo de cinco dias, ao órgão competente para o julgamento do recurso, observado o disposto nos §§ 1º e 2º do art. 557.
Subseção II **Do julgamento dos recursos extraordinário e especial repetitivos** **Art. 953.** Sempre que houver multiplicidade de recursos com fundamento em idêntica questão de direito, o recurso extraordinário ou o recurso especial será processado nos termos deste artigo, observado o disposto no regimento interno do Supremo Tribunal Federal e do Superior Tribunal de Justiça. Ver o art. 543-B, "caput", do CPC/73.	Art. 543-C. Quando houver multiplicidade de recursos com fundamento em idêntica questão de direito, o recurso especial será processado nos termos deste artigo.
Art. 954. Caberá ao presidente do tribunal de origem selecionar um ou mais recursos representativos da controvérsia, os quais serão encaminhados ao Supremo Tribunal Federal ou ao Superior Tribunal de Justiça independentemente de juízo de admissibilidade, ficando suspensos os demais recursos até o pronunciamento definitivo do tribunal superior. Ver o art. 543-B, § 1º, do CPC/73.	§ 1º Caberá ao presidente do tribunal de origem admitir um ou mais recursos representativos da controvérsia, os quais serão encaminhados ao Superior Tribunal de Justiça, ficando suspensos os demais recursos especiais até o pronunciamento definitivo do Superior Tribunal de Justiça.
§ 1º Não adotada a providência descrita no caput, o relator, no tribunal superior, ao identificar que sobre a questão de direito já existe jurisprudência dominante ou que a matéria já está afeta ao colegiado, poderá determinar a suspensão dos recursos nos quais a controvérsia esteja estabelecida.	§ 2º Não adotada a providência descrita no § 1º deste artigo, o relator no Superior Tribunal de Justiça, ao identificar que sobre a controvérsia já existe jurisprudência dominante ou que a matéria já está afeta ao colegiado, poderá determinar a suspensão, nos tribunais de segunda instância, dos recursos nos quais a controvérsia esteja estabelecida.
§ 2º Os processos em que se discute idêntica controvérsia de direito e que estiverem em primeiro grau de jurisdição ficam suspensos por período não superior a doze meses, salvo decisão fundamentada do relator.	
§ 3º Ficam também suspensos, no tribunal superior e nos de segundo grau de jurisdição, os recursos que versem sobre idêntica controvérsia, até a decisão do recurso representativo da controvérsia.	

Projeto do Novo CPC	CPC 1973
Art. 955. O Relator poderá requisitar informações aos tribunais inferiores a respeito da controvérsia; cumprida a diligência, se for o caso, intimará o Ministério Público para se manifestar. Ver art. 543, § 5º do CPC/73.	§ 3º O relator poderá solicitar informações, a serem prestadas no prazo de quinze dias, aos tribunais federais ou estaduais a respeito da controvérsia. § 5º Recebidas as informações e, se for o caso, após cumprido o disposto no § 4º deste artigo, terá vista o Ministério Público pelo prazo de quinze dias.
§ 1º. Os prazos respectivos são de quinze dias e os atos serão praticados, sempre que possível, por meio eletrônico. Ver prazos dos arts. 543, §§ 3º e 5º do CPC/73.	
§ 2º O relator, conforme dispuser o Regimento Interno, e considerando a relevância da matéria, poderá solicitar ou admitir manifestação de pessoas, órgãos ou entidades com interesse na controvérsia. Ver o art. 543-A, § 6º, do CPC/73.	§ 4º O relator, conforme dispuser o regimento interno do Superior Tribunal de Justiça e considerando a relevância da matéria, poderá admitir manifestação de pessoas, órgãos ou entidades com interesse na controvérsia.
§ 3º Transcorrido o prazo para o Ministério Público e remetida cópia do relatório aos demais Ministros, o processo será incluído em pauta, devendo ser julgado com preferência sobre os demais feitos, ressalvados os que envolvam réu preso e os pedidos de habeas corpus.	§ 6º Transcorrido o prazo para o Ministério Público e remetida cópia do relatório aos demais Ministros, o processo será incluído em pauta na seção ou na Corte Especial, devendo ser julgado com preferência sobre os demais feitos, ressalvados os que envolvam réu preso e os pedidos de habeas corpus.
Art. 956. Sendo decidido o recurso representativo da controvérsia, os demais órgãos fracionários ou declararão prejudicados os recursos versando sobre idêntica controvérsia ou os decidirão aplicando a tese. Ver art. 543-B, §§ 2º, 3º e 4º do CPC/73.	
Art. 957. Publicado o acórdão, os recursos sobrestados na origem:	§ 7º Publicado o acórdão do Superior Tribunal de Justiça, os recursos especiais sobrestados na origem:
I - não terão seguimento se o acórdão recorrido coincidir com a orientação da instância superior; ou	I - terão seguimento denegado na hipótese de o acórdão recorrido coincidir com a orientação do Superior Tribunal de Justiça; ou
II - serão novamente julgados pelo tribunal de origem, observando-se a tese firmada, independentemente de juízo de admissibilidade, na hipótese de o acórdão recorrido divergir da orientação da instância superior.	II - serão novamente examinados pelo tribunal de origem na hipótese de o acórdão recorrido divergir da orientação do Superior Tribunal de Justiça.
Art. 958. Sobrevindo, durante a suspensão dos processos, decisão da instância superior a respeito do mérito da controvérsia, o juiz proferirá sentença e aplicará a tese firmada.	
Parágrafo único. A parte poderá desistir da ação em curso no primeiro grau de jurisdição, se a questão nela discutida for idêntica à resolvida pelo recurso representativo da controvérsia. Se a desistência ocorrer antes de oferecida a contestação, a parte ficará isenta do pagamento de custas e de honorários de sucumbência.	

Projeto do Novo CPC	CPC 1973
Seção III **Dos Embargos de Divergência** **Art. 959.** É embargável a decisão de turma que: I - em recurso especial, divergir do julgamento de outra turma, da seção ou do órgão especial, sendo as decisões, embargada e paradigma, de mérito; II - em recurso especial, divergir do julgamento de outra turma, da seção ou do órgão especial, sendo as decisões, embargada e paradigma, relativas ao juízo de admissibilidade; III - em recurso especial, divergir do julgamento de outra turma, da seção ou do órgão especial, sendo uma decisão de mérito e outra que não tenha conhecido do recurso, embora tenha apreciado a controvérsia; IV - nas causas de competência originária, divergir do julgamento de outra turma, seção ou do órgão especial. § 1º Poderão ser confrontadas teses jurídicas contidas em julgamentos de recursos e de ações de competência originária. § 2º Aplica-se, no que couber, ao recurso extraordinário e aos processos de competência do Supremo Tribunal Federal o disposto neste artigo. **Art. 960.** No recurso de embargos de divergência, será observado o procedimento estabelecido no regimento interno. Parágrafo único. Na pendência de embargos de divergência de decisão proferida em recurso especial, não corre prazo para interposição de eventual recurso extraordinário.	~~Art. 546~~. É embargável a decisão da turma que: I - em recurso especial, divergir do julgamento de outra turma, da seção ou do órgão especial; ~~II - em recurso extraordinário, divergir do julgamento da outra turma ou do plenário.~~ ~~Parágrafo único.~~ Observar-se-á, no recurso de embargos, o procedimento estabelecido no regimento interno.
Livro V **DAS DISPOSIÇÕES FINAIS E TRANSITÓRIAS** **Art. 961.** Este Código entra em vigor decorrido um ano da data de sua publicação oficial. **Art. 962.** Ao entrar em vigor este Código, suas disposições se aplicarão desde logo aos processos pendentes, ficando revogado o Código de Processo Civil instituído pela Lei nº 5.869, de 11 de janeiro de 1973. § 1º Permanecem em vigor as disposições especiais dos procedimentos regulados em outras leis, aos quais se aplicará supletivamente este Código. § 2º As remissões a disposições do Código de Processo Civil revogado, existentes em outras leis, passam a referir-se às que lhes são correspondentes neste Código.	**LIVRO V** **DAS DISPOSIÇÕES FINAIS E TRANSITÓRIAS** ~~Art. 1.211. Este Código regerá o processo civil em todo o território brasileiro.~~ Ao entrar em vigor, suas disposições aplicar-se-ão desde logo aos processos pendentes.

Projeto do Novo CPC	CPC 1973
Art. 963. A extensão da coisa julgada às questões prejudiciais somente se dará em causas ajuizadas depois do início da vigência do presente Código, aplicando-se às anteriores o disposto nos arts. 5º, 325 e 470 do Código revogado. **Art. 964.** Nos tribunais em que ainda não tiver sido instituído o Diário da Justiça Eletrônico, a publicação de editais observará as normas anteriores ao início da vigência deste Código. **Art. 965.** As disposições de direito probatório adotadas neste Código aplicam-se apenas às provas que tenham sido requeridas ou determinadas de ofício a partir da data de início da sua vigência.	
Art. 966. Os procedimentos judiciais em que figure como parte ou interessado pessoa com idade igual ou superior a sessenta anos, ou portadora de doença grave, terão prioridade de tramitação em todas as instâncias. § 1º A pessoa interessada na obtenção do benefício, juntando prova de sua condição, deverá requerê-lo à autoridade judiciária competente para decidir o feito, que determinará ao cartório do juízo as providências a serem cumpridas. § 2º Deferida a prioridade, os autos receberão identificação própria que evidencie o regime de tramitação prioritária. § 3º Concedida a prioridade, essa não cessará com a morte do beneficiado, estendendo-se em favor do cônjuge supérstite, companheiro, em união estável.	~~Art. 1.211-A~~. Os procedimentos judiciais em que figure como parte ou interessado pessoa com idade igual ou superior a ~~60 (sessenta)~~ anos, ou portadora de doença grave, terão prioridade de tramitação em todas as instâncias. ~~Art. 1.211-B~~. A pessoa interessada na obtenção do benefício, juntando prova de sua condição, deverá requerê-lo à autoridade judiciária competente para decidir o feito, que determinará ao cartório do juízo as providências a serem cumpridas. § ~~1º~~ Deferida a prioridade, os autos receberão identificação própria que evidencie o regime de tramitação prioritária. ~~Art. 1.211-C~~. Concedida a prioridade, essa não cessará com a morte do beneficiado, estendendo-se em favor do cônjuge supérstite, companheiro ~~ou companheira~~, em união estável.
Art. 967. Os autos poderão ser eliminados por incineração, destruição mecânica ou por outro meio adequado, findo o prazo de cinco anos, contado da data do arquivamento, publicando-se previamente no órgão oficial e em jornal local, onde houver, aviso aos interessados, com o prazo de um mês. § 1º As partes e os interessados podem requerer, às suas expensas, o desentranhamento dos documentos que juntaram aos autos ou cópia total ou parcial do feito. § 2º Se, a juízo da autoridade competente, houver nos autos documentos de valor histórico, serão estes recolhidos ao arquivo público. **Art. 968.** Os procedimentos mencionados no art. 1.218 do Código revogado e ainda não incorporados por lei submetem-se ao procedimento comum previsto neste Código.	~~Art. 1.215~~. Os autos poderão ser eliminados por incineração, destruição mecânica ou por outro meio adequado, findo o prazo de ~~5 (cinco)~~ anos, contado da data do arquivamento, publicando-se previamente no órgão oficial e em jornal local, onde houver, aviso aos interessados, com o prazo de ~~30 (trinta)~~ dias. § 1º É lícito, porém, às partes e interessados requerer, às suas expensas, o desentranhamento dos documentos que juntaram aos autos, ou ~~a microfilmagem~~ total ou parcial do feito. § 2º Se, a juízo da autoridade competente, houver, nos autos, documentos de valor histórico, serão eles recolhidos ao Arquivo Público.

Projeto do Novo CPC	CPC 1973
Art. 969. Sempre que a lei material remeter a procedimento descrito na lei processual sem discriminá-lo, será observado o procedimento comum previsto neste Código.	
Art. 970. Até que se edite lei para regular a insolvência do devedor civil, permanecerão em vigor as disposições do Título IV do Livro II do Código revogado, observado o disposto neste artigo. § 1º Serão considerados devedores civis: I - pessoa física que nunca exerceu atividade empresarial em nome individual; II - pessoa física que já encerrou a atividade empresarial há mais de dois anos; III - espólio de devedor não empresário; IV - associação, fundação e sociedade não empresária; V - sociedade de natureza civil, irregular ou de fato. § 2º Não se consideram devedores civis o empresário e a sociedade empresária. § 3º Aprovado o quadro de credores, com estes poderá acordar o devedor insolvente, propondo-lhes a forma de pagamento; não havendo oposição da maioria, o juiz aprovará a proposta por sentença. § 4º Para o fim do disposto no § 3º, o juiz poderá promover, a requerimento do devedor, uma assembléia geral dos credores habilitados, para ser apreciada e deliberada proposta de solução negociada para os créditos em concurso, que crie condições viáveis de preservação, no todo ou em parte, do patrimônio do insolvente e que permita a continuidade dos seus negócios. § 5º Os poderes de aprovação e veto da assembléia geral de credores reger-se-ão, no que couber, pela Lei nº 11.101, de 9 de fevereiro de 2005, cujas disposições aplicam-se subsidiariamente à execução por quantia certa contra devedor insolvente.	

Procedimentos para Consulta

CPC de 1973 (texto integral)

O **Código de Processo Civil de 1973** consta na íntegra.

CÓDIGO DE PROCESSO CIVIL

LEI Nº 5.869, DE 11 DE JANEIRO DE 1973
(DOU 17.01.73)

Livro I
~~DO PROCESSO DE CONHECIMENTO~~

TÍTULO I
~~DA~~ JURISDIÇÃO E ~~DA~~ AÇÃO

Capítulo I
~~DA JURISDIÇÃO~~

Art. 1ª A jurisdição civil, ~~contenciosa e voluntária,~~ é exercida pelos juízes, em todo o território na

~~Art. 8º~~ Os incapazes serão representados ou assistidos por seus pais, tutores ou curadores, na forma da lei ~~civil~~.
~~Art. 9º~~ O juiz <u>dará</u> curador especial:
I ao incapaz, se não tiver representante legal, ou se os interesses deste colidirem com os daquele;
II ao réu preso, bem como ao revel citado por edital ou com hora certa.
Parágrafo único. Nas comarcas onde houver representante judicial de incapazes ou de ausentes, a este <u>competirá</u> a função de curador especial.

Os termos **sublinhados** possuem correspondência parcial no *Projeto do Novo CPC*.

§ 2º O valor da indenização será desde logo fixado pelo juiz, em quantia não superior a 20% ~~(vinte por cento)~~ sobre o valor da causa, ou liquidado por arbitramento

Seção III
<u>Das Despesas e das Multas</u>

~~Art. 19.~~ Salvo as disposições concernentes à justiça ~~gratuita~~, cabe às partes prover as despesas dos atos que realizam ou requerem no processo, antecipando-lhes o pagamento desde o início até sentença final; e bem ainda, na execução, até a plena satisfação do direito declarado pela sentença.
~~§ 1º O pagamento de que trata este artigo será feito por ocasião de cada ato processual.~~
§ 2º Compete ao autor adiantar as despesas relativas a atos, cuja realização o juiz determinar de ofício ou a requerimento do Ministério Público.

Nota: O Projeto do Novo CPC transformou o § 1º do art. 20 em dispositivo autônomo.

~~Art. 20.~~ A sentença condenará o vencido a pagar ao vencedor as despesas que antecipou e os honorários advocatícios. Esta verba honorária será devida, também, nos casos em que o advogado funcionar em causa própria.

Os termos **tachados (riscados)** foram suprimidos, **não** possuindo correspondência parcial no *Projeto do Novo CPC*.

Nota: O § 4º foi inserido antes do § 3º, porque o Projeto inverteu os dispositivos, do contrário não seria possível a comparação.

§ 4º Nas causas ~~de pequeno valor, nas de valor~~ inestimável, ~~naquelas em que não houver condenação~~ ou for vencida a Fazenda Pública, e nas execuções, ~~embargadas ou não~~, os honorários serão fixados <u>consoante apreciação equitativa do juiz</u>, atendidas as normas das alíneas a, b e c do parágrafo anterior.
§ 5º Nas ações de indenização por ato ilícito contra pessoa, o valor da condenação será a soma das prestações vencidas com o capital necessário a produzir a renda correspondente às prestações vincendas ~~(art. 602)~~, podendo estas ser pagas, também mensalmente, ~~na forma do § 2º do referido art. 602~~, inclusive em consignação na folha de pagamentos do devedor.
~~Art. 21.~~ Se cada litigante for em parte vencedor e vencido, serão recíproca e proporcionalmente <u>distribuídos</u> ~~e compensados~~ entre eles os honorários e as despesas.
Parágrafo único. ~~Se um litigante decair de parte mínima do pedido, o outro responderá, por inteiro, pelas despesas e honorários.~~
~~Art. 22.~~ O réu que, por não argüir na sua resposta fato impeditivo, modificativo ou extintivo do

---

intentar nova ação contra o réu com o mesmo objeto, ficando-lhe ressalvada, entretanto, a possibilidade de alegar em defesa o seu direito.

Nota: Ver arts. 468, caput e §2º do Projeto do Novo CPC.

~~Art. 269.~~ Haverá resolução de mérito:
I - ~~quando~~ o juiz acolher ou rejeitar o pedido do autor;
II - ~~quando~~ o réu reconhecer a procedência do pedido;
III - ~~quando~~ as partes transigirem;
IV - ~~quando~~ o juiz pronunciar a decadência ou a prescrição;
V - ~~quando~~ o autor renunciar ao direito sobre <u>que</u> se funda a ação.

Título VII
~~Do Processo~~ e do Procedimento

Capítulo I
Das Disposições Gerais

~~Art. 270. Este Código regula o processo de conhecimento (Livro I), de execução (Livro II), cautelar (Livro III) e os procedimentos especiais (Livro IV).~~

~~Art. 271.~~ Aplica-se a todas as causas o procedimento comum, salvo disposição em contrário deste Código ou de lei ~~especial~~.

~~quando houver perigo de irreversibilidade do provimento antecipado.~~
§ 3ª A efetivação <u>da tutela antecipada observará, no que couber e conforme sua natureza, as normas previstas nos arts. 588, 461, §§ 4º e 5º e 461-A.</u>

OBS: O Projeto transformou o parágrafo em artigo.

~~§ 4º~~ <u>A tutela antecipada poderá ser revogada ou modificada a qualquer tempo,</u> em decisão fundamentada.
~~§ 5º Concedida ou não a antecipação da tutela, prosseguirá o processo até final julgamento.~~
~~§ 6º A tutela antecipada também poderá ser concedida quando~~ um ou mais dos pedidos cumulados, ou parcela deles, mostrar-se incontroverso.

Nota: O Projeto do Novo CPC transformou o parágrafo em dispositivo autônomo.

~~§ 7º Se o autor, a título de antecipação de tutela, requerer providência de natureza cautelar, poderá o juiz, quando presentes os respectivos pressupostos, deferir a medida cautelar em caráter incidental do processo ajuizado.~~

Capítulo II
~~Do Procedimento Ordinário~~

~~Art. 274. O procedimento ordinário reger-se-á segundo as disposições dos Livros I e II deste~~

As Notas Remissivas em **preto** referem-se a pontos do **CPC de 1973**.

As Notas Remissivas em vermelho referem-se a pontos do *Projeto do Novo CPC*.

Os artigos, títulos, capítulos em cinza tachados (riscados) foram suprimidos integralmente do *Projeto do Novo*, **não possuindo nenhuma referência** no *Projeto do Novo CPC*.

CPC DE 1973 (TEXTO INTEGRAL COM MARCAÇÕES)

CÓDIGO DE PROCESSO CIVIL

LEI Nº 5.869, DE 11 DE JANEIRO DE 1973
(DOU 17.01.73)

Livro I
~~DO PROCESSO DE CONHECIMENTO~~

TÍTULO I
~~DA~~ JURISDIÇÃO E ~~DA~~ AÇÃO

Capítulo I
~~DA JURISDIÇÃO~~

~~Art. 1º~~ A jurisdição civil~~, contenciosa e voluntária~~, é exercida pelos juízes, em todo o território nacional, conforme as disposições <u>que este</u> Código ~~estabelece.~~

~~Art. 2º Nenhum juiz prestará a tutela jurisdicional senão quando a parte ou o interessado a requerer, nos casos e forma legais.~~

CAPÍTULO ~~II~~
DA AÇÃO

~~Art.~~ 3º Para propor ~~ou contestar~~ ação é necessário ter interesse e legitimidade.

Nota: Ver art. 267, VI , do CPC/73 e art. 295, II e III, do CPC/73.

~~Art. 4º~~ O interesse do autor pode limitar-se à declaração:
I - da existência ou da inexistência de relação jurídica;
II - da autenticidade ou falsidade de documento.
Parágrafo único. É admissível a ação declaratória, ainda que tenha ocorrido a violação do direito.

~~Art. 5º~~ Se, no curso do processo, se tornar litigiosa relação jurídica de cuja existência ou inexistência depender o julgamento da lide, <u>qualquer das partes poderá requerer que o juiz a declare por sentença</u>.

Nota: Ver art. 325 do CPC/73.

~~Art. 6º~~ Ninguém poderá pleitear<u>, em nome próprio, direito alheio</u>, salvo quando autorizado por lei.

TÍTULO ~~II~~
DAS PARTES E DOS PROCURADORES

CAPÍTULO I
DA CAPACIDADE PROCESSUAL

~~Art. 7º~~ Toda pessoa que se acha no exercício dos seus direitos tem capacidade para estar em juízo.

~~Art. 8º~~ Os incapazes serão representados ou assistidos por seus pais, tutores ou curadores, na forma da lei ~~civil~~.

~~Art. 9º~~ O juiz <u>dará</u> curador especial:
I - ao incapaz, se não tiver representante legal, ou se os interesses deste colidirem com os daquele;
II - ao réu preso, bem como ao revel citado por edital ou com hora certa.
Parágrafo único. Nas comarcas onde houver representante judicial de incapazes ou de ausentes, a este <u>competirá</u> a função de curador especial.

~~Art. 10.~~ O cônjuge somente necessitará do consentimento do outro para propor ações que versem sobre direitos reais imobiliários.
§ 1º Ambos os cônjuges serão necessariamente citados para as ações
I - que versem sobre direitos reais imobiliários;
II - resultantes de fatos que digam respeito a ambos os cônjuges ou de atos praticados por eles;
III - fundadas em dívidas contraídas <u>pelo marido</u> a bem da família, ~~mas cuja execução tenha de recair sobre o produto do trabalho da mulher ou os seus bens reservados~~;
IV - que tenham por objeto o reconhecimento, a constituição ou a extinção de ônus sobre imóveis de um ou de ambos os cônjuges.
§ 2º Nas ações possessórias, a participação do cônjuge do autor ou do réu somente é indispensável nos casos de composse ou de ato por ambos praticados.

~~Art. 11.~~ A autorização do marido <u>e</u> ~~a outorga~~ da mulher <u>podem</u> suprir-se judicialmente, quando um cônjuge a recuse ao outro sem justo motivo, ou lhe seja impossível <u>dá-la.</u>
Parágrafo único. A falta, não suprida pelo juiz, da autorização ~~ou da outorga~~, quando necessária, invalida o processo.

~~Art. 12.~~ Serão representados em juízo, ativa e passivamente:
I - a União, os Estados, o Distrito Federal e os Territórios, por seus procuradores;
II - o Município, por seu Prefeito ou procurador;
III - a massa falida, ~~pelo síndico~~;
IV - a herança jacente ou vacante, por seu curador;
V - o espólio, pelo inventariante;
VI - as pessoas jurídicas, por quem os respectivos estatutos designarem, ou, não <u>os designando</u>, por seus diretores;

VII - as sociedades sem personalidade jurídica, pela pessoa a quem couber a administração dos seus bens;
VIII - a pessoa jurídica estrangeira, pelo gerente, representante ou administrador de sua filial, agência ou sucursal aberta ou instalada no Brasil (art. 88, parágrafo único).
IX - o condomínio, pelo administrador ou pelo síndico.
§ 1º Quando o inventariante for dativo, todos os herdeiros e sucessores do falecido serão autores ou réus nas ações em que o espólio for parte.
§ 2º - As sociedades sem personalidade jurídica, quando demandadas, não poderão opor a irregularidade de sua constituição.
§ 3º O gerente da filial ou agência presume-se autorizado, pela pessoa jurídica estrangeira, a receber citação inicial para o processo de conhecimento, de execução, cautelar e especial.
Art. 13. Verificando a incapacidade processual ou a irregularidade da representação das partes, o juiz, suspendendo o processo, marcará prazo razoável para ser sanado o defeito.
Não sendo cumprido o despacho dentro do prazo, se a providência couber:
I - ao autor, o juiz decretará a nulidade do processo;
II - ao réu, reputar-se-á revel;
III - ao terceiro, será excluído do processo.

CAPÍTULO II
DOS DEVERES DAS PARTES E DOS SEUS PROCURADORES

Seção I
Dos Deveres

Art. 14. São deveres das partes e de todos aqueles que de qualquer forma participam do processo:
I - expor os fatos em juízo conforme a verdade;
II - proceder com lealdade e boa-fé;
III - não formular pretensões, nem alegar defesa, cientes de que são destituídas de fundamento;
IV - não produzir provas, nem praticar atos inúteis ou desnecessários à declaração ou defesa do direito.
V - cumprir com exatidão os provimentos mandamentais e não criar embaraços à efetivação de provimentos judiciais, de natureza antecipatória ou final.
Parágrafo único. Ressalvados os advogados que se sujeitam exclusivamente aos estatutos da OAB, a violação do disposto no inciso V deste artigo constitui ato atentatório ao exercício da jurisdição, podendo o juiz, sem prejuízo das sanções criminais, civis e processuais cabíveis, aplicar ao responsável multa em montante a ser fixado de acordo com a gravidade da conduta e não superior a vinte por cento do valor da causa; não sendo paga no prazo estabelecido, contado do trânsito em julgado da decisão final da causa, a multa será inscrita sempre como dívida ativa da União ou do Estado.

> Nota: O STF julgou procedente ação declaratória de inconstitucionalidade, para, "sem redução de texto, emprestar à expressão ressalvado os advogados que se sujeitam exclusivamente aos estatutos da OAB, contida no parágrafo único do art. 14 do CPC, com a redação imprimida pela Lei 10. 358/2001, interpretação conforme a Carta, a abranger advogados do setor privado e do setor Público". (ADin 2.652-6 – DOU e DJU 03.12.2003)

Art. 15. É defeso às partes e seus advogados empregar expressões injuriosas nos escritos apresentados no processo, cabendo ao juiz, de ofício ou a requerimento do ofendido, mandar riscá-las.
Parágrafo único. Quando as expressões injuriosas forem proferidas em defesa oral, o juiz advertirá o advogado que não as use, sob pena de lhe ser cassada a palavra.

Seção II
Da Responsabilidade das Partes por Dano Processual

Art. 16. Responde por perdas e danos aquele que pleitear de má-fé como autor, réu ou interveniente.
Art. 17. Reputa-se litigante de má-fé aquele que:
I - deduzir pretensão ou defesa contra texto expresso de lei ou fato incontroverso;
II - alterar a verdade dos fatos;
III - usar do processo para conseguir objetivo ilegal;
IV - opuser resistência injustificada ao andamento do processo;
V - proceder de modo temerário em qualquer incidente ou ato do processo;
VI - provocar incidentes manifestamente infundados.
VII - interpuser recurso com intuito manifestamente protelatório.
Art. 18. O juiz ou tribunal, de ofício ou a requerimento, condenará o litigante de má-fé a pagar multa não excedente a um por cento sobre o valor da causa e a indenizar a parte contrária dos prejuízos que esta sofreu, mais os honorários advocatícios e todas as despesas que efetuou.
§ 1º Quando forem dois ou mais os litigantes de má-fé, o juiz condenará cada um na proporção do seu respectivo interesse na causa, ou solidariamente aqueles que se coligaram para lesar a parte contrária.

§ 2º O valor da indenização será desde logo fixado pelo juiz, em quantia não superior a ~~20% (vinte por cento)~~ sobre o valor da causa, ou liquidado por arbitramento

Seção III
Das Despesas e das Multas

~~Art. 19.~~ Salvo as disposições concernentes à justiça ~~gratuita~~, cabe às partes prover as despesas dos atos que realizam ou requerem no processo, antecipando-lhes o pagamento desde o início até sentença final~~; e bem ainda~~, na execução, até a plena satisfação do direito declarado pela sentença.

~~§ 1º O pagamento de que trata este artigo será feito por ocasião de cada ato processual.~~

~~§ 2º~~ Compete ao autor adiantar as despesas relativas a atos~~,~~ cuja realização o juiz determinar de ofício ou a requerimento do Ministério Público.

> Nota: O Projeto do Novo CPC transformou o § 1º do art. 20 em dispositivo autônomo.

~~Art. 20.~~ A sentença condenará o vencido a pagar ~~ao vencedor as despesas que antecipou e os~~ honorários advocatícios~~.~~ ~~Esta verba honorária será devida, também, nos casos em que o~~ advogado ~~funcionar~~ em causa ~~própria~~.

§ 1º O juiz, ao decidir qualquer incidente ~~ou recurso~~, condenará nas despesas o vencido.

§ 2º As despesas abrangem não só as custas dos atos do processo, como também a indenização de viagem, diária de testemunha e remuneração do assistente técnico.

> Nota: O Projeto do Novo CPC transformou o § 2º do art. 20, do CPC/73 em parágrafo único do art. 72.

§ 3º Os honorários serão fixados entre o mínimo de dez por cento ~~(10%)~~ e o máximo de vinte por cento ~~(20%)~~ sobre o valor da condenação, atendidos:

> Nota: O § 4º foi inserido antes do § 3º, porque o Projeto inverteu os dispositivos, do contrário não seria possível a comparação.

~~a)~~ o grau de zelo do profissional;
~~b)~~ o lugar de prestação do serviço;
~~c)~~ a natureza e importância da causa~~, o trabalho realizado pelo advogado e o tempo exigido para o seu serviço.~~
c) ~~a natureza e importância da causa,~~ o trabalho realizado pelo advogado e o tempo exigido para o seu serviço.

~~§ 4º Nas causas de pequeno valor, nas de valor inestimável, naquelas em que não houver condenação ou for vencida a Fazenda Pública, e nas execuções, embargadas ou não, os honorários serão fixados consoante apreciação eqüitativa do juiz, atendidas as normas das alíneas a, b e c do parágrafo anterior.~~

> Nota: O § 4º foi inserido antes do § 3º, porque o Projeto inverteu os dispositivos, do contrário não seria possível a comparação.

§ 4º Nas causas ~~de pequeno valor, nas de valor~~ inestimável, ~~naquelas~~ em que ~~não houver condenação ou~~ for vencida a Fazenda Pública, ~~e nas execuções, embargadas ou não,~~ os honorários serão fixados consoante apreciação eqüitativa do juiz, atendidas as normas das alíneas a, b e c do parágrafo anterior.-

§ 5º Nas ações de indenização por ato ilícito contra pessoa, o valor da condenação será a soma das prestações vencidas com o capital necessário a produzir a renda correspondente às prestações vincendas ~~(art. 602)~~, podendo estas ser pagas, também mensalmente, ~~na forma do § 2º do referido art. 602,~~ inclusive em consignação na folha de pagamentos do devedor.

~~Art. 21.~~ Se cada litigante for em parte vencedor e vencido, serão ~~recíproca e~~ proporcionalmente distribuídos ~~e compensados~~ entre eles ~~os honorários e~~ as despesas.

~~Parágrafo único. Se um litigante decair de parte mínima do pedido, o outro responderá, por inteiro, pelas despesas e honorários.~~

~~Art. 22. O réu que, por não argüir na sua resposta fato impeditivo, modificativo ou extintivo do direito do autor, dilatar o julgamento da lide, será condenado nas custas a partir do saneamento do processo e perderá, ainda que vencedor na causa, o direito a haver do vencido honorários advocatícios.~~

~~Art. 23.~~ Concorrendo diversos autores ou diversos réus, os vencidos respondem pelas despesas e honorários em proporção.

~~Art. 24.~~ Nos procedimentos de jurisdição voluntária, as despesas serão adiantadas pelo requerente, mas rateadas entre os interessados.

~~Art. 25.~~ Nos juízos divisórios, não havendo litígio, os interessados pagarão as despesas proporcionalmente aos seus quinhões.

~~Art. 26.~~ Se o processo terminar por desistência ou reconhecimento do pedido, as despesas e os honorários serão pagos pela parte que desistiu ou reconheceu.

> Ver, também, art. 267, VIII e art. 269, V, do CPC/73.

§ 1º Sendo parcial a desistência ou o reconhecimento, a responsabilidade pelas despesas e honorários será proporcional à parte de que se desistiu ou que se reconheceu.

§ 2º Havendo transação e nada tendo as partes disposto quanto às despesas, estas serão divididas igualmente.

~~Art. 27.~~ As despesas dos atos processuais~~,~~ efetuados a requerimento do Ministério Público ou da Fazenda Pública, serão pagas a final pelo vencido.

~~Art. 28.~~ Quando, a requerimento do réu, o juiz declarar extinto o processo sem julgar o mérito ~~(art. 267, § 2º)~~, o autor não poderá intentar de novo a ação~~,~~ sem pagar ou depositar em cartório as despesas e os honorários, em que foi condenado.

~~Art. 29.~~ As despesas dos atos, que forem adiados ou tiverem de repetir-se, ficarão a cargo da parte, do serventuário, do órgão do Ministério Público ou do juiz que, sem justo motivo, houver dado causa ao adiamento ou à repetição.

~~Art. 30. Quem receber custas indevidas ou excessivas é obrigado a restituí-las, incorrendo em multa equivalente ao dobro de seu valor.~~

~~Art. 31. As despesas dos atos manifestamente protelatórios, impertinentes ou supérfluos serão pagas pela parte que os tiver promovido ou praticado, quando impugnados pela outra.~~

~~Art. 32.~~ Se o assistido ficar vencido, o assistente será condenado nas custas em proporção à atividade que houver exercido no processo.

~~Art. 33.~~ Cada parte pagará a remuneração do assistente técnico que houver indicado; a do perito será ~~paga pela parte que houver requerido o exame, ou pelo autor,~~ quando requerido por ambas ~~as partes ou determinado de ofício pelo juiz.~~

~~Parágrafo único.~~ O juiz poderá determinar que a parte responsável pelo pagamento dos honorários do perito deposite em juízo o valor correspondente a essa remuneração. O numerário, recolhido em depósito bancário à ordem do juízo e com correção monetária, será entregue ao perito após a apresentação do laudo, facultada a sua liberação parcial, quando necessária.

~~Art. 34. Aplicam-se à reconvenção, à oposição, à ação declaratória incidental e aos procedimentos de jurisdição voluntária, no que couber, as disposições constantes desta seção.~~

~~Art. 35.~~ As sanções impostas às partes em conseqüência de má-fé serão contadas como custas e reverterão em benefício da parte contrária; as impostas aos serventuários pertencerão ao Estado.

Capítulo ~~III~~
Dos Procuradores

~~Art. 36.~~ A parte será representada em juízo por advogado legalmente habilitado. Ser-lhe-á lícito, ~~no entanto,~~ postular em causa própria, quando tiver habilitação legal ou, não a tendo, no caso de falta de advogado ~~no lugar~~ ou recusa ou impedimento dos que houver.

~~§§ 1º e 2º (Revogados pela Lei nº 9.649, de 1998).~~

~~Art. 37.~~ Sem instrumento de mandato, o advogado não será admitido a procurar em juízo. ~~Poderá, todavia, em nome da parte, intentar ação, a fim de~~ evitar decadência ou prescrição, bem como ~~intervir, no processo,~~ para praticar atos reputados urgentes. Nestes casos, o advogado se obrigará, independentemente de caução, a exibir o instrumento de mandato no prazo de ~~15~~ (quinze) dias, prorrogável até outros 15 (quinze), por despacho do juiz.

~~Parágrafo único.~~ Os atos, não ratificados ~~no prazo~~, serão havidos por inexistentes, respondendo o advogado por despesas e perdas e danos.

~~Art. 38.~~ A procuração geral para o foro~~,~~ conferida por instrumento público~~,~~ ou particular assinado pela parte~~,~~ habilita o advogado a praticar todos os atos do processo, salvo para receber citação inicial, confessar, reconhecer a procedência do pedido, transigir, desistir, renunciar ao direito sobre que se funda a ação, receber, dar quitação e firmar compromisso.

Parágrafo único. A procuração pode ser assinada digitalmente ~~com base em certificado emitido por Autoridade Certificadora credenciada~~, na forma da lei ~~específica~~.

~~Art. 39.~~ Compete ao advogado, ou à parte quando postular em causa própria:

I - declarar, na petição inicial ou na contestação, o endereço em que receberá intimação;

II - comunicar ao ~~escrivão do processo~~ qualquer mudança de endereço.

~~Parágrafo único.~~ Se o advogado não cumprir o disposto no ~~nº~~ I ~~deste artigo~~, o juiz, antes de determinar a citação do réu, mandará que se supra a omissão no prazo de 48 ~~(quarenta e oito)~~ horas, sob pena de indeferimento da petição~~; se~~ infringir o previsto no nº II, reputar-se-ão válidas as intimações enviadas, em carta registrada, para o endereço constante dos autos.

~~Art. 40.~~ O advogado tem direito de:

I - examinar, em cartório de justiça e secretaria de tribunal, autos de qualquer processo, salvo ~~o disposto no art. 155;~~

II - requerer, como procurador, vista dos autos de qualquer processo pelo prazo de 5 ~~(cinco)~~ dias;

III - retirar os autos do cartório ou secretaria, pelo prazo legal, sempre que lhe competir falar neles por determinação do juiz, nos casos previstos em lei.

§ 1º Ao receber os autos, o advogado assinará carga no livro competente.

§ 2º Sendo comum às partes o prazo, só em conjunto ou mediante prévio ajuste por petição nos autos, poderão os seus procuradores retirar os autos, ressalvada a obtenção de cópias para a qual cada procurador poderá retirá-los pelo prazo de 1 (uma) hora independentemente de ajuste.

Capítulo IV
Da Substituição das Partes e dos Procuradores

Art. 41. Só é permitida, no curso do processo, a substituição voluntária das partes nos casos expressos em lei.

Art. 42. A alienação da coisa ou do direito litigioso, a título particular, por ato entre vivos, não altera a legitimidade das partes.

§ 1º O adquirente ou o cessionário não poderá ingressar em juízo, substituindo o alienante, ou o cedente, sem que o consinta a parte contrária.

§ 2º O adquirente ou o cessionário poderá, no entanto, intervir no processo, assistindo o alienante ou o cedente.

§ 3º A sentença, proferida entre as partes originárias, estende os seus efeitos ao adquirente ou ao cessionário.

Art. 43. Ocorrendo a morte de qualquer das partes, dar-se-á a substituição pelo seu espólio ou pelos seus sucessores, observado o disposto no art. 265.

Art. 44. A parte, que revogar o mandato outorgado ao seu advogado, no mesmo ato constituirá outro que assuma o patrocínio da causa.

Art. 45. O advogado poderá, a qualquer tempo, renunciar ao mandato, provando que cientificou o mandante a fim de que este nomeie substituto. Durante os 10 (dez) dias seguintes, o advogado continuará a representar o mandante, desde que necessário para lhe evitar prejuízo.

Capítulo V
Do Litisconsórcio e da Assistência

Seção I
Do Litisconsórcio

Art. 46. Duas ou mais pessoas podem litigar, no mesmo processo, em conjunto, ativa ou passivamente, quando:
I - entre elas houver comunhão de direitos ou de obrigações relativamente à lide;
II - os direitos ou as obrigações derivarem do mesmo fundamento de fato ou de direito;
III - entre as causas houver conexão pelo objeto ou pela causa de pedir;
IV - ocorrer afinidade de questões por um ponto comum de fato ou de direito.
Parágrafo único. O juiz poderá limitar o litisconsórcio facultativo quanto ao número de litigantes, quando este comprometer a rápida solução do litígio ou dificultar a defesa. O pedido de limitação interrompe o prazo para resposta, que recomeça da intimação da decisão.

Art. 47. Há litisconsórcio necessário, quando, por disposição de lei ou pela natureza da relação jurídica, o juiz tiver de decidir a lide de modo uniforme para todas as partes; caso em que a eficácia da sentença dependerá da citação de todos os litisconsortes no processo.

> Nota: O dispositivo foi sublinhado, pois o Projeto não suprimiu a hipótese de litisconsórcio necessário pela natureza da relação jurídica.

Parágrafo único. O juiz ordenará ao autor que promova a citação de todos os litisconsortes necessários, dentro do prazo que assinar, sob pena de declarar extinto o processo.

Art. 48. Salvo disposição em contrário, os litisconsortes serão considerados, em suas relações com a parte adversa, como litigantes distintos; os atos e as omissões de um não prejudicarão nem beneficiarão os outros.

Art. 49. Cada litisconsorte tem o direito de promover o andamento do processo e todos devem ser intimados dos respectivos atos.

Seção II
Da Assistência

Art. 50. Pendendo uma causa entre duas ou mais pessoas, o terceiro, que tiver interesse jurídico em que a sentença seja favorável a uma delas, poderá intervir no processo para assisti-la.
Parágrafo único. A assistência tem lugar em qualquer dos tipos de procedimento e em todos os graus da jurisdição; mas o assistente recebe o processo no estado em que se encontra.

Art. 51. Não havendo impugnação dentro de 5 (cinco) dias, o pedido do assistente será deferido. Se qualquer das partes alegar, no entanto, que falece ao assistente interesse jurídico para intervir a bem do assistido, o juiz:
I - determinará, sem suspensão do processo, o desentranhamento da petição e da impugnação, a fim de serem autuadas em apenso;
II - autorizará a produção de provas;
III - decidirá, dentro de 5 (cinco) dias, o incidente.

Art. 52. O assistente atuará como auxiliar da parte principal, exercerá os mesmos poderes e sujeitar-se-á aos mesmos ônus processuais que o assistido.
Parágrafo único. Sendo revel o assistido, o assistente será considerado seu gestor de negócios.

Art. 53. A assistência não obsta a que a parte principal reconheça a procedência do pedido, desista da ação ou transija sobre direitos controvertidos; casos em que, terminando o processo, cessa a intervenção do assistente.

~~Art. 54.~~ Considera-se litisconsorte da parte principal o assistente~~,~~ toda vez que a sentença ~~houver de~~ influir na relação jurídica entre ele e o adversário do assistido.
Parágrafo único. Aplica-se ao assistente litisconsorcial, quanto ao pedido de intervenção, sua impugnação e julgamento do incidente, o disposto no <u>art. 51.</u>
~~Art. 55.~~ Transitada em julgado a sentença, na causa em que interveio o assistente, este não poderá, em processo posterior, <u>discutir a justiça da</u> decisão, salvo se alegar e provar que:
I - pelo estado em que recebera o processo~~,~~ ou pelas declarações e atos do assistido, fora impedido de produzir provas suscetíveis de influir na sentença;
II - desconhecia a existência de alegações ou de provas~~,~~ de que o assistido, por dolo ou culpa, não se valeu.

~~Capítulo VI~~
~~Da Intervenção de Terceiros~~

~~Seção I~~
~~Da Oposição~~

~~Art. 56. Quem pretender, no todo ou em parte, a coisa ou o direito sobre que controvertem autor e réu, poderá, até ser proferida a sentença, oferecer oposição contra ambos.~~
~~Art. 57. O opoente deduzirá o seu pedido, observando os requisitos exigidos para a propositura da ação (arts. 282 e 283). Distribuída a oposição por dependência, serão os opostos citados, na pessoa dos seus respectivos advogados, para contestar o pedido no prazo comum de 15 (quinze) dias.~~
~~Parágrafo único. Se o processo principal correr à revelia do réu, este será citado na forma estabelecida no Título V, Capítulo IV, Seção III, deste Livro.~~
~~Art. 58. Se um dos opostos reconhecer a procedência do pedido, contra o outro prosseguirá o opoente.~~
~~Art. 59. A oposição, oferecida antes da audiência, será apensada aos autos principais e correrá simultaneamente com a ação, sendo ambas julgadas pela mesma sentença.~~
~~Art. 60. Oferecida depois de iniciada a audiência, seguirá a oposição o procedimento ordinário, sendo julgada sem prejuízo da causa principal. Poderá o juiz, todavia, sobrestar no andamento do processo, por prazo nunca superior a 90 (noventa) dias, a fim de julgá-la conjuntamente com a oposição.~~

~~Art. 61. Cabendo ao juiz decidir simultaneamente a ação e a oposição, desta conhecerá em primeiro lugar.~~

~~Seção II~~
~~Da Nomeação à Autoria~~

~~Art. 62. Aquele que detiver a coisa em nome alheio, sendo-lhe demandada em nome próprio, deverá nomear à autoria o proprietário ou o possuidor.~~
~~Art. 63. Aplica-se também o disposto no artigo antecedente à ação de indenização, intentada pelo proprietário ou pelo titular de um direito sobre a coisa, toda vez que o responsável pelos prejuízos alegar que praticou o ato por ordem, ou em cumprimento de instruções de terceiro.~~
~~Art. 64. Em ambos os casos, o réu requererá a nomeação no prazo para a defesa; o juiz, ao deferir o pedido, suspenderá o processo e mandará ouvir o autor no prazo de 5 (cinco) dias.~~
~~Art. 65. Aceitando o nomeado, ao autor incumbirá promover-lhe a citação; recusando-o, ficará sem efeito a nomeação.~~
~~Art. 66. Se o nomeado reconhecer a qualidade que lhe é atribuída, contra ele correrá o processo; se a negar, o processo continuará contra o nomeante.~~
~~Art. 67. Quando o autor recusar o nomeado, ou quando este negar a qualidade que lhe é atribuída, assinar-se-á ao nomeante novo prazo para contestar.~~
~~Art. 68. Presume-se aceita a nomeação se:~~
~~I - o autor nada requereu, no prazo em que, a seu respeito, lhe competia manifestar-se;~~
~~II - o nomeado não comparecer, ou, comparecendo, nada alegar.~~
~~Art. 69. Responderá por perdas e danos aquele a quem incumbia a nomeação:~~
~~I - deixando de nomear à autoria, quando lhe competir;~~
~~II - nomeando pessoa diversa daquela em cujo nome detém a coisa demandada.~~

~~Seção III~~
~~Da Denunciação da Lide~~

~~Art. 70. A denunciação da lide é obrigatória:~~
~~I - ao alienante, na ação em que terceiro reivindica a coisa, cujo domínio foi transferido à parte, a fim de que esta possa exercer o direito que da evicção lhe resulta;~~
~~II - ao proprietário ou ao possuidor indireto quando, por força de obrigação ou direito, em casos como o do usufrutuário, do credor pignoratício, do locatário, o réu, citado em nome próprio, exerça a posse direta da coisa demandada;~~

III - àquele que estiver obrigado, pela lei ou pelo contrato, a indenizar, em ação regressiva, o prejuízo do que perder a demanda.
Art. 71. A citação do denunciado será requerida, juntamente com a do réu, se o denunciante for o autor; e, no prazo para contestar, se o denunciante for o réu.
Art. 72. Ordenada a citação, ficará suspenso o processo.
§ 1º - A citação do alienante, do proprietário, do possuidor indireto ou do responsável pela indenização far-se-á:
a) quando residir na mesma comarca, dentro de 10 (dez) dias;
b) quando residir em outra comarca, ou em lugar incerto, dentro de 30 (trinta) dias.
§ 2º Não se procedendo à citação no prazo marcado, a ação prosseguirá unicamente em relação ao denunciante.
Art. 73. Para os fins do disposto no art. 70, o denunciado, por sua vez, intimará do litígio o alienante, o proprietário, o possuidor indireto ou o responsável pela indenização e, assim, sucessivamente, observando-se, quanto aos prazos, o disposto no artigo antecedente.
Art. 74. Feita a denunciação pelo autor, o denunciado, comparecendo, assumirá a posição de litisconsorte do denunciante e poderá aditar a petição inicial, procedendo-se em seguida à citação do réu.
Art. 75. Feita a denunciação pelo réu:
I - se o denunciado a aceitar e contestar o pedido, o processo prosseguirá entre o autor, de um lado, e de outro, como litisconsortes, o denunciante e o denunciado;
II - se o denunciado for revel, ou comparecer apenas para negar a qualidade que lhe foi atribuída, cumprirá ao denunciante prosseguir na defesa até final;
III - se o denunciado confessar os fatos alegados pelo autor, poderá o denunciante prosseguir na defesa.
Art. 76. A sentença, que julgar procedente a ação, declarará, conforme o caso, o direito do evicto, ou a responsabilidade por perdas e danos, valendo como título executivo.

Seção IV
Do Chamamento ao Processo

Art. 77. É admissível o chamamento ao processo:
I - do devedor, na ação em que o fiador for réu;
II - dos outros fiadores, quando para a ação for citado apenas um deles;
III - de todos os devedores solidários, quando o credor exigir de um ou de alguns deles, parcial ou totalmente, a dívida comum.

Art. 78. Para que o juiz declare, na mesma sentença, as responsabilidades dos obrigados, a que se refere o artigo antecedente, o réu requererá, no prazo para contestar, a citação do chamado.
Art. 79. O juiz suspenderá o processo, mandando observar, quanto à citação e aos prazos, o disposto nos arts. 72 e 74.
Art. 80. A sentença, que julgar procedente a ação, condenando os devedores, valerá como título executivo, em favor do que satisfizer a dívida, para exigi-la, por inteiro, do devedor principal, ou de cada um dos co-devedores a sua quota, na proporção que lhes tocar.

Título III
Do Ministério Público

Art. 81. O Ministério Público exercerá o direito de ação nos casos previstos em lei, cabendo-lhe, no processo, os mesmos poderes e ônus que às partes.
Art. 82. Compete ao Ministério Público intervir:
III - nas ações que envolvam litígios coletivos pela posse da terra rural e nas demais causas em que há interesse público evidenciado pela natureza da lide ou qualidade da parte.
II - nas causas concernentes ao estado da pessoa, pátrio poder, tutela, curatela, interdição, casamento, declaração de ausência e disposições de última vontade;
I - nas causas em que há interesses de incapazes;
Art. 83. Intervindo como fiscal da lei, o Ministério Público:
I - terá vista dos autos depois das partes, sendo intimado de todos os atos do processo;
II - poderá juntar documentos e certidões, produzir prova em audiência e requerer medidas ou diligências necessárias ao descobrimento da verdade.
Art. 84. Quando a lei considerar obrigatória a intervenção do Ministério Público, a parte promover-lhe-á a intimação sob pena de nulidade do processo.
Art. 85. O órgão do Ministério Público será civilmente responsável quando, no exercício de suas funções, proceder com dolo ou fraude.

Título IV
Dos Órgãos Judiciários e dos Auxiliares da Justiça

Capítulo I
Da Competência

Art. 86. As causas cíveis serão processadas e decididas, ou simplesmente decididas, pelos órgãos

jurisdicionais, nos limites de sua competência, ressalvada às partes a faculdade de instituírem juízo arbitral.
~~Art. 87~~. Determina-se a competência no momento em que a ação é proposta~~:~~ São irrelevantes as modificações do estado de fato ou de direito ocorridas posteriormente, salvo quando suprimirem o órgão judiciário ou alterarem a competência ~~em razão da matéria ou da hierarquia~~.

Capítulo II
~~Da Competência Internacional~~

~~Art. 88~~. É competente a autoridade judiciária brasileira quando:
I - o réu, qualquer que seja a sua nacionalidade, estiver domiciliado no Brasil;
II - no Brasil tiver de ser cumprida a obrigação;
III - ~~a ação se originar de~~ fato ocorrido ou de ato praticado no Brasil.
Parágrafo único. Para o fim do disposto no nº I, reputa-se domiciliada no Brasil a pessoa jurídica estrangeira que aqui tiver agência, filial ou sucursal.
~~Art. 89~~. Compete à autoridade judiciária brasileira, com exclusão de qualquer outra:
I - conhecer de ações relativas a imóveis situados no Brasil;
II - proceder a inventário e partilha de bens, situados no Brasil, ainda que o autor da herança seja estrangeiro ~~e tenha residido~~ fora do território nacional.
~~Art. 90~~. A ação intentada perante tribunal estrangeiro não induz litispendência~~,~~ nem obsta a que a autoridade judiciária brasileira conheça da mesma causa e das que lhe são conexas.

~~Capítulo III~~
~~Da Competência Interna~~
Da Competência em Razão do Valor e da Matéria

~~Art. 91~~. Regem a competência em razão do valor e da matéria as normas de organização judiciária, ressalvados os casos expressos neste Código.
~~Art. 92. Compete, porém, exclusivamente ao juiz de direito processar e julgar:~~
~~I - o processo de insolvência;~~
~~II - as ações concernentes ao estado e à capacidade da pessoa.~~
~~Art. 93~~. Regem a competência dos tribunais ~~as~~ normas da Constituição da República e de organização judiciária. ~~A competência funcional dos juízes de primeiro grau é disciplinada neste Código.~~

Seção III
Da Competência Territorial

~~Art. 94~~. A ação fundada em direito pessoal e a ação fundada em direito real sobre bens móveis serão propostas, em regra, no foro do domicílio do réu.
§ 1º Tendo mais de um domicílio, o réu será demandado no foro de qualquer deles.
§ 2º Sendo incerto ou desconhecido o domicílio do réu, ele será demandado onde for encontrado ou no foro do domicílio do autor.
§ 3º Quando o réu não tiver domicílio nem residência no Brasil, a ação será proposta no foro do domicílio do autor. Se este também residir fora do Brasil, a ação será proposta em qualquer foro.
§ 4º Havendo dois ou mais réus~~,~~ com diferentes domicílios, serão demandados no foro de qualquer deles, à escolha do autor.
~~Art. 95~~. Nas ações fundadas em direito real sobre imóveis é competente o foro da situação da coisa. Pode o autor, entretanto, optar pelo foro do domicílio ou de eleição, não recaindo o litígio sobre direito de propriedade, vizinhança, servidão, posse, divisão e demarcação de terras e nunciação de obra nova.
~~Art. 96~~. O foro do domicílio do autor da herança, no Brasil, é o competente para o inventário, a partilha, a arrecadação, o cumprimento de disposições de última vontade e todas as ações em que o espólio for réu, ainda que o óbito tenha ocorrido no estrangeiro.
Parágrafo único. É, porém, competente o foro:
I - da situação dos bens, se o autor da herança não possuía domicílio certo;
II - do lugar em que ocorreu o óbito se o autor da herança não tinha domicílio certo e possuía bens em lugares diferentes.
~~Art. 97~~. As ações em que o ausente for réu correm no foro de seu último domicílio, que é também o competente para a arrecadação, o inventário, a partilha e o cumprimento de disposições testamentárias.
~~Art. 98~~. A ação em que o incapaz for réu se processará no foro do domicílio de seu representante.
~~Art. 99. O foro da Capital do Estado ou do Território é competente:~~
~~I - para as causas em que a União for autora, ré ou interveniente;~~
~~II - para as causas em que o Território for autor, réu ou interveniente.~~
~~Parágrafo único. Correndo o processo perante outro juiz, serão os autos remetidos ao juiz competente da Capital do Estado ou Território, tanto que neles intervenha uma das entidades mencionadas neste artigo.~~

Excetuam-se:
I - o processo de insolvência;
II - os casos previstos em lei.
Art. 100. É competente o foro:
I - da residência da mulher, para a ação de separação dos cônjuges e a conversão desta em divórcio, e para a anulação de casamento;
II - do domicílio ou da residência do alimentando, para a ação em que se pedem alimentos;
III - do domicílio do devedor, para a ação de anulação de títulos extraviados ou destruídos;
IV - do lugar:
a) onde está a sede, para a ação em que for ré a pessoa jurídica;
b) onde se acha a agência ou sucursal, quanto às obrigações que ela contraiu;
c) onde exerce a sua atividade principal, para a ação em que for ré a sociedade, que carece de personalidade jurídica;
d) onde a obrigação deve ser satisfeita, para a ação em que se lhe exigir o cumprimento;
V - do lugar do ato ou fato:
a) para a ação de reparação do dano;
b) para a ação em que for réu o administrador ou gestor de negócios alheios.
Parágrafo único. Nas ações de reparação do dano sofrido em razão de delito ou acidente de veículos, será competente o foro do domicílio do autor ou do local do fato.
Art. 101 (Revogado pela Lei nº 9.307, de 1996)

Seção IV
Das Modificações da Competência

Art. 102. A competência, em razão do valor e do território, poderá modificar-se pela conexão ou continência, observado o disposto nos artigos seguintes.
Art. 103. Reputam-se conexas duas ou mais ações, quando lhes for comum o objeto ou a causa de pedir.
Art. 104. Dá-se a continência entre duas ou mais ações sempre que há identidade quanto às partes e à causa de pedir, mas o objeto de uma, por ser mais amplo, abrange o das outras.
Art. 105. Havendo conexão ou continência, o juiz, de ofício ou a requerimento de qualquer das partes, pode ordenar a reunião de ações propostas em separado, a fim de que sejam decididas simultaneamente.
Art. 106. Correndo em separado ações conexas perante juízes que têm a mesma competência territorial, considera-se prevento aquele que despachou em primeiro lugar.
Art. 107. Se o imóvel se achar situado em mais de um Estado ou comarca, determinar-se-á o foro pela prevenção, estendendo-se a competência sobre a totalidade do imóvel.
Art. 108. A ação acessória será proposta perante o juiz competente para a ação principal.
Art. 109. O juiz da causa principal é também competente para a reconvenção, a ação declaratória incidente, as ações de garantia e outras que respeitam ao terceiro interveniente.
Art. 110. Se o conhecimento da lide depender necessariamente da verificação da existência de fato delituoso, pode o juiz mandar sobrestar no andamento do processo até que se pronuncie a justiça criminal.
Parágrafo único. Se a ação penal não for exercida dentro de 30 (trinta) dias, contados da intimação do despacho de sobrestamento, cessará o efeito deste, decidindo o juiz cível a questão prejudicial.
Art. 111. A competência em razão da matéria e da hierarquia é inderrogável por convenção das partes; mas estas podem modificar a competência em razão do valor e do território, elegendo foro onde serão propostas as ações oriundas de direitos e obrigações.
§ 1º O acordo, porém, só produz efeito, quando constar de contrato escrito e aludir expressamente a determinado negócio jurídico.
§ 2º O foro contratual obriga os herdeiros e sucessores das partes.

Seção V
Da Declaração de Incompetência

Art. 112. Argúi-se, por meio de exceção, a incompetência relativa.
Parágrafo único. A nulidade da cláusula de eleição de foro, em contrato de adesão, pode ser declarada de ofício pelo juiz, que declinará de competência para o juízo de domicílio do réu.
Art. 113. A incompetência absoluta deve ser declarada de ofício e pode ser alegada, em qualquer tempo e grau de jurisdição, independentemente de exceção.
§ 1º Não sendo, porém, deduzida no prazo da contestação, ou na primeira oportunidade em que lhe couber falar nos autos, a parte responderá integralmente pelas custas.
§ 2º Declarada a incompetência absoluta, somente os atos decisórios serão nulos, remetendo-se os autos ao juiz competente.
Art. 114. Prorrogar-se-á a competência se dela o juiz não declinar na forma do parágrafo único do art. 112 desta Lei ou o réu não opuser exceção declinatória nos casos e prazos legais.
Art. 115. Há conflito de competência:

I - ~~quando~~ dois ou mais juízes se declaram competentes;
II - ~~quando~~ dois ou mais juízes se consideram incompetentes;
III - ~~quando~~ entre dois ou mais juízes surge controvérsia acerca da reunião ou separação de processos.
~~Art. 116~~. O conflito pode ser suscitado por qualquer das partes, pelo Ministério Público ou pelo juiz.
Parágrafo único. O Ministério Público será ouvido em todos os conflitos de competência; mas terá qualidade de parte naqueles que suscitar.
~~Art. 117~~. Não pode suscitar conflito a parte que, no processo, ofereceu exceção de incompetência.
Parágrafo único. O conflito de competência não obsta, porém, a que a parte, que o não suscitou, ofereça exceção declinatória do foro.
~~Art. 118~~. O conflito será suscitado ao presidente do tribunal:
I - pelo juiz, por ofício;
II - pela parte e pelo Ministério Público, por petição.
Parágrafo único. O ofício e a petição serão instruídos com os documentos necessários à prova do conflito.
~~Art. 119~~. Após a distribuição, o relator mandará ouvir os juízes em conflito, ou apenas o suscitado, se um deles for suscitante; dentro do prazo assinado pelo relator, caberá ao juiz ou juízes prestar as informações.
~~Art. 120~~. Poderá o relator, de ofício, ou a requerimento de qualquer das partes, determinar, quando o conflito for positivo, seja sobrestado o processo, mas, neste caso, bem como no de conflito negativo, designará um dos juízes para resolver, em caráter provisório, as medidas urgentes.
Parágrafo único. Havendo jurisprudência dominante do tribunal sobre a questão suscitada, o relator poderá decidir de plano o conflito de competência, cabendo agravo, no prazo de cinco dias, contado da intimação da decisão às partes, para o órgão recursal competente.
~~Art. 121~~. Decorrido o prazo, com informações ou sem elas, será ouvido, em ~~5 (cinco)~~ dias, o Ministério Público; em seguida o relator apresentará o conflito em sessão de julgamento.
~~Art. 122~~. Ao decidir o conflito, o tribunal declarará qual o juiz competente, pronunciando-se também sobre a validade dos atos do juiz incompetente.
Parágrafo único. Os autos do processo, em que se manifestou o conflito, serão remetidos ao juiz declarado competente.
~~Art. 123~~. No conflito entre turmas, seções, câmaras, Conselho Superior da Magistratura, juízes de segundo grau e desembargadores, observar-se-á o que dispuser a respeito o regimento interno do tribunal.
~~Art. 124~~. Os regimentos internos dos tribunais regularão o processo e julgamento do conflito de atribuições entre autoridade judiciária e autoridade administrativa.

~~Capítulo IV~~
Do Juiz

~~Seção I~~
Dos Poderes, dos Deveres e da responsabilidade do Juiz

~~Art. 125~~. O juiz dirigirá o processo conforme as disposições deste Código, competindo-lhe:
~~I - assegurar às partes igualdade de tratamento;~~
II - velar pela rápida solução do litígio;
III - prevenir ou reprimir qualquer ato contrário à dignidade da Justiça;
IV - tentar, a qualquer tempo, conciliar as partes.
~~Art. 126~~. O juiz não se exime de sentenciar ~~ou despachar~~ alegando lacuna ou obscuridade da lei. No julgamento da lide caber-lhe-á aplicar as normas legais; não as havendo, recorrerá à analogia, aos costumes e aos princípios gerais de direito.
~~Art. 127~~. O juiz só decidirá por eqüidade nos casos previstos em lei.
~~Art. 128~~. O juiz decidirá a lide nos limites em que foi proposta, sendo-lhe defeso conhecer de questões, não suscitadas, a cujo respeito a lei exige a iniciativa da parte.
~~Art. 129~~. Convencendo-se, pelas circunstâncias da causa, de que autor e réu se serviram do processo para praticar ato simulado ou conseguir fim proibido por lei, o juiz proferirá sentença que obste aos objetivos das partes.
~~Art. 130~~. Caberá ao juiz, de ofício ou a requerimento da parte, determinar as provas necessárias à instrução do processo, indeferindo as diligências inúteis ou meramente protelatórias.

Nota: Ver arts. 107, II, e 258 do Projeto do Novo CPC.

~~Art. 131~~. O juiz apreciará livremente a prova, ~~atendendo aos fatos e circunstâncias constantes dos autos, ainda que não alegados pelas partes;~~ ~~mas~~ deverá indicar, na sentença, os motivos que lhe formaram o convencimento.
~~Art. 132~~. O juiz, titular ou substituto, que concluir a audiência julgará a lide, salvo se estiver convocado, licenciado, afastado por qualquer motivo, promovido ou aposentado, casos em que passará os autos ao seu sucessor.

Parágrafo único. Em qualquer hipótese, o juiz que proferir a sentença, se entender necessário, poderá mandar repetir as provas já produzidas.
Art. 133. Responderá por perdas e danos o juiz, quando:
I - no exercício de suas funções, proceder com dolo ou fraude;
II - recusar, omitir ou retardar, sem justo motivo, providência que deva ordenar de ofício, ou a requerimento da parte.
Parágrafo único. Reputar-se-ão verificadas as hipóteses previstas no nº II só depois que a parte, por intermédio do escrivão, requerer ao juiz que determine a providência e este não lhe atender o pedido dentro de 10 (dez) dias.

Seção II
Dos Impedimentos e da Suspeição

Art. 134. É defeso ao juiz exercer as suas funções no processo contencioso ou voluntário:
I - de que for parte;
II - em que interveio como mandatário da parte, oficiou como perito, funcionou como órgão do Ministério Público, ou prestou depoimento como testemunha;
III - que conheceu em primeiro grau de jurisdição, tendo-lhe proferido sentença ou decisão;
IV - quando nele estiver postulando, como advogado da parte, o seu cônjuge ou qualquer parente seu, consangüíneo ou afim, em linha reta, ou na linha colateral até o segundo grau;
V - quando cônjuge, parente, consangüíneo ou afim, de alguma das partes, em linha reta ou, na colateral, até o terceiro grau;
VI - quando for órgão de direção ou de administração de pessoa jurídica, parte na causa.
Parágrafo único. No caso do nº IV, o impedimento só se verifica quando o advogado já estava exercendo o patrocínio da causa; é, porém, vedado ao advogado pleitear no processo, a fim de criar o impedimento do juiz.
Art. 135. Reputa-se fundada a suspeição de parcialidade do juiz, quando:
I - amigo íntimo ou inimigo capital de qualquer das partes;
II - alguma das partes for credora ou devedora do juiz, de seu cônjuge ou de parentes destes, em linha reta ou na colateral até o terceiro grau;
III - herdeiro presuntivo, donatário ou empregador de alguma das partes;
IV - receber dádivas antes ou depois de iniciado o processo; aconselhar alguma das partes acerca do objeto da causa, ou subministrar meios para atender às despesas do litígio;

Nota: Ver art. 95, parágrafo único, IV, da CF/88.

VI - quando for órgão de direção ou de administração de pessoa jurídica, parte na causa.
V - interessado no julgamento da causa em favor de uma das partes.

Nota: O Projeto do Novo CPC transformou a hipótese que, no CPC/73, era de suspeição em caso de impedimento.

Parágrafo único. Poderá ainda o juiz declarar-se suspeito por motivo íntimo.
Art. 136. Quando dois ou mais juízes forem parentes, consangüíneos ou afins, em linha reta e no segundo grau na linha colateral, o primeiro, que conhecer da causa no tribunal, impede que o outro participe do julgamento; caso em que o segundo se escusará, remetendo o processo ao seu substituto legal.
Art. 137. Aplicam-se os motivos de impedimento e suspeição aos juízes de todos os tribunais. O juiz que violar o dever de abstenção, ou não se declarar suspeito, poderá ser recusado por qualquer das partes (art. 304).
Art. 138. Aplicam-se também os motivos de impedimento e de suspeição:
I - ao órgão do Ministério Público, quando não for parte, e, sendo parte, nos casos previstos nos ns. I a IV do art. 135;
II - ao serventuário de justiça;
III - ao perito;
IV - ao intérprete.
§ 1º A parte interessada deverá argüir o impedimento ou a suspeição, em petição fundamentada e devidamente instruída, na primeira oportunidade em que lhe couber falar nos autos; o juiz mandará processar o incidente em separado e sem suspensão da causa, ouvindo o argüido no prazo de 5 (cinco) dias, facultando a prova quando necessária e julgando o pedido.
§ 2º Nos tribunais caberá ao relator processar e julgar o incidente.

Capítulo V
Dos Auxiliares da Justiça

Art. 139. São auxiliares do juízo, além de outros, cujas atribuições são determinadas pelas normas de organização judiciária, o escrivão, o oficial de justiça, o perito, o depositário, o administrador e o intérprete.

Seção I
Do serventuário e do Oficial de Justiça

Art. 140. Em cada juízo haverá um ou mais oficiais de justiça, cujas atribuições são determinadas pelas normas de organização judiciária.
Art. 141. Incumbe ao escrivão:

I - redigir, em forma legal, os ofícios, mandados, cartas precatórias e mais atos que pertencem ao seu ofício;
II - executar as ordens judiciais, promovendo citações e intimações, bem como praticando todos os demais atos, que lhe forem atribuídos pelas normas de organização judiciária;
III - comparecer às audiências, ou, não podendo fazê-lo, designar para substituí-lo escrevente juramentado, de preferência datilógrafo ou taquígrafo;
IV - ter, sob sua guarda e responsabilidade, os autos, não permitindo que saiam de cartório, exceto:
a) quando tenham de subir à conclusão do juiz;
b) com vista aos procuradores, ao Ministério Público ou à Fazenda Pública;
c) quando devam ser remetidos ao contador ou ao partidor;
d) quando, modificando-se a competência, forem transferidos a outro juízo;
V - dar, independentemente de despacho, certidão de qualquer ato ou termo do processo, observado o disposto no art. 155.
Art. 142. No impedimento do escrivão, o juiz convocar-lhe-á o substituto, e, não o havendo, nomeará pessoa idônea para o ato.
Art. 143. Incumbe ao oficial de justiça:
I - fazer pessoalmente as citações, prisões, penhoras, arrestos e mais diligências próprias do seu ofício, certificando no mandado o ocorrido, com menção de lugar, dia e hora. A diligência, sempre que possível, realizar-se-á na presença de duas testemunhas;
II - executar as ordens do juiz a que estiver subordinado;
III - entregar, em cartório, o mandado, logo depois de cumprido;
IV - estar presente às audiências e coadjuvar o juiz na manutenção da ordem.
V - efetuar avaliações.
Art. 144. O escrivão e o oficial de justiça são civilmente responsáveis:
I - quando, sem justo motivo, se recusarem a cumprir, dentro do prazo, os atos que lhes impõe a lei, ou os que o juiz, a que estão subordinados, lhes comete;
II - quando praticarem ato nulo com dolo ou culpa.

Seção II
Do Perito

Art. 145. Quando a prova do fato depender de conhecimento técnico ou científico, o juiz será assistido por perito, segundo o disposto no art. 421.

§ 1º Os peritos serão escolhidos entre profissionais de nível universitário, devidamente inscritos no órgão de classe competente, respeitado o disposto no Capítulo VI, seção VII, deste Código.
§ 2º Os peritos comprovarão sua especialidade na matéria sobre que deverão opinar, mediante certidão do órgão profissional em que estiverem inscritos.
§ 3º Nas localidades onde não houver profissionais qualificados que preencham os requisitos dos parágrafos anteriores, a indicação dos peritos será de livre escolha do juiz.
Art. 146. O perito tem o dever de cumprir o ofício, no prazo que lhe assina a lei, empregando toda a sua diligência; pode, todavia, escusar-se do encargo alegando motivo legítimo (art. 423).
Parágrafo único. A escusa será apresentada dentro de 5 (cinco) dias, contados da intimação ou do impedimento superveniente, sob pena de se reputar renunciado o direito a alegá-la.
Art. 147. O perito que, por dolo ou culpa, prestar informações inverídicas, responderá pelos prejuízos que causar à parte, ficará inabilitado, por 2 (dois) anos, a funcionar em outras perícias e incorrerá na sanção que a lei penal estabelecer.

Seção III
Do Depositário e do Administrador

Art. 148. A guarda e conservação de bens penhorados, arrestados, seqüestrados ou arrecadados serão confiadas a depositário ou a administrador, não dispondo a lei de outro modo.
Art. 149. O depositário ou administrador perceberá, por seu trabalho, remuneração que o juiz fixará, atendendo à situação dos bens, ao tempo do serviço e às dificuldades de sua execução.
Parágrafo único. O juiz poderá nomear, por indicação do depositário ou do administrador, um ou mais prepostos.
Art. 150. O depositário ou o administrador responde pelos prejuízos que, por dolo ou culpa, causar à parte, perdendo a remuneração que lhe foi arbitrada; mas tem o direito a haver o que legitimamente despendeu no exercício do encargo.

Seção IV
Do Intérprete

Art. 151. O juiz nomeará intérprete toda vez que o repute necessário para:
I - analisar documento de entendimento duvidoso, redigido em língua estrangeira;
II - verter em português as declarações das partes e das testemunhas que não conhecerem o idioma nacional;

III - traduzir a linguagem mímica dos surdos-mudos, que não puderem transmitir a sua vontade por escrito.
Art. 152. Não pode ser intérprete quem:
I - não tiver a livre administração dos seus bens;
II - for arrolado como testemunha ou serve como perito no processo;
III - estiver inabilitado ao exercício da profissão por sentença penal condenatória, enquanto durar o seu efeito.
Art. 153. O intérprete, oficial ou não, é obrigado a prestar o seu ofício, aplicando-se-lhe o disposto nos arts. 146 e 147.

Título V
Dos Atos Processuais

Capítulo I
Da Forma dos Atos Processuais

Seção I
Dos atos em Geral

Art. 154. Os atos e termos processuais não dependem de forma determinada senão quando a lei expressamente a exigir, reputando-se válidos os que, realizados de outro modo, lhe preencham a finalidade essencial.
Parágrafo único. Os tribunais, no âmbito da respectiva jurisdição, poderão disciplinar a prática e a comunicação oficial dos atos processuais por meios eletrônicos, atendidos os requisitos de autenticidade, integridade, validade jurídica e interoperabilidade da Infra-Estrutura de Chaves Públicas Brasileira - ICP - Brasil.
§ 2º Todos os atos e termos do processo podem ser produzidos, transmitidos, armazenados e assinados por meio eletrônico, na forma da lei.
Art. 155. Os atos processuais são públicos. Correm, todavia, em segredo de justiça os processos:
I - em que o exigir o interesse público;
II - que dizem respeito a casamento, filiação, separação dos cônjuges, conversão desta em divórcio, alimentos e guarda de menores.
Parágrafo único. O direito de consultar os autos e de pedir certidões de seus atos é restrito às partes e a seus procuradores. O terceiro, que demonstrar interesse jurídico, pode requerer ao juiz certidão do dispositivo da sentença, bem como de inventário e partilha resultante do desquite.
Art. 156. Em todos os atos e termos do processo é obrigatório o uso do vernáculo.
Art. 157. Só poderá ser junto aos autos documento redigido em língua estrangeira, quando acompanhado de versão em vernáculo, firmada por tradutor juramentado.

Seção II
Dos atos da Parte

Art. 158. Os atos das partes, consistentes em declarações unilaterais ou bilaterais de vontade, produzem imediatamente a constituição, a modificação ou a extinção de direitos processuais.
Parágrafo único. A desistência da ação só produzirá efeito depois de homologada por sentença.
Art. 159. Salvo no Distrito Federal e nas Capitais dos Estados, todas as petições e documentos que instruírem o processo, não constantes de registro público, serão sempre acompanhados de cópia, datada e assinada por quem os oferecer.
§ 1º Depois de conferir a cópia, o escrivão ou chefe da secretaria irá formando autos suplementares, dos quais constará a reprodução de todos os atos e termos do processo original.
§ 2º Os autos suplementares só sairão de cartório para conclusão ao juiz, na falta dos autos originais.
Art. 160. Poderão as partes exigir recibo de petições, arrazoados, papéis e documentos que entregarem em cartório.
Art. 161. É defeso lançar, nos autos, cotas marginais ou interlineares; o juiz mandará riscá-las, impondo a quem as escrever multa correspondente à metade do salário mínimo vigente na sede do juízo.

Seção III
Dos Atos do Juiz

Art. 162. Os atos do juiz consistirão em sentenças, decisões interlocutórias e despachos.
§ 1º Sentença é o ato do juiz que implica alguma das situações previstas nos arts. 267 e 269 desta Lei.
§ 2º Decisão interlocutória é o ato pelo qual o juiz, no curso do processo, resolve questão incidente.
§ 3º São despachos todos os demais atos do juiz praticados no processo, de ofício ou a requerimento da parte, a cujo respeito a lei não estabelece outra forma.
§ 4º Os atos meramente ordinatórios, como a juntada e a vista obrigatória, independem de despacho, devendo ser praticados de ofício pelo servidor e revistos pelo juiz quando necessários.
Art. 163. Recebe a denominação de acórdão o julgamento proferido pelos tribunais.
Art. 164. Os despachos, decisões, sentenças e acórdãos serão redigidos, datados e assinados pelos juízes. Quando forem proferidos, verbalmente, o taquígrafo ou o datilógrafo os registrará, submetendo-os aos juízes para revisão e assinatura.

~~Parágrafo único.~~ A assinatura dos juízes, em todos os graus de jurisdição, pode ser feita eletronicamente, na forma da lei.
~~Art. 165. As sentenças e acórdãos serão proferidos com observância do disposto no art. 458; as demais decisões serão fundamentadas, ainda que de modo conciso.~~

Seção IV
Dos atos do escrivão ~~ou do Chefe de Secretaria~~

~~Art. 166.~~ Ao receber a petição inicial de qualquer processo, o escrivão a autuará, mencionando o juízo, a natureza do feito, o número de seu registro, os nomes das partes e a data do seu início; e <u>procederá</u> do mesmo modo quanto aos volumes que se forem formando.
~~Art. 167.~~ O escrivão numerará e rubricará todas as folhas dos autos~~, procedendo da mesma forma quanto aos suplementares~~.
Parágrafo único. Às partes, aos advogados, aos órgãos do Ministério Público, aos peritos e às testemunhas é facultado rubricar as folhas correspondentes aos atos em que interviveram.
~~Art. 168.~~ Os termos de juntada, vista, conclusão e outros semelhantes constarão de notas datadas e rubricadas pelo escrivão.
~~Art. 169.~~ Os atos e termos do processo serão datilografados ou escritos com tinta escura e indelével, assinando-os as pessoas que neles intervieram. <u>Quando</u> estas não puderem ou não quiserem firmá-los, <u>o escrivão certificará, nos autos, a ocorrência.</u>
~~§ 1º É vedado usar abreviaturas.~~
§ ~~2º~~ Quando se tratar de processo total ou parcialmente eletrônico, os atos processuais praticados na presença do juiz poderão ser produzidos e armazenados de modo integralmente digital em arquivo eletrônico inviolável, na forma da lei, mediante registro em termo que será assinado digitalmente pelo juiz e pelo escrivão ~~ou chefe de secretaria~~, bem como pelos advogados das partes.
~~3º~~ No caso <u>do § 2º deste artigo</u>, eventuais contradições na transcrição deverão ser suscitadas oralmente no momento da realização do ato, sob pena de preclusão, devendo o juiz decidir de plano, <u>registrando-se</u> a alegação e a decisão no termo.
~~Art. 170.~~ É lícito o uso da taquigrafia, da estenotipia, ou de outro método idôneo, em qualquer juízo ou tribunal.
~~Art. 171.~~ Não se admitem, nos atos e termos, espaços em branco, bem como entrelinhas, emendas ou rasuras, salvo se aqueles forem inutilizados e estas expressamente ressalvadas.

Capítulo II
Do Tempo e do Lugar dos Atos Processuais

Seção I
Do Tempo

~~Art. 172.~~ Os atos processuais <u>realizar-se-ão</u> em dias úteis, das ~~6~~ (seis) às ~~20~~ (vinte) horas.
§ 1º Serão, todavia, concluídos depois das ~~20~~ (vinte) horas os atos iniciados antes, quando o adiamento prejudicar a diligência ou causar grave dano.
§ 2º A citação e a penhora poderão, ~~em casos excepcionais, e mediante autorização expressa do juiz~~, realizar-se em domingos e feriados, ou nos dias úteis, fora do horário estabelecido neste artigo, observado o disposto no art. 5º, inciso XI, da Constituição <u>Federal</u>.
§ 3º Quando o ato tiver que ser praticado em determinado prazo, por meio de petição, esta deverá ser apresentada no protocolo, dentro do horário de <u>expediente</u>, nos termos da lei de organização judiciária local.
~~Art. 173.~~ Durante as férias e nos feriados não se praticarão atos processuais. <u>Excetuam-se</u>:

Ver, também, art. 93, XII da CF/88.

I - a produção ~~antecipada~~ de provas ~~(art. 846)~~;
II - a citação, a fim de evitar o perecimento de direito~~; e bem assim o arresto, o seqüestro, a penhora, a arrecadação, a busca e apreensão, o depósito, a prisão, a separação de corpos, a abertura de testamento, os embargos de terceiro, a nunciação de obra nova e outros atos análogos~~.
Parágrafo único. O prazo para a resposta do réu só começará a correr no primeiro dia útil seguinte ao feriado ou às férias.
~~Art. 174.~~ Processam-se durante as férias e não se suspendem pela superveniência delas:

Ver, também, art. 93, XII da CF/88.

I - <u>os atos de jurisdição voluntária</u> bem como os necessários à conservação de direitos, quando possam ser prejudicados pelo adiamento;
II - as causas de alimentos provisionais, ~~de dação ou~~ remoção de tutores e curadores~~, bem como as mencionadas no art. 275~~;
III - todas as causas que a lei federal determinar.
~~Art. 175.~~ São feriados, para efeito forense, os domingos e os dias ~~declarados por lei~~.

Seção II
Do Lugar

~~Art. 176.~~ Os atos processuais realizam-se de ordinário na sede do juízo. Podem, <u>todavia,</u>

efetuar-se em outro lugar, em razão de deferência, de interesse da justiça, ou de obstáculo argüido pelo interessado e acolhido pelo juiz.

Capítulo III
Dos Prazos

Seção I
Das Disposições Gerais

~~Art. 177~~. Os atos processuais realizar-se-ão nos prazos prescritos em lei. Quando esta for omissa, o juiz determinará os prazos, tendo em conta a complexidade da causa.

~~Art. 178.~~ ~~O~~ prazo, estabelecido pela lei ou pelo juiz, é contínuo, ~~não se interrompendo nos feriados.~~

~~Art. 179. A superveniência de férias suspenderá o curso do prazo; o que lhe sobejar recomeçará a correr do primeiro dia útil seguinte ao termo das férias.~~

~~Art. 180.~~ Suspende-se ~~também~~ o curso do prazo por obstáculo criado pela parte ou ocorrendo qualquer das hipóteses do ~~art. 265, I e III~~; casos em que o prazo será restituído por tempo igual ao que faltava para a sua complementação.

~~Art. 181.~~ Podem as partes, de comum acordo, reduzir ou prorrogar o prazo dilatório; a convenção, porém, só tem eficácia se, requerida antes do vencimento do prazo, se fundar em motivo legítimo.

§ 1º O juiz fixará o dia do vencimento do prazo da prorrogação.

§ 2º As custas acrescidas ficarão a cargo da parte em favor de quem foi concedida a prorrogação.

~~Art. 182.~~ É defeso às partes, ainda que todas estejam de acordo, reduzir ou prorrogar os prazos peremptórios. O juiz poderá, nas comarcas onde for difícil o transporte, prorrogar quaisquer prazos, mas nunca por mais de ~~60 (sessenta) dias.~~

Parágrafo único. Em caso de calamidade pública, poderá ser excedido o limite previsto neste artigo para a prorrogação de prazos.

~~Art. 183~~. Decorrido o prazo, extingue-se, independentemente de declaração judicial, o direito de praticar o ato, ficando salvo, porém, à parte provar que o não realizou por justa causa.

§ 1º Reputa-se justa causa o evento ~~imprevisto,~~ alheio à vontade da parte, e que a impediu de praticar o ato por si ou por mandatário.

§ 2º Verificada a justa causa o juiz permitirá à parte a prática do ato no prazo que lhe assinar.

~~Art. 184.~~ Salvo disposição em contrário, computar-se-ão os prazos, excluindo o dia do começo e incluindo o do vencimento.

§ 1º Considera-se prorrogado o prazo até o primeiro dia útil se o vencimento cair em feriado ou em dia em que:
I - for determinado o fechamento do fórum;
II - o expediente forense for encerrado antes da hora normal.

§ 2º Os prazos ~~somente~~ começam a correr do primeiro dia útil após a intimação ~~(art. 240 e parágrafo único)~~.

~~Art. 185.~~ Não havendo preceito legal nem assinação pelo juiz, será de ~~5 (cinco)~~ dias o prazo para a prática de ato processual a cargo da parte.

~~Art. 186.~~ A parte poderá renunciar ao prazo estabelecido exclusivamente em seu favor.

~~Art. 187~~. Em qualquer grau de jurisdição, havendo motivo justificado, pode o juiz exceder, por igual tempo, os prazos que este Código lhe assina.

~~Art. 188.~~ Computar-se-á ~~em quádruplo~~ o prazo para contestar e em dobro para recorrer quando a parte for a Fazenda Pública ou o Ministério Público.

<small>Nota: Ver arts. 95 e 149 do Projeto do Novo CPC.</small>

~~Art. 189.~~ O juiz proferirá:
I - os despachos de expediente, no prazo de ~~2 (dois) dias~~;
II - as decisões, no prazo de ~~10~~ (dez) dias.

~~Art. 190.~~ Incumbirá ao serventuário remeter os autos conclusos no prazo de ~~24 (vinte e quatro)~~ horas e executar os atos processuais no prazo de ~~48 (quarenta e oito) horas,~~ contados:
I - da data em que houver concluído o ato processual anterior, se lhe foi imposto pela lei;
II - da data em que tiver ciência da ordem, quando determinada pelo juiz.

~~Parágrafo único.~~ Ao receber os autos, certificará o serventuário o dia e a hora em que ficou ciente da ordem, referida no nº II.

~~Art. 191. Quando~~ os litisconsortes tiverem diferentes procuradores, ser-lhes-ão contados em dobro os prazos para contestar, para recorrer e, de modo geral, para falar nos autos.

<small>Nota: Ver art. 46, do CPC.</small>

~~Art. 192~~. Quando a lei não marcar outro prazo, as intimações somente obrigarão a comparecimento depois de decorridas ~~24 (vinte e quatro)~~ horas.

Seção II
Da Verificação dos Prazos e das Penalidades

~~Art. 193.~~ Compete ao juiz verificar se o serventuário excedeu, sem motivo legítimo, os prazos que este Código estabelece.

~~Art. 194.~~ Apurada a falta, o juiz mandará instaurar procedimento administrativo, na forma da Lei ~~de Organização Judiciária.~~

~~Art. 195.~~ O advogado deve restituir os autos no prazo legal. Não o fazendo, mandará o juiz, de ofício, riscar o que neles houver escrito e desentranhar as alegações e documentos que apresentar.
~~Art. 196.~~ É lícito a qualquer interessado cobrar os autos ao advogado que exceder o prazo legal. Se, intimado, não os devolver dentro em ~~24 (vinte e quatro)~~ horas, perderá o direito à vista fora de cartório e incorrerá em multa, correspondente à metade do salário mínimo vigente na sede do juízo.
~~Parágrafo único.~~ Apurada a falta, o juiz comunicará o fato à seção local da Ordem dos Advogados do Brasil, para o procedimento disciplinar e imposição da multa.
~~Art. 197.~~ Aplicam-se ao ~~órgão~~ do Ministério Público e ao representante da Fazenda Pública as disposições constantes dos arts. 195 e 196.
~~Art. 198.~~ Qualquer das partes ou o ~~órgão do~~ Ministério Público poderá representar ao presidente do Tribunal de Justiça contra o juiz que excedeu os prazos previstos em lei. Distribuída a representação ao órgão competente, instaurar-se-á procedimento para apuração da responsabilidade. O relator, conforme as circunstâncias, poderá avocar os autos em que ocorreu excesso de prazo, designando outro juiz para decidir a causa.
~~Art. 199. A disposição do artigo anterior aplicar-se-á aos tribunais superiores na forma que dispuser o seu regimento interno.~~

Capítulo IV
Das Comunicações dos Atos

Seção I
~~Das~~ Disposições Gerais

~~Art. 200.~~ Os atos processuais serão cumpridos por ordem judicial ou requisitados por carta, conforme hajam de realizar-se dentro ou fora dos limites territoriais da comarca.
~~Art. 201.~~ Expedir-se-á carta de ordem se o juiz for subordinado ao tribunal de que ela emanar; carta rogatória, quando dirigida à autoridade judiciária estrangeira; e carta precatória nos demais casos.

Seção II
Das Cartas

~~Art. 202.~~ São requisitos essenciais da carta de ordem, da carta precatória e da carta rogatória:
I - a indicação dos juízes de origem e de cumprimento do ato;
II - o inteiro teor da petição, do despacho judicial e do instrumento do mandato conferido ao advogado;
III - a menção do ato processual~~,~~ que lhe constitui o objeto;
IV - o encerramento com a assinatura do juiz.
§ 1º O juiz mandará trasladar~~,~~ na carta~~,~~ quaisquer outras peças, bem como instruí-la com mapa, desenho ou gráfico, sempre que estes documentos devam ser examinados, na diligência, pelas partes, peritos ou testemunhas.
§ 2º Quando o objeto da carta for exame pericial sobre documento, este será remetido em original, ficando nos autos reprodução fotográfica.
§ 3º A carta de ordem, ~~carta~~ precatória ou ~~carta~~ rogatória pode ser expedida por meio eletrônico, situação em que a assinatura do juiz deverá ser eletrônica, na forma da lei.
~~Art. 203.~~ Em todas as cartas declarará o juiz o prazo dentro do qual deverão ser cumpridas, atendendo à facilidade das comunicações e à natureza da diligência.
~~Art. 204.~~ A carta tem caráter itinerante; antes ou depois de lhe ser ordenado o cumprimento, poderá ser apresentada a juízo diverso do que dela consta, a fim de se praticar o ato.
~~Art. 205.~~ Havendo urgência, transmitir-se-ão a carta de ordem e a carta precatória por telegrama, radiograma ou telefone.
~~Art. 206.~~ A carta de ordem e a carta precatória, por telegrama ~~ou radiograma~~, conterão, em resumo substancial, os requisitos mencionados no ~~art. 202~~, bem como a declaração, pela agência expedidora, de estar reconhecida a assinatura do juiz.
~~Art. 207.~~ O secretário do tribunal ou o escrivão do juízo deprecante transmitirá, por telefone, a carta de ordem, ou a carta precatória ao juízo, em que houver de cumprir-se o ato, por intermédio do escrivão do primeiro ofício da primeira vara, se houver na comarca mais de um ofício ou de uma vara, observando, quanto aos requisitos, o disposto no artigo antecedente.
§ 1º O escrivão, no mesmo dia ou no dia útil imediato, telefonará ao secretário do tribunal ou ao escrivão do juízo deprecante, lendo-lhe os termos da carta e solicitando-lhe que lha confirme.
§ 2º Sendo confirmada, o escrivão submeterá a carta a despacho.
~~Art. 208.~~ Executar-se-ão, de ofício, os atos requisitados por telegrama, ~~radiograma ou telefone.~~ A parte depositará, contudo, na secretaria do tribunal ou no cartório do juízo deprecante, a importância correspondente às despesas que serão feitas no juízo em que houver de praticar-se o ato.
~~Art. 209.~~ O juiz recusará cumprimento à carta precatória, devolvendo-a com despacho motivado:

I - quando não estiver revestida dos requisitos legais;
II - quando carecer de competência em razão da matéria ou da hierarquia;
III - quando tiver dúvida acerca de sua autenticidade.
Art. 210. A carta rogatória obedecerá, quanto à sua admissibilidade e modo de seu cumprimento, ao disposto na convenção internacional; à falta desta, será remetida à autoridade judiciária estrangeira, por via diplomática, depois de traduzida para a língua do país em que há de praticar-se o ato.
Art. 211. A concessão de exeqüibilidade às cartas rogatórias das justiças estrangeiras obedecerá ao disposto no Regimento Interno do Supremo Tribunal Federal.
Nota: Ver art. 105, I, da CF/88.
Art. 212. Cumprida a carta, será devolvida ao juízo de origem, no prazo de 10 (dez) dias, independentemente de traslado, pagas as custas pela parte.

Seção III
Das Citações

Art. 213. Citação é o ato pelo qual se chama a juízo o réu ou o interessado a fim de se defender.
Art. 214. Para a validade do processo é indispensável a citação inicial do réu.
§ 1º O comparecimento espontâneo do réu supre, entretanto, a falta de citação.
§ 2º Comparecendo o réu apenas para argüir a nulidade e sendo esta decretada, considerar-se-á feita a citação na data em que ele ou seu advogado for intimado da decisão.
Art. 215 Far-se-á a citação pessoalmente ao réu, ao seu representante legal ou ao procurador legalmente autorizado.
§ 1º Estando o réu ausente, a citação far-se-á na pessoa de seu mandatário, administrador, feitor ou gerente, quando a ação se originar de atos por eles praticados.
§ 2º O locador que se ausentar do Brasil sem cientificar o locatário de que deixou na localidade, onde estiver situado o imóvel, procurador com poderes para receber citação, será citado na pessoa do administrador do imóvel encarregado do recebimento dos aluguéis.
Art. 216 A citação efetuar-se-á em qualquer lugar em que se encontre o réu.
Parágrafo único. O militar, em serviço ativo, será citado na unidade em que estiver servindo se não for conhecida a sua residência ou nela não for encontrado.
Art. 217. Não se fará, porém, a citação, salvo para evitar o perecimento do direito:
I - a quem estiver assistindo a qualquer ato de culto religioso;

II - ao cônjuge ou a qualquer parente do morto, consangüíneo ou afim, em linha reta, ou na linha colateral em segundo grau, no dia do falecimento e nos 7 (sete) dias seguintes;
III - aos noivos, nos 3 (três) primeiros dias de bodas;
IV – aos doentes, enquanto grave o seu estado.
Art. 218. Também não se fará citação, quando se verificar que o réu é demente ou está impossibilitado de recebê-la.
§ 1º O oficial de justiça passará certidão, descrevendo minuciosamente a ocorrência. O juiz nomeará um médico, a fim de examinar o citando. O laudo será apresentado em 5 (cinco) dias.
§ 2º Reconhecida a impossibilidade, o juiz dará ao citando um curador, observando, quanto à sua escolha, a preferência estabelecida na lei civil. A nomeação é restrita à causa.
§ 3º A citação será feita na pessoa do curador, a quem incumbirá a defesa do réu.
Art. 219. A citação válida torna prevento o juízo, induz litispendência e faz litigiosa a coisa; e, ainda quando ordenada por juiz incompetente, constitui em mora o devedor e interrompe a prescrição.
Ver, também, art. 301, § 3º, e art. 42, do CPC/73.
§ 1º A interrupção da prescrição retroagirá à data da propositura da ação.
§ 2º Incumbe à parte promover a citação do réu nos 10 (dez) dias subseqüentes ao despacho que a ordenar, não ficando prejudicada pela demora imputável exclusivamente ao serviço judiciário.
§ 3º Não sendo citado o réu, o juiz prorrogará o prazo até o máximo de 90 (noventa) dias.
§ 4º Não se efetuando a citação nos prazos mencionados nos parágrafos antecedentes, haver-se-á por não interrompida a prescrição.
§ 5º O juiz pronunciará, de ofício, a prescrição.
§ 6º Passada em julgado a sentença, a que se refere o parágrafo anterior, o escrivão comunicará ao réu o resultado do julgamento.
Art. 220. O disposto no artigo anterior aplica-se a todos os prazos extintivos previstos na lei.
Art. 221. A citação far-se-á:
I - pelo correio;
II - por oficial de justiça;
III - por edital.
IV - por meio eletrônico, conforme regulado em lei própria.
Art. 222. A citação será feita pelo correio, para qualquer comarca do País, exceto:
a) nas ações de estado
b) quando for ré pessoa incapaz
c) quando for ré pessoa de direito público;
d) nos processos de execução;
e) quando o réu residir em local não atendido pela entrega domiciliar de correspondência;
f) quando o autor a requerer de outra forma.

~~Art. 223~~. Deferida a citação pelo correio, o escrivão ~~ou chefe da secretaria~~ remeterá ao citando cópias da petição inicial e do despacho do juiz, ~~expressamente consignada em seu inteiro teor a advertência a que se refere o art. 285, segunda parte,~~ comunicando, ainda, o prazo para a resposta e o juízo e cartório, com o respectivo endereço.
~~Parágrafo único.~~ A carta será registrada para entrega ao citando, exigindo-lhe o carteiro, ao fazer a entrega, que assine o recibo. Sendo o réu pessoa jurídica, será válida a entrega a pessoa com poderes de gerência geral ou de administração.
~~Art. 224.~~ Far-se-á a citação por meio de oficial de justiça nos casos ressalvados ~~no art. 222~~, ou quando frustrada a citação pelo correio.
~~Art. 225~~. O mandado, que o oficial de justiça tiver de cumprir, deverá conter:
I - os nomes do autor e do réu, bem como os respectivos domicílios ou residências;
II - o fim da citação, com todas as especificações constantes da petição inicial, ~~bem como a advertência a que se refere o art. 285, segunda parte, se o litígio versar sobre direitos disponíveis;~~
III - a cominação, se houver;
IV - o dia, hora e lugar do comparecimento;
V - a cópia do despacho;
VI - o prazo para defesa;
VII - a assinatura do escrivão e a declaração de que o subscreve por ordem do juiz.
~~Parágrafo único~~. O mandado poderá ser em breve relatório, quando o autor entregar em cartório, com a petição inicial, tantas cópias desta quantos forem os réus; caso em que as cópias, depois de conferidas com o original, farão parte integrante do mandado.
~~Art. 226~~. Incumbe ao oficial de justiça procurar o réu e, onde o encontrar, citá-lo:
I - lendo-lhe o mandado e entregando-lhe a contrafé;
II - portando por fé se recebeu ou recusou a contrafé;
III - obtendo a nota de ciente, ou certificando que o réu não a apôs no mandado.
~~Art. 227~~. Quando, por três vezes, o oficial de justiça houver procurado o réu em seu domicílio ou residência, sem o encontrar, deverá, havendo suspeita de ocultação, intimar a qualquer pessoa da família, ou em sua falta a qualquer vizinho, que, no dia imediato, voltará, a fim de efetuar a citação, na hora que designar.
~~Art. 228~~. No dia e hora designados, o oficial de justiça, independentemente de novo despacho, comparecerá ao domicílio ou residência do citando, a fim de realizar a diligência.

§ 1º Se o citando não estiver presente, o oficial de justiça procurará informar-se das razões da ausência, dando por feita a citação, ainda que o citando se tenha ocultado em outra comarca.
§ 2º Da certidão da ocorrência, o oficial de justiça deixará contrafé com pessoa da família ou com qualquer vizinho, conforme o caso, declarando-lhe o nome.
~~Art. 229~~. Feita a citação com hora certa, o escrivão enviará ao réu carta, telegrama ~~ou radiograma~~, dando-lhe de tudo ciência.
~~Art. 230~~. Nas comarcas contíguas, de fácil comunicação, e nas que se situem na mesma região metropolitana, o oficial de justiça poderá efetuar citações ou intimações em qualquer delas.
~~Art. 231~~. Far-se-á a citação por edital:
I - quando desconhecido ou incerto o réu;
II - quando ignorado, incerto ou inacessível o lugar em que se encontrar;
III - nos casos expressos em lei.
§ 1º Considera-se inacessível, para efeito de citação por edital, o país que recusar o cumprimento de carta rogatória.
§ 2º No caso de ser inacessível o lugar em que se encontrar o réu, a notícia de sua citação será divulgada também pelo rádio, se na comarca houver emissora de radiodifusão.
~~Art. 232~~. São requisitos da citação por edital:
I - a afirmação do autor, ou a certidão do oficial, quanto às circunstâncias previstas nos ns. I e II do artigo antecedente;
II - a afixação do edital, na sede do juízo, certificada pelo escrivão;
~~III - a publicação do edital no prazo máximo de 15 (quinze) dias, uma vez no órgão oficial e pelo menos duas vezes em jornal local, onde houver;~~
IV - a determinação, pelo juiz, do prazo, que variará entre ~~20~~ (vinte) e ~~60~~ (sessenta) dias, correndo da data da primeira publicação;
V - a advertência a que se refere o art. 285, segunda parte, se o litígio versar sobre direitos disponíveis.
~~§ 1º Juntar-se-á aos autos um exemplar de cada publicação, bem como do anúncio, de que trata o nº II deste artigo.~~
~~§ 2º A publicação do edital será feita apenas no órgão oficial quando a parte for beneficiária da Assistência Judiciária.~~
~~Art. 233~~. A parte que requerer a citação por edital, alegando dolosamente os requisitos do art. 231, I e II, incorrerá em multa de ~~5~~ (cinco) vezes o salário mínimo vigente na sede do juízo.
Parágrafo único. A multa reverterá em benefício do citando.

Seção IV
Das Intimações

Art. 234. Intimação é o ato pelo qual se dá ciência a alguém dos atos e termos do processo, para que faça ou deixe de fazer alguma coisa.

Art. 235. As intimações efetuam-se de ofício, em processos pendentes, salvo disposição em contrário.

Art. 236. No Distrito Federal e nas Capitais dos Estados e dos Territórios, consideram-se feitas as intimações pela só publicação dos atos no órgão oficial.

§ 1º É indispensável, sob pena de nulidade, que da publicação constem os nomes das partes e de seus advogados, suficientes para sua identificação.

§ 2º A intimação do Ministério Público, em qualquer caso será feita pessoalmente.

Art. 237. Nas demais comarcas aplicar-se-á o disposto no artigo antecedente; se houver órgão de publicação dos atos oficiais; não o havendo, competirá ao escrivão intimar, de todos os atos do processo, os advogados das partes:

I - pessoalmente, tendo domicílio na sede do juízo;

II - por carta registrada, com aviso de recebimento quando domiciliado fora do juízo.

Parágrafo único. As intimações podem ser feitas de forma eletrônica, conforme regulado em lei própria.

Nota: Ver art. 229 do Projeto do Novo CPC.

Art. 238. Não dispondo a lei de outro modo, as intimações serão feitas às partes, aos seus representantes legais e aos advogados pelo correio ou, se presentes em cartório, diretamente pelo escrivão ou chefe de secretaria.

Parágrafo único. Presumem-se válidas as comunicações e intimações dirigidas ao endereço residencial ou profissional declinado na inicial, contestação ou embargos, cumprindo às partes atualizar o respectivo endereço sempre que houver modificação temporária ou definitiva.

Art. 239. Far-se-á a intimação por meio de oficial de justiça quando frustrada a realização pelo correio.

Parágrafo único. A certidão de intimação deve conter:

I - a indicação do lugar e a descrição da pessoa intimada, mencionando, quando possível, o número de sua carteira de identidade e o órgão que a expediu;

II - a declaração de entrega da contrafé;

III - a nota de ciente ou certidão de que o interessado não a apôs no mandado.

Art. 240. Salvo disposição em contrário, os prazos para as partes, para a Fazenda Pública e para o Ministério Público contar-se-ão da intimação.

Parágrafo único. As intimações consideram-se realizadas no primeiro dia útil seguinte, se tiverem ocorrido em dia em que não tenha havido expediente forense.

Art. 241. Começa a correr o prazo:

I - quando a citação ou intimação for pelo correio, da data de juntada aos autos do aviso de recebimento;

II - quando a citação ou intimação for por oficial de justiça, da data de juntada aos autos do mandado cumprido;

III - quando houver vários réus, da data de juntada aos autos do último aviso de recebimento ou mandado citatório cumprido;

IV - quando o ato se realizar em cumprimento de carta de ordem, precatória ou rogatória, da data de sua juntada aos autos devidamente cumprida;

V - quando a citação for por edital, finda a dilação assinada pelo juiz.

Art. 242. O prazo para a interposição de recurso conta-se da data, em que os advogados são intimados da decisão, da sentença ou do acórdão.

§ 1º Reputam-se intimados na audiência, quando nesta é publicada a decisão ou a sentença.

§ 2º Havendo antecipação da audiência, o juiz, de ofício ou a requerimento da parte, mandará intimar pessoalmente os advogados para ciência da nova designação.

Capítulo V
Das Nulidades

Art. 243. Quando a lei prescrever determinada forma, sob pena de nulidade, a decretação desta não pode ser requerida pela parte que lhe deu causa.

Art. 244. Quando a lei prescrever determinada forma, sem cominação de nulidade, o juiz considerará válido o ato se, realizado de outro modo, lhe alcançar a finalidade.

Art. 245. A nulidade dos atos deve ser alegada na primeira oportunidade em que couber à parte falar nos autos, sob pena de preclusão.

Parágrafo único. Não se aplica esta disposição às nulidades que o juiz deva decretar de ofício, nem prevalece a preclusão, provando a parte legítimo impedimento.

Art. 246. É nulo o processo, quando o Ministério Público não for intimado a acompanhar o feito em que deva intervir.

Parágrafo único. Se o processo tiver corrido, sem conhecimento do Ministério Público, o juiz o anulará a partir do momento em que o órgão devia ter sido intimado.

~~Art. 247.~~ As citações e as intimações serão nulas~~,~~ quando feitas sem observância das prescrições legais.
~~Art. 248.~~ Anulado o ato, <u>reputam-se</u> de nenhum efeito todos os subseqüentes, que dele dependam; todavia, a nulidade de uma parte do ato não prejudicará as outras, que dela sejam independentes.
~~Art. 249.~~ <u>O juiz, ao pronunciar a nulidade,</u> declarará que atos são atingidos<u>, ordenando</u> as providências necessárias~~,~~ a fim de que sejam repetidos~~,~~ ou retificados.
§ 1º O ato não se repetirá nem <u>se lhe suprirá a falta</u> quando não prejudicar a parte.
§ 2º Quando puder decidir <u>do</u> mérito a favor da parte a quem aproveite a declaração da nulidade, o juiz não a pronunciará nem mandará repetir o ato~~,~~ ou suprir-lhe a falta.
~~Art. 250.~~ O erro de forma do processo acarreta unicamente a anulação dos atos que não possam ser aproveitados, devendo praticar-se os que forem necessários~~,~~ a fim de se observarem~~,~~ ~~quanto possível,~~ as prescrições legais.
Parágrafo único. Dar-se-á o aproveitamento dos atos praticados~~,~~ desde que não resulte prejuízo à defesa.

Capítulo VI
~~De Outros Atos Processuais~~

~~Seção I~~
Da Distribuição e do Registro

~~Art. 251.~~ Todos os processos estão sujeitos a registro, devendo ser distribuídos onde houver mais de um juiz ~~ou mais de um escrivão.~~
~~Art. 252.~~ <u>Será alternada a distribuição</u> ~~entre juízes e escrivães~~, <u>obedecendo</u> ~~a~~ rigorosa igualdade.
~~Art. 253.~~ <u>Distribuir-se-ão</u> por dependência as causas de qualquer natureza:
I - quando se relacionarem, por conexão ou continência, com outra já ajuizada;
II - quando, tendo sido extinto o processo, sem <u>julgamento</u> de mérito, for reiterado o pedido, ainda que em litisconsórcio com outros autores ou que sejam parcialmente alterados os réus da demanda;
III - quando houver ajuizamento de ações idênticas~~,~~ ao juízo prevento.
Parágrafo único. Havendo ~~reconvenção ou~~ intervenção de terceiro, o juiz, de ofício, mandará proceder à respectiva anotação pelo distribuidor.
~~Art. 254. É defeso distribuir a petição não acompanhada do instrumento do mandato, salvo:~~
~~I - se o requerente postular em causa própria;~~
~~II - se a procuração estiver junta aos autos principais;~~
~~III - no caso previsto no art. 37.~~
~~Art. 255.~~ O juiz, de ofício ou a requerimento do interessado, corrigirá o erro ou a falta de distribuição, compensando-a.
~~Art. 256.~~ A distribuição poderá ser fiscalizada pela parte ~~ou~~ por seu procurador.
~~Art. 257.~~ Será cancelada a distribuição do feito que, em ~~30 (trinta)~~ dias, não for preparado ~~no cartório em que deu entrada.~~

~~Seção II~~
Do Valor da Causa

~~Art. 258.~~ A toda causa será atribuído um valor certo, ainda que não tenha conteúdo econômico imediato.
~~Art. 259.~~ O valor da causa constará ~~sempre~~ da petição inicial e será:
I - na ação de cobrança de dívida, a soma do principal, <u>da pena</u> e dos juros vencidos até a propositura da ação;
II - havendo cumulação de pedidos, a quantia correspondente à soma dos valores de todos eles;
III - sendo alternativos os pedidos, o de maior valor;
IV - se houver também pedido subsidiário, o valor do pedido principal;
V - quando o litígio tiver por objeto a existência, validade, cumprimento, modificação ou rescisão de negócio jurídico, o valor do contrato;
VI - na ação de alimentos, a soma de ~~12 (doze)~~ prestações mensais~~,~~ pedidas pelo autor;
VII - na ação de divisão, de demarcação e de reivindicação, a estimativa oficial para lançamento do imposto.
~~Art. 260.~~ Quando se pedirem prestações vencidas e vincendas, tomar-se-á em consideração o valor de umas e outras. O valor das prestações vincendas será igual a uma prestação anual, se a obrigação for por tempo indeterminado~~,~~ ou por tempo superior a ~~1 (um)~~ ano; se, por tempo inferior, será igual à soma das prestações.
~~Art. 261. O réu poderá impugnar, no prazo da contestação, o valor atribuído à causa pelo autor. A impugnação será autuada em apenso, ouvindo-se o autor no prazo de 5 (cinco) dias. Em seguida o juiz, sem suspender o processo, servindo-se, quando necessário, do auxílio de perito, determinará, no prazo de 10 (dez) dias, o valor da causa.~~
~~Parágrafo único. Não havendo impugnação, presume-se aceito o valor atribuído à causa na petição inicial.~~

Título VI
Da Formação, da Suspensão e da Extinção do Processo

Capítulo I
Da Formação do Processo

Art. 262. O processo civil começa por iniciativa da parte, mas se desenvolve por impulso oficial.

Art. 263. Considera-se proposta a ação, tanto que a petição inicial seja despachada pelo juiz, ou simplesmente distribuída, onde houver mais de uma vara. A propositura da ação, todavia, só produz, quanto ao réu, os efeitos mencionados no art. 219 depois que for validamente citado.

Nota: Ver arts. 267 e 319 do Projeto do Novo CPC.

Art. 264. Feita a citação, é defeso ao autor modificar o pedido ou a causa de pedir, sem o consentimento do réu, mantendo-se as mesmas partes, salvo as substituições permitidas por lei. Parágrafo único. A alteração do pedido ou da causa de pedir em nenhuma hipótese será permitida após o saneamento do processo.

Capítulo II
Da Suspensão do Processo

Art. 265. Suspende-se o processo:
I - pela morte ou perda da capacidade processual de qualquer das partes, de seu representante legal ou de seu procurador;
II - pela convenção das partes;
III - quando for oposta exceção de incompetência do juízo, da câmara ou do tribunal, bem como de suspeição ou impedimento do juiz;
IV - quando a sentença de mérito:
a) depender do julgamento de outra causa, ou da declaração da existência ou inexistência da relação jurídica, que constitua o objeto principal de outro processo pendente;
b) não puder ser proferida senão depois de verificado determinado fato, ou de produzida certa prova, requisitada a outro juízo;
c) tiver por pressuposto o julgamento de questão de estado, requerido como declaração incidente;
V - por motivo de força maior;
VI - nos demais casos, que este Código regula.

§ 1º No caso de morte ou perda da capacidade processual de qualquer das partes, ou de seu representante legal, provado o falecimento ou a incapacidade, o juiz suspenderá o processo, salvo se já tiver iniciado a audiência de instrução e julgamento; caso em que:
a) o advogado continuará no processo até o encerramento da audiência;
b) o processo só se suspenderá a partir da publicação da sentença ou do acórdão.

§ 2º No caso de morte do procurador de qualquer das partes, ainda que iniciada a audiência de instrução e julgamento, o juiz marcará, a fim de que a parte constitua novo mandatário, o prazo de 20 (vinte) dias, findo o qual extinguirá o processo sem julgamento do mérito, se o autor não nomear novo mandatário, ou mandará prosseguir no processo, à revelia do réu, tendo falecido o advogado deste.

§ 3º A suspensão do processo por convenção das partes, de que trata o nº II, nunca poderá exceder 6 (seis) meses; findo o prazo, o escrivão fará os autos conclusos ao juiz, que ordenará o prosseguimento do processo.

§ 4º No caso do nº III, a exceção, em primeiro grau de jurisdição, será processada na forma do disposto neste Livro, Título VIII, Capítulo II, Seção III; e, no tribunal, consoante lhe estabelecer o regimento interno.

§ 5º Nos casos enumerados nas letras a, b e c do nº IV, o período de suspensão nunca poderá exceder 1 (um) ano. Findo este prazo, o juiz mandará prosseguir no processo.

Art. 266. Durante a suspensão é defeso praticar qualquer ato processual; poderá o juiz, todavia, determinar a realização de atos urgentes, a fim de evitar dano irreparável.

Capítulo III
Da Extinção do Processo

Art. 267. Extingue-se o processo, sem resolução de mérito:
I - quando o juiz indeferir a petição inicial;
II - quando ficar parado durante mais de 1 (um) ano por negligência das partes;
III - quando, por não promover os atos e diligências que lhe competir, o autor abandonar a causa por mais de 30 (trinta) dias;
IV - quando se verificar a ausência de pressupostos de constituição e de desenvolvimento válido e regular do processo;
V - quando o juiz acolher a alegação de perempção, litispendência ou de coisa julgada;
VI - quando não concorrer qualquer das condições da ação, como a possibilidade jurídica, a legitimidade das partes e o interesse processual;
VII - pela convenção de arbitragem;
VIII - quando o autor desistir da ação;
IX - quando a ação for considerada intransmissível por disposição legal;
X - quando ocorrer confusão entre autor e réu;
XI - nos demais casos prescritos neste Código.

§ 1º O juiz ordenará, nos casos dos ns. II e III, o arquivamento dos autos, declarando a extinção do processo, se a parte, intimada pessoalmente, não suprir a falta em 48 (quarenta e oito) horas.

§ 2º No caso do parágrafo anterior, quanto ao nº II, as partes pagarão proporcionalmente as custas e, quanto ao nº III, o autor será condenado ao pagamento das despesas e honorários de advogado (art. 28).

§ 3º O juiz conhecerá de ofício, em qualquer tempo e grau de jurisdição, enquanto não proferida a sentença de mérito, da matéria constante dos ns. IV, V e VI; todavia, o réu que a não alegar, na primeira oportunidade em que lhe caiba falar nos autos, responderá pelas custas de retardamento.

§ 4º Depois de decorrido o prazo para a resposta, o autor não poderá, sem o consentimento do réu, desistir da ação.

Art. 268. Salvo o disposto no art. 267, V, a extinção do processo não obsta a que o autor intente de novo a ação. A petição inicial, todavia, não será despachada sem a prova do pagamento ou do depósito das custas e dos honorários de advogado.

Parágrafo único. Se o autor der causa, por três vezes, à extinção do processo pelo fundamento previsto no no III do artigo anterior, não poderá intentar nova ação contra o réu com o mesmo objeto, ficando-lhe ressalvada, entretanto, a possibilidade de alegar em defesa o seu direito.

Nota: Ver arts. 468, *caput* e §2º do Projeto do Novo CPC.

Art. 269. Haverá resolução de mérito:
I - quando o juiz acolher ou rejeitar o pedido do autor;
II - quando o réu reconhecer a procedência do pedido;
III - quando as partes transigirem;
IV - quando o juiz pronunciar a decadência ou a prescrição;
V - quando o autor renunciar ao direito sobre que se funda a ação.

Título VII
Do Processo e do Procedimento

Capítulo I
Das Disposições Gerais

Art. 270. Este Código regula o processo de conhecimento (Livro I), de execução (Livro II), cautelar (Livro III) e os procedimentos especiais (Livro IV).

Art. 271. Aplica-se a todas as causas o procedimento comum, salvo disposição em contrário deste Código ou de lei especial.

Art. 272. O procedimento comum é ordinário ou sumário.

Parágrafo único. O procedimento especial e o procedimento sumário regem-se pelas disposições que lhes são próprias, aplicando-se-lhes, subsidiariamente, as disposições gerais do procedimento ordinário.

Art. 273. O juiz poderá, a requerimento da parte, antecipar, total ou parcialmente, os efeitos da tutela pretendida no pedido inicial, desde que, existindo prova inequívoca, se convença da verossimilhança da alegação e:

Nota: Dispositivos inteiramente tachados pelo fato de o Projeto do Novo CPC se referir, de forma única, à tutela de urgência como gênero, sendo espécies a medida cautelar e a satisfativa.

I - haja fundado receio de dano irreparável ou de difícil reparação

Nota: O Projeto do Novo CPC deu tratamento uniforme aos requisitos indispensáveis para concessão da tutela de urgência, ao contrário do CPC/73 em que havia requisitos específicos para medida cautelar e para tutela antecipada.

II - fique caracterizado o abuso de direito de defesa ou o manifesto propósito protelatório do réu.

§ 1º Na decisão que antecipar a tutela, o juiz indicará, de modo claro e preciso, as razões do seu convencimento.

§ 2º Não se concederá a antecipação da tutela quando houver perigo de irreversibilidade do provimento antecipado.

§ 3º A efetivação da tutela antecipada observará, no que couber e conforme sua natureza, as normas previstas nos arts. 588, 461, §§ 4º e 5º, e 461-A.

OBS: O Projeto transformou o parágrafo em artigo.

§ 4º A tutela antecipada poderá ser revogada ou modificada a qualquer tempo, em decisão fundamentada.

§ 5º Concedida ou não a antecipação da tutela, prosseguirá o processo até final julgamento.

§ 6º A tutela antecipada também poderá ser concedida quando um ou mais dos pedidos cumulados, ou parcela deles, mostrar-se incontroverso.

Nota: O Projeto do Novo CPC transformou o parágrafo em dispositivo autônomo.

§ 7º Se o autor, a título de antecipação de tutela, requerer providência de natureza cautelar, poderá o juiz, quando presentes os respectivos pressupostos, deferir a medida cautelar em caráter incidental do processo ajuizado.

Capítulo II
Do Procedimento Ordinário

Art. 274. O procedimento ordinário reger-se-á segundo as disposições dos Livros I e II deste Código.

Capítulo III
Do Procedimento Sumário

Art. 275. Observar-se-á o procedimento sumário:

~~I - nas causas cujo valor não exceda a 60 (sessenta) vezes o valor do salário mínimo;~~
~~II - nas causas, qualquer que seja o valor~~
~~a) de arrendamento rural e de parceria agrícola;~~
~~b) de cobrança ao condômino de quaisquer quantias devidas ao condomínio;~~
~~c) de ressarcimento por danos em prédio urbano ou rústico;~~
~~d) de ressarcimento por danos causados em acidente de veículo de via terrestre;~~
~~e) de cobrança de seguro, relativamente aos danos causados em acidente de veículo, ressalvados os casos de processo de execução;~~
~~f) de cobrança de honorários dos profissionais liberais, ressalvado o disposto em legislação especial;~~
~~g) que versem sobre revogação de doação;~~
~~h) nos demais casos previstos em lei.~~
~~Parágrafo único. Este procedimento não será observado nas ações relativas ao estado e à capacidade das pessoas.~~
~~Art. 276. Na petição inicial, o autor apresentará o rol de testemunhas e, se requerer perícia, formulará quesitos, podendo indicar assistente técnico.~~
~~Art. 277. O juiz designará a audiência de conciliação a ser realizada no prazo de trinta dias, citando-se o réu com a antecedência mínima de dez dias e sob advertência prevista no § 2º deste artigo, determinando o comparecimento das partes. Sendo ré a Fazenda Pública, os prazos contar-se-ão em dobro.~~
~~§ 1º A conciliação será reduzida a termo e homologada por sentença, podendo o juiz ser auxiliado por conciliador.~~
~~§ 2º Deixando injustificadamente o réu de comparecer à audiência, reputar-se-ão verdadeiros os fatos alegados na petição inicial (art. 319), salvo se o contrário resultar da prova dos autos, proferindo o juiz, desde logo, a sentença.~~
~~§ 3º As partes comparecerão pessoalmente à audiência, podendo fazer-se representar por preposto com poderes para transigir.~~
~~§ 4º O juiz, na audiência, decidirá de plano a impugnação ao valor da causa ou a controvérsia sobre a natureza da demanda, determinando, se for o caso, a conversão do procedimento sumário em ordinário.~~
~~§ 5º A conversão também ocorrerá quando houver necessidade de prova técnica de maior complexidade.~~
~~Art. 278. Não obtida a conciliação, oferecerá o réu, na própria audiência, resposta escrita ou oral, acompanhada de documentos e rol de testemunhas e, se requerer perícia, formulará seus quesitos desde logo, podendo indicar assistente técnico.~~

~~§ 1º É lícito ao réu, na contestação, formular pedido em seu favor, desde que fundado nos mesmos fatos referidos na inicial.~~
~~§ 2º Havendo necessidade de produção de prova oral e não ocorrendo qualquer das hipóteses previstas nos arts. 329 e 330, I e II, será designada audiência de instrução e julgamento para data próxima, não excedente de trinta dias, salvo se houver determinação de perícia.~~
~~Art. 279. Os atos probatórios realizados em audiência poderão ser documentados mediante taquigrafia, estenotipia ou outro método hábil de documentação, fazendo-se a respectiva transcrição se a determinar o juiz.~~
~~Parágrafo único. Nas comarcas ou varas em que não for possível a taquigrafia, a estenotipia ou outro método de documentação, os depoimentos serão reduzidos a termo, do qual constará apenas o essencial.~~
~~Art. 280. No procedimento sumário não são admissíveis a ação declaratória incidental e a intervenção de terceiros, salvo a assistência, o recurso de terceiro prejudicado e a intervenção fundada em contrato de seguro.~~
~~Art. 281 - Findos a instrução e os debates orais, o juiz proferirá sentença na própria audiência ou no prazo de dez dias.~~

~~Título VIII~~
~~Do Procedimento Ordinário~~

Capítulo I
Da Petição Inicial

Seção I
Dos Requisitos da Petição Inicial

~~Art. 282.~~ A petição inicial indicará:
I - o juiz ou tribunal~~,~~ a que é dirigida;
II - os nomes, prenomes, estado civil, profissão, domicílio e residência do autor e do réu;
III - o fato e os fundamentos jurídicos do pedido;
IV - o pedido, com as suas especificações;
V - o valor da causa;
VI - as provas com que o autor pretende demonstrar a verdade dos fatos alegados;
VII - o requerimento para a citação do réu.
~~Art. 283.~~ A petição inicial será instruída com os documentos indispensáveis à propositura da ação.
~~Art. 284.~~ Verificando o juiz que a petição inicial não preenche os requisitos ~~exigidos~~ <u>nos</u> arts. <u>282</u> e <u>283</u>~~,~~ ou que apresenta defeitos e irregularidades capazes de dificultar o julgamento de mérito, determinará que o autor <u>a emende, ou a complete, no prazo de</u> ~~10 (dez)~~ dias.

Parágrafo único. Se o autor não cumprir a diligência, o juiz indeferirá a petição inicial.

Art. 285. Estando em termos a petição inicial, o juiz a despachará, ordenando a citação do réu, para responder; do mandado constará que, não sendo contestada a ação, se presumirão aceitos pelo réu, como verdadeiros, os fatos articulados pelo autor.

Art. 285-A. Quando a matéria controvertida for unicamente de direito e no juízo já houver sido proferida sentença de total improcedência em outros casos idênticos, poderá ser dispensada a citação e proferida sentença, reproduzindo-se o teor da anteriormente prolatada.

§ 1º Se o autor apelar, é facultado ao juiz decidir, no prazo de 5 (cinco) dias, não manter a sentença e determinar o prosseguimento da ação.

§ 2º Caso seja mantida a sentença, será ordenada a citação do réu para responder ao recurso. Seção II Do Pedido

Seção II
Do Pedido

Art. 286. O pedido deve ser certo ou determinado. É-lícito, porém, formular pedido genérico:
I - nas ações universais, se não puder o autor individuar na petição os bens demandados;
II - quando não for possível determinar, de modo definitivo, as conseqüências do ato ou do fato ilícito;
III - quando a determinação do valor da condenação depender de ato que deva ser praticado pelo réu

Art. 286. O pedido deve ser certo ou determinado. É lícito, porém, formular pedido genérico:
I - nas ações universais, se não puder o autor individuar na petição os bens demandados;
III - quando a determinação do valor da condenação depender de ato que deva ser praticado pelo réu.
II - quando não for possível determinar, de modo definitivo, as conseqüências do ato ou do fato ilícito;

Art. 287. Se o autor pedir que seja imposta ao réu a abstenção da prática de algum ato, tolerar alguma atividade, prestar ato ou entregar coisa, poderá requerer cominação de pena pecuniária para o caso de descumprimento da sentença ou da decisão antecipatória de tutela (arts. 461, § 4º, e 461-A).

Art. 288. O pedido será alternativo, quando, pela natureza da obrigação, o devedor puder cumprir a prestação de mais de um modo.
Parágrafo único. Quando, pela lei ou pelo contrato, a escolha couber ao devedor, o juiz lhe assegurará o direito de cumprir a prestação de um ou de outro modo, ainda que o autor não tenha formulado pedido alternativo.

Art. 289. É lícito formular mais de um pedido em ordem sucessiva, a fim de que o juiz conheça do posterior, em não podendo acolher o anterior.

Art. 290. Quando a obrigação consistir em prestações periódicas, considerar-se-ão elas incluídas no pedido, independentemente de declaração expressa do autor; se o devedor, no curso do processo, deixar de pagá-las ou de consigná-las, a sentença as incluirá na condenação, enquanto durar a obrigação.

Art. 291. Na obrigação indivisível com pluralidade de credores, aquele que não participou do processo receberá a sua parte, deduzidas as despesas na proporção de seu crédito.

Art. 292. É permitida a cumulação, num único processo, contra o mesmo réu, de vários pedidos, ainda que entre eles não haja conexão.
§ 1º São requisitos de admissibilidade da cumulação:
I - que os pedidos sejam compatíveis entre si;
II - que seja competente para conhecer deles o mesmo juízo;
III - que seja adequado para todos os pedidos o tipo de procedimento.
§ 2º Quando, para cada pedido, corresponder tipo diverso de procedimento, admitir-se-á a cumulação, se o autor empregar o procedimento ordinário.

Art. 293. Os pedidos são interpretados restritivamente, compreendendo-se, entretanto, no principal os juros legais.

Art. 294. Antes da citação, o autor poderá aditar o pedido, correndo à sua conta as custas acrescidas em razão dessa iniciativa.

Seção III
Do indeferimento da petição inicial

Art. 295. A petição inicial será indeferida:
I - quando for inepta;
II - quando a parte for manifestamente ilegítima;
III - quando o autor carecer de interesse processual;
IV - quando o juiz verificar, desde logo, a decadência ou a prescrição (art. 219, § 5º); (Redação dada pela Lei nº 5.925, de 1973)
V - quando o tipo de procedimento, escolhido pelo autor, não corresponder à natureza da causa, ou ao valor da ação; caso em que só não será indeferida, se puder adaptar-se ao tipo de procedimento legal; (Redação dada pela Lei nº 5.925, de 1973)

~~VI - quando não atendidas as prescrições dos arts. 39, parágrafo único, primeira parte, e 284. (Redação dada pela Lei nº 5.925, de 1973)~~
Parágrafo único. Considera-se inepta a petição inicial quando:
I - lhe faltar pedido ou causa de pedir;
II - da narração dos fatos não decorrer logicamente a conclusão;
~~III - o pedido for juridicamente impossível;~~
~~IV~~ - contiver pedidos incompatíveis entre si ~~(art. 219, § 5º)~~.
~~Art. 296.~~ Indeferida a petição inicial, o autor poderá apelar, facultado ao juiz, no prazo de 48 (quarenta e oito) horas, reformar sua decisão.
Parágrafo único. Não sendo reformada a decisão, os autos serão imediatamente encaminhados ao tribunal competente.

<small>Nota: Ver arts. 316 e 467, V, do Projeto do Novo CPC.</small>

~~Capítulo II
Da Resposta do Réu

Seção I
Das Disposições Gerais~~

~~Art. 297.~~ O réu poderá oferecer, no prazo de ~~15 (quinze)~~ dias, em petição escrita, ~~dirigida ao juiz da causa, contestação, exceção e reconvenção.~~
~~Art. 298. Quando forem citados para a ação vários réus, o prazo para responder ser-lhes-á comum, salvo o disposto no art. 191.~~
~~Parágrafo único. Se o autor desistir da ação quanto a algum réu ainda não citado, o prazo para a resposta correrá da intimação do despacho que deferir a desistência.~~
~~Art. 299. A contestação e a reconvenção serão oferecidas simultaneamente, em peças autônomas; a exceção será processada em apenso aos autos principais.~~

~~Seção II~~
Da Contestação

~~Art. 300.~~ Compete ao réu alegar, na contestação, toda a matéria de defesa, expondo as razões de fato e de direito~~,~~ com que impugna o pedido do autor e especificando as provas que pretende produzir.
~~Art. 301.~~ Compete-lhe, ~~porém,~~ antes de discutir o mérito, alegar:
I - inexistência ou nulidade da citação;
II - incompetência absoluta;
~~III~~ - inépcia da petição inicial;
~~IV~~ - perempção;
~~V~~ - litispendência;
~~VI~~ - coisa julgada;

~~VII~~ - conexão;
~~VIII~~ - incapacidade da parte, defeito de representação ou falta de autorização;
~~IX~~ - convenção de arbitragem;
~~X - carência de ação;~~
~~XI - falta de caução ou de outra prestação, que a lei exige como preliminar. XI - falta de caução ou de outra prestação, que a lei exige como preliminar.~~
§ 1º Verifica-se a litispendência ou a coisa julgada, quando se reproduz ação anteriormente ajuizada.
§ 2º Uma ação é idêntica à outra quando tem as mesmas partes, a mesma causa de pedir e o mesmo pedido.
§ 3º Há litispendência~~,~~ quando se repete ação, que está em curso; há coisa julgada, quando se repete ação que já foi decidida por sentença, de que não caiba recurso.
§ 4º Com exceção do compromisso arbitral, o juiz conhecerá de ofício da matéria enumerada neste artigo.
~~Art. 302.~~ Cabe também ao réu manifestar-se precisamente sobre os fatos narrados na petição inicial. Presumem-se verdadeiros os ~~fatos~~ não impugnados, salvo:
I - se não for admissível, a seu respeito, a confissão;
II - se a petição inicial não estiver acompanhada do instrumento público que a lei considerar da substância do ato;
III - se estiverem em contradição com a defesa, considerada em seu conjunto.
Parágrafo único. Esta regra, quanto ao ônus da impugnação especificada dos fatos, não se aplica ao advogado dativo, ao curador especial e ao órgão do Ministério Público.
~~Art. 303.~~ Depois da contestação, só é lícito deduzir novas alegações quando:
I - relativas a direito superveniente;
II - competir ao juiz conhecer delas de ofício;
III - por expressa autorização legal, puderem ser formuladas em qualquer tempo e juízo.

Seção III
Das Exceções

~~Art. 304. É lícito a qualquer das partes argüir, por meio de exceção, a incompetência (art. 112), o impedimento (art. 134) ou a suspeição (art. 135).~~
~~Art. 305. Este direito pode ser exercido em qualquer tempo, ou grau de jurisdição, cabendo à parte oferecer exceção, no prazo de 15 (quinze) dias, contado do fato que ocasionou a incompetência, o impedimento ou a suspeição.~~

Parágrafo único. Na exceção de incompetência (art. 112 desta Lei), a petição pode ser protocolizada no juízo de domicílio do réu, com requerimento de sua imediata remessa ao juízo que determinou a citação.
~~Art. 306.~~ Recebida a exceção, o processo ficará suspenso ~~(art. 265, III)~~, até que seja definitivamente julgada.

~~Subseção I~~
~~Da Incompetência~~

~~Art. 307. O excipiente argüirá a incompetência em petição fundamentada e devidamente instruída, indicando o juízo para o qual declina.~~
~~Art. 308. Conclusos os autos, o juiz mandará processar a exceção, ouvindo o excepto dentro em 10 (dez) dias e decidindo em igual prazo.~~
~~Art. 309. Havendo necessidade de prova testemunhal, o juiz designará audiência de instrução, decidindo dentro de 10 (dez) dias.~~
~~Art. 310. O juiz indeferirá a petição inicial da exceção, quando manifestamente improcedente.~~
~~Art. 311. Julgada procedente a exceção, os autos serão remetidos ao juiz competente.~~

Seção II
Dos Impedimentos e da Suspeição

~~Art. 312~~. A parte ~~oferecerá a exceção de~~ impedimento ou ~~de~~ suspeição, ~~especificando o motivo da recusa (arts. 134 e 135). A~~ petição, dirigida ao juiz da causa, poderá ser instruída com documentos em que ~~o excipiente~~ fundar a alegação e ~~conterá o~~ rol de testemunhas.
~~Art. 313~~. Despachando a petição, o juiz, se reconhecer o impedimento ou a suspeição, ordenará a remessa dos autos ao seu substituto legal; em caso contrário, dentro de ~~10 (dez)~~ dias, dará as suas razões, acompanhadas de documentos e de rol de testemunhas, se houver, ordenando a remessa dos autos ao tribunal.
~~Art. 314~~. Verificando que a exceção não tem fundamento legal, o tribunal determinará o seu arquivamento; ~~no~~ caso contrário condenará o juiz nas custas~~,~~ mandando remeter os autos ao seu substituto legal.

~~Seção IV~~
~~Da Reconvenção~~

~~Art. 315. O réu pode reconvir ao autor no mesmo processo, toda vez que a reconvenção seja conexa com a ação principal ou com o fundamento da defesa.~~
~~Parágrafo único. Não pode o réu, em seu próprio nome, reconvir ao autor, quando este demandar em nome de outrem.~~
~~§ 2º (Revogado pela Lei nº 9.245, de 1995)~~
~~Art. 316. Oferecida a reconvenção, o autor reconvindo será intimado, na pessoa do seu procurador, para contestá-la no prazo de 15 (quinze) dias.~~
~~Art. 317. A desistência da ação, ou a existência de qualquer causa que a extinga, não obsta ao prosseguimento da reconvenção.~~
~~Art. 318. Julgar-se-ão na mesma sentença a ação e a reconvenção.~~

Capítulo III
Da Revelia

~~Art. 319.~~ Se o réu não contestar a ação, reputar-se-ão verdadeiros os fatos afirmados pelo autor.
~~Art. 320.~~ A revelia não induz~~, contudo,~~ o efeito mencionado no artigo antecedente:
I - ~~se,~~ havendo pluralidade de réus, algum deles contestar a ação;
II - ~~se~~ o litígio versar sobre direitos indisponíveis;
III - ~~se~~ a petição inicial não estiver acompanhada do instrumento público, que a lei considere indispensável à prova do ato.
~~Art. 321. Ainda que ocorra revelia, o autor não poderá alterar o pedido, ou a causa de pedir, nem demandar declaração incidente, salvo promovendo nova citação do réu, a quem será assegurado o direito de responder no prazo de 15 (quinze) dias.~~
~~Art. 322.~~ Contra o revel que não tenha patrono nos autos~~,~~ correrão ~~os prazos independentemente de intimação,~~ a partir da publicação ~~de cada~~ ato decisório.
Parágrafo único. O revel poderá intervir no processo em qualquer fase, recebendo-o no estado em que se encontrar.

Capítulo IV
Das Providências Preliminares

~~Art. 323.~~ Findo o prazo para a ~~resposta do réu, o escrivão fará a conclusão dos autos.~~ O juiz, ~~no prazo de 10 (dez) dias, determinará,~~ conforme o caso, as providências preliminares, que constam das seções deste Capítulo.

Seção I
Do Efeito da Revelia

~~Art. 324.~~ Se o réu não contestar a ação, o juiz, verificando que não ocorreu o efeito da revelia, mandará que o autor especifique as provas que pretenda produzir na audiência.

Art. 325. Contestando o réu o direito que constitui fundamento do pedido, o autor poderá requerer, no prazo de 10 (dez) dias, que sobre ele o juiz profira sentença incidente, se da declaração da existência ou da inexistência do direito depender, no todo ou em parte, o julgamento da lide (art. 5º).

Seção III
Dos Fatos Impeditivos, Modificativos ou Extintivos do Pedido

Art. 326. Se o réu, reconhecendo o fato em que se fundou a ação, outro lhe opuser impeditivo, modificativo ou extintivo do direito do autor, este será ouvido no prazo de 10 (dez) dias, facultando-lhe o juiz a produção de prova documental.

Seção IV
Das Alegações do Réu

Art. 327. Se o réu alegar qualquer das matérias enumeradas no art. 301, o juiz mandará ouvir o autor no prazo de 10 (dez) dias, permitindo-lhe a produção de prova documental. Verificando a existência de irregularidades ou de nulidades sanáveis, o juiz mandará supri-las, fixando à parte prazo nunca superior a 30 (trinta) dias.

Nota: Ver arts. 349 e 350 do Projeto do Novo CPC.

Art. 328. Cumpridas as providências preliminares, ou não havendo necessidade delas, o juiz proferirá julgamento conforme o estado do processo, observando o que dispõe o capítulo seguinte.

Capítulo V
Do Julgamento Conforme o Estado do Processo

Seção I
Da Extinção do Processo

Art. 329. Ocorrendo qualquer das hipóteses previstas nos arts. 267 e 269, II a V, o juiz declarará extinto o processo.

Seção II
Do Julgamento Antecipado da Lide

Art. 330. O juiz conhecerá diretamente do pedido, proferindo sentença:
I - quando a questão de mérito for unicamente de direito, ou, sendo de direito e de fato, não houver necessidade de produzir prova em audiência;
II - quando ocorrer a revelia (art. 319).

Da Audiência Preliminar

Art. 331. Se não ocorrer qualquer das hipóteses previstas nas seções precedentes, e versar a causa sobre direitos que admitam transação, o juiz designará audiência preliminar, a realizar-se no prazo de 30 (trinta) dias, para a qual serão as partes intimadas a comparecer, podendo fazer-se representar por procurador ou preposto, com poderes para transigir.

§ 1º Obtida a conciliação, será reduzida a termo e homologada por sentença.
§ 2º Se, por qualquer motivo, não for obtida a conciliação, o juiz fixará os pontos controvertidos, decidirá as questões processuais pendentes e determinará as provas a serem produzidas, designando audiência de instrução e julgamento, se necessário.
§ 3º Se o direito em litígio não admitir transação, ou se as circunstâncias da causa evidenciarem ser improvável sua obtenção, o juiz poderá, desde logo, sanear o processo e ordenar a produção da prova, nos termos do § 2º.

Capítulo VI
Das Provas

Seção I
Das Disposições Gerais

Art. 332. Todos os meios legais, bem como os moralmente legítimos, ainda que não especificados neste Código, são hábeis para provar a verdade dos fatos, em que se funda a ação ou a defesa.

Art. 333. O ônus da prova incumbe:
I - ao autor, quanto ao fato constitutivo do seu direito;
II - ao réu, quanto à existência de fato impeditivo, modificativo ou extintivo do direito do autor.
Parágrafo único. É nula a convenção que distribui de maneira diversa o ônus da prova quando:

Nota: O Projeto do Novo CPC transformou o parágrafo único do artigo 333 em dispositivo autônomo.

I - recair sobre direito indisponível da parte;
II - tornar excessivamente difícil a uma parte o exercício do direito.

Art. 334. Não dependem de prova os fatos:
I - notórios;
II - afirmados por uma parte e confessados pela parte contrária;
III - admitidos, no processo, como incontroversos;
IV - em cujo favor milita presunção legal de existência ou de veracidade.

Art. 335. Em falta de normas jurídicas particulares, o juiz aplicará as regras de experiência comum subministradas pela observação do que ordinariamente acontece e ainda as regras da experiência técnica, ressalvado, quanto a esta, o exame pericial.

~~Art. 336.~~ Salvo disposição especial em contrário, as provas devem ser produzidas em audiência.
Parágrafo único. Quando a parte, ou a testemunha, por enfermidade, ou por outro motivo relevante, estiver impossibilitada de comparecer à audiência, mas não de prestar depoimento, o juiz designará, conforme as circunstâncias, dia, hora e lugar para inquiri-la.

<small>Nota: Ver arts. 428 e 442 do Projeto do Novo CPC.</small>

~~Art. 337.~~ A parte, que alegar direito municipal, estadual, estrangeiro ou consuetudinário, provar-lhe-á o teor e a vigência, se assim ~~o~~ determinar o juiz.

~~Art. 338~~. A carta precatória e a carta rogatória suspenderão o processo, no caso previsto na alínea b do inciso IV do art. 265 desta Lei, quando, tendo sido requeridas antes da decisão de saneamento, a prova nelas solicitada apresentar-se imprescindível.
Parágrafo único. A carta precatória e a carta rogatória, não devolvidas dentro do prazo ou concedidas sem efeito suspensivo, poderão ser juntas aos autos até o julgamento final.

<small>Nota: Ver arts. 267 e 443 do Projeto do Novo CPC.</small>

~~Art. 339~~. Ninguém se exime do dever de colaborar com o Poder Judiciário para o descobrimento da verdade.

~~Art. 340~~. Além dos deveres ~~enumerados no art. 14~~, compete à parte:
I - comparecer em juízo, respondendo ao que lhe for interrogado;
II - submeter-se à inspeção judicial, que for julgada necessária;
III - praticar o ato que lhe for determinado.

~~Art. 341.~~ Compete ao terceiro, em relação a qualquer pleito:
I - informar ao juiz os fatos e as circunstâncias, de que tenha conhecimento;
II - exibir coisa ou documento, que esteja em seu poder.

Seção II
Do Depoimento Pessoal

~~Art. 342.~~ O juiz pode, de ofício, em qualquer estado do processo, determinar o comparecimento pessoal das partes, a fim de interrogá-las sobre os fatos da causa.

<small>Nota: Ver arts. 107, VIII, e 364 do Projeto do Novo CPC.</small>

~~Art. 343. Quando o juiz não o determinar de ofício, compete a cada~~ parte requerer o depoimento pessoal da outra, a fim de ~~interrogá-la~~ na audiência de instrução e julgamento.
~~§ 1º A parte será intimada pessoalmente, constando do mandado que se presumirão confessados os fatos contra ela alegados, caso não compareça ou, comparecendo, se recuse a depor.~~

§ 2º Se a parte intimada não comparecer, ou comparecendo, se recusar a depor, o juiz lhe aplicará a pena de confissão.
~~Parágrafo único.~~ É defeso, a quem ainda não depôs, assistir ao interrogatório da outra parte.
~~Art. 344. A parte será interrogada na forma prescrita para a inquirição de testemunhas.~~
~~Parágrafo único. É defeso, a quem ainda não depôs, assistir ao interrogatório da outra parte.~~
~~Art. 345.~~ Quando a parte, sem motivo justificado, deixar de responder ao que lhe for perguntado, ou empregar evasivas, o juiz, apreciando as demais circunstâncias e elementos de prova, declarará, na sentença, se houve recusa de depor.
~~Art. 346.~~ A parte responderá pessoalmente sobre os fatos articulados, não podendo servir-se de escritos adrede preparados; o juiz lhe permitirá, todavia, a consulta a notas breves, desde que objetivem completar esclarecimentos.
~~Art. 347.~~ A parte não é obrigada a depor de fatos:
I - criminosos ou torpes, que lhe forem imputados;
II - a cujo respeito, por estado ou profissão, deva guardar sigilo.
Parágrafo único. Esta disposição não se aplica às ações de filiação, de desquite e de anulação de casamento.

Seção III
Da Confissão

~~Art. 348.~~ Há confissão, quando a parte admite a verdade de um fato, contrário ao seu interesse e favorável ao adversário. A confissão é judicial ou extrajudicial.
~~Art. 349.~~ A confissão judicial pode ser espontânea ou provocada. Da confissão espontânea, tanto que requerida pela parte, se lavrará o respectivo termo nos autos; a confissão provocada constará do depoimento pessoal ~~prestado pela parte~~.
Parágrafo único. A confissão espontânea pode ser feita pela própria parte, ou por mandatário com poderes especiais.
~~Art. 350.~~ A confissão judicial faz prova contra o confitente, não prejudicando, todavia, os litisconsortes.
Parágrafo único. Nas ações que versarem sobre bens imóveis ou direitos sobre imóveis alheios, a confissão de um cônjuge não valerá sem a do outro.
~~Art. 351.~~ Não vale como confissão a admissão, em juízo, de fatos relativos a direitos indisponíveis.
~~Art. 352.~~ A confissão, quando emanar de erro, dolo ou coação, pode ser revogada:
I - por ação anulatória, ~~se pendente o processo em que foi feita;~~

II - por ação rescisória, depois de transitada em julgado a sentença, da qual constituir o único fundamento.
Parágrafo único. Cabe ao confitente o direito de propor a ação, nos casos de que trata este artigo; mas, uma vez iniciada, passa aos seus herdeiros.
Art. 353. A confissão extrajudicial, feita por escrito à parte ou a quem a represente, tem a mesma eficácia probatória da judicial; feita a terceiro, ou contida em testamento, será livremente apreciada pelo juiz.
Parágrafo único. Todavia, quando feita verbalmente, só terá eficácia nos casos em que a lei não exija prova literal.
Art. 354. A confissão é, de regra, indivisível, não podendo a parte, que a quiser invocar como prova, aceitá-la no tópico que a beneficiar e rejeitá-la no que lhe for desfavorável. Cindir-se-á, todavia, quando o confitente lhe aduzir fatos novos, suscetíveis de constituir fundamento de defesa de direito material ou de reconvenção.

Seção IV
Da Exibição de Documento ou Coisa

Art. 355. O juiz pode ordenar que a parte exiba documento ou coisa, que se ache em seu poder.
<u>Nota: Ver arts. 275 e 375 do Projeto do Novo CPC.</u>
Art. 356. O pedido formulado pela parte conterá:
I - a individuação, tão completa quanto possível, do documento ou da coisa;
II - a finalidade da prova, indicando os fatos que se relacionam com o documento ou a coisa;
III - as circunstâncias em que se funda o requerente para afirmar que o documento ou a coisa existe e se acha em poder da parte contrária.
Art. 357. O requerido dará a sua resposta nos 5 (cinco) dias subseqüentes à sua intimação. Se afirmar que não possui o documento ou a coisa, o juiz permitirá que o requerente prove, por qualquer meio, que a declaração não corresponde à verdade.
Art. 358. O juiz não admitirá a recusa:
I - se o requerido tiver obrigação legal de exibir;
II - se o requerido aludiu ao documento ou à coisa, no processo, com o intuito de constituir prova;
III - se o documento, por seu conteúdo, for comum às partes.
Art. 359. Ao decidir o pedido, o juiz admitirá como verdadeiros os fatos que, por meio do documento ou da coisa, a parte pretendia provar:
I - se o requerido não efetuar a exibição, nem fizer qualquer declaração no prazo do art. 357;

II - se a recusa for havida por ilegítima.
Art. 360. Quando o documento ou a coisa estiver em poder de terceiro, o juiz mandará citá-lo para responder no prazo de 10 (dez) dias.
Art. 361. Se o terceiro negar a obrigação de exibir, ou a posse do documento ou da coisa, o juiz designará audiência especial, tomando-lhe o depoimento, bem como o das partes e, se necessário, de testemunhas; em seguida proferirá a sentença.
Art. 362. Se o terceiro, sem justo motivo, se recusar a efetuar a exibição, o juiz lhe ordenará que proceda ao respectivo depósito em cartório ou noutro lugar designado, no prazo de 5 (cinco) dias, impondo ao requerente que o embolse das despesas que tiver; se o terceiro descumprir a ordem, o juiz expedirá mandado de apreensão, requisitando, se necessário, força policial, tudo sem prejuízo da responsabilidade por crime de desobediência.
Art. 363. A parte e o terceiro se escusam de exibir, em juízo, o documento ou a coisa:
I - se concernente a negócios da própria vida da família;
II - se a sua apresentação puder violar dever de honra;
III - se a publicidade do documento redundar em desonra à parte ou ao terceiro, bem como a seus parentes consangüíneos ou afins até o terceiro grau; ou lhes representar perigo de ação penal;
IV - se a exibição acarretar a divulgação de fatos, a cujo respeito, por estado ou profissão, devam guardar segredo;
V - se subsistirem outros motivos graves que, segundo o prudente arbítrio do juiz, justifiquem a recusa da exibição.
Parágrafo único. Se os motivos de que tratam os incisos I a V disserem respeito só a uma parte do conteúdo do documento, da outra se extrairá uma suma para ser apresentada em juízo.

Seção V
Da Prova Documental

Subseção I
Da Força Probante dos Documentos

Art. 364. O documento público faz prova não só da sua formação, mas também dos fatos que o escrivão, o tabelião, ou o funcionário declarar que ocorreram em sua presença.
Art. 365. Fazem a mesma prova que os originais:
I - as certidões textuais de qualquer peça dos autos, do protocolo das audiências, ou de outro livro a cargo do escrivão, sendo extraídas por ele ou sob sua vigilância e por ele subscritas;

II - os traslados e as certidões extraídas por oficial público, de instrumentos ou documentos lançados em suas notas;
III - as reproduções dos documentos públicos, desde que autenticadas por oficial público ou conferidas em cartório, com os respectivos originais.
IV - as cópias reprográficas de peças do próprio processo judicial declaradas autênticas pelo ~~próprio~~ advogado sob sua responsabilidade pessoal, se não lhes for impugnada a autenticidade.
V - os extratos digitais de bancos de dados, públicos e privados, desde que atestado pelo seu emitente, sob as penas da lei, que as informações conferem com o que consta na origem;
VI - as reproduções digitalizadas de qualquer documento, público ou particular, quando <u>juntados</u> aos autos pelos órgãos da Justiça e seus auxiliares, pelo Ministério Público e seus auxiliares, pelas procuradorias, pelas repartições públicas em geral e por advogados ~~públicos ou privados~~, ressalvada a alegação motivada e fundamentada de adulteração antes ou durante o processo de digitalização.
§ 1º Os originais dos documentos digitalizados, mencionados no inciso VI ~~do caput deste artigo,~~ deverão ser preservados pelo seu detentor até o final do prazo para interposição de ação rescisória.
§ 2º Tratando-se de cópia digital de título executivo extrajudicial ou outro documento relevante à instrução do processo, o juiz poderá determinar o seu depósito em cartório ou secretaria.
~~Art. 366.~~ Quando a lei exigir, como da substância do ato, o instrumento público, nenhuma outra prova, por mais especial que seja, pode suprir-lhe a falta.
~~Art. 367.~~ O documento, feito por oficial público incompetente, ou sem a observância das formalidades legais, sendo subscrito pelas partes, tem a mesma eficácia probatória do documento particular.
~~Art. 368.~~ As declarações constantes do documento particular, escrito e assinado, ou somente assinado, presumem-se verdadeiras em relação ao signatário.
Parágrafo único. Quando, todavia, contiver declaração de ciência, <u>relativa a</u> determinado fato, o documento particular prova a <u>declaração</u>, mas não o fato <u>declarado, competindo</u> ao interessado em sua veracidade <u>o ônus de provar o fato</u>.
~~Art. 369.~~ <u>Reputa-se</u> autêntico o documento, quando o tabelião reconhecer a firma do signatário, declarando que foi aposta em sua presença.
~~Art. 370.~~ A data do documento particular, quando a seu respeito surgir dúvida ou impugnação entre os litigantes, provar-se-á por todos os meios de direito. ~~Mas,~~ em relação a terceiros, considerar-se-á datado o documento particular:
I - no dia em que foi registrado;
II - desde a morte de algum dos signatários;
III - a partir da impossibilidade física, que sobreveio a qualquer dos signatários;
IV - da sua apresentação em repartição pública ou em juízo;
V - do ato ou fato que estabeleça, de modo certo, a anterioridade da formação do documento.
~~Art. 371.~~ <u>Reputa-se</u> autor do documento particular:
I - aquele que o fez e o assinou;
II - aquele, por conta de quem foi feito, estando assinado;
III - aquele que, mandando compô-lo, não o firmou, porque, conforme a experiência comum, não se costuma assinar, como livros comerciais e assentos domésticos.
~~Art. 372.~~ <u>Compete</u> à parte, contra quem foi produzido documento particular, alegar no prazo <u>estabelecido no art.</u> 390, se lhe admite ou não a autenticidade da assinatura e a veracidade do contexto; presumindo-se, com o silêncio, que o tem por verdadeiro.
~~Art. 373.~~ ~~Ressalvado o disposto no parágrafo único do artigo anterior,~~ o documento particular, de cuja autenticidade <u>se não duvida,</u> prova que o seu autor fez a declaração, que lhe é atribuída.
Parágrafo único. O documento particular, admitido expressa ou tacitamente, é indivisível, sendo <u>defeso</u> à parte, que pretende utilizar-se dele, aceitar os fatos que lhe são favoráveis e recusar os que são contrários ao seu interesse, salvo se provar que estes ~~se~~ não <u>verificaram</u>.
~~Art. 374.~~ O telegrama, o radiograma ou qualquer outro meio de transmissão tem a mesma força probatória do documento particular, se o original constante da estação expedidora foi assinado pelo remetente.
Parágrafo único. A firma do remetente poderá ser reconhecida pelo tabelião, declarando-se essa circunstância no original depositado na estação expedidora.
~~Art. 375.~~ O telegrama ou o radiograma presume-se conforme com o original, provando a data de sua expedição e do recebimento pelo destinatário.
~~Art. 376.~~ As cartas, <u>bem como</u> os registros domésticos, provam contra quem os escreveu quando:
I - enunciam o recebimento de um crédito;
II - contêm anotação, que visa a suprir a falta de título em favor de quem é apontado como credor;
III - expressam conhecimento de fatos para os quais não se exija determinada prova.

~~Art. 377.~~ A nota escrita pelo credor em qualquer parte de documento representativo de obrigação, ainda que não assinada, faz prova em benefício do devedor.
Parágrafo único. Aplica-se <u>esta</u> regra tanto para o documento~~,~~ que o credor conservar em seu poder~~,~~ como para aquele que se achar em poder do devedor.
~~Art. 378.~~ Os livros comerciais provam contra o seu autor. É lícito ao <u>comerciante</u>, todavia, demonstrar, por todos os meios permitidos em direito, que os lançamentos não correspondem à verdade dos fatos.
~~Art. 379.~~ Os livros comerciais, que preencham os requisitos exigidos por lei, provam também a favor do seu autor no litígio entre comerciantes.
~~Art. 380.~~ A escrituração contábil é indivisível<u>:</u> se dos fatos que resultam dos lançamentos, uns são favoráveis ao interesse de seu autor e outros lhe são contrários, ambos serão considerados em conjunto como unidade.
~~Art. 381.~~ O juiz pode ordenar, a requerimento da parte, a exibição integral dos livros comerciais e dos documentos do arquivo:
I - na liquidação de sociedade;
II - na sucessão por morte de sócio;
III - quando e como determinar a lei.
~~Art. 382.~~ O juiz pode, de ofício, ordenar à parte a exibição parcial dos livros e documentos, extraindo-se deles a suma que interessar ao litígio, bem como reproduções autenticadas.
~~Art. 383.~~ Qualquer reprodução mecânica, como a fotográfica, cinematográfica, fonográfica ou de outra espécie, faz prova dos fatos ou das coisas representadas, se aquele contra quem foi produzida lhe admitir a conformidade.
Parágrafo único. Impugnada a autenticidade da reprodução mecânica, o juiz ordenará a realização de exame pericial.
~~Art. 384.~~ As reproduções fotográficas ou obtidas por outros processos de repetição, dos documentos particulares, valem como certidões, sempre que o escrivão <u>portar por fé</u> a sua conformidade com o original.
~~Art. 385.~~ A cópia de documento particular tem o mesmo valor probante que o original, cabendo ao escrivão, intimadas as partes, proceder à conferência e certificar a conformidade entre a cópia e o original.
§ 1º Quando se tratar de fotografia, <u>esta terá de ser</u> acompanhada do respectivo negativo.
§ 2º Se a prova for uma fotografia publicada em jornal<u>, exigir-se-ão o</u> original ~~e o negativo~~.
~~Art. 386.~~ O juiz apreciará livremente a fé que deva merecer o documento, quando em ponto substancial e sem ressalva contiver entrelinha, emenda, borrão ou cancelamento.

~~Art. 387.~~ Cessa a fé do documento~~,~~ público ou particular~~,~~ sendo-lhe declarada judicialmente a falsidade.
Parágrafo único. A falsidade consiste:
I - em formar documento não verdadeiro;
II - em alterar documento verdadeiro.
~~Art. 388.~~ Cessa a fé do documento particular quando:
I - lhe for contestada a assinatura e enquanto não se lhe comprovar a veracidade;
II - assinado em branco, for abusivamente preenchido.
Parágrafo único. Dar-se-á abuso quando aquele~~,~~ que recebeu documento assinado~~,~~ com texto não escrito no todo ou em parte~~,~~ o formar ou o completar, por si ou por meio de outrem, violando o pacto feito com o signatário.
~~Art. 389.~~ Incumbe o ônus da prova quando:
I - se tratar de falsidade de documento, à parte que a argüir;
II - se tratar de contestação de assinatura, à parte que produziu o documento.

Subseção II
Da Argüição de Falsidade

~~Art. 390.~~ ~~O incidente de~~ falsidade ~~tem lugar em qualquer tempo e grau de jurisdição, incumbindo à parte, contra quem foi produzido o documento,~~ <u>suscitá-lo</u> na contestação ou no prazo de ~~10 (dez)~~ dias~~,~~ contados da intimação da sua juntada aos autos.
Art. 391. ~~Quando o documento for oferecido antes de encerrada a instrução,~~ a parte <u>o argüirá de falso</u>~~, em petição dirigida ao juiz da causa,~~ expondo os motivos em que funda a sua pretensão e os meios com que provará o alegado.
~~Art. 392.~~ ~~Intimada a parte, que produziu o documento, a responder no prazo de 10 (dez) dias, o juiz~~ <u>ordenará o exame pericial.</u>
Parágrafo único. Não se procederá ao exame pericial, se a parte, que produziu o documento, concordar em retirá-lo ~~e a parte contrária não se opuser ao desentranhamento~~.
~~Art. 393. Depois de encerrada a instrução, o incidente de falsidade correrá em apenso aos autos principais; no tribunal processar-se-á perante o relator, observando-se o disposto no artigo antecedente.~~
~~Art. 394. Logo que for suscitado o incidente de falsidade, o juiz suspenderá o processo principal.~~
~~Art. 395. A sentença, que resolver o incidente, declarará a falsidade ou autenticidade do documento.~~

Subseção III
Da Produção da Prova Documental

~~Art. 396.~~ <u>Compete</u> à parte instruir a petição inicial ~~(art. 283)~~, ou a resposta ~~(art. 297)~~, com os documentos destinados a provar-lhe as alegações.

~~Art. 397.~~ É lícito às partes, em qualquer tempo, juntar aos autos documentos novos, quando destinados a fazer prova de fatos ocorridos depois dos articulados~~,~~ ou para contrapô-los aos que foram produzidos nos autos.

~~Art. 398.~~ Sempre que uma das partes requerer a juntada de documento aos autos, o juiz ouvirá, a seu respeito, a outra, no prazo de ~~5~~ (cinco) dias.

~~Art. 399.~~ O juiz requisitará às repartições públicas em qualquer tempo ou grau de jurisdição:
I - as certidões necessárias à prova das alegações das partes;
II - os procedimentos administrativos nas causas em que forem interessados a União, <u>o Estado, o Município,</u> ou as respectivas entidades da administração indireta.
§ 1º Recebidos os autos, o juiz mandará extrair, no prazo máximo e improrrogável de ~~30~~ (trinta) <u>dias</u>, certidões ou reproduções fotográficas das peças indicadas pelas partes ou de ofício; findo o prazo, devolverá os autos à repartição de origem.
§ 2º As repartições públicas poderão fornecer todos os documentos em meio eletrônico conforme disposto em lei, certificando, pelo mesmo meio, que se trata de extrato fiel do que consta em seu banco de dados ou do documento digitalizado.

Seção VI
Da Prova Testemunhal

Subseção I
Da Admissibilidade e do Valor da Prova Testemunhal

~~Art. 400.~~ A prova testemunhal é sempre admissível, não dispondo a lei de modo diverso. O juiz indeferirá a inquirição de testemunhas sobre fatos:
I - já provados por documento ou confissão da parte;
II - que só por documento ou por exame pericial puderem ser provados.

~~Art. 401.~~ A prova exclusivamente testemunhal só se admite nos contratos cujo valor não exceda <u>o</u> décuplo do maior salário mínimo vigente no país, ao tempo em que foram celebrados.

~~Art. 402.~~ Qualquer que seja o valor do contrato, é admissível a prova testemunhal, quando:
I - houver começo de prova por escrito, ~~reputando-se tal o documento~~ emanado da parte contra <u>quem</u> se pretende <u>utilizar o documento como</u> prova;
II - o credor não pode ou não podia, moral ou materialmente, obter a prova escrita da obrigação, em casos como o de parentesco, depósito necessário ou hospedagem em hotel.

~~Art. 403.~~ As normas estabelecidas nos <u>dois artigos antecedentes</u> aplicam-se ao pagamento e à remissão da dívida.

~~Art. 404.~~ É lícito à parte inocente provar com testemunhas:
I - nos contratos simulados, a divergência entre a vontade real e a vontade declarada;
II - nos contratos em geral, os vícios <u>do</u> consentimento.

~~Art. 405.~~ Podem depor como testemunhas todas as pessoas, exceto as incapazes, impedidas ou suspeitas.
§ 1º São incapazes:
I - o interdito por <u>demência</u>;
II - o que, acometido por enfermidade~~,~~ ou debilidade mental, ao tempo em que ocorreram os fatos, não podia discerni-los; ou, ao tempo em que deve depor, não está habilitado a transmitir as percepções;
III - o menor de ~~16~~ (dezesseis) anos;
IV - o cego e o surdo, quando a ciência do fato depender dos sentidos que lhes faltam.
§ 2º São impedidos:
I - o cônjuge, bem como o ascendente e o descendente em qualquer grau, ou colateral, até o terceiro grau, de alguma das partes, por consangüinidade ou afinidade, salvo se o exigir o interesse público~~,~~ ou, tratando-se de causa relativa ao estado da pessoa, não se puder obter de outro modo a prova~~,~~ que o juiz repute necessária ao julgamento do mérito;
II - o que é parte na causa;
III - o que intervém em nome de uma parte, como o tutor na causa do menor, o representante legal da pessoa jurídica, o juiz, o advogado e outros, que assistam ou tenham assistido as partes.
§ 3º São suspeitos:
I - o condenado por crime de falso testemunho, havendo transitado em julgado a sentença;
II - o que, por seus costumes, não for digno de fé;
III - o inimigo ~~capital~~ da parte~~,~~ ou o seu amigo íntimo;
IV - o que tiver interesse no litígio.
4º Sendo estritamente necessário, o juiz ouvirá testemunhas impedidas ou suspeitas; mas os seus depoimentos serão prestados independentemente de compromisso ~~(art. 297)~~ e o juiz lhes atribuirá o valor que possam merecer.

~~Art. 406.~~ A testemunha não é obrigada a depor <u>de</u> fatos:
I - que lhe acarretem grave dano, bem como ao seu cônjuge e aos seus parentes consangüíneos

ou afins, em linha reta, ou na colateral em segundo grau;
II - a cujo respeito, por estado ou profissão, deva guardar sigilo.

Subseção II
Da Produção da Prova Testemunhal

Art. 407. Incumbe às partes, no prazo que o juiz fixará ao designar a data da audiência, depositar em cartório o rol de testemunhas, precisando-lhes o nome, profissão, residência e o local de trabalho; omitindo-se o juiz, o rol será apresentado até 10 (dez) dias antes da audiência.
Parágrafo único. É lícito a cada parte oferecer, no máximo, dez testemunhas; quando qualquer das partes oferecer mais de três testemunhas para a prova de cada fato, o juiz poderá dispensar as restantes.
Art. 408. Depois de apresentado o rol, de que trata o artigo antecedente, a parte só pode substituir a testemunha:
I - que falecer;
II - que, por enfermidade, não estiver em condições de depor;
III - que, tendo mudado de residência, não for encontrada pelo oficial de justiça.
Art. 409. Quando for arrolado como testemunha o juiz da causa, este:
I - declarar-se-á impedido, se tiver conhecimento de fatos, que possam influir na decisão; caso em que será defeso à parte, que o incluiu no rol, desistir de seu depoimento;
II - se nada souber, mandará excluir o seu nome.
Art. 410. As testemunhas depõem, na audiência de instrução, perante o juiz da causa, exceto:
I - as que prestam depoimento antecipadamente;
II - as que são inquiridas por carta;
III - as que, por doença, ou outro motivo relevante, estão impossibilitadas de comparecer em juízo (art. 336, parágrafo único);
IV - as designadas no artigo seguinte.
Art. 411. São inquiridos em sua residência, ou onde exercem a sua função:
I - o Presidente e o Vice-Presidente da República;
II - o presidente do Senado e o da Câmara dos Deputados;
III - os ministros de Estado;
IV - os ministros do Supremo Tribunal Federal, do Superior Tribunal de Justiça, do Superior Tribunal Militar, do Tribunal Superior Eleitoral, do Tribunal Superior do Trabalho e do Tribunal de Contas da União;
V - o procurador-geral da República;
VI - os senadores e deputados federais;
VII - os governadores dos Estados, dos Territórios e do Distrito Federal;
VIII - os deputados estaduais;
IX - os desembargadores dos Tribunais de Justiça, os juízes dos Tribunais de Alçada, os juízes dos Tribunais Regionais do Trabalho e dos Tribunais Regionais Eleitorais e os conselheiros dos Tribunais de Contas dos Estados e do Distrito Federal;
X - o embaixador de país que, por lei ou tratado, concede idêntica prerrogativa ao agente diplomático do Brasil.
Parágrafo único. O juiz solicitará à autoridade que designe dia, hora e local a fim de ser inquirida, remetendo-lhe cópia da petição inicial ou da defesa oferecida pela parte, que arrolou como testemunha.
Art. 412. A testemunha é intimada a comparecer à audiência, constando do mandado dia, hora e local, bem como os nomes das partes e a natureza da causa. Se a testemunha deixar de comparecer, sem motivo justificado, será conduzida, respondendo pelas despesas do adiamento.
§ 1º A parte pode comprometer-se a levar à audiência a testemunha, independentemente de intimação; presumindo-se, caso não compareça, que desistiu de ouvi-la.
§ 2º Quando figurar no rol de testemunhas funcionário público ou militar, o juiz o requisitará ao chefe da repartição ou ao comando do corpo em que servir.
§ 3º A intimação poderá ser feita pelo correio, sob registro ou com entrega em mão própria, quando a testemunha tiver residência certa.
Art. 413. O juiz inquirirá as testemunhas separada e sucessivamente; primeiro as do autor e depois as do réu, providenciando de modo que uma não ouça o depoimento das outras.
Art. 414. Antes de depor, a testemunha será qualificada, declarando o nome por inteiro, a profissão, a residência e o estado civil, bem como se tem relações de parentesco com a parte, ou interesse no objeto do processo.
§ 1º É lícito à parte contraditar a testemunha, argüindo-lhe a incapacidade, o impedimento ou a suspeição. Se a testemunha negar os fatos que lhe são imputados, a parte poderá provar a contradita com documentos ou com testemunhas, até três, apresentada no ato e inquiridas em separado. Sendo provados ou confessados os fatos, o juiz dispensará a testemunha, ou lhe tomará o depoimento, observando o disposto no art. 405, § 4º.
§ 2º A testemunha pode requerer ao juiz que a escuse de depor, alegando os motivos de que

trata o art. 406; ouvidas as partes, o juiz decidirá de plano.
Art. 415. Ao início da inquirição, a testemunha prestará o compromisso de dizer a verdade do que souber e lhe for perguntado.
Parágrafo único. O juiz advertirá à testemunha que incorre em sanção penal quem faz a afirmação falsa, cala ou oculta a verdade.
Art. 416. O juiz interrogará a testemunha sobre os fatos articulados, cabendo, primeiro à parte, que a arrolou, e depois à parte contrária, formular perguntas tendentes a esclarecer ou completar o depoimento.
§ 1º As partes devem tratar as testemunhas com urbanidade, não lhes fazendo perguntas ou considerações impertinentes, capciosas ou vexatórias.
§ 2º As perguntas que o juiz indeferir serão obrigatoriamente transcritas no termo, se a parte o requerer.
Art. 417. O depoimento, datilografado ou registrado por taquigrafia, estenotipia ou outro método idôneo de documentação, será assinado pelo juiz, pelo depoente e pelos procuradores, facultando-se às partes a sua gravação.
§ 1º O depoimento será passado para a versão datilográfica quando houver recurso da sentença ou noutros casos, quando o juiz o determinar, de ofício ou a requerimento da parte.
§ 2º Tratando-se de processo eletrônico, observar-se-á o disposto nos §§ 2º e 3º do art. 169 desta Lei.
Art. 418. O juiz pode ordenar, de ofício ou a requerimento da parte:
I - a inquirição de testemunhas referidas nas declarações da parte ou das testemunhas;
II - a acareação de duas ou mais testemunhas ou de alguma delas com a parte, quando, sobre fato determinado, que possa influir na decisão da causa, divergirem as suas declarações.
Art. 419. A testemunha pode requerer ao juiz o pagamento da despesa que efetuou para comparecimento à audiência, devendo a parte pagá-la logo que arbitrada, ou depositá-la em cartório dentro de 3 (três) dias.
Parágrafo único. O depoimento prestado em juízo é considerado serviço público. A testemunha, quando sujeita ao regime da legislação trabalhista, não sofre, por comparecer à audiência, perda de salário nem desconto no tempo de serviço.

Seção VII
Da Prova Pericial

Art. 420. A prova pericial consiste em exame, vistoria ou avaliação.

Parágrafo único. O juiz indeferirá a perícia quando:
I - a prova do fato não depender do conhecimento especial de técnico;
II - for desnecessária em vista de outras provas produzidas;
III - a verificação for impraticável.
Art. 421. O juiz nomeará o perito, fixando de imediato o prazo para a entrega do laudo.
§ 1º Incumbe às partes, dentro em 5 (cinco) dias, contados da intimação do despacho de nomeação do perito:
I - indicar o assistente técnico;
II - apresentar quesitos.
§ 2º Quando a natureza do fato o permitir, a perícia poderá consistir apenas na inquirição pelo juiz do perito e dos assistentes, por ocasião da audiência de instrução e julgamento a respeito das coisas que houverem informalmente examinado ou avaliado.
Art. 422. O perito cumprirá escrupulosamente o encargo que lhe foi cometido, independentemente de termo de compromisso. Os assistentes técnicos são de confiança da parte, não sujeitos a impedimento ou suspeição.
Art. 423. O perito pode escusar-se (art. 146), ou ser recusado por impedimento ou suspeição (art. 138, III); ao aceitar a escusa ou julgar procedente a impugnação, o juiz nomeará novo perito.
Art. 424. O perito pode ser substituído quando:
I - carecer de conhecimento técnico ou científico;
II - sem motivo legítimo, deixar de cumprir o encargo no prazo que lhe foi assinado.
Parágrafo único. No caso previsto no inciso II, o juiz comunicará a ocorrência à corporação profissional respectiva, podendo, ainda, impor multa ao perito, fixada tendo em vista o valor da causa e o possível prejuízo decorrente do atraso no processo.
Art. 425. Poderão as partes apresentar, durante a diligência, quesitos suplementares. Da juntada dos quesitos aos autos dará o escrivão ciência à parte contrária.
Art. 426. Compete ao juiz:
I - indeferir quesitos impertinentes;
II - formular os que entender necessários ao esclarecimento da causa.
Art. 427. O juiz poderá dispensar prova pericial quando as partes, na inicial e na contestação, apresentarem sobre as questões de fato pareceres técnicos ou documentos elucidativos que considerar suficientes.
Art. 428. Quando a prova tiver de realizar-se por carta, poderá proceder-se à nomeação de perito e indicação de assistentes técnicos no juízo, ao qual se requisitar a perícia.

~~Art. 429.~~ Para o desempenho de sua função, podem o perito e os assistentes técnicos utilizar-se de todos os meios necessários, ouvindo testemunhas, obtendo informações, solicitando documentos que estejam em poder de parte ou em repartições públicas, bem como instruir o laudo com plantas, desenhos, fotografias e outras ~~quaisquer~~ peças.
~~Art. 430.~~
~~Parágrafo único. (Revogado pela Lei nº 8.455, de 1992)~~
~~Art. 431. (Revogado pela Lei nº 8.455, de 1992))~~
~~Art. 431-A.~~ As partes terão ciência da data e local designados pelo juiz ou indicados pelo perito para ter início a produção da prova.
~~Art. 431-B.~~ Tratando-se de perícia complexa, que abranja mais de uma área de conhecimento especializado, o juiz poderá nomear mais de um perito e a parte indicar mais de um assistente técnico.
~~Art. 432.~~ Se o perito, por motivo justificado, não puder apresentar o laudo dentro do prazo, o juiz ~~conceder-lhe-á~~, por uma vez, prorrogação, ~~segundo o seu prudente arbítrio~~.
~~Parágrafo único. (Revogado pela Lei nº 8.455, de 1992)~~
~~Art. 433.~~ O perito apresentará o laudo em cartório, no prazo fixado pelo juiz, pelo menos ~~20 (vinte)~~ dias antes da audiência de instrução e julgamento.
Parágrafo único. Os assistentes técnicos oferecerão seus pareceres no prazo comum de ~~10 (dez)~~ dias, após intimadas as partes da apresentação do laudo.
~~Art. 434.~~ Quando o exame tiver por objeto a autenticidade ou a falsidade de documento, ou for de natureza médico-legal, o perito será escolhido, de preferência, entre os técnicos dos estabelecimentos oficiais especializados. O juiz autorizará a remessa dos autos, bem como do material sujeito a exame, ao diretor do estabelecimento.
~~Parágrafo único.~~ Quando o exame tiver por objeto a autenticidade da letra e firma, o perito poderá requisitar, para efeito de comparação, documentos existentes em repartições públicas; na falta destes, poderá requerer ao juiz que a pessoa, a quem se atribuir a autoria do documento, lance em folha de papel, por cópia, ou sob ditado, dizeres diferentes, para fins de comparação.
~~Art. 435.~~ A parte, que desejar esclarecimento do perito e do assistente técnico, requererá ao juiz que mande intimá-lo a comparecer à audiência, formulando desde logo as perguntas, sob forma de quesitos.

Parágrafo único. O perito e o assistente técnico só estarão obrigados a prestar os esclarecimentos a que se refere este artigo, quando intimados 5 (cinco) dias antes da audiência.
~~Art. 436.~~ O juiz não está adstrito ao laudo pericial, podendo formar a sua convicção com outros elementos ou fatos provados nos autos.
~~Art. 437.~~ O juiz poderá determinar, de ofício ou a requerimento da parte, a realização de nova perícia, quando a matéria não lhe parecer suficientemente esclarecida.
~~Art. 438.~~ A segunda perícia tem por objeto os mesmos fatos sobre que recaiu a primeira e destina-se a corrigir eventual omissão ou inexatidão dos resultados a que esta conduziu.
~~Art. 439.~~ A segunda perícia rege-se pelas disposições estabelecidas para a primeira.
Parágrafo único. A segunda perícia não substitui a primeira, cabendo ao juiz apreciar livremente o valor de uma e outra.

Seção VIII
Da Inspeção Judicial

~~Art. 440.~~ O juiz, de ofício ou a requerimento da parte, pode, em qualquer fase do processo, inspecionar pessoas ou coisas, a fim de se esclarecer sobre fato, que interesse à decisão da causa.
~~Art. 441.~~ Ao realizar a inspeção ~~direta~~, o juiz poderá ser assistido de um ou mais peritos.
~~Art. 442.~~ O juiz irá ao local, onde se encontre a pessoa ou coisa, quando:
I - julgar necessário para a melhor verificação ou interpretação dos fatos que deva observar;
II - a coisa não puder ser apresentada em juízo, sem consideráveis despesas ou graves dificuldades;
III - determinar a reconstituição dos fatos.
Parágrafo único. As partes têm sempre direito a assistir à inspeção, prestando esclarecimentos e fazendo observações que reputem de interesse para a causa.
~~Art. 443.~~ Concluída a diligência, o juiz mandará lavrar auto circunstanciado, mencionando nele tudo quanto for útil ao julgamento da causa.
Parágrafo único. O auto poderá ser instruído com desenho, gráfico ou fotografia.

~~Capítulo VII~~
~~Da Audiência~~

~~Seção I~~
~~Das Disposições Gerais~~

~~Art. 444. A audiência será pública; nos casos de que trata o art. 155, realizar-se-á a portas fechadas.~~

~~Art. 445.~~ ~~O juiz~~ exerce o poder de polícia, competindo-lhe:
~~I~~ - manter a ordem e o decoro na audiência;
~~II~~ - ordenar que se retirem da sala da audiência os que se comportarem inconvenientemente;
~~III~~ - requisitar, quando necessário, a força policial.
Nota: Ver arts. 107, VII, e 356 do Projeto do Novo CPC.
~~Art. 446. Compete ao juiz em especial:~~
~~I - dirigir os trabalhos da audiência;~~
~~II - proceder direta e pessoalmente à colheita das provas;~~
~~III - exortar os advogados e o órgão do Ministério Público a que discutam a causa com elevação e urbanidade.~~
~~Parágrafo único. Enquanto depuserem as partes, o perito, os assistentes técnicos e as testemunhas, os advogados não podem intervir ou apartear, sem licença do juiz.~~

~~Seção II~~
~~Da Conciliação~~

~~Art. 447. Quando o litígio versar sobre direitos patrimoniais de caráter privado, o juiz, de ofício, determinará o comparecimento das partes ao início da audiência de instrução e julgamento.~~
~~Parágrafo único. Em causas relativas à família, terá lugar igualmente a conciliação, nos casos e para os fins em que a lei consente a transação.~~
~~Art. 448.~~ Antes de iniciar a instrução, o juiz tentará conciliar as partes. ~~Chegando a acordo, o juiz mandará tomá-lo por termo.~~
~~Art. 449. O termo de conciliação, assinado pelas partes e homologado pelo juiz, terá valor de sentença.~~

~~Seção III~~
Da Instrução e Julgamento

~~Art. 450.~~ No dia e hora designados, o juiz declarará aberta a audiência, mandando apregoar as partes e os seus respectivos advogados.
~~Art. 451. Ao iniciar a instrução, o juiz, ouvidas as partes, fixará os pontos controvertidos sobre que incidirá a prova.~~
~~Art. 452.~~ As provas serão produzidas na audiência nesta ordem:
I - o perito e os assistentes técnicos responderão aos quesitos de esclarecimentos, requeridos no prazo e na forma do art. 435;
II - o juiz tomará os depoimentos pessoais, primeiro do autor e depois do réu;
III - ~~finalmente,~~ serão inquiridas as testemunhas arroladas pelo autor e pelo réu.
~~Art. 453.~~ A audiência poderá ser adiada:
I - por convenção das partes, ~~caso em que só será~~ admissível uma vez;

II - se não puderem comparecer, por motivo justificado, o perito, as partes, as testemunhas ou os advogados.
§ 1º ~~Incumbe ao advogado provar~~ o impedimento até a abertura da audiência; não o fazendo, o juiz procederá à instrução.
§ 2º Pode ser dispensada pelo juiz a produção das provas requeridas pela parte cujo advogado não compareceu à audiência.
§ 3º Quem der causa ao adiamento responderá pelas despesas acrescidas.
~~Art. 454.~~ Finda a instrução, o juiz dará a palavra ao advogado do autor e ao do réu, bem como ao órgão do Ministério Público, sucessivamente, pelo prazo de ~~20 (vinte)~~ minutos para cada um, prorrogável por ~~10 (dez),~~ a critério do juiz.
§ 1º Havendo litisconsorte ou terceiro, o prazo, que formará com o da prorrogação um só todo, dividir-se-á entre os do mesmo grupo, se não convencionarem de modo diverso.
§ 2º ~~No caso previsto no art. 56, o oponente sustentará as suas razões em primeiro lugar, seguindo-se-lhe os opostos, cada qual pelo prazo de 20 (vinte) minutos.~~
~~§ 3º Quando a causa apresentar questões complexas de fato ou de direito, o debate oral poderá ser substituído por memoriais, caso em que o juiz designará dia e hora para o seu oferecimento.~~
~~Art. 455.~~ A audiência é una e contínua. Não sendo possível concluir, num só dia, a instrução, o debate e o julgamento, o juiz marcará o seu prosseguimento para ~~dia próximo.~~
~~Art. 456.~~ Encerrado o debate ou oferecidos os memoriais, o juiz proferirá a sentença desde logo ou no prazo de ~~10 (dez)~~ dias.
~~Art. 457.~~ O escrivão lavrará, sob ditado do juiz, termo que conterá, em resumo, o ocorrido na audiência, bem como, por extenso, os despachos e a sentença, se ~~esta for~~ proferida no ato.
§ 1º Quando o termo for ~~datilografado~~, o juiz lhe rubricará as folhas, ~~ordenando~~ que sejam encadernadas em volume próprio.
§ 2º Subscreverão o termo o juiz, os advogados, o órgão do Ministério Público e o escrivão.
§ 3º O escrivão trasladará para os autos cópia autêntica do termo de audiência.
§ 4º Tratando-se de processo eletrônico, observar-se-á o disposto ~~nos §§ 2º e 3º do art. 169 desta Lei.~~

Capítulo VIII
Da Sentença e da Coisa Julgada

Seção I
Dos Requisitos e dos Efeitos da Sentença

~~Art. 458.~~ São requisitos essenciais da sentença:
I - o relatório, que conterá os nomes das partes, a suma do pedido e da resposta do réu, bem como

o registro das principais ocorrências havidas no andamento do processo;

II - os fundamentos, em que o juiz analisará as questões de fato e de direito;

III - o dispositivo, em que o juiz resolverá as questões, que as partes lhe submeterem.

Art. 459. O juiz proferirá a sentença, acolhendo ou rejeitando, no todo ou em parte, o pedido formulado pelo autor. Nos casos de extinção do processo sem julgamento do mérito, o juiz decidirá em forma concisa.

Parágrafo único. Quando o autor tiver formulado pedido certo, é vedado ao juiz proferir sentença ilíquida.

Art. 460. É defeso ao juiz proferir sentença, a favor do autor, de natureza diversa da pedida, bem como condenar o réu em quantidade superior ou em objeto diverso do que lhe foi demandado.

Parágrafo único. A sentença deve ser certa, ainda quando decida relação jurídica condicional.

Art. 461. Na ação que tenha por objeto o cumprimento de obrigação de fazer ou não fazer, o juiz concederá a tutela específica da obrigação ou, se procedente o pedido, determinará providências que assegurem o resultado prático equivalente ao do adimplemento.

Nota: Ver art. 479, *caput* e §1º, do Projeto do Novo CPC.

§ 1º A obrigação somente se converterá em perdas e danos se o autor o requerer ou se impossível a tutela específica ou a obtenção do resultado prático correspondente.

§ 2º A indenização por perdas e danos dar-se-á sem prejuízo da multa.

§ 3º Sendo relevante o fundamento da demanda e havendo justificado receio de ineficácia do provimento final, é lícito ao juiz conceder a tutela liminarmente ou mediante justificação prévia, citado o réu. A medida liminar poderá ser revogada ou modificada, a qualquer tempo, em decisão fundamentada.

§ 4º O juiz poderá, na hipótese do parágrafo anterior ou na sentença, impor multa diária ao réu, independentemente de pedido do autor, se for suficiente ou compatível com a obrigação, fixando-lhe prazo razoável para o cumprimento do preceito.

§ 5º Para a efetivação da tutela específica ou a obtenção do resultado prático equivalente, poderá o juiz, de ofício ou a requerimento, determinar as medidas necessárias, tais como a imposição de multa por tempo de atraso, busca e apreensão, remoção de pessoas e coisas, desfazimento de obras e impedimento de atividade nociva, se necessário com requisição de força policial.

§ 6º O juiz poderá, de ofício, modificar o valor ou a periodicidade da multa, caso verifique que se tornou insuficiente ou excessiva.

Art. 461-A. Na ação que tenha por objeto a entrega de coisa, o juiz, ao conceder a tutela específica, fixará o prazo para o cumprimento da obrigação.

§ 1º Tratando-se de entrega de coisa determinada pelo gênero e quantidade, o credor a individualizará na petição inicial, se lhe couber a escolha; cabendo ao devedor escolher, este a entregará individualizada, no prazo fixado pelo juiz.

§ 2º Não cumprida a obrigação no prazo estabelecido, expedir-se-á em favor do credor mandado de busca e apreensão ou de imissão na posse, conforme se tratar de coisa móvel ou imóvel (art. 287).

§ 3º Aplica-se à ação prevista neste artigo o disposto nos §§ 1º a 6º do art. 461.

Art. 462. Se, depois da propositura da ação, algum fato constitutivo, modificativo ou extintivo do direito influir no julgamento da lide, caberá ao juiz tomá-lo em consideração, de ofício ou a requerimento da parte, no momento de proferir a sentença.

Art. 463. Publicada a sentença, o juiz só poderá alterá-la:

I - para lhe corrigir, de ofício ou a requerimento da parte, inexatidões materiais, ou lhe retificar erros de cálculo;

II - por meio de embargos de declaração.

Art. 464. (Revogado pela Lei nº 8.950, de 1994)
Art. 464. (Revogado pela Lei nº 8.950, de 1994)

Art. 466. A sentença que condenar o réu no pagamento de uma prestação, consistente em dinheiro ou em coisa, valerá como título constitutivo de hipoteca judiciária, cuja inscrição será ordenada pelo juiz na forma prescrita na Lei de Registros Públicos.

Parágrafo único. A sentença condenatória produz a hipoteca judiciária:

I - embora a condenação seja genérica;
II - pendente arresto de bens do devedor;
III - ainda quando o credor possa promover a execução provisória da sentença.

Nota: Ver arts. 477, *caput*, e 482 do Projeto do Novo CPC.

Art. 466-A. Condenado o devedor a emitir declaração de vontade, a sentença, uma vez transitada em julgado, produzirá todos os efeitos da declaração não emitida.

Art. 466-B. Se aquele que se comprometeu a concluir um contrato não cumprir a obrigação, a outra parte, sendo isso possível e não excluído pelo título, poderá obter uma sentença que produza o mesmo efeito do contrato a ser firmado.

Art. 466-C. Tratando-se de contrato que tenha por objeto a transferência da propriedade de coisa determinada, ou de outro direito, a ação não será acolhida se a parte que a intentou não cumprir a

~~sua prestação, nem a oferecer, nos casos e formas legais, salvo se ainda não exigível.~~

Seção ~~II~~
Da Coisa Julgada

~~Art. 467.~~ Denomina-se coisa julgada material a ~~eficácia,~~ que torna imutável e indiscutível a sentença, não mais sujeita a recurso ~~ordinário ou extraordinário~~.

~~Art. 468.~~ A sentença~~,~~ que julgar total ou parcialmente a lide~~,~~ tem força de lei nos limites <u>da lide</u> e das questões decididas.

~~Art. 469.~~ Não fazem coisa julgada:
I - os motivos, ainda que importantes para determinar o alcance da parte dispositiva da sentença;
II - a verdade dos fatos, estabelecida como fundamento da sentença;
~~III - a apreciação da questão prejudicial, decidida incidentemente no processo.~~
~~Art. 470. Faz, todavia, coisa julgada a resolução da questão prejudicial, se a parte o requerer (arts. 5º e 325), o juiz for competente em razão da matéria e constituir pressuposto necessário para o julgamento da lide.~~
~~Art. 471.~~ Nenhum juiz decidirá novamente as questões já decididas~~,~~ relativas à mesma lide, salvo:
I - se, tratando-se de relação jurídica continuativa, sobreveio modificação no estado de fato ou de direito; caso em que poderá a parte pedir a revisão do que foi estatuído na sentença;
II - nos demais casos prescritos em lei.
~~Art. 472.~~ A sentença faz coisa julgada às partes entre as quais é dada, não beneficiando, nem prejudicando terceiros. ~~Nas causas relativas ao estado de pessoa, se houverem sido citados no processo, em litisconsórcio necessário, todos os interessados, a sentença produz coisa julgada em relação a terceiros.~~
~~Art. 473.~~ É <u>defeso</u> à parte discutir, no curso do processo, as questões já decididas~~,~~ a cujo respeito se operou a preclusão.
~~Art. 474.~~ <u>Passada</u> em julgado a sentença de mérito, <u>reputar-se-ão</u> deduzidas e repelidas todas as alegações e defesas~~,~~ que a parte poderia opor assim ao acolhimento como à rejeição do pedido.
~~Art. 475.~~ Está sujeita ao duplo grau de jurisdição, não produzindo efeito senão depois de confirmada pelo tribunal, a sentença:
I - proferida contra a União, <u>o Estado</u>, o Distrito Federal, <u>o Município</u>~~,~~ e as respectivas autarquias e fundações de direito público;
II - que julgar procedentes, no todo ou em parte, os embargos à execução de dívida ativa da Fazenda Pública ~~(art. 585, VI)~~.

§ 1º Nos casos previstos neste artigo, o juiz ordenará a remessa dos autos ao tribunal, haja ou não apelação; não o fazendo, deverá o presidente do tribunal avocá-los.

§ 2º Não se aplica o disposto neste artigo sempre que a condenação, ou o direito controvertido, for de valor certo não excedente a ~~60 (sessenta)~~ salários mínimos, bem como no caso de procedência dos embargos do devedor na execução de dívida ativa do mesmo valor.

§ 3º Também não se aplica o disposto neste artigo quando a sentença estiver fundada em jurisprudência do plenário do Supremo Tribunal Federal ~~ou~~ em súmula <u>deste</u> Tribunal ou <u>do</u> tribunal superior competente.

Capítulo ~~IX~~
~~Da Liquidação de Sentença~~

~~Art. 475-A.~~ Quando a sentença não determinar o valor devido, <u>procede-se</u> à sua liquidação.
~~§ 1º Do requerimento de liquidação de sentença será a parte intimada, na pessoa de seu advogado.~~
§ 2º A liquidação poderá ser <u>requerida</u> na pendência de recurso, processando-se em autos apartados~~,~~ no juízo de origem, cumprindo ao <u>liquidante</u> instruir o pedido com cópias das peças processuais pertinentes.
~~§ 3º Nos processos sob procedimento comum sumário, referidos no art. 275, inciso II, alíneas 'd' e 'e' desta Lei, é defesa a sentença ilíquida, cumprindo ao juiz, se for o caso, fixar de plano, a seu prudente critério, o valor devido.~~
~~Art. 475-B.~~ Quando a determinação do valor da condenação depender apenas de cálculo aritmético, o credor requererá o cumprimento da sentença, na forma do art. 475-J desta Lei, instruindo o pedido com a memória discriminada e atualizada do cálculo;
§ 1º Quando a elaboração <u>da memória do cálculo</u> <u>depender</u> de dados <u>existentes</u> em poder do devedor ou de terceiro, o juiz, a requerimento do credor, poderá requisitá-los, <u>fixando prazo de até trinta dias para o cumprimento da diligência.</u>
~~§ 2º Se os dados não forem, injustificadamente, apresentados pelo devedor, reputar-se-ão corretos os cálculos apresentados pelo credor, e, se não o forem pelo terceiro, configurar-se-á situação prevista no art. 362.~~
~~§ 3º Poderá o juiz valer-se do contador do juízo, quando a memória apresentada pelo credor aparentemente exceder os limites da decisão exequenda e, ainda, nos casos de assistência judiciária.~~

~~§ 4º Se o credor não concordar com os cálculos feitos nos termos do § 3º deste artigo, far-se-á a execução pelo valor originariamente pretendido, mas a penhora terá por base o valor encontrado pelo contador.~~
~~Art. 475-C. Far-se-á a liquidação por arbitramento quando:~~
~~I – determinado pela sentença ou convencionado pelas partes;~~
~~II – o exigir a natureza do objeto da liquidação.~~
Art. ~~475-D. Requerida~~ a liquidação ~~por arbitramento~~, o juiz nomeará o perito e fixará o prazo para a entrega do laudo.
~~Parágrafo único. Apresentado o laudo, sobre o qual poderão as partes manifestar-se no prazo de dez dias, o juiz proferirá decisão ou designará, se necessário, audiência.~~
Art. ~~475-E. Far-se-á a~~ liquidação ~~por artigos,~~ quando, para determinar o valor da condenação, houver necessidade de alegar e provar fato novo.
~~Art. 475-F. Na liquidação por artigos, observar-se-á, no que couber, o procedimento comum (art. 272).~~
Art. ~~475-G~~. É defeso, na liquidação~~,~~ discutir de novo a lide ou modificar a sentença que a julgou.
Art. ~~475-H~~. Da decisão de liquidação caberá agravo de instrumento.

~~Capítulo X~~
Do Cumprimento da Sentença

~~Art. 475-I. O cumprimento da sentença far-se-á conforme os~~ arts. 461 e 461-A ~~desta Lei ou,~~ tratando-se de obrigação por quantia certa, por execução, nos termos dos demais artigos deste Capítulo.
_{Nota: Ver art. 494, § 4º, do Projeto do Novo CPC.}
~~§ 1º É definitiva a execução da sentença transitada em julgado e provisória quando se tratar de sentença impugnada mediante recurso ao qual não foi atribuído efeito suspensivo.~~
~~§ 2º~~ Quando na sentença houver uma parte líquida e outra ilíquida, ao credor é lícito promover simultaneamente a execução daquela e, em autos apartados, a liquidação desta.
Art. ~~475-J. Caso o devedor, condenado ao pagamento de quantia certa ou já fixada em liquidação, não o efetue no prazo de quinze dias,~~ o montante da condenação será acrescido de multa no percentual de dez por cento e~~, a requerimento do credor e observado o disposto no art. 614, inciso II, desta Lei, expedir-se-á mandado de penhora e avaliação.~~

~~§ 1º Do auto de penhora e de avaliação será de imediato intimado o executado, na pessoa de seu advogado (arts. 236 e 237), ou, na falta deste, o seu representante legal, ou pessoalmente, por mandado ou pelo correio, podendo oferecer impugnação, querendo, no prazo de quinze dias.~~
~~§ 2º Caso o oficial de justiça não possa proceder à avaliação, por depender de conhecimentos especializados, o juiz, de imediato, nomeará avaliador, assinando-lhe breve prazo para a entrega do laudo.~~
~~§ 3º O exeqüente poderá, em seu requerimento, indicar desde logo os bens a serem penhorados.~~
~~§ 4º Efetuado o pagamento parcial no prazo previsto no caput deste artigo, a multa de dez por cento incidirá sobre o restante.~~
~~§ 5º Não sendo requerida a execução no prazo de seis meses, o juiz mandará arquivar os autos, sem prejuízo de seu desarquivamento a pedido da parte.~~
Art. 475-L. A impugnação somente poderá versar ~~sobre~~:
I – falta ou nulidade da citação, se o processo correu à revelia;
II – inexigibilidade do título;
III – ~~penhora incorreta ou avaliação errônea~~;
~~IV –~~ ilegitimidade das partes;
~~V –~~ excesso de execução;
~~VI –~~ qualquer causa impeditiva, modificativa ou extintiva da obrigação, como pagamento, novação, compensação, transação ou prescrição, desde que superveniente à sentença.
§ 1º Para efeito do disposto no inciso II do caput deste artigo, considera-se também inexigível o título judicial fundado em lei ou ato normativo declarados inconstitucionais pelo Supremo Tribunal Federal, ou fundado em aplicação ou interpretação da lei ou ato normativo tidas pelo Supremo Tribunal Federal como incompatíveis com a Constituição Federal.
~~§ 2º Quando o executado alegar que o exeqüente, em excesso de execução, pleiteia quantia superior à resultante da sentença, cumprir-lhe-á declarar de imediato o valor que entende correto, sob pena de rejeição liminar dessa impugnação.~~
~~Art. 475-M. A impugnação não terá efeito suspensivo, podendo o juiz atribuir-lhe tal efeito desde que relevantes seus fundamentos e o prosseguimento da execução seja manifestamente suscetível de causar ao executado grave dano de difícil ou incerta reparação.~~
~~§ 1º Ainda que atribuído efeito suspensivo à impugnação, é lícito ao exeqüente requerer o prosseguimento da execução, oferecendo e~~

~~prestando caução suficiente e idônea, arbitrada pelo juiz e prestada nos próprios autos.~~
~~§ 2º Deferido efeito suspensivo, a impugnação será instruída e decidida nos próprios autos e, caso contrário, em autos apartados.~~
~~§ 3º A decisão que resolver a impugnação é recorrível mediante agravo de instrumento, salvo quando importar extinção da execução, caso em que caberá apelação.~~
~~Art. 475-N~~. São títulos executivos judiciais:
I – a sentença proferida no processo civil que reconheça a existência de obrigação de fazer, não fazer, entregar coisa ou pagar quantia;
~~III~~ – a sentença homologatória de conciliação ou de transação, ainda que inclua matéria não posta em juízo;
~~V~~ – o acordo extrajudicial, de qualquer natureza, homologado judicialmente;
~~VII~~ – o formal e a certidão de partilha, exclusivamente em relação ao inventariante, aos herdeiros e aos sucessores a título singular ou universal.
~~II~~ – a sentença penal condenatória transitada em julgado;
~~IV~~ – a sentença arbitral;
~~VI~~ – a sentença estrangeira~~,~~ homologada pelo Superior Tribunal de Justiça;
~~Parágrafo único~~. Nos casos dos incisos II, IV e VI, o mandado inicial ~~(art. 475-J)~~ incluirá a ordem de citação do devedor~~,~~ no juízo cível~~,~~ para liquidação ou execução, conforme o caso.
~~Art. 475-O~~. A execução provisória da sentença far-se-á, no que couber, do mesmo modo que a definitiva, observadas as seguintes normas:
I – corre por iniciativa~~, conta~~ e responsabilidade do exeqüente, que se obriga, se a sentença for reformada, a reparar os danos que o executado haja sofrido.
II – fica sem efeito, sobrevindo acórdão que modifique ou anule a sentença objeto da execução, restituindo-se as partes ao estado anterior e liquidados eventuais prejuízos nos mesmos autos~~, por arbitramento~~;
III – o levantamento de depósito em dinheiro e a prática de atos que importem alienação de propriedade ou dos quais possa resultar grave dano ao executado dependem de caução suficiente e idônea, arbitrada de plano pelo juiz e prestada nos próprios autos.
§ 1º No caso do inciso II do caput deste artigo, se a sentença provisória for modificada ou anulada apenas em parte, somente nesta ficará sem efeito a execução.
§ 2º A caução a que se refere o inciso III do caput deste artigo poderá ser dispensada:
I – ~~quando, nos casos de~~ crédito de natureza alimentar ~~ou decorrente de ato ilícito, até o limite de sessenta vezes o valor do salário-mínimo,~~ o exeqüente demonstrar situação de necessidade;
II – nos casos de execução provisória em que penda agravo de instrumento junto ao Supremo Tribunal Federal ou ao Superior Tribunal de Justiça ~~(art. 544), salvo quando da dispensa possa manifestamente resultar risco de grave dano, de difícil ou incerta reparação.~~
§ 3º Ao requerer a execução provisória, o exeqüente instruirá a petição com cópias autenticadas das seguintes peças do processo, podendo o advogado valer-se do disposto na parte final do art. 544, § 1º:
I – sentença ou acórdão exeqüendo;
II – certidão de interposição do recurso não dotado de efeito suspensivo;
III – procurações outorgadas pelas partes;
IV – decisão de habilitação, se for o caso;
~~V – facultativamente, outras peças processuais que o exeqüente considere necessárias.~~
~~Art. 475-P.~~ O cumprimento da sentença efetuar-se-á perante:
I – os tribunais, nas causas de sua competência originária;
II – o juízo que processou a causa no primeiro grau de jurisdição;
III – o juízo cível competente, quando se tratar de sentença penal condenatória, de sentença arbitral ou de sentença estrangeira.
Parágrafo único. No caso do inciso II do caput deste artigo, o exeqüente poderá optar pelo juízo do local onde se encontram bens sujeitos à expropriação ou pelo do atual domicílio do executado, casos em que a remessa dos autos do processo será solicitada ao juízo de origem.
~~Art. 475-Q~~. Quando a indenização por ato ilícito incluir prestação de alimentos, ~~o juiz,~~ quanto a esta parte, poderá ordenar ao devedor constituição de capital, cuja renda assegure o pagamento do valor mensal da pensão.
§ 1º Este capital, representado por imóveis, títulos da dívida pública ou aplicações financeiras em banco oficial, será inalienável e impenhorável enquanto durar a obrigação do devedor.
§ 2º O juiz poderá substituir a constituição do capital pela inclusão do beneficiário da prestação em folha de pagamento de entidade de direito público ou de empresa de direito privado de notória capacidade econômica~~,~~ ou, a requerimento do devedor, por fiança bancária ou garantia real, em valor a ser arbitrado de imediato pelo juiz.
§ 3º Se sobrevier modificação nas condições econômicas, poderá a parte requerer, conforme as circunstâncias, redução ou aumento da prestação.

§ 4° Os alimentos podem ser fixados tomando por base o salário-mínimo.
§ 5° Cessada a obrigação de prestar alimentos, o juiz mandará liberar o capital, cessar o desconto em folha ou cancelar as garantias prestadas.
~~Art. 475-R. Aplicam-se subsidiariamente ao cumprimento da sentença, no que couber, as normas que regem o processo de execução de título extrajudicial.~~

~~Título IX~~
~~Do Processo nos Tribunais~~

~~Capítulo I~~
~~Da Uniformização da Jurisprudência~~

~~Art. 476. Compete a qualquer juiz, ao dar o voto na turma, câmara, ou grupo de câmaras, solicitar o pronunciamento prévio do tribunal acerca da interpretação do direito quando:~~
~~I - verificar que, a seu respeito, ocorre divergência;~~
~~II - no julgamento recorrido a interpretação for diversa da que lhe haja dado outra turma, câmara, grupo de câmaras ou câmaras cíveis reunidas.~~
~~Parágrafo único. A parte poderá, ao arrazoar o recurso ou em petição avulsa, requerer, fundamentadamente, que o julgamento obedeça ao disposto neste artigo.~~
~~Art. 477. Reconhecida a divergência, será lavrado o acórdão, indo os autos ao presidente do tribunal para designar a sessão de julgamento. A secretaria distribuirá a todos os juízes cópia do acórdão.~~
~~Art. 478. O tribunal, reconhecendo a divergência, dará a interpretação a ser observada, cabendo a cada juiz emitir o seu voto em exposição fundamentada.~~
~~Parágrafo único. Em qualquer caso, será ouvido o chefe do Ministério Público que funciona perante o tribunal.~~
~~Art. 479. O julgamento, tomado pelo voto da maioria absoluta dos membros que integram o tribunal, será objeto de súmula e constituirá precedente na uniformização da jurisprudência.~~
~~Parágrafo único. Os regimentos internos disporão sobre a publicação no órgão oficial das súmulas de jurisprudência predominante.~~

Capítulo ~~II~~
Da Declaração de Inconstitucionalidade

~~Art. 480.~~ Argüida a inconstitucionalidade de lei ou de ato normativo do poder público, o relator, ouvido o Ministério Público, submeterá a questão à turma ou câmara, a que tocar o conhecimento do processo.

~~Art. 481.~~ Se a alegação for rejeitada, prosseguirá o julgamento; se ~~for~~ acolhida, será ~~lavrado o acórdão, a fim de ser~~ submetida a questão ao tribunal pleno.
Parágrafo único. Os órgãos fracionários dos tribunais não submeterão ao plenário, ou ao órgão especial, a argüição de inconstitucionalidade, quando já houver pronunciamento destes ou do plenário do Supremo Tribunal Federal sobre a questão.
~~Art. 482.~~ Remetida ~~a~~ cópia do acórdão a todos os juízes, o presidente do tribunal designará a sessão de julgamento.
§ 1° O Ministério Público e as pessoas jurídicas de direito público responsáveis pela edição do ato questionado, se assim o requererem, poderão manifestar-se no incidente de inconstitucionalidade, observados os prazos e condições fixados no Regimento Interno do Tribunal.
§ 2° Os titulares do direito de propositura referidos no art. 103 da Constituição poderão manifestar-se, por escrito, sobre a questão constitucional objeto de apreciação ~~pelo órgão especial ou pelo Pleno do Tribunal~~, no prazo fixado em Regimento, sendo-lhes assegurado o direito de apresentar memoriais ou de pedir a juntada de documentos.
§ 3° O relator, considerando a relevância da matéria e a representatividade dos postulantes, poderá admitir, por despacho irrecorrível, a manifestação de outros órgãos ou entidades.

Capítulo ~~III~~
Da Homologação de Sentença Estrangeira

~~Art. 483.~~ ~~A sentença~~ proferida por tribunal estrangeiro ~~não terá~~ eficácia no Brasil senão depois de homologada ~~pelo Supremo Tribunal Federal~~.
Parágrafo único. A homologação obedecerá ao que dispuser o Regimento Interno do ~~Supremo Tribunal~~ Federal.
~~Art. 484. A execução far-se-á por carta de sentença extraída dos autos da homologação e obedecerá às regras estabelecidas para a execução da sentença nacional da mesma natureza.~~

Capítulo ~~IV~~
Da Ação Rescisória

~~Art. 485.~~ A sentença de mérito, transitada em julgado, pode ser rescindida quando:
I - se verificar que foi dada por prevaricação, concussão ou corrupção do juiz;
II - proferida por juiz impedido ~~ou absolutamente incompetente~~;

III - resultar de dolo da parte vencedora em detrimento da parte vencida, ou de colusão entre as partes, a fim de fraudar a lei;
IV - ofender a coisa julgada;
V - violar literal disposição de lei;
VI - se fundar em prova, cuja falsidade tenha sido apurada em processo criminal ou seja provada na própria ação rescisória;
VII - depois da sentença, o autor obtiver documento novo, cuja existência ignorava, ou de que não pôde fazer uso, capaz, por si só, de lhe assegurar pronunciamento favorável;
VIII - houver fundamento para invalidar confissão, desistência ou transação, em que se baseou a sentença;
IX - fundada em erro de fato, resultante de atos ou de documentos da causa;
§ 1º Há erro, quando a sentença admitir um fato inexistente, ou quando considerar inexistente um fato efetivamente ocorrido.
§ 2º É indispensável, num como noutro caso, que não tenha havido controvérsia, nem pronunciamento judicial sobre o fato.
Art. 486. Os atos judiciais, que não dependem de sentença, ou em que esta for meramente homologatória, podem ser rescindidos, como os atos jurídicos em geral, nos termos da lei civil.
Art. 487. Tem legitimidade para propor a ação:
I - quem foi parte no processo ou o seu sucessor a título universal ou singular;
II - o terceiro juridicamente interessado;
III - o Ministério Público:
a) se não foi ouvido no processo, em que lhe era obrigatória a intervenção;
b) quando a sentença é o efeito de colusão das partes, a fim de fraudar a lei.
Art. 488. A petição inicial será elaborada com observância dos requisitos essenciais do art. 282, devendo o autor:
I - cumular ao pedido de rescisão, se for o caso, o de novo julgamento da causa;
II - depositar a importância de 5% (cinco por cento) sobre o valor da causa, a título de multa, caso a ação seja, por unanimidade de votos, declarada inadmissível, ou improcedente.
Parágrafo único. Não se aplica o disposto no nº II à União, ao Estado, ao Município e ao Ministério Público.
Art. 489. O ajuizamento da ação rescisória não impede o cumprimento da sentença ou acórdão rescindendo, ressalvada a concessão, casos imprescindíveis e sob os pressupostos previstos em lei, de medidas de natureza cautelar ou antecipatória de tutela.
Art. 490. Será indeferida a petição inicial:
I - nos casos previstos no art. 295;

II - quando não efetuado o depósito, exigido pelo art. 488, II.
Art. 491. O relator mandará citar o réu, assinando-lhe prazo nunca inferior a 15 (quinze) dias nem superior a 30 (trinta) para responder aos termos da ação. Findo o prazo com ou sem resposta, observar-se-á no que couber o disposto no Livro I, Título VIII, Capítulos IV e V.
Art. 492. Se os fatos alegados pelas partes dependerem de prova, o relator delegará a competência ao juiz de direito da comarca onde deva ser produzida, fixando prazo de 45 (quarenta e cinco) a 90 (noventa) dias para a devolução dos autos.
Art. 493. Concluída a instrução, será aberta vista, sucessivamente, ao autor e ao réu, pelo prazo de 10 (dez) dias, para razões finais. Em seguida, os autos subirão ao relator, procedendo-se ao julgamento:
I - no Supremo Tribunal Federal e no Superior Tribunal de Justiça, na forma dos seus regimentos internos
II - nos Estados, conforme dispuser a norma de Organização Judiciária.
Art. 494. Julgando procedente a ação, o tribunal rescindirá a sentença, proferirá, se for o caso, novo julgamento e determinará a restituição do depósito; declarando inadmissível ou improcedente a ação, a importância do depósito reverterá a favor do réu, sem prejuízo do disposto no art. 20.
Art. 495. O direito de propor ação rescisória se extingue em 2 (dois) anos, contados do trânsito em julgado da decisão.

Título X
Dos Recursos

Capítulo I
Das Disposições Gerais

Art. 496. São cabíveis os seguintes recursos:
I - apelação;
II – agravo;
III - embargos infringentes;
IV - embargos de declaração;
V - recurso ordinário;
VI - recurso especial;
VII - recurso extraordinário;
VIII - embargos de divergência em recurso especial e em recurso extraordinário.
Art. 497. O recurso extraordinário e o recurso especial não impedem a execução da sentença; a interposição do agravo de instrumento não obsta o andamento do processo, ressalvado o disposto no art. 558 desta Lei.

~~Art. 498. Quando o dispositivo do acórdão contiver julgamento por maioria de votos e julgamento unânime, e forem interpostos embargos infringentes, o prazo para recurso extraordinário ou recurso especial, relativamente ao julgamento unânime, ficará sobrestado até a intimação da decisão nos embargos.~~
~~Parágrafo único. Quando não forem interpostos embargos infringentes, o prazo relativo à parte unânime da decisão terá como dia de início aquele em que transitar em julgado a decisão por maioria de votos.~~
~~Art. 499~~. O recurso pode ser interposto pela parte vencida, pelo terceiro prejudicado e pelo Ministério Público.
§ ~~1º~~ Cumpre ao terceiro demonstrar ~~o nexo de interdependência entre o seu interesse de intervir e~~ a relação jurídica submetida à apreciação judicial.
~~§ 2º O Ministério Público tem legitimidade para recorrer assim no processo em que é parte, como naqueles em que oficiou como fiscal da lei.~~
~~Art. 500~~. Cada parte interporá o recurso, independentemente, no prazo e observadas as exigências legais. Sendo, porém, vencidos autor e réu, ao recurso interposto por qualquer deles poderá aderir <u>a outra parte</u>. O recurso adesivo fica subordinado ao recurso principal <u>e se rege pelas disposições seguintes:</u>
I - será interposto perante a autoridade competente para admitir o recurso principal, no prazo de que a parte dispõe para responder;
II - será admissível na apelação, ~~nos embargos infringentes~~, no recurso extraordinário e no recurso especial;
III - não será conhecido, se houver desistência do recurso principal, ou se for ele declarado inadmissível ou deserto.
~~Parágrafo único. Ao recurso adesivo se aplicam as mesmas regras do recurso independente, quanto às condições de admissibilidade, preparo e julgamento no tribunal superior.~~
~~Art. 501~~. O recorrente poderá, a qualquer tempo, sem a anuência do recorrido ou dos litisconsortes, desistir do recurso.
~~Art. 502~~. A renúncia ao direito de recorrer independe da aceitação da outra parte.
~~Art. 503~~. A parte~~,~~ que aceitar expressa ou tacitamente a sentença ou a decisão~~,~~ não poderá recorrer.
Parágrafo único. Considera-se aceitação tácita a prática, sem reserva alguma, de um ato incompatível com a vontade de recorrer.
~~Art. 504~~. Dos despachos não cabe recurso.
~~Art. 505~~. A sentença pode ser impugnada no todo ou em parte.
~~Art. 506.~~ O prazo para a interposição do recurso, aplicável em todos os casos o disposto no <u>art. 184 e seus parágrafos</u>, contar-se-á da data:

I - da leitura da sentença em audiência;
II - da intimação às partes, quando a sentença não for proferida em audiência;
III - da publicação do dispositivo do acórdão no órgão oficial.
Parágrafo único. No prazo para a interposição do recurso, a petição será protocolada em cartório ou segundo a norma de organização judiciária, ressalvado o disposto no ~~§ 2º do art. 525 desta Lei~~.
~~Art. 507~~. Se, durante o prazo para a interposição do recurso, sobrevier o falecimento da parte ou de seu advogado~~,~~ ou ocorrer motivo de força maior~~,~~ que suspenda o curso do processo, será tal prazo restituído em proveito da parte, do herdeiro ou do sucessor, contra quem começará a correr novamente depois da intimação.
~~Art. 508~~. <u>Na apelação, nos embargos infringentes, no recurso ordinário, no recurso especial, no recurso extraordinário e nos embargos de divergência, o prazo para interpor e para responder é de 15</u> (quinze) dias.
Parágrafo único. (Revogado pela Lei nº 6.314, de 1975)
~~Art. 509~~. O recurso interposto por um dos litisconsortes a todos aproveita, ~~salvo se distintos ou opostos os seus interesses~~.
Parágrafo único. Havendo solidariedade passiva, o recurso interposto por um devedor aproveitará aos outros, quando as defesas opostas ao credor lhes forem comuns.
~~Art. 510~~. Transitado em julgado o acórdão, o escrivão, ~~ou secretário,~~ independentemente de despacho, providenciará a baixa dos autos ao juízo de origem, no prazo de ~~5~~ (cinco) dias.
~~Art. 511~~. No ato de interposição do recurso, o recorrente comprovará, quando exigido pela legislação pertinente, o respectivo preparo, inclusive porte de remessa e de retorno, sob pena de deserção.
§ 1º São dispensados de preparo os recursos interpostos pelo Ministério Público, pela União, pelos Estados e Municípios e respectivas autarquias, e pelos que gozam de isenção legal.
§ 2º A insuficiência no valor do preparo implicará deserção, se o recorrente, intimado, não vier a supri-lo no prazo de cinco dias.
~~Art. 512~~. O julgamento proferido pelo tribunal substituirá <u>a sentença ou a decisão recorrida</u> no que tiver sido objeto de recurso.

Capítulo II
Da Apelação

~~Art. 513~~. Da sentença <u>caberá</u> apelação ~~(arts. 267 e 269)~~.
~~Art. 514~~. A apelação, interposta por petição dirigida ao <u>juiz</u>, conterá:

I - os nomes e a qualificação das partes;
II - os fundamentos de fato e de direito;
III - o pedido de nova decisão.
~~Parágrafo único. (Revogado pela Lei nº 8.950, de 1994)~~
~~Art. 515.~~ A apelação devolverá ao tribunal o conhecimento da matéria impugnada.
§ 1º Serão, porém, objeto de apreciação e julgamento pelo tribunal todas as questões suscitadas e discutidas no processo, <u>ainda que a sentença não as tenha julgado por inteiro.</u>
§ 2º Quando o pedido ou a defesa tiver mais de um fundamento e o juiz acolher apenas um deles, a apelação devolverá ao tribunal o conhecimento dos demais.
§ 3º Nos casos de <u>extinção do processo sem julgamento do mérito</u> ~~(art. 267)~~, o tribunal ~~pode julgar~~ desde logo a lide, se a causa versar questão exclusivamente de direito e estiver em condições de imediato julgamento.
§ ~~4º~~ Constatando a ocorrência de nulidade sanável, o tribunal poderá determinar a realização ou renovação do ato processual, intimadas as partes; cumprida a diligência, sempre que possível prosseguirá o julgamento ~~da apelação.~~

Ver art. 858, § 1º, do Projeto.

~~Art. 516. Ficam também submetidas ao tribunal as questões anteriores à sentença, ainda não decididas.~~
~~Art. 517.~~ As questões de fato, não propostas no juízo inferior, poderão ser suscitadas na apelação, se a parte provar que deixou de fazê-lo por motivo de força maior.
~~Art. 518.~~ Interposta a apelação, o juiz, declarando os efeitos em que a recebe, mandará dar vista ao apelado para responder.
~~§ 1º O juiz não receberá o recurso de apelação quando a sentença estiver em conformidade com súmula do Superior Tribunal de Justiça ou do Supremo Tribunal Federal.~~
~~§ 2º Apresentada a resposta, é facultado ao juiz, em cinco dias, o reexame dos pressupostos de admissibilidade do recurso.~~
~~Art. 519.~~ Provando o ~~apelante~~ justo impedimento, o ~~juiz~~ relevará a pena de deserção, ~~fixando-lhe prazo para efetuar o preparo.~~
~~Parágrafo único. A decisão referida neste artigo será irrecorrível, cabendo ao tribunal apreciar-lhe a legitimidade.~~
~~Art. 520. A apelação será recebida em seu efeito devolutivo e suspensivo. Será, no entanto, recebida só no efeito devolutivo, quando interposta de sentença que:~~
~~I - homologar a divisão ou a demarcação;~~
~~II - condenar à prestação de alimentos;~~
~~III - (Revogado pela Lei nº 11.232, de 2005)~~

~~IV - decidir o processo cautelar;~~
~~V - rejeitar liminarmente embargos à execução ou julgá-los improcedentes;~~
~~VI - julgar procedente o pedido de instituição de arbitragem.~~
~~VII - confirmar a antecipação dos efeitos da tutela;~~
~~Art. 521. Recebida a apelação em ambos os efeitos~~, o juiz não poderá inovar no processo; recebida ~~só no efeito devolutivo~~, o apelado poderá promover, desde logo, a execução provisória da sentença, ~~extraindo a respectiva carta.~~

Capítulo III
Do Agravo

~~Art. 522.~~ <u>Das decisões interlocutórias caberá agravo</u>, ~~no prazo de 10 (dez) dias, na forma retida, salvo quando se tratar de decisão suscetível de causar à parte lesão grave e de difícil reparação, bem como nos casos de inadmissão da apelação e nos relativos aos efeitos em que a apelação é recebida, quando será admitida a sua interposição por instrumento.~~
~~Parágrafo único. O agravo retido independe de preparo.~~
~~Art. 523. Na modalidade de agravo retido o agravante requererá que o tribunal dele conheça, preliminarmente, por ocasião do julgamento da apelação.~~
~~§ 1º Não se conhecerá do agravo se a parte não requerer expressamente, nas razões ou na resposta da apelação, sua apreciação pelo Tribunal.~~
~~§ 2º Interposto o agravo, e ouvido o agravado no prazo de 10 (dez) dias, o juiz poderá reformar sua decisão.~~
~~Das decisões interlocutórias proferidas na audiência de instrução e julgamento caberá agravo na forma retida, devendo ser interposto oral e imediatamente, bem como constar do respectivo termo (art. 457), nele expostas sucintamente as razões do agravante.~~
~~§ 4º (Revogado pela Lei nº 11.187, de 2005)~~
~~Art. 524.~~ O agravo de instrumento será dirigido diretamente ao tribunal competente, <u>através</u> de petição com os seguintes requisitos:
I - a exposição do fato e do direito;
II - as razões do pedido de reforma da decisão;
III - o nome e o endereço completo dos advogados<u>,</u> constantes do processo.
~~Art. 525.~~ A petição de agravo de instrumento será instruída:
I - obrigatoriamente, com cópias da decisão agravada, da certidão da respectiva intimação e das procurações outorgadas aos advogados do agravante e do agravado;

II - facultativamente, com outras peças que o agravante entender úteis.

§ 1º Acompanhará a petição o comprovante do pagamento das respectivas custas e do porte de retorno, quando devidos, conforme tabela que será publicada pelos tribunais.

§ 2º No prazo do recurso, a petição será protocolada no tribunal, ou postada no correio sob registro com aviso de recebimento, ou, ainda, interposta por outra forma prevista na lei local.

Art. 526. O agravante, no prazo de 3 (três) dias, requererá juntada, aos autos do processo de cópia da petição do agravo de instrumento e do comprovante de sua interposição, assim como a relação dos documentos que instruíram o recurso.

Parágrafo único. O não cumprimento do disposto neste artigo, desde que argüido e provado pelo agravado, importa inadmissibilidade do agravo.

Art. 527. Recebido o agravo de instrumento no tribunal, e distribuído *incontinenti*, o relator:

I - negar-lhe-á seguimento, liminarmente, nos casos do art. 557;

II - converterá o agravo de instrumento em agravo retido, salvo quando se tratar de decisão suscetível de causar à parte lesão grave e de difícil reparação, bem como nos casos de inadmissão da apelação e nos relativos aos efeitos em que a apelação é recebida, mandando remeter os autos ao juiz da causa;

III - poderá atribuir efeito suspensivo ao recurso (art. 558), ou deferir, em antecipação de tutela, total ou parcialmente, a pretensão recursal, comunicando ao juiz sua decisão;

IV – poderá requisitar informações ao juiz da causa, que as prestará no prazo de 10 (dez) dias;

V - mandará intimar o agravado, na mesma oportunidade, por ofício dirigido ao seu advogado, sob registro e com aviso de recebimento, para que responda no prazo de 10 (dez) dias (art. 525, § 2º), facultando-lhe juntar a documentação que entender conveniente, sendo que, nas comarcas sede de tribunal e naquelas em que o expediente forense for divulgado no diário oficial, a intimação far-se-á mediante publicação no órgão oficial;

VI - ultimadas as providências referidas nos incisos III a V do caput deste artigo, mandará ouvir o Ministério Público, se for o caso, para que se pronuncie no prazo de 10 (dez) dias.

Parágrafo único. A decisão liminar, proferida nos casos dos incisos II e III do caput deste artigo, somente é passível de reforma no momento do julgamento do agravo, salvo se o próprio relator a reconsiderar.

Art. 528. Em prazo não superior a 30 (trinta) dias da intimação do agravado, o relator pedirá dia para julgamento.

Art. 529. Se o juiz comunicar que reformou inteiramente a decisão, o relator considerará prejudicado o agravo.

Capítulo IV
Dos Embargos Infringentes

Art. 530. Cabem embargos infringentes quando o acórdão não unânime houver reformado, em grau de apelação, a sentença de mérito, ou houver julgado procedente ação rescisória. Se o desacordo for parcial, os embargos serão restritos à matéria objeto da divergência.

Art. 531. Interpostos os embargos, abrir-se-á vista ao recorrido para contra-razões; após, o relator do acórdão embargado apreciará a admissibilidade do recurso.

Parágrafo único.

Art. 532. Da decisão que não admitir os embargos caberá agravo, em 5 (cinco) dias, para o órgão competente para o julgamento do recurso.

Art. 533. Admitidos os embargos, serão processados e julgados conforme dispuser o regimento do tribunal.

Art. 534. Caso a norma regimental determine a escolha de novo relator, esta recairá, se possível, em juiz que não haja participado do julgamento anterior.

Capítulo V
Dos Embargos de Declaração

Art. 535. Cabem embargos de declaração quando:

I - houver, na sentença ou no acórdão, obscuridade ou contradição;

II - for omitido ponto sobre o qual devia pronunciar-se o juiz ou tribunal.

Art. 536. Os embargos serão opostos, no prazo de 5 (cinco) dias, em petição dirigida ao juiz ou relator, com indicação do ponto obscuro, contraditório ou omisso, não estando sujeitos a preparo.

Art. 537. O juiz julgará os embargos em 5 (cinco) dias; nos tribunais, o relator apresentará os embargos em mesa na sessão subseqüente, proferindo voto.

Art. 538. Os embargos de declaração interrompem o prazo para a interposição de outros recursos, por qualquer das partes.

Parágrafo único. Quando manifestamente protelatórios os embargos, o juiz ou o tribunal, declarando que o são, condenará o embargante a pagar ao embargado multa não excedente de 1% (um por cento) sobre o valor da causa. ~~Na reiteração de embargos protelatórios, a multa é elevada a até 10% (dez por cento), ficando condicionada a interposição de qualquer outro recurso ao depósito do valor respectivo.~~

Nota: Ver o art. 941, § 3º, do Projeto do Novo CPC.

~~Parágrafo único. Quando manifestamente protelatórios os embargos, o juiz ou o tribunal, declarando que o são, condenará o embargante a pagar ao embargado multa não excedente de 1% (um por cento) sobre o valor da causa. Na reiteração de embargos protelatórios, a multa é elevada a até 10% (dez por cento)~~, ficando condicionada a interposição de qualquer outro recurso ao depósito do valor respectivo.

Nota: Ver o art. 941, § 1º, do Projeto do Novo CPC.

Capítulo VI
Dos Recursos para o Supremo Tribunal Federal e o Superior Tribunal de Justiça

Seção I
Dos Recursos Ordinários

~~Art. 539~~. Serão julgados em recurso ordinário:
I - pelo Supremo Tribunal Federal, os mandados de segurança, os habeas data e os mandados de injunção decididos em única instância pelos Tribunais superiores, quando denegatória a decisão;
II - pelo Superior Tribunal de Justiça:
a) os mandados de segurança decididos em única instância pelos Tribunais Regionais Federais ou pelos Tribunais dos Estados e do Distrito Federal e Territórios, quando denegatória a decisão;
b) as causas em que forem partes, de um lado, Estado estrangeiro ou organismo internacional e, do outro, Município ou pessoa residente ou domiciliada no País.
Parágrafo único. Nas causas referidas no inciso II, alínea b, caberá agravo das decisões interlocutórias.
~~Art. 540~~. Aos recursos mencionados no artigo anterior aplica-se, quanto aos requisitos de admissibilidade e ao procedimento no juízo de origem, ~~o disposto nos Capítulos II e III deste Título~~, observando-se, no Supremo Tribunal Federal e no Superior Tribunal de Justiça, o disposto nos seus regimentos internos.
~~Art. 541~~. O recurso extraordinário e o recurso especial, nos casos previstos na Constituição Federal, serão interpostos perante o presidente ou o vice-presidente do tribunal recorrido, em petições distintas~~,~~ que conterão:
I - a exposição do fato e do direito;
II - a demonstração do cabimento do recurso interposto;
III - as razões do pedido de reforma da decisão recorrida.
~~Parágrafo único~~. Quando o recurso fundar-se em dissídio jurisprudencial, o recorrente fará a prova da divergência mediante certidão, cópia ~~autenticada~~ ou pela citação do repositório de jurisprudência, oficial ou credenciado, inclusive em mídia eletrônica, em que tiver sido publicada a decisão divergente, ou ainda pela reprodução de julgado disponível na Internet, com indicação da respectiva fonte, mencionando, em qualquer caso, as circunstâncias que identifiquem ou assemelhem os casos confrontados.
~~Art. 542~~. Recebida a petição pela secretaria do tribunal, será intimado o recorrido, abrindo-se-lhe vista, para apresentar contra-razões.
§ ~~1º~~ Findo esse prazo, serão os autos conclusos para admissão ou não do recurso, no prazo de ~~15~~ (quinze) dias, em decisão fundamentada.
~~§ 2º Os recursos extraordinário e especial serão recebidos no efeito devolutivo.~~
~~§ 3º O recurso extraordinário, ou o recurso especial, quando interpostos contra decisão interlocutória em processo de conhecimento, cautelar, ou embargos à execução ficará retido nos autos e somente será processado se o reiterar a parte, no prazo para a interposição do recurso contra a decisão final, ou para as contra-razões.~~
~~Art. 543~~. Admitidos ambos os recursos, os autos serão remetidos ao Superior Tribunal de Justiça.
§ 1º Concluído o julgamento do recurso especial, serão os autos remetidos ao Supremo Tribunal Federal, para apreciação do recurso extraordinário, se este não estiver prejudicado.
§ 2º Na hipótese de o relator do recurso especial considerar que o recurso extraordinário é prejudicial àquele, em decisão irrecorrível sobrestará o ~~seu~~ julgamento e remeterá os autos ao Supremo Tribunal Federal, ~~para o julgamento do recurso extraordinário~~.
§ 3º No caso do parágrafo anterior, se o relator do recurso extraordinário, em decisão irrecorrível, não o considerar prejudicial, devolverá os autos ao Superior Tribunal de Justiça, para o julgamento do recurso especial.
~~Art. 543-A~~. O Supremo Tribunal Federal, em decisão irrecorrível, não conhecerá do recurso extraordinário, quando a questão constitucional nele versada não oferecer repercussão geral, nos termos deste artigo.
~~§ 1º Para efeito da repercussão geral, será considerada a existência, ou não, de questões relevantes do ponto de vista econômico, político, social ou jurídico, que ultrapassem os interesses subjetivos da causa.~~

Art. 544. Não admitido o recurso extraordinário ou o recurso especial, caberá agravo de instrumento, no prazo de ~~10 (dez)~~ dias, para o Supremo Tribunal Federal ou para o Superior Tribunal de Justiça, conforme o caso.

§ 1º O agravo de instrumento será instruído com as peças apresentadas pelas partes, devendo constar obrigatoriamente, sob pena de não conhecimento, cópias do acórdão recorrido, da certidão da respectiva intimação, da petição de interposição do recurso denegado, das contra-razões, da decisão agravada, da certidão da respectiva intimação e das procurações outorgadas aos advogados do agravante e do agravado. As cópias das peças do processo poderão ser declaradas autênticas pelo próprio advogado, sob sua responsabilidade pessoal.
§ 2º A petição de agravo será dirigida à presidência do tribunal de origem, não dependendo do pagamento de custas e despesas postais. O agravado será intimado, de imediato, para no prazo de 10 (dez) dias oferecer resposta, podendo instruí-la com cópias das peças que entender conveniente. Em seguida, subirá o agravo ao tribunal superior, onde será processado na forma regimental.
§ 3º Poderá o relator, se o acórdão recorrido estiver em confronto com a súmula ou jurisprudência dominante do Superior Tribunal de Justiça, conhecer do agravo para dar provimento ao próprio recurso especial; poderá ainda, se o instrumento contiver os elementos necessários ao julgamento do mérito, determinar sua conversão, observando-se, daí em diante, o procedimento relativo ao recurso especial.
§ 4º O disposto no parágrafo anterior aplica-se também ao agravo de instrumento contra denegação de recurso extraordinário, salvo quando, na mesma causa, houver recurso especial admitido e que deva ser julgado em primeiro lugar.
Art. 545. Da decisão do relator que não admitir o agravo de instrumento, negar-lhe provimento ou reformar o acórdão recorrido, caberá agravo no prazo de cinco dias, ao órgão competente para o julgamento do recurso, observado o disposto nos §§ 1º e 2º do art. 557.
Art. 546. É embargável a decisão da turma que:
I - em recurso especial, divergir do julgamento de outra turma, da seção ou do órgão especial;
II - em recurso extraordinário, divergir do julgamento da outra turma ou do plenário.
Parágrafo único. Observar-se-á, no recurso de embargos, o procedimento estabelecido no regimento interno.

Capítulo VII
Da Ordem dos Processos no Tribunal
Art. 547. Os autos remetidos ao tribunal serão registrados no protocolo no dia de sua entrada, cabendo à secretaria verificar-lhes a numeração das folhas e ordená-los para distribuição.
Parágrafo único. Os serviços de protocolo poderão, a critério do tribunal, ser descentralizados, mediante delegação a ofícios de justiça de primeiro grau.
Art. 548. Far-se-á a distribuição de acordo com o regimento interno do tribunal, observando-se os princípios da publicidade, da alternatividade e do sorteio.
Art. 549. Distribuídos, os autos subirão, no prazo de 48 (quarenta e oito) horas, à conclusão do relator, que, depois de estudá-los, os restituirá à secretaria com o seu "visto".
Parágrafo único. O relator fará nos autos uma exposição dos pontos controvertidos sobre que versar o recurso.
Art. 550. Os recursos interpostos nas causas de procedimento sumário deverão ser julgados no tribunal, dentro de 40 (quarenta) dias.
Art. 551. Tratando-se de apelação, de embargos infringentes e de ação rescisória, os autos serão conclusos ao revisor.
§ 1º Será revisor o juiz que se seguir ao relator na ordem descendente de antigüidade.
§ 2º O revisor aporá nos autos o seu "visto", cabendo-lhe pedir dia para julgamento.
§ 3º Nos recursos interpostos nas causas de procedimentos sumários, de despejo e nos casos de indeferimento liminar da petição inicial, não haverá revisor.
Art. 552. Os autos serão, em seguida, apresentados ao presidente, que designará dia para julgamento, mandando publicar a pauta no órgão oficial.
§ 1º Entre a data da publicação da pauta e a sessão de julgamento mediará, pelo menos, o espaço de 48 (quarenta e oito) horas.
§ 2º Afixar-se-á a pauta na entrada da sala em que se realizar a sessão de julgamento.
§ 3º Salvo caso de força maior, participará do julgamento do recurso o juiz que houver lançado o "visto" nos autos.
Art. 553. Nos embargos infringentes e na ação rescisória, devolvidos os autos pelo relator, a secretaria do tribunal expedirá cópias autenticadas do relatório e as distribuirá entre os juízes que compuserem o tribunal competente para o julgamento.
Art. 554. Na sessão de julgamento, depois de feita a exposição da causa pelo relator, o presidente, se o recurso não for de embargos declaratórios ou de agravo de instrumento, dará a palavra, sucessivamente, ao recorrente e ao recorrido, pelo prazo improrrogável de 15 (quinze) minutos para cada um, a fim de sustentarem as razões do recurso.
Art. 555. No julgamento de apelação ou de agravo, a decisão será tomada, na câmara ou turma, pelo voto de 3 (três) juízes.
§ 1º Ocorrendo relevante questão de direito, que faça conveniente prevenir ou compor divergência

entre câmaras ou turmas do tribunal, ~~poderá~~ o relator propor seja o recurso julgado pelo órgão colegiado que o regimento indicar; reconhecendo o interesse público na assunção de competência, esse órgão colegiado julgará o recurso.

§ 2º Não se considerando habilitado a proferir imediatamente seu voto, a qualquer juiz é facultado pedir vista do processo, devendo devolvê-lo no prazo de 10 (dez) dias, contados da data em que o recebeu; o julgamento prosseguirá na 1ª (primeira) sessão ordinária subseqüente à devolução, dispensada nova publicação em pauta.

§ 3º ~~No caso do § 2º deste artigo,~~ não devolvidos os autos no prazo, nem solicitada ~~expressamente sua~~ prorrogação pelo juiz, o presidente do órgão ~~julgador~~ requisitará ~~o processo e reabrirá o~~ julgamento na sessão ordinária subseqüente, com publicação em pauta.

~~Art. 556.~~ Proferidos os votos, o presidente anunciará o resultado do julgamento, designando para redigir o acórdão o relator, ou, se este for vencido, o autor do primeiro voto vencedor.

~~Parágrafo único.~~ Os votos, acórdãos e demais atos processuais podem ser registrados em arquivo eletrônico inviolável e assinados eletronicamente, na forma da lei, devendo ser impressos para juntada aos autos do processo quando este não for eletrônico.

~~Art. 557.~~ O relator negará seguimento a recurso ~~manifestamente~~ inadmissível, ~~improcedente~~, prejudicado ou em confronto com súmula ou com jurisprudência dominante do respectivo tribunal, do Supremo Tribunal Federal, ou de Tribunal Superior.

§ 1º-A Se a decisão recorrida estiver em ~~manifesto~~ confronto com súmula ou com jurisprudência dominante do Supremo Tribunal Federal, ~~ou~~ de Tribunal Superior, ~~o relator poderá~~ dar provimento ao recurso

§ 1º Da decisão caberá agravo, no prazo de ~~cinco~~ dias, ao órgão competente para o julgamento do recurso, e, se não houver retratação, o relator ~~apresentará o processo em mesa, proferindo voto; provido o agravo, o recurso terá seguimento.~~

§ 2º Quando manifestamente inadmissível ~~ou infundado~~ o agravo, o tribunal condenará o agravante a pagar ao agravado multa entre um e dez por cento do valor corrigido da causa, ficando a interposição de qualquer outro recurso condicionada ao depósito do respectivo valor.

~~Art. 558. O relator poderá, a requerimento do agravante, nos casos de prisão civil, adjudicação, remição de bens, levantamento de dinheiro sem caução idônea e em outros casos dos quais possa resultar lesão grave e de difícil reparação, sendo relevante a fundamentação, suspender o cumprimento da decisão até o pronunciamento definitivo da turma ou câmara.~~

~~Parágrafo único. Aplicar-se-á o disposto neste artigo as hipóteses do art. 520.~~

~~Art. 559.~~ A apelação não será ~~incluída em pauta~~ antes do agravo de instrumento interposto no mesmo processo.

Parágrafo único. Se ambos os recursos houverem de ser julgados na mesma sessão, terá precedência o agravo.

~~Art. 560.~~ Qualquer questão preliminar suscitada no julgamento será decidida antes do mérito, deste não se conhecendo se incompatível com a decisão ~~daquela~~.

~~Parágrafo único.~~ Versando a preliminar sobre nulidade suprível, o tribunal, havendo necessidade, converterá o julgamento em diligência, ordenando a remessa dos autos ao juiz, a fim de ser sanado o vício.

~~Art. 561.~~ Rejeitada a preliminar, ou se com ela for compatível a apreciação do mérito, seguir-se-ão a discussão e julgamento da matéria principal, pronunciando-se sobre esta os juízes vencidos na preliminar.

~~Art. 562.~~ Preferirá aos demais o recurso cujo julgamento tenha sido iniciado.

~~Art. 563.~~ Todo acórdão conterá ementa.

~~Art. 564.~~ Lavrado o acórdão, serão as suas conclusões publicadas no órgão oficial dentro de ~~10 (dez)~~ dias.

~~Art. 565.~~ Desejando proferir sustentação oral, poderão os advogados requerer ~~que na sessão imediata~~ seja o feito julgado em primeiro lugar, sem prejuízo das preferências legais.

~~Parágrafo único. Se tiverem subscrito o requerimento os advogados de todos os interessados, a preferência será concedida para a própria sessão.~~

Livro ~~II~~
Do Processo de Execução

Título I
Da Execução em Geral

Capítulo I
~~Das Partes~~

~~Art. 566.~~ Podem promover a execução forçada:
I - o credor a quem a lei confere título executivo;
II - o Ministério Público, nos casos prescritos em lei.

~~Art. 567.~~ Podem ~~também~~ promover a execução, ou nela prosseguir:
I - o espólio, os herdeiros ou os sucessores do credor, sempre que, por morte deste, lhes for transmitido o direito resultante do título executivo;

II - o cessionário, quando o direito resultante do título executivo lhe foi transferido por ato entre vivos;
III - o sub-rogado, nos casos de sub-rogação legal ou convencional.
Art. 568. São sujeitos passivos na execução:
I - o devedor, reconhecido como tal no título executivo;
II - o espólio, os herdeiros ou os sucessores do devedor;
III - o novo devedor, que assumiu, com o consentimento do credor, a obrigação resultante do título executivo;
IV - o fiador judicial;
V - o responsável tributário, assim definido na legislação própria.
Art. 569. O credor tem a faculdade de desistir de toda a execução ou de apenas algumas medidas executivas.
Parágrafo único. Na desistência da execução, observar-se-á o seguinte:
a) serão extintos os embargos que versarem apenas sobre questões processuais, pagando o credor as custas e os honorários advocatícios;
b) nos demais casos, a extinção dependerá da concordância do embargante.
Art. 570. (Revogado pela Lei nº 11.232, de 2005)
Art. 571. Nas obrigações alternativas, quando a escolha couber ao devedor, este será citado para exercer a opção e realizar a prestação dentro em 10 (dez) dias, se outro prazo não lhe foi determinado em lei, no contrato, ou na sentença.
§ 1º Devolver-se-á ao credor a opção, se o devedor não a exercitou no prazo marcado.
§ 2º Se a escolha couber ao credor, este a indicará na petição inicial da execução.
Art. 572. Quando o juiz decidir relação jurídica sujeita a condição ou termo, o credor não poderá executar a sentença sem provar que se realizou a condição ou que ocorreu o termo.
Art. 573. É lícito ao credor, sendo o mesmo o devedor, cumular várias execuções, ainda que fundadas em títulos diferentes, desde que para todas elas seja competente o juiz e idêntica a forma do processo.
Art. 574. O credor ressarcirá ao devedor os danos que este sofreu, quando a sentença, passada em julgado, declarar inexistente, no todo ou em parte, a obrigação, que deu lugar à execução.

Capítulo II
Da Competência

Art. 575. A execução, fundada em título judicial, processar-se-á perante:
I - os tribunais superiores, nas causas de sua competência originária;

II - o juízo que decidiu a causa no primeiro grau de jurisdição;
III - (Revogado pela Lei nº 10.358, de 27.12.2001)
IV - o juízo cível competente, quando o título executivo for sentença penal condenatória ou sentença arbitral.
Art. 576. A execução, fundada em título extrajudicial, será processada perante o juízo competente, na conformidade do disposto no Livro I, Título IV, Capítulos II e III.
Art. 577. Não dispondo a lei de modo diverso, o juiz determinará os atos executivos e os oficiais de justiça os cumprirão.
Art. 578. A execução fiscal (art. 585, VI) será proposta no foro do domicílio do réu; se não o tiver, no de sua residência ou no do lugar onde for encontrado.
Parágrafo único. Na execução fiscal, a Fazenda Pública poderá escolher o foro de qualquer um dos devedores, quando houver mais de um, ou o foro de qualquer dos domicílios do réu; a ação poderá ainda ser proposta no foro do lugar em que se praticou o ato ou ocorreu o fato que deu origem à dívida, embora nele não mais resida o réu, ou, ainda, no foro da situação dos bens, quando a dívida deles se originar.
Art. 579. Sempre que, para efetivar a execução, for necessário o emprego da força policial, o juiz a requisitará.

Capítulo III
Dos Requisitos Necessários para Realizar Qualquer Execução

Seção I
Do Inadimplemento do Devedor

Art. 580. A execução pode ser instaurada caso o devedor não satisfaça a obrigação certa, líquida e exigível, consubstanciada em título executivo.
Parágrafo único. (Revogado pela Lei nº 11.382, de 2006)
Art. 581. O credor não poderá iniciar a execução, ou nela prosseguir, se o devedor cumprir a obrigação; mas poderá recusar o recebimento da prestação, estabelecida no título executivo, se ela não corresponder ao direito ou à obrigação; caso em que requererá ao juiz a execução, ressalvado ao devedor o direito de embargá-la.
Art. 582. Em todos os casos em que é defeso a um contraente, antes de cumprida a sua obrigação, exigir o implemento da do outro, não se procederá à execução, se o devedor se propõe satisfazer a prestação, com meios considerados idôneos pelo juiz, mediante a execução da contraprestação pelo credor, e este, sem justo motivo, recusar a oferta.

Parágrafo único. O devedor poderá, ~~entretanto,~~ exonerar-se da obrigação, depositando em juízo a prestação ou a coisa; caso em que o juiz ~~suspenderá a execução,~~ não permitindo que o credor a receba, sem cumprir a contraprestação, que lhe tocar.

~~Seção II~~
~~Do Título Executivo~~

~~Art. 583. (Revogado pela Lei nº 11.382, de 2006)~~
~~Art. 584. (Revogado pela Lei nº 11.232, de 2005)~~
~~Art. 585.~~ São títulos executivos extrajudiciais:
I - a letra de câmbio, a nota promissória, a duplicata, a debênture e o cheque;
II - a escritura pública ou outro documento público assinado pelo devedor; o documento particular assinado pelo devedor e por duas testemunhas; o instrumento de transação referendado pelo Ministério Público, pela Defensoria Pública ou pelos advogados dos transatores;
os contratos garantidos por hipoteca, penhor, anticrese e caução, bem como os de seguro de vida;
~~IV~~ - o crédito decorrente de foro e laudêmio;
~~V~~ - o crédito, documentalmente comprovado, decorrente de aluguel de imóvel, bem como de encargos acessórios, tais como taxas e despesas de condomínio;
~~VI~~ - o crédito de serventuário de justiça, de perito, de intérprete, ou de tradutor, quando as custas, emolumentos ou honorários forem aprovados por decisão judicial;
~~VII~~ - a certidão de dívida ativa da Fazenda Pública da União, dos Estados, do Distrito Federal, dos Territórios e dos Municípios, correspondente aos créditos inscritos na forma da lei;
~~VIII~~ - todos os demais títulos a que, por disposição expressa, a lei atribuir força executiva.
§ 1º A propositura de qualquer ação relativa ao débito constante do título executivo não inibe o credor de promover-lhe a execução.
§ 2º Não dependem de homologação ~~pelo Supremo Tribunal Federal~~, para serem executados, os títulos executivos extrajudiciais, oriundos de país estrangeiro.
§ 2º O título, para ter eficácia executiva, há de satisfazer aos requisitos de formação exigidos pela lei do lugar de sua celebração e indicar o Brasil como o lugar de cumprimento da obrigação.
~~Art. 586.~~ A execução para cobrança de crédito fundar-se-á sempre em título de obrigação certa, líquida e exigível.
~~§ 1º (Revogado pela Lei nº 11.382, de 2006)~~
~~§ 2º (Revogado pela Lei nº 11.382, de 2006)~~
~~Art. 587. É definitiva a execução fundada em título extrajudicial; é provisória enquanto pendente apelação da sentença de improcedência dos embargos do executado, quando recebidos com efeito suspensivo.~~
~~Arts. 588 a 590. (Revogados pela Lei nº 11.232, de 2005)~~

Capítulo ~~IV~~
Da Responsabilidade Patrimonial

~~Art. 591.~~ O devedor responde, para o cumprimento de suas obrigações, com todos os seus bens presentes e futuros, salvo as restrições estabelecidas em lei.
~~Art. 592.~~ Ficam sujeitos à execução os bens:
I - do sucessor a título singular, tratando-se de execução fundada em direito real ou obrigação reipersecutória;
II - do sócio, nos termos da lei;
III - do devedor, quando em poder de terceiros;
IV - do cônjuge, nos casos em que os seus bens próprios, reservados ou de sua meação respondem pela dívida;
V - alienados ou gravados com ônus real em fraude de execução.
~~Art. 593.~~ Considera-se em fraude de execução a alienação ou oneração de bens:
I - quando sobre eles pender ação fundada em direito real;
~~II - quando, ao tempo da alienação ou oneração, corria contra o devedor demanda capaz de reduzi-lo à insolvência;~~
III - nos demais casos expressos em lei.
~~Art. 594.~~ O credor, que estiver, por direito de retenção, na posse de coisa pertencente ao devedor, não poderá promover a execução sobre outros bens senão depois de excutida a coisa que se achar em seu poder.
~~Art. 595.~~ O fiador, quando executado, poderá nomear à penhora bens livres e desembargados do devedor. Os bens do fiador ficarão, ~~porém,~~ sujeitos à execução, se os do devedor forem insuficientes à satisfação do direito do credor.
~~Parágrafo único.~~ O fiador, que pagar a dívida, poderá executar o afiançado nos autos do mesmo processo.
~~Art. 596.~~ Os bens particulares dos sócios não respondem pelas dívidas da sociedade senão nos casos previstos em lei; o sócio, demandado pelo pagamento da dívida, tem direito a exigir que sejam primeiro excutidos os bens da sociedade.
§ ~~1º~~ Cumpre ao sócio, que alegar o benefício deste artigo, nomear bens da sociedade, sitos na mesma comarca, livres e desembargados, ~~quantos~~ bastem para pagar o débito.
~~§ 2º Aplica-se aos casos deste artigo o disposto no parágrafo único do artigo anterior.~~

~~Art. 597.~~ O espólio responde pelas dívidas do falecido; mas, feita a partilha, cada herdeiro responde por elas na proporção da parte que <ins>na herança lhe coube.</ins>

~~Capítulo V~~
~~Das Disposições Gerais~~

~~Art. 598.~~ Aplicam-se subsidiariamente à execução as disposições <ins>que regem o processo de conhecimento.</ins>
~~Art. 599.~~ O juiz pode, em qualquer momento do processo:
I - ordenar o comparecimento das partes;
II - advertir <ins>ao</ins> devedor que o seu procedimento constitui ato atentatório à dignidade da justiça.
~~Art. 600.~~ Considera-se <ins>atentatório</ins> à dignidade da Justiça ~~o ato~~ do executado que:
I - frauda a execução;
II - se opõe maliciosamente à execução, empregando ardis e meios artificiosos;
~~III -~~ resiste injustificadamente às ordens judiciais;
~~IV -~~ intimado, não indica ao juiz~~, em 5 (cinco) dias,~~ quais são e onde <ins>se encontram</ins> os bens sujeitos à penhora e seus respectivos valores.
~~Art. 601.~~ Nos casos previstos <ins>no artigo anterior, o devedor incidirá em multa fixada pelo juiz,</ins> em montante não superior a ~~20%~~ (vinte por cento) do valor atualizado do débito em execução, sem prejuízo de outras sanções de natureza processual ou material<ins>, multa essa que reverterá em proveito do credor, exigível na própria execução.</ins>
~~Parágrafo único. O juiz relevará a pena, se o devedor se comprometer a não mais praticar qualquer dos atos definidos no artigo antecedente e der fiador idôneo, que responda ao credor pela dívida principal, juros, despesas e honorários advocatícios.~~
~~Art. 602. (Revogado pela Lei nº 11.232, de 2005)~~

~~Capítulo VI~~
~~Da Liquidação da Sentença~~

~~(Revogado pela Lei nº 11.232, de 2005)~~
~~Arts. 603 a 611. (Revogados pela Lei nº 11.232, de 2005)~~

Título II
Das Diversas Espécies de Execução

Capítulo I
Das Disposições Gerais

~~Art. 612.~~ Ressalvado o caso de insolvência do devedor, em que tem lugar o concurso universal ~~(art. 751, III)~~, realiza-se a execução no interesse do credor~~,~~ que adquire, pela penhora, o direito de preferência sobre os bens penhorados.
~~Art. 613.~~ Recaindo mais de uma penhora sobre os mesmos bens, cada credor conservará o seu título de preferência.
~~Art. 614.~~ Cumpre ao credor, ao requerer a execução~~, pedir a citação do devedor e~~ instruir a petição inicial:

Nota: Ver art. 722, III, do Projeto do Novo CPC.

I ~~- com~~ o título executivo extrajudicial;
II ~~- com~~ o demonstrativo do débito atualizado até a data da propositura da ação, quando se tratar de execução por quantia certa;
III ~~- com~~ a prova de que se verificou a condição~~,~~ ou ocorreu o termo ~~(art. 572)~~.
Art.615. ~~Cumpre ainda ao credor:~~
I - indicar a espécie de execução que prefere, quando por mais de um modo <ins>pode</ins> ser efetuada;
II - requerer a intimação do credor pignoratício, hipotecário, ~~ou~~ anticrético, ou usufrutuário, quando a penhora recair sobre bens gravados por penhor, hipoteca, anticrese ou usufruto;
III - pleitear medidas acautelatórias urgentes
~~IV -~~ <ins>provar</ins> que adimpliu a contraprestação, que lhe corresponde, ou que lhe assegura o cumprimento~~, se o executado não for obrigado a satisfazer a sua prestação senão mediante a contraprestação do credor.~~
~~Art. 614. Cumpre ao credor, ao requerer a execução,~~ pedir a citação do devedor ~~e instruir a petição inicial:~~

Nota: Ver art. 722, I, do Projeto do Novo CPC.

Art. 615-A. O exeqüente poderá~~, no ato da distribuição,~~ obter certidão ~~comprobatória do ajuizamento da execução,~~ com identificação das partes e valor da causa, para fins de averbação no registro de imóveis, registro de veículos ou registro de outros bens sujeitos à penhora ~~ou~~ arresto.
§ 1º O exeqüente deverá comunicar ao juízo as averbações efetivadas, no prazo de ~~10 (dez)~~ dias de sua concretização
§ 2º Formalizada penhora sobre bens suficientes para cobrir o valor da dívida, será determinado o cancelamento das averbações ~~de que trata este artigo~~ relativas àqueles ~~que~~ não ~~tenham sido~~ penhorados.
§ 3º Presume-se em fraude à execução a alienação ou oneração de bens efetuada após a averbação ~~(art. 593)~~.
§ 4º O exeqüente que promover averbação manifestamente indevida indenizará a parte contrária, ~~nos termos do § 2º do art. 18 desta Lei,~~ processando-se o incidente em autos apartados.
§ 5º Os tribunais poderão expedir instruções sobre o cumprimento deste artigo.

Art. 616. Verificando o juiz que a petição inicial está incompleta, ou não se acha acompanhada dos documentos indispensáveis à propositura da execução, determinará que o credor a corrija, no prazo de 10 (dez) dias, sob pena de ser indeferida.
Art. 617. A propositura da execução, deferida pelo juiz, interrompe a prescrição, mas a citação do devedor deve ser feita com observância do disposto no art. 219.
Art. 618. É nula a execução:
I - se o título executivo extrajudicial não corresponder a obrigação certa, líquida e exigível (art. 586);
II - se o devedor não for regularmente citado;
III - se instaurada antes de se verificar a condição ou de ocorrido o termo, nos casos do art. 572.
Art. 619. A alienação de bem aforado ou gravado por penhor, hipoteca, anticrese ou usufruto será ineficaz em relação ao senhorio direto, ou ao credor pignoratício, hipotecário, anticrético, ou usufrutuário, que não houver sido intimado.
Art. 620. Quando por vários meios o credor puder promover a execução, o juiz mandará que se faça pelo modo menos gravoso para o devedor.

Capítulo II
Da Execução para a Entrega de Coisa

Seção I
Da Entrega de Coisa Certa

Art. 621. O devedor de obrigação de entrega de coisa certa, constante de título executivo extrajudicial, será citado para, dentro de 10 (dez) dias, satisfazer a obrigação ou, seguro o juízo (art. 737, II), apresentar embargos.
Parágrafo único. O juiz, ao despachar a inicial, poderá fixar multa por dia de atraso no cumprimento da obrigação, ficando o respectivo valor sujeito a alteração, caso se revele insuficiente ou excessivo.
Art. 622. O devedor poderá depositar a coisa, em vez de entregá-la, quando quiser opor embargos.
Art. 623. Depositada a coisa, o exeqüente não poderá levantá-la antes do julgamento dos embargos.
Art. 624. Se o executado entregar a coisa, lavrar-se-á o respectivo termo e dar-se-á por finda a execução, salvo se esta tiver de prosseguir para o pagamento de frutos ou ressarcimento de prejuízos.
Art. 625. Não sendo a coisa entregue ou depositada, nem admitidos embargos suspensivos da execução, expedir-se-á, em favor do credor, mandado de imissão na posse ou de busca e apreensão, conforme se tratar de imóvel ou de móvel.

Art. 626. Alienada a coisa quando já litigiosa, expedir-se-á mandado contra o terceiro adquirente, que somente será ouvido depois de depositá-la.
Art. 627. O credor tem direito a receber, além de perdas e danos, o valor da coisa, quando esta não lhe for entregue, se deteriorou, não for encontrada ou não for reclamada do poder de terceiro adquirente.
§ 1º Não constando do título o valor da coisa, ou sendo impossível a sua avaliação, o exeqüente far-lhe-á a estimativa, sujeitando-se ao arbitramento judicial.
§ 2º Serão apurados em liquidação o valor da coisa e os prejuízos.
Art. 628. Havendo benfeitorias indenizáveis feitas na coisa pelo devedor ou por terceiros, de cujo poder ela houver sido tirada, a liquidação prévia é obrigatória. Se houver saldo em favor do devedor, o credor o depositará ao requerer a entrega da coisa; se houver saldo em favor do credor, este poderá cobrá-lo nos autos do mesmo processo.

Seção II
Da entrega de coisa incerta

Art. 629. Quando a execução recair sobre coisas determinadas pelo gênero e quantidade, o devedor será citado para entregá-las individualizadas, se lhe couber a escolha; mas se essa couber ao credor, este a indicará na petição inicial.
Art. 630. Qualquer das partes poderá, em 48 (quarenta e oito) horas, impugnar a escolha feita pela outra, e o juiz decidirá de plano, ou, se necessário, ouvindo perito de sua nomeação.
Art. 631. Aplicar-se-á à execução para entrega de coisa incerta o estatuído na seção anterior.

Capítulo III
Da Execução das Obrigações de Fazer e de Não Fazer

Seção I
Da Obrigação de Fazer

Art. 632. Quando o objeto da execução for obrigação de fazer, o devedor será citado para satisfazê-la no prazo que o juiz lhe assinar, se outro não estiver determinado no título executivo.
Art. 633. Se, no prazo fixado, o devedor não satisfizer a obrigação, é lícito ao credor, nos próprios autos do processo, requerer que ela seja executada à custa do devedor, ou haver perdas e danos; caso em que ela se converte em indenização.
Parágrafo único. O valor das perdas e danos será apurado em liquidação, seguindo-se a execução para cobrança de quantia certa.

~~Art. 634.~~ Se o fato puder ser prestado por terceiro, é lícito ao juiz, a requerimento do exeqüente, decidir que aquele o realize à custa do executado.
Parágrafo único. O exeqüente adiantará as quantias previstas na proposta que, ouvidas as partes, o juiz houver aprovado.
~~§ 1º (Revogado pela Lei nº 11.382, de 2006)~~
~~§ 2º (Revogado pela Lei nº 11.382, de 2006)~~
~~§ 3º (Revogado pela Lei nº 11.382, de 2006)~~
~~§ 4º (Revogado pela Lei nº 11.382, de 2006)~~
~~§ 5º (Revogado pela Lei nº 11.382, de 2006)~~
~~§ 6º (Revogado pela Lei nº 11.382, de 2006)~~
~~§ 7º (Revogado pela Lei nº 11.382, de 2006)~~
~~Art. 635.~~ Prestado o fato, o juiz ouvirá as partes no prazo de ~~10 (dez)~~ dias; não havendo impugnação, dará por cumprida a obrigação; em caso contrário, decidirá a impugnação.
Art. 636. Se o ~~contratante~~ não prestar o fato no prazo, ou se o praticar de modo incompleto ou defeituoso, poderá o credor requerer ao juiz, no prazo de ~~10 (dez)~~ dias, que o autorize a concluí-lo, ou a repará-lo, por conta do contratante.
Parágrafo único. Ouvido o contratante no prazo de 5 (cinco) dias, o juiz mandará avaliar o custo das despesas necessárias e condenará o contratante a pagá-lo.
~~Art. 637.~~ Se o credor quiser executar, ou mandar executar, sob sua direção e vigilância, as obras e trabalhos necessários à prestação do fato, terá preferência, em igualdade de condições de oferta, ao terceiro.
Parágrafo único. O direito de preferência será exercido no prazo de 5 ~~(cinco)~~ dias, ~~contados da apresentação da~~ proposta pelo terceiro ~~(art. 634, parágrafo único)~~.
Art. 638. Nas obrigações de fazer, quando for convencionado que o devedor a ~~faça~~ pessoalmente, o credor poderá requerer ao juiz que lhe assine prazo para cumpri-la.
Parágrafo único. Havendo recusa ou mora do devedor, a obrigação pessoal do devedor converter-se-á em perdas e danos, aplicando-se outrossim o disposto no art. 633.
~~Arts. 639 a 641. (Revogados pela Lei nº 11.232, de 2005)~~

Seção II
Da obrigação de não fazer

~~Art. 642.~~ Se o devedor praticou ~~o ato,~~ a cuja abstenção estava obrigado pela lei ou pelo contrato, o credor requererá ao juiz que lhe assine prazo para desfazê-lo.
~~Art. 643.~~ Havendo recusa ou mora do devedor, o credor requererá ao juiz que mande desfazer o ato à sua custa, respondendo o devedor por perdas e danos.
Parágrafo único. Não sendo possível desfazer-se o ato, a obrigação resolve-se em perdas e danos.

Seção III
~~Das~~ disposições comuns ~~às seções precedentes~~

~~Art. 644.~~ A sentença relativa a obrigação de fazer ou não fazer ~~cumpre-se de acordo com o art. 461,~~ observando-se, ~~subsidiariamente,~~ o disposto neste Capítulo.
Na execução de obrigação de fazer ou não fazer, fundada em título extrajudicial, o juiz, ao despachar a inicial, fixará multa por dia de atraso no cumprimento da obrigação e a data a partir da qual será devida.
Parágrafo único. Se o valor da multa estiver previsto no título, o juiz poderá reduzi-lo se excessivo.

CAPÍTULO IV
DA EXECUÇÃO POR QUANTIA CERTA CONTRA DEVEDOR SOLVENTE

Seção I
~~Da Penhora, da Avaliação e da Expropriação de Bens~~

~~Subseção I~~
~~Das~~ Disposições Gerais

~~Art. 646.~~ A execução por quantia certa tem por objeto expropriar bens do devedor, a fim de satisfazer o direito do credor ~~(art. 591)~~.
~~Art. 647.~~ A expropriação consiste:
I - ~~na~~ adjudicação ~~em favor do exeqüente ou das pessoas indicadas no § 2º do art. 685-A desta Lei;~~
II – na alienação por iniciativa particular;
III - na alienação em hasta pública;
~~IV - no usufruto de bem móvel ou imóvel.~~
Nota: Ver arts. 750 e 802 do Projeto do Novo CPC.
~~Art. 648.~~ Não estão sujeitos à execução os bens que a lei considera impenhoráveis ou inalienáveis.
~~Art. 649.~~ São absolutamente impenhoráveis:
I - os bens inalienáveis e os declarados, por ato voluntário, não sujeitos à execução;
II - os móveis, pertences e utilidades domésticas que guarnecem a residência do executado, salvo os de elevado valor ou que ultrapassem as necessidades comuns correspondentes a um médio padrão de vida;
III - os vestuários, bem como os pertences de uso pessoal do executado, salvo se de elevado valor;

IV - os vencimentos, subsídios, soldos, salários, remunerações, proventos de aposentadoria, pensões, pecúlios e montepios; as quantias recebidas por liberalidade de terceiro e destinadas ao sustento do devedor e sua família, os ganhos de trabalhador autônomo e os honorários de profissional liberal; observado o disposto no § 3º deste artigo;
V - os livros, as máquinas, as ferramentas, os utensílios, os instrumentos ou outros bens móveis necessários ou úteis ao exercício de qualquer profissão;
VI - o seguro de vida;
VII - os materiais necessários para obras em andamento, salvo se essas forem penhoradas;
VIII - a pequena propriedade rural, assim definida em lei, desde que trabalhada pela família;
IX - os recursos públicos recebidos por instituições privadas para aplicação compulsória em educação, saúde ou assistência social;
X - até o limite de 40 (quarenta) salários mínimos, a quantia depositada em caderneta de poupança.
XI - os recursos públicos do fundo partidário recebidos, nos termos da lei, por partido político.
§ 1º A impenhorabilidade não é oponível à cobrança do crédito concedido para a aquisição do próprio bem.
§ 2º O disposto no inciso IV do caput deste artigo não se aplica no caso de penhora para pagamento de prestação alimentícia.
§ 3º (VETADO). (Incluído pela Lei nº 11.382, de 2006).
Art. 650. Podem ser penhorados, à falta de outros bens, os frutos e rendimentos dos bens inalienáveis, salvo se destinados à satisfação de prestação alimentícia.
Art. 651. Antes de adjudicados ou alienados os bens, pode o executado, a todo tempo, remir a execução, pagando ou consignando a importância atualizada da dívida, mais juros, custas e honorários advocatícios.

Subseção II
Da Citação do Devedor e da Indicação de Bens

Art. 652. O executado será citado para, no prazo de 3 (três) dias, efetuar o pagamento da dívida.
§ 1º Não efetuado o pagamento, munido da segunda via do mandado, o oficial de justiça procederá de imediato à penhora de bens e a sua avaliação, lavrando-se o respectivo auto e de tais atos intimando, na mesma oportunidade, o executado.
§ 2º O credor poderá, na inicial da execução, indicar bens a serem penhorados (art. 655).

§ 3º O juiz poderá, de ofício ou a requerimento do exequente, determinar, a qualquer tempo, a intimação do executado para indicar bens passíveis de penhora.
§ 4º A intimação do executado far-se-á na pessoa de seu advogado; não o tendo, será intimado pessoalmente.
§ 5º Se não localizar o executado para intimá-lo da penhora, o oficial certificará detalhadamente as diligências realizadas, caso em que o juiz poderá dispensar a intimação ou determinará novas diligências.

Nota: Ver arts. 754 e 766 do Projeto do Novo CPC.

Art. 652-A. Ao despachar a inicial, o juiz fixará, de plano, os honorários de advogado a serem pagos pelo executado.
Parágrafo único. No caso de integral pagamento no prazo de 3 (três) dias, a verba honorária será reduzida pela metade.
Art. 653. O oficial de justiça, não encontrando o devedor, arrestar-lhe-á tantos bens quantos bastem para garantir a execução.
Parágrafo único. Nos 10 (dez) dias seguintes à efetivação do arresto, o oficial de justiça procurará o devedor três vezes em dias distintos; não o encontrando, certificará o ocorrido.
Art. 654. Compete ao credor, dentro de 10 (dez) dias, contados da data em que foi intimado do arresto a que se refere o parágrafo único do artigo anterior, requerer a citação por edital do devedor. Findo o prazo do edital, terá o devedor o prazo a que se refere o art. 652, convertendo-se o arresto em penhora em caso de não-pagamento.
Art. 655. A penhora observará, preferencialmente, a seguinte ordem:
I - dinheiro, em espécie ou em depósito ou aplicação em instituição financeira;
II - veículos de via terrestre;
III - bens móveis em geral;
IV - bens imóveis;
V - navios e aeronaves;
VI - ações e quotas de sociedades empresárias;
VII - percentual do faturamento de empresa devedora;
VIII - pedras e metais preciosos;
IX - títulos da dívida pública da União, Estados e Distrito Federal com cotação em mercado;
X - títulos e valores mobiliários com cotação em mercado;
XI - outros direitos.
§ 1º Na execução de crédito com garantia hipotecária, pignoratícia ou anticrética, a penhora recairá, preferencialmente, sobre a coisa dada em garantia; se a coisa pertencer a terceiro garantidor, será também esse intimado da penhora.

§ 2º Recaindo a penhora em bens imóveis, será intimado também o cônjuge do executado.

Art. 655-A. Para possibilitar a penhora de dinheiro em depósito ou aplicação financeira, o juiz, a requerimento do exeqüente, ~~requisitará~~ à autoridade supervisora do sistema bancário, preferencialmente por meio eletrônico, ~~informações sobre a existência de ativos~~ em nome do executado, ~~podendo no mesmo ato determinar sua~~ indisponibilidade, até o valor indicado na execução.

~~§ 1º As informações limitar-se-ão à existência ou não de depósito ou aplicação até o valor indicado na execução.~~

§ 2º Compete ao executado comprovar que as quantias depositadas em conta corrente referem-se à hipótese do inciso IV do caput do art. 649 desta Lei ou que estão revestidas de outra forma de impenhorabilidade.

~~§ 3º Na penhora de percentual do faturamento da empresa executada, será nomeado depositário, com a atribuição de submeter à aprovação judicial a forma de efetivação da constrição, bem como de prestar contas mensalmente, entregando ao exeqüente as quantias recebidas, a fim de serem imputadas no pagamento da dívida.~~

§ 4º Quando se tratar de execução contra partido político, o juiz, a requerimento do exeqüente, requisitará à autoridade supervisora do sistema bancário, nos termos do que estabelece o caput deste artigo, informações sobre a existência de ativos tão-somente em nome do órgão partidário que tenha contraído a dívida executada ou que tenha dado causa a violação de direito ou ao dano, ao qual cabe exclusivamente a responsabilidade pelos atos praticados, ~~de acordo com o disposto no art. 15-A da Lei no 9.096, de 19 de setembro de 1995.~~

Art. 655-B. Tratando-se de ~~penhora em~~ bem indivisível, a meação do cônjuge alheio à execução recairá sobre o produto da alienação do bem.

Art. 656. A parte poderá requerer a substituição da penhora:
I - ~~se~~ não obedecer à ordem legal;
II - ~~se~~ não incidir sobre os bens designados em lei, contrato ou ato judicial para o pagamento
III - ~~se,~~ havendo bens no foro da execução, outros houverem sido penhorados;
IV - ~~se,~~ havendo bens livres, ~~a penhora~~ houver recaído sobre bens já penhorados ou objeto de gravame;
V - ~~se~~ incidir sobre bens de baixa liquidez;
VI - ~~se~~ fracassar a tentativa de alienação judicial do bem; ou
VII - ~~se~~ o devedor não indicar o valor dos bens ou omitir qualquer das indicações ~~a que se referem~~

~~os incisos I a IV do parágrafo único do art. 668 desta Lei.~~

§ 1º É dever do executado ~~(art. 600), no prazo fixado pelo juiz,~~ indicar onde se encontram os bens sujeitos à execução, exibir a prova de sua propriedade e, ~~se for o caso,~~ certidão negativa de ônus, bem como abster-se de qualquer atitude que dificulte ou embarace a realização da penhora ~~(art. 14, parágrafo único)~~.

§ 2º A penhora pode ser substituída por fiança bancária ou seguro garantia judicial, em valor não inferior ao do débito constante da inicial, mais ~~30%~~ ~~(trinta por cento)~~.

§ 3º O executado somente poderá oferecer bem imóvel em substituição caso o requeira com a expressa anuência do cônjuge.

Art. 657. ~~Ouvida em 3 (três) dias a parte contrária,~~ se os bens inicialmente penhorados ~~(art. 652)~~ forem substituídos por outros, lavrar-se-á o respectivo termo.

~~Parágrafo único. O juiz decidirá de plano quaisquer questões suscitadas.~~

Art. 658. Se o devedor não tiver bens no foro da causa, far-se-á a execução por carta, penhorando-se, avaliando-se e alienando-se os bens no foro da situação ~~(art. 747)~~.

~~Subseção III~~
Da penhora e do depósito

~~Art. 659.~~ A penhora deverá incidir em tantos bens quantos bastem para o pagamento do principal atualizado, juros, custas e honorários advocatícios.

§ 1º Efetuar-se-á a penhora onde quer que se encontrem os bens, ainda que sob a posse, detenção ou guarda de terceiros.

§ 2º Não se levará a efeito a penhora, quando evidente que o produto da execução dos bens encontrados será totalmente absorvido pelo pagamento das custas da execução.

~~§ 3º~~ No caso do parágrafo anterior e bem assim quando não encontrar quaisquer bens penhoráveis, o oficial descreverá na certidão os que guarnecem a residência ou o estabelecimento do devedor.

§ 4º A penhora de bens imóveis realizar-se-á mediante auto ou termo de penhora, ~~cabendo~~ ao exeqüente, sem prejuízo da imediata intimação do executado (art. 652, § 4º), ~~providenciar,~~ para presunção absoluta de conhecimento por terceiros, a respectiva averbação no ofício imobiliário, mediante a apresentação de certidão de inteiro teor do ato, independentemente de mandado judicial.

§ 5º Nos casos do § 4º, quando apresentada certidão da respectiva matrícula, a penhora de imóveis, independentemente de onde se localizem, será realizada por termo nos autos, do qual será intimado o executado, pessoalmente ou na pessoa de seu advogado, e por este ato constituído depositário.
§ 6º Obedecidas as normas de segurança que forem instituídas, sob critérios uniformes, pelos Tribunais, a penhora de numerário e as averbações de penhoras de bens imóveis e móveis podem ser realizadas por meios eletrônicos.

> Nota: Ver arts. 756, 761, 762, 768 e 769 do Projeto do Novo CPC.

Art. 660. Se o devedor fechar as portas da casa, a fim de obstar a penhora dos bens, o oficial de justiça comunicará o fato ao juiz, solicitando-lhe ordem de arrombamento.

Art. 661. Deferido o pedido mencionado no artigo antecedente, dois oficiais de justiça cumprirão o mandado, arrombando portas, móveis e gavetas, onde presumirem que se achem os bens, e lavrando de tudo auto circunstanciado, que será assinado por duas testemunhas, presentes à diligência.

Art. 662. Sempre que necessário, o juiz requisitará força policial, a fim de auxiliar os oficiais de justiça na penhora dos bens e na prisão de quem resistir à ordem.

Art. 663. Os oficiais de justiça lavrarão em duplicata o auto de resistência, entregando uma via ao escrivão do processo para ser junta aos autos e a outra à autoridade policial, a quem entregarão o preso.
Parágrafo único. Do auto de resistência constará o rol de testemunhas, com a sua qualificação.

Art. 664. Considerar-se-á feita a penhora mediante a apreensão e o depósito dos bens, lavrando-se um só auto se as diligências forem concluídas no mesmo dia.
Parágrafo único. Havendo mais de uma penhora, lavrar-se-á para cada qual um auto.

Art. 665. O auto de penhora conterá:
I - a indicação do dia, mês, ano e lugar em que foi feita;
II - os nomes do credor e do devedor;
III - a descrição dos bens penhorados, com os seus característicos;
IV - a nomeação do depositário dos bens.

Art. 666. Os bens penhorados serão preferencialmente depositados:
I - no Banco do Brasil, na Caixa Econômica Federal, ou em um banco, de que o Estado-Membro da União possua mais de metade do capital social integralizado; ou, em falta de tais estabelecimentos de crédito, ou agências suas no lugar, em qualquer estabelecimento de crédito, designado pelo juiz, as quantias em dinheiro, as pedras e os metais preciosos, bem como os papéis de crédito;
II - em poder do depositário judicial, os móveis e os imóveis urbanos;
III - em mãos de depositário particular, os demais bens.
§ 1º Com a expressa anuência do exeqüente ou nos casos de difícil remoção, os bens poderão ser depositados em poder do executado.
§ 2º As jóias, pedras e objetos preciosos deverão ser depositados com registro do valor estimado de resgate.
§ 3º A prisão de depositário judicial infiel será decretada no próprio processo, independentemente de ação de depósito.

Art. 667. Não se procede à segunda penhora, salvo se:
I - a primeira for anulada;
II - executados os bens, o produto da alienação não bastar para o pagamento do credor;
III - o credor desistir da primeira penhora, por serem litigiosos os bens, ou por estarem penhorados, arrestados ou onerados.

Art. 668. O executado pode, no prazo de 10 (dez) dias após intimado da penhora, requerer a substituição do bem penhorado, desde que comprove cabalmente que a substituição não trará prejuízo algum ao exeqüente e será menos onerosa para ele devedor (art. 17, incisos IV e VI, e art. 620).
Parágrafo único. Na hipótese prevista neste artigo, ao executado incumbe:
I - quanto aos bens imóveis, indicar as respectivas matrículas e registros, situá-los e mencionar as divisas e confrontações;
II - quanto aos móveis, particularizar o estado e o lugar em que se encontram;
III - quanto aos semoventes, especificá-los, indicando o número de cabeças e o imóvel em que se encontram;
IV - quanto aos créditos, identificar o devedor e qualificá-lo, descrevendo a origem da dívida, o título que a representa e a data do vencimento; e
V - atribuir valor aos bens indicados à penhora.

Art. 669. (Revogado pela Lei nº 11.382, de 2006)

Art. 670. O juiz autorizará a alienação antecipada dos bens penhorados quando:
I - sujeitos a deterioração ou depreciação;
II - houver manifesta vantagem.
Parágrafo único. Quando uma das partes requerer a alienação antecipada dos bens penhorados, o juiz ouvirá sempre a outra antes de decidir.

Subseção IV
Da Penhora de Créditos ~~e de Outros Direitos Patrimoniais~~

~~Art. 671.~~ Quando a penhora recair em crédito do devedor, o oficial de justiça o penhorará. Enquanto não ocorrer a hipótese prevista no ~~artigo seguinte,~~ considerar-se-á feita a penhora pela intimação:
I - ao terceiro devedor para que não pague ao seu credor;
II - ao credor do terceiro para que não pratique ato de disposição do crédito.
~~Art. 672.~~ A penhora de crédito, representada por letra de câmbio, nota promissória, duplicata, cheque ou outros títulos, far-se-á pela apreensão do documento, esteja ou não em poder do devedor.
§ 1º Se o título não for apreendido, mas o terceiro confessar a dívida, será havido como depositário da importância.
§ 2º O terceiro só se exonerará da obrigação, depositando em juízo a importância da dívida.
§ 3º Se o terceiro negar o débito em conluio com o devedor, a quitação, que este lhe der, considerar-se-á ~~em~~ fraude de execução.
§ 4º A requerimento do credor, o juiz determinará o comparecimento, em audiência especialmente designada, do devedor e do terceiro, a fim de lhes tomar os depoimentos.
~~Art. 673.~~ Feita a penhora em direito e ação do devedor, e não tendo este oferecido embargos, ou sendo estes rejeitados, o credor fica sub-rogado nos direitos do devedor até a concorrência do seu crédito.
§ 1º O credor pode preferir, em vez da sub-rogação, a alienação judicial do direito penhorado, caso em que declarará a sua vontade no prazo de ~~10 (dez)~~ dias contados da realização da penhora.
§ 2º A sub-rogação não impede ao sub-rogado, se não receber o crédito do devedor, de prosseguir na execução, nos mesmos autos, penhorando outros bens do devedor.
~~Art. 674.~~ Quando o direito estiver sendo pleiteado em juízo, averbar-se-á no rosto dos autos a penhora, que recair nele e na ação que lhe corresponder, a fim de se efetivar nos bens, que forem adjudicados ou vierem a caber ao devedor.
~~Art. 675.~~ Quando a penhora recair sobre dívidas de dinheiro a juros, de direito a rendas, ou de prestações periódicas, o credor poderá levantar os juros, os rendimentos ou as prestações à medida que forem sendo depositadas, abatendo-se do crédito as importâncias recebidas, conforme as regras da imputação em pagamento.
~~Art. 676.~~ Recaindo a penhora sobre direito, que ~~tenha por objeto~~ prestação ou restituição de coisa determinada, o devedor será intimado para, no vencimento, depositá-la, correndo sobre ela a execução.

Subseção ~~V~~
Da Penhora, ~~do Depósito e da Administração~~ de Empresa e de Outros Estabelecimentos

~~Art. 677.~~ Quando a penhora recair em estabelecimento comercial, industrial ou agrícola, bem como em semoventes, plantações ou edifício em construção, o juiz nomeará um ~~depositário~~, determinando-lhe que apresente em ~~10 (dez)~~ dias a forma-de administração.
§ 1º Ouvidas as partes, o juiz decidirá.
§ 2º É lícito, porém, às partes ajustarem a forma de administração, escolhendo o depositário; caso em que o juiz homologará por despacho a indicação.
~~Art. 678.~~ A penhora de empresa, que funcione mediante concessão ou autorização, far-se-á, conforme o valor do crédito, sobre a renda, sobre determinados bens ou sobre todo o patrimônio, nomeando o juiz como depositário, de preferência, um dos seus diretores.
~~Parágrafo único.~~ Quando a penhora recair sobre a renda, ou sobre determinados bens, o ~~depositário~~ apresentará a forma de administração e o esquema de pagamento observando-se, quanto ao mais, o disposto ~~nos arts. 716 a 720;~~ recaindo, ~~porém,~~ sobre todo o patrimônio, prosseguirá a execução os seus ulteriores termos, ouvindo-se, antes da arrematação ou da adjudicação, o poder público, que houver outorgado a concessão.
~~Art. 679.~~ A penhora sobre navio ou aeronave não obsta a que continue navegando ou operando até a alienação; mas o juiz, ao conceder a autorização para navegar ou operar, não permitirá que saia do porto ou aeroporto antes que o devedor faça o seguro usual contra riscos.

Subseção ~~VI~~
Da Avaliação

~~Art. 680.~~ A avaliação será feita pelo oficial de justiça ~~(art. 652), ressalvada a aceitação do valor estimado pelo executado (art. 668, parágrafo único, inciso V);~~ caso sejam necessários conhecimentos especializados, o juiz nomeará avaliador, fixando-lhe prazo não superior a ~~10 (dez)~~ dias para entrega do laudo.
~~Art. 681.~~ ~~O laudo da~~ avaliação integrará o auto de penhora ou, em caso de perícia ~~(art. 680), será~~ apresentado no prazo fixado pelo juiz, devendo conter:

I - a descrição dos bens, com os seus características, e a indicação do estado em que se encontram;
II - o valor dos bens.
Parágrafo único. Quando o imóvel for suscetível de cômoda divisão, o avaliador, tendo em conta o crédito reclamado, o avaliará em partes, sugerindo os possíveis desmembramentos.
Art. 682. O valor dos títulos da dívida pública, das ações das sociedades e dos títulos de crédito negociáveis em bolsa será o da cotação oficial do dia, provada por certidão ou publicação no órgão oficial.
Art. 683. É admitida nova avaliação quando:
I - qualquer das partes argüir, fundamentadamente, a ocorrência de erro na avaliação ou dolo do avaliador;
II - se verificar, posteriormente à avaliação, que houve majoração ou diminuição no valor do bem; ou
III - houver fundada dúvida sobre o valor atribuído ao bem (art. 668, parágrafo único, inciso V).
Art. 684. Não se procederá à avaliação se:
I - o exeqüente aceitar a estimativa feita pelo executado (art. 668, parágrafo único, inciso V);
II - se tratar de títulos ou de mercadorias, que tenham cotação em bolsa, comprovada por certidão ou publicação oficial.
Art. 685. Após a avaliação, poderá mandar o juiz, a requerimento do interessado e ouvida a parte contrária:
I - reduzir a penhora aos bens suficientes, ou transferi-la para outros, que bastem à execução, se o valor dos penhorados for consideravelmente superior ao crédito do exeqüente e acessórios;
II - ampliar a penhora, ou transferi-la para outros bens mais valiosos, se o valor dos penhorados for inferior ao referido crédito.
Parágrafo único. Uma vez cumpridas essas providências, o juiz dará início aos atos de expropriação de bens.

Subseção VI-A
Da Adjudicação

Art. 685-A. É lícito ao exeqüente, oferecendo preço não inferior ao da avaliação, requerer lhe sejam adjudicados os bens penhorados.
§ 1º Se o valor do crédito for inferior ao dos bens, o adjudicante depositará de imediato a diferença, ficando esta à disposição do executado; se superior, a execução prosseguirá pelo saldo remanescente.
§ 2º Idêntico direito pode ser exercido pelo credor com garantia real, pelos credores concorrentes que hajam penhorado o mesmo bem, pelo cônjuge, pelos descendentes ou ascendentes do executado.
§ 3º Havendo mais de um pretendente, proceder-se-á entre eles à licitação; em igualdade de oferta, terá preferência o cônjuge, descendente ou ascendente, nessa ordem.
§ 4º No caso de penhora de quota, procedida por exeqüente alheio à sociedade, esta será intimada, assegurando preferência aos sócios.
§ 5º Decididas eventuais questões, o juiz mandará lavrar o auto de adjudicação.
Art. 685-B. A adjudicação considera-se perfeita e acabada com a lavratura e assinatura do auto pelo juiz, pelo adjudicante, pelo escrivão e, se for presente, pelo executado, expedindo-se a respectiva carta, se bem imóvel, ou mandado de entrega ao adjudicante, se bem móvel.
Parágrafo único. A carta de adjudicação conterá a descrição do imóvel, com remissão a sua matrícula e registros, a cópia do auto de adjudicação e a prova de quitação do imposto de transmissão.

Subseção VI-B
Da Alienação por Iniciativa Particular

Art. 685-C. Não realizada a adjudicação dos bens penhorados, o exeqüente poderá requerer sejam eles alienados por sua própria iniciativa ou por intermédio de corretor credenciado perante a autoridade judiciária.
§ 1º O juiz fixará o prazo em que a alienação deve ser efetivada, a forma de publicidade, o preço mínimo (art. 680), as condições de pagamento e as garantias, bem como, se for o caso, a comissão de corretagem.
§ 2º A alienação será formalizada por termo nos autos, assinado pelo juiz, pelo exeqüente, pelo adquirente e, se for presente, pelo executado, expedindo-se carta de alienação do imóvel para o devido registro imobiliário, ou, se bem móvel, mandado de entrega ao adquirente.
§ 3º Os Tribunais poderão expedir provimentos detalhando o procedimento da alienação prevista neste artigo, inclusive com o concurso de meios eletrônicos, e dispondo sobre o credenciamento dos corretores, os quais deverão estar em exercício profissional por não menos de 5 (cinco) anos.

Subseção VII
Da Alienação em Hasta Pública

Art.686. Não requerida a adjudicação e não realizada a alienação particular do bem penhorado, será expedido o edital de hasta pública, que conterá:

I - a descrição do bem penhorado, com suas características e, tratando-se de imóvel, a situação e divisas, com remissão à matrícula e aos registros;
II - o valor ~~do~~ bem;
III - o lugar onde estiverem os móveis, veículos e semoventes; e, <u>sendo direito e</u> ~~ação~~, os autos do processo, em que foram penhorados;
IV - <u>o dia e a hora de realização da praça</u>, ~~se bem imóvel, ou~~ o local, dia e hora de realização <u>do leilão</u>, ~~se bem móvel~~;
V - menção da existência de ônus, recurso ou causa pendente sobre os bens a serem ~~arrematados~~;
~~VI - a comunicação de que, se o bem não alcançar lanço superior à importância da avaliação, seguir-se-á, em dia e hora que forem desde logo designados entre os dez e os vinte dias seguintes, a sua alienação pelo maior lanço (art. 692).~~
~~§ 1º No caso do art. 684, II, constará do edital o valor da última cotação anterior à expedição deste.~~
~~§ 2º A praça realizar-se-á no átrio do edifício do Fórum; o leilão, onde estiverem os bens, ou no lugar designado pelo juiz.~~
~~§ 3º Quando o valor dos bens penhorados não exceder 60 (sessenta) vezes o valor do salário mínimo vigente na data da avaliação, será dispensada a publicação de editais; nesse caso, o preço da arrematação não será inferior ao da avaliação.~~

Nota: Ver arts. 804, *caput*, e 805 do Projeto do Novo CPC.

~~Art. 687.~~ O edital será afixado no local do costume e publicado, em resumo, <u>com antecedência mínima de 5 (cinco)</u> dias, ~~pelo menos uma vez em jornal de ampla circulação local~~.

Nota: Ver art. 806, §§ 1º, 3º e 5º do Projeto do Novo CPC.

~~§ 1º A publicação do edital será feita no órgão oficial, quando o credor for beneficiário da justiça gratuita.~~
~~§ 2º~~ Atendendo ao valor dos bens e às condições da <u>comarca</u>, o juiz poderá alterar a forma e a freqüência da publicidade na imprensa, mandar divulgar avisos em emissora local e adotar outras providências tendentes a mais ampla publicidade da alienação, inclusive recorrendo a meios eletrônicos de divulgação.
~~§ 3º~~ Os editais de <u>praça</u> serão <u>divulgados</u> pela imprensa preferencialmente na seção ou local <u>reservado</u> à publicidade de negócios ~~imobiliários~~.
~~§ 4º~~ O juiz poderá determinar a reunião de publicações em listas referentes a mais de uma execução.
~~§ 5º O executado terá ciência do dia, hora e local da alienação judicial por intermédio de seu advogado ou, se não tiver procurador constituído~~ ~~nos autos, por meio de mandado, carta registrada, edital ou outro meio idôneo.~~

~~Art. 688.~~ Não se realizando, ~~por motivo justo, a praça ou o leilão~~, o juiz mandará publicar ~~pela imprensa local e no órgão oficial~~ a transferência.
~~Parágrafo único.~~ O escrivão, o porteiro ou o leiloeiro, que culposamente der causa à transferência, responde pelas despesas da nova publicação, podendo o juiz aplicar-lhe a pena de suspensão por ~~5 (cinco)~~ a <u>30 (trinta) dias</u>.

Nota: Ver arts. 823 do Projeto do Novo CPC.

~~Art. 689.~~ Sobrevindo a noite, prosseguirá a praça ou o leilão no dia útil imediato, à mesma hora em que teve início, independentemente de novo edital.
~~Parágrafo único. O Conselho da Justiça Federal e os Tribunais de Justiça, no âmbito das suas respectivas competências, regulamentarão esta modalidade de alienação, atendendo aos requisitos de ampla publicidade, autenticidade e segurança, com observância das regras estabelecidas na legislação sobre certificação digital.~~
~~Art. 689-A. O procedimento previsto nos arts. 686 a 689 poderá ser substituído, a requerimento do exeqüente, por alienação realizada por meio da rede mundial de computadores, com uso de páginas virtuais criadas pelos Tribunais ou por entidades públicas ou privadas em convênio com eles firmado.~~

Art. 690. ~~A arrematação~~ <u>far-se-á mediante</u> o pagamento imediato ~~do preço~~ pelo arrematante ~~ou, no prazo de até 15 (quinze) dias, mediante caução~~.
§ ~~1º~~ Tratando-se de bem imóvel, quem estiver interessado em adquiri-lo em prestações poderá apresentar por escrito sua proposta, nunca inferior à avaliação, com oferta de pelo menos ~~30% (trinta por cento)~~ à vista, sendo o restante garantido por ~~hipoteca~~.
~~I - (Revogado pela Lei nº 11.382, de 2006)~~
~~II - (Revogado pela Lei nº 11.382, de 2006)~~
~~III - (Revogado pela Lei nº 11.382, de 2006)~~
§ 2º As propostas para aquisição em prestações, que serão juntadas aos autos, indicarão o prazo, a modalidade e as condições de pagamento do saldo.
§ 3º ~~O juiz decidirá por ocasião da praça, dando~~ o bem por arrematado pelo apresentante do melhor <u>lanço</u> ou proposta mais conveniente.
§ 4º No caso de arrematação a prazo, os pagamentos feitos pelo arrematante pertencerão ao exeqüente até o limite de seu crédito, e os subseqüentes ao executado.
Art. 690-A. . <u>É admitido a lançar</u> todo aquele que estiver na livre administração de seus bens, com exceção:

I - dos tutores, curadores, testamenteiros, administradores, ~~síndicos~~ ou liquidantes, quanto aos bens confiados a sua guarda e responsabilidade;
II - dos mandatários, quanto aos bens de cuja administração ou alienação estejam encarregados;
III - do juiz, membro do Ministério Público e da Defensoria Pública, escrivão e demais servidores e auxiliares da Justiça.
~~Parágrafo único.~~ O exeqüente, se ~~vier~~ a arrematar os bens, não estará obrigado a exibir o preço; mas, se o valor dos bens exceder o seu crédito, depositará, dentro de ~~3 (três)~~ dias, a diferença, sob pena de ser tornada sem efeito a arrematação e, neste caso, os bens serão levados a nova praça ou leilão à custa do exeqüente.
~~Art. 690-A. É admitido a lançar todo aquele que estiver na livre administração de seus bens, com exceção:~~
~~I - dos tutores, curadores, testamenteiros, administradores, síndicos ou liquidantes, quanto aos bens confiados a sua guarda e responsabilidade;~~
~~II - dos mandatários, quanto aos bens de cuja administração ou alienação estejam encarregados;~~
~~III - do juiz, membro do Ministério Público e da Defensoria Pública, escrivão e demais servidores e auxiliares da Justiça.~~
~~Parágrafo único. O exeqüente, se vier a arrematar os bens, não estará obrigado a exibir o preço; mas, se o valor dos bens exceder o seu crédito, depositará, dentro de 3 (três) dias, a diferença, sob pena de ser tornada sem efeito a arrematação e, neste caso, os bens serão levados a nova praça ou leilão à custa do exeqüente.~~
~~Art. 691.~~ Se a praça ou o leilão for de diversos bens e houver mais de um lançador, será preferido aquele que se propuser a arrematá-los englobadamente, oferecendo para os que não tiverem ~~licitante~~ preço igual ao da avaliação e para os demais o de maior lanço.
~~Art. 692.~~ Não será aceito lanço que, ~~em segunda praça ou leilão,~~ ofereça preço vil.
Art.692. ~~Parágrafo único.~~ Será suspensa a arrematação logo que o produto da alienação dos bens bastar para o pagamento do credor.
~~Art. 693.~~ A arrematação constará de auto que será lavrado de imediato, nele mencionadas as condições pelas quais foi alienado o bem.
Parágrafo único. A ordem de entrega do bem móvel ou a carta de arrematação do bem imóvel será expedida depois de efetuado o depósito ou prestadas as garantias pelo arrematante.
~~Art. 694.~~ Assinado o auto pelo juiz, pelo arrematante e pelo serventuário da justiça ou leiloeiro, a arrematação considerar-se-á perfeita, acabada e irretratável, ainda que venham a ser julgados procedentes os embargos do executado.

§ 1º A arrematação poderá, no entanto, ser tornada sem efeito:
I - por vício de nulidade;
II - se não for pago o preço ou se não for prestada a caução;
III - ~~quando o arrematante~~ provar, nos ~~5 (cinco)~~ dias seguintes, a existência de ônus real ou ~~de~~ gravame ~~(art. 686, inciso V)~~ não mencionado no edital;
~~IV - a requerimento do arrematante, na hipótese de embargos à arrematação (art. 746, §§ 1º e 2º);~~
V - quando realizada por preço vil ~~(art. 692)~~;
VI - nos casos previstos neste Código ~~(art. 698)~~.
~~§ 2º No caso de procedência dos embargos, o executado terá direito a haver do exeqüente o valor por este recebido como produto da arrematação; caso inferior ao valor do bem, haverá do exeqüente também a diferença.~~
Art. 695. Se o arrematante ou seu fiador não pagar o preço no prazo estabelecido, o juiz impor-lhe-á, em favor do exeqüente, a perda da caução, voltando os bens a nova praça ou leilão, dos quais não serão admitidos a participar o arrematante e o fiador remissos.
~~§ 1º (Revogado pela Lei nº 11.382, de 2006)~~
~~§ 2º (Revogado pela Lei nº 11.382, de 2006)~~
~~§ 3º (Revogado pela Lei nº 11.382, de 2006)~~
Art. 696. O fiador do arrematante, que pagar o valor do lanço e a multa, poderá requerer que a arrematação lhe seja transferida.
~~Art. 697. (Revogado pela Lei nº 11.382, de 2006)~~
~~Art. 698. Não se efetuará a adjudicação ou alienação de bem do executado sem que da execução seja cientificado, por qualquer modo idôneo e com pelo menos 10 (dez) dias de antecedência, o senhorio direto, o credor com garantia real ou com penhora anteriormente averbada, que não seja de qualquer modo parte na execução. (Redação dada pela Lei nº 11.382, de 2006).~~
~~Art. 699. (Revogado pela Lei nº 11.382, de 2006)~~
~~Art. 700. (Revogado pela Lei nº 11.382, de 2006)~~
~~Art. 701.~~ Quando o imóvel de incapaz não alcançar em praça pelo menos ~~80% (oitenta por cento)~~ do valor da avaliação, o juiz o confiará à guarda e administração de depositário idôneo, adiando a alienação por prazo não superior a ~~1 (um)~~ ano.
§ 1º Se, durante o adiamento, algum pretendente assegurar, mediante caução idônea, o preço da avaliação, o juiz ordenará a alienação em praça.
§ 2º Se o pretendente à arrematação se arrepender, o juiz lhe imporá a multa de ~~20% (vinte por cento)~~ sobre o valor da avaliação, em benefício do incapaz, valendo a decisão como título executivo.

§ 3º Sem prejuízo do disposto nos dois parágrafos antecedentes, o juiz poderá autorizar a locação do imóvel no prazo do adiamento.
§ 4º Findo o prazo do adiamento, o imóvel será ~~alienado, na forma prevista no art. 686, VI.~~
~~Art. 702.~~ Quando o imóvel admitir cômoda divisão, o juiz, a requerimento do devedor, ordenará a alienação judicial de parte dele, desde que suficiente para pagar o credor.
~~Parágrafo único.~~ Não havendo lançador, far-se-á a alienação do imóvel em sua integridade.
~~Art. 703.~~ A carta de arrematação conterá:
~~I -~~ a descrição do imóvel, com remissão à sua matrícula e registros;
~~II -~~ a cópia do auto de arrematação; e
~~III -~~ a prova de quitação do imposto de transmissão.
~~Art. 704.~~ Ressalvados os casos de alienação de bens imóveis e aqueles de atribuição de corretores da Bolsa de Valores, todos os demais bens serão alienados em leilão público.
~~Art. 705.~~ Cumpre ao leiloeiro:
I - publicar o edital, anunciando a alienação;
II - realizar o leilão onde se encontrem os bens, ou no lugar designado pelo juiz;
III - expor aos pretendentes os bens ou as amostras das mercadorias;
IV - receber do arrematante a comissão estabelecida em lei ou arbitrada pelo juiz;
V - receber e depositar, dentro em ~~24 (vinte e quatro)~~ horas, à ordem do juiz, o produto da alienação;
VI - prestar contas nas ~~48 (quarenta e oito)~~ horas subseqüentes ao depósito.
~~Art. 706.~~ O leiloeiro público será indicado pelo exeqüente.
~~Art. 707. Efetuado o leilão, lavrar-se-á o auto, que poderá abranger bens penhorados em mais de uma execução, expedindo-se, se necessário, ordem judicial de entrega ao arrematante.~~

Seção ~~II~~
Do Pagamento ao Credor

~~Subseção I~~
~~Das Disposições Gerais~~

~~Art. 708.~~ O pagamento ao credor far-se-á:
I - pela entrega do dinheiro;
II - pela adjudicação dos bens penhorados;
~~III - pelo usufruto de bem imóvel ou de empresa.~~

~~Subseção II~~
~~Da Entrega do Dinheiro~~

~~Art. 709.~~ O juiz autorizará que o credor levante, até a satisfação integral de seu crédito, o dinheiro depositado para segurar o juízo ou o produto dos bens alienados quando:
I - a execução for movida só a benefício do credor singular, a quem, por força da penhora, cabe o direito de preferência sobre os bens penhorados e alienados;
II - não houver sobre os bens alienados ~~qualquer~~ outro privilégio ou preferência, instituído anteriormente à penhora.
~~Art. 709. Parágrafo único.~~ Ao receber o mandado de levantamento, o credor dará ao devedor, por termo nos autos, quitação da quantia paga.
~~Art. 710. Estando~~ o credor pago do principal, juros, custas e honorários, a importância que sobejar será restituída ao devedor.
~~Art. 711.~~ Concorrendo vários credores, o dinheiro ser-lhes-á distribuído e entregue consoante a ordem das respectivas prelações; não havendo título legal à preferência, ~~receberá em primeiro lugar o credor que promoveu a execução, cabendo aos demais concorrentes direito sobre a importância restante,~~ observada a anterioridade de cada penhora.
~~Art. 712.~~ Os credores formularão as suas pretensões, ~~requerendo as provas que irão produzir em audiência;~~ mas a disputa entre eles versará unicamente sobre o direito de preferência e a anterioridade da penhora.
~~Art. 713. Findo o debate, o juiz decidirá.~~
~~Art. 714. (Revogado pela Lei nº 11.382, de 2006)~~
~~Art. 715. (Revogado pela Lei nº 11.382, de 2006)~~

~~Subseção IV~~
~~Do Usufruto de Móvel ou Imóvel~~

~~Art. 716. O juiz pode conceder ao exeqüente o usufruto de móvel ou imóvel, quando o reputar menos gravoso ao executado e eficiente para o recebimento do crédito.~~
~~Art. 717. Decretado o usufruto, perde o executado o gozo do móvel ou imóvel, até que o exeqüente seja pago do principal, juros, custas e honorários advocatícios.~~
~~Art. 718. O usufruto tem eficácia, assim em relação ao executado como a terceiros, a partir da publicação da decisão que o conceda.~~
~~Art. 719. Na sentença, o juiz nomeará administrador que será investido de todos os poderes que concernem ao usufrutuário.~~
~~Parágrafo único. Pode ser administrador:~~
~~I - o credor, consentindo o devedor;~~
~~II - o devedor, consentindo o credor.~~
~~Art. 720. Quando o usufruto recair sobre o quinhão do condômino na co-propriedade, o administrador exercerá os direitos que cabiam ao executado.~~

~~Art. 721. É lícito ao credor, antes da realização da praça, requerer-lhe seja atribuído, em pagamento do crédito, o usufruto do imóvel penhorado.~~
~~Art. 722. Ouvido o executado, o juiz nomeará perito para avaliar os frutos e rendimentos do bem e calcular o tempo necessário para o pagamento da dívida.~~
~~I - (Revogado pela Lei nº 11.382, de 2006)~~
~~II - (Revogado pela Lei nº 11.382, de 2006)~~
~~§ 1º Após a manifestação das partes sobre o laudo, proferirá o juiz decisão; caso deferido o usufruto de imóvel, ordenará a expedição de carta para averbação no respectivo registro.~~
~~§ 2º Constarão da carta a identificação do imóvel e cópias do laudo e da decisão.~~
~~§ 3º (Revogado pela Lei nº 11.382, de 2006)~~
~~Art. 723. Se o imóvel estiver arrendado, o inquilino pagará o aluguel diretamente ao usufrutuário, salvo se houver administrador.~~
~~Art. 724. O exeqüente usufrutuário poderá celebrar locação do móvel ou imóvel, ouvido o executado.~~
~~Parágrafo único. Havendo discordância, o juiz decidirá a melhor forma de exercício do usufruto.~~
~~Art. 725. (Revogado pela Lei nº 11.382, de 2006)~~
~~Art. 726. (Revogado pela Lei nº 11.382, de 2006)~~
~~Art. 727. (Revogado pela Lei nº 11.382, de 2006)~~
~~Art. 728. (Revogado pela Lei nº 11.382, de 2006)~~
~~Art. 729. (Revogado pela Lei nº 11.382, de 2006)~~

~~Seção III~~
Da Execução Contra a Fazenda Pública

~~Art. 730.~~ Na execução por quantia certa contra a Fazenda Pública, ~~citar-se-á a devedora para opor embargos em 10 (dez) dias; se esta não os opuser, no prazo legal, observar-se-ão as seguintes regras:~~

Nota: Ver art. 501 *caput* e 501, § 2º, do Projeto do Novo CPC.

~~I~~ - o juiz requisitará o pagamento por intermédio do presidente do tribunal competente;
~~II -~~ far-se-á o pagamento na ordem de apresentação do precatório e à conta do respectivo crédito.
~~Art. 731.~~ Se o credor for preterido no seu direito de preferência, o presidente do tribunal, que expediu a ordem, ~~poderá, depois de ouvido o chefe do Ministério Público,~~ ordenar o seqüestro da quantia necessária para satisfazer o débito.

~~Capítulo V~~
~~Da Execução de Prestação Alimentícia~~

~~Art. 732. A execução de sentença, que condena ao pagamento de prestação alimentícia, far-se-á conforme o disposto no Capítulo IV deste Título.~~
~~Parágrafo único. Recaindo a penhora em dinheiro, o oferecimento de embargos não obsta a que o exeqüente levante mensalmente a importância da prestação.~~
~~Art. 733.~~ Na execução de sentença ou de decisão, que fixa os alimentos provisionais, o juiz mandará citar o devedor para, em ~~3~~ (três) dias, efetuar o pagamento, provar que o fez ou justificar a impossibilidade de efetuá-lo.
§ 1º ~~Se o devedor não pagar, nem se escusar, o juiz decretar-lhe-á a prisão pelo prazo de 1 (um) a 3 (três) meses.~~
~~§ 2º O cumprimento da pena não exime o devedor do pagamento das prestações vencidas e vincendas.~~
~~§ 3º Paga a prestação alimentícia, o juiz suspenderá o cumprimento da ordem de prisão.~~
~~Art. 734.~~ Quando o devedor for funcionário público, militar, diretor ou gerente de empresa, bem como empregado sujeito à legislação do trabalho, o juiz mandará descontar em folha de pagamento a importância da prestação alimentícia.
Parágrafo único. A comunicação será feita à autoridade, à empresa ou ao empregador por ofício, de que constarão os nomes do credor, do devedor, a importância da prestação e o tempo de sua duração.
~~Art. 735.~~ Se o devedor não pagar os alimentos provisionais a que foi condenado, pode o credor promover a execução da sentença, observando-se o procedimento estabelecido no Capítulo IV deste Título.

Título III
Dos Embargos do Devedor

~~Capítulo I~~
~~Das Disposições Gerais~~

~~Art. 736.~~ O executado, independentemente de penhora, depósito ou caução, poderá opor-se à execução por meio de embargos.
~~Parágrafo único.~~ Os embargos à execução serão distribuídos por dependência, autuados em apartado, e instruídos com cópias ~~(art. 544, § 1º, in fine)~~ das peças processuais relevantes.
~~Art. 737. (Revogado pela Lei nº 11.382, de 2006)~~
~~Art. 738.~~ Os embargos serão oferecidos no prazo de ~~15 (quinze)~~ dias, contados da data da juntada aos autos do mandado de citação.
~~I - (Revogado pela Lei nº 11.382, de 2006)~~
~~II - (Revogado pela Lei nº 11.382, de 2006)~~
~~III - (Revogado pela Lei nº 11.382, de 2006)~~
~~IV - (Revogado pela Lei nº 11.382, de 2006)~~
§ 1º Quando houver mais de um executado, o prazo para cada um deles embargar conta-se a

partir da juntada do respectivo mandado citatório, salvo tratando-se de cônjuges.

§ 2º Nas execuções por carta precatória, a citação do executado será imediatamente comunicada pelo juiz deprecado ao juiz deprecante, inclusive por meios eletrônicos, contando-se o prazo para embargos a partir da juntada aos autos de tal comunicação.

§ 3º Aos embargos do executado não se aplica o disposto no art. 191 desta Lei.

Art. 739. O juiz rejeitará liminarmente os embargos:
I - quando intempestivos;
II - quando inepta a petição (art. 295); ou
III - quando manifestamente protelatórios.
§ 1º (Revogado pela Lei nº 11.382, de 2006)
§ 2º (Revogado pela Lei nº 11.382, de 2006)
§ 3º (Revogado pela Lei nº 11.382, de 2006)

Art. 739-A. Os embargos do executado não terão efeito suspensivo.

§ 1º O juiz poderá, a requerimento do embargante, atribuir efeito suspensivo aos embargos quando, sendo relevantes seus fundamentos, o prosseguimento da execução manifestamente possa causar ao executado grave dano de difícil ou incerta reparação, e desde que a execução já esteja garantida por penhora, depósito ou caução suficientes.

§ 2º A decisão relativa aos efeitos dos embargos poderá, a requerimento da parte, ser modificada ou revogada a qualquer tempo, em decisão fundamentada, cessando as circunstâncias que a motivaram.

§ 3º Quando o efeito suspensivo atribuído aos embargos disser respeito apenas a parte do objeto da execução, essa prosseguirá quanto à parte restante.

§ 4º A concessão de efeito suspensivo aos embargos oferecidos por um dos executados não suspenderá a execução contra os que não embargaram, quando o respectivo fundamento disser respeito exclusivamente ao embargante.

§ 5º Quando o excesso de execução for fundamento dos embargos, o embargante deverá declarar na petição inicial o valor que entende correto, apresentando memória do cálculo, sob pena de rejeição liminar dos embargos ou de não conhecimento desse fundamento.

§ 6º A concessão de efeito suspensivo não impedirá a efetivação dos atos de penhora e de avaliação dos bens.

Art. 739-B. A cobrança de multa ou de indenizações decorrentes de litigância de má-fé (arts. 17 e 18) será promovida no próprio processo de execução, em autos apensos, operando-se por compensação ou por execução.

Art. 740. Recebidos os embargos, será o exeqüente ouvido no prazo de 15 (quinze) dias; a seguir, o juiz julgará imediatamente o pedido (art. 330) ou designará audiência de conciliação, instrução e julgamento, proferindo sentença no prazo de 10 (dez) dias.

Parágrafo único. No caso de embargos manifestamente protelatórios, o juiz imporá, em favor do exeqüente, multa ao embargante em valor não superior a 20% (vinte por cento) do valor em execução.

Capítulo II
Da Execução Contra a Fazenda Pública

Art. 741. Na execução contra a Fazenda Pública, os embargos só poderão versar sobre:
I – falta ou nulidade da citação, se o processo correu à revelia;
II – inexigibilidade do título;
III – ilegitimidade das partes;
IV – cumulação indevida de execuções;
V – excesso de execução;
VI – qualquer causa impeditiva, modificativa ou extintiva da obrigação, como pagamento, novação, compensação, transação ou prescrição, desde que superveniente à sentença;

> Ver, sobre o prazo, a Lei nº 9.494, de 10.9.1997, que já previa 30 dias para oposição de embargos da Fazenda Pública.
> Ver art. 733, do CPC/73.

VII – incompetência do juízo da execução, bem como suspeição ou impedimento do juiz.

Parágrafo único. Para efeito do disposto no inciso II do caput deste artigo, considera-se também inexigível o título judicial fundado em lei ou ato normativo declarados inconstitucionais pelo Supremo Tribunal Federal, ou fundado em aplicação ou interpretação da lei ou ato normativo tidas pelo Supremo Tribunal Federal como incompatíveis com a Constituição Federal.

Art. 742. Será oferecida, juntamente com os embargos, a exceção de incompetência do juízo, bem como a de suspeição ou de impedimento do juiz.

Art. 743. Há excesso de execução:
I - quando o credor pleiteia quantia superior à do título;
II - quando recai sobre coisa diversa daquela declarada no título;
III - quando se processa de modo diferente do que foi determinado na sentença;
IV - quando o credor, sem cumprir a prestação que lhe corresponde, exige o adimplemento da do devedor (art. 582);
V - se o credor não provar que a condição se realizou.

Art. 745. Nos embargos, poderá o executado alegar:
I - nulidade da execução, por não ser executivo o título apresentado;
II - penhora incorreta ou avaliação errônea;
III - excesso de execução ou cumulação indevida de execuções;
IV - retenção por benfeitorias necessárias ou úteis, nos casos de título para entrega de coisa certa;
V - qualquer matéria que lhe seria lícito deduzir como defesa em processo de conhecimento.
§ 2º O exeqüente poderá

Art. 745-A. 30%

Na execução por carta, os embargos serão oferecidos no juízo deprecante ou no juízo deprecado, mas a competência para julgá-los é do juízo deprecante, salvo se versarem unicamente vícios ou defeitos da penhora, avaliação ou alienação dos bens.

~~Capítulo II~~
~~Da Insolvência Requerida pelo Credor~~

~~Art. 754. O credor requererá a declaração de insolvência do devedor, instruindo o pedido com título executivo judicial ou extrajudicial (art. 586).~~
~~Art. 755. O devedor será citado para, no prazo de 10 (dez) dias, opor embargos; se os não oferecer, o juiz proferirá, em 10 (dez) dias, a sentença.~~
~~Art. 756. Nos embargos pode o devedor alegar:~~
~~I - que não paga por ocorrer alguma das causas enumeradas nos arts. 741, 742 e 745, conforme o pedido de insolvência se funde em título judicial ou extrajudicial;~~
~~II - que o seu ativo é superior ao passivo.~~
~~Art. 757. O devedor ilidirá o pedido de insolvência se, no prazo para opor embargos, depositar a importância do crédito, para lhe discutir a legitimidade ou o valor.~~
~~Art. 758. Não havendo provas a produzir, o juiz dará a sentença em 10 (dez) dias; havendo-as, designará audiência de instrução e julgamento.~~

~~Capítulo III~~
~~Da Insolvência Requerida pelo Devedor ou pelo seu Espólio~~

~~Art. 759. É lícito ao devedor ou ao seu espólio, a todo tempo, requerer a declaração de insolvência.~~
~~Art. 760. A petição, dirigida ao juiz da comarca em que o devedor tem o seu domicílio, conterá:~~
~~I - a relação nominal de todos os credores, com a indicação do domicílio de cada um, bem como da importância e da natureza dos respectivos créditos;~~
~~II - a individuação de todos os bens, com a estimativa do valor de cada um;~~
~~III - o relatório do estado patrimonial, com a exposição das causas que determinaram a insolvência.~~

~~Capítulo IV~~
~~Da Declaração Judicial de Insolvência~~

~~Art. 761. Na sentença, que declarar a insolvência, o juiz:~~
~~I - nomeará, dentre os maiores credores, um administrador da massa;~~
~~II - mandará expedir edital, convocando os credores para que apresentem, no prazo de 20 (vinte) dias, a declaração do crédito, acompanhada do respectivo título.~~
~~Art. 762. Ao juízo da insolvência concorrerão todos os credores do devedor comum.~~

~~§ 1º As execuções movidas por credores individuais serão remetidas ao juízo da insolvência.~~
~~§ 2º Havendo, em alguma execução, dia designado para a praça ou o leilão, far-se-á a arrematação, entrando para a massa o produto dos bens.~~

~~Capítulo V~~
~~Das Atribuições do Administrador~~

~~Art. 763. A massa dos bens do devedor insolvente ficará sob a custódia e responsabilidade de um administrador, que exercerá as suas atribuições, sob a direção e superintendência do juiz.~~
~~Art. 764. Nomeado o administrador, o escrivão o intimará a assinar, dentro de 24 (vinte e quatro) horas, termo de compromisso de desempenhar bem e fielmente o cargo.~~
~~Art. 765. Ao assinar o termo, o administrador entregará a declaração de crédito, acompanhada do título executivo. Não o tendo em seu poder, juntá-lo-á no prazo fixado pelo art. 761, II.~~
~~Art. 766. Cumpre ao administrador:~~
~~I - arrecadar todos os bens do devedor, onde quer que estejam, requerendo para esse fim as medidas judiciais necessárias;~~
~~II - representar a massa, ativa e passivamente, contratando advogado, cujos honorários serão previamente ajustados e submetidos à aprovação judicial;~~
~~III - praticar todos os atos conservatórios de direitos e de ações, bem como promover a cobrança das dívidas ativas;~~
~~IV - alienar em praça ou em leilão, com autorização judicial, os bens da massa.~~
~~Art. 767. O administrador terá direito a uma remuneração, que o juiz arbitrará, atendendo à sua diligência, ao trabalho, à responsabilidade da função e à importância da massa.~~

~~Capítulo VI~~
~~Da Verificação e da Classificação dos Créditos~~

~~Art. 768. Findo o prazo, a que se refere o nº II do art. 761, o escrivão, dentro de 5 (cinco) dias, ordenará todas as declarações, autuando cada uma com o seu respectivo título. Em seguida intimará, por edital, todos os credores para, no prazo de 20 (vinte) dias, que lhes é comum, alegarem as suas preferências, bem como a nulidade, simulação, fraude, ou falsidade de dívidas e contratos.~~
~~Parágrafo único. No prazo, a que se refere este artigo, o devedor poderá impugnar quaisquer créditos.~~
~~Art. 769. Não havendo impugnações, o escrivão remeterá os autos ao contador, que organizará o~~

~~quadro geral dos credores, observando, quanto à classificação dos créditos e dos títulos legais de preferência, o que dispõe a lei civil.~~
~~Parágrafo único. Se concorrerem aos bens apenas credores quirografários, o contador organizará o quadro, relacionando-os em ordem alfabética.~~
~~Art. 770. Se, quando for organizado o quadro geral dos credores, os bens da massa já tiverem sido alienados, o contador indicará a percentagem, que caberá a cada credor no rateio.~~
~~Art. 771. Ouvidos todos os interessados, no prazo de 10 (dez) dias, sobre o quadro geral dos credores, o juiz proferirá sentença.~~
~~Art. 772. Havendo impugnação pelo credor ou pelo devedor, o juiz deferirá, quando necessário, a produção de provas e em seguida proferirá sentença.~~
~~§ 1º Se for necessária prova oral, o juiz designará audiência de instrução e julgamento.~~
~~§ 2º Transitada em julgado a sentença, observar-se-á o que dispõem os três artigos antecedentes.~~
~~Art. 773. Se os bens não foram alienados antes da organização do quadro geral, o juiz determinará a alienação em praça ou em leilão, destinando-se o produto ao pagamento dos credores.~~

~~Capítulo VII~~
~~Do Saldo Devedor~~

~~Art. 774. Liquidada a massa sem que tenha sido efetuado o pagamento integral a todos os credores, o devedor insolvente continua obrigado pelo saldo.~~
~~Art. 775. Pelo pagamento dos saldos respondem os bens penhoráveis que o devedor adquirir, até que se lhe declare a extinção das obrigações.~~
~~Art. 776. Os bens do devedor poderão ser arrecadados nos autos do mesmo processo, a requerimento de qualquer credor incluído no quadro geral, a que se refere o art. 769, procedendo-se à sua alienação e à distribuição do respectivo produto aos credores, na proporção dos seus saldos.~~

~~Capítulo VIII~~
~~Da Extinção das Obrigações~~

~~Art. 777. A prescrição das obrigações, interrompida com a instauração do concurso universal de credores, recomeça a correr no dia em que passar em julgado a sentença que encerrar o processo de insolvência.~~
~~Art. 778. Consideram-se extintas todas as obrigações do devedor, decorrido o prazo de 5 (cinco) anos, contados da data do encerramento do processo de insolvência.~~

~~Art. 779. É lícito ao devedor requerer ao juízo da insolvência a extinção das obrigações; o juiz mandará publicar edital, com o prazo de 30 (trinta) dias, no órgão oficial e em outro jornal de grande circulação.~~
~~Art. 780. No prazo estabelecido no artigo antecedente, qualquer credor poderá opor-se ao pedido, alegando que:~~
~~I - não transcorreram 5 (cinco) anos da data do encerramento da insolvência;~~
~~II - o devedor adquiriu bens, sujeitos à arrecadação (art. 776).~~
~~Art. 781. Ouvido o devedor no prazo de 10 (dez) dias, o juiz proferirá sentença; havendo provas a produzir, o juiz designará audiência de instrução e julgamento.~~
~~Art. 782. A sentença, que declarar extintas as obrigações, será publicada por edital, ficando o devedor habilitado a praticar todos os atos da vida civil.~~

~~Capítulo IX~~
~~Das Disposições Gerais~~

~~Art. 783. O devedor insolvente poderá, depois da aprovação do quadro a que se refere o art. 769, acordar com os seus credores, propondo-lhes a forma de pagamento. Ouvidos os credores, se não houver oposição, o juiz aprovará a proposta por sentença.~~
~~Art. 784. Ao credor retardatário é assegurado o direito de disputar, por ação direta, antes do rateio final, a prelação ou a cota proporcional ao seu crédito.~~
~~Art. 785. O devedor, que caiu em estado de insolvência sem culpa sua, pode requerer ao juiz, se a massa o comportar, que lhe arbitre uma pensão, até a alienação dos bens. Ouvidos os credores, o juiz decidirá.~~
~~Art. 786. As disposições deste Título aplicam-se às sociedades civis, qualquer que seja a sua forma.~~
~~Art. 786-A - Os editais referidos neste Título também serão publicados, quando for o caso, nos órgãos oficiais dos Estados em que o devedor tenha filiais ou representantes.~~

~~Título V~~
~~(Revogado pela Lei nº 11.382, de 2006)~~

~~Art. 787. (Revogado pela Lei nº 11.382, de 2006)~~
~~Art. 788. (Revogado pela Lei nº 11.382, de 2006)~~
~~Art. 789. (Revogado pela Lei nº 11.382, de 2006)~~
~~Art. 790. (Revogado pela Lei nº 11.382, de 2006)~~

Título ~~VI~~
Da Suspensão e da Extinção do Processo de Execução

Capítulo I
Da Suspensão

~~Art. 791.~~ Suspende-se a execução:
I – no todo ou em parte, quando recebidos com efeito suspensivo os embargos à execução ~~(art. 739-A)~~;
II – nas hipóteses previstas no art. 265, I a III;
III – quando o devedor não possuir bens penhoráveis.
~~Art. 792.~~ Convindo as partes, o juiz declarará suspensa a execução durante o prazo concedido pelo credor, para que o devedor cumpra voluntariamente a obrigação.
Parágrafo único. Findo o prazo sem cumprimento da obrigação, o processo retomará o seu curso.
~~Art. 793.~~ Suspensa a execução, é defeso praticar ~~quaisquer~~ atos processuais. O juiz poderá, entretanto, ordenar providências ~~cautelares~~ urgentes.

Capítulo II
Da Extinção

~~Art. 794.~~ Extingue-se a execução quando:
I – o devedor satisfaz a obrigação;
II – o devedor obtém, por transação ou por qualquer outro meio, a remissão total da dívida;
III – o credor renunciar ao crédito.
~~Art. 795.~~ A extinção só produz efeito quando declarada por sentença.

~~Livro III~~
~~Do Processo Cautelar~~

Título ~~Único~~
~~Das Medidas Cautelares~~

Capítulo I
Das Disposições Gerais

~~Art. 796. O procedimento cautelar pode ser instaurado antes ou no curso do processo principal e deste é sempre dependente.~~
~~Art. 797. Só em casos excepcionais, expressamente autorizados por lei, determinará o juiz medidas cautelares sem a audiência das partes.~~
~~Art. 798. Além dos procedimentos cautelares específicos, que este Código regula no Capítulo II deste Livro,~~ poderá o juiz determinar as medidas ~~provisórias~~ que julgar adequadas~~,~~ quando houver fundado receio de que uma parte, antes do julgamento da lide, cause ao direito da outra lesão grave e de difícil reparação.
~~Art. 799. No caso do artigo anterior, poderá o juiz, para evitar o dano, autorizar ou vedar a prática de determinados atos, ordenar a guarda judicial de pessoas e depósito de bens e impor a prestação de caução.~~
~~Art. 800.~~ As medidas cautelares serão requeridas ao juiz da causa~~;~~ e, quando preparatórias, ao juiz competente para conhecer da ação principal.
Parágrafo único. Interposto o recurso, a medida cautelar será requerida diretamente ao tribunal.
~~Art. 801. O requerente pleiteará a medida cautelar em~~ petição escrita, que indicará:
~~I – a autoridade judiciária, a que for dirigida;~~
~~II – o nome, o estado civil, a profissão e a residência do requerente e do requerido;~~
III – a lide e seu fundamento;
IV – a exposição sumária do direito ameaçado e o receio da lesão;
~~V – as provas que serão produzidas.~~
~~Parágrafo único. Não se exigirá o requisito do n° III senão quando a medida cautelar for requerida em procedimento preparatório.~~
~~Art. 802.~~ O requerido será citado~~, qualquer que seja o procedimento cautelar,~~ para, no prazo de 5 ~~(cinco)~~ dias, contestar o pedido~~,~~ indicando as provas que pretende produzir.
~~Parágrafo único.~~ Conta-se o prazo~~,~~ da juntada aos autos do mandado:
I – de citação devidamente cumprido;
II – ~~da execução da medida cautelar~~, quando concedida liminarmente ou após justificação prévia.
~~Art. 803.~~ Não sendo contestado o pedido, presumir-se-ão aceitos pelo requerido, como verdadeiros, os fatos alegados pelo requerente ~~(arts. 285 e 319)~~; caso em que o juiz decidirá dentro em 5 (cinco) dias.
~~Parágrafo único.~~ Se o requerido contestar no prazo legal, o juiz designará audiência de instrução e julgamento, havendo prova a ser nela produzida.
~~Art. 804. É lícito ao juiz conceder liminarmente ou após justificação prévia a medida cautelar, sem ouvir o réu, quando verificar que este, sendo citado, poderá torná-la ineficaz; caso em que poderá determinar que o requerente preste caução real ou fidejussória de ressarcir os danos que o requerido possa vir a sofrer.~~
~~Art. 805.~~ A medida ~~cautelar~~ poderá ser substituída, de ofício ou a requerimento de qualquer das partes, pela prestação de caução ou outra garantia menos gravosa para o requerido, sempre que adequada e suficiente para evitar a lesão ou repará-la integralmente.

~~Art. 806~~. Cabe à parte propor a ação, no prazo de ~~30 (trinta)~~ dias, contados da data da efetivação da medida cautelar, quando esta for concedida em procedimento preparatório.
~~Art. 807. As medidas cautelares conservam a sua eficácia no prazo do artigo antecedente e na pendência do processo principal; mas podem, a qualquer tempo, ser revogadas ou modificadas.~~
~~Parágrafo único. Salvo decisão judicial em contrário, a medida cautelar conservará a eficácia durante o período de suspensão do processo.~~
~~Art. 808~~. Cessa a eficácia da medida ~~cautelar~~:
I - se a parte não intentar a ação no prazo estabelecido no art. 806;
II - ~~se~~ não for executada dentro de ~~30 (trinta)~~ dias;
III - se o juiz declarar extinto o processo principal, com ou sem julgamento do mérito.
Parágrafo único. Se por qualquer motivo cessar a medida, é defeso à parte repetir o pedido, salvo por novo fundamento.
~~Art. 809. Os autos do procedimento cautelar serão apensados aos do processo principal.~~
~~Art. 810~~. O indeferimento da medida não obsta a que a parte intente a ação, nem influi no julgamento desta, salvo se o juiz, no ~~procedimento cautelar~~, acolher a alegação de decadência ou de prescrição ~~do direito do autor~~.
~~Art. 811~~. Sem prejuízo do disposto no art. 16, o requerente ~~do procedimento cautelar~~ responde ao requerido pelo prejuízo que lhe causar a execução da medida:
I - ~~se~~ a sentença no processo principal lhe for desfavorável;
II - ~~se,~~ obtida liminarmente a medida no caso do art. 804 deste Código, não promover a citação do requerido dentro em ~~5 (~~cinco~~)~~ dias;
III - ~~se~~ ocorrer a cessação da eficácia da medida, em qualquer dos casos previstos no art. 808, deste Código;
IV - ~~se~~ o juiz acolher~~, no procedimento cautelar,~~ a alegação de decadência ou de prescrição do direito do autor ~~(art. 810)~~.
Parágrafo único. A indenização será liquidada nos autos ~~do procedimento cautelar~~.
~~Art. 812. Aos procedimentos cautelares específicos, regulados no Capítulo seguinte, aplicam-se as disposições gerais deste Capítulo.~~

~~Capítulo II~~
~~Dos Procedimentos Cautelares Específicos~~

~~Seção I~~
~~Do Arresto~~

~~Art. 813. O arresto tem lugar:~~
~~I - quando o devedor sem domicílio certo intenta ausentar-se ou alienar os bens que possui, ou deixa de pagar a obrigação no prazo estipulado;~~
~~II - quando o devedor, que tem domicílio:~~
~~a) se ausenta ou tenta ausentar-se furtivamente;~~
~~b) caindo em insolvência, aliena ou tenta alienar bens que possui; contrai ou tenta contrair dívidas extraordinárias; põe ou tenta pôr os seus bens em nome de terceiros; ou comete outro qualquer artifício fraudulento, a fim de frustrar a execução ou lesar credores;~~
~~III - quando o devedor, que possui bens de raiz, intenta aliená-los, hipotecá-los ou dá-los em anticrese, sem ficar com algum ou alguns, livres e desembargados, equivalentes às dívidas;~~
~~IV - nos demais casos expressos em lei.~~
~~Art. 814. Para a concessão do arresto é essencial:~~
~~I - prova literal da dívida líquida e certa;~~
~~II - prova documental ou justificação de algum dos casos mencionados no artigo antecedente.~~
~~Parágrafo único. Equipara-se à prova literal da dívida líquida e certa, para efeito de concessão de arresto, a sentença, líquida ou ilíquida, pendente de recurso, condenando o devedor ao pagamento de dinheiro ou de prestação que em dinheiro possa converter-se.~~
~~Art. 815. A justificação prévia, quando ao juiz parecer indispensável, far-se-á em segredo e de plano, reduzindo-se a termo o depoimento das testemunhas.~~
~~Art. 816. O juiz concederá o arresto independentemente de justificação prévia:~~
~~I - quando for requerido pela União, Estado ou Município, nos casos previstos em lei;~~
~~II - se o credor prestar caução (art. 804).~~
~~Art. 817. Ressalvado o disposto no art. 810, a sentença proferida no arresto não faz coisa julgada na ação principal.~~
~~Art. 818. Julgada procedente a ação principal, o arresto se resolve em penhora.~~
~~Art. 819. Ficará suspensa a execução do arresto se o devedor:~~
~~I - tanto que intimado, pagar ou depositar em juízo a importância da dívida, mais os honorários de advogado que o juiz arbitrar, e custas;~~
~~II - der fiador idôneo, ou prestar caução para garantir a dívida, honorários do advogado do requerente e custas.~~
~~Art. 820. Cessa o arresto:~~
~~I - pelo pagamento;~~
~~II - pela novação;~~
~~III - pela transação.~~
~~Art. 821. Aplicam-se ao arresto as disposições referentes à penhora, não alteradas na presente Seção.~~

~~Seção II~~
~~Do Seqüestro~~

~~Art. 822. O juiz, a requerimento da parte, pode decretar o seqüestro:~~
~~I - de bens móveis, semoventes ou imóveis, quando lhes for disputada a propriedade ou a posse, havendo fundado receio de rixas ou danificações;~~
~~II - dos frutos e rendimentos do imóvel reivindicando, se o réu, depois de condenado por sentença ainda sujeita a recurso, os dissipar;~~
~~III - dos bens do casal, nas ações de separação judicial e de anulação de casamento, se o cônjuge os estiver dilapidando;~~
~~IV - nos demais casos expressos em lei.~~
~~Art. 823. Aplica-se ao seqüestro, no que couber, o que este Código estatui acerca do arresto.~~
~~Art. 824. Incumbe ao juiz nomear o depositário dos bens seqüestrados. A escolha poderá, todavia, recair:~~
~~I - em pessoa indicada, de comum acordo, pelas partes;~~
~~II - em uma das partes, desde que ofereça maiores garantias e preste caução idônea.~~
~~Art. 825. A entrega dos bens ao depositário far-se-á logo depois que este assinar o compromisso.~~
~~Parágrafo único. Se houver resistência, o depositário solicitará ao juiz a requisição de força policial.~~

~~Seção III~~
~~Da Caução~~

~~Art. 826. A caução pode ser real ou fidejussória.~~
~~Art. 827. Quando a lei não determinar a espécie de caução, esta poderá ser prestada mediante depósito em dinheiro, papéis de crédito, títulos da União ou dos Estados, pedras e metais preciosos, hipoteca, penhor e fiança.~~
~~Art. 828. A caução pode ser prestada pelo interessado ou por terceiro.~~
~~Art. 829. Aquele que for obrigado a dar caução requererá a citação da pessoa a favor de quem tiver de ser prestada, indicando na petição inicial:~~
~~I - o valor a caucionar;~~
~~II - o modo pelo qual a caução vai ser prestada;~~
~~III - a estimativa dos bens;~~
~~IV - a prova da suficiência da caução ou da idoneidade do fiador.~~
~~Art. 830. Aquele em cujo favor há de ser dada a caução requererá a citação do obrigado para que a preste, sob pena de incorrer na sanção que a lei ou o contrato cominar para a falta.~~

~~Art. 831. O requerido será citado para, no prazo de 5 (cinco) dias, aceitar a caução (art. 829), prestá-la (art. 830), ou contestar o pedido.~~
~~Art. 832. O juiz proferirá imediatamente a sentença:~~
~~I - se o requerido não contestar;~~
~~II - se a caução oferecida ou prestada for aceita;~~
~~III - se a matéria for somente de direito ou, sendo de direito e de fato, já não houver necessidade de outra prova.~~
~~Art. 833. Contestado o pedido, o juiz designará audiência de instrução e julgamento, salvo o disposto no nº III do artigo anterior.~~
~~Art. 834. Julgando procedente o pedido, o juiz determinará a caução e assinará o prazo em que deve ser prestada, cumprindo-se as diligências que forem determinadas.~~
~~Parágrafo único. Se o requerido não cumprir a sentença no prazo estabelecido, o juiz declarará:~~
~~I - no caso do art. 829, não prestada a caução;~~
~~II - no caso do art. 830, efetivada a sanção que cominou.~~
~~Art. 835. O autor, nacional ou estrangeiro, que residir fora do Brasil ou dele se ausentar na pendência da demanda, prestará, nas ações que intentar, caução suficiente às custas e honorários de advogado da parte contrária, se não tiver no Brasil bens imóveis que lhes assegurem o pagamento.~~
~~Art. 836. Não se exigirá, porém, a caução, de que trata o artigo antecedente:~~
~~I - na execução fundada em título extrajudicial;~~
~~II - na reconvenção.~~
~~Art. 837. Verificando-se no curso do processo que se desfalcou a garantia, poderá o interessado exigir reforço da caução. Na petição inicial, o requerente justificará o pedido, indicando a depreciação do bem dado em garantia e a importância do reforço que pretende obter.~~
~~Art. 838. Julgando procedente o pedido, o juiz assinará prazo para que o obrigado reforce a caução. Não sendo cumprida a sentença, cessarão os efeitos da caução prestada, presumindo-se que o autor tenha desistido da ação ou o recorrente desistido do recurso.~~

~~Seção IV~~
~~Da Busca e Apreensão~~

~~Art. 839. O juiz pode decretar a busca e apreensão de pessoas ou de coisas.~~
~~Art. 840. Na petição inicial exporá o requerente as razões justificativas da medida e da ciência de estar a pessoa ou a coisa no lugar designado.~~
~~Art. 841. A justificação prévia far-se-á em segredo de justiça, se for indispensável. Provado quanto~~

Art. 848. O requerente justificará sumariamente a necessidade da antecipação e mencionará com precisão os fatos sobre que há de recair a prova.

Art. 851. Tomado o depoimento ou feito exame pericial, os autos permanecerão em cartório, sendo lícito aos interessados solicitar as certidões que quiserem.

Seção VI
Da Produção Antecipada de Provas

Art. 846. A produção antecipada da prova pode consistir em interrogatório da parte, inquirição de testemunhas e exame pericial.

Da Justificação

~~Art. 861.~~ Quem pretender justificar a existência de algum fato ou relação jurídica, ~~seja~~ para simples documento e sem caráter contencioso, ~~seja para servir de prova em processo regular~~, exporá, em petição circunstanciada, a sua intenção.

Seção X
~~Dos Protestos,~~ Notificações e Interpelações

~~Art. 867.~~ Todo aquele que desejar ~~prevenir responsabilidade,~~ prover a conservação e ressalva de seus direitos ou manifestar ~~qualquer intenção~~ de modo formal, poderá fazer por escrito o seu protesto, ~~em petição dirigida ao juiz, e requerer que do mesmo se intime a quem de direito.~~

Art. 872. Feita a ~~intimação, ordenará o juiz que, pagas as custas, e decorridas 48 (quarenta e oito) horas,~~ sejam os autos entregues à parte ~~independentemente de traslado.~~

~~Seção XI~~
Da Homologação do Penhor Legal

~~Art. 874.~~ Tomado o penhor legal nos casos previstos em lei, requererá o credor, ato contínuo, a homologação. Na petição inicial, instruída com a conta pormenorizada das despesas, a tabela dos preços e a relação dos objetos retidos, pedirá a

citação do devedor ~~para, em 24 (vinte e quatro) horas, pagar ou alegar defesa.~~
~~Parágrafo único. Estando suficientemente provado o pedido nos termos deste artigo, o juiz poderá homologar de plano o penhor legal.~~
~~Art. 875.~~ A defesa só pode consistir em:
I - nulidade do processo;
II - extinção da obrigação;
III - não estar a dívida compreendida entre as previstas em lei ou não estarem os bens sujeitos a penhor legal.
~~Art. 876. Em seguida, o juiz decidirá;~~ homologando o penhor, serão os autos entregues ao requerente ~~48 (quarenta e oito) horas depois, independentemente de traslado, salvo se, dentro desse prazo, a parte houver pedido certidão~~; não sendo homologado, o objeto será entregue ao réu, ressalvado ao autor o direito de cobrar a conta por ação ordinária.

Seção XII
Da Posse em Nome do Nascituro

~~Art. 877~~. A mulher que, para garantia dos direitos do filho nascituro, quiser provar seu estado de gravidez, requererá ao juiz que, ~~ouvido o órgão do Ministério Público,~~ mande examiná-la por um médico de sua nomeação.
§ 1º ~~O requerimento será~~ instruído com a certidão de óbito da pessoa, de quem o nascituro é sucessor.
§ 2º Será dispensado o exame se os herdeiros do falecido aceitarem a declaração da requerente.
§ 3º Em caso algum a falta do exame prejudicará os direitos do nascituro.
~~Art. 878.~~ Apresentado o laudo que reconheça a gravidez, o juiz, por sentença, declarará a requerente investida na posse dos direitos que assistam ao nascituro.
Parágrafo único. Se à requerente não couber o exercício do pátrio poder, o juiz nomeará curador ao nascituro.

~~Seção XIII~~
~~Do Atentado~~

~~Art. 879. Comete atentado a parte que no curso do processo:~~
~~I - viola penhora, arresto, seqüestro ou imissão na posse;~~
~~II - prossegue em obra embargada;~~
~~III - pratica outra qualquer inovação ilegal no estado de fato.~~
~~Art. 880. A petição inicial será autuada em separado, observando-se, quanto ao procedimento, o disposto nos arts. 802 e 803.~~
~~Parágrafo único. A ação de atentado será processada e julgada pelo juiz que conheceu originariamente da causa principal, ainda que esta se encontre no tribunal.~~
~~Art. 881. A sentença, que julgar procedente a ação, ordenará o restabelecimento do estado anterior, a suspensão da causa principal e a proibição de o réu falar nos autos até a purgação do atentado.~~
~~Parágrafo único. A sentença poderá condenar o réu a ressarcir à parte lesada as perdas e danos que sofreu em consequência do atentado.~~

~~Seção XIV~~
~~Do Protesto e da Apreensão de Títulos~~

~~Art. 882. O protesto de títulos e contas judicialmente verificadas far-se-á nos casos e com observância da lei especial.~~
~~Art. 883. O oficial intimará do protesto o devedor, por carta registrada ou entregando-lhe em mãos o aviso.~~
~~Parágrafo único. Far-se-á, todavia, por edital, a intimação:~~
~~I - se o devedor não for encontrado na comarca;~~
~~II - quando se tratar de pessoa desconhecida ou incerta.~~
~~Art. 884. Se o oficial opuser dúvidas ou dificuldades à tomada do protesto ou à entrega do respectivo instrumento, poderá a parte reclamar ao juiz. Ouvido o oficial, o juiz proferirá sentença, que será transcrita no instrumento.~~
~~Art. 885. O juiz poderá ordenar a apreensão de título não restituído ou sonegado pelo emitente, sacado ou aceitante; mas só decretará a prisão de quem o recebeu para firmar aceite ou efetuar pagamento, se o portador provar, com justificação ou por documento, a entrega do título e a recusa da devolução.~~
~~Parágrafo único. O juiz mandará processar de plano o pedido, ouvirá depoimentos se for necessário e, estando provada a alegação, ordenará a prisão.~~
~~Art. 886. Cessará a prisão:~~
~~I - se o devedor restituir o título, ou pagar o seu valor e as despesas feitas, ou o exibir para ser levado a depósito;~~
~~II - quando o requerente desistir;~~
~~III - não sendo iniciada a ação penal dentro do prazo da lei;~~
~~IV - não sendo proferido o julgado dentro de 90 (noventa) dias da data da execução do mandado.~~
~~Art. 887. Havendo contestação do crédito, o depósito das importâncias referido no artigo precedente não será levantado antes de passada em julgado a sentença.~~

~~Seção XV~~
~~De Outras Medidas Provisionais~~

~~Art. 888. O juiz poderá ordenar ou autorizar, na pendência da ação principal ou antes de sua propositura:~~
~~I - obras de conservação em coisa litigiosa ou judicialmente apreendida;~~
~~II - a entrega de bens de uso pessoal do cônjuge e dos filhos;~~
~~III - a posse provisória dos filhos, nos casos de separação judicial ou anulação de casamento;~~
~~IV - o afastamento do menor autorizado a contrair casamento contra a vontade dos pais;~~
~~V - o depósito de menores ou incapazes castigados imoderadamente por seus pais, tutores ou curadores, ou por eles induzidos à prática de atos contrários à lei ou à moral;~~
~~VI - o afastamento temporário de um dos cônjuges da morada do casal;~~
~~VII - a guarda e a educação dos filhos, regulado o direito de visita;~~
~~VIII - a interdição ou a demolição de prédio para resguardar a saúde, a segurança ou outro interesse público.~~
~~Art. 889. Na aplicação das medidas enumeradas no artigo antecedente observar-se-á o procedimento estabelecido nos arts. 801 a 803.~~
~~Parágrafo único. Em caso de urgência, o juiz poderá autorizar ou ordenar as medidas, sem audiência do requerido.~~

~~Livro IV~~
Dos Procedimentos Especiais

~~Título I~~
~~Dos Procedimentos Especiais de Jurisdição Contenciosa~~

Capítulo I
Da Ação de Consignação em Pagamento

Art. 890. Nos casos previstos em lei, poderá o devedor ou terceiro requerer, com efeito de pagamento, a consignação da quantia ou da coisa devida.
§ 1º Tratando-se de obrigação em dinheiro, poderá o devedor ou terceiro optar pelo depósito da quantia devida, em estabelecimento bancário, oficial onde houver, situado no lugar do pagamento, em conta com correção monetária, cientificando-se o credor por carta com aviso de recepção, assinado o prazo de ~~10~~ (dez) dias para a manifestação de recusa.
§ 2º Decorrido o prazo referido no parágrafo anterior, sem a manifestação de recusa, reputar-se-á o devedor liberado da obrigação, ficando à disposição do credor a quantia depositada.

§ 3º Ocorrendo a recusa, manifestada por escrito ao estabelecimento bancário, o devedor ou terceiro poderá propor, dentro de ~~30~~ (trinta) ~~dias~~, a ação de consignação, instruindo a inicial com a prova do depósito e da recusa.
§ 4º Não proposta a ação no prazo do parágrafo anterior, ficará sem efeito o depósito, podendo levantá-lo o depositante.
~~Art. 891.~~ Requerer-se-á a consignação no lugar do pagamento, cessando para o devedor, tanto que se efetue o depósito, os juros e os riscos, salvo se for julgada improcedente.
~~Parágrafo único. Quando a coisa devida for corpo que deva ser entregue no lugar em que está, poderá o devedor requerer a consignação no foro em que ela se encontra.~~
~~Art. 892.~~ Tratando-se de prestações periódicas, uma vez consignada a primeira, pode o devedor continuar a consignar, no mesmo processo e sem mais formalidades, as que se forem vencendo, desde que os depósitos sejam efetuados até ~~5~~ ~~(cinco)~~ dias, contados da data do vencimento.
~~Art. 893.~~ O autor, na petição inicial, requererá:
I - o depósito da quantia ou da coisa devida, a ser efetivado no prazo de ~~5 (cinco)~~ dias contados do deferimento, ressalvada a hipótese do § 3º do art. 890;
II - a citação do réu para levantar o depósito ou oferecer resposta.
~~Art. 894.~~ Se o objeto da prestação for coisa indeterminada e a escolha couber ao credor, será este citado para exercer o direito dentro ~~de 5~~ (cinco~~)~~ dias, se outro prazo não constar de lei ou do contrato, ou para aceitar que o devedor o faça, devendo o juiz, ao despachar a petição inicial, fixar lugar, dia e hora em que se fará a entrega, sob pena de depósito.
~~Art. 895.~~ Se ocorrer dúvida sobre quem deva legitimamente receber o pagamento, o autor requererá o depósito e a citação dos que o disputam para provarem o seu direito.
Art. 896. Na contestação, o réu poderá alegar ~~que:~~
~~I - não houve recusa ou mora em receber a quantia ou coisa devida;~~
~~II - foi justa a recusa;~~
~~III - o depósito não se efetuou no prazo ou no lugar do pagamento;~~
IV - o depósito não é integral.
Parágrafo único. No caso do inciso IV, a alegação será admissível se o réu indicar o montante que entende devido.
~~Art. 897.~~ Não oferecida a contestação, ~~e~~ ocorrentes os efeitos da revelia, o juiz julgará procedente o pedido, declarará extinta a obrigação e condenará o réu nas custas e honorários advocatícios.

Parágrafo único. Proceder-se-á do mesmo modo se o credor receber e der quitação.

Art. 898. Quando a consignação se fundar em dúvida sobre quem deva legitimamente receber, não comparecendo nenhum pretendente, converter-se-á o depósito em arrecadação de bens de ausentes; comparecendo apenas um, o juiz decidirá de plano; comparecendo mais de um, o juiz declarará efetuado o depósito e extinta a obrigação, continuando o processo a correr unicamente entre os credores; caso em que se observará o procedimento ordinário.

Art. 899. Quando na contestação o réu alegar que o depósito não é integral, é lícito ao autor completá-lo, dentro em 10 (dez) dias, salvo se corresponder a prestação, cujo inadimplemento acarrete a rescisão do contrato.

§ 1º Alegada a insuficiência do depósito, poderá o réu levantar, desde logo, a quantia ou a coisa depositada, com a conseqüente liberação parcial do autor, prosseguindo o processo quanto à parcela controvertida.

§ 2º A sentença que concluir pela insuficiência do depósito determinará, sempre que possível, o montante devido, e, neste caso, valerá como título executivo, facultado ao credor promover-lhe a execução nos mesmos autos.

Art. 900. Aplica-se o procedimento estabelecido neste Capítulo, no que couber, ao resgate do aforamento.

~~Parágrafo único. Não havendo contestação, o juiz proferirá desde logo a sentença; em caso contrário, observar-se-á o procedimento ordinário.~~
~~Art. 913. Comprado o título em bolsa ou leilão público, o dono que pretender a restituição é obrigado a indenizar ao adquirente o preço que este pagou, ressalvado o direito de reavê-lo do vendedor.~~

Capítulo ~~IV~~
Da Ação de Prestação de Contas

~~Art. 914.~~ A ação de prestação de contas competirá a quem tiver:
I - o direito de exigi-las;
~~II - a obrigação de prestá-las.~~
~~Art. 915.~~ Aquele que pretender exigir a prestação de contas requererá a citação do réu para, no prazo de ~~5 (cinco)~~ dias, as apresentar ou contestar a ação.
§ 1º Prestadas as contas, terá o autor ~~5~~ (cinco) dias para dizer sobre elas; havendo necessidade de produzir provas, o juiz designará audiência de instrução e julgamento; em caso contrário, proferirá desde logo a sentença.
§ 2º Se o réu não contestar a ação ou não negar a obrigação de prestar contas, ~~observar-se-á o disposto no~~ art. 330; ~~a sentença, que julgar procedente a ação, condenará o réu a prestar as contas no prazo de 48 (quarenta e oito) horas, sob pena de não lhe ser lícito impugnar as que o autor apresentar~~.

<small>Nota: Ver art. 517, §§ 2º e 3º, do Projeto do Novo CPC.</small>

§ ~~3º~~ Se o réu apresentar as contas dentro do prazo estabelecido no parágrafo anterior, seguir-se-á o procedimento do § 1º deste artigo; em caso contrário, apresentá-las-á o autor dentro em ~~10 (dez)~~ dias, sendo as contas julgadas segundo o prudente arbítrio do juiz, que poderá determinar, se necessário, a realização do exame pericial contábil.
~~Art. 916. Aquele que estiver obrigado a prestar contas requererá a citação do réu para, no prazo de 5 (cinco) dias, aceitá-las ou contestar a ação.~~
~~§ 1º Se o réu não contestar a ação ou se declarar que aceita as contas oferecidas, serão estas julgadas dentro de 10 (dez) dias.~~
~~§ 2º Se o réu contestar a ação ou impugnar as contas e houver necessidade de produzir provas, o juiz designará audiência de instrução e julgamento.~~
~~Art. 917.~~ As contas, assim do autor como do réu, serão apresentadas em forma mercantil, especificando-se as receitas e a aplicação das despesas, bem como o respectivo saldo; e serão instruídas com os documentos justificativos.

~~Art. 918.~~ O saldo credor declarado na sentença poderá ser cobrado em execução forçada.
Art. 919. As contas do inventariante, do tutor, do curador, do depositário e de outro qualquer administrador serão prestadas em apenso aos autos do processo em que tiver sido nomeado. Sendo condenado a pagar o saldo e não o fazendo no prazo legal, o juiz poderá destituí-lo, seqüestrar os bens sob sua guarda e glosar o prêmio ou gratificação a que teria direito.

Capítulo V
Das Ações Possessórias

Seção I
~~Das~~ Disposições Gerais

~~Art. 920.~~ A propositura de uma ação possessória em vez de outra não obstará a que o juiz conheça do pedido e outorgue a proteção legal correspondente àquela, cujos requisitos estejam provados.
~~Art. 921.~~ É lícito ao autor cumular ao pedido possessório o de:
I - condenação em perdas e danos;
II - cominação de pena para caso de nova turbação ou esbulho;
III - desfazimento de construção ou plantação feita em detrimento de sua posse.
~~Art. 922~~. É lícito ao réu, na contestação, alegando que foi o ofendido em sua posse, demandar a proteção possessória e a indenização pelos prejuízos resultantes da turbação ou do esbulho cometido pelo autor.
~~Art. 923~~. Na pendência do processo possessório, é defeso, assim ao autor como ao réu, intentar ~~a~~ ação de reconhecimento do domínio.
~~Art. 924~~. Regem o procedimento de manutenção e de reintegração de posse as normas da seção seguinte, quando intentado dentro de ano e dia da turbação ou do esbulho; passado esse prazo, será ordinário, não perdendo, contudo, o caráter possessório.
~~Art. 925~~. Se o réu provar, em qualquer tempo, que o autor provisoriamente mantido ou reintegrado na posse carece de idoneidade financeira para, no caso de decair da ação, responder por perdas e danos, o juiz assinar-lhe-á o prazo de ~~5 (cinco)~~ dias para requerer caução sob pena de ser depositada a coisa litigiosa.

Seção II
Da Manutenção e da Reintegração de Posse

~~Art. 926~~. O possuidor tem direito a ser mantido na posse em caso de turbação e reintegrado no de esbulho.

Art. 927. Incumbe ao autor provar:
I - a sua posse;
II - a turbação ou o esbulho praticado pelo réu;
III - a data da turbação ou do esbulho;
IV - a continuação da posse, embora turbada, na ação de manutenção; a perda da posse, na ação de reintegração.
Art. 928. Estando a petição inicial devidamente instruída, o juiz deferirá, sem ouvir o réu, a expedição do mandado liminar de manutenção ou de reintegração; no caso contrário, determinará que o autor justifique previamente o alegado, citando-se o réu para comparecer à audiência que for designada.
Parágrafo único. Contra as pessoas jurídicas de direito público não será deferida a manutenção ou a reintegração liminar sem prévia audiência dos respectivos representantes judiciais.
Art. 929. Julgada procedente a justificação, o juiz fará logo expedir mandado de manutenção ou de reintegração.
Art. 930. Concedido ou não o mandado liminar de manutenção ou de reintegração, o autor promoverá, nos 5 (cinco) dias subseqüentes, a citação do réu para contestar a ação.
Parágrafo único. Quando for ordenada a justificação prévia, o prazo para contestar contar-se-á da intimação do despacho que deferir ou não a medida liminar.
Art. 931. Aplica-se, quanto ao mais, o procedimento ordinário.

Seção III
Do Interdito Proibitório

Art. 932. O possuidor direto ou indireto, que tenha justo receio de ser molestado na posse, poderá impetrar ao juiz que o segure da turbação ou esbulho iminente, mediante mandado proibitório, em que se comine ao réu determinada pena pecuniária, caso transgrida o preceito.
Art. 933. Aplica-se ao interdito proibitório o disposto na seção anterior.

~~imóvel, requererá a citação daquele em cujo nome estiver registrado o imóvel usucapiendo, bem como dos confinantes e, por edital, dos réus em lugar incerto e dos eventuais interessados, observado quanto ao prazo o disposto no inciso IV do art. 232.~~
~~Art. 943. Serão intimados por via postal, para que manifestem interesse na causa, os representantes da Fazenda Pública da União, dos Estados, do Distrito Federal, dos Territórios e dos Municípios.~~
~~Art. 944. Intervirá obrigatoriamente em todos os atos do processo o Ministério Público.~~
~~Art. 945.~~ A sentença, que julgar procedente a ação, será transcrita, mediante mandado, no registro de imóveis, satisfeitas as obrigações fiscais.

Capítulo VIII
Da Ação de Divisão e da Demarcação de Terras Particulares

Seção I
Das Disposições Gerais

~~Art. 946.~~ Cabe:
I - a ação de demarcação ao proprietário para obrigar o seu confinante a estremar os respectivos prédios, fixando-se novos limites entre eles ou aviventando-se os já apagados;
II - a ação de divisão, ao condômino para obrigar os demais consortes~~,~~ a partilhar a coisa comum.
~~Art. 947.~~ É lícita a cumulação destas ações; caso em que deverá processar-se primeiramente a demarcação total ou parcial da coisa comum, citando-se os confinantes e condôminos.
~~Art. 948.~~ Fixados os marcos da linha de demarcação, os confinantes considerar-se-ão terceiros quanto ao processo divisório; fica-lhes, porém, ressalvado o direito de vindicarem os terrenos de que se julguem despojados por invasão das linhas limítrofes constitutivas do perímetro ou a reclamarem uma indenização ~~pecuniária~~ correspondente ao seu valor.
~~Art. 949.~~ Serão citados para a ação todos os condôminos, se ainda não transitou em julgado a sentença homologatória da divisão; e todos os quinhoeiros dos terrenos vindicados, se proposta posteriormente.
Parágrafo único. Neste último caso, a sentença que julga procedente a ação, condenando a restituir os terrenos ou a pagar a indenização, valerá como título executivo em favor dos quinhoeiros para haverem dos outros condôminos~~,~~ que forem parte na divisão~~,~~ ou de seus sucessores por título universal, na proporção que lhes tocar, a composição pecuniária do desfalque sofrido.

~~Seção II~~
~~Da Demarcação~~

~~Art. 950.~~ Na petição inicial, instruída com os títulos da propriedade, designar-se-á o imóvel pela situação e denominação, descrever-se-ão os limites por constituir, aviventar ou renovar e nomear-se-ão todos os confinantes da linha demarcanda.
~~Art. 951. O autor pode requerer a demarcação com queixa de esbulho ou turbação, formulando também o pedido de restituição do terreno invadido com os rendimentos que deu, ou a indenização dos danos pela usurpação verificada.~~
~~Art. 952.~~ Qualquer condômino é parte legítima para promover a demarcação do imóvel comum, citando-se os demais como litisconsortes.
Art. 953. Os réus que residirem na comarca serão citados pessoalmente; ~~os demais,~~ por edital.
~~Art. 954.~~ Feitas as citações, terão os réus o prazo comum de ~~20~~ (vinte) dias para contestar.
~~Art. 955.~~ Havendo contestação, observar-se-á o procedimento ordinário; não havendo, aplica-se o disposto no art. 330, II.
~~Art. 956.~~ Em qualquer dos casos do artigo anterior, o juiz, antes de proferir a sentença definitiva, nomeará ~~dois arbitradores e um agrimensor~~ para levantarem o traçado da linha demarcanda.
~~Art. 957.~~ Concluídos os estudos, apresentarão os arbitradores minucioso laudo sobre o traçado da linha demarcanda, tendo em conta os títulos, marcos, rumos, a fama da vizinhança, as informações de antigos moradores do lugar e outros elementos que coligirem.
~~Parágrafo único. Ao laudo, anexará o agrimensor a planta da região e o memorial das operações de campo, os quais serão juntos aos autos, podendo as partes, no prazo comum de 10 (dez) dias, alegar o que julgarem conveniente.~~
Art. 958. A sentença, que julgar procedente a ação, determinará o traçado da linha demarcanda.
~~Art. 959.~~ Tanto que passe em julgado a sentença, o agrimensor efetuará a demarcação, colocando os marcos necessários. Todas as operações serão consignadas em planta e memorial descritivo com as referências convenientes para a identificação, em qualquer tempo, dos pontos assinalados.
~~Art. 960. Nos trabalhos de campo observar-se-ão as seguintes regras:~~
~~I - a declinação magnética da agulha será determinada na estação inicial;~~
~~II - empregar-se-ão os instrumentos aconselhados pela técnica;~~
~~III - quando se utilizarem fitas metálicas ou correntes, as medidas serão tomadas horizontalmente, em lances determinados pelo declive, de 20 (vinte) metros no máximo;~~

IV - as estações serão marcadas por pequenas estacas, fortemente cravadas, colocando-se ao lado estacas maiores, numeradas;
V - quando as estações não tiverem afastamento superior a 50 (cinquenta) metros, as visadas serão feitas sobre balizas com o diâmetro máximo de 12 (doze) milímetros;
VI - tomar-se-ão por aneróides ou por cotas obtidas mediante levantamento taqueométrico as altitudes dos pontos mais acidentados.
Art. 961. A planta será orientada segundo o meridiano do marco primordial, determinada a declinação magnética e conterá:
I - as altitudes relativas de cada estação do instrumento e a conformação altimétrica ou orográfica aproximativa dos terrenos;
II - as construções existentes, com indicação dos seus fins, bem como os marcos, valos, cercas, muros divisórios e outros quaisquer vestígios que possam servir ou tenham servido de base à demarcação;
III - as águas principais, determinando-se, quando possível, os volumes, de modo que se lhes possa calcular o valor mecânico;
IV - a indicação, por cores convencionais, das culturas existentes, pastos, campos, matas, capoeiras e divisas do imóvel.
Parágrafo único. As escalas das plantas podem variar entre os limites de 1 (um) para 500 (quinhentos) a 1 (um) para 5.000 (cinco mil) conforme a extensão das propriedades rurais, sendo admissível a de 1 (um) para 10.000 (dez mil) nas propriedades de mais de 5 (cinco) quilômetros quadrados.
Art. 962. Acompanharão as plantas as cadernetas de operações de campo e o memorial descritivo, que conterá:
I - o ponto de partida, os rumos seguidos e a aviventação dos antigos com os respectivos cálculos;
II - os acidentes encontrados, as cercas, valos, marcos antigos, córregos, rios, lagoas e outros;
III - a indicação minuciosa dos novos marcos cravados, das culturas existentes e sua produção anual;
IV - a composição geológica dos terrenos, bem como a qualidade e extensão dos campos, matas e capoeiras;
V - as vias de comunicação;
VI - as distâncias à estação da estrada de ferro, ao porto de embarque e ao mercado mais próximo;
VII - a indicação de tudo o mais que for útil para o levantamento da linha ou para a identificação da linha já levantada.
Art. 963. É obrigatória a colocação de marcos assim na estação inicial - marco primordial -,
como nos vértices dos ângulos, salvo se algum destes últimos pontos for assinalado por acidentes naturais de difícil remoção ou destruição.
Art. 964. A linha será percorrida pelos arbitradores, que examinarão os marcos e rumos, consignando em relatório escrito a exatidão do memorial e planta apresentados pelo agrimensor ou as divergências porventura encontradas.
Art. 965. Junto aos autos o relatório dos arbitradores, determinará o juiz que as partes se manifestem sobre ele no prazo comum de 10 (dez) dias. Em seguida, executadas as correções e retificações que ao juiz pareçam necessárias, lavrar-se-á o auto de demarcação em que os limites demarcandos serão minuciosamente descritos de acordo com o memorial e a planta.
Art. 966. Assinado o auto pelo juiz, arbitradores e agrimensor, será proferida a sentença homologatória da demarcação.

Seção III
Da Divisão

Art. 967. A petição inicial, elaborada com observância dos requisitos do art. 282 e instruída com os títulos de domínio do promovente, conterá:
I - a indicação da origem da comunhão e a denominação, situação, limites e característicos do imóvel;
II - o nome, o estado civil, a profissão e a residência de todos os condôminos, especificando-se os estabelecidos no imóvel com benfeitorias e culturas;
III - as benfeitorias comuns.
Art. 968. Feitas as citações como preceitua o art. 953, prosseguir-se-á na forma dos arts. 954 e 955.
Art. 969. Prestado o compromisso pelos arbitradores e agrimensor, terão início, pela medição do imóvel, as operações de divisão.
Art. 970. Todos os condôminos serão intimados a apresentar, dentro em 10 (dez) dias, os seus títulos, se ainda não o tiverem feito; e a formular os seus pedidos sobre a constituição dos quinhões.
Art. 971. O juiz ouvirá as partes no prazo comum de 10 (dez) dias.
Parágrafo único. Não havendo impugnação, o juiz determinará a divisão geodésica do imóvel; se houver, proferirá, no prazo de 10 (dez) dias, decisão sobre os pedidos e os títulos que devam ser atendidos na formação dos quinhões.
Art. 972. A medição será efetuada na forma dos arts. 960 a 963.
Art. 973. Se qualquer linha do perímetro atingir benfeitorias permanentes dos confinantes, feitas

há mais de ~~1 (um)~~ ano, serão elas respeitadas, bem como os terrenos onde estiverem, os quais não se computarão na área dividenda.
~~Parágrafo único. Consideram-se benfeitorias, para os efeitos deste artigo, as edificações, muros, cercas, culturas e pastos fechados, não abandonados há mais de 2 (dois) anos.~~
~~Art. 974.~~ É lícito aos confinantes do imóvel dividendo demandar a restituição dos terrenos que lhes tenham sido usurpados.
§ 1º Serão citados para a ação todos os condôminos, se ainda não transitou em julgado a sentença homologatória da divisão; e todos os quinhoeiros dos terrenos vindicados, se proposta posteriormente.
§ 2º Neste último caso terão os quinhoeiros o direito, pela mesma sentença que os obrigar à restituição, a haver dos outros condôminos do processo divisório, ou de seus sucessores a título universal, a composição pecuniária proporcional ao desfalque sofrido.
~~Art. 975. Concluídos os trabalhos de campo, levantará o agrimensor a planta do imóvel e organizará o memorial descritivo das operações, observado o disposto nos arts. 961 a 963.~~
~~§ 1º A planta assinalará também:~~
~~I - as povoações e vias de comunicação existentes no imóvel;~~
~~II - as construções e benfeitorias, com a indicação dos seus fins, proprietários e ocupantes;~~
~~III - as águas principais que banham o imóvel;~~
~~IV - a composição geológica, qualidade e vestimenta dos terrenos, bem como o valor destes e das culturas.~~
~~§ 2º O memorial descritivo indicará mais:~~
~~I - a composição geológica, a qualidade e o valor dos terrenos, bem como a cultura e o destino a que melhor possam adaptar-se;~~
~~II - as águas que banham o imóvel, determinando-lhes, tanto quanto possível, o volume, de modo que se lhes possa calcular o valor mecânico;~~
~~III - a qualidade e a extensão aproximada de campos e matas;~~
~~IV - as indústrias exploradas e as suscetíveis de exploração;~~
~~V - as construções, benfeitorias e culturas existentes, mencionando-se os respectivos proprietários e ocupantes;~~
~~VI - as vias de comunicação estabelecidas e as que devam ser abertas;~~
~~VII - a distância aproximada à estação de transporte de mais fácil acesso;~~
~~VIII - quaisquer outras informações que possam concorrer para facilitar a partilha.~~
~~Art. 976. Durante os trabalhos de campo procederão os arbitradores ao exame, classificação e avaliação das terras, culturas, edifícios e outras benfeitorias, entregando o laudo ao agrimensor.~~
~~Art. 977. O agrimensor avaliará o imóvel no seu todo, se os arbitradores reconhecerem que a homogeneidade das terras não determina variedade de preços; ou o classificará em áreas, se houver diversidade de valores.~~
~~Art. 978.~~ ~~Em seguida~~ os arbitradores e o agrimensor proporão, em laudo fundamentado, a forma da divisão, devendo consultar, quanto possível, a comodidade das partes, respeitar, para adjudicação a cada condômino, a preferência dos terrenos contíguos às suas residências e benfeitorias e evitar o retalhamento dos quinhões em glebas separadas.
~~§ 1º O cálculo será precedido do histórico das diversas transmissões efetuadas a partir do ato ou fato gerador da comunhão, atualizando-se os valores primitivos.~~
~~§ 2º Seguir-se-ão, em títulos distintos, as contas de cada condômino, mencionadas todas as aquisições e alterações em ordem cronológica bem como as respectivas datas e as folhas dos autos onde se encontrem os documentos correspondentes.~~
~~§ 3º O plano de divisão será também consignado em um esquema gráfico.~~
~~Art. 979.~~ Ouvidas as partes, no prazo comum de ~~10 (dez)~~ dias, sobre o cálculo e o plano da divisão, deliberará o juiz a partilha. Em cumprimento desta decisão, procederá o agrimensor, ~~assistido pelos arbitradores~~, à demarcação dos quinhões, observando, além do disposto nos arts. 963 ~~e 964~~, as seguintes regras:
I - as benfeitorias comuns, que não comportarem divisão cômoda, serão adjudicadas a um dos condôminos mediante compensação;
II - instituir-se-ão as servidões, que forem indispensáveis, em favor de uns quinhões sobre os outros, incluindo o respectivo valor no orçamento para que, não se tratando de servidões naturais, seja compensado o condômino aquinhoado com o prédio serviente;
III - as benfeitorias particulares dos condôminos, que excederem a área a que têm direito, serão adjudicadas ao quinhoeiro vizinho mediante reposição;
IV - se outra coisa não acordarem as partes, as compensações e reposições serão feitas em dinheiro.
~~Art. 980.~~ Terminados os trabalhos e desenhados na planta os quinhões e as servidões aparentes, organizará o agrimensor o memorial descritivo. Em seguida, cumprido o disposto no art. 965, o escrivão lavrará o auto de divisão, seguido de uma folha de pagamento para cada condômino. Assinado o auto

pelo juiz, agrimensor e arbitradores, será proferida sentença homologatória da divisão.

§ 1º O auto conterá:

I - a confinação e a extensão superficial do imóvel;

II - a classificação das terras com o cálculo das áreas de cada consorte e a respectiva avaliação, ou a avaliação do imóvel na sua integridade, quando a homogeneidade das terras não determinar diversidade de valores;

III - o valor e a quantidade geométrica que couber a cada condômino, declarando-se as reduções e compensações resultantes da diversidade de valores das glebas componentes de cada quinhão.

§ 2º Cada folha de pagamento conterá:

I - a descrição das linhas divisórias do quinhão, mencionadas as confinantes;

II - a relação das benfeitorias e culturas do próprio quinhoeiro e das que lhe foram adjudicadas por serem comuns ou mediante compensação;

III - a declaração das servidões instituídas, especificados os lugares, a extensão e modo de exercício.

Art. 981. Aplica-se às divisões o disposto nos arts. 952 a 955.

> Nota: O Projeto não aplicou às divisões a partir do disposto no art. 953.

Capítulo IX
Do Inventário e da Partilha

Seção I
Das Disposições Gerais

Art. 982. Havendo testamento ou interessado incapaz, proceder-se-á ao inventário judicial; se todos forem capazes e concordes, poderá fazer-se o inventário e a partilha por escritura pública, a qual constituirá título hábil para o registro imobiliário.

§ 1º O tabelião somente lavrará a escritura pública se todas as partes interessadas estiverem assistidas por advogado comum ou advogados de cada uma delas ou por defensor público, cuja qualificação e assinatura constarão do ato notarial.

§ 2º A escritura e demais atos notariais serão gratuitos àqueles que se declararem pobres sob as penas da lei.

Art. 983. O processo de inventário e partilha deve ser aberto dentro de 60 (sessenta) dias a contar da abertura da sucessão, ultimando-se nos 12 (doze) meses subseqüentes, podendo o juiz prorrogar tais prazos, de ofício ou a requerimento de parte.

Parágrafo único. (Revogado pela Lei nº 11.441, de 2007).

Art. 984. O juiz decidirá todas as questões de direito e também as questões de fato, quando este se achar provado por documento, só remetendo para os meios ordinários as que demandarem alta indagação ou dependerem de outras provas.

Art. 985. Até que o inventariante preste o compromisso (art. 990, parágrafo único), continuará o espólio na posse do administrador provisório.

Art. 986. O administrador provisório representa ativa e passivamente o espólio, é obrigado a trazer ao acervo os frutos que desde a abertura da sucessão percebeu, tem direito ao reembolso das despesas necessárias e úteis que fez e responde pelo dano a que, por dolo ou culpa, der causa.

Seção II
Da Legitimidade para Requerer o Inventário

Art. 987. A quem estiver na posse e administração do espólio incumbe, no prazo estabelecido no art. 983, requerer o inventário e a partilha.

Parágrafo único. O requerimento será instruído com a certidão de óbito do autor da herança.

Art. 988. Tem, contudo, legitimidade concorrente:

I - o cônjuge supérstite;

II - o herdeiro;

III - o legatário;

IV - o testamenteiro;

V - o cessionário do herdeiro ou do legatário;

VI - o credor do herdeiro, do legatário ou do autor da herança;

VII - o Ministério Público, havendo herdeiros incapazes;

VII - o síndico da falência do herdeiro, do legatário, do autor da herança ou do cônjuge supérstite;

VIII - o Ministério Público, havendo herdeiros incapazes;

IX - a Fazenda Pública, quando tiver interesse.

Art. 989. O juiz determinará, de ofício, que se inicie o inventário, se nenhuma das pessoas mencionadas nos artigos antecedentes o requerer no prazo legal.

Seção III
Do Inventariante e das Primeiras Declarações

Art. 990. O juiz nomeará inventariante:

I - o cônjuge ou companheiro sobrevivente, desde que estivesse convivendo com o outro ao tempo da morte deste;

II - o herdeiro que se achar na posse e administração do espólio, se não houver cônjuge ou companheiro sobrevivente ou estes não puderem ser nomeados;

III - qualquer herdeiro, nenhum estando na posse e administração do espólio;
IV - o testamenteiro, se lhe foi confiada a administração do espólio ou toda a herança estiver distribuída em legados;
V - o inventariante judicial, se houver;
VI - pessoa estranha idônea, onde não houver inventariante judicial.
Parágrafo único. O inventariante, intimado da nomeação, prestará, dentro de 5 (cinco) dias, o compromisso de bem e fielmente desempenhar o cargo.
Art. 991. Incumbe ao inventariante:
I - representar o espólio ativa e passivamente, em juízo ou fora dele, observando-se, quanto ao dativo, o disposto no art. 12, § 1º;
II - administrar o espólio, velando-lhe os bens com a mesma diligência como se seus fossem;
III - prestar as primeiras e últimas declarações pessoalmente ou por procurador com poderes especiais;
IV - exibir em cartório, a qualquer tempo, para exame das partes, os documentos relativos ao espólio;
V - juntar aos autos certidão do testamento, se houver;
VI - trazer à colação os bens recebidos pelo herdeiro ausente, renunciante ou excluído;
VII - prestar contas de sua gestão ao deixar o cargo ou sempre que o juiz lhe determinar;
VIII - requerer a declaração de insolvência (art. 748).
Art. 992. Incumbe ainda ao inventariante, ouvidos os interessados e com autorização do juiz:
I - alienar bens de qualquer espécie;
II - transigir em juízo ou fora dele;
III - pagar dívidas do espólio;
IV - fazer as despesas necessárias com a conservação e o melhoramento dos bens do espólio.
Art. 993. Dentro de 20 (vinte) dias, contados da data em que prestou o compromisso, fará o inventariante as primeiras declarações, das quais se lavrará termo circunstanciado. No termo, assinado pelo juiz, escrivão e inventariante, serão exarados:
I - o nome, estado, idade e domicílio do autor da herança, dia e lugar em que faleceu e bem ainda se deixou testamento;
II - o nome, estado, idade e residência dos herdeiros e, havendo cônjuge supérstite, o regime de bens do casamento;
III - a qualidade dos herdeiros e o grau de seu parentesco com o inventariado;
IV - a relação completa e individuada de todos os bens do espólio e dos alheios que nele forem encontrados, descrevendo-se:

a) os imóveis, com as suas especificações, nomeadamente local em que se encontram, extensão da área, limites, confrontações, benfeitorias, origem dos títulos, números das transcrições aquisitivas e ônus que os gravam;
b) os móveis, com os sinais característicos;
c) os semoventes, seu número, espécies, marcas e sinais distintivos;
d) o dinheiro, as jóias, os objetos de ouro e prata, e as pedras preciosas, declarando-se-lhes especificadamente a qualidade, o peso e a importância;
e) os títulos da dívida pública, bem como as ações, cotas e títulos de sociedade, mencionando-se-lhes o número, o valor e a data;
f) as dívidas ativas e passivas, indicando-se-lhes as datas, títulos, origem da obrigação, bem como os nomes dos credores e dos devedores;
g) direitos e ações;
h) o valor corrente de cada um dos bens do espólio.
Parágrafo único. O juiz determinará que se proceda:
I - ao balanço do estabelecimento, se o autor da herança era comerciante em nome individual;
II - a apuração de haveres, se o autor da herança era sócio de sociedade que não anônima.
Art. 994. Só se pode argüir de sonegação ao inventariante depois de encerrada a descrição dos bens, com a declaração, por ele feita, de não existirem outros por inventariar.
Art. 995. O inventariante será removido:
I - se não prestar, no prazo legal, as primeiras e as últimas declarações;
II - se não der ao inventário andamento regular, suscitando dúvidas infundadas ou praticando atos meramente protelatórios;
III - se, por culpa sua, se deteriorarem, forem dilapidados ou sofrerem dano bens do espólio;
IV - se não defender o espólio nas ações em que for citado, deixar de cobrar dívidas ativas ou não promover as medidas necessárias para evitar o perecimento de direitos;
V - se não prestar contas ou as que prestar não forem julgadas boas;
VI - se sonegar, ocultar ou desviar bens do espólio.
Art. 996. Requerida a remoção com fundamento em qualquer dos números do artigo antecedente, será intimado o inventariante para, no prazo de 5 (cinco) dias, defender-se e produzir provas.
Parágrafo único. O incidente da remoção correrá em apenso aos autos do inventário.
Art. 997. Decorrido o prazo com a defesa do inventariante ou sem ela, o juiz decidirá. Se remover o inventariante, nomeará outro, observada a ordem estabelecida no art. 990.

~~Art. 998.~~ O inventariante removido entregará imediatamente ao substituto os bens do espólio; deixando de fazê-lo, será compelido mediante mandado de busca e apreensão~~,~~ ou de imissão na posse~~,~~ conforme se tratar de bem móvel ou imóvel.

Seção IV
Das Citações e das Impugnações

~~Art. 999.~~ Feitas as primeiras declarações, o juiz mandará citar, para os termos do inventário e partilha, o cônjuge, os herdeiros, os legatários, a Fazenda Pública, o Ministério Público, se houver herdeiro incapaz ou ausente, e o testamenteiro, se o finado deixou testamento.

§ 1º <u>Citar-se-ão,</u> conforme o disposto nos ~~arts. 224 a 230, somente as pessoas domiciliadas na comarca por onde corre o inventário ou que aí foram encontradas~~; e por edital, com o prazo de ~~20 (vinte)~~ a ~~60 (sessenta)~~ <u>dias</u>, todas as demais~~,~~ residentes~~,~~ ~~assim~~ no Brasil como no estrangeiro.

§ 2º Das primeiras declarações extrair-se-ão tantas cópias quantas forem as partes.

§ 3º ~~O oficial de justiça, ao proceder à citação, entregará um exemplar a cada parte.~~

§ 4º Incumbe ao escrivão remeter cópias à Fazenda Pública, ao Ministério Público, ao testamenteiro, se houver, e ao advogado, se a parte já estiver representada nos autos.

~~Art. 1.000.~~ Concluídas as citações, abrir-se-á vista às partes, em cartório e pelo prazo comum de ~~10 (dez)~~ dias, para <u>dizerem</u> sobre as primeiras declarações. Cabe à parte:
I - argüir erros ~~e~~ omissões;
II - reclamar contra a nomeação do inventariante;
III - contestar a qualidade de quem foi incluído no título de herdeiro.

~~Parágrafo único.~~ Julgando procedente a impugnação referida no nº I, o juiz mandará retificar as primeiras declarações. Se acolher o pedido, de que trata o nº II, nomeará outro inventariante, observada a preferência legal. Verificando que a disputa sobre a qualidade de herdeiro, a que alude o nº III, ~~constitui matéria de alta indagação~~, remeterá a parte para os meios ordinários e sobrestará, até o julgamento da ação, <u>na</u> entrega do quinhão que na partilha couber ao herdeiro admitido.

~~Art. 1.001.~~ Aquele que se julgar preterido poderá demandar a sua admissão no inventário, requerendo-o antes da partilha. Ouvidas as partes no prazo de ~~10 (dez)~~ dias, o juiz decidirá. ~~Se não acolher o pedido~~, remeterá o requerente para os meios ordinários, mandando reservar, em poder do inventariante, o quinhão do herdeiro excluído até que se decida o litígio.

~~Art. 1.002.~~ A Fazenda Pública, no prazo de ~~20 (vinte)~~ dias, após a vista de que trata o <u>art. 1.000</u>, informará ao juízo, de acordo com os dados que constam de seu cadastro imobiliário, o valor dos bens de raiz descritos nas primeiras declarações.

~~Seção V~~
~~Da Avaliação e do Cálculo do Imposto~~

~~Art. 1.003.~~ Findo o prazo do <u>art. 1.000</u>, sem impugnação ou decidida a que houver sido oposta, o juiz nomeará um perito para avaliar os bens do espólio, se não houver na comarca avaliador judicial.

Parágrafo único. No caso previsto no <u>art. 993, parágrafo único</u>, o juiz nomeará um contador para levantar o balanço ou apurar os haveres.

~~Art. 1.004.~~ Ao avaliar os bens do espólio, <u>observará o perito</u>, no que for aplicável, o disposto nos <u>arts. 681 a 683</u>.

~~Art. 1.005. O herdeiro que requerer, durante a avaliação, a presença do juiz e do escrivão, pagará as despesas da diligência.~~

~~Art. 1.006.~~ Não se expedirá carta precatória para a avaliação de bens situados fora da comarca por onde corre o inventário, se eles forem de pequeno valor ou perfeitamente conhecidos do perito nomeado.

~~Art. 1.007.~~ Sendo capazes todas as partes, não se procederá à avaliação, se a Fazenda Pública, intimada <u>na forma do art. 237, I</u>, concordar expressamente com o valor atribuído, nas primeiras declarações, aos bens do espólio.

~~Art. 1.008.~~ Se os herdeiros concordarem com o valor dos bens declarados pela Fazenda Pública, a avaliação cingir-se-á aos demais.

~~Art. 1.009.~~ Entregue o laudo de avaliação, o juiz mandará que <u>sobre ele se manifestem as partes</u> no prazo de ~~10 (dez)~~ dias, que correrá em cartório.

§ 1º Versando a impugnação sobre o valor dado pelo perito, o juiz a decidirá de plano, à vista do que constar dos autos.

§ 2º Julgando procedente a impugnação, <u>determinará o juiz</u> que o perito retifique a avaliação, observando os fundamentos da decisão.

~~Art. 1.010. O juiz mandará repetir a avaliação:~~
~~I - quando viciada por erro ou dolo do perito;~~
~~II - quando se verificar, posteriormente à avaliação, que os bens apresentam defeito que lhes diminui o valor.~~

~~Art. 1.011.~~ Aceito o laudo ou resolvidas as impugnações suscitadas a seu respeito lavrar-se-á em seguida o termo de últimas declarações, no qual o inventariante poderá emendar, aditar ou completar as primeiras.

~~Art. 1.012.~~ Ouvidas as partes sobre as últimas declarações no prazo comum de ~~10 (dez)~~ dias, proceder-se-á ao cálculo do ~~imposto~~.

~~Art. 1.013.~~ Feito o cálculo, sobre ele serão ouvidas todas as partes no prazo comum de ~~5 (cinco)~~ dias, que correrá em cartório e, em seguida, a Fazenda Pública.

§ 1º Se houver impugnação julgada procedente, <u>ordenará o juiz</u> <u>novamente a</u> remessa dos autos ao contador, determinando as alterações que devam ser feitas no cálculo.

§ 2º Cumprido o despacho, o juiz julgará o cálculo do ~~imposto~~.

~~Seção VI~~
~~Das Colações~~

~~Art. 1.014.~~ No prazo estabelecido no <u>art. 1.000</u>, o herdeiro obrigado à colação conferirá por termo nos autos os bens que recebeu ou, se já os não possuir, trar-lhes-á o valor.

Parágrafo único. Os bens que devem ser conferidos na partilha, assim como as acessões e benfeitorias que o donatário fez, calcular-se-ão pelo valor que tiverem ao tempo da abertura da sucessão.

~~Art. 1.015.~~ O herdeiro que renunciou à herança ou o que dela foi excluído não se exime, pelo fato da renúncia ou da exclusão, de conferir, para o efeito de repor a parte inoficiosa, as liberalidades que houve do doador.

§ 1º E lícito ao donatário escolher, dos bens doados, tantos quantos bastem para perfazer a legítima e a metade disponível, entrando na partilha o excedente para ser dividido entre os demais herdeiros.

§ 2º Se a parte inoficiosa da doação recair sobre bem imóvel, que não comporte divisão cômoda, o juiz determinará que sobre ela se proceda entre os herdeiros à licitação; o donatário poderá concorrer na licitação e, em igualdade de condições, preferirá aos herdeiros.

~~Art. 1.016.~~ Se o herdeiro negar o recebimento dos bens ou a obrigação de os conferir, o juiz, ouvidas as partes no prazo comum de ~~5 (cinco)~~ dias, decidirá à vista das alegações e provas produzidas.

§ 1º Declarada improcedente a oposição, se o herdeiro, no prazo improrrogável de ~~5 (cinco)~~ dias, não proceder à conferência, o juiz mandará seqüestrar-lhe, para serem inventariados e partilhados, os bens sujeitos à colação, ou imputar ao seu quinhão hereditário o valor deles, se já os não possuir.

§ 2º Se a matéria ~~for de alta indagação~~, o juiz remeterá as partes para os meios ordinários, não podendo o herdeiro receber o seu quinhão hereditário, enquanto pender a demanda, sem prestar caução correspondente ao valor dos bens sobre que versar a conferência.

Seção VII
Do Pagamento das Dívidas

~~Art. 1.017.~~ Antes da partilha, poderão os credores do espólio requerer ao juízo do inventário o pagamento das dívidas vencidas e exigíveis.

§ 1º A petição, acompanhada de prova literal da dívida, será distribuída por dependência e autuada em apenso aos autos do processo de inventário.

§ 2º Concordando as partes com o pedido, o juiz, ao declarar habilitado o credor, mandará que se faça a separação de dinheiro ou, em sua falta, de bens suficientes para o seu pagamento.

§ 3º Separados os bens, tantos quantos forem necessários para o pagamento dos credores habilitados, o juiz mandará aliená-los ~~em praça ou leilão~~, <u>observadas, no que forem aplicáveis, as regras do Livro II, Título II, Capítulo IV, Seção I, Subseção VII e Seção II, Subseções I e II.</u>

§ 4º Se o credor requerer que, em vez de dinheiro, lhe sejam adjudicados, para o seu pagamento, os bens já reservados, o juiz deferir-lhe-á o pedido, concordando todas as partes.

~~Art. 1.018.~~ Não havendo concordância de todas as partes sobre o pedido de pagamento feito pelo credor, será ele remetido para os meios ordinários.

Parágrafo único. O juiz mandará, porém, reservar em poder do inventariante bens suficientes para pagar o credor~~,~~ quando a dívida constar de documento que comprove suficientemente a obrigação e a impugnação não se fundar em quitação.

~~Art. 1.019.~~ O credor de dívida líquida e certa, ainda não vencida, pode requerer habilitação no inventário. Concordando as partes com o pedido, o juiz, ao julgar habilitado o crédito, mandará que se faça separação de bens para o futuro pagamento.

~~Art. 1.020.~~ O legatário é parte legítima para manifestar-se sobre as dívidas do espólio:

I - quando toda a herança for dividida em legados;

II - quando o reconhecimento das dívidas importar redução dos legados.

~~Art. 1.021.~~ Sem prejuízo do disposto no <u>art. 674</u>, é lícito aos herdeiros, ao separarem bens para o pagamento de dívidas, autorizar que o inventariante os nomeie à penhora no processo em que o espólio for executado.

~~Seção VIII~~
~~Da Partilha~~

~~Art. 1.022.~~ Cumprido o disposto no <u>art. 1.017, § 3º</u>, o juiz facultará às partes que, no prazo comum de ~~10 (dez)~~ dias, formulem o pedido de quinhão; em seguida proferirá, no prazo de ~~10 (dez)~~ dias, o despacho de deliberação da partilha, resolvendo os pedidos das partes e designando os bens que devam constituir quinhão de cada herdeiro e legatário.

~~Art. 1.023.~~ O partidor organizará o esboço da partilha de acordo com a decisão, observando nos pagamentos a seguinte ordem:
I - dívidas atendidas;
II - meação do cônjuge;
III - meação disponível;
IV - quinhões hereditários, a começar pelo co-herdeiro mais velho.

~~Art. 1.024.~~ Feito o esboço, <u>dirão sobre ele as partes</u> no prazo comum de ~~5 (cinco)~~ dias. Resolvidas as reclamações, será a partilha lançada nos autos.

~~Art. 1.025.~~ A partilha constará:
I - de um auto de orçamento, que mencionará:
a) os nomes do autor da herança, do inventariante, do cônjuge supérstite, dos herdeiros, dos legatários e dos credores admitidos;
b) o ativo, o passivo e o líquido partível, com as necessárias especificações;
c) o valor de cada quinhão;
II - de uma folha de pagamento para cada parte, declarando a quota a pagar-lhe, a razão do pagamento, a relação dos bens que lhe compõem o quinhão, as características que os individualizam e os ônus que os gravam.
Parágrafo único. O auto e cada uma das folhas serão assinados pelo juiz e pelo escrivão.

~~Art. 1.026.~~ Pago o imposto de transmissão a título de morte, e <u>junta</u> aos autos certidão ou informação negativa de dívida para com a Fazenda Pública, o juiz julgará por sentença a partilha.

~~Art. 1.027.~~ <u>Passada</u> em julgado a sentença mencionada no <u>artigo antecedente</u>, receberá o herdeiro os bens que lhe tocarem e um formal de partilha, do qual constarão as seguintes peças:
I - termo de inventariante e título de herdeiros;
II - avaliação dos bens que constituíram o quinhão do herdeiro;
III - pagamento do quinhão hereditário;
IV - quitação dos impostos;
V - sentença.
Parágrafo único. O formal de partilha poderá ser substituído por certidão do pagamento do quinhão hereditário, quando este não exceder ~~5 (cinco)~~ vezes o salário mínimo vigente na sede do juízo; caso em que se transcreverá nela a sentença de partilha transitada em julgado.

~~Art. 1.028.~~ A partilha, <u>ainda</u> depois de <u>passar</u> em julgado a sentença ~~(art. 1.026)~~, pode ser emendada nos mesmos autos do inventário, convindo todas as partes, quando tenha havido erro de fato na descrição dos bens; o juiz, de ofício ou a requerimento da parte, poderá, a qualquer tempo, corrigir-lhe as inexatidões materiais.

~~Art. 1.029.~~ A partilha amigável, lavrada em instrumento público, reduzida a termo nos autos do inventário ou constante de escrito particular homologado pelo juiz, pode ser anulada, por dolo, coação, erro essencial ou intervenção de incapaz.
Parágrafo único. O direito de propor ação anulatória de partilha amigável prescreve em ~~1 (um)~~ ano, contado <u>este</u> prazo:
I - no caso de coação, do dia em que ela cessou;
II - no de erro ou dolo, do dia em que se realizou o ato;
III - quanto ao incapaz, do dia em que cessar a incapacidade.

~~Art. 1.030.~~ É rescindível a partilha julgada por sentença:
I - nos casos mencionados no <u>artigo antecedente</u>;
II - se feita com preterição de formalidades legais;
III - se preteriu herdeiro ou incluiu quem não o seja.

Seção IX
Do Arrolamento

~~Art. 1.031.~~ A partilha amigável, celebrada entre partes capazes, nos termos ~~do art. 2.015 da Lei nº 10.406, de 10 de janeiro de 2002 - Código Civil~~, será homologada de plano pelo juiz, ~~mediante a prova da quitação dos tributos relativos aos bens do espólio e às suas rendas~~, com observância dos <u>arts. 1.032 a 1.035 desta Lei.</u>
§ 1º O disposto neste artigo aplica-se, também, ao pedido de adjudicação, quando houver herdeiro único.
§ 2º Transitada em julgado a sentença de homologação de partilha ou adjudicação, o respectivo formal, bem como os alvarás referentes aos bens por ele abrangidos, ~~só serão expedidos e entregues às partes após a comprovação, verificada pela Fazenda Pública, do pagamento de todos os tributos.~~

~~Art. 1.032.~~ Na petição de inventário, que se processará na forma de arrolamento sumário, independentemente da lavratura de termos de qualquer espécie, os herdeiros:

I - requererão ao juiz a nomeação do inventariante que designarem;
II - declararão os títulos dos herdeiros e os bens do espólio, observado o disposto no art. 993 desta Lei;
III - atribuirão o valor dos bens do espólio, para fins de partilha.
Art. 1.033. Ressalvada a hipótese prevista no parágrafo único do art. 1.035 desta Lei, não se procederá a avaliação dos bens do espólio para qualquer finalidade.
Art. 1.034. No arrolamento, não serão conhecidas ou apreciadas questões relativas ao lançamento, ao pagamento ou à quitação de taxas judiciárias e de tributos incidentes sobre a transmissão da propriedade dos bens do espólio.
§ 1º A taxa judiciária, se devida, será calculada com base no valor atribuído pelos herdeiros, cabendo ao fisco, se apurar em processo administrativo valor diverso do estimado, exigir a eventual diferença pelos meios adequados ao lançamento de créditos tributários em geral.
§ 2º O imposto de transmissão será objeto de lançamento administrativo, conforme dispuser a legislação tributária, não ficando as autoridades fazendárias adstritas aos valores dos bens do espólio atribuídos pelos herdeiros.
Art. 1.035. A existência de credores do espólio não impedirá a homologação da partilha ou da adjudicação, se forem reservados bens suficientes para o pagamento da dívida.
Parágrafo único. A reserva de bens será realizada pelo valor estimado pelas partes, salvo se o credor, regularmente notificado, impugnar a estimativa, caso em que se promoverá a avaliação dos bens a serem reservados.
Art. 1.036. Quando o valor dos bens do espólio for igual ou inferior a 2.000 (duas mil) Obrigações do Tesouro Nacional - OTN, o inventário processar-se-á na forma de arrolamento, cabendo ao inventariante nomeado, independentemente da assinatura de termo de compromisso, apresentar, com suas declarações, a atribuição do valor dos bens do espólio e o plano da partilha.
§ 1º Se qualquer das partes ou o Ministério Público impugnar a estimativa, o juiz nomeará um avaliador que oferecerá laudo em 10 (dez) dias.
§ 2º Apresentado o laudo, o juiz, em audiência que designar, deliberará sobre a partilha, decidindo de plano todas as reclamações e mandando pagar as dívidas não impugnadas.
§ 3º Lavrar-se-á de tudo um só termo, assinado pelo juiz e pelas partes presentes.
§ 4º Aplicam-se a esta espécie de arrolamento, no que couberem, as disposições do art. 1.034 e seus parágrafos, relativamente ao lançamento,

ao pagamento e à quitação da taxa judiciária e do imposto sobre a transmissão da propriedade dos bens do espólio.
§ 5º Provada a quitação dos tributos relativos aos bens do espólio e às suas rendas, o juiz julgará a partilha.
Art. 1.037. Independerá de inventário ou arrolamento o pagamento dos valores previstos na Lei nº 6.858, de 24 de novembro de 1980.
Art. 1.038. Aplicam-se subsidiariamente a esta Seção as disposições das seções antecedentes, bem como as da seção subseqüente.

Seção X
Das Disposições Comuns às Seções Precedentes

Art. 1.039. Cessa a eficácia das medidas cautelares previstas nas várias seções deste Capítulo:
I - se a ação não for proposta em 30 (trinta) dias, contados da data em que da decisão foi intimado o impugnante (art. 1.000, parágrafo único), o herdeiro excluído (art. 1.001) ou o credor não admitido (art. 1.018);
II - se o juiz declarar extinto o processo de inventário com ou sem julgamento do mérito.
Art. 1.040. Ficam sujeitos à sobrepartilha os bens:
I - sonegados;
II - da herança que se descobrirem depois da partilha;
III - litigiosos, assim como os de liquidação difícil ou morosa;
IV - situados em lugar remoto da sede do juízo onde se processa o inventário.
Parágrafo único. Os bens mencionados nos ns. III e IV deste artigo serão reservados à sobrepartilha sob a guarda e administração do mesmo ou de diverso inventariante, a aprazimento da maioria dos herdeiros.
Art. 1.041. Observar-se-á na sobrepartilha dos bens o processo de inventário e partilha.
Parágrafo único. A sobrepartilha correrá nos autos do inventário do autor da herança.
Art. 1.042. O juiz dará curador especial:
I - ao ausente, se o não tiver;
II - ao incapaz, se concorrer na partilha com o seu representante.
Art. 1.043. Falecendo o cônjuge meeiro supérstite antes da partilha dos bens do pré-morto, as duas heranças serão cumulativamente inventariadas e partilhadas, se os herdeiros de ambos forem os mesmos.
§ 1º Haverá um só inventariante para os dois inventários.

§ 2º O segundo inventário será distribuído por dependência, processando-se em apenso ao primeiro.

Art. 1.044. Ocorrendo a morte de algum herdeiro na pendência do inventário em que foi admitido e não possuindo outros bens além do seu quinhão na herança, poderá este ser partilhado juntamente com os bens do monte.

Art. 1.045. Nos casos previstos nos dois artigos antecedentes prevalecerão as primeiras declarações, assim como o laudo de avaliação, salvo se se alterou o valor dos bens.

Parágrafo único. No inventário a que se proceder por morte do cônjuge herdeiro supérstite, é lícito, independentemente de sobrepartilha, descrever e partilhar bens omitidos no inventário do cônjuge pré-morto.

Capítulo X
Dos Embargos de Terceiro

Art. 1.046. Quem, não sendo parte no processo, sofrer turbação ou esbulho na posse de seus bens por ato de apreensão judicial, em casos como o de penhora, depósito, arresto, seqüestro, alienação judicial, arrecadação, arrolamento, inventário, partilha, poderá requerer lhe sejam manutenidos ou restituídos por meio de embargos.

§ 1º Os embargos podem ser de terceiro senhor e possuidor, ou apenas possuidor.

§ 2º Equipara-se a terceiro a parte que, posto figure no processo, defende bens que, pelo título de sua aquisição ou pela qualidade em que os possuir, não podem ser atingidos pela apreensão judicial.

§ 3º Considera-se também terceiro o cônjuge quando defende a posse de bens dotais, próprios, reservados ou de sua meação.

Art. 1.047. Admitem-se ainda embargos de terceiro:
I - para a defesa da posse, quando, nas ações de divisão ou de demarcação, for o imóvel sujeito a atos materiais, preparatórios ou definitivos, da partilha ou da fixação de rumos;
II - para o credor com garantia real obstar alienação judicial do objeto da hipoteca, penhor ou anticrese.

Art. 1.048. Os embargos podem ser opostos a qualquer tempo no processo de conhecimento enquanto não transitada em julgado a sentença, e, no processo de execução, até 5 (cinco) dias depois da arrematação, adjudicação ou remição, mas sempre antes da assinatura da respectiva carta.

Art. 1.049. Os embargos serão distribuídos por dependência e correrão em autos distintos perante o mesmo juiz que ordenou a apreensão.

Art. 1.050. O embargante, em petição elaborada com observância do disposto no art. 282, fará a prova sumária de sua posse e a qualidade de terceiro, oferecendo documentos e rol de testemunhas.

§ 1º É facultada a prova da posse em audiência preliminar designada pelo juiz.

§ 2º O possuidor direto pode alegar, com a sua posse, domínio alheio.

§ 3º A citação será pessoal, se o embargado não tiver procurador constituído nos autos da ação principal.

Art. 1.051. Julgando suficientemente provada a posse, o juiz deferirá liminarmente os embargos e ordenará a expedição de mandado de manutenção ou de restituição em favor do embargante, que só receberá os bens depois de prestar caução de os devolver com seus rendimentos, caso sejam afinal declarados improcedentes.

Art. 1.052. Quando os embargos versarem sobre todos os bens, determinará o juiz a suspensão do curso do processo principal; versando sobre alguns deles, prosseguirá o processo principal somente quanto aos bens não embargados.

Art. 1.053. Os embargos poderão ser contestados no prazo de 10 (dez) dias, findo o qual proceder-se-á de acordo com o disposto no art. 803.

Art. 1.054. Contra os embargos do credor com garantia real, somente poderá o embargado alegar que:
I - o devedor comum é insolvente;
II - o título é nulo ou não obriga a terceiro;
III - outra é a coisa dada em garantia.

Capítulo XI
Da Habilitação

Art. 1.055. A habilitação tem lugar quando, por falecimento de qualquer das partes, os interessados houverem de suceder-lhe no processo.

Art. 1.056. A habilitação pode ser requerida:
I - pela parte, em relação aos sucessores do falecido;
II - pelos sucessores do falecido, em relação à parte.

Art. 1.057. Recebida a petição inicial, ordenará o juiz a citação dos requeridos para contestar a ação no prazo de 5 (cinco) dias.

Parágrafo único. A citação será pessoal, se a parte não tiver procurador constituído na causa.

Art. 1.058. Findo o prazo da contestação, observar-se-á o disposto nos arts. 802 e 803.

Art. 1.059. Achando-se a causa no tribunal, a habilitação processar-se-á perante o relator e será julgada conforme o disposto no regimento interno.

~~Art. 1.060.~~ Proceder-se-á à habilitação nos autos da causa principal ~~e independentemente de sentença quando:~~
~~I - promovida pelo cônjuge e herdeiros necessários, desde que provem por documento o óbito do falecido e a sua qualidade;~~
~~II - em outra causa, sentença passada em julgado houver atribuído ao habilitando a qualidade de herdeiro ou sucessor;~~
~~III - o herdeiro for incluído sem qualquer oposição no inventário;~~
~~IV - estiver declarada a ausência ou determinada a arrecadação da herança jacente;~~
~~V - oferecidos os artigos de habilitação, a parte reconhecer a procedência do pedido e não houver oposição de terceiros.~~
~~Art. 1.061. Falecendo o alienante ou o cedente, poderá o adquirente ou o cessionário prosseguir na causa, juntando aos autos o respectivo título e provando a sua identidade.~~
~~Art. 1.062.~~ Passada em julgado a sentença de habilitação, ou admitida a habilitação nos casos em que independer de sentença, a causa principal retomará o seu curso.

Nota: Ver art. 627 do Projeto do Novo CPC.

Capítulo ~~XII~~
Da Restauração de Autos

~~Art. 1.063.~~ Verificado o desaparecimento dos autos, pode qualquer das partes promover-lhes a restauração.
Parágrafo único. Havendo autos suplementares, nestes prosseguirá o processo.
~~Art. 1.064.~~ Na petição inicial declarará a parte o estado da causa ao tempo do desaparecimento dos autos, oferecendo:
I - certidões dos atos constantes do protocolo de audiências do cartório por onde haja corrido o processo;
II - cópia ~~dos requerimentos que dirigiu ao juiz~~;
III - quaisquer outros documentos que facilitem a restauração.
~~Art. 1.065.~~ A parte contrária será citada para contestar o pedido no prazo de ~~5 (cinco)~~ dias, cabendo-lhe exibir as cópias, contrafés e mais reproduções dos atos e documentos que estiverem em seu poder.
§ 1º Se a parte concordar com a restauração, lavrar-se-á o respectivo auto que, assinado pelas partes e homologado pelo juiz, suprirá o processo desaparecido.
§ 2º Se a parte não contestar ou se a concordância for parcial, observar-se-á o ~~disposto no art. 803~~.
~~Art. 1.066.~~ Se o desaparecimento dos autos tiver ocorrido depois da produção das provas em audiência, o juiz mandará repeti-las.

§ 1º Serão reinquiridas as mesmas testemunhas; mas se estas tiverem falecido ou se acharem impossibilitadas de depor e não houver meio de comprovar de outra forma o depoimento, poderão ser substituídas.
§ 2º Não havendo certidão ou cópia do laudo, far-se-á nova perícia, sempre que for possível ~~e de~~ preferência pelo mesmo perito.
§ 3º Não havendo certidão de documentos, estes serão reconstituídos mediante cópias e, na falta, pelos meios ordinários de prova.
§ 4º Os serventuários e auxiliares da justiça não podem eximir-se de depor como testemunhas a respeito de atos que tenham praticado ou assistido.
§ 5º Se o juiz houver proferido sentença da qual possua cópia, esta será junta aos autos e terá a mesma autoridade da original.
~~Art. 1.067.~~ Julgada a restauração, seguirá o processo os seus termos.
~~§ 1º~~ Aparecendo os autos originais, nestes se prosseguirá sendo-lhes apensados os autos da restauração.
~~§ 2º Os autos suplementares serão restituídos ao cartório, deles se extraindo certidões de todos os atos e termos a fim de completar os autos originais.~~
~~Art. 1.068.~~ Se o desaparecimento dos autos tiver ocorrido no tribunal, a ação será distribuída, sempre que possível, ao relator do processo.
§ 1º A restauração far-se-á no juízo de origem quanto aos atos que neste se tenham realizado.
§ 2º Remetidos os autos ao tribunal, aí se completará a restauração e se procederá ao julgamento.
~~Art. 1.069.~~ Quem houver dado causa ao desaparecimento dos autos responderá pelas custas da restauração e honorários de advogado, sem prejuízo da responsabilidade civil ou penal em que incorrer.

~~Capítulo XIII~~
~~Das Vendas a Crédito com Reserva de Domínio~~

~~Art. 1.070. Nas vendas a crédito com reserva de domínio, quando as prestações estiverem representadas por título executivo, o credor poderá cobrá-las, observando-se o disposto no Livro II, Título II, Capítulo IV.~~
~~§ 1º Efetuada a penhora da coisa vendida, é lícito a qualquer das partes, no curso do processo, requerer-lhe a alienação judicial em leilão.~~
~~§ 2º O produto do leilão será depositado, sub-rogando-se nele a penhora.~~
~~Art. 1.071. Ocorrendo mora do comprador, provada com o protesto do título, o vendedor poderá requerer, liminarmente e sem audiência do comprador, a apreensão e depósito da coisa vendida.~~

~~§ 1º Ao deferir o pedido, nomeará o juiz perito, que procederá à vistoria da coisa e arbitramento do seu valor, descrevendo-lhe o estado e individuando-a com todos os característicos.~~
~~§ 2º Feito o depósito, será citado o comprador para, dentro em 5 (cinco) dias, contestar a ação. Neste prazo poderá o comprador, que houver pago mais de 40% (quarenta por cento) do preço, requerer ao juiz que lhe conceda 30 (trinta) dias para reaver a coisa, liquidando as prestações vencidas, juros, honorários e custas.~~
~~§ 3º Se o réu não contestar, deixar de pedir a concessão do prazo ou não efetuar o pagamento referido no parágrafo anterior, poderá o autor, mediante a apresentação dos títulos vencidos e vincendos, requerer a reintegração imediata na posse da coisa depositada; caso em que, descontada do valor arbitrado a importância da dívida acrescida das despesas judiciais e extrajudiciais, o autor restituirá ao réu o saldo, depositando-o em pagamento.~~
~~§ 4º Se a ação for contestada, observar-se-á o procedimento ordinário, sem prejuízo da reintegração liminar.~~

~~Capítulo XIV~~
~~Do Juízo Arbitral~~

~~Seção I~~
~~Do Compromisso~~

~~Arts. 1.072 a 1.077. (Revogados pela Lei nº 9.307, de 1996)~~

~~Seção II~~
~~Dos árbitros~~

~~Arts. 1.078 a 1.084. (Revogados pela Lei nº 9.307, de 1996)~~

~~Seção III~~
~~Do procedimento~~

~~Arts. 1.085 a 1.097. (Revogados pela Lei nº 9.307, de 1996)~~

~~Seção IV~~
~~Da homologação do laudo~~

~~Arts. 1.098 a 1.102. (Revogados pela Lei nº 9.307, de 1996)~~

~~Capítulo XV~~
~~Da Ação Monitória~~

~~Art. 1.102.A - A ação monitória compete a quem pretender, com base em prova escrita sem eficácia de título executivo, pagamento de soma em dinheiro, entrega de coisa fungível ou de determinado bem móvel.~~
~~Art. 1.102.B - Estando a petição inicial devidamente instruída, o Juiz deferirá de plano a expedição do mandado de pagamento ou de entrega da coisa no prazo de quinze dias.~~
~~Art. 1.102-C. No prazo previsto no art. 1.102-B, poderá o réu oferecer embargos, que suspenderão a eficácia do mandado inicial. Se os embargos não forem opostos, constituir-se-á, de pleno direito, o título executivo judicial, convertendo-se o mandado inicial em mandado executivo e prosseguindo-se na forma do Livro I, Título VIII, Capítulo X, desta Lei.~~
~~§ 1º Cumprindo o réu o mandado, ficará isento de custas e honorários advocatícios.~~
~~§ 2º Os embargos independem de prévia segurança do juízo e serão processados nos próprios autos, pelo procedimento ordinário.~~
~~§ 3º Rejeitados os embargos, constituir-se-á, de pleno direito, o título executivo judicial, intimando-se o devedor e prosseguindo-se na forma prevista no Livro I, Título VIII, Capítulo X, desta Lei.~~

~~Título II~~
Dos Procedimentos ~~Especiais de Jurisdição Voluntária~~

~~Capítulo I~~
~~Das~~ Disposições Gerais

~~Art. 1.103.~~ Quando este Código não estabelecer procedimento especial, regem <u>a jurisdição voluntária</u> as disposições constantes ~~deste Capítulo~~.
~~Art. 1.104.~~ O procedimento terá início por provocação do interessado ou do Ministério Público, cabendo-lhes formular o pedido ~~em requerimento dirigido ao juiz,~~ devidamente instruído com os documentos necessários e com a indicação da providência judicial.
~~Art. 1.105.~~ Serão citados~~, sob pena de nulidade,~~ todos os interessados, bem como o Ministério Público.
~~Art. 1.106.~~ <u>O prazo para responder é de</u> ~~10 (dez)~~ dias~~.~~
~~Art. 1.107. Os interessados podem produzir as provas destinadas a demonstrar as suas alegações; mas ao juiz é lícito investigar livremente os fatos e ordenar de ofício a realização de quaisquer provas.~~
~~Art. 1.108.~~ A Fazenda Pública será sempre ouvida nos casos em que tiver interesse.
~~Art. 1.109.~~ O juiz decidirá o pedido no prazo de ~~10 (dez)~~ dias<u>;</u> não é~~, porém,~~ obrigado a observar

critério de legalidade estrita, podendo adotar em cada caso a solução que reputar mais conveniente ou oportuna.

~~Art. 1.110.~~ Da sentença caberá apelação.

~~Art. 1.111. A sentença poderá ser modificada, sem prejuízo dos efeitos já produzidos, se ocorrerem circunstâncias supervenientes.~~

~~Art. 1.112.~~ Processar-se-á na forma estabelecida ~~neste Capítulo~~ o pedido de:
I - emancipação;
II - sub-rogação;
III - alienação, arrendamento ou oneração de bens ~~dotais~~, de menores, de órfãos e de interditos;
IV - alienação, locação e administração da coisa comum;
V - alienação de quinhão em coisa comum;
VI- extinção de usufruto e de fideicomisso

~~Capítulo II~~
Das Alienações Judiciais

~~Art. 1.113.~~ Nos casos expressos em lei ~~e sempre que os bens depositados judicialmente forem de fácil deterioração, estiverem avariados ou exigirem grandes despesas para a sua guarda~~, o juiz, de ofício ou a requerimento do depositário ou de qualquer das partes, mandará aliená-los em leilão.

~~§ 1º Poderá o juiz autorizar, da mesma forma, a alienação de semoventes e outros bens de guarda dispendiosa; mas não o fará se alguma das partes se obrigar a satisfazer ou garantir as despesas de conservação.~~

~~§ 2º Quando uma das partes requerer a alienação judicial, o juiz ouvirá sempre a outra antes de decidir.~~

~~§ 3º Far-se-á a alienação independentemente de leilão, se todos os interessados forem capazes e nisso convierem expressamente.~~

~~Art. 1.114. Os bens serão avaliados por um perito nomeado pelo juiz quando:~~
~~I - não o hajam sido anteriormente;~~
~~II - tenham sofrido alteração em seu valor.~~

~~Art. 1.115. A alienação será feita pelo maior lanço oferecido, ainda que seja inferior ao valor da avaliação.~~

~~Art. 1.116. Efetuada a alienação e deduzidas as despesas, depositar-se-á o preço, ficando nele sub-rogados os ônus ou responsabilidades a que estiverem sujeitos os bens.)~~

~~Parágrafo único. Não sendo caso de se levantar o depósito antes de 30 (trinta) dias, inclusive na ação ou na execução, o juiz determinará a aplicação do produto da alienação ou do depósito, em obrigações ou títulos da dívida pública da União ou dos Estados.~~

~~Art. 1.117. Também serão alienados em leilão, procedendo-se como nos artigos antecedentes:~~
~~I - o imóvel que, na partilha, não couber no quinhão de um só herdeiro ou não admitir divisão cômoda, salvo se adjudicando a um ou mais herdeiros acordes;~~
~~II - a coisa comum indivisível ou que, pela divisão, se tornar imprópria ao seu destino, verificada previamente a existência de desacordo quanto à adjudicação a um dos condôminos;~~
~~III - os bens móveis e imóveis de órfãos nos casos em que a lei o permite e mediante autorização do juiz.~~

~~Art. 1.118. Na alienação judicial de coisa comum, será preferido:~~
~~I - em condições iguais, o condômino ao estranho;~~
~~II - entre os condôminos, o que tiver benfeitorias de maior valor;~~
~~III - o condômino proprietário de quinhão maior, se não houver benfeitorias.~~

~~Art. 1.119. Verificada a alienação de coisa comum sem observância das preferências legais, o condômino prejudicado poderá requerer, antes da assinatura da carta, o depósito do preço e adjudicação da coisa.~~

~~Parágrafo único. Serão citados o adquirente e os demais condôminos para dizerem de seu direito, observando-se, quanto ao procedimento, o disposto no art. 803.~~

~~Capítulo III~~
Da Separação Consensual

~~Art. 1.120.~~ A separação consensual será requerida em petição assinada por ambos os cônjuges.

~~§ 1º Se os cônjuges não puderem ou não souberem escrever, é lícito que outrem assine a petição a rogo deles.~~

~~§ 2º As assinaturas, quando não lançadas na presença do juiz, serão reconhecidas por tabelião.~~

~~Art. 1.121.~~ A petição, ~~instruída com a certidão de casamento e o contrato antenupcial se houver~~, conterá:
I - a descrição dos bens do casal ~~e a respectiva partilha~~;
II - o acordo relativo à guarda dos filhos menores e ao regime de visitas;
III - o valor da contribuição para criar e educar os filhos;
IV - a pensão alimentícia do ~~marido à mulher, se esta não possuir bens suficientes para se manter~~;

§ 1º Se os cônjuges não acordarem sobre a partilha dos bens, far-se-á esta, depois de homologada a

separação consensual, na forma estabelecida ~~neste Livro, Título I, Capítulo IX~~.
~~§ 2º Entende-se por regime de visitas a forma pela qual os cônjuges ajustarão a permanência dos filhos em companhia daquele que não ficar com sua guarda, compreendendo encontros periódicos regularmente estabelecidos, repartição das férias escolares e dias festivos.~~
~~Art. 1.122.~~ ~~Apresentada~~ a petição ~~ao juiz, este verificará se ela preenche os requisitos exigidos nos dois artigos antecedentes; em seguida,~~ ouvirá os cônjuges sobre os motivos da separação consensual, esclarecendo-lhes as conseqüências da manifestação de vontade.
§ 1º Convencendo-se o juiz de que ambos, livremente e sem hesitações, desejam a separação consensual, mandará reduzir a termo as declarações e, depois de ouvir o Ministério Público no prazo de ~~5 (cinco)~~ dias, o homologará; em caso contrário, marcar-lhes-á dia e hora, com ~~15 (quinze)~~ a 30 (trinta) dias de intervalo, para que voltem a fim de ratificar o pedido de separação consensual.
§ 2º Se qualquer dos cônjuges não comparecer à audiência designada ou não ratificar o pedido, o juiz mandará autuar a petição e documentos e arquivar o processo.
~~Art. 1.123. É lícito às partes, a qualquer tempo, no curso da separação judicial, lhe requererem a conversão em separação consensual; caso em que será observado o disposto no art. 1.121 e primeira parte do § 1º do artigo antecedente.~~
~~Art. 1.124. Homologada a separação consensual, averbar-se-á a sentença no registro civil e, havendo bens imóveis, na circunscrição onde se acham registrados.~~
Art. 1.124-A. A separação consensual e o divórcio consensual, não havendo filhos menores ou incapazes do casal e observados os requisitos legais quanto aos prazos, ~~poderão ser~~ realizados por escritura pública, da qual constarão as disposições relativas à descrição e à partilha dos bens comuns e à pensão alimentícia ~~e, ainda, ao acordo quanto à retomada pelo cônjuge de seu nome de solteiro ou à manutenção do nome adotado quando se deu o casamento~~.
§ 1º A escritura não depende de homologação judicial e constitui título hábil para o registro civil e o registro de imóveis.
§ 2º O tabelião somente lavrará a escritura se os ~~contratantes~~ estiverem assistidos por advogado comum ou advogados de cada um deles ou por defensor público, cuja qualificação e assinatura constarão do ato notarial.
§ 3º A escritura e demais atos notariais serão gratuitos àqueles que se declararem pobres sob as penas da lei.

~~Capítulo IV~~
Dos Testamentos e Codicilo

Seção I
Da Abertura, do Registro e do Cumprimento

~~Art. 1.125.~~ Ao receber testamento cerrado, o juiz, após verificar se está intacto, o abrirá e mandará que o escrivão o leia em presença de quem o entregou.
~~Parágrafo único.~~ ~~Lavrar-se-á em seguida~~ o ato de abertura ~~que, rubricado pelo juiz e assinado pelo apresentante~~, mencionará:
~~I - a data e o lugar em que o testamento foi aberto;~~
II - o nome do apresentante e como houve ele o testamento;
III - a data e o lugar do falecimento do testador;
IV - qualquer circunstância digna de nota, ~~encontrada no invólucro ou no interior do testamento~~.
Art. 1.126. ~~Conclusos os autos,~~ o juiz, ouvido o ~~órgão do~~ Ministério Público, mandará registrar, arquivar e cumprir o testamento~~,~~ se lhe não achar vício externo, que o torne suspeito de nulidade ou falsidade.
~~Parágrafo único. O testamento será registrado e arquivado no cartório a que tocar, dele remetendo o escrivão uma cópia, no prazo de 8 (oito) dias, à repartição fiscal.~~
~~Art. 1.127.~~ Feito o registro, ~~o escrivão intimará~~ o testamenteiro nomeado a assinar, ~~no prazo de 5 (cinco) dias,~~ o termo da testamentaria; se não houver testamenteiro nomeado, estiver ele ausente ou não aceitar o encargo, ~~o escrivão certificará a ocorrência e fará os autos conclusos; caso em que~~ o juiz nomeará testamenteiro dativo, observando-se a preferência legal.
~~Parágrafo único. Assinado o termo de aceitação da testamentaria, o escrivão extrairá cópia autêntica do testamento para ser juntada aos autos de inventário ou de arrecadação da herança.~~
~~Art. 1.128.~~ Quando o testamento for público, qualquer interessado, exibindo-lhe o traslado ou certidão, poderá requerer ao juiz que ordene o seu cumprimento.
~~Parágrafo único~~. O juiz mandará processá-lo conforme o disposto nos arts. 1.125 e 1.126.

Nota: O Projeto incluiu o disposto no art. 1.127 do CPC/73, por meio dos §§ 3º e 4º do artigo anterior do Projeto.

~~Art. 1.129. O juiz, de ofício ou a requerimento de qualquer interessado, ordenará ao detentor de testamento que o exiba em juízo para os fins legais, se ele, após a morte do testador, não se tiver antecipado em fazê-lo.~~
~~Parágrafo único. Não sendo cumprida a ordem, proceder-se-á à busca e apreensão do testamento, de conformidade com o disposto nos arts. 839 a 843.~~

~~Seção II~~
~~Da Confirmação do Testamento Particular~~

Art. ~~1.130.~~ O herdeiro, o legatário ou o testamenteiro poderá requerer, depois da morte do testador, a publicação em juízo do testamento particular, inquirindo-se as testemunhas que lhe ouviram a leitura e, depois disso, o assinaram.
Parágrafo único. A petição será instruída com a cédula do testamento particular.
~~Art. 1.131. Serão intimados para a inquirição:~~
~~I - aqueles a quem caberia a sucessão legítima;~~
~~II - o testamenteiro, os herdeiros e os legatários que não tiverem requerido a publicação;~~
~~III - o Ministério Público.~~
~~Parágrafo único. As pessoas, que não forem encontradas na comarca, serão intimadas por edital.~~
~~Art. 1.132. Inquiridas as testemunhas, poderão os interessados, no prazo comum de 5 (cinco) dias, manifestar-se sobre o testamento.~~
~~Art. 1.133. Se pelo menos três testemunhas contestes reconhecerem que é autêntico o testamento, o juiz, ouvido o órgão do Ministério Público, o confirmará, observando-se quanto ao mais o disposto nos arts. 1.126 e 1.127.~~

~~Seção III~~
~~Do Testamento Militar, Marítimo, Nuncupativo e do Codicilo~~

~~Art. 1.134. As disposições da seção precedente aplicam-se:~~
~~I - ao testamento marítimo;~~
~~II - ao testamento militar;~~
~~III - ao testamento nuncupativo;~~
~~IV - ao codicilo.~~

~~Seção IV~~
~~Da Execução dos Testamentos~~

~~Art. 1.135. O testamenteiro deverá cumprir as disposições testamentárias no prazo legal, se outro não tiver sido assinado pelo testador e prestar contas, no juízo do inventário, do que recebeu e despendeu.~~
~~Parágrafo único. Será ineficaz a disposição testamentária que eximir o testamenteiro da obrigação de prestar contas.~~
~~Art. 1.136. Se dentro de 3 (três) meses, contados do registro do testamento, não estiver inscrita a hipoteca legal da mulher casada, do menor e do interdito instituídos herdeiros ou legatários, o testamenteiro requerer-lhe-á a inscrição, sem a qual não se haverão por cumpridas as disposições do testamento.~~

~~Art. 1.137. Incumbe ao testamenteiro:~~
~~I - cumprir as obrigações do testamento;~~
~~II - propugnar a validade do testamento;~~
~~III - defender a posse dos bens da herança;~~
~~IV - requerer ao juiz que lhe conceda os meios necessários para cumprir as disposições testamentárias.~~
~~Art. 1.138. O testamenteiro tem direito a um prêmio que, se o testador não o houver fixado, o juiz arbitrará, levando em conta o valor da herança e o trabalho de execução do testamento.~~
~~§ 1º O prêmio, que não excederá 5% (cinco por cento), será calculado sobre a herança líquida e deduzido somente da metade disponível quando houver herdeiros necessários, e de todo o acervo líquido nos demais casos.~~
~~§ 2º Sendo o testamenteiro casado, sob o regime de comunhão de bens, com herdeiro ou legatário do testador, não terá direito ao prêmio; ser-lhe-á lícito, porém, preferir o prêmio à herança ou legado.~~
~~Art. 1.139. Não se efetuará o pagamento do prêmio mediante adjudicação de bens do espólio, salvo se o testamenteiro for meeiro.~~
~~Art. 1.140. O testamenteiro será removido e perderá o prêmio se:~~
~~I - lhe forem glosadas as despesas por ilegais ou em discordância com o testamento;~~
~~II - não cumprir as disposições testamentárias.~~
~~Art. 1.141. O testamenteiro, que quiser demitir-se do encargo, poderá requerer ao juiz a escusa, alegando causa legítima. Ouvidos os interessados e o órgão do Ministério Público, o juiz decidirá.~~

~~Capítulo V~~
Da Herança Jacente

Art. ~~1.142~~. Nos casos em que a lei ~~civil~~ considere jacente a herança, o juiz~~,~~ em cuja comarca tiver domicílio o falecido~~,~~ procederá <u>sem perda de tempo</u> à arrecadação de todos os seus bens.
Art. ~~1.143.~~ A herança jacente ficará sob a guarda, conservação e administração de um curador até a respectiva entrega ao sucessor legalmente habilitado~~,~~ ou até a declaração de vacância~~; caso em que será incorporada ao domínio da União, do Estado ou do Distrito Federal~~.
Art. ~~1.144~~. Incumbe ao curador:
I - representar a herança em juízo ou fora dele, com assistência ~~do órgão~~ do Ministério Público;
II - ter em boa guarda e conservação os bens arrecadados e promover a arrecadação de outros porventura existentes;
III - executar as medidas conservatórias dos direitos da herança;

IV - apresentar mensalmente ao juiz um balancete da receita e da despesa;
V - prestar contas a final de sua gestão.
~~Parágrafo único.~~ Aplica-se ao curador o disposto nos <u>arts. 148 a 150</u>.
~~Art. 1.145.~~ ~~Comparecendo à residência do morto~~, acompanhado do escrivão do curador, <u>o juiz mandará</u> arrolar os bens e <u>descrevê-los</u> em auto circunstanciado.
~~§ 1º~~ Não estando ainda nomeado o curador, o juiz designará um depositário e lhe entregará os bens, mediante simples termo nos autos, depois de compromissado.
~~§ 2º O órgão do Ministério Público e o representante da Fazenda Pública serão intimados a assistir à arrecadação, que se realizará, porém, estejam presentes ou não.~~
~~Art. 1.146. Quando a arrecadação não terminar no mesmo dia, o juiz procederá à aposição de selos, que serão levantados à medida que se efetuar o arrolamento, mencionando-se o estado em que foram encontrados os bens.~~
~~Art. 1.147.~~ O juiz examinará reservadamente os papéis, cartas missivas e os livros domésticos; verificando que não apresentam interesse, mandará empacotá-los e lacrá-los para serem assim entregues aos sucessores do falecido, ou queimados quando os bens forem declarados vacantes.
~~Art. 1.148. Não podendo comparecer imediatamente por motivo justo ou por estarem os bens em lugar muito distante, o juiz requisitará à autoridade policial que proceda à arrecadação e ao arrolamento dos bens.~~
~~Parágrafo único. Duas testemunhas assistirão às diligências e, havendo necessidade de apor selos, estes só poderão ser abertos pelo juiz.~~
~~Art. 1.149.~~ Se constar ao juiz a existência de bens em outra comarca, mandará expedir carta precatória a fim de serem arrecadados.
~~Art. 1.150.~~ Durante a arrecadação o juiz inquirirá os moradores da casa e da vizinhança sobre a qualificação do falecido, o paradeiro de seus sucessores e a existência de outros bens, lavrando-se de tudo um auto de inquirição e informação.
~~Art. 1.151.~~ Não se fará a arrecadação ou suspender-se-á esta quando iniciada, ~~se~~ <u>se apresentar</u> para reclamar os bens o cônjuge, herdeiro ou testamenteiro notoriamente reconhecido e não houver oposição motivada do curador, de qualquer interessado, ~~do órgão~~ do Ministério Público ou do representante da Fazenda Pública.
~~Art. 1.152.~~ Ultimada a arrecadação, o juiz mandará expedir edital, que será ~~estampado~~ <u>três vezes</u>, com intervalo de ~~30~~ <u>(trinta)</u> dias ~~para cada um,~~ ~~no órgão oficial e na imprensa da comarca~~, para que venham a habilitar-se os sucessores do finado no prazo de 6 ~~(seis)~~ meses contados da primeira publicação.
§ 1º Verificada a existência de sucessor ou testamenteiro em lugar certo, far-se-á a sua citação, sem prejuízo do edital.
§ 2º Quando o finado for estrangeiro, será também comunicado o fato à autoridade consular.
~~Art. 1.153.~~ Julgada a habilitação do herdeiro, reconhecida a qualidade do testamenteiro ou provada a identidade do cônjuge, a arrecadação converter-se-á em inventário.
~~Art. 1.154.~~ Os credores da herança poderão habilitar-se como nos inventários ou propor a ação de cobrança.
~~Art. 1.155.~~ O juiz poderá autorizar a alienação:
I - de bens móveis, se forem de conservação difícil ou dispendiosa;
II - de semoventes, quando não empregados na exploração de alguma indústria;
III - de títulos e papéis de crédito, havendo fundado receio de depreciação;
IV - de ações de sociedade quando, reclamada a integralização, não dispuser a herança de dinheiro para o pagamento;
V - de bens imóveis:
a) se ameaçarem ruína, não convindo a reparação;
b) se estiverem hipotecados e vencer-se a dívida, não havendo dinheiro para o pagamento.
~~Parágrafo único~~. Não se procederá, entretanto, à venda se a Fazenda Pública ou o habilitando adiantar a importância para as despesas.
~~Art. 1.156.~~ Os bens com valor de afeição, como retratos, objetos de uso pessoal, livros e obras de arte, só serão alienados depois de declarada a vacância da herança.
~~Art. 1.157.~~ Passado 1 ~~(um)~~ ano da primeira publicação do edital ~~(art. 1.152)~~ e não havendo herdeiro habilitado nem habilitação pendente, será a herança declarada vacante.
~~Parágrafo único~~. Pendendo habilitação, a vacância será declarada pela mesma sentença que a julgar improcedente. Sendo diversas as habilitações, aguardar-se-á o julgamento da última.
~~Art. 1.158.~~ Transitada em julgado a sentença que declarou a vacância, o cônjuge, os herdeiros e os credores só poderão reclamar o seu direito por ação direta.

~~Capítulo VI~~
Dos Bens dos Ausentes

~~Art. 1.159.~~ ~~Desaparecendo alguém do seu domicílio sem deixar representante a quem caiba~~

~~administrar-lhe os bens, ou deixando mandatário que não queira ou não possa continuar a exercer o mandato~~, declarar-se-á a sua ausência.

~~Art. 1.160.~~ O juiz mandará arrecadar os bens do ausente e nomear-lhe-á curador na forma estabelecida no Capítulo antecedente.

~~Art. 1.161.~~ Feita a arrecadação, o juiz mandará publicar editais durante ~~1 (um)~~ ano, reproduzidos de dois em dois meses, anunciando a arrecadação e chamando o ausente a entrar na posse de seus bens.

~~Art. 1.162. Cessa a curadoria:~~
~~I - pelo comparecimento do ausente, do seu procurador ou de quem o represente;~~
~~II - pela certeza da morte do ausente;~~
~~III - pela sucessão provisória.~~

~~Art. 1.163.~~ Passado ~~1 (um)~~ ano da publicação do primeiro edital ~~sem que se saiba do ausente e não tendo comparecido seu procurador ou representante~~, poderão os interessados requerer que se abra provisoriamente a sucessão.

~~§ 1º Consideram-se para este efeito interessados:~~
~~I - o cônjuge não separado judicialmente;~~
~~II - os herdeiros presumidos legítimos e os testamentários;~~
~~III - os que tiverem sobre os bens do ausente direito subordinado à condição de morte;~~
~~IV - os credores de obrigações vencidas e não pagas.~~
~~§ 2º Findo o prazo deste artigo e não havendo absolutamente interessados na sucessão provisória, cumpre ao órgão do Ministério Público requerê-la.~~

~~Art. 1.164.~~ O interessado, ao requerer a abertura da sucessão provisória, pedirá a citação pessoal dos herdeiros presentes e do curador e, por editais, a dos ausentes para oferecerem artigos de habilitação.

~~Parágrafo único. A habilitação dos herdeiros obedecerá ao processo do art. 1.057.~~
~~Art. 1.165. A sentença que determinar a abertura da sucessão provisória só produzirá efeito 6 (seis) meses depois de publicada pela imprensa; mas, logo que passe em julgado, se procederá à abertura do testamento, se houver, e ao inventário e partilha dos bens, como se o ausente fosse falecido.~~
~~Parágrafo único. Se dentro em 30 (trinta) dias não comparecer interessado ou herdeiro, que requeira o inventário, a herança será considerada jacente.~~
~~Art. 1.166. Cumpre aos herdeiros, imitidos na posse dos bens do ausente, prestar caução de os restituir.~~

~~Art. 1.167. A~~ sucessão provisória ~~cessará pelo comparecimento do ausente e~~ converter-se-á em definitiva~~:~~

~~I - quando houver certeza da morte do ausente;~~
~~II - dez anos depois de passada em julgado a sentença de abertura da sucessão provisória;~~
~~III - quando o ausente contar 80 (oitenta) anos de idade e houverem decorrido 5 (cinco) anos das últimas notícias suas.~~

~~Art. 1.168.~~ Regressando o ausente ~~nos 10 (dez) anos seguintes à abertura da sucessão definitiva~~ ou algum dos seus descendentes ou ascendentes, ~~aquele ou estes~~ só poderão requerer ao juiz a entrega dos bens ~~existentes no estado em que se acharem, ou sub-rogados em seu lugar ou o preço que os herdeiros e demais interessados houverem recebido pelos alienados depois daquele tempo.~~
~~Art. 1.169. Serão citados para lhe contestarem o pedido os sucessores provisórios ou definitivos, o órgão do Ministério Público e o representante da Fazenda Pública.~~
~~Parágrafo único. Havendo contestação, seguir-se-á o procedimento ordinário.~~

~~Capítulo VII~~
Das Coisas Vagas

~~Art. 1.170.~~ Aquele que achar coisa alheia perdida, ~~não lhe conhecendo o dono ou legítimo possuidor~~, a entregará à autoridade judiciária ~~ou policial~~, que a arrecadará, mandando lavrar o respectivo auto, dele constando a ~~sua~~ descrição e as declarações do inventor.

~~Parágrafo único. A coisa, com o auto, será logo remetida ao juiz competente, quando a entrega tiver sido feita à autoridade policial ou a outro juiz.~~

~~Art. 1.171.~~ Depositada a coisa, o juiz mandará publicar ~~edital, por duas vezes,~~ no órgão oficial, ~~com intervalo de 10 (dez) dias,~~ para que o dono ou legítimo possuidor a reclame.

~~§ 1º O edital conterá a descrição da coisa e as circunstâncias em que foi encontrada.~~

§ 2º Tratando-se de coisa de pequeno valor, o edital será apenas afixado no átrio do edifício do forum.

~~Art. 1.172. Comparecendo o dono ou o legítimo possuidor dentro do prazo do edital e provando o seu direito, o juiz, ouvido o órgão do Ministério Público e o representante da Fazenda Pública, mandará entregar-lhe a coisa.~~
~~Art. 1.173. Se não for reclamada, será a coisa avaliada e alienada em hasta pública e, deduzidas do preço as despesas e a recompensa do inventor, o saldo pertencerá, na forma da lei, à União, ao Estado ou ao Distrito Federal.~~
~~Art. 1.174. Se o dono preferir abandonar a coisa, poderá o inventor requerer que lhe seja adjudicada.~~

Art. 1.175. O procedimento estabelecido neste Capítulo aplica-se aos objetos deixados nos hotéis, oficinas e outros estabelecimentos, não sendo reclamados dentro de 1 (um) mês.
Art. 1.176. Havendo fundada suspeita de que a coisa foi criminosamente subtraída, a autoridade policial converterá a arrecadação em inquérito; caso em que competirá ao juiz criminal mandar entregar a coisa a quem provar que é o dono ou legítimo possuidor.

Capítulo VIII
Da Curatela dos Interditos

Art. 1.177. A interdição pode ser promovida:
I - pelo pai, mãe ou tutor;
II - pelo cônjuge ou algum parente próximo;
III - pelo órgão do Ministério Público.
Art. 1.178. O órgão do Ministério Público só requererá a interdição:
I - no caso de anomalia psíquica;
II - se não existir ou não promover a interdição alguma das pessoas designadas no artigo antecedente, ns. I e II;
III - se, existindo, forem menores ou incapazes.
Art. 1.179. Quando a interdição for requerida pelo órgão do Ministério Público, o juiz nomeará ao interditando curador à lide (art. 9º).
Art. 1.180. Na petição inicial, o interessado provará a sua legitimidade, especificará os fatos que revelam a anomalia psíquica e assinalará a incapacidade do interditando para reger a sua pessoa e administrar os seus bens.
Art. 1.181. O interditando será citado para, em dia designado, comparecer perante o juiz, que o examinará, interrogando-o minuciosamente acerca de sua vida, negócios, bens e do mais que lhe parecer necessário para ajuizar do seu estado mental, reduzidas a auto as perguntas e respostas.
Art. 1.182. Dentro do prazo de 5 (cinco) dias contados da audiência de interrogatório, poderá o interditando impugnar o pedido.
§ 1º Representará o interditando nos autos do procedimento o órgão do Ministério Público ou, quando for este o requerente, o curador à lide.
§ 2º Poderá o interditando constituir advogado para defender-se.
§ 3º Qualquer parente sucessível poderá constituir-lhe advogado com os poderes judiciais que teria se nomeado pelo interditando, respondendo pelos honorários.
Art. 1.183. Decorrido o prazo a que se refere o artigo antecedente, o juiz nomeará perito para proceder ao exame do interditando. Apresentado o laudo, o juiz designará audiência de instrução e julgamento.

Parágrafo único. Decretando a interdição, o juiz nomeará curador ao interdito.
Art. 1.184. A sentença de interdição produz efeito desde logo, embora sujeita a apelação. Será inscrita no Registro de Pessoas Naturais e publicada pela imprensa local e pelo órgão oficial por três vezes, com intervalo de 10 (dez) dias, constando do edital os nomes do interdito e do curador, a causa da interdição e os limites da curatela.
Art. 1.185. Obedecerá às disposições dos artigos antecedentes, no que for aplicável, a interdição do pródigo, a do surdo-mudo sem educação que o habilite a enunciar precisamente a sua vontade e a dos viciados pelo uso de substâncias entorpecentes quando acometidos de perturbações mentais.
Art. 1.186. Levantar-se-á a interdição, cessando a causa que a determinou.
§ 1º O pedido de levantamento poderá ser feito pelo interditado e será apensado aos autos da interdição. O juiz nomeará perito para proceder ao exame de sanidade no interditado e após a apresentação do laudo designará audiência de instrução e julgamento.
§ 2º Acolhido o pedido, o juiz decretará o levantamento da interdição e mandará publicar a sentença, após o trânsito em julgado, pela imprensa local e órgão oficial por três vezes, com intervalo de 10 (dez) dias, seguindo-se a averbação no Registro de Pessoas Naturais.

Capítulo IX
Das Disposições Comuns à Tutela e à Curatela

Seção I
Da Nomeação do Tutor ou Curador

Art. 1.187. O tutor ou curador será intimado a prestar compromisso no prazo de 5 (cinco) dias contados:
I - da nomeação feita na conformidade da lei civil;
II - da intimação do despacho que mandar cumprir o testamento ou o instrumento público que o houver instituído.
Art. 1.188. Prestado o compromisso por termo em livro próprio rubricado pelo juiz, o tutor ou curador, antes de entrar em exercício, requererá, dentro em 10 (dez) dias, a especialização em hipoteca legal de imóveis necessários para acautelar os bens que serão confiados à sua administração.
Parágrafo único. Incumbe ao órgão do Ministério Público promover a especialização de hipoteca legal, se o tutor ou curador não a tiver requerido no prazo assinado neste artigo.

~~Art. 1.189. Enquanto não for julgada a especialização, incumbirá ao órgão do Ministério Público reger a pessoa do incapaz e administrar-lhe os bens.~~
~~Art. 1.190. Se o tutor ou curador for de reconhecida idoneidade, poderá o juiz admitir que entre em exercício, prestando depois a garantia, ou dispensando-a desde logo.~~
~~Art. 1.191. Ressalvado o disposto no artigo antecedente, a nomeação ficará sem efeito se o tutor ou curador não puder garantir a sua gestão.~~
~~Art. 1.192~~. O tutor ou curador poderá eximir-se do encargo~~,~~ apresentando escusa ao juiz no prazo de ~~5 (~~cinco~~)~~ dias. Contar-se-á o prazo:
I - antes de aceitar o encargo, da intimação para prestar compromisso;
II - depois de entrar em exercício, do dia em que sobrevier o motivo da escusa.
~~Parágrafo único.~~ Não sendo requerida a escusa no prazo estabelecido neste artigo, <u>reputar-se-á</u> renunciado o direito de alegá-la.
~~Art. 1.193.~~ O juiz decidirá de plano o pedido de escusa. Se não a admitir, exercerá o nomeado a tutela ou curatela enquanto não for dispensado por sentença transitada em julgado.

~~Seção II~~
~~Da Remoção e Dispensa de Tutor ou Curador~~

~~Art. 1.194. Incumbe ao órgão do Ministério Público, ou a quem tenha legítimo interesse, requerer, nos casos previstos na lei civil, a remoção do tutor ou curador.~~
~~Art. 1.195. O tutor ou curador será citado para contestar a argüição no prazo de 5 (cinco) dias.~~
~~Art. 1.196. Findo o prazo, observar-se-á o disposto no art. 803.~~
~~Art. 1.197. Em caso de extrema gravidade, poderá o juiz suspender do exercício de suas funções o tutor ou curador, nomeando-lhe interinamente substituto.~~
~~Art. 1.198. Cessando as funções do tutor ou curador pelo decurso do prazo em que era obrigado a servir, ser-lhe-á lícito requerer a exoneração do encargo; não o fazendo dentro dos 10 (dez) dias seguintes à expiração do termo, entender-se-á reconduzido, salvo se o juiz o dispensar.~~

~~Capítulo X~~
~~Da Organização e da Fiscalização das Fundações~~

~~Art. 1.199. O instituidor, ao criar a fundação, elaborará o seu estatuto ou designará quem o faça.~~
~~Art. 1.200. O interessado submeterá o estatuto ao órgão do Ministério Público, que verificará se foram observadas as bases da fundação e se os bens são suficientes ao fim a que ela se destina.~~
~~Art. 1.201. Autuado o pedido, o órgão do Ministério Público, no prazo de 15 (quinze) dias, aprovará o estatuto, indicará as modificações que entender necessárias ou lhe denegará a aprovação.~~
§ 1º ~~Nos dois últimos casos,~~ <u>pode o interessado, em petição motivada, requerer ao juiz o suprimento da aprovação.</u>
§ 2º <u>O juiz, antes de suprir a aprovação,</u> poderá mandar fazer no estatuto modificações a fim de adaptá-lo ao objetivo do instituidor.
~~Art. 1.202~~. Incumbirá ~~ao órgão do Ministério Público elaborar o estatuto e submetê-lo à aprovação do juiz~~:
~~I - quando o instituidor não o fizer nem nomear quem o faça;~~
~~II - quando a pessoa encarregada não cumprir o encargo no prazo assinado pelo instituidor ou, não havendo prazo, dentro em 6 (seis) meses.~~
~~Art. 1.203. A alteração do estatuto ficará sujeita à aprovação do órgão do Ministério Público. Sendo-lhe denegada, observar-se-á o disposto no art. 1.201, §§ 1º e 2º.~~
~~Parágrafo único. Quando a reforma não houver sido deliberada por votação unânime, os administradores, ao submeterem ao órgão do Ministério Público o estatuto, pedirão que se dê ciência à minoria vencida para impugná-la no prazo de 10 (dez) dias.~~
~~Art. 1.204~~. Qualquer interessado ou o ~~órgão do~~ Ministério Público promoverá a extinção da fundação quando:
I - se tornar ilícito o seu objeto;
II - for impossível a sua manutenção;
III - se vencer o prazo de sua existência

~~Capítulo XI~~
~~Da Especialização da Hipoteca Legal~~

~~Art. 1.205. O pedido para especialização de hipoteca legal declarará a estimativa da responsabilidade e será instruído com a prova do domínio dos bens, livres de ônus, dados em garantia.~~
~~Art. 1.206. O arbitramento do valor da responsabilidade e a avaliação dos bens far-se-á por perito nomeado pelo juiz.~~
~~§ 1º O valor da responsabilidade será calculado de acordo com a importância dos bens e dos saldos prováveis dos rendimentos que devem ficar em poder dos tutores e curadores durante a administração, não se computando, porém, o preço do imóvel.~~

§ 2º Será dispensado o arbitramento do valor da responsabilidade nas hipotecas legais em favor:
I - da mulher casada, para garantia do dote, caso em que o valor será o da estimação, constante da escritura antenupcial;
II - da Fazenda Pública, nas cauções prestadas pelos responsáveis, caso em que será o valor caucionado.
§ 3º Dispensa-se a avaliação, quando estiverem mencionados na escritura os bens do marido, que devam garantir o dote.
Art. 1.207. Sobre o laudo manifestar-se-ão os interessados no prazo comum de 5 (cinco) dias. Em seguida, o juiz homologará ou corrigirá o arbitramento e a avaliação; e, achando livres e suficientes os bens designados, julgará por sentença a especialização, mandando que se proceda à inscrição da hipoteca.
Parágrafo único. Da sentença constarão expressamente o valor da hipoteca e os bens do responsável, com a especificação do nome, situação e característicos.
Art. 1.208. Sendo insuficientes os bens oferecidos para a hipoteca legal em favor do menor, de interdito ou de mulher casada e não havendo reforço mediante caução real ou fidejussória, ordenará o juiz a avaliação de outros bens; tendo-os, proceder-se-á como nos artigos antecedentes; não os tendo, será julgada improcedente a especialização.
Art. 1.209. Nos demais casos de especialização, prevalece a hipoteca legal dos bens oferecidos, ainda que inferiores ao valor da responsabilidade, ficando salvo aos interessados completar a garantia pelos meios regulares.
Art. 1.210. Não dependerá de intervenção judicial a especialização de hipoteca legal sempre que o interessado, capaz de contratar, a convencionar, por escritura pública, com o responsável.

Livro V
Das Disposições Finais e Transitórias

Art. 1.211. Este Código regerá o processo civil em todo o território brasileiro. Ao entrar em vigor, suas disposições aplicar-se-ão desde logo aos processos pendentes.
Art. 1.211-A. Os procedimentos judiciais em que figure como parte ou interessado pessoa com idade igual ou superior a 60 (sessenta) anos, ou portadora de doença grave, terão prioridade de tramitação em todas as instâncias.
Art. 1.211-B. A pessoa interessada na obtenção do benefício, juntando prova de sua condição, deverá requerê-lo à autoridade judiciária competente para decidir o feito, que determinará ao cartório do juízo as providências a serem cumpridas.
§ 1º Deferida a prioridade, os autos receberão identificação própria que evidencie o regime de tramitação prioritária.
§ 2º (VETADO) (Incluído pela Lei nº 12.008, de 2009).
§ 3º (VETADO) (Incluído pela Lei nº 12.008, de 2009).
Art. 1.211-C. Concedida a prioridade, essa não cessará com a morte do beneficiado, estendendo-se em favor do cônjuge supérstite, companheiro ou companheira, em união estável.
Art. 1.212. A cobrança da dívida ativa da União incumbe aos seus procuradores e, quando a ação for proposta em foro diferente do Distrito Federal ou das Capitais dos Estados ou Territórios, também aos membros do Ministério Público Estadual e dos Territórios, dentro dos limites territoriais fixados pela organização judiciária local.
Parágrafo único. As petições, arrazoados ou atos processuais praticados pelos representantes da União perante as justiças dos Estados, do Distrito Federal e dos Territórios, não estão sujeitos a selos, emolumentos, taxas ou contribuições de qualquer natureza.
Art. 1.213. As cartas precatórias, citatórias, probatórias, executórias e cautelares, expedidas pela Justiça Federal, poderão ser cumpridas nas comarcas do interior pela Justiça Estadual.
Art. 1.214. Adaptar-se-ão às disposições deste Código as resoluções sobre organização judiciária e os regimentos internos dos tribunais.
Art. 1.215. Os autos poderão ser eliminados por incineração, destruição mecânica ou por outro meio adequado, findo o prazo de 5 (cinco) anos, contado da data do arquivamento, publicando-se previamente no órgão oficial e em jornal local, onde houver, aviso aos interessados, com o prazo de 30 (trinta) dias.
§ 1º É lícito, porém, às partes e interessados requerer, às suas expensas, o desentranhamento dos documentos que juntaram aos autos, ou a microfilmagem total ou parcial do feito.
§ 2º Se, a juízo da autoridade competente, houver, nos autos, documentos de valor histórico, serão eles recolhidos ao Arquivo Público.
Art. 1.216. O órgão oficial da União e os dos Estados publicarão gratuitamente, no dia seguinte ao da entrega dos originais, os despachos, intimações, atas das sessões dos tribunais e notas de expediente dos cartórios.
Art. 1.217. Ficam mantidos os recursos dos processos regulados em leis especiais e as disposições que lhes regem o procedimento constantes do Decreto-lei nº 1.608, de 18 de

setembro de 1939, até que seja publicada a lei que os adaptará ao sistema deste Código.

Art. 1.218. Continuam em vigor até serem incorporados nas leis especiais os procedimentos regulados pelo Decreto-lei nº 1.608, de 18 de setembro de 1939, concernentes:

I - ao loteamento e venda de imóveis a prestações (arts. 345 a 349);
II - ao despejo (arts. 350 a 353);
III - à renovação de contrato de locação de imóveis destinados a fins comerciais (arts. 354 a 365);
IV - ao Registro Torrens (arts. 457 a 464);
V - às averbações ou retificações do registro civil (arts. 595 a 599);
VI - ao bem de família (arts. 647 a 651);
VII - à dissolução e liquidação das sociedades (arts. 655 a 674);
VIII - aos protestos formados a bordo (arts. 725 a 729);
IX - à habilitação para casamento (arts. 742 a 745);
X - ao dinheiro a risco (arts. 754 e 755);
XI - à vistoria de fazendas avariadas (art. 756);
XII - à apreensão de embarcações (arts. 757 a 761);
XIII - à avaria a cargo do segurador (arts. 762 a 764);
XIV - às avarias (arts. 765 a 768);XV - XVI - às arribadas forçadas (arts. 772 a 775).
XV - (Revogado pela Lei nº 7.542, de 1986)
XVI - às arribadas forçadas (arts. 772 a 775).

Art. 1.219. Em todos os casos em que houver recolhimento de importância em dinheiro, esta será depositada em nome da parte ou do interessado, em conta especial movimentada por ordem do juiz.Art. 1.220. Este Código entrará em vigor no dia 1º de janeiro de 1974, revogadas as disposições em contrário.

Índice Remissivo

A

Abandono de causa
art. 468, §3º

Abuso
art. 62; art. 63; art. 285, I; art. 408, parágrafo único

Ação(ões)
art. 16; art. 20; art. 21; art. 23; art. 24; art. 28; art. 32; art. 32, §3º; art. 35; art. 36; art. 37; art. 38, II; art. 38, III; art. 38, IV; art. 38, parágrafo único; art. 40; art. 40, parágrafo único; art. 41; art. 42; art. 43; art. 47, parágrafo único; art. 48; art. 58; art. 58, §1º; art. 60, §2º; art. 80; art. 88; art. 107, III; art. 146; art. 155, parágrafo único; art. 197, §1º; art. 199, §1º; art. 238, III; art. 255, I; art. 257; art. 271, I; art. 271, III; art. 280, parágrafo único; art. 289, §3º; art. 290, §2º; art. 293; art. 293, parágrafo único; art. 297; art. 304; art. 310; art. 319; art. 319, parágrafo único; art. 324; art. 327, I; art. 327, II; art. 330, I; art. 332; art. 337, parágrafo único; art. 338, §1º; art. 338, §3º; art. 342; art. 343, I; art. 346; art. 348; art. 372, parágrafo único; art. 383, III; art. 467, VIII; art. 467, IX; art. 467, §4º; art. 468; art. 468, §1º; art. 468, §3º; art. 469, V; art. 473; art. 475; art. 479; art. 479, §2º; art. 482; art. 489; art. 490; art. 492; art. 495; art. 501; art. 504, parágrafo único; art. 505, §4º; art. 525; art. 525, parágrafo único; art. 561, IV, e; art. 561, IV, g; art. 563, IV; art. 568, §3º; art. 609, I; art. 674; art. 677, §2º; art. 710, §1º; art. 715, VI; art. 716, I; art. 716, II; art. 722, I, b; art. 760, VI; art. 781; art. 784; art. 892; art. 958, parágrafo único; art. 659, §1º; art. 676, IV

Ação acessória
art. 46

Ação anulatória
art. 372; art. 598, parágrafo único; art. 884; art. 894

Ação anulatória de partilha
art. 598, parágrafo único

Ação autônoma
art. 826, §3º; art. 826, §4º; art. 839, §2º

Ação de alimentos
art. 255, VI

Ação de anulação e substituição de título ao portador
art. 238, II

Ação de cobrança
art. 675, §4º

Ação de consignação em pagamento
art. 505

Ação de demarcação
art. 255, VII; art. 521, I; art. 522; art. 523; art. 524; art. 534, parágrafo único

Ação de divisão
art. 255, VII; art. 521, II

Ação de divórcio
art. 38, I; art. 152, II; art. 665; art. 667

Ação de estado
art. 204, I; art. 367, parágrafo único

Ação de homologação
art. 878

Ação de indenização
art. 73, §5º; art. 255, VIII; art. 498

Ação de manutenção
art. 646, IV

Ação de nunciação de obra nova
art. 33, parágrafo único

Ação de prestação de contas
art. 516; art. 517

Ação de reintegração
art. 646, IV

Ação de reivindicação
art. 255, VII

Ação de reparação de dano
art. 38, IV, a

Ação de separação judicial
art. 152, §1º

Ação de usucapião
art. 238, I; art. 238, parágrafo único

Ação declaratória
art. 18, parágrafo único

Ação dos confinantes
art. 238, parágrafo único; art. 522; art. 524; art. 527; art. 545; art. 546; art. 549, §2º, I

Ação executiva
art. 697; art. 701; art. 710, X; art. 710, §3º

Ação idêntica
art. 249, III; art. 338, §2º

Ação pessoal sobre coisa
art. 735; art. 838, §1º, I

Ação principal
art. 46; art. 337; art. 618, §3º

Ação regressiva
art. 330, II

Ação rescisória
art. 385, §1º; art. 854; art. 857, §1º; art. 884; art. 885; art. 887; art. 889; art. 893

Acareação
art. 440, II

Acidente de veículo
art. 38, parágrafo único

Ações de manutenção e reintegração de posse
art. 643; art. 645; art. 646; art. 647; art. 648; art. 649

Ações de sociedade
art. 676, IV; art. 785

Ações imobiliárias
art. 22, I; art. 33; art. 370, parágrafo único

Ações possessórias
art. 58, §2º; art. 639; art. 640; art. 641; art. 642; art. 643; art. 644

Ações universais
art. 307, I

Acórdão(ãos)
art. 73, §6º; art. 159; art. 160; art. 237; art. 491, §3º, I; art. 861; art. 861, §3º; art. 862; art. 868; art. 884; art. 887; art. 890; art. 898, §2º; art. 916, VI; art. 919; art. 922; art. 940; art. 950, §6º; art. 951, §1º; art. 951, §3º; art. 952; art. 957

Adiamento
art. 81; art. 167; art. 170, I; art. 358, §3º; art. 434, §2º; art. 814, §1º; art. 814, §3º; art. 814, §4º; art. 823

Adjudicação
art. 547; art. 600; art. 604; art. 616; art. 750, I; art. 787, §2º; art. 799; art. 800; art. 801; art. 803; art. 804; art. 828, II; art. 842, IV

Administração
art. 60, VII; art. 94; art. 114, V; art. 132, I; art. 205, §1º; art. 417, II; art. 556; art. 558, I; art. 558, II; art. 558, IV; art. 610, parágrafo único; art. 659, IV; art. 673; art. 786; art. 786, §2º; art. 787, §1º; art. 791; art. 792, §1º; art. 792, §2º; art. 808; art. 808, II; art. 808, IV; art. 814

Administrador
art. 38, IV, b; art. 60, III; art. 60, VIII; art. 60, IX; art. 62; art. 119; art. 128; art. 129; art. 130; art. 199, §1º; art. 199, §2º; art. 275, II; art. 520; art. 554; art. 555; art. 785, §2º; art. 792, §1º; art. 792, §2º; art. 792, §3º; art. 792, §4º; art. 792, §5º; art. 808, I

Administrador-depositário
art. 786; art. 787, §1º; art. 789, §2º; art. 791

Advocacia Pública
art. 94; art. 95; art. 191

Advogado
art. 11, parágrafo único; art. 66, §1º; art. 67; art. 67, parágrafo único; art. 73; art. 73, §2º, IV; art. 73, §11; art. 85; art. 86; art. 86, parágrafo único; art. 87; art. 87, §1º; art. 87, §2º; art. 88; art. 89; art. 89, §1º; art. 89, §2º; art. 90, I; art. 90, §1º; art. 94, parágrafo único; art. 99; art. 100; art. 100, §1º; art. 100, §2º; art. 114, III; art. 114, §1º; art. 135; art. 137, §1º; art. 138, §2º; art. 162, parágrafo único; art. 164, §1º; art. 189; art. 190; art. 190, §2º; art. 195, parágrafo único; art. 205, §2º; art. 216, II; art. 228, §1º; art. 228, §2º; art. 231, parágrafo único; art. 232; art. 233; art. 233, §1º; art. 237; art. 237, §2º; art. 250; art. 298, §2º; art. 333, §3º; art. 333, §4º;

art. 337; art. 355; art. 357, parágrafo único; art. 358, §2º; art. 359; art. 362, §2º; art. 385, IV; art. 385, VI; art. 426, §2º, III; art. 434; art. 467, §2º; art. 468, §2º; art. 491, §3º; art. 551, §1º; art. 567, §4º; art. 634; art. 667, §2º; art. 683, §2º; art. 683, §3º; art. 710, IV; art. 756, §3º; art. 766, §2º; art. 769, §1º; art. 778, §3º; art. 799, §1º; art. 897, I; art. 835, §1º; art. 837; art. 857, §2º; art. 917; art. 930, III; art. 931, I; art. 933, II; art. 951, §1º

Advogado dativo
art. 340, parágrafo único

Aeronaves
art. 760, V; art. 788

Afiançado
art. 327, I; art. 718, §2º

Aforamento
art. 515

Agência
art. 20, parágrafo único; art. 38, III, b; art. 60, VIII; art. 60, §3º; art. 501, §3º

Agravo
art. 503, §1º; art. 864; art. 865, §1º; art. 873, parágrafo único; art. 942, parágrafo único; art. 951, §2º; art. 951, §3º, I

Agravo de instrumento
art. 65; art. 85, §2º; art. 279, parágrafo único; art. 322, parágrafo único; art. 382, parágrafo único; art. 491, §2º, III; art. 494, §7º; art. 833, parágrafo único; art. 857; art. 857, §1º; art. 861, §2º; art. 864; art. 907, II; art. 929; art. 930; art. 931; art. 932; art. 933; art. 934; art. 935; art. 951; art. 951, §1º; art. 951, §4º; art. 952

Agravo interno
art. 853, §1º; art. 853, §2º; art. 857; art. 907, III; art. 936

Alienação de bens de incapazes
art. 814

Alienação de quinhão
art. 659, V

Alienação judicial
art. 772, VI; art. 781, §1º; art. 804; art. 807; art. 812; art. 820; art. 820, parágrafo único

Alienação, locação, administração da coisa comum
art. 659, IV

Alimentos
art. 21, I; art. 38, II; art. 152, II; art. 255, VI; art. 498; art. 498, §5º; art. 499; art. 500

Alimentos provisionais
art. 170, II

Aluguel
art. 710, VII; art. 792, §3º

Ampla defesa
art. 107, V; art. 151, §1º

Analogia
art. 108

Anticrese
art. 710, V; art. 723, I; art. 728

Anulação de casamento
art. 38, I

Apartear
art. 357, parágrafo único

Apelação
art. 317, §1º; art. 467, §5º; art. 478, §1º; art. 638, parágrafo único; art. 658; art. 854; art. 861, §2º; art. 864; art. 907, I; art. 910, II; art. 923; art. 924; art. 925; art. 926; art. 927; art. 928; art. 929, parágrafo único; art. 943

Aplicação financeira
art. 495, §3º; art. 778

Apreensão
art. 271, parágrafo único; art. 382; art. 502, parágrafo único; art. 504; art. 566; art. 615; art. 617; art. 730, §2º; art. 764

Apreensão de título
art. 780

Apropriação de frutos e rendimentos
art. 750, III

Arbitral
art. 3º; art. 23, parágrafo único; art. 27; art. 338, §4º; art. 492, VII; art. 493, III; art. 878

Arbitramento
art. 70, §2º; art. 255, parágrafo único; art. 733, §1º

Arrecadação de bens
art. 34; art. 35; art. 128; art. 672; art. 673, II; art. 674, §1º; art. 674, §3º; art. 674, §5º; art. 674, §6º; art. 675; art. 675, §3º; art. 678; art. 679

Arrecadação de bens de devedor insolvente
art. 583, §2º; art. 583, §3º; art. 584, parágrafo único; art. 604; art. 714; art. 715; art. 716; art. 717; art. 718; art. 719; art. 720

Arrematação
art. 616; art. 787, §2º; art. 810, §2º; art. 810, §3º; art. 810, §4º; art. 811; art. 814, §2º; art. 815; art. 817; art. 825; art. 825, parágrafo único; art. 826; art. 826, §1º; art. 826, §2º; art. 826, §3º; art. 826, §5º; 826, §5º, II; art. 827

Arrematante
art. 810; art. 810, §1º; art. 810, §4º; art. 815; art. 816; art. 818, IV; art. 825; art. 826; art. 826, §3º; art. 826, §5º; 826, §6º

Arresto
art. 123, I; art. 477, II; art. 752; art. 753, II; art. 755, §1º; art. 755, §3º

Arrolamento
art. 600; art. 601; art. 603; art. 605; art. 605, §4º; art. 607

Arrolamento de bens
art. 271, parágrafo único; art. 674, §1º

Artigos
art. 66, §1º; art. 93, §2º; art. 100, §2º; art. 103, parágrafo único; art. 152, §2º; art. 167, §2º; art. 178, parágrafo único; art. 262, nota; art. 263, parágrafo único; art. 281, nota; art. 307, parágrafo único; art. 314, parágrafo único; art. 317, §2º; art. 338, §4º; art. 372, parágrafo único; art. 382, parágrafo único; art. 405, §4º; art. 458, parágrafo único; art. 467, §5º; art. 473, parágrafo único; art. 478, §1º; art. 478, §2º; art. 478, §3º; art. 491, §2º; art. 492; art. 492, §2º; art. 496, §1º; art. 496, §3º; art. 496, §4º; art. 501, §5º; art. 504, parágrafo único; art. 517, §4º; art. 532; art. 600, §1º; art. 671, §3º; art. 687, §1º; art. 699, parágrafo único; art. 700, parágrafo único; art. 727, parágrafo único; art. 753, §5º; art. 758, §2º; art. 760, §1º; art. 778, §10; art. 803, §3º; art. 806, §8º; art. 813, §2º; art. 837, §3º; art. 865, §2º; art. 886, §2º; art. 949, §2º; art. 950; art. 953; art. 959, §2º; art. 970

Assinatura eletrônica
art. 151, §3º; art. 160, §1º; art. 216, §3º; art. 862

Assistência
art. 321; art. 321, parágrafo único; art. 324; art. 673, §1º, I

Assistência jurídica
art. 93, §2º

Assistência social
art. 758, IX

Assistente
art. 31; art. 82; art. 321, parágrafo único; art. 322; art. 323; art. 323, parágrafo único; art. 324; art. 325; art. 326; art. 445, §2º; art. 446, parágrafo único; art. 683, §3º

Assistente técnico
art. 72, parágrafo único; art. 83; art. 357, I; art. 357, parágrafo único; art. 445, I; art. 446; art. 452; art. 454; art. 456, parágrafo único; art. 458; art. 458, parágrafo único

Atentado
art. 66, §1º; art. 226; art. 333, §5º; art. 698, II; art. 700; art. 826, §6º; art. 841, parágrafo único

Ativos financeiros
art. 723, II; art. 778; art. 778, §1º; art. 778, §3º; art. 778, §4º, II; art. 778, §9º

Ato ilícito
art. 73, §5º; art. 307, II; art. 498

Atos atentatórios
art. 66, §1º; art. 333, §5º; art. 698, II; art. 700; art. 826, §6º; art. 841, parágrafo único

Atos do escrivão
art. 161; art. 162; art. 163; art. 164; art. 165; art. 166

Atos do Juiz
art. 116, §4º; art. 875

Atos executivos
art. 5º; art. 496, §1º; art. 497; art. 697; art. 708; art. 708, §1º; art. 837, §1º; art. 837, §2º, I

Atos processuais
art. 13; art. 79; art. 107, V; art. 151; art. 151, §1º; art. 152; art. 164; art. 164, §1º; art. 167; art. 169; art. 172; art. 173; art. 185; art. 193; art. 844

Atos processuais eletrônicos
art. 151, §2º; art. 168; art. 862

Audiência
art. 121, III; art. 123, IV; art. 148, II; art. 237, §1º; art. 237, §2º; art. 346; art. 353, I; art. 381; art. 385, I; art. 428; art. 428, parágrafo único; art. 434; art. 441; art. 441, parágrafo único; art. 442; art. 458; art. 458, parágrafo único; art. 605, §2º; art. 618, §1º; art. 629, I; art. 631; art. 647; art. 647, parágrafo único; art. 666, §2º; art. 683; art. 789, §4º; art. 847, §2º; art. 881, parágrafo único; art. 916, I; art. 916, II

Audiência de conciliação
art. 195, parágrafo único; art. 205, §2º; art. 333; art. 334; art. 335

Audiência de instrução e julgamento
art. 112; art. 288, §1º; art. 298, §2º; art. 354; art. 355; art. 356; art. 357; art. 358; art. 360; art. 362; art. 363; art. 364; art. 432; art. 445, §2º; art. 456; art. 685, §1º

Audiência especial
art. 381

Audiência preliminar
art. 618, §1º; art. 635; art. 637

Áudio
art. 362, §5º

Ausência
art. 14; art. 210, §1º; art. 333, §4º; art. 338, XI; art. 467, IV; art. 678; art. 839, §2º

Ausentes
art. 35; art. 57, parágrafo único; art. 199, §1º; art. 559, VI; art. 567; art. 612, I; art. 669, §3º; art. 672, §3º; art. 678; art. 679; art. 679, §2º; art. 679, §4º

Autarquia(s)
art. 31; art. 95; art. 478, I; art. 886, §1º; art. 920, I

Autenticação
art. 18, II; art. 151, §2º; art. 220; art. 223, III; art. 226; art. 362, §3º; art. 385, III; art. 385, IV; art. 389; art. 392; art. 393; art. 402; art. 403, parágrafo único; art. 405, §3º; art. 418; art. 457; art. 457, §4º; art. 491; art. 820, parágrafo único; art. 835, §1º; art. 881, IV; art. 951, §1º

Auto circunstanciado
art. 384, parágrafo único; art. 466; art. 674; art. 770, §1º

Auto de adjudicação
art. 800; art. 800, §2º

Auto de arrematação
art. 827

Autoridade
art. 413; art. 483; art. 499; art. 501, §3º; art. 600, §2º; art. 603, §2º; art. 631; art. 675, §2º; art. 879, §4º; art. 881, §1º; art. 910, I; art. 967, §2º

Autoridade administrativa
art. 877

Autoridade estrangeira
art. 25; art. 26; art. 224

Autoridade judiciária
art. 20; art. 21; art. 22; art. 23; art. 24; art. 26; art. 94, II; art. 224; art. 803; art. 879, §3º; art. 880, §1º; art. 882; art. 966, §1º

Autoridade policial
art. 674, §1º; art. 674, §3º; art. 680, §1º; art. 770, §3º

Autoridade supervisora do sistema bancário
art. 778; art. 778, §1º; art. 778, §2º; art. 778, §10

Autorização judicial
art. 59; art. 59, parágrafo único; art. 338, IX; art. 560; art. 787; art. 788

Autos suplementares
art. 628, parágrafo único

Autuação
art. 161; art. 583, §1º; art. 626; art. 666, §2º; art. 835, §1º

Auxiliares da justiça
art. 107; art. 119; art. 631, §4º; art. 808, III

Avaliação
art. 137, §4º; art. 444; art. 549, §1º, II; art. 571; art. 572; art. 573; art. 574; art. 575; art. 576; art. 576, §2º; art. 596, II; art. 602; art. 604, parágrafo único; art. 614; art. 733, §1º; art. 754, §1º; art. 756; art. 793; art. 794; art. 795; art. 796; art. 796, II; art. 797; art. 798; art. 799; art. 801; art. 806, §4º; art. 809, parágrafo único; art. 811; art. 812, §2º; art. 813; art. 814; art. 814, §1º; art. 814, §2º; art. 835, §2º; art. 838, II; art. 838, §4º; art. 840, §5º

Averbação
art. 526; art. 662, II; art. 685, §2º; art. 723, IV; art. 753; art. 753, §1º; art. 753, §2º; art. 753, §3º; art. 753, §4º; art. 762; art. 768; art. 784; art. 791, §1º; art. 791, §2º; art. 807, II

B

Bem comum
art. 6

Benfeitorias
art. 540, II; art. 540, III; art. 542, parágrafo único; art. 545; art. 547; art. 548, I; art. 548, III; art. 549, §2º, II; art. 561, IV, a; art. 580, parágrafo único; art. 734; art. 838, IV; art. 838, §2º; art. 838, §3º

Bens
art. 21, I, a; art. 22, II; art. 32; art. 34, I; art. 34, II; art. 58; art. 58, §1º, I; art. 60, VII; art. 62; art. 128; art. 129; art. 132, I; art. 271, parágrafo único; art. 275, II; art. 307, I; art. 370, parágrafo único; art. 477, parágrafo único, II; art. 493, parágrafo único; art. 520; art. 559, II; art. 559, VI; art. 560, I; art. 560, IV; art. 561, II; art. 561, IV; art. 561, IV, h; art. 562; art. 563, III; art. 563, VI, art. 566; art. 568, I; art. 570; art. 571; art. 572; art. 573; art. 574; art. 575; art. 580; art. 580, parágrafo único; art. 581, §1º; art. 582; art. 582, §1º, art. 582, §2º; 583, §2º; art. 583, §3º, art. 583, §4º, art. 584, parágrafo único; art. 585; art. 587; art. 588; art. 589, I; art. 590; art. 594, II; art. 596; art. 596, II; art. 597; art. 600, §2º; art. 601, II; art. 601, III; art. 602; art. 603; art. 603, §2º; art. 604; art. 604, parágrafo único; art. 605; art. 605, §4º, art. 605, §5º; art. 610; art. 610, parágrafo único; art. 611; art. 613, I; art. 613, parágrafo único; art. 614; art. 615; art. 615, §2º; art. 615, §3º; art. 619; art. 636, III; art. 659, III; art. 665, I; art. 665 parágrafo único; art. 668; art. 672; art. 673, II; art. 674; art. 674, §1º; art. 674, §2º; art. 674, §3º; art. 674, §4º; art. 674, §5º; art. 674, §6º; art. 676, I; art. 676, V; art. 676, §2º; art. 678; art. 679; art. 679, §4º; art. 681; art. 682; art. 700, V; art. 707, VI; art. 714; art. 715; art. 715, IV; art. 716; art. 717; art. 718; art. 718, §1º; art. 719; art. 719, §1º; art. 719, §2º; art. 721; art. 721, parágrafo único; art. 723, I ; art. 723, III; art. 749; art. 750, III; art. 751; art. 753; art. 753, §2º; art. 753, §3º, art. 754, §2º; art. 755; art. 756; art. 757; art. 758, I; art. 758, V; art. 759; art. 760, III; art. 760, IV; art. 761; art. 761, parágrafo único; art. 762; art. 763, III; art. 763, IV; art. 764; art. 765, III; art. 765, §1º; art. 767; art. 768; art. 769; art. 769, §2º; art. 770; art. 770, §1º; art. 770, §2º; art. 771, I; art. 771, II; art. 771, V; art. 771, §2º; art. 771, §4º; art. 772, II; art. 772, III; art. 772, IV; art. 772, V; art. 772, VII; art. 773; art. 774; art. 775, II; art. 775, III; art. 776; art. 776, I; art. 778, §2º; art. 778, II; 781, §2º; art. 784; art. 787; art. 787, §1º; art. 789; art. 794, IV; art. 795, I; art. 795, II; art. 797, I; art. 797, II; art. 798; art. 799; art. 799, §2º; art. 804, §2º; art. 805, V; art. 806 §2º; art. 806, §4º; art. 806, §5º; art. 808; art. 808, I; art. 808, II; art. 808, IV; art. 808, V; art. 810, §2º; art. 811; art. 816; art. 817; art. 818, II; art. 818, III; art. 825; art. 828, II; art. 829; art. 829, I; art. 829, II; art. 835, §2º; art. 840, §5º; art. 842, III; art. 842, IV

Bens imóveis
art. 370, parágrafo único; art. 676, V; art. 760, IV; art. 762; art. 767; art. 771, §1º, I; art. 804, §2º

Bens inalienáveis
art. 758, I; art. 759

Bens móveis
art. 32; art. 676, I; art. 758, V; art. 760, II; art. 762; art. 771, §1º, II; art. 776, I

Bens penhorados
art. 128; art. 721; art. 763, III; art. 774; art. 776; art. 797, I; art. 797, II; art. 799; art. 806, §4º; art. 825; art. 828, II; art. 829, I; art. 842, IV

Boa-fé
art. 66; art. 314

Bolsas de valores
art. 785, §1º; art. 804, §2º

Busca e apreensão
art. 502, parágrafo único; art. 504; art. 566; art. 730, §2º

C

Calamidade pública
art. 178, parágrafo único

Capacidade
art. 55; art. 298, I; art. 298, §1º; art. 498, §2º

Capacidade processual
art. 298, I; art. 298, §1º

Carta(s)
art. 25; art. 54, parágrafo único; art. 89, §2º; art. 121, I; art. 193; art. 194; art. 205, §1º; art. 205, §2º; art. 211; art. 213, §1º; art. 216; art. 216, §1º; art. 216, §2º; art. 216, §3º; art. 217; art. 218; art. 219; art. 220; art. 221; art. 221, §1º; art. 221, §2º; art. 223; art. 223, parágrafo único; art. 224; art. 224, parágrafo único; art. 225; art. 226; art. 227; art. 232, II; art. 236, IV; art. 267; art. 267, parágrafo único; art. 396; art. 432, II; art. 443; art. 490, §1º; art. 505, §1º; art. 573; art. 616; art. 674, §4º; art. 674,

§5º; art. 660, §2º; art. 800, §1º; art. 800, §2º; art. 803, §2º; art. 807, I; art. 825, parágrafo único; art. 826, §2º; art. 826, §3º; art. 826, §5º, II; art. 827; art. 835, §2º; art. 836, §2º; art. 878

Carta de adjudicação
art. 800, §2º

Carta de arrematação
art. 825, parágrafo único; art. 826, §2º; art. 826, §3º; art. 826, §5º, II; art. 827

Carta precatória
art. 216; art. 219; art. 220; art. 221; art. 223; art. 267; art. 267, parágrafo único; art. 443; art. 573; art. 674, §5º; art. 836, §2º

Carta rogatória
art. 25; art. 213, §1º; art. 216; art. 224, parágrafo único; art. 267; art. 267, parágrafo único; art. 878

Casamento
art. 38, I; art. 152, II; art. 370, parágrafo único; art. 558, VI; art. 561, II; art. 668

Caução
art. 87, §1º; art. 278, parágrafo único; art. 283, parágrafo único; art. 338, XII; art. 491, III; art. 491, §2º; art. 491, §2º, II; art. 582, §2º; art. 619, parágrafo único; art. 636, IV; art. 644; art. 710, V; art. 778, §7º; art. 813; art. 814, §1º; art. 816; art. 826, III: art. 835; art. 838, §3º; art. 840, §1º

Causa(s)
art. 23; art. 23, parágrafo único; art. 27; art. 31, II; art. 31, III; art. 37; art. 73, §3º; art. 73, §4º; art. 41; art. 66, §1º; art. 66, §2º; art. 66, §4º; art. 70; art. 70, §1º; art. 70, §2º; art. 70, §3º; art. 73; art. 73, §2º, III; art. 81; art. 86, parágrafo único; art. 89; art. 99; art. 101, III; art. 107, I; art. 111; art. 114, V; art. 114, §1º; art. 115, II; art. 115, III; art. 116; art. 117; art. 137, §3º; art. 139, §2º; art. 139; art. 147, I; art. 147, II; art. 151, §1º; art. 170, II; art. 170, III; art. 173, parágrafo único; art. 179; art. 179, §1º; art. 179, §2º; art. 202, §3º; art. 239; art. 249; art. 250, parágrafo único, I; art. 254; art. 255; art. 255, parágrafo único; art. 255, parágrafo único, II; art. 256; art. 262; art. 267; art. 280; art. 294; art. 298, V, a; art. 302; art. 303, V; art. 314; art. 314, parágrafo único; art. 315, parágrafo único, I; art. 321; art. 326; art. 337, parágrafo único; art. 338, III; art. 338, §2º; art. 358, §3º; art. 359, §2º; art. 417, II; art. 426, §2º, I; art. 426, §2º, II; art. 426, §2º, III; art. 431; art. 432; art. 438; art. 440, II; art. 448, parágrafo único;

art. 450; art. 463; art. 465, parágrafo único; art. 466; art. 467, III; art. 468, §3º; art. 489; art. 493, I; art. 493, II; art. 496, III; art. 501, II; art. 501, §3º; art. 503, §3º; art. 555; art. 624; art. 627; art. 629; art. 634; art. 684, §2º; art. 685; art. 753; art. 769, §2º; art. 778, §10º; art. 805, V; art. 806, §9º; art. 823; art. 852; art. 853, §2º; art. 857; art. 857, §1º; art. 886, I; art. 886, II; art. 900, parágrafo único; art. 925, §3º; art. 929, II; art. 941, §1º; art. 942, II ,b; art. 942, parágrafo único; art. 949; art. 950, §1º; art. 951, §4º; art. 959, IV; art. 963

Causa de pedir
art. 41; art. 101, III; art. 314; art. 314, parágrafo único; art. 315, parágrafo único, I; art. 338, §2º; art. 489

Certidão(ões)
art. 121,V; art. 125, §2º; art. 148, II; art. 152, §1º; art. 210, §2º; art. 214, I; art. 234, parágrafo único; art. 234, III; art. 273; art. 385, I; art. 385, II; art. 404; art. 417, I; art. 417, §1º; art. 491, II; art. 492, IV; art. 556, parágrafo único; art. 559, V; art. 595; art. 596, parágrafo único; art. 629, I; art. 631, §2º; art. 631, §3º; art. 670; art. 694; art. 700, V; art. 710, IX; art. 753; art. 761, parágrafo único; art. 769; art. 771, I; art. 771, §2º; art. 794, II; art. 794, III; art. 931, I; art. 944, §1º; art. 951, §1º

Chamamento ao processo
art. 327

Cheque
art. 710, I; art. 780

Citação
art. 44; art. 60, §3º; art. 88; art. 89, §1º; art. 103; art. 167, §2º; art. 169, II; art. 195; art. 195, parágrafo único; art. 196; art. 196, §1º; art. 197; art. 197, §2º; art. 198; art. 199; art. 199, §1º; art. 199, §2º; art. 200; art. 201; art. 202; art. 202, §4º; art. 203; art. 204; art. 205; art. 205, §2º; art. 206; art. 207, II; art. 207, §2º; art. 209; art. 210, §1º; art. 211; art. 213; art. 213, §1º; art. 213, §2º; art. 214; art. 215; art. 225; art. 236, I; art. 236, II; art. 236, III; art. 236, V; art. 272, §1º; art. 282, II; art. 287, §1º; art. 287, §2º; art. 303, VII; art. 317; art. 318; art. 319, parágrafo único; art. 328; art. 331; art. 335; art. 338; art. 490; art. 508, II; art. 513; art. 517; art. 529; art. 567, §1º; art. 567, §3º; art. 618, §3º; art. 625; art. 625, parágrafo único; art. 635; art. 649; art. 675, §1º; art. 679, §2º; art. 722, III; art. 726; art. 730, §2º; art. 752, §2º; art. 754, §1º; art. 755, §1º; art. 755, §2º; art. 755, §3º; art. 778, §7º; art. 836; art. 836, §1º; art. 836, §2º; art. 881, II; art. 944, §1º

Cláusula de eleição de foro
art. 24

Cláusulas gerais
art. 472, parágrafo único

Coação
art. 372; art. 598; art. 598, parágrafo único, I

Coercitivas
art. 107, III; art. 270, parágrafo único; art. 379, parágrafo único; art. 382

Coisa certa
art. 730; art. 838, IV

Coisa incerta
art. 737

Coisa julgada
art. 19; art. 293; art. 338, VII; art. 338, §1º; art. 338, §3º; art. 413; art. 467, V; art. 483; art. 485; art. 487; art. 884; art. 963

Coisa litigiosa
art. 644

Coisas vagas
art. 514

Começo de prova
art. 423, I

Cominação
art. 207, III; art. 286, parágrafo único; art. 640, II

Companheiro
art. 114, III; art. 114, IV; art. 114, VI; art. 201, II; art. 367, III; art. 426, §2º; art. 427, I; art. 558, I; art. 567; art. 567, §1º; art. 589, III; art. 590; art. 594, I, a; art. 613, II; art. 674, §6º; art. 676, §3º; art. 677, §2º; art. 683, §3º; art. 799, §3º; art. 799, §4º

Compensação
art. 73, §11; art. 548, I; art. 549, §2º, II; art. 703; art. 838, §2º; art. 838, §3º

Competência
art. 24, parágrafo único; art. 27; art. 28; art. 29; art. 30; art. 39, parágrafo único; art. 39; art. 45; art. 48; art. 50; art. 51, art. 51, II; art. 51, parágrafo único; art. 121, IV, d; art. 151, §2º; art. 194, III; art. 223, II; art. 320, parágrafo único; art. 493, I; art. 835, §2º; art. 853, II; art. 865; art. 865, §1º; art. 869, parágrafo único; art. 870, parágrafo único; art. 873, parágrafo único; art. 882; art. 890; art. 898, §2º; art. 900, parágrafo único; art. 949, §1º; art. 959, IV; art. 959, §1º; art. 959, §2º

Compromisso
art. 88; art. 426, §4º; art. 437; art. 446; art. 554; art. 558, parágrafo único; art. 561; art. 605; art. 686; art. 686, parágrafo único; art. 687, I

Conceitos juridicamente indeterminados
art. 472, parágrafo único

Conciliação
art. 134; art. 134, §1º; art. 134, §3º; art. 135; art. 137, §4º; art. 138, II; art. 144; art. 195, parágrafo único; art. 205, §2º; art. 271, II; art. 333; art. 333, §2º; art. 333, §4º; art. 333, §7º; art. 334; art. 335; art. 492, II

Conciliador
art. 118; art. 119; art. 134, §3º; art. 135, §1º; art. 136; art. 136, parágrafo único; art. 137, §1º; art. 137, §2º; art. 137, §3º; art. 137, §4º; art. 138, §2º, art. 139; art. 140; art. 141; art. 142; art. 143; art. 333, §1º

Conciliador judicial
art. 118; art. 119

Condição
art. 31; art. 490, §4º; art. 722, I, c; art. 727, III; art. 838, §1º, V; art. 966, §1º

Condomínio
art. 60, IX; art. 710, VII

Condômino
art. 275, II; art. 521, II; art. 528; art. 547; art. 548, II; art. 549; art. 549, III

Conexão
art. 39; art. 101; art. 249; art. 312; art. 338, VIII

Confinantes
art. 238, parágrafo único; art. 522; art. 524; art. 527; art. 545; art. 546; art. 549, §2º, I

Confissão
art. 340, I; art. 364, §1º; art. 368; art. 369; art. 369, parágrafo único; art. 370; art. 370, parágrafo único; art. 371; art. 371, §1º; art. 371, §2º; art. 372; art. 373; art. 373, parágrafo único; art. 374; art. 421, I

Conflito
art. 51; art. 51, parágrafo único; art. 107, V; art. 135;

art. 869; art. 870; art. 871; art. 871, parágrafo único; art. 872; art. 873; art. 874; art. 875; art. 875, parágrafo único; art. 876; art. 877

Conflito de competência
art. 51; art. 870, parágrafo único; art. 873, parágrafo único

Confusão
art. 476, X

Cônjuge(s)
art. 38, I; art. 59, §1º; art. 58, II; art. 58, III; art. 58, IV; art. 152, II; art. 613, II; art. 665; art. 665, II; art. 665, parágrafo único; art. 666; art. 666, §2º; art. 668; art. 836

Conselheiros
art. 433, III; art. 433, IV; art. 433, VIII

Conselho Nacional de Justiça
art. 83, §3º; art. 142; art. 151, §4º; art. 433, III; art. 762; art. 820; art. 896; art. 896, parágrafo único

Constituição da República
art. 30; art. 167, §2º; art. 496, §4º; art. 501, §2º; art. 501, §3º; art. 834, §1º; art. 868, §2º; art. 944; art. 948

Constituição da República Federativa do Brasil
art. 1º

Construções
art. 542, parágrafo único

Contas
art. 433, III; art. 433, VIII; art. 516; art. 517; art. 517, §1º; art. 517, §3º; art. 517, §4º; art. 518; art. 520; art. 559, VII; art. 563, V; art. 669, §4º; art. 673,V; art. 789, §2º; art. 792, §1º; art. 818,VI

Contestação
art. 24; art. 49; art. 50; art. 89, I; art. 195, parágrafo único; art. 196, §1º; art. 205, §2º; art. 256; art. 306; art. 331; art. 334; art. 335; art. 336; art. 337; art. 339; art. 341; art. 345; art. 409, II; art. 410; art. 414; art. 429; art. 436; art. 451; art. 467, §4º; art. 471, I; art. 508, II; art. 510; art. 512; art. 531; art. 641; art. 888; art. 958, parágrafo único

Continência
art. 39; art. 41; art. 42; art. 249, I

Contraditório
art. 7º; art. 19; art. 103, parágrafo único; art. 103, parágrafo único, I; art. 107, V; art. 151, §1º; art. 260; art. 262; art. 314; art. 881, parágrafo único; art. 938

Contrapostas
art. 347

Contraprestação
art. 712; art. 712, parágrafo único; art. 722, I, d

Contrato
art. 48, §1º; art. 255, V; art. 308, parágrafo único; art. 330, II; art. 423; art. 509; art. 511; art. 635; art. 724; art. 745; art. 772, II

Convenções internacionais
art. 12

Coobrigados
art. 329

Cópias
art. 90, §3º; art. 205; art. 207, §1º; art. 273; art. 385, IV; art. 491, §3º; art. 494, §2º; art. 567, §2º; art. 567, §4º; art. 630; art. 631, §3º; art. 835; art. 889; art. 931, I; art. 951, §1º; art. 951, §2º

Correio
art. 203, I; art. 204; art. 205; art. 206; art. 220; art. 222; art. 228, §1º; art. 233; art. 234; art. 236, I; art. 434, §4º; art. 931, §2º

Corretores
art. 803, §3º; art. 804, §2º

Cotas marginais
art. 157

Credores
art. 311; art. 514; art. 561, IV, f; art. 583; art. 583, §3º; art. 594, I, a; art. 604; art. 675, §4º; art. 677, §2º; art. 715, VI; art. 799, §3º; art. 832; art. 833; art. 970, §3º; art. 970, §4º; art. 970, §5º

Culto religioso
art. 201, I

Cumprimento da sentença
art. 281, art. 490, §1º; art. 490, §5º; art. 495, §5º; art. 502; art. 747; art. 835, §2º; art. 887

Cumulação
art. 312; art. 312, §1º; art. 312, §2º; art. 522; art. 613; art. 838

Cumulação de pedidos
art. 255, II

Curador
art. 340, parágrafo único; art. 520; art. 612; art. 673; art. 673, §1º; art. 673, §2º; art. 674; art. 674, §2º; art. 674, §6º; art. 678; art. 679, §2º; art. 683, §2º; art. 684, §1º; art. 684, §2º; art. 686; art. 686, parágrafo único; art. 687; art. 688; art. 688, parágrafo único; art. 689; art. 690; art. 696, parágrafo único

Curador especial
art. 57; art. 57, parágrafo único; art. 340, parágrafo único; art. 612; art. 683, §2º

Curatela
art. 684, §2º; art. 687, §2º

Custas
art. 66, §4º; art. 70, §3º; art. 72, parágrafo único; art. 82; art. 84; art. 85; art. 116, §3º; art. 177, §2º; art. 227; art. 255, I; art. 256; art. 289, §1º; art. 294; art. 467, §2º; art. 468, §2º; art. 512; art. 634; art. 701, I; art. 710, VIII, art. 751; art. 756; art. 761; art. 791; art. 831; art. 837; art. 931, §1º; art. 951, §2º; art. 958, parágrafo único

D

Dados
art. 137, §2º; art. 137, §3º; art. 137, §4º; art. 151, §3º; art. 152, III; art. 385, V; art. 417, §2º; art. 436; art. 494, §5º; art. 495, §1º; art. 570; art. 698, III; art. 699; art. 699, parágrafo único; art. 896, parágrafo único

Dano irreparável
art. 283; art. 285; art. 299

Dano moral
art. 255, VIII

Danos
art. 68; art. 87, §2º; art. 113; art. 283, parágrafo único; art. 480; art. 481; art. 491, I; art. 640, I; art. 644; art. 702; art. 733; art. 739; art. 739, parágrafo único; art. 744, parágrafo único; art. 746; art. 746, parágrafo único; art. 778, §7º; art. 826, §4º; art. 838, §2º

Data
art. 161; art. 185, I; art. 185, II; art. 197, §1º; art. 197, §2º;
art. 214, III; art. 236, I; art. 236, II; art. 236, III; art. 236, IV; art. 236, V; art. 237; art. 255, I; art. 360; art. 390; art. 395; art. 453; art. 506; art. 507; art. 561; art. 561, IV, e; art. 561, IV, f; art. 609, I; art. 646, III; art. 669, §1º; art. 722, I, b; art. 748; art. 771, §1º, IV; art. 806, §4º; art. 836; art. 855, §1º; art. 860; art. 862, §3º; art. 897; art. 916; art. 942; art. 961; art. 965; art. 967

Debêntures
art. 710, I

Decadência
art. 87; art. 187, §4º; art. 282, IV; art. 292; art. 317, III; art. 469, IV; art. 469, parágrafo único

Decisão(ões)
art. 5º; art. 9º; art. 11; art. 25; art. 26; art. 40; art. 49, §3º; art. 65; art. 66, V; art. 66, §2º; art. 85, §2º; art. 101, parágrafo único; art. 102, I; art. 103, I; art. 114, II; art. 158; art. 158, §2º; art. 160; art. 164, §2º; art. 184, II; art. 225, IV; art. 237; art. 237, §1º; art. 258, parágrafo único; art. 262; art. 262, §2º; art. 267; art. 272, §4º; art. 279; art. 279, parágrafo único; art. 287, §1º; art. 290; art. 290, §1º; art. 290, §2º; art. 293; art. 316; art. 316, parágrafo único; art. 317, I; art. 322, parágrafo único; art. 326, art. 362; art. 381; art. 382, parágrafo único; art. 413; art. 431; art. 440, II; art. 443; art. 463; art. 490, §1º; art. 491, II; art. 491, IV; art. 494, §7º; art. 495; art. 496, §5º; art. 501; art. 503, §1º; art. 503, §2º; art. 503, §4º; art. 503, §8º; art. 544, parágrafo único; art. 548; art. 576, §2º; art. 592; art. 609, I; art. 619; art. 649, parágrafo único; art. 710, VIII; art. 778; art. 778, §8º; art. 791, §1º; art. 814; §2º; art. 833, parágrafo único; art. 834, §1º; art. 840; §2º; art. 847, III; art. 853, III, b; art. 853, IV; art. 853, IV, b; art. 853, §1º; art. 857, §1º; art. 858; art. 861, §2º; art. 863; art. 865, §2º; art. 873, parágrafo único; art. 878; art. 879; art. 879, §1º; art. 879, §2º; art. 879, §3º; art. 879, §4º; art. 880; art. 880, §2º; art. 881; art. 882; art. 883; art. 884, parágrafo único; art. 885, III, b; art. 893; art. 895; art. 898, §1º; art. 904, §1º; art. 906; art. 908; art. 909, parágrafo único; art. 913; art. 915; art. 916, I; art. 916, II; art. 920, parágrafo único; art. 921; art. 923; art. 924, III; art. 929; art. 929, parágrafo único; art. 930, II; art. 931, I; art. 933, I; art. 933, parágrafo único; art. 935; art. 936; art. 937, I; art. 942, I; art. 942, II, b; art. 942, parágrafo único; art. 944, III; art. 944, §1º; art. 944, §2º; art. 944, §3º; art. 945, parágrafo único; art. 946, §2º; art. 946, §3º; art. 947; art. 948; art. 949, §2º; art. 950; art. 950, §3º; art. 950, §4º; art. 950, §5º; art. 951, §1º; art. 951, §3º; art. 952; art. 954, §2º; art. 954, §3º; art. 958; art. 959; art. 959, I; art. 959, II; art. 959, III; art. 960, parágrafo único

Decisão interlocutória
art. 65; art. 158, §2º; art. 921

Defensoria Pública
art. 91; art. 92; art. 93; art. 93, §1º; art. 186; art. 191; art. 710, IV; art. 808, III; art. 895, II; art. 900

Defesa
art. 7; art. 66, III; art. 66, IV; art. 67, parágrafo único; art. 69, I; art.101, parágrafo único; art. 107, V; art. 145; art. 151, §1º; art. 202, §4º; art. 207, VI; art. 246, parágrafo único; art. 257; art. 272, §4º; art. 285, I; art. 336; art. 337; art. 340, III; art. 374; art. 433, parágrafo único; art. 468, §3º; art. 489; art. 565; art. 636; art. 683, §2º; art. 838, V; art. 857, §1º; art. 918; art. 925, §2º; art. 949

Deficiência mental
art. 426, §1º, I

Delito
art. 38, parágrafo único

Depoimento(s)
art. 114, I; art. 357, II; art. 364; art. 369; art. 381; art. 426, §4º; 428, parágrafo único; art. 431; art. 432; art. 433, parágrafo único; art. 435; art. 436, §1º; art. 439; art. 439, §1º; art. 441, parágrafo único; art. 442; art. 780, §4º

Depoimento pessoal
art. 364; art. 369

Depositário
art. 119; art. 128; art. 129; art. 129, parágrafo único; art. 130; art. 130, parágrafo único; art. 275, II; art. 520; art. 664; art. 674, §2º; art. 763, IV; art. 765, II; art. 765, III; art. 769, §1º; art. 780, §1º; art. 786; art. 786, §2º; art. 787; art. 787, §1º; art. 789, §2º; art. 791; art. 792; art. 814

Depositário infiel
art. 130, parágrafo único

Depósito
art. 83, §2º; art. 107, VI; art. 285, parágrafo único; art. 382; art. 385, §2º; art. 423, II; art. 468, §2º; art. 491, III; art. 495, §3º; art. 505, §1º; art. 505, §3º; art. 505, §4º; art. 506; art. 508, I; art. 508, II; art. 509; art. 510; art. 511; art. 511, §2º; art. 513; art. 514; art. 760, I; art. 764; art. 778; art. 818, VI; art. 825, parágrafo único; art. 826, §5º; art. 835; art. 837; art. 837, §1º; art. 840, §1º; art. 853, §2º; art. 886, §2º; art. 892; art. 941, §3º

Depósito necessário
art. 423, II

Deputados
art. 433, V; art. 433, VII

Desarquivamento dos autos
art. 293, parágrafo único

Desconsideração da personalidade jurídica
art. 63; art. 64; art. 719, §4º

Desconto em folha
art. 498, §5º

Desembargador(es)
art. 433, VIII; art. 876

Deserção
art. 920; art. 920, II; art. 920, parágrafo único

Desistência
art. 78; art. 78, §1º; art. 155, parágrafo único; art. 337, parágrafo único; art. 701, parágrafo único; art. 826, §6º; art. 895, §3º; art. 910, III; art. 958, parágrafo único

Desonra
art. 367, III; art. 383, III

Despacho
art. 44; art. 47, parágrafo único; art. 87, §1º; art. 121, V; art. 158, §4º; art. 197, §2º; art. 205; art. 207, V; art. 210; art. 216, II; art. 221, §2º; art. 223; art. 320; art. 445, §1º; art. 579, §2º; art. 588; art. 686, II; art. 786, §2º; art. 868, §3º; art. 919

Despacho de expediente
art. 184

Despacho irrecorrível
art. 320; art. 868, §3º

Devedor
art. 60, III; art. 73, §5º; art. 114, VI; art. 197; art. 275, II; art. 308; art. 308, parágrafo único; art. 310; art. 329; art. 397; art. 397, parágrafo único; art. 477, II; art. 478, §2º; art. 479, §3º; art. 492, §1º; art. 495 , §1º; art. 495, §2º; art. 496; art. 496, §3º; art. 498; art. 498, §1º; art. 498, §2º; art. 499; art. 400, parágrafo único; art. 500; art. 500, §1º; art. 503; art. 503, §7º; art. 505; art. 505, §1º; art. 505, §2º; art. 505, §3º; art. 506; art. 507; art. 509;

art. 621, I; art. 635; art. 698; art. 700, parágrafo único; art. 702; art. 705, I; art. 705, II; art. 705, III; art. 706; art. 707, IV; art. 710, II; art. 710, III; art. 711; art. 712, parágrafo único; art. 713; art. 714; art. 715, III; art. 717; art. 718; , art. 718, §1º; art. 721; art. 722, I, d; art. 722, III; art. 723; art. 724; art. 724, §1º; art. 727, II, art. 729; art. 730; art. 730, §2º; art. 734; art. 734, parágrafo único; art. 735; art. 738; art. 739; art. 744; art. 744, parágrafo único; art. 745; art. 746; art. 749; art. 754, §1º; art. 754, §2º; art. 755; art. 755, §1º; art. 758, §1º; art. 758, §2º; art. 755; art. 755, §1º; art. 758, IV; art. 761, parágrafo único; art. 763, II; art. 766, §1º; art. 769, §2º; art. 770; art. 771, IV; art. 772, VII; art. 779; art. 779, I; art. 780; art. 780, §3º; art. 780, §4º; art. 781; art. 781, §2º; art. 783; art. 784; art. 788; art. 789; art. 792; art. 812; art. 830; art. 831; art. 838, §1, IV; art. 839, §2º; art. 842, III; art. 843; art. 845, II; art. 845, III; art. 918, parágrafo único; art. 970; art. 970, §1º, III; art. 970, §2º; art. 970, §3º; art. 970, §4º; art. 970, §5º

Devedor insolvente
art. 60, III; art. 970, §3º ; art. 970, §5º

Deveres
art. 7º; art. 66; art. 138, III; art. 269

Dias úteis
art. 167; art. 167, §2º; art. 236; art. 907, parágrafo único

Digitado
art. 439

Dignidade da justiça
art. 107, II; art. 333, §5º; art. 698, II; art. 700; art. 826, §6º; art. 841, parágrafo único

Dignidade da pessoa humana
art. 6

Diligências
art.123, I; art. 258, parágrafo único; art. 446, parágrafo único; art. 467, III; art. 674; art. 764; art. 766, §1º; art. 901; art. 902

Dinheiro
art. 477; art. 491, III; art. 495, §3º; art. 505, §1º; art. 548, IV; art. 561, IV, d; art. 583, §2º; art. 583, §4º; art. 676, IV; art. 676, V, b; art. 760, I; art. 762; art. 765, I; art. 778; art. 782; art. 785; art. 828, I; art. 829; art. 832; art. 832, parágrafo único

Direito
art. 3º; art. 4º; art. 5º; art. 8º; art. 9º; art. 17; art. 18, parágrafo único; art. 28; art. 28, parágrafo único; art. 31; art. 32; art. 33; art. 33, parágrafo único; art. 63, parágrafo único; art. 66, IV; art. 71; art. 73, §11; art. 88; art. 90 ; art. 93, §2º; art. 94; art. 95; art. 97; art. 101, II; art. 101, IV; art. 106; art. 108; art. 126, §1º; art. 130; art. 146; art. 152, III; art. 152, §1º; art. 169, II; art. 179; art. 190, §1º; art. 201; art. 204, III; art. 257; art. 261, I; art. 261, II; art. 263, I; art. 263, II; art. 266; art. 278; art. 282, IV; art. 283; art. 285, I; art. 285, III; art. 285, IV; art. 286; art. 289, §3º; art. 308, parágrafo único; art. 336; art. 341, I; art. 348; art. 353, I; art. 359, §2º; art. 371, §1º; art. 372, parágrafo único; art. 374; art. 390; art. 398; art. 465, parágrafo único; art. 468, §3º; art. 469, V; art. 471, II; art. 475; art. 478, I; art. 478, §2º; art. 486, I; art. 501, §4º; art. 509; art. 513; art. 516; art. 520; art. 524; art. 546, §2º; art. 548, III; art. 553; art. 555; art. 598, parágrafo único; art. 638; art. 645; art. 647, parágrafo único; art. 660; art. 661; art. 677, §2º; art. 687, §1º; art. 704, parágrafo único, I; art. 704, parágrafo único, II; art. 713; art. 715; art. 716, I; art. 717; art. 718; art. 718, §1º; art. 719, §1º; art. 721; art. 733; art. 743, parágrafo único; art. 749; art. 778, §10; art. 781; art. 781, §1º; art. 782; art. 783; art. 784; art. 791; art. 799, §3º; art. 829, I; art. 833; art. 837, §3º; art. 863; art. 865; art. 868, §1º; art. 868, §2º; art. 886, §1º; art. 893; art. 895; art. 896; parágrafo único; art. 898, §2º; art. 901; art. 903; art. 909; art. 912; art. 918; art. 924, II; art. 925, §3º; art. 930, I; art. 944, I; art. 953; art. 954, §1º; art. 954, §2º; art. 965

Direito indisponível
art. 263, I

Direito pessoal
art. 32

Direito real
art. 32; art. 33; art. 715; art. 716, I

Direito superveniente
art. 341, I

Direitos reais imobiliários
art. 58; art. 58, §1º, I

Dispendiosa
art. 473, II; art. 676, I

Dissídio jurisprudencial
art. 944, §1º

Distribuição
art. 248; art. 251; art. 252; art. 253; art. 849; art. 850; art. 872; art. 897; art. 908, §2º

Distritais
art. 433, VII

Distrito Federal
art. 37; art. 60, I; art. 94, art. 95; art. 417, II; art. 433, VI e VIII, art. 478, I; art. 710, IX; art. 760, IX; art. 765, I; art. 886, §1º; art. 920, I

Dívida ativa
art. 478, II; art. 478, §2º; art. 503, §5º; art. 710, IX

Dívidas
art. 58, III; art. 560, III; art. 561, IV, f; art. 563, IV; art. 583; art. 583, §5º; art. 586; art. 586, II; art. 587; art. 592, I; art. 605, §2º; art. 719; art. 720; art. 782

Divisão
art. 33, parágrafo único; art. 255, VII; art. 492, V; art. 521, II; art. 523; art. 525; art. 525, parágrafo único; art. 542; art. 544, parágrafo único; art. 546, §1º; art. 547; art. 548; art. 548, I; art. 549; art. 581, §2º; art. 590; art. 795, parágrafo único; art. 812

Documento
art. 18, II; art. 131, I; art. 154; art. 216, §2º; art. 270, II; art. 274; art. 275, II; art. 375; art. 376, I; art. 376, II; art. 376, III; art. 377; art. 378, II; art. 378, III; art. 379; art. 379, parágrafo único; art. 380; art. 381; art. 383; art. 383, III; art. 383, parágrafo único; art. 384; art. 385, VI; art. 385, §2º; art. 387; art. 388; art. 388, parágrafo único; art. 389; art. 390; art. 390, V; art. 391; art. 392; art. 393; art. 393, parágrafo único; art. 394; art. 397; art. 397, parágrafo único; art. 405; art. 406; art. 407; art. 407, parágrafo único, I; art. 407, parágrafo único, II; art. 408; art. 408, parágrafo único; art. 409, I; art. 409, II; art. 410; art. 412, parágrafo único; art. 413; art. 416; art. 417, §2º; art. 419; art. 421, I; art. 421, II; art. 457; art. 457, §4º; art. 553; art. 584, parágrafo único; art. 629, III; art. 710, II; art. 710, III; art. 780; art. 862; art. 884, VII; art. 931

Documentos eletrônicos
art. 418; art. 420

Dolo
art. 113, I; art. 124, II; art. 127; art. 130; art. 138, II; art. 150; art. 215; art. 326, II; art. 372; art. 555; art. 598; art. 598, II; art. 796, I; art. 884, III

Domicílio
art. 21, I, a; art. 21, II; art. 22, II; art. 32; art. 32, §1º; art. 32, §2º; art. 32, §3º; art. 33, parágrafo único; art. 34; art. 34, parágrafo único, I; art. 34, parágrafo único, II; art. 35; art. 36; art. 37; art. 38, I; art. 38, II; art. 38, parágrafo único; art. 49; art. 209; art. 210; art. 232, I; art. 303, II; art. 493, parágrafo único; art. 561, I; art. 672; art. 707, I; art. 707, II; art. 707, III

Domingos
art. 167, §2º; art. 171

Domínio
art. 330, I; art. 534, parágrafo único; art. 540; art. 618, §2º; art. 642

Duplicata
art. 710, I; art. 770, §3º; art. 780; art. 710

Duplo grau
art. 478

E

Edital
art. 59, II; art. 203, III; art. 213; art. 213, parágrafo único; art. 214, II; art. 214, parágrafo único; art. 215; art. 236, V; art. 238; art. 529; art. 527, §1º; art. 660, art. 662, I; art. 675; art. 675, §1º; art. 677; art. 679, §1º; art. 755, §2º; art. 805, art. 805, parágrafo único; art. 806, §1º; art. 806, §2º; art. 806, §3º; art. 806, §4º; art. 806, §5º; art. 807, I; art. 807 parágrafo único; art. 812, §2º; art. 817, I; art. 824; art. 826, §5º, I

Eficiência
art. 6º

Eleição de foro
art. 24

Emancipação
art. 659, I

Embaixador
art. 433, IX

Embargos
art. 615; art. 615, §1º; art. 616; art. 617; art. 619; art. 620; art. 621; art. 701, I; art. 727; art. 752, §2º; art. 781; art. 826; art. 834; art. 834, §1º; art. 834, §2º; art. 835; art. 835, §1º; art. 836; art. 836, §2º; art. 837, §3º; art. 838; art. 839; art. 839, §1º; art. 839, §2º; art. 840; art. 840,

§1º; art. 840, §2º; art. 840, §3º; art. 840, §4º; art. 841; art. 841, parágrafo único; art. 857

Embargos à execução de sentença
art. 73, §10; art. 478, II; art. 727, parágrafo único; art. 835, §2º; art. 842, II

Embargos de declaração
art. 476, III; art. 907, IV; art. 907, parágrafo único; art. 937; art. 937, parágrafo único; art. 938; art. 939; art. 940; art. 941; art. 941, §1º; art. 941, §2º

Embargos de divergência
art. 960; art. 960, parágrafo único

Embargos de retenção
art. 838, §2º

Embargos do devedor
art. 478, §2º

Ementa
art. 862, §1º

Empresa
art. 31, art. 499, parágrafo único, art. 502, parágrafo único; art. 750, III, art. 760, VI; art. 787; art. 789; art. 789, §1º; art. 789, §3º; art. 829

Empresário
art. 398; art. 399; art. 561, I

Empresas públicas
art. 31

Endereço eletrônico
art. 250

Enfermidade
art. 426, I; art. 426, II; art. 428; art. 430, II; art. 442

Entrega de bens
art. 679, §4º

Entrega de coisa determinada
art. 479, §3º

Entrega em mão própria
Art. 434, §4º

Equidade
art. 109

Esbulho
art. 615; art. 640, II; art. 641; art. 643; art. 645; art. 646, II; art. 646, III; art. 651

Escritura pública
art. 523; art. 551; art. 551, §1º; art. 667; art. 710, II

Escrivão
art. 119; art. 121; art. 122; art. 124; art. 162; art. 163; art. 164; art. 164, §1º; art. 198; art. 205; art. 207, VI; art. 211; art. 221; art. 221, §1º; art. 222, §2º; art. 232; art. 233; art. 362; art. 362, §2º; art. 363, §3º; art. 384; art. 385, I; art. 404; art. 405; art. 449, parágrafo único; art. 549; art. 561; art. 567, §4º; art. 594, parágrafo único; art. 631, §5º; art. 669; 674; art. 770, §3º; art. 800, §1º; art. 806, §9º; art. 808, III; art. 823, art. 919

Especificidade do tema
art. 320

Espólio
art. 34; art. 65; art. 60, §1º; art. 98; art. 554; art. 555; art. 556; art. 558; art. 558, II; art. 558, IV; art. 559, I; art. 559, II; art. 559, IV; art. 560, II; art. 560, IV; art. 561, IV; art. 564, IV, h; art. 563, II; art. 563, IV; art. 563, VI; art. 566; art. 571; art. 572; art. 574; art. 583; art. 586; art. 587; art. 600; art. 601, II; art. 601, III; art. 602; art. 603, §2º; art. 604; art. 605; art. 605, §4º; art. 605, §5º; art. 704, I; art. 705, II; art. 720

Estabelecimento
art. 457; art. 505, §1º; art; 505, §3º; art. 561, §1º, I; art. 750, III; art. 761, parágrafo único; art. 786

Estados
art. 60, I; art. 94; art. 95; art. 417, II; 433, VIII; art. 478, I; art. 710, IX; art. 760, IX; art. 921

Excesso de execução
art. 501, §1º; art. 838, III; art. 838, §1º; art. 839, §1º

Execução de obrigação de fazer
art. 478

Execução de sentença
art. 833

Execução de título extrajudicial
art. 40, parágrafo único

Execução fiscal
art. 874, §4º

Execução para a entrega de coisa
art. 737

Execução por quantia certa
art. 722, I, b; art. 723; art. 744, parágrafo único; art. 746, parágrafo único; art. 749

Execução provisória
art. 281; art. 477, parágrafo único, II; art. 491, §3º; art. 503, §1º; art. 879, §3º

Exibição
art. 275; art. 379, I; art. 382; art. 383, IV; art. 383, V; art. 401; art. 402; art. 495, §5º

Expediente forense
art. 171; art. 180, §1º, III; art. 235; art. 824

Expressões injuriosas
art. 67; art. 67, parágrafo único

Expropriação
art. 495, §3º; art. 583, §3º; art. 750; art. 798

Extinção do processo
art. 300; art. 712

Extensão da obrigação
art. 473

F

Fase instrutória
art. 347

Fato constitutivo
art. 475; art. 261, I; art. 348; art. 475

Fato extintivo
art. 261, II; art. 348; art. 475

Fato impeditivo
art. 261, II; art. 348; art. 475

Fato modificativo
art. 261, II; art. 348; art. 475

Fazenda Pública
art. 73, §3º; art. 79; art. 121, IV, b; art. 147, parágrafo único; art. 186; art. 478, II; art. 501; art. 503, §3º; art. 496, §5º; art. 557, V; art. 567; art. 567, §4º; art. 570; art. 574; art. 575; art. 579; art. 595; art. 595, parágrafo único; art. 674, §6º; art. 676, §1º; art. 679, §4º; art. 710, IX; art. 656; art. 834; art. 834, §2º; art. 941, §3º

Férias forenses
art. 169, parágrafo único

Fiador
art. 327, I; art. 327, II; art. 490, §5º; art. 705, IV; art. 718, §1º; art. 718, §2º; art. 815; art. 816

Foro de eleição
art. 33, parágrafo único

Fotografia
art. 405, §1º; art. 405, §2º; art. 452; art. 466

Fotografia digital
art. 405, §3º

Fraude à execução
art. 715, V; art. 716; art. 753, §3º; art. 780, §3º

G

Gratuidade de justiça
art. 71; art. 83, §3º; art. 84; art. 85, §1º; art. 338, XIII; art. 457, §1º; art. 886, §1º

H

Habilitação
art. 86, parágrafo único; art. 491, §3º, IV; art. 585; art. 622; art. 623; art. 624; art. 626; art. 627; art. 675, §3º; art. 677; art. 677, §1º; art. 679, §2º

Herança jacente
art. 60, IV; art. 673

Hipossuficiência técnica
art. 7

Hipoteca
art. 710, V; art. 723, I; art. 728

Hipoteca judiciária
art. 477; art. 477, parágrafo único

Honorários advocatícios
art. 70; art. 73, §4º; art. 495, §4º ; art. 512; art. 701, I; art. 751; art. 752; art. 756; art. 791

Honorários de advogado
art. 85; art. 467, §2º, III, art. 468, §2º, art. 634, art. 837

I

Ilegitimidade de parte
art. 468, §1º

Imissão na posse
art. 504; art. 566; art. 730, §2º

Impedimento do Juiz
art. 114; art. 114, §2º

Impenhorabilidade
art. 758, §1º

Impessoalidade
art. 6º

Impulso oficial
art. 2º

Incapacidade da parte
art. 338, IX

Incapacidade processual
art. 61

Incidente de resolução de demandas repetitivas
art. 30, parágrafo único; art. 298, IV; art. 478, §3º; art. 848, I; art. 944, §3º

Incompetência absoluta
art. 49, §1º; art. 338, II

Inconstitucionalidade
art. 866; art. 867, parágrafo único; art. 868, §1º; art. 944, §3º

Inépcia
art. 338, IV

Iniciativa da parte
art. 2; art. 110

Instituição financeira
art. 760, I; art. 778, §5 º; art. 778, §9º

Interdito proibitório
art. 652

Interesse processual
art. 315, III; art. 338, XI; art. 467, VI; art. 468, §1º

Interesse Público
art. 147, I; art. 152, I; art. 426, §2º, I; art. 865

Intimação do autor
art. 33, §3º

Intimação do réu
art. 195, parágrafo único; art. 205, §2º

Inventariante judicial
art. 558, VII; art. 558, VIII

Irrevogável
art. 372

J

Juízo arbitral
art. 27

Julgamento antecipado
art. 353

Julgamento da lide
art. 19; art. 108; art. 258; art. 278; art. 475

Julgamento de casos repetitivos
art. 285, IV; art. 317, I; art. 317, II; art. 476, II; art. 491, §2º, IV; art. 847, V; art. 848; art. 853, III, b; art. 853, IV, b; art. 950, §3º; art. 951, §3º

Jurisdição
art. 10; art. 66, §1º; art. 114, II; art. 160, §1º; art. 183; art. 321, parágrafo único; art. 417; art. 467, §3º; art. 478; art. 493, II; art. 899; art. 954, §2º; art. 954, §3º; art. 958, parágrafo único

Jurisdição brasileira
art. 23, parágrafo único

Jurisdição civil
art. 12; art. 15

Jurisdição nacional
art. 21, III; art. 194, II

Jurisprudência
art. 285, IV; art. 478, §3º; art. 847; art. 847, I; art. 847, III; art. 847, IV; art. 847, V; art. 847, §2º; art. 873, parágrafo único; art. 944, §1º; art. 950, §3º; art. 951, §3º; art. 954, §1º

Juros
art. 73, §13; art. 255, I; art. 313; art. 506; art. 751; art. 756; art. 782; art. 791; art. 831; art. 837

Justa causa
art. 179; art. 179, §1º; art. 179, §2º; art. 503, §3º, II

Justificação
art. 274, parágrafo único; art. 287, §2º, II; art. 648; art. 649, parágrafo único

L

Lacuna
art. 108

Laudêmio
art. 710, VI

Lealdade
art. 66, II

Legalidade
art. 6º; art. 657, parágrafo único; art. 847, IV

Legislação específica
art. 362, §4º; art. 362, §5º; art. 420

Legitimidade
art. 16; art. 338, XI; art. 467, VI; art. 557; art. 681; art. 885

Legitimidade das partes
art. 97

Legítimo interesse
art. 688

Leilão
art. 644; art. 802, II; art. 804, §1º; art. 804, §2º; art. 805; art. 805, IV; art. 806, §2º; art. 806, §6º; art. 806, §8º; art. 807, parágrafo único; art. 810, §2º; art. 811; art. 813, §2º; art. 814; art. 814, §1º; art. 814, §4º; art. 816; art. 818, II; art. 821; art. 822; art. 823; art. 824; art. 826

Leiloeiro
art. 805, II; art. 806; art. 806, §9º; art. 808, V; art. 810, §3º; art. 818; art. 819; art. 823; art. 825, parágrafo único; art. 826

Letra de câmbio
art. 710, I; art. 780

Levantamento
art. 66, §2º; art. 491, III; art. 503, §1º; art. 536, VII; art. 685, §1º; art. 685, §2º; art. 830; art. 830, parágrafo único

Licitação
art. 581, §2º; art. 799, §4º

Liminar
art. 283, parágrafo único; art. 285, parágrafo único; art. 287, §1º; art. 288, §2º; art. 289; art. 289, §2º; art. 291, I; art. 333; art. 503; art. 647; art. 647, parágrafo único; art. 649; art. 649, parágrafo único; art. 839, II; art. 839, §1º; art. 854, §3º; art. 933, parágrafo único

Língua estrangeira
art. 131, I; art. 154

Língua portuguesa
art. 153; art. 154

Linguagem
art. 131, III

Liquidação
art. 401, I; art. 473, parágrafo único; art. 478, §4º; art. 494; art. 494, §2º; art. 494, §3º; art. 494, §4º; art. 495; art. 501; art. 511, §2º; art. 610, III; art. 733, §2º; art. 734; art. 785; art. 785, §2º

Litigante
art. 69; art. 70; art. 70, §1º; art. 74; art. 101, parágrafo único; art. 105; art. 141; art. 390

Litisconsórcio
art. 101, parágrafo único; art. 102; art. 103; art. 104; art. 105; art. 249, II

Litisconsorte(s)
art. 103; art. 103, parágrafo único, I; art. 105; art. 106; art. 186; art. 325; art. 359, §1º; art. 370; art. 528; art. 826, §3º; art. 836, §3º; art. 851; art. 863; art. 911; art. 918

Litispendência
art. 23; art. 197; art. 197, §1º; art. 197, §2º; art. 338, VI; art. 338, §1º; art. 338, §3º; art. 467, V

Livros
art. 402; art. 674, §4º; art. 676, §2º; art. 697, parágrafo único; art. 758, V

Livros comerciais
art. 391, III; art. 398; art. 399; art. 401

Locador
art. 199, §2º

Local de trabalho
art. 429; art. 430, III

M

Má-fé
art. 68; art. 69; art. 70; art. 70, §1º; art. 84; art. 111; art. 703; art. 716, I; art. 716, II

Mandado(s)
art. 121, I; art. 123, I; art. 123, III; art. 195, parágrafo único; art. 207; art. 207, §1º; art. 207, §2º; art. 208, I; art. 208, III; art. 234 III; art. 236, II; art. 236, III; art. 287, §1º; art. 287, §2º; art. 335; art. 382; art. 495, §3º; art. 504; art. 566; art. 647; art. 648; art. 649; art. 651; art. 730, §2º; art. 732; art. 754, §1º; art. 770, §1º; art. 791, §2º; art. 807, I; art. 830; art. 830, parágrafo único; art. 836; art. 836, §1º

Mandado(s) de injunção
art. 942, I

Mandado(s) de segurança
art. 942, I; art. 942, II, a

Mandatário(s)
art. 114; art. 179, §1º; art. 199, §1º; art. 298, §2º; art. 369, parágrafo único; art. 808, II

Mandato
art. 87; art. 87, §1º; art. 99; art. 100; art. 216, II; art. 250; art. 250, parágrafo único

Marido
art. 59

Massa falida
art. 60, III

Materiais
art. 476, I; art. 597; art. 758, VII

Mediação
art. 134; art. 134, §1º; art. 134, §3º; art. 135; art. 137, §4º; art. 138, IV; art. 144

Mediador(es)
art. 107, IV; art. 118, V; art. 119; art. 134, §3º; art. 135, §2º; art. 136; art. 136, parágrafo único; art. 137; art. 137, §1º; art. 137, §2º; art. 137, §3º; art. 137, §4º; art. 138; art. 138, §2º; art. 139; art. 140; art. 141; art. 142; art. 143; art. 333, §1º

Mediador judicial
art. 134; art. 135; art. 136; art. 137; art. 138; art. 139; art. 140; art. 141; art. 142; art. 143; art. 144

Medida(s) de urgência
art. 5º; art. 9º; art. 225, III; art. 278, parágrafo único; art. 284; art. 289, §1º; art. 290, §1º; art. 290, §2º; art. 295; art. 880; art. 881, parágrafo único; art. 899, parágrafo único

Medidas cautelares
art. 609

Medidas coercitivas
art. 379, parágrafo único

Medidas mandamentais
art. 382

Meio digital
art. 362, §5º

Meio eletrônico
art. 151, §3º; art. 203, IV; art. 216, §3º; art. 219; art. 229; art. 234; art. 318; art. 362, §1º; art. 417, §2º; art. 778; art. 804, §1º; art. 820; art. 820, parágrafo único; art. 854; art. 934, III; art. 955, §1º

Meio ilícito
art. 257, parágrafo único

Memoriais
art. 359, §2º; art. 361; art. 868, §2º

Memorial
art. 535; art. 536; art. 538; art. 549; art. 812, §2º

Menor(es)
art. 152, II; art. 426, §1º, III; art. 426, §2º, III; art. 558, III; art. 659, III; art. 665, III; art. 667

Mensagem eletrônica
art. 221, §1º; art. 405, §4º

Mérito
art. 42; art. 80; art. 102, I; art. 103; art. 198; art. 245, §2º; art. 249, II; art. 290, §2º; art. 291, III; art. 298, V; art. 298, §2º; art. 301; art. 305; art. 338; art. 353; art.

353, I; art. 426, §2º, I; art. 467; art. 467, §3º; art. 468; art. 469; art. 470; art. 472; art. 489; art. 609, II; art. 712; art. 857, §1º; art. 858; art. 859; art. 884; art. 925, §3º; art. 929, II; art. 944, §2º; art. 951, §3º, II; art. 958; art. 959, I; art. 959, III

Metais preciosos
art. 760, VIII; art. 765, I; art. 776, I

Mídia eletrônica
art. 944, §1º

Ministério Público
art. 62; art. 71, parágrafo único; art. 79; art. 81; art. 114, I; art. 114, III; art. 114, §1º; art. 118, I; art. 121, IV, b; art. 135; art. 145; art. 146; art. 147; art. 147, parágrafo único; art. 148; art. 149; art. 149, parágrafo único; art. 150; art. 162, parágrafo único; art. 179, §3º; art. 186; art. 188, §2º; art. 191; art. 192; art. 235; art. 242; art. 242, parágrafo único; art. 252; art. 340, parágrafo único; art. 357, parágrafo único; art. 358, §2º; art. 359; art. 362, §2º; art. 385, VI; art. 433, IV; art. 557, IV; art. 567; art. 567, §4º; art. 605, §1º; art. 606; art. 628; art. 654; art. 655; art. 666, §1º; art. 669, §2º; art. 671, §2º; art. 673, §1º, I; art. 674, §6º; art. 679, §4º; art. 683, §1º; art. 685, §1º; art. 688; art. 691; art. 692; art. 693; art. 694, parágrafo único; art. 704, II; art. 710, IV; art. 808, III; art. 865; art. 866; art. 868, 1º; art. 869; art. 869, parágrafo único; art. 871, II; art. 874; art. 885, III; art. 886, §1º; art. 895, II; art. 895, §3º; art. 897; art. 900; art. 901; art. 902, §1º; art. 905; art. 909; art. 933, III; art. 955; art. 955, §3º

Ministros
art. 433, II; art. 433, III; art. 955, §3º

Modulação
art. 496, §5º; art. 847, V

Montepios
art. 758, IV

Mora
art. 197; art. 255, I; art. 744, parágrafo único; art. 746

Moralidade
art. 6º

Morte
art. 98; art. 298, I; art. 298, §1º; art. 298, §2º; art. 390, II; art. 401, II; art. 467, IX; art. 558, I; art. 595; art. 671; art. 704, parágrafo único, I; art. 966, §3º

Mulher
art. 59; art. 694

Multa(s)
art. 66, §1º; art. 66, §2º; art. 66, §3º; art. 66, §4º; art. 70; art. 70, §3º; art. 73, §7º; art. 107, VI; art. 157; art. 190, §1º; art. 190, §2º; art. 191; art. 215; art. 215, parágrafo único; art. 270, parágrafo único; art. 285, parágrafo único; art. 382; art. 448, parágrafo único; art. 457, §2º; art. 481; art. 495; art. 496; art. 496, §2º; art. 496, §3º; art. 502, parágrafo único; art. 503; art. 503, §1º; art. 503, §2º; art. 503, §3º; art. 503, §4º; art. 503, §5º; art. 503, §7º; art. 566; art. 700, parágrafo único; art. 703; art. 730, §1º; art. 748; art. 748, parágrafo único; art. 814, §2º; art. 815; art. 837, §2º, II; art. 853, §2º; art. 886, II; art. 922, parágrafo único; art. 941, §1º; art. 941, §3º

Município(s)
art. 60, II; art. 94; art. 95; art. 417, II; art. 478, I; art. 710, IX; art. 886, §1º; art. 942, II, b

N

Natureza pecuniária
art. 379, parágrafo único

Normas internas dos tribunais
art. 362 §4º

Nota promissória
art. 710, I; art. 780

Notificação
art. 662; art. 662, I; art. 662, II; art. 663

Nulidade(s)
art. 11; art. 61, I; art. 107, IX; art. 116, §4º; art. 147; art. 196, §1º; art. 196, §2º; art. 231, parágrafo único; art. 239; art. 241; art. 241, parágrafo único; art. 244; art. 245; art. 245, §2º; art. 338, I; art. 350; art. 636, I; art. 669; art. 727, parágrafo único; art. 826, §1º, I; art. 838, I; art. 858, §1º; art. 925, §3º

Nunciação de obra nova
art. 33, parágrafo único

O

Obrigação de fazer
art. 479; art. 493, parágrafo único; art. 502; art. 504, parágrafo único; art. 738; art. 744; art. 747; art. 748

Obrigação de pagar
art. 492, I; art. 495; art. 501; art. 834, §2º

Obscuridade
art. 108; art. 937, I; art. 940

Oficial de justiça
art. 119; art. 123; art. 124; art. 202, §1º; art. 203, II; art. 206; art. 207; art. 208; art. 209; art. 210; art. 210, §1º; art. 210, §2º; art. 212; art. 234; art. 236, II; art. 674; art. 708; art. 708, §1º; art. 754, §1º; art. 755; art. 755, §1º; art. 761, parágrafo único; art. 766, §1º; art. 770; art. 779; art. 793; art. 795

Ônus
art. 7º; art. 58, §1º, IV; art. 323; art. 388, parágrafo único; art. 561, IV, a; art. 594, II; art. 700, V; art. 771, §1º, V; art. 771, §2º; art. 805, V

Ônus da impugnação
art. 340, parágrafo único

Ônus da prova
art. 261; art. 262; art. 262, §1º; art. 262, §2º; art. 263; art. 263, parágrafo único; art. 409

Ônus real
art. 715, V; art. 715, VI; art. 826, §5º, I

Oposição
art. 582, §1º; art. 674, §6º

Ordem de arrombamento
art. 770

Ordem dos advogados do Brasil
art. 66, §1º; art. 86; art. 93, §2º; art. 137, §1º; art. 138, §2º; art. 190, §2º; art. 228, §2º; art. 231, parágrafo único

Ordem judicial
art. 107, III; art. 107, VI; art. 193; art. 499, parágrafo único

Organização judiciária
art. 29; art. 30; art. 119; art. 120; art. 121, II; art. 167, §3º; art. 333, §1º; art. 916, parágrafo único

P

Pagamento do credor
art. 775, II; art. 812; art. 817

Papéis de crédito
art. 676, III; art. 765, I

Paradigma
art. 959, I; art. 959, II;

Paridade de tratamento
art. 7º

Partidor
art. 121, IV, c; art. 592

Partilha
art. 22, II; art. 34; art. 35; art. 152, §1º; art. 492, VI; art. 542, parágrafo único; art. 548; art. 551; art. 552; art. 556; art. 567; art. 568, §3º; art. 569; art. 580, parágrafo único; art. 581, §1º; art. 582, §1º; art. 601, III; art. 604; art. 605; art. 605, §2º; art. 605, §5º; art. 610, II; art. 611; art. 612, II; art. 613; art. 613, III; art. 665, I; art. 665, parágrafo único; art. 720

Pauta(s)
art. 333, §2º; art. 360; art. 853, §1º; art. 855; art. 855, §1º; art. 855, §2º; art. 860, parágrafo único; art. 939; art. 955, §3º

Pedido alternativo
art. 308, parágrafo único

Pedido contraposto
art. 307, parágrafo único; art. 314, parágrafo único; art. 337; art. 337, parágrafo único; art. 348, parágrafo único

Pedido(s) cumulado(s)
art. 285, II; art. 290

Pedido principal
art. 255, IV; art. 280; art. 287, §1º; art. 289; art. 289, §1º; art. 289, §2º; art. 290; art. 291, I; art. 292

Pedido subsidiário
art. 255, IV

Pedras
art. 561, IV, d; art. 760, VIII; art. 765, I; art. 765, §2º; art. 776, I

Penhora de dinheiro
art. 762; art. 778

Penhora de frutos e rendimentos
art. 787, §1º; art. 789, §3º; art. 790; art. 791; art. 792; art. 829

Penhora de imóveis
art. 769, §1º

Penhora eletrônica
art. 495, §3º

Penhora em bens
art. 767

Penhora para pagamento
art. 758, §2º

Penhora por termo
art. 495, §3º

Pensões
art. 758, IV

Perdas e danos
art. 68; art. 87, §2º; art. 113; art. 480; art. 481; art. 640, I; art. 644; art. 733; art. 739; art. 739, parágrafo único; art. 744, parágrafo único; art. 746; art. 746, parágrafo único; art. 826, §4º

Perempção
art. 338, V; art. 467, V

Perícia(s)
art. 127; art. 444, parágrafo único; art. 445, §2º; art. 454; art. 460; art. 461; art. 462; art. 462, parágrafo único; art. 631, §2º; art. 795

Perigo de vida
art. 367, IV

Perito e os assistentes técnicos
art. 357, I, art. 452

Perito nomeado
art. 573

Perito no processo
art. 132, II

Pessoa jurídica
art. 20, parágrafo único; art. 38, III, a; art. 38, III, b; art. 60, VIII; art. 60, §3º; art. 62; art. 64; art. 205, §1º; art. 426, §2º, III; art. 498, §2º; art. 808, IV

Pessoas jurídicas de direito público
art. 94

Petição inicial
art. 89, I; art. 161; art. 205; art. 207, §1º; art. 255; art. 286; art. 293, parágrafo único; art. 297; art. 303; art. 304; art. 305, parágrafo único; art. 306; art. 315, parágrafo único; art. 316; art. 319; art. 333; art. 338; art. 338, IV; art. 340, II; art. 343, III; art. 414; art. 429; art. 433, parágrafo único; art. 467, I; art. 468, §2º; art. 479, §3º; art. 508; art. 509; art. 527; art. 540; art. 618; art. 629; art. 635, parágrafo único; art. 647; art. 666; art. 722, I; art. 724, §2º; art. 725; art. 735; art. 839, II; art. 839, §1º; art. 845, I; art. 854, §3º; art. 886; art. 886, §2º

Prazo comum
art. 64; art. 90, §2º; art. 456, parágrafo único; art. 530; art. 538; art. 544; art. 548; art. 568; art. 578; art. 579; art. 582; art. 588; art. 593; art. 845, parágrafo único; art. 901

Prazo dilatório
art. 177

Prazo em dias
art. 174

Prazo em dobro
art. 93; art. 95; art. 149

Prazo estabelecido
art. 182; art. 457, §1º; art. 504; art. 517, §4º; art. 556; art. 580; art. 697, §1º; art. 816

Prazo fixado pelo juiz
art. 456; art. 479, §3º; art. 705

Prazo improrrogável
art. 582, §1º; art. 587; art. 897

Prazo legal
art. 90, III; art. 189; art. 190; art. 228, §1º; art. 291, I; art. 520; art. 563, I

Prazo para embargos
art. 836, §2º; art. 837

Prazo para resposta
art. 101, parágrafo único

Prazo previsto
art. 679, §1º; art. 785, §3º; art. 904, §1º

Prazo processual
art. 175

Prazo razoável
art. 4º; art. 61; art. 224, parágrafo único; art. 503; art. 698, III; art. 785

Precatório
art. 501, §2º; art. 501, §3º; art. 501, §4º; art. 834, §1º; art. 834, §2º

Preclusão
art. 164, §2º; art. 241; art. 241, parágrafo único; art. 256; art. 488; art. 923, parágrafo único; art. 929, parágrafo único

Prefeito
art. 60, II

Preferencialmente
art. 107, IV; art. 125, §1º; art. 216, §3º; art. 357; art. 433, parágrafo único; art. 760; art. 760, §2º; art. 765; art. 778; art. 804, §1º; art. 806, §6º; art. 933, III

Prejudicial
art. 47, parágrafo único; art. 946, §2º

Prejudicialidade
art. 946, §3º

Preliminar(es)
art. 49; art. 50; art. 256; art. 338, XII; art. 345; art. 351; art. 470; art. 618, §1º; art. 635; art. 637; art. 858; art. 859; art. 923; art. 929, parágrafo único

Preparo
art. 910, parágrafo único; art. 920; art. 920, I; art. 920, II; art. 938

Prequestionamento
art. 861, §3º; art. 940

Prescrição
art. 87; art. 197; art. 197, §1º; art. 197, §2º; art. 282, IV; art. 292; art. 317, III; art. 469, IV; art. 469, parágrafo único; art. 726; art. 845, V; art. 845, VI; art. 845, parágrafo único

Presidente da República
art. 433, I

Presidente do tribunal
art. 192; art. 192, §2º; art. 478, §1º; art. 501, §2º; art. 501, §4º; art. 865; art. 865, §1º; art. 868; art. 871; art. 895, §1º; art. 899; art. 944; art. 954

Preso
art. 57, II; art. 904; art. 955, §3º

Pressupostos
art. 107, IX; art. 467, IV

Prestação
art. 107, III; art. 255, VI; art. 244, IX; art. 278, parágrafo único; art. 308; art. 308, parágrafo único; art. 338, XII; art. 477; art. 479, §2º; art. 499, parágrafo único; art. 501, §4º; art. 509; art. 511; art. 619, parágrafo único; art. 712; art. 712, parágrafo único; art. 713; art. 724; art. 730, §2º; art. 743; art. 778, §7º; art. 782, art. 783; art. 813; art. 813, §1º; art. 837, §2º; art. 837, §2º, I; art. 837, §2º, II; art. 838, IV

Prestação alimentícia
art. 498, §4º; art. 499; art. 500, §1º; art. 758, §2º

Prestação de alimentos
art. 498

Prestação de contas
art. 516

Prestação de informações
art. 54, III

Prestação do serviço
art. 73, §2º, III

Prestações sucessivas
art. 310; art. 507

Prestações vincendas
art. 73, §5º; art. 255, IX

Prestações vencidas
art. 73, §5º; art. 255, IX; art. 500, §1º

Presunção
art. 264, IV; art. 434, §1º; art. 768

Pretensão(ões)
art. 66, III; art. 312, §2º; art. 411; art. 660; art. 833; art. 933

Pretensão própria
art. 337

Prevenção
art. 45; art. 589, II

Princípios colidentes
art. 472, parágrafo único

Princípios
art. 6º; art. 134, §1º; art. 257, parágrafo único; art. 847, IV; art. 850

Princípios constitucionais
art. 108

Princípios fundamentais
art. 1º

Princípios gerais de direito
art. 108

Princípios jurídicos
art. 472, parágrafo único

Prisão(ões)
art. 123, I; art. 500; art. 500, §1º; art. 770, §2º; art. 770, §3º

Procedimento(s)
art. 25; art. 26; art. 62; art. 63; art. 63, parágrafo único; art. 134, §2º; art. 138; art. 139; art. 141; art. 151, §1º; art. 158; art. 192, 1º; art. 272, 3º; art. 272, 4º; art. 274, parágrafo único; art. 276; art. 277; art. 312, III; art. 312, §3º; art. 321, parágrafo único; art. 493, §5º; art. 495, §5º; art. 501, §5º; art. 515; art. 517, §4º; art. 643; art. 654; art. 659, parágrafo único; art. 694, parágrafo único; art. 698, II; art. 706; art. 813, §2º; art. 847, §2º; art. 943; art. 951, II; art. 960; art. 962; art. 966; art. 968; art. 969

Procedimento(s) administrativo(s)
art. 188, §1º; art. 417, II; art. 806, §9º

Procedimento comum
art. 158, §1º; art. 302; art. 312, §2º; art. 514; art. 531; art. 620; art. 630, §2º; art. 637; art. 650; art. 679, §4º; art. 688; art. 888; art. 969

Procedimento de alienação
art. 803, §2º

Procedimento de cumprimento de sentença
art. 697

Procedimento de execução
art. 697; art. 744, parágrafo único; art. 746, parágrafo único

Procedimentos de mediação
art. 138, IV

Procedimentos de homologação
art. 879, §3º

Procedimento disciplinar
art. 190, §2º; art. 191, parágrafo único

Procedimento edital
art. 238

Procedimento executivo
art. 752, §2º

Procedimento(s) especial(ais)
art. 158, §1º; art. 302, parágrafo único; art. 653

Procedimento eletrônico
art. 151, §4º

Procedimentos não contenciosos
art. 76; art. 170, I; art. 653

Processo civil
art. 1º; art. 492, I

Processo convencional
art. 418

Processo eletrônico
art. 152, §2º; art. 180, §2º; art. 185, §2º; art. 362, §4º; art. 439, §2º

Procuração(ões)
art. 88; art. 88, parágrafo único; art. 94, parágrafo único; art. 100, §2º; art. 250, II; art. 491, §3º, III; art. 931, I, art. 951, §1º

Procurador(es)
art. 60, I; art. 60, II; art. 90, II; art. 90, §2º; art. 90, §3º; art. 121, IV, b; art. 152, §1º; art. 186; art. 199; art. 199, §2º; art. 235; art. 252; art. 298; art. 298, §2º; art. 339; art. 385, VI; art. 433, IV; art. 439; art. 559, III; art. 561, §2º; art. 618, §3º; art. 625, parágrafo único; art. 807, I; art. 950, §5º

Procurador-Geral
art. 149

Procuradorias jurídicas
art. 94, parágrafo único

Produção antecipada de prova
art. 271; art. 274, parágrafo único

Produção da(s) prova(s)
art. 272, §1º; art. 272, §4º; art. 322; art. 347; art. 348; art. 349; art. 358, §2º; art. 453; art. 473, II; art. 494, §5º; art. 568, §3º, art. 569, §2º; art. 631; art. 949, §2º

Proibitório
art. 651; art. 652

Pronunciamento(s)
art. 66, V; art. 158, §1º; art. 158, §2º; art. 158, §3º; art. 160, parágrafo único; art. 160, §2º; art. 810, §1º; art. 867; art. 884, VII; art. 884, parágrafo único; art. 954

Pronunciamentos judiciais
art. 66, V; art. 121, II; art. 158, §2º; art. 160, §2º; art. 810, §1º; art. 884, parágrafo único

Propósito protelatório
art. 285, I

Propositura
art. 197; art. 255; art. 297; art. 304; art. 319; art. 468; art. 475; art. 639; art. 710; art. 722; art. 725; art. 726; art. 839; art. 868; art. 887

Prorrogação
art. 177, §1º; art. 177, §2º; art. 178, parágrafo único; art. 359, §1º; art. 455; art. 457, §3º

Prova(s)
art. 25; art. 26; art. 64; art. 66, IV; art. 79; art. 112, parágrafo único; art. 148, II; art. 169, I; art. 225, II; art. 257, parágrafo único; art. 258; art. 259; art. 260; art. 262; art. 264; art. 267; art. 271, II; art. 272; art. 272, §3º; art. 285, III; art. 287; art. 288, §1º; art. 298, V, b; art. 303, VI; art. 326, I; art. 326, I; art. 336; art. 343, III; art. 346; art. 353, I; art. 354; art. 357; art. 365; art. 370; art. 373; art. 374; art. 376, II; art. 378, II; art. 384; art. 385; art. 386; art. 388; art. 396, III; art. 397; art. 405, §2º; art. 417, I; art. 421, I; art. 422; art. 423, I; art. 423, II; art. 426, §2º, I; art. 428; art. 444, II; art. 468, §2º; art. 505, §3º; art. 553; art. 564; art. 582; art. 583, §1º; art. 618; art. 618, §1º; art. 631, §3º; art. 681; art. 684; art. 700, V; art. 716, I; art. 716, II; art. 722, I, c; art. 722, I, d; art. 721, §2º; art. 800, §2º; art. 827; art. 838, §1º, V; art. 871, parágrafo único; art. 884, VI; art. 944, §1º; art. 949, §2º; art. 965; art. 966, §1º

Prova do(s) fato(s)
art. 125; art. 403; art. 415; art. 444, I

Prova documental
art. 285, III; art. 285, parágrafo único; art. 349; art. 384; art. 414

Prova pericial
art. 83, §3º; art. 412; art. 444; art. 444, I; art. 451; art. 494, §5º; art. 526

Prova suplementar
art. 314

Prova testemunhal
art. 405, §3º; art. 421; art. 423; art. 429

Providências Preliminares
art. 345; art. 351

Publicação
art. 231; art. 231, parágrafo único; art. 232; art. 236, V; art. 344; art. 671; art. 671, §1º; art. 675; art. 677; art. 679; art. 680, §2º; art. 791, §1º; art. 794, II; art. 794, III; art. 805; art. 806, §1º; art. 806, §3º; art. 806, §4º; art. 806, §7º; art. 806, §9º; art. 823; art. 855, §1º; art. 860, parágrafo único; art. 916, III; art. 933, II; art. 961; art. 964

Publicação do edital
art. 214, II; art. 214, III; art. 214, parágrafo único

Publicidade
art. 6; art. 383; art. 803; art. 806; art. 820; art. 850; art. 865; art. 896

Q

Questões
art. 101, IV; art. 110; art. 471, III; art. 486; art. 488; art. 494, §5º; art. 497; art. 553; art. 569, §2º; art. 603; art. 777, parágrafo único; art. 800; art. 866; art. 867; art. 873; art. 900; art. 911; art. 948; art. 950; art. 958, parágrafo único

Questão constitucional
art. 868, §2º; art. 905; art. 947; art. 950

Questão(ões) de direito
art. 8º; art. 471, II; art. 553; art. 863; art. 865; art. 895; art. 896, parágrafo único; art. 898, §2º; art. 901; art. 903; art. 918; art. 953; art. 954, §1º

Questão de estado
art. 298, V, a

Questão federal
art. 944, §3º

Questão(ões) complexas
art. 359, §2º

Questão(ões) de fato
art. 8º; art. 451; art. 471, II; art. 918

Questão de mérito
art. 353, I; art. 944, §2º

Questão(ões) processual(ais)
art. 701, I

Questão(ões) jurídica(s)
art. 73, §9º; art. 900, parágrafo único; art. 911

Questão(ões) prejudicial(is)
art. 47; art. 484; art. 963

Questões preliminares
art. 858

Quitação
art. 88; art. 512; art. 584, parágrafo único; art. 596, IV; art. 603; art. 605, §4º; art. 605, §5º; art. 780, §3º; art. 792, §6º; art. 800, §2º; art. 827; art. 830

R

Radiograma
art. 394; art. 395

Rasuras
art. 166

Razoabilidade
art. 6º

Recibo
art. 156; art. 205, §1º

Reconhecimento do pedido
art. 78

Recurso(s)
art. 69, IV; art. 73, §1º; art. 73, §6º; art. 73, §9º; art. 237; art. 272, §4º; art. 281; art. 316, parágrafo único; art. 320, parágrafo único; art. 338, §3º; art. 439, §1º; art. 478, §3º; art. 483; art. 491, §3º, II; art. 494, §4º; art. 638, parágrafo único; art. 805, V; art. 851; art. 853, II; art. 853, III; art. 853, IV; art. 853, §1º; art. 853, §2º; art. 855, §3º; art. 856; art. 857; art. 858, §1º; art. 860, parágrafo único; art. 863; art. 864, parágrafo único; art. 865; art. 905, parágrafo único; art. 907; art. 907, parágrafo único; art. 908; art. 908, §1º; art. 908, §2º; art. 909; art. 910, parágrafo único, I; art. 910, parágrafo único, II; art. 910, parágrafo único, III; art. 911; art. 911, parágrafo único; art. 914; art. 916; art. 916, parágrafo único; art. 917; art. 918; art. 918, parágrafo único; art. 920; art. 920, I; art. 921; art. 922; art. 931, §2º; art. 932; art. 933, I; art. 939; art. 941; art. 941, §3º; art. 943; art. 944, II; art. 944, §1º; art. 944, §2º; art. 945, parágrafo único; art. 946; art. 947; art. 949; art. 950, §3º; art. 950, §4º; art. 951, §1º; art. 952; art. 954, §1º; art. 959, III; art. 959, §1º

Recurso adesivo
art. 910, parágrafo único

Recurso especial
art. 73, §8º; art. 503; art. 503, §1º; art. 900; art. 905; art. 907, VI; art. 910; art. 944; art. 944, §3º; art. 946, §1º; art. 946, §2º; art. 946, §3º; art. 947; art. 951; art. 951, §4º; art. 953; art. 959, I; art. 959, II; art. 959, III; art. 960, parágrafo único

Recurso extraordinário
art. 73, §8º; art. 503, §1º; art. 900; art. 905; art. 907, VII; art. 910, II; art. 944; art. 944, §3º; art. 946, §1º; art. 946, §2º; art. 946, §3º; art. 948; art. 949; art. 950; art. 950, §7º; art. 951; art. 951, §3º, I; art. 951, §4º; art. 953; art. 959, §2º; art. 960

Recurso ordinário
art. 907, V; art. 942

Recurso representativo da controvérsia
art. 478, §3º; art. 911, parágrafo único; art. 950, §7º; art. 954; art. 954, §3º; art. 956; art. 958

Recursos sobrestados
art. 950, §7º; art. 957

Rede mundial de computadores
art. 405, §3º

Regimento interno
art. 226; art. 847, I; art. 865; art. 868, §2º; art. 906, parágrafo único; art. 936; art. 943; art. 955, §2º; art. 960

Regimento interno do Superior Tribunal de Justiça
art. 878, parágrafo único

Regimento interno do Superior Tribunal de Justiça
art. 950, §4º; art. 950, §5º; art. 953

Regimento interno do tribunal
art. 850; art. 851; art. 865, §2º; art. 868; art. 876; art. 878, parágrafo único; art. 906, parágrafo único

Registro
art. 136; art. 161; art. 164, §1º; art. 247; art. 429; art. 434, §4º; art. 471, I; art. 667, §1º; art. 669, §3º; art. 771, I; art. 772, §3º; art. 753; art. 765, §2º; art. 800, §2º; art. 805, I; art. 827; art. 896; art. 931, §2º; art. 933, II

Registro
art. 526; art. 684; art. 685

Registro imobiliário
art. 551; art. 803, §2º

Registro público
art. 662, II; art. 716, I; art. 716, II; art. 723, §1º; art. 768

Registro de conciliadores
art. 137, §1º; art. 137, §2º; art. 137, §3º; art. 138

Registro de Imóveis
art. 526; art. 667, §1º; art. 753

Registro de Pessoas Naturais
art. 526, §2º; art. 685, §2º

Registros domésticos
art. 265

Regras de experiência
art. 396

Rejeição liminar
art. 333; art. 839, II; art. 839, §1º

Relação processual
art. 195

Relator
art. 320; art. 633, §1º; art. 638, parágrafo único; art. 851; art. 852; art. 853; art. 853, §1º; art. 854, §1º; art. 857; art. 858, §1º; art. 858, §2º; art. 860; art. 861; art. 865; art. 866; art. 868, §3º; art. 872; art. 873; art. 873, parágrafo único; art. 874; art. 888; art. 889; art. 889, parágrafo único; art. 890; art. 891; art. 895, I; art. 897; art. 901;
art. 902; art. 902, §1º; art. 904, §1º; art. 908, §1º; art. 908, §2º; art. 920, parágrafo único; art. 933; art. 934; art. 935; art. 936; art. 938; art. 939; art. 946, §2º; art. 946, 3º; art. 947; art. 948; art. 950, §5º; art. 951, §3º; art. 952; art. 954, §1º; art. 954, §2º; art. 955; art. 955, §2º

Relatório
art. 139; art. 207, §1º; art. 471, I; art. 538; art. 889; art. 955, §3º

Relevância da matéria
art. 320; art. 868; art. 955, §2º

Remição
art. 616

Remissão
art. 424; art. 800, §2º; art. 805, I; art. 827; art. 845, III; art. 962, §2º

Renda
art. 21, I, b; art. 73, §5º; art. 498; art. 787, §1º

Renovação do ato processual
art. 858, §1º

Renúncia
art. 100; art. 581; art. 837; art. 912

Repercussão geral
art. 905; art. 950; art. 950, §1º; art. 950, §2º; art. 950, §3º; art. 950, §4º; art. 950, §5º; art. 950, §6º; art. 950, §7º

Repercussão social da lide
art. 320

Repetitivos
art. 285; art. 317; art. 476; art. 491; art. 847; art. 848; art. 853; art. 911; art. 944, §2º; art. 950, §3º; art. 951, §3º

Representação
art. 94; art. 192, §1º; art. 338, IX

Representação das partes
art. 61

Representação processual da Defensoria Pública
art. 91

Representante
art. 36; art. 60, VIII; art. 371, §2º; art. 612, II; art. 674, §6º; art. 679, §4º

Representante judicial
art. 57, parágrafo único; art. 647

Representante legal
art. 57, I; art. 199; art. 233; art. 298, I; art. 298, §1º; art. 426, §2º, III

Requisição
art. 501, §3º; art. 778, §1º; art. 778, §2º

Requisições de pequeno valor
art. 834, 2º

Resistência
art. 69, IV; art. 770, §3º; art. 770, §4º

Resolução de mérito
art. 42; art. 103; art. 249, II; art. 291, III; art. 298, §2º; art. 301; art. 353; art. 467; art. 468; art. 469; art. 472; art. 609, II; art. 712; art. 925, §3º

Responsabilidade
art. 78; art. 121, IV; art. 130, parágrafo único; art. 138, II; art. 192, §1º; art. 332; art. 382; art. 385, IV; art. 491, I; art. 491, §3º; art. 778, §10; art. 808, I; art. 835, §1º; art. 951, §1º

Responsabilidade civil
art. 634

Resposta do réu
art. 169, parágrafo único

Restauração
art. 628; art. 629, III; art. 630, §1º; art. 632; art. 632, parágrafo único; art. 633; art. 633, §1º; art. 633, §2º; art. 634

Revel
art. 57; art. 61; art. 196; art. 323; art. 344; art. 347; art. 807

Revelia
art. 195; art. 205, §2º; art. 214, IV; art. 298, §2º; art. 343; art. 346; art. 353, II; art. 490, §2º; art. 512; art. 881, II

Revisor
art. 854; art. 854, §1º; art. 854, §2º; art. 889

Rol de testemunhas
art. 116; art. 116, §2º; art. 306; art. 429; art. 434, §3º; art. 618; art. 770, §4º

S

Sanção penal
art. 437, parágrafo único

Sanção processual
art. 333, §5º

Saneamento
art. 107, IX; art. 298; art. 443

Satisfativa
art. 4º; art. 277

Seção judiciária
art. 45; art. 137, §2º; art. 193; art. 210, §1º; art. 214, parágrafo único

Seções judiciárias
art. 57, parágrafo único; art. 178

Segredo
art. 383, IV

Segredo de justiça
art. 90, I; art. 121, IV; art. 152

Seguro
art. 771, §3º; art. 788

Seguro de vida
art. 710, V; art. 758, VI

Senadores
art. 433, V

Sentença(s)
art. 9º; art. 19; art. 23, parágrafo único; art. 71; art. 73; art. 73, §6º; art. 85, §2º; art. 97, §3º; art. 103; art. 111; art. 112, parágrafo único; art. 114, II; art. 132; art. 152, §1º; art. 155, parágrafo único; art. 158; art. 158, §1º; art. 160; art. 184, III; art. 237; art. 237, §1º; art. 256; art. 259; art. 282, I; art. 300; art. 301; art. 314; art. 317, §1º; art. 321; art. 325; art. 326; art. 328, I; art. 329; art. 332; art. 333, §6º; art. 338, §3º; art. 352; art. 353; art. 361; art. 362; art. 365; art. 379; art. 413; art. 426, I; art. 439, §1º; art. 467; art. 467, §3º; art. 468; art. 468, §3º; art. 471; art. 472, parágrafo único; art. 473; art. 473, II; art. 473, parágrafo único; art. 474; art. 474, parágrafo único; art. 475; art. 476; art. 477; art. 477, parágrafo único; art. 477, parágrafo único, III; art. 478; art. 478, §3º; art. 478, §4º; art. 482; art. 483; art. 484; art. 485, I;

art. 485, II; art. 486, I; art. 487; art. 489; art. 490; art. 490, §3º; art. 490, §5º; art. 491; art. 491, I; art. 491, II; art. 491, §1º; art. 491, §2º, IV; art. 491, §3º, I; art. 493; art. 494; art. 494, §3º; art. 494, §4º; art. 495; art. 495, §2º; art. 495, §4º; art. 495, §5º; art. 496, II; art. 496, III; art. 498; art. 501; art. 501, I; art. 501, II; art. 501, §3º; art. 503; art. 503, §3º; art. 504; art. 511, §2º; art. 517, §3º; art. 519; art. 525; art. 525, parágrafo único; art. 534; art. 535; art. 539; art. 546, §1º; art. 546, §2º; art. 549; art. 595; art. 596; art. 596, V; art. 596, parágrafo único; art. 597; art. 599; art. 600, §2º; art. 616; art. 627; art. 631, §5º; art. 638, parágrafo único; art. 658; art. 677, §1º; art. 677, §2º; art. 684, §2º; art. 685, §2º; art. 687, §2º; art. 696; art. 697; art. 702; art. 838, III; art. 841; art. 846; art. 880, §2º; art. 884; art. 890; art. 892; art. 893, parágrafo único; art. 908, §1º; art. 913; art. 915; art. 916, I; art. 916, II; art. 921; art. 923; art. 925, §1º; art. 925, §3º; art. 928; art. 928, III; art. 929, parágrafo único; art. 958; art. 970, §3º

Sentença arbitral
art. 23, parágrafo único; art. 492, VII; art. 493, III; art. 878

Sentença definitiva
art. 103, parágrafo único; art. 532

Sentença de mérito
art. 198; art. 298, IV; art. 470; art. 472

Sentença estrangeira
art. 492, VIII; art. 493, III; art. 880; art. 883

Sentença judicial
art. 23, parágrafo único; art. 493

Sentença final
art. 71

Sentença penal
art. 132, III; art. 492, VI; art. 493, III; art. 893

Separação consensual
art. 665, parágrafo único; art. 666; art. 666, §1º

Separação judicial
art. 152, §1º

Seqüestro
art. 501, §4º

Serventuário
art. 188, §2º; art. 631, §4º; art. 710, VIII; art. 826

Servidões
art. 548, II; art. 549; art. 549, §2º, III

Sigilo
art. 134, §3º; art. 152, §2º; art. 367, II; art. 427, II

Sociedade
art. 228 §2º; art. 401, I; art. 561, IV, e; art. 561, §1º, II; art. 676, IV; art. 719; art. 719, §1º; art. 719, §2º; art. 719, §3º; art. 760; art. 785; art. 785, §1º; art. 785, §2º; art. 799, §5º

Sociedade sem personalidade
art. 38, III, c; art. 60, VII; art. 60, §2º

Sociedades simples ou empresária
art. 785; art. 785, §3º

Sócio(s)
art. 62; art. 63; art. 64; art. 275; art. 401, II; art. 561, §1º, II; art. 715, II; art. 719; art. 719, §1º; art. 719, §2º; art. 719, §3º; art. 785; art. 799, §5º

Soldo
art. 758, IV

Solidariedade
art. 918, parágrafo único

Sub-rogação
art. 659, II; art. 704, III; art. 781, §1º; art. 781, §2º

Sub-rogatórias
art. 107, III; art. 270, parágrafo único; art. 382

Substituição
art. 771, §1º

Substituição da penhora
art. 771, §1º; art. 772

Substituição do(s) bem(ns)
art. 771; art. 773

Substituição de título ao portador
art. 238, II

Sucessão
art. 22, II; art. 96; art. 98; art. 401, II; art. 552; art. 555; art. 580, parágrafo único; art. 695

Sucessão provisória
art. 679, §1º; art. 679, §2º; art. 679, §3º

Sucessor(es)
art. 48, §2º; art. 60, §1º; art. 98; art. 100; art. 112; art. 492, IV; art. 525, parágrafo único; art. 546, §2º; art. 623, I; art. 623, II; art. 674, 3º; art. 674, §4º; art. 675; art. 675, §1º; art. 679, §4º; art. 694; art. 704, I; art. 705, II; art. 715, I; art. 885, I; art. 917

Súmula
art. 478, §3º; art. 847, I; art. 853, III, a; art. 853, IV, a; art. 950, §3º; art. 950, §6º; art. 951, §3º

Súmula vinculante
art. 285, IV; art. 491, IV

Superior Tribunal de Justiça
art. 73, §8º; art. 226; art. 317; art. 317, I; art. 433; art. 491, III; art. 492, VIII; art. 878, parágrafo único; art. 911; art. 942, II; art. 943; art. 944, §2º; art. 944, §3º; art. 946; art. 947; art. 948; art. 951; art. 953; art. 954

Supremo Tribunal Federal
art. 73, §8º; art. 317, I; art. 317, II; art. 433, III; art. 478, §3º; art. 491, §2º, III; art. 496, §4º; art. 847, IV; art. 847, V; art. 853, III, a; art. 853, III, b; art. 853, IV, a; art. 853, IV, b; art. 867, parágrafo único; art. 911; art. 942; art. 943; art. 944, §2º; art. 944, §3º; art. 946; art. 946, §2º; art. 947; art. 948; art. 949; art. 950; art. 950, §2º; art. 950, §3º; art. 950, §4º; art. 950, §5º; art. 953; art. 954; art. 959, §2º

Surdo
art. 131, II; art. 426, §1º, IV

Suspeição
art. 116; art. 116, §2º; art. 116, §3º; art. 116, §4º; art. 118; art. 298, II; art. 299; art. 299, parágrafo único; art. 346, §1º; art. 446

Suspensão do juiz
art. 115

Suspensão do processo
art. 290, §1º; art. 298, §3º; art. 322; art. 842, I; art. 944, §3º; art. 958

Sustentação oral;
art. 857, §2º

T

Tabelião
art. 384; art. 389; art. 394, parágrafo único; art. 551, §1º; art. 667, §2º

Taquigrafia
art. 165; art. 439

Telegrama
art. 211; art. 219; art. 220; art. 222; art. 394; art. 395

Terceiro interessado
art. 905

Terceiro interveniente
art. 359, §1º

Terceiro prejudicado
art. 909

Terceiro(s)
art. 61, §1º, III; art. 64; art. 152, §1º; art. 249, parágrafo único; art. 270; art. 275, II; art. 321; art. 331, parágrafo único; art. 373; art. 380; art. 381; art. 382; art. 383; art. 383, parágrafo único; art. 390; art. 397, parágrafo único; art. 487; art. 495, §1º; art. 505; art. 505, §1º; art. 505, §3º; art. 524; art. 614, §1º; art. 615, §2º; art. 615, §3º; art. 618; art. 621, II; art. 668; art. 671; art. 715, II; art. 716, I; art. 716, II; art. 723, IV; art. 732; art. 733; art. 734; art. 734, parágrafo único; art. 740; art. 742; art. 743; art. 758, IV; art. 760, §2º; art. 768; art. 769; art. 779, I; art. 779, II; art. 780, §1º; art. 780, §2º; art. 780, §3º; art. 780, §4º; art. 791; art. 885, II; art. 909, parágrafo único; art. 950, §5º

Termo(s)
art. 121, V; art. 143; art. 163; art. 164, §1º; art. 164, §2º; art. 166; art. 174, parágrafo único; art. 221, §1º; art. 333, §6º; art. 362; art. 362, §1º; art. 362, §2º; art. 362, §3º; art. 369; art. 438, §3º; art. 446; art. 490, §4º; art. 495, §3º; art. 561; art. 561, §2º; art. 567; art. 577; art. 580; art. 596; art. 598; art. 601; art. 605; art. 605, §3º; art. 666; art. 669, §1º; art. 669, §3º; art. 672, §1º; art. 672, §3º; art. 674, §2º; art. 686, parágrafo único; art. 690; art. 722, I, c; art. 727, III; art. 731; art. 755, §3º; art. 763; art. 769, §1º; art. 769, §2º; art. 773; art. 778, §5º; art. 792, §6º; art. 803, §2º; art. 803, §4º; art. 830; art. 893, parágrafo único

Termos processuais
art. 151

Termos da lei
art. 151, §2º; art. 167, §3º; art. 600; art. 715, II; art. 758, XI; art. 894

Termos do processo
art. 151, §3º; art. 153; art. 154; art. 228

Território nacional
art. 15; art. 22, II; art. 900; art. 944, §3º

Territórios
art. 60, I; art. 433, VI; art. 710, IX; art. 942, II, a

Testamenteiro
art. 275, II; art. 557, I; art. 558, IV; art. 567; art. 567, §4º; art. 669, §3º; art. 669, §4º; art. 671; art. 672, §3º; art. 672, §4º; art. 674, §6º; art. 675, §1º; art. 808, I

Testamento
art. 373; art. 551; art. 559, V; art. 561, I; art. 567; art. 669; art. 669, §1º; art. 669, §2º; art. 670; art. 671; art. 671, §1º; art. 671, §2º; art. 671, §3º; art. 672, §1º; art. 672, §2º; art. 686, II

Testemunha(s)
art. 123; art. 131, II; art. 132, II; art. 161, parágrafo único; art. 216, §1º; art. 271; art. 348; art. 357, III; art. 357, parágrafo único; art. 381; art. 421; art. 425; art. 426; art. 426, §4º; art. 427; art. 428, parágrafo único; art. 432; art. 431; art. 432, art. 433, parágrafo único; art. 434; art. 434, §1º; art. 434, §2º; art. 434, §3º; art. 434, §4º; art. 435; art. 436; art. 436, §1º; art. 436, §2º; art. 437; art. 437, parágrafo único; art. 438; art. 438, §1º; art. 438, §2º; art. 440, I; art. 440, II; art. 441; art. 442; art. 452; art. 631; art. 631, §4º; art. 674, §1º; art. 710, III; art. 770, §1º; art. 770, §4º

Título(s)
art. 97; art. 238; art. 385; art. 396, II; art. 477; art. 490, IV; art. 501, §1º; art. 511; art. 519; art. 525, parágrafo único; art. 527; art. 533; art. 540; art. 543; art. 544, parágrafo único; art. 546, §2º; art. 551; art. 561, IV, a; art. 561, IV, e; art. 561, IV, f; art. 568, III; art. 595; art. 596, I; art. 601, II; art. 615, §2º; art. 621, II; art. 667, §1º; art. 676, III; art. 706; art. 707, V; art 707, VI; art. 709; art. 709, parágrafo único; art. 710, X; art. 715, I; art. 721; art. 733, §1º; art. 748, parágrafo único; art. 760, X; art. 771, §1º, IV; art. 780; art. 780, §1º; art. 794, II; art. 794, III; art. 832, parágrafo único; art. 838, I; art. 838, IV; art. 838, §1º, I; art. 838, §1º, II; art. 885, I; art. 886, II

Título estrangeiro
art. 710, §3º

Título executivo
art. 329; art. 511, §2º; art. 525, parágrafo único; art. 704, I; art. 704, II; art. 705, I; art. 705, III; art. 710, §1º; art. 711; art. 713; art. 730; art. 738; art. 814, §2º

Título executivo judicial
art. 519

Título extrajudicial
art. 40, parágrafo único; art. 697; art. 748; art. 834

Título judicial
art. 496, §4º

Títulos da dívida pública
art. 498, §1º; art. 561, IV, e; art. 760, IX; art. 805, parágrafo único

Títulos executivos extrajudiciais
art. 385, §2º; art. 710; art. 710, §2º; art. 722, I, a; art. 727, I; art. 730

Título singular
art. 492, IV; art. 715, I; art. 885, I

Título universal
art. 492, IV; art. 525, parágrafo único; art. 546, §2º; art. 885, I

Tradutor
art. 154; art. 710, VIII

Transação
art. 78, §2º; art. 143; art. 333, §6º; art. 492, II; art. 710, IV; art. 845, III

Traslado(s)
art. 227; art. 385, II; art. 670

Tratados
art. 12; art. 23

Tribunal(is)
art. 70; art. 73, §6º; art. 73, §8º; art. 90, I; art. 107, VII; art. 116, §2º; art. 116, §3º; art. 116, §4º; art. 117; art. 134; art. 136, parágrafo único; art. 137; art. 137, §1º; art. 137, §2º; art. 137, §3º; art. 137, §4º; art. 138, I; art. 138, §2º; art. 140; art. 142; art. 151, §2º; art. 151, §3º; art. 151, §2º; art. 159; art. 165; art. 192; art. 192, §2º; art. 194, I; art. 214, II; art. 221; art. 221, §1º; art. 222; art. 223, parágrafo único; art. 280, parágrafo único; art. 303; art. 362, §4º; art. 478; art. 478, §1º; art. 493, I; art. 501, §2º; art. 501, §4º; art. 633; art. 633, §2º; art. 675; art. 679; art. 680, §2º; art. 684, §2º; art. 753, §5º; art. 803, §3º; art. 847; art. 847, III; art. 847, IV; art. 847, V; art. 849; art. 849, parágrafo único; art. 850; art. 851; art. 853, I; art. 853, II; art. 853, V; art. 853, §2º; art. 858,

§1º; art. 858, §2º; art. 865; art. 867; art. 867, parágrafo único; art. 868; art. 871; art. 873, parágrafo único; art. 875; art. 876; art. 877; art. 889; art. 892; art. 896, parágrafo único; art. 898; art. 898, §1º; art. 898, §2º; art. 899; art. 900; art. 905, parágrafo único; art. 906; art. 906, parágrafo único; art. 908, §2º; art. 910, parágrafo único; art. 921; art. 925; art. 925, §1º; art. 925, §2º; art. 925, §3º; art. 926; art. 930; art. 931, §1º; art. 931, §2º; art. 933; art. 933, II; art. 937, II; art. 939; art. 940; art. 941, §1º; art. 949, §2º; art. 951, §2º; art. 951, §3º; art. 954, §3º; art. 955; art. 957, II; art. 964

Tribunais Regionais Federais
art. 433, VIII; art. 942, II, a

Tutela
art. 107, V; art. 283; art. 285; art. 293; art. 296; art. 687

Tutela da evidência
art. 277; art. 279; art. 280; art. 296; art. 479, §4º; art. 840, §1º; art. 887

Tutela de urgência
art. 277; art. 279; art. 280; art. 283; art. 283, parágrafo único; art. 479, §4º; art. 840, §1º; art. 853, II; art. 880, §2º; art. 887

Tutela específica
art. 479; art. 480; art. 502

Tutor
art. 56; art. 170, II; art. 426, §2º, III; art. 520; art. 686; art. 686, parágrafo único; art. 687; art. 688; art. 688, parágrafo único; art. 689; art. 690; art. 808, I

U

União
art. 31; art. 60, I; art. 94; art. 95; art. 417, II; 478, I; art. 503, §5º; art. 710, IX; art. 760, IX; art. 886, §1º art. 920, I

Uniformização
art. 847

Usucapião
art. 238, I; art. 238, parágrafo único

Usufruto
art. 659, VI; art. 723, I; art. 728

Usufrutuário
art. 723, I; art. 728

V

Valor da causa
art. 66, §1º; art. 66, §4º; art. 70; art. 70, §2º; art. 70, §3º; art. 255; art. 255, parágrafo único; art. 303, V; art. 338, III; art. 448, parágrafo único; art. 753; art. 886, II

Veículo(s)
art. 38, parágrafo único; art. 496, §3º; art. 753; art. 760, II; art. 805, III

Veículos automotores
art. 776, I; art. 796, IV; art. 806, §6º

Vencimentos
art. 758, IV

Venda
art. 676, §1º; art. 794, IV; art. 808, V

Veracidade
art. 388, parágrafo único; art. 392; art. 405, §1º; art. 408, I

Verdade
art. 766, §2º; art. 437

Verdade dos fatos
art. 69, II; art. 303, VI; art. 398; art. 485, II

Verdade de um fato
art. 368

Via postal
art. 766, §2º

Vice-Presidente da República
art. 433, I

Vícios do consentimento
art. 425

Vício(s)
art. 301; art. 339; art. 468, §1º; art. 669; art. 826, §2º; art. 826, §3º; art. 826, §5º, II; art. 826, §6º; art. 835, §2º; art. 937, parágrafo único; art. 944, §2º

Vício de nulidade
art. 826, §1º, I

Violação do direito
art. 18, parágrafo único

Violação de direito
art. 778, §10

Vista
art. 121, IV, b; art. 148, §4º; art. 190, §1º; art. 568; art. 570, art. 860; art. 945

Vista pessoal dos autos
art. 93; art. 95

Vista dos autos
art. 90, II; art. 148, I; art. 359, §2º

Vistoria
art. 444

Esta obra foi composta em fonte Garnet, corpo 10,5
e impressa em papel Offset 75g (miolo) e Supremo 250g (capa)
pela Gráfica e Editora O Lutador.
Belo Horizonte/MG, setembro de 2010.